미국의 한반도 지배사 ③

남북전쟁시 폭격으로 전국토 파괴, 대량학살, 분열 영구화

미국의 한반도 지배사 ❸

초판 1쇄 인쇄일 2018년 12월 13일
초판 1쇄 발행일 2018년 12월 20일

지은이 박지동
펴낸이 양옥매

펴낸곳 도서출판 책과나무
출판등록 제2012-000376
주소 서울특별시 마포구 방울내로 79 이노빌딩 302호
대표전화 02.372.1537 **팩스** 02.372.1538
이메일 booknamu2007@naver.com
홈페이지 www.booknamu.com
ISBN 979-11-5776-647-5 (04910)
ISBN 979-11-5776-644-4 (세트)

이 도서의 국립중앙도서관 출판시도서목록(CIP)은 서지정보유통지원 시스템
홈페이지(http://seoji.nl.go.kr)와 국가자료공동목록시스템
(http://www.nl.go.kr/kolisnet)에서 이용하실 수 있습니다.
(CIP제어번호 : CIP2018037686)

미국의 한반도 지배사 ③

| 박지동 편저 |

책과나무

자주·평등·민주·정의·복지 세계 실현을 위한 우선 과제는 진실역사의 공정한 인식과 실천

생명체로서의 인간은 누구나 고통의 감각을 지니고 있기 때문에 대체로 육신과 정신에 평안과 즐거움을 주는 평화와 행복을 추구하며 괴로움을 주는 육체노동이나 불쾌한 정신작용은 가능한 한 피하려 하지요. 그러나 불행하게도 인구가 늘어나 경쟁사회가 되면서 의식주 해결에 필수적인 노동고통을 피하고 노동의 결실만을 빼앗고 싶어하는 일부의 인간집단들은 이웃(개인과 민족)을 수탈하려는 욕구에서 정치·경제·군사적으로 근로민중을 침해 겁탈함으로써 집단간의 모순·충돌·학살전쟁까지도 서슴지 않고 저질러 왔습니다.

봉건시대의 지배세력은 「예의 도덕과 질서의 존중」이라는 우수한 보편적 이념을 앞세워 표방하면서 의식주 생산에 필수적인 고통스러운 농업노동을 신분이 고정된 약자들에게만 맡겨놓고 수탈과 피수탈의 범죄적 모순대치관계를 형성해오다가 결국은 다수의 피수탈계층의 거듭되는 불만 폭발에 의해 마지못해 조금씩 자유롭고 평등한 정치경제관계의 길을 가까스로 열어가게 되었습니다.

그러나 시간이 지나 다음 단계인 자본주의체제에서도 제국주의 침략집단이 기승을 부리면서 자본계층과 근로계층간의 불평등관계는 봉건시대 못지않게 대를 이어 악화되어 갔지요.

그리하여 인류는 한층 더 각성하여 수탈 없는 평등·민주 지향의 사회주의 이념에 의한 단결투쟁으로 수탈모순 타파에 성공하는 듯했으나 「육체노동을 싫어하고 불로소득과 자산증식·독점소유를 좋아하는 인간들의 욕망」은 여전히 지속되어 어떠한 정치경제체제의 윤리도덕으로서도 백약이 무효한 지경으로 치달아가게 되었습니다.

한반도의 경우 3·1운동 전후시기에서 볼 수 있듯이 일본제국주의자들은 "반항하면 닥치는 대로 고문하고 때려죽였으며, 고분고분 말을 잘 듣거나 아부하는 소수의 지주·자본가·지식인들에게는 관직과 재물로 출세를 보장하여 충성할 기회를 제공함으로써" 총칼의 폭력에 겁먹은 식민지 민중을 농락하면서 분열·음해·증오를 조장하였습니다.

일본제국이 주도적으로 도발한 동아시아 침략전쟁은 다행히 연합국의 승리로 돌아오긴 했으나 많은 희생을 치른 연합국들 역시 본래 제국주의 속성을 가지고 있던 데다 식민지 해방의 은공을 빌미삼아 또 다른 점령을 강제함으로써 조선반도의 백성들은 보다 더 확고한 조국분단의 운명을 짊어지게 되었지요.

해방의 기쁨에 들떠있던 상황도 잠깐 사이에 지나가고 동포 형제자매들의 몸과 마음은, 제국주의와의 민족(외부) 모순에다 식민지 아부세력과의 내부모순에 꽁꽁 얽혀, 자주독립 투쟁 및 지향세력은 오히려, 친일반역으로 비난받던 아부세력이 미점령군의 후원으로 권력을 잡자 보복적 억압정책을 펴는 바람에 자주·평등·민주화의 정당한 요구도 못한 채 또 다시 기를 죽이고 살아가게 되었습니다.

2차대전 후 해방의 사도처럼 등장한 미국 점령군은 일본 제국군 보다는 민주화된 합리적인 통치술을 표방했음에도 불구하고 역시 제국주의 전통의 지배세력으로서의 자세를 버리지 못함으로써 분열 상쟁하고 있던 한반도 구성원 가운데 수탈적 지위의 친일계층을 영합지원하고 피수탈 노동자·농어민 계층을 배제하는 불평등·불공정한 통치사회를 방임 내지는 조장하여 왔던 것입니다.

바야흐로 해방 분단 70년이 지난 오늘의 한반도 상황은 한쪽은 지난 조선전쟁에서 무자비하게 당한 공중폭격의 참혹한 기억에 이어 세계 최대 군사강국들의 최악의 파멸 위협 속에 자주국방무력 강화에 국력을 집중시키다보니 대다수의 서민대중은 궁핍과 굶주림에 시달리도록 방치되어 있고, 다른 한쪽의 상층부는 철옹성의 재부를 콘크리트 빌딩으로 감싸 안은 채 만고강산, 불로소득의 자유가 당당히 보장되어 있는 한편 중하층 서민들은 가난 해결과 실직의 고통에 대대로 시달리고 있습니다.

이상의 모든 고통의 핵심 근원은 바로 일본제국의 식민지 분열통치와 미군의 장기간 점령·주둔 및 전쟁 주도에 있었다고 생각되며 이들 외세지배의 역사를 다시 기술하는 목적도 바로 이 같은 동포 형제자매 증오 조장의 근원을 반성의 자료로 추적해 보려는 데 있습니다.

사실 한반도의 경우는 앞에서 서술된 보편적 모순(빼앗고 빼앗기는 두 주체의 싸움에서, 이겨서 즐기는 쪽⊕과 져서 고통을 당하는 쪽⊖이 이루는 zero sum game의 대결 관계)에 더하여 제국주의 나라들에 의한 장기간의 극악한 식민통치로 인한 민족 분단·수탈 모순에다 동포형제가 칼부림하는 증오·분열의 모순이 굳게 굳게 얽혀 있어 어지간한 자연·사회·역사 과학적 지혜가 아니고는 풀어가기 힘든 상황에 이르렀습니다.

지난 200년간 한반도를 둘러싸고 전개된 동북아 주변 열강들의 전쟁과 외교사를 대충 살펴보면 한반도를 분단 관리하게 된 목적은, 자국 이익의 보장을 위해 쟁투하여 왔다는 것이 분명해졌습니다. 강대국들은 자기들끼리의 국익을 타협하면서 한반도 전체 또는 절반을 자국의 이익보장의 장터로, 혹은 침략의 발판이자 항구적인 전초기지로 삼으려는 데 있었습니다.

이처럼 4대 군사대국이 총을 겨눈 채 눈을 부라리며 대결하고 있는 상황에서, 그들의 요구대로 갈라져있는 분단국 백성들은, 동포형제자매끼리 피를 뿜는 살육의 참극을 거듭해왔고 앞으로도 계속할 수밖에 없는 위험한 미래를 훤히 내다보고 있습니다.

현실이 이처럼 비인도적이며 동포에 대한 패륜적 사태로 역행하는 엄혹한 상황임에도 불구하고 외세의 분열장단에 맞추어 춤을 추어온 어리석은 아부세력은 사리사욕의 화신이 된 채 민족공동체의 이익에 반하는 수탈통치를 거침없이 수행했으며 이는 필연적으로 근로민중의 민주 평등화 요구와 저항에 부닥치게 되었습니다.

민족과 국민의 요구에 부응하지 않으려는 내부 통치세력은 무서운 탄압법의 시행과 함께 '붉은 악마' '좌익 ×××'라는 저주의 구호를 외쳐댔고, 그에 따라 고문과 처형을 직간접적으로 경험해온 선량한 국민들은 '살인자'라는 지탄보다 훨씬 더 무섭게 들리는 이 공포의 악담을 피하려고 귀와 입을 막고 움츠려 왔습니다.

「아는 것이 힘」이라고 했습니다. 독자제현은 아무쪼록 애국과 반역의 역사를 올바로 이해하고 인간의 도리를 정확히 실천함으로써 당당히 정의로운 공동체 역사 창조의 주인이 되어주시기를 간절히 바라면서 이 책 출생의 소망으로 기원하여 봅니다.

그리하여 영국이 제국주의 시기에 개척한 세계 도처의 식민지에 앵글로 색슨의 여러 우방을 수립했듯이, 정반대의 경우이지만 '동족 우방'으로서 상호 인정과 경제교역 정도는 충분히 가능함에도 불구하고 오히려 외세에 질세라 앞장서서 적대감을 부추겼고 군비경쟁을 심화시켜 왔던 어리석음을 깨닫고 이제는 발달된 정보수단에 의해 가능해진 지피지기와 아량의 성숙한 자세로 평화공존과 세계평화에 기여하는 인정어린 사람들이 되어주시기를 기대해 봅니다.

편저인으로서는 서툴고 부족한 정리 편집 능력으로 말미암아 독자 여러분에게 끼칠 지루하고 불편한 독서의 수고를 크나큰 인내심으로 감내해 주시기를 부탁드리는 바입니다.

본 저술에서는 역사자료 수집과 연구에 무능력한 편저인이 쉽게 얻을 수 없는 「역사적 진실들」을 다음에 열거된 저술들에서 무엄하게 제공받음으로써 크나큰 은혜를 입었습니다. 선배 저술인들의 염원과 저의 소망이 일치하리라는 주관적 이유를 달아 예의 없이 인용한데 대해 송구스러운 마음과 감사의 마음을 함께 드립니다.

저로서는 이들 여러 학자·교수 분들이 땀 흘려 탐색·수집·정리해 놓은 서책과 도해자료들을 해설·전달하는 「기자의 역할」에 그치는 일만을 거들었을 뿐입니다.

강준식 「6.25는 국제전이었다」 『월간 중앙』 2010.7.

고영대 「미국의 제네바회담 파탄내기와 중립국 감시소조 추방 및 정전협정 13항 조목폐기」 평화통일연구소 『전환기 한미관계의 새판짜기』 한울 2007

공군본부 『6·25전쟁 증언록』 2002

구영록·배영수 『한미관계 1882~1982』 서울대 미국학연구소 1982

국방군사연구소 『한국전쟁, 중』 1996

국방부 전사편찬위원회 역 『미국합동참모본부 – 한국전쟁 상』

국사편찬위원회 편 『한국전쟁, 문서와 자료 1950~53』

김귀옥 『월남민의 생활 경험과 정체성 : 밑으로부터의 월남민 연구』 서울대학교 출판부 1999

김기진 『한국전쟁과 집단학살』 푸른역사 2006

김연자 『아메리카 타운 왕언니 죽기 오분 전까지 악을 쓰다』 삼인 2005

김정자 「미군위안부 기지촌의 숨겨진 진실」 『한겨레』 2014.7.5.보도

김주환 편 『미국의 세계전략과 한국전쟁』 청사 1989.

김태우 『폭격』 창비 2014

김태우 「한국전쟁과 폭격의 트라우마」 박태균 외 『쟁점 한국사, 현대편』 창비 2017

김학준 『한국전쟁 – 원인·과정·휴전·영향』 서울: 박영사 1989

로신 대사의 보고 전문 「6·25내막, 모스크바 새 증언15」 『서울신문』 1995.6.21.

───────── 「6·25내막, 모스크바 새 증언21」 『서울신문』 1995.7.9.

박명림 『한국 1950 : 전쟁과 평화』 나남 2002

박지동 『언론사상사2』 아침 2002

박진홍 『돌아온 패자』 역사비평사 2001

브루스 커밍스, 김동노 외 역 『한국현대사』

섭영진 『섭영진 회고록 하』 북경 : 해방군출판사 1984

스티븐 엔디콧·에드워드 해거먼 저, 안치용·박성휴 역 『한국전쟁과 세균전』 중심 2003

시성문·조용전 저, 윤영무 역 『중국인이 본 한국전쟁』 한백사 1991

윌리엄 스툭, 김형인 외 역 『6.25전쟁의 국제사』 푸른역사 2001

이상호 『맥아더와 한국전쟁』 푸른역사 2012

이종석 『북한·중국관계 1945~2000』 중심 2001

이홍영 역 「미국에 대항하여 조선을 지원한 현명한 정책」 『중소연구』 제8권 4호 한양대
    중소연구소

이홍환 『미국 비밀문서로 본 한국현대사 35장면』 삼인 2002

정욱식 『핵의 세계사』 아카이브 2012

정일권 『정일권 회고록』 고려서적 1996

제임스 메트레이 저, 구대열 역 『한반도의 분단과 미국』 을유문화사 1989

진실·화해를 위한 과거사정리위원회 『진실화해위원회 종합보고서 Ⅲ. 민간인 집단희생사건』
    2010

커밍스·할리데이 『한국전쟁의 전개과정』 태암 1989

하리마오 『38선도 한국전쟁도 미국의 작품이다』 새로운 사람들 1998

홍학지 저, 홍인표 역 『중국이 본 한국전쟁』 한국학술정보 2008

황성환 『제국의 몰락과 후국의 미래』 소나무 2009

　많은 한자와 영어 낱말까지 겹쳐서 까다롭고 시간이 걸리는 타자에 참여해주신 여러분들과 편집해주신 분에게 깊은 감사를 드립니다. 그리고 평생 반실업자가 된 가장의 무리한 행동에 묵묵히 참고 협력해준 가족들에게도 미안하고 감사하는 마음입니다.

2019년 1월　박지동 올림

차 례

자주 · 평등 · 민주 · 정의 · 복지 세계 실현을 위한
우선 과제는 진실역사의 공정한 인식과 실천

제1장 미군은 '반격'의 명분 앞세워 무차별 폭격, 중국군 참전

제2장 미군의 38선 이북 공격으로 전영토 식민지화 야심 보여

제3장 누가 민중을 학살하는 침략자인지 명백해져

제4장 제국주의 최강자 휴전 제의, 해방세력에 힘의 한계 실감

제5장 전쟁은 남북동포끼리를 증오스러운 적으로 미국을 생명 · 재산 보호의 구세주로 왜곡시켜

제1장
미군은 '반격'의 명분 앞세워
무차별 폭격, 중국군 참전

1. 북군 진격로 차단 구실, 남북에 걸쳐 도로 · 가옥 대량 파괴

1) 장거리 · 고공 전략폭격기 B29 130대, 닥치는대로 민간인 살상

미 공군은 한국전쟁 초기 급박한 전선 상황 때문에 다수의 B-29기들을 원래 용도와는 달리 지상군 근접지원작전에 대거 동원했다. 7월 10일에서 26일 사이에 130대의 B-29기가 근접지원작전에서 필수적 요소라고 맥아더는 강조했다.

그러나 같은 시기 대부분의 공군 인사들은 맥아더의 주장에 의문을 표하고 있었다. 극동공군 장교들이 볼 때, 당시 인민군은 별 어려움 없이 병력과 보급품을 전선까지 지속적으로 이동시키고 있었다. 적 후방지역에 대한 적절한 차단계획이 실시되지 않았기 때문에 전선의 인민군 병력은 빠르게 증강되었다. 웨일랜드Otto Weyland는 당시 상황을 "마치 폭포 아래에서 흐름을 막는 것과 같았다"고 말했다.

공군 측의 우려는 1950년 7월 22일 유엔군 최고사령부에 목표선정위원회Target Selection Committee가 수립되면서 해소되기 시작했다. 목표선정위원회는 7월 24일 회의 끝에 1개의 B-29전대는 근접지원에 당분간 머물지만, 나머지 2개 전대는 차단작전을 위해 활용되어야 한다고 제안했다. 7월 25일 맥아더는 B-29기 2개 전대는 주로 38선 이북지역에 대한 차단작전을 수행하고, 나머지 1개 전대는 근접지원작전을 수행한다는 계획에 결국 동의했다.

(1) 열차·교량·탱크·병력 이동을 막고 북쪽 인구밀집 지역을 초토화

앞에서 살펴보았듯이, 미 공군은 전략폭격과 차단작전이라는 명목 하에 북부의 주요 도시들의 인구밀집지역 상당부분을 공중폭격으로 파괴했다. 그리고 인민군의 남진과 함께, 병력과 보급품 통과지역이 대부분의 남한지역으로 확장되면서 미 공군은 어쩔 수 없이 적 점령하의 38선 이남지역에 대해서도 차단작전을 수행하지 않을 수 없게 되었다. 극동공군은 1950년 7월 1일 한강 남안을 따라 최초로 폭격선을 설정했는데, 이 폭격선이 유엔군 후퇴와 함께 결국 낙동강 인근까지 내려오게 된 것이다.

스트레이트마이어는 조종사들에게 폭격선 남쪽의 목표물 공격 시에는 공격 이전에 적극적으로 목표물을 확인할 것을 요구했지만, 폭격선 북쪽의 목표물에 대해서는 제한 없는 공격을 허락했다. 폭격선은 전선의 남하와 함께 남쪽으로 이동했고, 제한 없는 공격의 범위는 남한지역 전반에 걸쳐 점차 확장되었다.

전쟁 초기의 여러 우여곡절을 거치며 잠시나마 근접지원에 동원되었던 B-29기들은 다시 차단작전에 대거 투입되기 시작했다. 마치 폭포 아래에서 물의 흐름을 막는 것 같다고 투덜대던 미 공군 관계자들은 상류의 흐름 자체를 차단하기 위한 작전을 좀 더 본격적으로 수행하기 시작했다. 물론 차단작전의 주목표는 앞서 살펴보았듯이 병력과 보급품의 주요 거점이자 이동경로인 북부지역에 집중되었다. 그러나 남한지역 역시 차단작전에서 예외일 수 없었다. 특히 남한지역 작전에서 가장 강조된 것은 교량의 차단이었다.

열차·차량·탱크·병력의 이동을 막기 위한 교량의 파괴는 전쟁발발 시점부터 남한지역에서 가장 강조된 작전 중 하나였다. 1950년 6월 28일 극동공군은 남한지역 파괴 우선순위에서 교량을 탱크와 병력 다음의 3순위 목표로 지정했다. 6월 29일 극동공군은 모든 한강의 교량을 파괴하라고 지시했다. 전쟁이 발발하고 10여일이 지난 7월 7일 극동공군은 인민군의 전선지역에 대한 보급 활동이 교량 폭격에 의해 명백히 둔화되었다고 보고했다. 이런 현상은 특히 서울·평택·안성·청주 지역에서 두드러졌다. 이는 서울~청주 라인에 있는 크고 작은 모든 교량들이 극동공군의 폭격 대상이 되었음을 의미한다. 극동공군 폭격기들은 전쟁 발발 시점부터 남한지역의 교량들을 눈에 띄는대로 속속 파괴해나갔다.

전쟁 초기 남한지역 교량 공중공격은 필연적으로 많은 민간인 희생을 야기할 수밖에 없었다. 전쟁의 포화를 피해 길을 떠난 민간인들이 피난행로의 병목과도 같은 교량에 대거 운집한 상황에서 북군의 전선 진입을 차단하고자 했던 유엔 지상군과 공군은 피난민들에게 사전 경고 없이 교량을 폭파하곤 했다.

공중폭격에 의한 교량 파괴는 아니었지만, 1950년 6월 28일 새벽 2시 30분경의 한강다리 폭파는 한국전쟁 초기 교량 파괴에 의한 민간인 희생의 대표적 예다. 다리를 건너지 말라는 어떠한 예고도 없이 진행된 남한군의 교량 폭파로 다수의 민간인들이 목숨을 잃었다. 증언에 따르면 이 한 번의 폭파로 최소 500명에서 최대 4,000명 정도가 사망한 것으로 추정된다.(김동춘『전쟁과 사회』돌베개 2000)

1950년 8월 3일, 미 지상군에 의한 경상북도 칠곡군 왜관읍의 왜관교와 고령군 성산면 득성리에 위치한 득성교 폭파 또한 하나의 사례로 언급될 수 있다. 미 육군 3개 사단은 낙동강 동쪽 제방까지 퇴각한 뒤, 북군의 사용을 막기 위해 다리를 폭파했다. 참전 미군과 한국인 목격자들의 증언과 미군 문서에 의하면 폭파 당시 다리 위로는 수많은 피난민들이 강을 건너고 있었고, 이중 수백 명이 사망했다.

이 사례들은 지상군의 교량 폭파에 의한 민간인 피해 양상을 보여준다. 전쟁 초 북측의 공격에 후퇴를 계속하던 미 8군과 남한군은 북군의 이동을 지연시키기 위해 주요 교량을 폭파하며 퇴각했다. 이들은 교량을 건너는 민간인들을 자신의 두 눈으로 확인했음에도 불구하고, 피난민에 대한 통제지시 없이 폭격을 예정대로 실시했다. 이는 한국전쟁 초기 미 공군의 주요 공격목표였던 교량 폭격과 관련하여 중요한 시사점을 던져준다. 교량 위 피난민을 가시적으로 확인할 수 있었던 지상군조차 피난민을 통제하지 않는 상황에서, 고공의 폭격기 조종사들이 피난민 존재를 확인하고 통제했을 가능성은 매우 희박하다. 더불어 폭격기들의 차단작전이 피난민들의 이동시간대인 낮 시간에 집중되었다는 점, 전쟁 초기 교량은 피난민들의 병목지점이 될 수밖에 없다는 점에서 미 공군 교량 폭격에 의한 민간인 희생 규모는 컸으리라고 짐작된다.

B-29기 파괴폭탄의 위력은 민간인 희생의 가능성을 추측케 해준다. 예고 없이 진행된 폭격으로 교량 위의 민간인들뿐만 아니라, 교량 인근에 거주하거나 이동 중이던 사람들까지 모두 B-29 차단폭격작전의 희생양이 되었을 것이다. 한국전쟁 초기 미 공군의 교량 폭격은 설사 고의성이 없었다 할지라도 적잖은 민간인 희생자를 양산할 수밖에 없었다.

교량 폭격보다 훨씬 더 많은 민간인 희생을 낳았던 목표물은 도심에 위치한 철도역과 조차장이었다. 북조선지역 사례에서 볼 수 있었던 것처럼, 인구가 조밀하게 밀집해 있던 도심의 역과 조차장을 향한 B-29기의 대량폭격은 북과 남을 가릴 것 없이 필연적으로 대규모 민간인 희생을 동반할 수밖에 없었다. 그 대표적 사례로는 서울 용산역과 조차장을 향한 대량폭격을 들 수 있다.

1950년 7월 1일, 미 극동공군사령관은 한강 이남을 따라 형성된 최초의 폭격선을 발표하고 폭격선 북쪽의 목표에 대해서는 아무런 제한 없는 공격을 가해도 된다고 지시했다. 이는 곧 서울지역의 주요 시설들이 전황에 따라 제한 없이 파괴 가능한 군사 목표가 되었음을 의미했다. 그러나 미 극동공군 기록에 따르면, B-29기는 6월 29일과 30일 한강 북안 폭격 이후 7월 16일 용산지역 폭격이 있기까지 한강교량 폭격 이외에는 단 한 차례도 서울지역 폭격에 활용되지 않았다. 앞서 7월 13일 원산폭격에 극동공군 폭격기사령부 전력의 98퍼센트에 해당하는 55대의 B-29기들이 동원된 사례를 통해 알 수 있는 것처럼, 당시 B-29기들은 북조선지역 전략폭격과 차단작전에 자신의 역량을 최대한 집중하고 있었다.

그러나 7월 중순에 이르러 유엔지상군의 전황이 악화되면서, 미 극동공군 수뇌부는 B-29기 폭격 대상에서 잠시나마 벗어나 있던 서울지역 대량폭격을 진지하게 고려하기 시작했다. "마치 폭포 아래에서 흐름을 막는 것 같았다"는 웨일랜드의 당시 전황 묘사에서 알 수 있는 것처럼, 서울 조차장 파괴를 포함한 남한지역 차단작전의 수행도 긴급히 필요하게 된 것이다. 1950년 7월 12일 극동공군사령부는 서울 조차장 파괴에 대해 기본적으로 승인하면서도, 다음과 같은 조건을 중요하게 제시했다. "서울 조차장의 파괴가 중요하다 할지라도, 도시 자체를 공격할 수는 없다." 이 같은 지시는 사실상 전쟁 초기 북조선지역 전략폭격 과정에서 강조된 '군사목표 정밀폭격' 정책의 연장선상에서 하달된 것이었다.

7월 15일 맥아더는 다음날 수행예정인 서울 조차장 폭격과 관련하여, 육안폭격으로만 공격을 진행하라고 지시했다. 맥아더는 당시 폭격술로는 사실상 맹목폭격과 다름없었던 레이다폭격 대신, 폭격의 정확도를 높일 수 있는 육안폭격을 명령했다는 것이다.

7월 16일, 극동공군 폭격기사령부 산하의 B-29기 55대가 한반도를 향해 출격했다. 이들 중 제92폭격전대 소속의 B-29기 8대는 청주 전선 부근 근접지원작전에 임했고, 나머지 제19폭격전대와 제22폭격전대 소속의 B-29기 47대는 서울 조차장 차단폭격작전을 수행했다. 서울로 출격한 B-29기들은 조차장 내 철도차량과 철로를 파괴하고, 철도공장을 불태워버렸다.

(2) 맥아더, 북군의 진격 속도 빨라지자 남쪽에도 폭격 강화 명령

한국전쟁의 초기 B-29기는 북조선지역에서 압도적인 파괴 활약상을 보여주고 있었다. B-29기의 대량폭격은 평양·원산·홍남·청진 등의 군사·산업시설 뿐만 아니라 인구밀집지역 상당부분을 동시에 허물어뜨렸다. 북조선의 상공을 제 안방 드나들 듯이 비행하는 B-29기 편대는 그 존재만으로도 북측 지도부와 주민들을 두려움에 떨도록 만들기에 충분했다.

B-29기의 대량폭격에 두려움을 느낀 것은 비단 북부 사람들만이 아니었다. 38선 이남지역의 북군과 남한주민들까지도 이내 B-29기 대량폭격의 위력에 공포를 느끼게 되었다. 미 극동공군은 한국전쟁 발발 직후에는 B-29기를 북부 지역 전략폭격과 차단작전에만 활용할 예정이었으나, 지상전의 상황이 급격히 악화되자 B-29기를 남한의 지상군 '교전지역'까지 불러들였다. 유엔군 사령관 맥아더는 지상군의 수세상황에 맞서 공군의 근접지원작전을 매우 강조했다. 특히 파병시기가 가장 빨랐던 미 제24사단이 위험에 직면하자 7월 9일 맥아더는 B-29 중폭격기 전부를 출동시켜 악전고투하는 지상군을 지원해야 한다고 주장했다.

이에 극동공군사령관 스트레이트마이어는 평양·서울·원산 조차장 폭격 계획을 즉시 취소하고, B-29기의 근접지원계획을 이행하기 시작했다.(천안지역의 위협을 "중대하고 매우 위험한 상황"이라고 묘사한 극동군 최고사령관의 요구에 따라 계획된 중폭기의 교량 폭격이 취소되고, 대신 천안지역의 인민군 무기와 기계장비가 집중된 곳에 공격이 시행되었다. FEAF Combat Operations Division, 1950)

이후 폭격기사령부의 B-29기들은 매일 남한지역 전선 부근에 대량폭격을 실시했다. 7월 10일과 11일 B-29기 10대가 천안~평택지역 근접지원에 동원되었다. B-29기들은 차량·탱크·조차장·병력 등을 공격했다. 7월 14일 스트레이트마이어는 B-29기 1개 전대를 전술적 목표물 공격에 활용하고, 다른 1개 전대를 전략적(원거리) 목표물 공격에 활용하는데 동의했다. 7월 18일 스트레이트마이어는 근접지원작전을 최우선으로 간주하라는 명령을 폭격기사령부에 하달했다. 이후 전통적으로 적군과 아군의 교전지역 공중폭격에 부적합한 폭격기종으로 간주되었던 B-29기들이 남한의 전선 부근에도 등장하면서, 한국전쟁기 미 공군에 의한 소위 '융단폭격carpet bombing'신화(대규모 전략 폭격에 의한 파괴)도 동시에 형성되기 시작했다.

폭격기사령부 B-29기들의 근접지원작전이 절정에 이른 시점은 1950년 8월 중순이었다. 8월 중순 인민군은 낙동강 전선을 돌파하여 부산을 점령할 목적으로 낙동강 북안의 경북 칠곡군 왜관읍 주변에 병력을 결집하고 있었다. 맥아더는 8월 13일 극동공군사령관을 자기 사무실로 불러 적의 대병력이 집결하고 있는 지역을 B-29기 '전부'를 동원하여 융단폭격 하라고 지시했다. 스트레이트마이어는 다음날 폭격기사령관 오도넬과 협의를 거쳐 극동공군 작전부장 크랩에게 다음과 같은 전문을 보냈다.

우리는 가로 1마일(1.6킬로미터) 세로 5마일(8킬로미터) 구역에 70대의 B-29폭격기를 동원하여 500파운드(225킬로그램) 폭탄 2520발을 투하하도록 한다. 극동공군 폭격기사령부에서 이 폭탄을 탑재할 것이며 8월 16일에 이 임무를 수행할 준비를 갖추게 한다. 고도 5000~6000피트에서 폭탄을 투하하려면 양호한 기상이 필수적이다. 아군 병력에 대한 오폭을 막기 위해 낙동강 같은 명확한 지형지물이 있어야만 한다. 만약 북군이 낙동강 동안에 대한 대량공격을 강행할 경우, 이런 공격은 매우 효과적일 것이라고 생각한다.(날씨가 좋다면 8월 16일 수요일, 악천후 시에는 8월 18일로 연기될 수 있다.)

○ **폭격 목표 우선순위** ① 근접지원 ② 비행장과 그곳에 있는 비행기 ③ 주요 교량의 파괴를 통한 전장의 고립 ④ 적 통신시설의 파괴 (a) 38선 북부의 주요 교량 (b) 조차장 (c) 항구 ⑤ 정유소·원유 저장고의 파괴 ⑥ 발전소와 산업시설 목표에 대한 파괴.(FEAF Combat Operations Division, 1950)(Stratemeyer, 'Diary', 1950.8.14.)

작전수행 이틀 전 작전부장에게 전달된 명령의 개요를 통해 알 수 있듯이, 8월 16일에 예정된 왜관지역 폭격은 해당 지역을 완전히 '초토화'시키는 작전이었다. 225킬로그램 폭탄 2500발이면 해당 지역에 촘촘히 수를 놓듯 폭탄을 투하할 수 있었다.

당시 폭격사령부의 폭격 후 사진 설명은 이러했다

"한국 내 육군의 요구에 따라 미 공군의 B-29기들은 지상군에 대한 직접지원을 위해 대량폭격을 실시했다. 이 사진들은 실제 폭격과정에서 촬영된 것들이다.(이 책에는 사진을 싣지 않았음) 모든 폭탄은 약 3.5 × 7.5마일(5.6×12킬로미터) 구역의 낙동강 서안에 투하되었다. 모두 목표지점에 대한 평가는 이루어질 수 없었다."

그러면 이 같은 무차별적 대량폭격을 통해 발생한 군사적 효과나 인명 피해는 어느 정도였을까? 폭격 후 폭격기사령부의 오도넬 소장은 직접 목표 상공을 2시간 반 동안 정찰했으나 북군의 활동과 관련된 어떤 증거도 발견할 수 없었다. 그는 협소한 지역에 적군이 집결되어 있거나 지상 상황이 매우 급박한 경우가 아니라면, 이런 작전을 수행하지 말아야 한다고 조언했다.

○ "오도넬 발송 : 8월 16일에 있었던 공격 평가 질문에 대한 답변입니다. 나는 그 지역에 약 2시간 반 동안 머문 아군 대공포화 이외에는 어떤 움직임도 보지를 못했습니다. 비행기 역시 1대도 보지 못했습니다. 비행단이 넓게 배치되어 있어 집중적인 폭격은 불가능할 것으로

생각했고, 폭격을 하더라도 심리적인 효과 외에 실질적인 효과는 없었을 것으로 생각됩니다. 물론 정확하게 파괴된 목표도 있었을 것입니다. 이런 유형의 폭격에서 가장 좋은 방법은 1평방마일당 300톤을 투하하는 것입니다. 우리의 군사력을 생각해볼 때 3평방마일의 구역이 가장 적절했을 것입니다. 목표구역이 작거나 상황이 매우 급박하다고 생각되는 경우가 아니면 이런 유형의 임무에 반대하시길 바랍니다. 물론 폭탄 소비의 측면에서도 지나치게 낭비적입니다. 요꼬따에 있는 500파운드 폭탄들이 거의 다 소모되어가고 있습니다." (Stratemeyer, 'Diary', 1950.8.18.)

제5공군 사령관 파트리지 또한 육군사령관들이 공군력의 한계에 대해 알게 되었을 것이라고 자평했다. 8월 19일 스트레이트마이어는 B-29폭격기를 더이상 전선 근처에 투입하지 말아야 한다고 맥아더에게 권고했다.

직접 지상에서 왜관폭격을 지켜본 백선엽 또한 공군장교들과 비슷한 평가를 내렸다. 그의 회고에 따르면, 인민군의 주력부대는 이미 낙동강을 도하하여 남한군과 근접대치 중이었기 때문에 치명적 타격을 피할 수 있었다. 백선엽은 8월 16일 왜관폭격의 진정한 효과는 물리적인 것이 아니라 심리적인 것에 있었다고 말한다. 폭격 전날의 융단폭격 소식은 남한군 병사들의 사기를 치솟게 했기 때문이다. 백선엽의 회고는 오도넬의 평가와 상당히 일치한다.

북측 종군기자 리태준 또한 8월 16일 B-29기 근접지원 대량폭격작전의 비효율성에 대해 언급했다. 다음의 글을 살펴보자.

놈들의 왜관 방어진지가 종심 깊이 뚫어져버린 十六일은 밝기 전 새벽 세시부터 약목시 주변에 남은 농촌에 기총소사를 시작하였다. (…) 八, 九대씩 편대로 오더니 우리가 있는 산에서 一천五백메-터 밖에 있는 과수원과 농촌에 폭탄을 퍼부었다. 인민군들은 이놈의 비행기를 '머저리'라 부르거니와 무엇을 보고 무엇 때문에 폭탄을 쏟는지 알 수 없는 것이다. 농민들을 죽이고 그들의 주택과 농장을 파괴하는 것 이외에는 다른 아무 결과도 없을 짓을 하고 있는 것이다. 폭격기 편대가 열한 차례나 와서 퍼부었다. (…) 이날 조선농민은 로소남녀 또 二백여명이 뼈도 추리지 못할 참혹한 죽엄을 하였고 동네 하나와 과수원들이 재와 가루가 되었다. (「전선은 대구를 향하여(하)」 『로동신문』 1950.9.7.)

윗글에 따르면, 리태준이 속한 부대는 폭격지역으로부터 1.5킬로미터 떨어진 산 위에 위치하고 있었다. 북군은 산속의 자신들과 동떨어진 지역에 집중폭격을 하고 있는 미 공군의 행태를 이해하기 힘들었다. 이들은 엉뚱한 곳을 공격하는 미 공군을 "머저리"라고 조롱했다. 리태준은 8~9대의 편대들이 11번 나타났다고 주장했는데, 이는 98대라는 당일 B-29기 출격수와 사실상 일치한다. 리태준은 왜관지역에서 200여 명의 민간인이 희생되었다고 주장했다.

실제로 리태준의 주장은 반세기가 지난 후 진실화해위원회의 전쟁피해자 진상규명과정에서 드러난 해당 지역 폭격피해 묘사와 매우 유사하다. 당일 공중폭격을 직접 목격했던 이○○은 폭격피해를 당한 마을의 명칭이 사무실과 사창이며, 각각 70호와 60호의 민가로 구성되어 있었다고 증언한다. 당시 마을 인근 지역은 분지 지형으로서 안전하다고 소문이 나 낙동강을 건너지 못한 피난민들이 상당수 모여들었다고 한다. 피난민들은 흰옷을 입고 있었고, 폭격 당시 마을에는 인민군이 없었다. 이○○에 따르면, 사건 직후 면장이 파악한 전체 희생자수는 131명이었다.(진실화해를 위한 과거사정리위원회 『2010년 상반기 조사보고서, 2010.1.1.~2010.6』)

당일 폭격으로 머리에 박힌 파편 8개를 제거해야 했던 장○○ 또한 해당 지역이 피난골이라고 불릴 정도로 안전하다고 소문이 나 냇가에 300~400명의 피난민들이 운집했다고 증언한다. 그는 피난민들이 삼베나 옥양목으로 만든 흰옷을 입었고, 마을에는 인민군이 없었다고 한다. 그의 증언에 따르면, 폭격으로 마을이 불바다가 되어 하루종일 불길이 일었다고 한다.

최○○는 피난민들이 하복인 홑적삼을 입고 있었고, 그 시신들이 물에 휩쓸려 떠내려가서 전체적으로 얼마나 죽었는지를 알 수 없다고 말했다. 131명으로 신고된 공식적 희생자 외에 그 규모를 예측하기 어려운 피난민 피해까지 합할 경우 약 200여 명의 민간인이 희생되었다는 리태준의 주장은 결코 과장된 것이 아님을 알 수 있다.

왜관폭격 직후 스트레이트마이어는 맥아더에게 중폭격기를 활용한 대규모 근접지원작전의 비효율성에 대해 분명하게 전달했다. 그러나 극동군사령부는 한국에서 지상병력을 돕기 위해 B-29기 활동을 지상군 지원에 집중시킬 수 있는 방안을 연구하라고 오도넬 장군에게 지시했다.

8월 16일 왜관폭격 이후 9월 초순까지 B-29기의 대규모 근접지원작전은 거의 눈에 띄지 않는다. 이는 이 기간 동안 B-29기의 남한지역 활동이 미미했음을 의미하는 것은 아니다. B-29기들은 남한지역에서 근접지원과 더불어 전술항공작전의 양대 축을 이루고 있던 차단작전에 투입되어 계속 활동하고 있었다. B-29기들은 남한지역 전선의 유동성에 따라 언제든지 근접지원작전에 투입될 수 있었다. 실제로 9월 중간에 간헐적으로 진행된 대규모 근접지원작전이 그 직접적 예다.

9월 2일 폭격기사령부의 B-29기 25대는 김천·거창·진주에 225킬로그램 폭탄

803발을 투하했다. 이 공격은 원래 이날 해주의 조선질소폭약공장을 공격하기로 예정되어 있던 제307폭격전대에 의해 이루어졌다. 다음날인 9월 3일에는 35대의 B-29기들이 안동·성주·의성·합천·고령·상주·영동·제천 전선 부근의 병력과 장비를 공격했다. 9월 18일에는 42대의 B-29기들이 왜관 서쪽과 북서쪽 지역의 2곳에서 대규모 근접지원폭격을 전개했다. 극동공군작전사는 이곳에 적 병력들이 집중해 있었다고 적고 있다.

B-29기의 근접지원작전에 의한 민간인 피해규모는 산출이 불가능하다. 이는 목표물을 구체적으로 분간해낼 수 없는 고공에서 폭격이 수행되기 때문이다. 즉 미 공군에게도 B-29기에 의한 인명살상 규모에 대한 정보는 없다는 것이다. 그러나 대전·영동·제천·대구·김천·안동 등 중소규모 도시를 중심으로 행해진 폭격작전에서 적잖은 민간인이 희생되었을 가능성은 충분하다. 한국전쟁기 극동공군 폭격기사령부가 자신들의 작전사에서 '유일한' 민간인 거주지역 '오폭' 사례라고 시인한 사건이 있다.

1950년 7월 17일 B-29기들의 안동지역 폭격이 그 예다. 당시 인민군은 문경·단양·영주 지역까지 진격한 상황이었고, 원래 폭격기사령부는 단양과 풍기를 폭격할 예정이었다. B-29기는 목표지역 자체를 완전히 오판한 상황 속에서 안동을 단양 인근으로 착각하고 폭격을 수행했다. 여기서 문제가 된 것은 안동이 전선과 완전히 무관한 아군의 후방이었다는 점이다. 아마 폭격선 이북지역에 대한 오폭이었다면, 이는 아무런 문제도 되지 않았을 것이다. 극동공군은 안동지역 오폭 결과 22명의 민간인이 사망했고 8명이 부상당했으며, 미국인 희생자는 없었다고 보고했다. 이들에게는 적과 동지가 함께 폭격의 대상이었다.

2) 민간인에 무차별 폭격, 극악스러운 동족 증오·적개심 조장

(1) 조종사들은 흰옷 입은 주민들을 모두 '위장한 적군'으로 폭격

1950년 7월 중순 이후로 전폭기 조종사들은 낮 동안 전선 부근에 잠복한 인민군 병력들을 색출해내는데 매우 큰 곤란을 겪고 있었다. 인민군의 적극적인 병력 은폐는 미 공군의 불안정한 전술항공통제시스템, 전폭기의 기계적 한계 등에 더해 조종사들에게 임무완료의 막중한 부담을 안겼다. 조종사들은 상당수의 작전과정에서 연료 부족의 압박감 속에 10~15분 내에 자신의 폭격임무를 완수해야만 했다. 게다가 전폭기 착륙시 안전보장을 위해서는 일단 전폭기에 싣고 간 로켓이나 폭탄을 모두 소진해야만 했다.

한국전쟁시기 전폭기 조종사들은 제한된 시간 안에 탑재된 무기들을 자신의 임무구역 내에서 어떤 형식으로든 모두 투하하고 돌아올 수밖에 없었다. 필자와 인터뷰한 한국전쟁 참전 조종사 또한 모든 전폭기가 자신의 무기들을 임무구역 내에서 소진하고 돌아왔다고 증언했고, 실제로 한국전쟁기 전폭기 임무보고서들을 살펴보면, 모든 로켓과 폭탄이 임무구역 내에서 소진된 양상을 쉽게 확인할 수 있다.(「퇴역 조종사 A장군과 김태우의 인터뷰」 2011년 1월 14일 경기도 A장군 자택)

전폭기 전술항공작전의 위와 같은 다양한 구조적 한계들은 당시 남한의 민간인들에게도 비극적 현실이 될 수밖에 없었다. 전술항공작전의 여러 구조적 한계 속에서 상당수의 미군 조종사들은 적 병력의 존재여부를 확인하지 못한 채 도시와 농촌을 향해 무차별적으로 폭탄을 투하했기 때문이다. 이들은 안정적 전술항공시스템 하에서 군사목표만을 엄격하게 선별적으로 공격하는 것이 아니라, 폭격선 너머의 민간지역내에서 적으로 의심되는 것, 적으로 믿고 싶은 것, 증거는 없지만 육감적으로 적인듯한 것을 향해 무분별하게 폭격을 가하기 시작했다. 조종사들은 북한군 점령지역의 한국 민간인들을 "위장병력"이나 "게릴라 본부"와 동일시함으로써 자신의 공격을 적극적으로 정당화했다.

한국인의 입장에서는 왜, 어떻게 한국의 절대 우방국인 미국의 군인들이 대한민국 국적의 국민들을 향해 무차별적으로 대량공격을 가했는지 상식적으로 이해하기 힘들 수도 있다. 그러나 한국전쟁 초기 남한지역에서조차 미 공군 전투기들은 적의 존재를 발견할 수 없는 남한 도시와 농촌에 매우 일상적으로 폭격을 가했고, 심지어 천여 명 이상의 피난민들이 모인 지역에 반복적인 폭격작전을 펼치기도 했다.

지금부터 제시할 남한 내 도시와 농촌, 민간인 무리를 향한 전폭기 공격 사례들은 모두 한국전쟁기 미 공군이 직접 작성한 문서들에 근거한 것들이다. 공군조종사들이 작성한 수많은 임무보고서와 한국전쟁 당시에 실시된 조종사 인터뷰 자료 등은 전폭기 조종사들의 한국 민간인에 대한 인식과 민간인 거주지역 폭격의 구조 등을 또렷이 보여주었다. 이로써 미국의 조종사가 북폭 과정에서 저질렀을 증오의 파괴·학살행위를 미루어 짐작할 수 있을 것이다.

① 조종사는 전쟁세력 상부 지시에 맹종한 기계였다고 실토

훈련과 임무명령뿐 아니라 조종사 스스로의 동기부여 또한 매우 개인적 욕망추구의 관점에서 진행되었다. 한국전쟁에서 전폭기를 몰았던 조종사 스터전은 "공군에서 입지를 보장받기 위해 전투에 자원했다"고 언급했다. 그의 참전 이유는 애국심 같은 도덕적 명분이 아닌 개인적 출세와 성공이었다. 제8전폭비행단장 윌리엄 엘더 또한 한국에서의 전투비행임무가 자신의 비행경력에 중추적 위상을 차지할 것이라고 언급했다. 그는 "나에게 이런 계기가 없었다면 (…) 비행사단에 계속 배속된다는 것은 꿈도 꿀 수 없는 일이었다"고 말하며, 한국전쟁 경력이 자신의 성공에 중요한 역할을 했다고 평가했다.

개인적 성공이라는 목표 외에 전투기 조종사들에게 중요했던 비행 동기부여 요소는 '동료들의 압력'이었다. 조종사들은 일단 공격을 위한 진입대열에 서면 동료들에게 창피한 꼴을 보이지 않기 위해서라도 전투공격을 회피할 수 없었다. 공격을 중단시킬 권한은 대개 전투경험이 풍부한 편대장만이 갖고 있었다. 편대원들은 용맹한 편대장들의 통솔에 따를 수밖에 없었다. 개인적 출세나 동료들의 압력은 모두 지극히 개인적인 동기부여였다. 어느 누구도 위기에 처한 국가나 국제질서, 상대방 나라의 처지 등을 논하지 않았다. 더구나 2차대전시 조종사들에게 강조된, 파시즘의 축출 같은 정치적 구호들은 한국전쟁 과정에서는 완전히 배제되었다.

한국전쟁시기 조종사들의 전형적인 일과는 동트는 새벽녘부터 시작되었다. 대부분의 조종사들은 공군의 자유로운 분위기 속에서 술을 많이 마셨기 때문에 아침이면 숙취로 고생하는 이들이 많았다. 조종사들은 아침을 간단히 해결한 후 전투작전상황실에서 임무브리핑을 받았다. 한국전쟁시기 폭격기와 전폭기 조종사들은 이른 아침 임무브리핑으로 하루를 시작했지만, 브리핑 내용에 구체적 폭격방법과 목표물 색출법이 제시되지는 않았다. 브리핑의 주요 내용은 지상현황, 대공포 위협, 도피 및 탈출 방법, 모母기지 및 작전임무지역의 기상시간 등이었다.

최종적으로 해당 편대의 편대장이 "프래그FRAG"라고 부르는 당일 임무에 대해 설명해주었다. 프래그는 문자 그대로 일일전투명령 쪽지fragment를 뜻했다. 편대장은 비행기 엔진시동 시간, 비행지역과 비행고도, 수행해야 할 특수임무 등에 대해 지시하고, 조종사들은 비행지도·필기구·메모판·비상탈출시 사용할 암구호 등을 챙겼다. 조종사들은 개인적 역할 분담을 위한 비공식적 회의를 진행한 후 바로 비행에 임했다.

일단 한반도 상공을 향해 출격한 모든 전폭기 조종사들은 기계적이고 기능주의적으로 자신의 임무를 처리하곤 했다. 한국전쟁기 전폭기 편대들의 수많은 임무보고서에 따르면, 조종사들은 자신의 임무구역에 들어가자마자 전술항공작전의 컨트롤 타워인 전술항공통제센터TACC와 접속을 시도했다. 한국전쟁기 전술항공통제센터 호출구호는 '멜로우Mellow'였다. 전폭기들은 전술항공통제센터와 접속될 경우, 그 즉시 해당 임무구역 내의 지상통제관 전술항공통제반TACP이나 공중통제관 모스키토기와 연결되었다.

이후 교신에 성공한 전폭기들은 적의 존재 유무를 확인하지도 않은 채 정찰병의 지시에 따라 무조건 표적에 무기를 쏟아 부은 후 자신의 공군기지로 돌아갔고, 교신에 실패한 전폭기들은 연료 부족의 압박감 속에 어떤 형식으로든 짧은 시간 내에 자신의 공격임무를 완수하고 기지로 귀환하려 했다. 전폭기 조종사들은 그저 정찰병의 지시를 기계적으로 따르거나, 무감각하게 임무구역 내에 폭탄을 소진하는 것으로 자신의 역할을 한정했다. 그들은 자신의 타깃이 구체적으로 무엇이고, 자신의 작전이 어떤 성격의 군사작전이며, 왜 그 같은 공격을 수행해야만 하는지 되묻는 경우가 없었다.

이처럼 한국전쟁시기 한반도에서 전술항공작전을 수행했던 전폭기 조종사들은 각자의 성장배경과 교육 정도에 더해 조종훈련을 거쳐 실제 폭격에 참여하기까지의 과정을 통해 사상이 철저히 배제된 기능주의적 전쟁기계로 양성되었다. 즉 미국의 전쟁수행을 위한 일종의 부속품으로 육성되었던 것이다. 그러나 이들도 분명 인간이었다. 기계로 육성되었어도 인간이기에 측은지심惻隱之心과 시비지심是非之心(옳고 그름을 판단하는 마음)이 있었고, 그렇기에 괴로워했다. 대부분의 조종사들이 매일 술을 마시지 않고서는 한반도 상공에서 마주하는 정신적 괴로움을 이겨내지 못했다. 심지어 한국전쟁 초기 미 공군 소속의 군의관들은 조종사들의 심리적 고통을 덜기 위해 의도적으로 '임무위스키Mission whisky'라는 술을 모든 조종사에게 권하기도 했다.

조종사들은 기계로 양성되었지만 결코 완전한 기계가 될 수 없었기 때문에 필연적으로 자신의 인격과 개성을 지키기 위해 스스로 무차별적인 민간지역 폭격이나 민간인 공격을 정당화시켜야만 했다. 그러지 않고서는 이 아시아의 낯선 공간에서 그들 대부분은 미쳐버렸을지도 모른다.

② 비인간적 행위를, 악신을 처단하는 하나님 명령으로 합리화

한국전쟁 이전 시기 기독교 목사였던 딘 헤스Dean Hess는 매일 한반도 상공에 F-51기를 몰고 나가 파괴와 살인 행위를 저지르는 자신을 정당화하기 위해 부단히 애썼다. 그가 찾은 최후의 자기정당화 논리는 자신의 모든 전투행위를 일종의 하나님에 의한 '소명'으로 간주하는 것이었다. 헤스는 자신이 비록 살인과 파괴를 저지르고 있지만, 이 또한 신이 자신에게 부여한 소명이라고 스스로를 변호했다. 그는 이 같은 소명의식을 한국전쟁기 내내 재점검하고 정당화해야만 했다. 물론 이 같은 소명의식은 타인의 시선에서 볼 때 상당히 소름끼치게 이기적인 것이었고, 끝내 헤스는 냉혈동물이라는 악명까지 얻게 되었다고 고백했다.(딘 헤스 『신념의 조인』 이동은 옮김, 플래닛미디어 1987)

헤스가 선택한 종교적 소명의식은 한국전쟁기 조종사들의 전형적인 자기정당화 방식은 아니었다. 한국전쟁시기 민간인 살상이나 민간지역 폭격과 관련하여 조종사들이 제시한 가장 상투적이고 전형적인 자기정당화 논리는 크게 2가지다. 첫째는 북조선군 점령지역의 모든 민간인이 궁극적으로 북군의 군사 활동을 돕는 세력으로서 사실상 적과 동일시될 수 있다는 논리이고, 둘째는 군인으로서의 직업정신을 강조하는 논리로, 자신의 민간인 공격을 부대 상관이나 정찰병의 지시에 의한 직업적 임무수행으로 규정하는 것이었다. 침략군의 의식의 한계이자 개인주의 세뇌의 결과였다.

셔우드의 인터뷰 분석결과에 따르면, 조종사들은 살인으로 이어지는 자신의 공격행위를 합리화하기 위해 의식적으로 전투원과 민간인 사이의 구분을 흐리게 만드는 경향이 강했다고 한다. 예컨대 한국전쟁 초기 포항 인근의 촌락에 공중폭격을 가했던 베일리라는 이름의 조종사는 자신이 공격한 민간인 촌락을 "게릴라 본부guerrilla headquarters"라고 규정함으로써 자신의 공격을 합리화했다.

또다른 조종사 제리 민턴은 자신이 공격한 마을들을 "병력집결지점 troop concentration point"이라고 주장했다. 셔우드는 약 50명의 한국전쟁기 조종사와 인터뷰한 결과, 베일리나 민턴뿐 아니라 대부분의 조종사들이 한국의 민간인들에게 "위장병력disguised troops"이나 적 활동에 대한 "지원세력supporters"이라는 꼬리표를 붙여 자신의 공격을 정당화했다고 주장한다.

셔우드의 주장은 한국전쟁 당시에 작성된 미 제5공군 작전분석실의 조종사 인터뷰 결과보고서를 통해 생생하게 뒷받침된다. 한 조종사는 다음과 같이 말했다. "마을 내 민간인 활동의 징후가 보이면, 나는 그곳에 적 병력 또한 있는 것으로 간주한다. (…) 나는 적이 민간인들을 위장용으로 이용하면서 마을 내에 섞여 있었다고 확신한다." 또 다른 조종사는 다음과 같이 말했다. "그들은 명백히 우리 편이 아니었다. 따라서 나는 무자비하게 행동했다. 만약 마을 내에서 사람들이 발견되면, 나는 그들을 병력이나 병력을 지원하는 이들로 간주했다. 적 병력을 지원하는 모든 이는 우리의 적이다. 따라서 나는 그들을 공격할만한 가치가 있다고 생각했다." 또 다른 조종사도 "대개의 민간인들은 우리의 엔진소리에 숨을 곳을 찾는다. 나는 특수한 행동을 발견하면 민간인 병력 혹은 강제된 민간인으로 간주한다"라고 발언하며, 자신의 민간인 공격을 정당화했다. 적의 영토에 있는 민간인들은 그저 적의 지원세력이거나 적 그 자체일 뿐이었다.

또한 제5공군 작전분석실과 인터뷰한 조종사들은 자신의 민간인 공격을 상관이나 정찰병의 지시 이행으로 국한하려는 자세를 취하기도 했다. 예컨대 일부 조종사들은 적 병력 색출과 관련하여 마을과 자연지형 모두를 수색했는데, 이는 "적 병력이 모든 곳에 숨어 있다"는 정보장교들의 브리핑에 따른 것이라고 답했다. 또 다른 조종사들은 산이나

골짜기 같은 자연지형에서 적을 찾지 않고 오직 마을 정찰에만 집중한다고 대답하면서 "정보장교들이 마을 내 적의 체류에 대해 말해주었기 때문"이라고 주장했다. 어느 조종사는 "우리는 움직이는 모든 것을 공격하라는 지시를 받았다(We have been instructed to hit anything that moves)"라고 말하며, 자신의 무차별적 공격을 정당화했다.

한국전쟁 초기부터 민간지역을 향한 무차별적 공격을 퍼붓던 미 공군 조종사들은 위와 같이 각기 다양한 방식으로 스스로를 정당화하며 한반도 상공에서의 정신적 고통을 극복하려 노력했다. 그러나 일부 조종사들은 전쟁이 끝나고 반세기 이상 지난 오늘날까지도 자신의 정신적 고통에 대해 다양한 방식으로 얘기하곤 한다. 아이다호 주 시골의 노동자 가정에서 태어난 하워드 하이너는 2차대전시기 육군과 해군에 헌신한 두 매형을 자랑스러워했던 평범한 어린아이였다. 그는 한국전쟁이 시작되자 공군 학군단에 들어갔는데, 그 이유는 "애국적인 근무의 필요성을 느꼈기 때문"이었다. 그러나 오늘날 그는 한국전쟁 참전 결과로 얻은 공군수훈십자훈장을 "대량학살massacre"의 증거라고 묘사한다. 애국적인 결심에 의해 시작된 전투 행위의 가장 자랑스럽고 상징적인 결과물이 그에게는 가장 치욕적인 원죄로서 가슴에 깊은 상처를 남기고 말았던 것이다.

중산층 백인들의 도시인 웨스트필드에서 성장한 조지 버크는 오로지 비행에 대한 동경심으로 공군 간부후보생에 지원했던 평범한 청년이었다. 그는 한국전쟁에 참전하며, 적군의 최정예 전투기와의 화려한 공중전을 꿈꾸었다. 그러나 대부분의 제트기 조종사의 일상은 일일명령서에 따라 매일 한반도의 촌락들을 향해 로켓을 쏘거나 네이팜탄을 투하하는 일로 점철되어 있었다. 버크는 자신이 공중전의 임무를 주로 수행하는 전투요격기가 아니라 지상폭격 임무를 담당하는 전폭기를 조종하게 되었음을 알고는 득달같이 지휘관실로 달려가 항변했다고 한다. "나는 하찮은 동양인들gooks을 불태워 죽이려 공군에 들어온 것이 아닙니다." 그의 상관도 소리쳤다. "그냥 익숙해지시오!" 갑작스러운 역풍을 맞은 버크는 당황했다. 그리고 이후 그의 상관의 호통처럼 한국에서의 폭격 업무에 익숙해지기 시작했다. 순박한 애국심과 막연한 비행에 대한 동경으로 공군조종사가 된 미국의 청년들은 세계 지배와 무기 판매를 위한 미국의 전쟁수행에 절대적으로 필요한 전투기계로 육성되어, 과거에는 한 번도 들어본 적 없는, 동포형제끼리 싸우게 된 약소국의 흰옷을 입은 평범한 민간인들을 향해 무감각하게 폭탄을 투하하고 있었던 것이다.

(2) 가해자는 희생 없고 네이팜 맞은 동포끼리만 증오심 심화

전술항공통제반이나 모스키토 정찰병의 유도에 의한 공중폭격은 전폭기의 전술항공작전 수행에서 가장 원칙적·보편적으로 활용되는 폭격 절차다. 전선지역에 배치된 통제관의 유도에 의한 폭격은 목표물 발견이 힘든 전폭기 입장에서는 매우 효율적인 공격 방법이었다.

하지만 한국전쟁시기 전술항공작전의 성격 규명에서 중요한 사실 중 하나는 정찰병의 유도에 의해 공중폭격을 실시하는 경우, 일단 공격지시가 하달되기만 하면 모든 전폭기 조종사는 공격지점의 적 병력이나 민간인 존재 여부와 무관하게 '무차별적으로' 공격을 진행했다는 점이다. 전쟁 중 실시된 인터뷰 내용에 따르면, 실제 전폭기 조종사들은 연료 부족에 따른 심리적 압박감 때문에 전술항공통제반이나 모스키토 정찰병의 공격지시에 절대적으로 의존하여 '반문하지 않고' 공격을 실시했다. 1950년 9월 20일경 제5공군 전폭기들의 근접지원 과정에서 발생한 아래의 여러 사례들을 통해 이와 같은 공격 유형들을 검토해볼 수 있다.

16시 55분에 멜로우에 접속했다. 해머Hammer의 통제에 따르라는 지시를 받았다. 해머는 목표물이 없지만 김천(36°08′N - 128°07′E)으로 갈 것을 지시했다. 로켓과 50구경 기관총 탄환을 읍내에 쏟아부었다. 읍내에 남아 있던 가옥들과 건물들에 9×5인치(23 × 12.7센티미터) 고속로켓과 50구경 기관포 탄환을 발사했다. 2발의 로켓 직격탄으로 창고 2곳을 파괴했고 4채의 건물에 피해를 입혔다. (…) 김천의 3분의 1정도가 화염에 휩싸였다. 김천 부근에서 어떤 적 병력이나 움직임도 볼 수 없었다.

위의 사례는 9월 20일 오후 4시 40분에 이륙하여 6시 15분에 기지로 돌아온 제49전투폭격전대(49th Fighter Bomber Group) 제7전투폭격대대(7th Fighter Bomber Squadron) 1개 편대의 일일임무보고다. 이 편대는 3대의 F-80으로 구성되어 있었다. 근접지원임무 222(Close Support Mission 222)로 명명된 이 작전에서 편대는 모스키토 해머의 지시에 따라 무조건 김천읍내에 공격을 가했다. 전폭기들은 김천 읍내의 어느 구역에 적이 있는지 구체적으로 되묻지도 않았다. 그저 "읍내에 남아 있던 가옥들과 건물들 houses and buildings that were remaining in town"에 로켓을 발사하고 기총소사를 가했을 뿐이었다.

○ **동경東經 the east longitude 란쥐튜드**
본초本初 자오선子午線(어떤 지점에서 정북正北과 정남正南을 통해 천구天球에 상상으로 이어 그린 선線)을 0도로 정하여 런던의 동남부 교외 그리니치 Greenwich를 본초자오선의 기점基點으로 하여 동쪽으로 180도까지 사이의 경선. 한반도는 동경 124도~131도 사이에 있다. 북위 = N, 동경 = E로 표시. 서경 역시 180도, 합 360도.

○ **북남위도 the north〔south〕latitude**
  적도赤道를 0도로, 남북 90도씩 구분한 선. 한반도는 북위 33도~43도 사이에 위치.

읍내에 "남아 있는" 건물이라는 표현에서 여러 추가적 사실들을 가늠해볼 수 있다. 제5공군의 김천지역 근접지원작전은 사실상 그 지역의 초토화 형식으로 진행되었고 위의 편대작전 이전에 이미 잦은 공격이 김천지역에 가해졌다는 점 등이다. "김천의 3분의 1 정도가 화염에 휩싸였다About 1/3 of Kumchon is on Fire"라는 표현을 통해 공중폭격의 가공할 위력을 실감할 수 있다. 그러나 이보다 더 주목할 만한 내용은 어쩌면 "김천 부근에서 어떤 적 병력이나 움직임도 볼 수 없었다 Saw no troops or activity near Kumchon"라는 보고의 마지막 문장일 것이다. 전폭기들은 전술항공통제센터 · 전술항공통제반 · 모스키토기의 지시가 하달되면 적 병력 존재 유무와 무관하게 공격을 실시했던 것이다.
  비슷한 시기 경상북도 의성군 의성읍에서 수행된 근접지원임무 150의 예를 보자. 이번에도 제7전투폭격대대의 1개 편대에 의해 수행된 근접지원작전이다.

멜로우에 접속했다. 그는 우리를 의성지역의 모스키토 엔티도트Antidote에게 인도했다. 그가 2개의 다른 편대와 일하는 동안 10분 정도 선회했다. 얼마 후 그는 편대를 의성 북쪽 지점(36°26′N - 128°10′E)의 마을로 유도하여, 적 병력 살상을 위해 마을에 기총소사를 가하고 로켓을 발사하라고 지시했다. 해당 지역 전반에 10발의 로켓과 50구경 기관포를 발사했다. 3채의 가옥이 로켓 직격탄을 맞고 파손되었다. 편대는 병력을 볼 수 없었기 때문에 사살된 적 병력 현황을 알 수 없었다. 통제기로부터도 예상치를 얻을 수 없었다. 건물 북동쪽 1마일(1.6킬로미터) 지점의 수레와 말을 공격했다. 말을 사살하지 못했다.

제7전투폭격대대의 F-80 4대로 구성된 편대는 9월 23일 14시 30분부터 15시 사이에 목표지점의 촌락들에 기총소사를 가하고 로켓을 발사했다. 편대는 "해당 지역 전반에 into the general area" 10발의 로켓과 50구경 기관포로 공격을 가했다. 민간인이 거주할 수도 있는 마을에 구체적 목표물 지정 없이 무차별적 공격을 진행한 것이다. 공격 직후 편대는 어떤 적 병력도 발견할 수 없었다. 편대는 마지막으로 시야에 들어온 말에게 총격을 가했으나 그마저도 적중시키지 못했다.

다음날 김천에서 진행된 근접지원임무 또한 모스키토의 유도에 의한 민간인 거주지역 폭격 양상을 보여준다.

멜로우에 접속했다. 그는 우리 편대를 에이미어블Amiable에게 보냈다. 그러나 그와 접속할 수 없었다. 팬티웨이스트14(Pantywaist14)와 연결되었다. 그는 에이미어블이 공중활동에서 벗어났다고 말했다. 팬티웨이스트는 편대를 김천 상공의 모스키토 해머에게 보냈다. 통제기는 마을 내에 적 병력과 병참 물자가 있으며, 우리 편대가 마을을 불태우길 바란다고 말했다. 편대는 시내에 15회의 기총소사를 가하며 지나갔고, 15발의 로켓을 발사했다. 편대는 시내에서 어떤 적의 활동도 볼 수 없었다. 우리 편대는 시내 10~15곳에 화재가 발생했다고 추측했다. 약 15채의 가옥이 파괴되었고, 비슷한 수의 가옥이 손상되었다고 보고했다. (…) 김천 북쪽 높은 산등성이에서 20여 개의 1인용 참호를 발견했으나 어떠한 병력도 발견하지 못했다. 김천 북쪽 1마일(1.6킬로미터) 지역에 광범위하게 퍼져 있는 100여 개의 은신처를 발견했다.

이 근접지원작전 또한 제7폭격대대 소속의 1개 편대에 의해 진행되었다. F-80 4대로 구성된 해당 편대는 김천에 15발의 로켓을 발사했고, 15회의 기총소사를 실시했다. 이는 "마을을 불태우라wanted flight to burn the town"는 모스키토의 지시에 따른 공격이었다. 그러나 "편대는 마을에서 어떤 적의 움직임도 발견할 수 없었다Flight did not observe any troop activity in the town." 마을 10여 곳에 화재가 발생한 중대형 공격이었음에도 적들은 소총화기로 대공포화 1발도 쏘지 않았고, 북군 복장의 인적조차 발견되지 않았다. 이는 당시 F-80전폭기들이 소수의 북군들만 거주하거나 북군 병력이 아예 거주하지 않는 지역에 폭격을 감행했을 가능성을 시사한다.

실제로 당시 김천 '시내'에는 북군이 아예 존재하지 않았을 가능성이 꽤 높았다. 전쟁 초기 북군은 대로와 도시를 거점으로 전쟁을 수행했으나 미 공군 근접지원폭격이 본격화된 이후 이를 피하기 위해 산으로 숨어들어갔기 때문이다. 게다가 김천은 수일 전부터 미 공군 폭격이 집중적으로 실시된 지역이었다. 사실상 김천 부근에 위치한 부대들은 이미 해당 지역 인근의 산속에 은신했거나, 김천 시내로부터 완전히 벗어났을 가능성이 높았다. 위의 보고에 등장하는 김천 북쪽 산등성이의 1인용 참호들과 100여 개의 은신처를 그 일례로 들 수 있다. 민간 마을 폭격은 대량 학살을 의도한 행동이었다.

같은 시기 이와 유사한 사례들은 무수히 많다. 제7폭격대대의 1개 편대는 김천 공격 전날인 9월 23일 현재의 포항시 북구 신광면 토성리를 공격했는데, 해당 보고서의 말미에도 "마을 좌우의 양쪽 언덕에 1인용 참호들이 발견되었다"는 관측 내용이 등장한다. 9

월 20일에는 북군 100여 명을 총살시킨 성공적 공격보고가 있었는데, 해당 편대가 북군을 찾아낸 곳은 경상북도 현풍 서쪽 4.8킬로미터 지점(35°41′N - 128°24′E)의 언덕(Hill 409)이었다. 편대는 그곳에서 많은 1인용 참호들과 오솔길을 볼 수 있었다고 보고했다.

이러한 보고들은 모두 이 시기 북군의 전투수행방식과 밀접하게 관련된다. 미 공군의 공중폭격이 본격화된 후, 북군 병력들은 주로 야간에 이동하고 주간에는 산속의 개인참호나 은신처에 머물렀다. 북군 종군작가 민병균과 리태준의 기록에 따르면, 인민군 병사들은 미군항공기를 '머저리'라고 불렀다. 미 공군이 북군 병력이나 보급품과 무관한 민간지역을 향해 지속적으로 폭격작전을 진행했기 때문이었다.(「진격의 대오에서(1)」『로동신문』1950.8.26.「전선은 대구를 향하여(하)」『로동신문』1950.9.7)

인민군 종군작가 김남천은 산속의 자신들과 무관한 민간지역 폭격을 바라보며 다음과 같은 글을 남겼다.

"아침 새벽 해돋을 무렵에 산 우에서 나는 서운처럼 나부긴 안개 속으로 파란 논밭 바탕에 회색무더기로 널려 있는 농민들의 부락을 다시없는 평화스런 마을로 내려다보았다. (…) 그러나 그날 낮이었다. 반시간 이상을 계속 가는 폭격과 기관포 사격과 소이탄 투하로 이 평화 그대로인 마을은 졸지에 불바다로 변하였다. (…) 대체 이 마을에 무슨 군사시설이 있다는 것인가? 군대가 주둔해 있다는 것인가?"

제5공군 작전분석실의 인터뷰에 응한 인민군 포로들 또한 김남천과 유사한 말들을 남겼다.(「종군수첩에서(2) 대전에서」『로동신문』1950.9.6)

정찰기가 마을에서 짐을 나르다가 쉬고 있는 주민들을 발견했다. (…) 우리는 마을로부터 떨어진 언덕에 있었고 공격을 직접적으로 받지 않았다. (…) 그들은 마을주민들을 이동 중에 쉬고 있는 부대원들로 오해했지만, 공격 시에 우리는 거기에 없었다.

우리는 바위 사이, 나무 아래, 도랑 등에 교묘히 숨었다. (…) 결론적으로 우리는 매우 적은 피해를 입었다. 마을주민들은 우리보다 더 많은 인명피해를 당했다.

위의 인터뷰에서 북군 포로들은 미 공군 비행기들의 마을폭격이 진행되는 동안 대부분 마을로부터 떨어진 은신처에 머물렀다고 주장한다. 위의 주장은 인터뷰에 참여한 북군 포로들 대부분의 견해였다. 김천과 포항 인근의 산등성이에서 발견된 다수의 개인참호들은 이러한 산악활동의 증거였다. 요컨대 당시 정찰병의 지시에 따라 민간지역에 무차별적 공격을 가했던 전폭기들은 심지어 적 병력의 군사 활동과 완전히 무관한 지역에 반복적 폭격을 가했을 가능성도 결코 낮지 않았다.

이 같은 사례들은 한국정부에 의해 구성된 진실화해위원회의 여러 조사결과 보고서를 통해서도 확인할 수 있다. 이 보고서에 등장하는 수많은 폭격피해 당사자의 증언들은 전폭기 폭격으로 인한 민간인 피해의 상당수가 정찰기 정찰 직후 북군 군사 활동과는 무관한 지역에서 일어났음을 또렷이 보여준다.

1950년 8월 10~13일 경상남도 의령군 화정면 상일리 일대에서 발생한 미군 폭격과 관련된 피해자들의 진술내용을 살펴보면, 사건 발생 당시 스무살 청년이었던 심○○은 자신이 목격한 것을 진술하며, 정찰기가 마을을 두 바퀴 돌고 간 뒤에 폭격기 3대가 연이어 폭격과 기총소사를 가했다고 증언했다. 그는 당시 마을사람들이 주로 흰옷을 입은 채로 생활했고 마을에는 북군이 전혀 없었지만, 비행기들이 주로 집을 향해 폭격을 가했다고 말했다. 당시 열여섯살이었던 심○○ 또한 정찰 직후 폭격이 진행되었고, 북군은 사건 당시에는 없었고 사건 일주일 후에 해당 지역을 지나갔다고 말했다. 스무살 청년이었던 김○○ 또한 북군과의 전투가 없었지만 정찰기의 정찰 후 폭격이 진행되었다고 했다. 당시 열일곱살 조○○과 스물여섯살 김○○ 등도 비슷한 내용을 말했다.(진실화해를 위한 과거사정리위원회 『2008년 하반기 조사보고서 2008.7.9.~2009.1.5., 2009』)

1950년 8월 14일경 경상북도 경주시 강동면 안계리의 기계천 일대에서 발생한 미군 폭격과 관련해서도 피해자들은 프로펠러 비행기의 정찰, 저공폭격과 기총소사, 흰옷을 입고 있던 민간인들, 인근 지역 북군의 부재 등에 대해 공통적으로 증언했다. 예컨대 사건 당시 스무살 청년이었던 이○○는 프로펠러 달린 정찰기 2대의 정찰 후에 전폭기 폭격이 진행되었고, 인근의 벌판인 현풍들과 기계천 둑에는 인민군이 없었으며, 사람들은 여름이라 흰색 삼베옷을 입고 있었다고 말했다.

열세살이었던 이○○ 또한 프로펠러 1개 달린 정찰기의 정찰 후, 매우 높은 고도에서 전폭기들이 기총소사를 가했다고 말했다. 이○○도 위의 이○○와 마찬가지로 주변에 인민군이 없었고, 모두 흰옷을 입고 있었으며, 기총소사시 흰옷을 흔들기도 했다고 증언한다. 그 외에도 대부분의 사건 목격자들이 비슷한 내용을 말했다.(진실화해를 위한 과거사정리위원회 『2009년 하반기 조사보고서 2009.7.8.~2009.12, 2009』)

여름의 더운 날씨 탓에 대부분 하얀 삼베옷을 입고 있었던 남한의 민간인들은 북군의 활동과 무관한 지역에 있었음에도 불구하고 모스키토기 정찰 이후의 전폭기 공격에 의해 무차별적으로 희생되었던 것이다. 전폭기 조종사들은 항공통제반이나 정찰기의 공격 지시를 받아 무차별적으로 타깃에 폭탄을 쏟아부은 후 비행기지로 돌아가는 임무를 수행했을 뿐이었다.

(3) 숲속의 짐승 사냥하듯 농촌가옥 안팎을 모조리 폭격 살상

한국전쟁시기 미 공군 작전분석실과의 인터뷰에 응한 모든 전폭기 조종사들은 적 병력이나 보급품의 존재를 전혀 확인할 수 없는 민간지역에 대한 무차별적 '시험폭격'에 대해서도 매우 담담히 증언했다.

전폭기 조종사들은 대낮에 전선 인근의 북군 병력을 찾아내는데 많은 곤란을 겪었다. 빠르게 비행하는 전폭기 내에서 산속에 은신한 적을 찾는 일은 어려웠다. 이런 까닭에 미 공군 조종사들은 적 병력이 거주하는 것으로 '의심되는' 특정지역을 향해 무차별적으로 폭탄을 투하하는 것을 점차 당연하게 생각하기 시작했다. 그리고 이 같은 '의심지역 시험폭격'에서 민간인 거주지역 또한 예외일 수 없었다. 다수의 조종사들은 오로지 자신의 '육감hunch'에 의존해 남한의 도시와 농촌을 향해 무차별적으로 폭탄을 쏟아붓기 시작했다.

제5공군 작전분석실은 전폭기 조종사들에게 다음과 같은 질문을 던졌다. "당신은 잠복한 적을 은신처로부터 뛰쳐나오도록 만들기 위해 비행기나 공중무기를 활용하는 특정 방법이 있는가?" 이에 대한 조종사들의 견해는 다양했다. 먼저 아래의 대답을 살펴보자

나는 네이팜탄이 적을 엄폐물로부터 뛰쳐나오도록 만드는 가장 최고의 무기라고 생각한다. "나는 어떤 생명체도 존재하지 않는 것처럼 보이는 마을을 선회하다가 2발의 네이팜탄을 그곳에 투하했다." 곧 가옥들 내에서 많은 움직임이 보였다. 사람들은 건물들과 주위 언덕을 벗어나곤했다. (…) 로켓은 그다지 효과가 좋아 보이지 않았다.

위의 조종사 A는 북군의 존재를 직접 확인하거나 통보받지도 않은 민간인 거주지역에 '시험적으로' 네이팜탄을 투하한 사실을 매우 당연한 듯 진술하고 있다. 네이팜탄 투하 직전 마을은 "어떤 생명체도 존재하지 않는 것처럼" 고요하기만 했다. 조종사는 네이팜탄 투하 직후 '사람들 people'의 움직임을 볼 수 있었다고 강조했다. 그러나 작전분석반은 조종사 A가 언급한 "사람들"은 '병력troops'이 아니라 '민간인civilians'일 가능성이 높다고 분석했다. 작전분석반은 이미 북군 포로들에 대한 심문을 통해 그들 대부분이 마을 외곽의 개인 참호나 산속의 지형지물을 이용해 낮 동안 휴식을 취한다는 정보를 갖고 있었다.

또 다른 조종사 B와 C 또한 네이팜탄이나 기총소사가 적 병력을 은폐시설로부터 노출

시키는데 효율적인 무기라고 언급한다. 그들의 발언을 살펴보자.

나는 적이 스스로 발각되었다는 사실을 확신할 때까지 잠복한다는 사실을 알게 되었다. 따라서 기총소사나 네이팜탄 투하가 한번 이루어질 때까지 그들은 앉아서 기다린다. 지형을 자세히 볼 수 있는 저속비행기가 아닌 경우, 나는 이것이 스스로 정체를 드러내지 않는 적 병력의 존재 여부를 알아내는 최고의 방법이라고 생각한다.

맞다. 마을에 투하된 네이팜탄은 적 병력들을 급하게 마을로부터 도망가도록 만들었다. C는 인터뷰의 또 다른 지점에서, 집에서 황급히 빠져나오는 모든 사람들을 '병력troops'으로 인식했다고 말했다.

조종사 B와 C 또한 앞서 인용된 조종사 A와 마찬가지로 적 병력을 은신처 밖으로 노출시키기 위한 '시험폭격'을 매우 당연시했다. 더불어 위의 조종사들은 마을에 대한 시험폭격이 민간인에게 피해를 입힐 수도 있다는 문제의식이나 도덕적 책임감을 전혀 느끼지 않았다. 그들에게 중요한 것은 빠른 시간 내에 적 병력을 찾아내 살상하는 것뿐이었다.

이들은 네이팜탄 투하나 기총소사로 인한 시험적 공격으로 인해 해당 지역의 민간인이 다칠 수도 있다는 사실을 전혀 고려하지 않았다. 심지어 A와 C를 포함한 일부 조종사들은 마을주민들을 사실상 적과 동일시했다. 전폭기 조종사들은 마을주민을 살상하거나, 그들의 재산을 완전히 소실시킬 수 있는 시험공격을 아무렇지도 않게 실행하고 있었다.

위와 같이 전폭기 조종사들의 상당수는 시험폭격의 효용성을 긍정했고, 이에 더해 일부는 민간인과 적 병력을 동일시하기도 했다. 더욱 흥미로운 점은 민간인지역 시험 폭격을 당연시하는 태도와 민간인과 적 병력을 동일시하는 태도는 시험폭격의 비효율성을 주장하는 조종사들에게도 발견된다는 점이다. 다음의 대답들을 살펴보자.

나는 다수의 작은 촌락들을 공격했지만, 그들은 공중공격에 매우 현명하게 대처했다. 그들은 일단 집 안에 자리를 잡으면 절대 뛰쳐나오지 않는 것 같았다. 우리 비행기의 무기 체계로는 적을 고정적 위치로부터 벗어나게 만들 수 있는 방법이 없다.

조종사 D는 전폭기 무기를 활용한 시험폭격이 비효율적이라고 주장한다. 그 주장의 근거는 "다수의 작은 촌락many small villages"에 대한 시험폭격에도 불구하고, 적 병력이 촌락의 가옥에서 절대 뛰어나오지 않았다는 것이다. 그는 적 병력을 가시적으로 확인할 수 없는 촌락에 대한 시험폭격을 당연시하고 있다. 더불어 그는 거의 모든 촌락에 적 병력이 존재하는 것을 확신하는 듯 하다. 만약 시험폭격의 결과 적 병력이 집 밖으로 뛰쳐나오면 시험공격은 효과적인 것이 되고, 적 병력이 뛰쳐나오지 않으면 비효율적인 것이 된다. 이런 태도는 시험폭격의 비효율성을 주장한 다른 조종사들에게서도 발견된다.

나는 그들의 교육이 매우 엄격했다고 생각한다. 그들은 실제 공격당하지만 않는다면 움직이지 않을 정도로 단호했다. 우리의 경험에 의하면 그들은 기총소사를 당한다 할지라도 절대 건물을 벗어나지 않았다. 그들을 움직이게 만들 수 있는 것은 근접신관(포탄 · 유도탄 등의 탄두에 결합하여 정해진 고도에 이르면 자동으로 폭발하는 신관)같은 무기뿐이라고 생각한다. 나는 어떤 것도 그들을 두렵게 할 수 없었다고 생각한다. 그들은 처음에는 비행기를 두려워하지만, 비행기가 지속으로 비행하든 고속으로 비행하든, 또는 기총소사 직선비행을 하든 집중공격을 하든 그들에겐 중요치 않았다. (…) 누군가 저 작은 악마들에게 건물 안이 다른 어느 곳보다 더 안전하다고 확신시킨 것이다. 나는 좀더 효율적인 무기를 보유하지 않는다면 어떤 방법으로도 저들을 움직일 수 없을 것이라고 생각한다.

조종사 E의 발언은 앞서 인용된 D의 발언의 연장선상에 있다. 조종사 E는 시험폭격이 비효율적이라고 주장한다. 그 근거는 건물 내의 적들에게 공격을 가할 때, 적들은 절대 건물을 벗어나지 않았다는 점이다. 조종사 E는 북군이 미 공군 전폭기의 건물 공격 시 절대 건물에서 벗어나지 않도록 교육을 받았다고 주장한다. 더불어 흥미로운 사실은 그 어느 조종사도 마을의 가옥들에 북군이 없는 것 같다고 언급하지 않았다는 점이다. 대부분의 조종사들은 북군 병력의 마을 체류에 대해 확신했다. 아래의 언급들 또한 비슷한 맥락에서 분석 가능하다.

- 네이팜탄은 일반적으로 그들을 참호로부터 뛰어나오게 만들지만, 마을로부터는 아니다.(F)
- 건물들은 폭탄에 맞아 불탔지만 적 병사들은 공격 시 거의 움직이지 않았다.(G)
- 내 경험에 따르면, 적 병력을 그들의 위치로부터 벗어나게 만드는 것은 매우 힘들었다.(H)

조종사 F는 네이팜탄 공격이 북군을 '참호'로부터 뛰어나오도록 만드는 데는 유용하지만, '마을'로부터 노출시키는 데는 비효율적이라고 주장했다. 조종사 G는 네이팜탄 공격 시 건물로부터 뛰쳐나오는 적 병력을 볼 수 없었다는 사실을 지적하고 있고, 조종사 H는 어느 곳에서도 시험폭격에 의한 적 병력 관측이 불가능했다고 언급한다. 3명의 조종사 모두 마을 폭격이 적 병력 생출에 유용한 방법이 아님을 지적한다.

그러나 조종사들은 북군의 마을 체류를 확신했고, 민간인 거주지역에 대한 시험폭격 자체에 대해서는 전혀 문제 삼지 않았다. 때문에 실제로 제5공군 전폭기 임무보고에서 이를 명확히 가려내기란 쉽지 않았다.

시험폭격을 통해 적의 존재를 확인할 수 있는 증거가 포착될 경우, 해당 지역에 추가적으로 대량폭격을 수행하면 될 뿐이므로, 조종사들은 그들의 임무보고를 통해 구태여 '시험폭격'이라는 표현을 사용해가며 자신의 무분별한 공격양상을 드러내지는 않았다. 상대방 무고한 생명의 파멸에는 전혀 고민을 않는 침략자들의 악성을 당연히 지니고 있었다는 생각이 들 정도였다.

그럼에도 불구하고 굳이 임무보고서에 등장하는 시험폭격의 예를 찾자면, 아마도 적 병력의 흔적이 부재한 상황 속에서 전술항공통제반이나 모스키토의 지시 없이 조종사의 자의적 판단에 의해 진행된 민간인 거주지역 폭격 사례들을 들 수 있다. 조종사들은 특정 지시나 구체적 목표물이 없는 상황에서도 남한의 도시나 촌락을 향해 빈번히 폭탄을 투하하곤 했다. 1950년 7월 24일 F-80 편대의 군산 시내 공격을 살펴보자.

멜로우에 접속했다. 멜로우는 대전에서 군산에 이르는 도로를 정찰하고, 127°34E - 36°08′N의 강 동쪽으로 정찰을 진행하라고 지시했다. 정찰로에서 표적을 발견할 수 없었다. 이후 편대는 군산에 네 차례 직선주행 기총소사를 실시하고 로켓을 발사했다. 로켓이 수많은 건물을 폭파시키는 장면을 볼 수 있었다.

제9전투폭격대대의 F-80 슈팅스타 4대로 구성된 편대는 대전에서 군산에 이르는 지역에 대한 무장정찰armed reconnaissance을 지시받았다. 편대는 목표지역에서 적절한 표적을 발견할 수 없었다. 이에 4대의 F-80은 인근의 군산으로 날아가 시내에 기총소사를 실시하고 로켓을 발사했다. 이는 멜로우나 모스키토의 지시에 의한 공격이 아니었다. 단지 군산 시내에 인민군 병력이 주둔할 수 있다는 가정 하에 진행된 맹목적 공격이었다. 로켓은 "수많은 건물numerous buildings"을 폭파했다.

(4) 적군의 유무나 집안에 무엇이 있는지 전혀 모른 채 폭탄 투하

제7전폭비행대대 소속의 편대는 경상북도 구미시 원평동의 마을을 폭격했다. 전폭기 조종사들은 마을 내 연료통과 차량이 인민군 병력의 존재를 확인시켜주는 것으로 간주했다. F-80 4대로 구성된 편대는 마을에 16발의 로켓을 발사하고 기총소사를 가했다. 편대는 연료로 인한 것으로 판단되는 붉은 화염이 솟아올랐다고 보고했으나, 북군 병력의 존재 여부에 대해서는 보고하지 않았다. 보고서의 표현에 따르면, 마을은 폭격 후 완전히 '황폐화deserted'되었다.

위의 사례들은 최소한 해당 지역 인근의 차량이나 보급품처럼 북군의 존재를 예상할 수 있는 공격의 '최소 근거'라도 제시된 경우다. 그러나 실상 보급품 집적소를 공격했다는 전폭기들의 보고는 대체로 마을 전반 또는 마을 내 특정건물에 대한 무차별폭격을 의미했다. 앞서 한국전쟁기 인터뷰 내용에서 제시된 것처럼, 전폭기 조종사들은 자신들의 육감에 의지하여 마치 위장된 차량이나 보급품 집적소처럼 보이는 대상들을 공격하기 시작했다. 마을 내에서 보급품이나 차량을 은닉하고 있을 것이라고 예상되는 대상이나 건물은 고속으로 비행하는 조종사들에 의해 자기 마음대로 선택되었다. 다음의 임무보고를 살펴보자.

멜로우에 접속했다. 멜로우는 편대에게 호스래디쉬와 접속할 것을 지시했다. 호스래디쉬는 안젤로 러브와 교신할 것을 지시했다. 러브는 편대에게 청산면(127°48′E - 36°22′N)에 기총소사 및 로켓 발사를 지시했다. 편대는 로켓을 발사할 대상으로 평행하게 서 있는 큰 건물 2채를 선택했으며, 해당 건물에 2발의 로켓을 명중시켰다. 두 건물은 파손된 것으로 생각된다. 후에 편대는 조그만 나선형의 연기를 보았다. 우리는 이것이 총좌일 것이라고 생각하여 2회 기총소사하며 지나갔다.

제5공군 전폭기들의 공격을 당한 지역은 현재의 충북 옥천군 청산면이다. 편대는 전술항공통제반의 지시에 따라 청산면을 폭격했다. 모스키토기는 해당 지역에 대한 공격 이유를 구체적으로 밝히지 않았다. 그저 목표지역에 공격을 가하라는 것이 지시의 전부였다. 편대는 편대장의 지시에 따라 목표지역 내의 커다란 건물 2채를 선정한 후 이를 중심으로 목표지역 전반에 공격을 가했다.

도시나 마을 내에서 가장 좋거나 큰 건물을 주요 타깃으로 삼는 공격방법은 전폭기 조종사들 사이에서 가장 빈번히 사용된 민간인 거주지역 공격방법이었다. 제5공군의 한 조종사는 작전분석실 인터뷰에서 다음과 같이 언급했다. "우리는 보통 수상쩍어 보이는 집 1채를 선정하고, 이 하나의 가옥을 관찰한 후 폭격을 가한다. 만약 그곳에 무언가 있다면, 이들은 통상 폭발하거나 화염에 휩싸인다."

이 발언은 앞서 등장한 언급, 즉 "만약 대상이 무척 좋아 보이면, 여타의 것보다 좀더 커 보이면, 나는 그곳에 공격을 가한다. 우리는 이들 보급품 집적소에 대한 '크기 정책'을 수립한 셈이었다. 전폭기 조종사들은 그저 크고 '수상쩍어 보이는' 마을의 '수상한' 건물에 폭격을 가했는데, 대개는 마을 내의 '큰' 건물들을 수상한 건물로 지목했다. 다음의 사례들을 살펴보자.

포항(36°02′N - 129°21′E) 공격을 지시받고 항만지역의 커다란 건물들에 네이팜탄을 투하했다. 커다란 건물 2채가 불타올랐다. 커다란 연료저장탱크 2개를 날려버렸다. 연료 또는 무기집적소로 보이는 곳에 기총소사를 가해 파괴시켰다.

F-51 2대로 편성된 제18전폭비행대대 소속의 편대는 1950년 9월 6일 모스키토기의 지시에 따라 포항을 공격했다. 모스키토기는 포항지역의 구체적 표적을 지목해주지 않았다. 편대는 임의적으로 포항의 "커다란 건물들 large buildings"에 네이팜탄 4발과 로켓 8발을 발사했다. 편대는 구체적 공격대상 없이 해당 지역의 큰 건물들을 중심으로 공격을 수행한 것이다. 또다른 F-51 편대의 임무보고를 살펴보자.

목표지역에서 한 시간 동안 선회했다. 악천후 때문에 해당 지역의 목표물을 볼 수 없었다. 버사14(Bertha No.Fourteen)은 편대에게 낙동강 서쪽으로 갈 것을 지시했다. 신반리(경남 의령군 부림면 신반리) 상공에서 구름 틈의 열린 공간을 발견한 후 마을 남동쪽의 커다란 건물에 네이팜탄을 투하했다. 마을의 나머지 지역에 기총소사를 가했다. 작은 화재가 발생했다.

구형의 F-51 무스탕기 2대로 구성된 편대는 악천후 때문에 목표지역에서 한 시간이나 선회해야만 했다. 편대는 모스키토기의 지시에 따라 낙동강 서안으로 가 경남 의령군 부림면 신반리의 상공이 열리자마자 탑재한 무기들을 모조리 마을에 쏟아부었다. 2대의 F-51기들은 네이팜탄 4발을 이 마을에 투하했다. 공격의 구체적인 근거는 없었다. 낙동강 서안으로 가라는 지시와 때마침 열린 하늘 때문에 신반리는 무차별적인 공격을 당했다. 편대는 마을 내의 "커다란 건물들"을 중심으로 네이팜탄을 투하했고, 이후 마을 전반에 기총소사를 가했다.

1950년 7월 17일 F-80 4대로 구성된 편대가 현재의 경북 영주시 풍기읍을 공격했다. 편대는 전술항공통제반 러브의 지시에 따라 풍기읍내 학교에 폭격을 가해 2채의 건물에 손상을 입혔다. 전술항공통제반은 학교 운동장과 건물이 보급품 집적소라고 추측했다. 7월 20일 전선 인근의 유성(현재의 대전 유성구)지역에 창고처럼 보이는 커다란 건물들과 학교에 기총소사를 가하고 로켓 7발을 발사했다.

9월 22일, 제7전폭비행대대 소속의 F-80편대는 진주지역의 모스키토 보드빌 Vaudeville의 지시에 따라 강남쪽 마을 남단의 커다란 건물에 기총소사를 가하고 로켓을 발사했다. 편대는 총 16발의 로켓을 발사하여 13발을 건물에 적중시켰다. 앞서 조종사들의 증언처럼 전폭기 조종사들은 도시나 마을의 큰 건물을 중심으로 공격을 전개했다는 사실을 확인할 수 있다. 모스키토기나 전폭기 조종사들은 인민군 병력·차량·보급품 등이 민간인 거주지역의 커다란 건물 내에 은폐되어 있다고 믿었던 것이다.

전폭기 조종사들은 북군 보급품의 상당수가 마을 내에 산적해 있다고 판단했다. 그리고 이러한 판단 하에 보급품을 은닉한 것으로 추측되는 마을 내 큰 건물들을 무차별적으로 폭격하기 시작했다. 마을 내의 큰 건물이나 번듯한 기와집들은 언제나 폭격의 제1순위에 올랐다. 학교 같은 거주지의 큰 건물들은 전쟁 초기 공중폭격에 의해 금세 사라져 갔다. 1951년 봄 문교부장관 백낙준은 교사와 학교 당국자들에게 숲·모래밭·산 등 어디라도 가능하다면 수업을 시작하자고 호소했다. 이때 남한 전역에서 최소한 건물 내부 수업이 가능한 곳은 국민학교 32퍼센트, 중고등학교 26퍼센트, 사범학교 56퍼센트, 대학교 35퍼센트에 불과했다. 나머지 학교의 학생들은 노천에서 수업을 시작했다.(로버트 올리버『한국동란사』김봉호 옮김, 문교부 1959)

북군은 자동차와 보급품을 볏단이나 나뭇가지로 위장시켜 보관했는데, 전폭기 조종사들은 이런 위장시설을 북군 병력의 존재를 확인시켜주는 중요 단서로 간주했다. 그러나 남한의 농촌과 도시 지역에서 이러한 보급품 집적소를 정확히 구분해내기란 매우 힘들었다. 쌀을 주식으로 하는 한국인들에게 추수 후의 마른 볏단은 매우 유용한 농가재산이었다. 볏단은 초가지붕의 주재료로 활용되었을 뿐만 아니라, 축우에게 먹일 여물의 주원료였고 여러 살림살이의 재료이기도 했다. 썩은 볏단은 거름으로도 활용 가능했다. 때문에 집채만한 짚더미들은 1950년대 남한 농촌지역에서 매우 흔한 것이었다.

우리의 가장 큰 문제는 "보급품 집적소란 무엇인가"였다. 피난민들이 목재와 원료를 보관해둔 야외 집적소란 무엇인가? 당신은 지독히도 많은 정체불명의 소규모 물건더미들을 보게 될 것이다. 만약 당신이 그 모두를 파괴하고자 한다면, 아마도 무기가 부족할 것이다. 가장 합리적인 대상을 찾는 것은 다소 우스꽝스럽다. 나는 그에 대해 정말 어떻게 얘기해야 할지 모르겠다. 만약 대상이 무척 좋아 보이거나 여타의 것보다 좀더 커 보이면, 나는 그곳에 공격을 가한다. 우리는 이들 보급품 집적소에 대한 '크기 정책'을 수립했다. 만약 목표물이 보통의 것보다 크다면, 나는 이에 접근해 공격한다. (…) 차량일 가능성이 있는 큰 것들은 모두 공격했다.

보급품 집적소 탐색과 관련된 조종사 E의 푸념(앞의 사례)은 과거 한국 농촌의 일상적 풍경과 밀접한 관련이 있다. 미 공군 조종사들은 빠르게 비행하는 전폭기 내에서 북군 병력은커녕 보급품 집적소조차 찾아내기 힘들었다. 남한지역 농촌 곳곳에 산재한 수많은 짚더미·나뭇더미·물건더미 중에 어떤 것이 북군의 차량이나 보급품인지 명확하게 가려내기란 사실상 불가능했다. 때문에 전폭기 조종사들은 소위 '크기 정책'을 수립하여 보급품으로 의심되는 대상에 공격을 가하기 시작했다. 조종사들은 여타의 것들보다 '좋아 보이고 커 보이는' 대상에 폭격을 가했다.

크기에 따라 목표물을 정하게 한 공격패턴은 세계인의 눈을 속이려는 핑계이고 사실은 자기들이 대상으로 삼은 종족과 자원을 몽땅 파괴하여 꼼짝 없이 항복시키려한 식민지 정복의 방법으로 볼 수밖에 없는 야만성을 지니고 있었던 것이다.

3) 미군은 네이팜탄으로 대학살 복수극 벌이며 대반격 북상

미8군은 낙동강전선에서의 반격 계획을 세우면서 공군력의 충격효과를 최대한 활용했다. 예컨대 제5공군 사령관 파트리지의 보고서에 따르면, 1950년 9월 17일 미 공군 전폭기들은 낙동강의 제2사단 지역을 가로질러 퇴각하려는 인민군을 향해 416리터 네이팜탄 260개를 투하하여 최소 1200명을 사살했다.(Stratemeyer, "Telegram to Vandenberg," 1950.9.18)

같은 날 다른 전폭기들은 북군 병력의 주요 요새였던 영천에 다량의 네이팜탄을 투하하여 불길에 휩싸이도록 만들었다. 9월 말, 북군 병력들은 미 공군의 대규모 네이팜탄 폭격에 당황한 나머지 무방비로 공터로 뛰쳐나왔고, 전의를 상실한 채 자진하여 항복하거나 한꺼번에 현장에서 몰살되곤 했다. 월미도 민간인 폭격사건 또한 인천상륙작전을 전후한 시기의 네이팜탄 활용을 보여주는 주요 사례였다.

○M-69는 네이팜으로 가득 찬 파이프 모양의 신종 불폭탄이었다. M-69는 지상 낙하 후 처음 5초간은 그저 평범한 파이프처럼 그대로 있다가 일시에 폭발하며 무명주머니 속의 네이팜을 사방으로 흩뿌렸다. 장애물만 없으면 네이팜을 반경 90미터까지 날려 보낼 수 있었다. 구식 소이탄은 폭탄 추락지점만을 태웠지만, M-69는 수백 군데에 동시에 불을 붙일 수 있었

다. 따라서 M-69는 2차대전 당시 도쿄처럼 조밀한 목조건물지역에서 굉장한 위력을 발휘할 수 있었다. 燒夷彈 : 오랑캐(적군)를 태워죽이는 방화폭탄. 눈 위에서도 꺼지지 않았다.

　미 극동공군은 네이팜탄의 효율성을 극대화하기 위한 다양한 실험과 지침도 끊임없이 하달했다. 네이팜탄 활용에 대한 불만족 보고서에 대응해 1950년 8월 15일 극동공군 사령관은 네이팜을 적절히 혼합·저장·활용할 수 있는 지침을 예하 사령부들에 하달했다. 9월 6일 극동공군은 매월 1만 1384개의 네이팜용 탱크가 필요할 것으로 예상했다.
　9월 10일 스트레이트마이어는 네이팜탄으로 활용할 수 있는 416리터 네이팜탱크들이 극동지역에서 대량으로 생산되어 공수되고 있다는 보고를 받았다. 9월 12일 극동공군은 작전상 필요에 의해 극동지역에서 2만 8000개의 소이탄용 탱크를 조달할 것이라고 미 공군에 통지했다. 이상의 기록들은 극동공군이 네이팜탄의 생산과 활용에 얼마나 많은 공을 들였는지를 잘 보여준다.

(1) 학자들까지 동원, 네이팜탄의 성능과 효율성 방해요인 실험연구

　극동공군은 단순히 네이팜탄의 효율적 활용을 위해 각종 지침과 명령을 하달하는 선에서만 그치지 않았다. 극동공군은 다수의 민간인 과학자들까지 동원하여 전폭기 무기들을 최대한 효율적으로 활용하기 위한 다양한 실험을 반복했다. 예컨대 극동공군 작전분석실은 1950년 9월 30일부터 10월 6일까지 대구비행장(K-2)에서 진행된 실험을 통해, F-80기가 네이팜탄과 로켓을 가장 효율적으로 활용할 수 있는 방안을 강구했다.
　작전분석실은 F-80 또한 폭탄걸이를 개조하면 416리터 네이팜탱크 4개를 운반할 수 있다고 결론지었다. 더불어 2개의 네이팜탱크를 더 장착하여 최대 6개까지 탑재 가능하며, 6개의 416리터 탱크를 장착한 F-80은 241.5킬로미터의 비행거리 내에서 가장 효율적으로 활용될 수 있다고 주장했다.
　일주일 동안 지속된 실험에서 네이팜탄이 '한국의 마을Korean Village'에 어떤 영향력을 미칠 수 있는지 검토한 내용은 이 보고서에서 가장 주목할 만한 부분이다. 극동공군 작전분석실의 보고서에 따르면, 1950년 9월 30일 작전분석실의 폭격 실험구역인 대구비행장 인근에 위치한 작은 마을의 416리터 네이팜탄 오폭사고는 '우발적으로 accidently' 발생했다. 당시 인민군 주력부대는 이미 남한지역에서 완전히 철수한 시점이었다. 그럼에도 불구하고 당시 전선으로부터 매우 멀리 떨어져 있던 대구 인근의 한 마을에 네이팜탄이 '우발적으로' 투하되었던 것이다.

하지만 투하된 폭탄의 영향력에 대한 작전분석실의 분석은 단순히 우연이라고 보기에는 너무나 상세하고 치밀했다. 작전분석관들은 네이팜탄 오폭이 "목재 서까래와 초가지붕, 진흙과 자갈로 쌓은 벽으로 된 건물에 대한 네이팜탄의 효과를 관찰할 수 있는 특별한 기회unusual opportunity를 제공했다"고 언급하며, 당시의 불행한 상황을 운 좋은 '기회'처럼 반겼다. 작전분석관들은 다수의 사진과 도면을 제시하며 네이팜탄의 마을 폭격 결과를 세밀하게 분석했다.

작전분석실은 사진도면을 통해 가옥의 재료와 배열에 대해 구체적으로 묘사함과 동시에, 그을음·전소·파괴 등의 구분을 통해 피해상태를 세밀하게 분석했다. 우연히 투하되었다는 설명에 어울리지 않게, 피해조사는 여러 장의 사진촬영과 함께 정밀하게 진행되었다. 작전분석실은 피해분석 결과 1.2미터 높이의 토담으로 인해 젤의 확산이 저지되었다는 사실에 주목하면서, "마을을 확실하게 파괴하기 위해서는 여러 개의 폭탄을 투하해야만 한다"고 최종 권고했다.

1950년 9월과 10월 사이에 진행된 이 실험 결과와 권고에 주목하는 이유는, 이 실험에 활용된 네이팜탄이 1950년 11월 초부터 시작된 미 극동공군의 북조선지역 초토화작전 수행과정에서 핵심무기로 활용되었기 때문이다. 대도시와 중소도시를 중심으로 소이탄 폭격을 진행했던 2차대전 당시와는 달리, 미 극동공군은 북부지역의 아주 작은 시골마을까지도 모두 불살라버렸다. 깊은 산속에 고립되어 있던 외딴 가옥마저 상당수 그 같은 운명에서 벗어날 수 없었다. 살인마들의 본때를 보여줄 참이었다.

(2) 공중폭격과 함포사격으로 상대방 완전제압, 인천상륙작전 성공

1950년 9월 15일 맥아더의 인천상륙작전은 일순간에 전세를 역전시켰다. 북조선군은 인천과 낙동강 양측에서 유엔군의 압박이 가해지자 전투의 방향성을 잃고 무질서하게 후퇴하기 시작했다. 게다가 미 공군의 지상군 근접지원작전과 보급선 차단작전은 북군의 전략과 사기를 급속히 저하시키고 있었다. 낙동강전선의 유엔군 반격작전 부대들은 전의를 상실한 약 9000명의 북군을 생포했다. 나머지 북군 생존자들은 모든 기동장비를 버려두고 인근 산으로 은신하거나 정신없이 38선 이북지역으로 도주했다. 유엔군의 한반도 통일에는 걸림돌이 없어 보였다.

유엔군의 북진 시기 미 극동공군은 이미 전쟁 승리의 기쁨에 한껏 도취되어 있었다. 미 극동공군사령관 스트레이트마이어는 승리의 공을 어떤 식으로 동료들과 나눌지 벌써

부터 고민하기 시작했고, 어떻게 하면 유엔군사령관 맥아더에게 잘 보여서 미래를 보장받을 수 있을지 궁리하고 있었다. 1950년 10월 19일 스트레이트마이어는 공중전에 참여하여 영웅적이거나 특별한 성과를 남긴 장교나 사병에게 수여하는 특등항공십자훈장 Distinguished Flying Cross을 맥아더에게 주기 위해 감사장을 작성했다.

그런데 그 훈장 수여의 핵심 근거는 "매번 항공기를 탈 때마다 적에게 체포되거나 사살될 위험을 안고 있었음"에도 불구하고 6월 29일, 7월 27일, 9월 29일, 10월 20일의 네 차례에 걸쳐 비행을 감행했다는 것이었다. 다음날 10월 20일 맥아더의 네 번째 비행 직후에 스트레이트마이어는 훈장 수여 의사를 맥아더에게 직접 전달했다. 그는 "장군을 존경하며, 극동공군은 당신의 지적 능력과 지도력과 전략을 잘 안다"고 아첨을 떨었다. 전구사령관으로서 전장과 거리가 먼 일본에 머무르며 한반도 상공을 고작 몇차례 비행한 사실을 두고 이들은 이렇듯 유난을 떨고 있었다. 맥아더는 "내 모든 훈장의 제일 위에 이것을 달고 다니겠네"라고 화답하여 스트레이트마이어를 '감동'시켰다.(Stratemeyer, "Diary," 1950.10.19~20)

이날 스트레이트마이어는 2개의 B-29 중폭격기 전대를 본국으로 돌려보내는 방안을 맥아더로부터 구두로 승인받았다. 유엔군의 북상과 함께 적 후방지역이 축소되면서 B-29기들은 더 이상 북부지역에서 가치 있는 전략폭격 목표를 찾을 수 없었던 것이다. 한국전쟁 당시 미 공군측 기록에 따르면, 이 시기 제92폭격전대 소속의 B-29기는 북조선지역에 공격할 타깃이 없어서 도로 상의 오토바이 1대를 추격하면서 폭탄이 그를 적중시킬 때까지 끊임없이 투하하는 우스꽝스러운 모습을 연출하기도 했다. 이는 대량폭격을 수행하는 B-29기의 전형적 전투작전 양상과는 상당히 괴리된 것이었다.

결국 1950년 10월 25일 맥아더는 제22폭격전대와 제92폭격전대의 미국 본토 귀환을 공식적으로 승인했다. 유엔군사령부는 공군의 핵심전력을 본토로 돌려보낼 정도로 이미 전쟁의 승리를 확신하고 있었다. 그러나 그 며칠 후부터 한반도의 전황은 그들이 확신했던 방향과는 완전히 다르게 급변하기 시작했다. 중국인민지원군이라는 새로운 적이 그들 앞에 등장했던 것이다.

(3) 38선 넘어 북진 태세에, 북측은 소련·중공에 긴급 구원 요청

유엔군의 인천상륙 작전은 일거에 전세를 역전시키는 계기가 되었다. 이를 계기로 낙동강 전선에 진출해 있던 인민군 대병력은 후방보급로가 차단되고 강력한 적을 배후에 두게 됨으로써 순식간에 패전 병력으로 전락했다. 김일성은 총퇴각의 위기에서 인민군의 규율과 사상 강화를 위해 총정치국을 신설하고 박헌영을 총정치국장에 앉히면서 필사적으로 후퇴를 막아보려고 했다. 김일성과 박헌영은 10월 14일 인민군 최고사령관과 총정치국장 명의로 황망하게 후퇴하는 인민군에게 현지 사수의 명령을 하달하지만 일패도지一敗塗地의 패주는 멈출 줄 몰랐다. (「조선인민군 최고사령관 명령」 1950.10.15. 미국 워싱턴 소재 노획문서)

이러한 절대절명의 위기 상황에서 9월 30일 김일성은 소련대사 슈티코프를 통해 박헌영과 연명으로 스탈린에게 구원의 전문을 보냈다. 이 전문에서 그는 유엔군이 신속한 작전으로 북으로 진격해 온다면 자체의 힘으로는 막을 수 없다면서 '적이 38도 선을 넘는 순간' 소련의 직접 무력원조가 필요하다고 요청했다. 그리고 만약 그것이 여의치 않을 경우 '중국을 비롯한 여타 인민민주주의 국가들로 국제의용군의 창설을 지원' 해 줄 것을 요청했다. (슈티코프가 스탈린 앞으로 보낸 전문, 1950.9.30. 「6·25내막/모스크바 새 증언 11」 『서울신문』 1995.6.8.)

이와 함께 10월 1일에는 김일성·박헌영 연명의 친서가 북경으로 보내졌다. 이 편지에서 김일성은 서울이 완전히 점령된다면 "적도 38도 선을 넘어 북조선을 침공할 것" 이며 "적들이 금일 우리가 처해 있는 엄중하고 위급한 형편을 리용해 우리에게 시간 여유를 주지 않고 계속 진공해 38도 선을 침공하게 되는 때에는 우리 자체의 힘으로는 이 위기를 극복할 가능성이 없다"고 고백했다.

그리고 "적군이 38도 선 이북을 침공하게 될 때에는 약속한 바와 같이 중국인민군의 직접 출동이 절대로 필요하게 된다"며 중공군의 출병을 요청했다. (「김일성과 박헌영이 모택동 앞으로 보내는 중공군 파병 요청 편지」 1950.10.1. 1997년 4월 11일 단동 소재 抗美援朝記念館에서 필자)

이 편지를 보내 놓고 김일성은 10월 1일 밤늦게 평양에서 중국대사 예지량과 정무참사인 무관 시성문을 불러 압록강변에 집결해 있는 중공군 13병단의 출병을 요청했다. (홍학지의 책 28쪽, 시성문의 책 80쪽)

김일성의 중공군 출병 요청이 긴급하게 이루어지던 10월 1일, 비슷한 시각에 스탈린도 북경에 파병을 요청하는 전문을 보냈다. 필리포프라는 가명으로 로신 대사를 통해 모택동·주은래에게 전달된 이 전문에서 스탈린은 "중국 동지들이 북조선에 대한 지원확대를 고려중이라면 지체하지 말고 5~6개 사단을 38도 선으로 이동시켜 인민군이 38도 선 이북으로 안전하게 후퇴하도록 도와주기 바란다"는 의사를 표시했다. 그는 중공군을 중공사령관이 지휘하되 의용군으로 위장하기를 바란다는 희망사항도 덧붙였다. 의용군으로의 위장문제는 이미 7월 초에 주은래가 로신에게 전달한 사항이었다.(필리포프가 로신에게 보낸 전문 1950.10.1. 「6·25내막/모스크바 새 증언 15」『서울신문』 1995.6.21)

그렇다면 과연 중국지도부는 이렇듯 긴박하게 돌아가는 전황 속에서 북조선과 소련의 출병 요청에 대해 어떤 입장을 취하고 있었을까? 오늘날 이 문제와 관련해서는 많은 논란이 제기되고 있다. 소련에서 발굴되고 있는 자료들은 중국지도부가 출병을 둘러싸고 결정을 내리지 못하고 계속 혼선을 겪은 것으로 묘사되고 있다. 그러나 우리는 중국지도부가 유사시에 대비해서 동북변방군을 구성해 이미 9월에 부대 배치를 마친 상태라는 점에 유의하면서 이 문제에 접근할 필요가 있다. 즉 중국지도부는 조선인민군이 패퇴한다면 출병은 불가피하다는 기본인식을 가지고 그동안 출병을 준비해 온 것으로 판단된다.

실제로 소련 자료와 중국의 내부자료들을 종합해 보면 모택동과 중국지도부는 '유사시 출병'이라는 대원칙을 세워놓고 1950년 7월부터 철저하게 준비를 해왔으면서도 소련공군의 참전과 무기지원을 약속받기 위해 소련과의 협상에서는 종종 출병에 마치 미온적인듯한 태도를 취했던 것으로 보인다.

사실 유엔군의 인천상륙으로 전세가 역전되자 중국지도부는 애초의 약속대로 참전이 불가피하다는 인식을 하고 있었다. 이는 국가주석 유소기가 소련 아카데미 회원인 유딘을 만나 "중국의 노동자·농민·혁명적 지식인들 다수는 중국혁명이 진행되는 오랜 동안 북조선이 중국을 도왔다고 믿고 있다. 이제 중국이 북조선을 도울 차례다"라고 말한 데서도 잘 드러나고 있다. 유소기는 전쟁 개입을 반대하는 주장은 극소수일 뿐이라고 밝혔다.(중국주재 소련대사 로신의 보고 1950.9.22. 「6·25내막/모스크바 새 증언 14」『서울신문』 1995.6.16)

이러한 정책 의지의 연장선에서 주은래는 유엔군이 38선 가까이 북진해 오자 중국주재 인도대사에게 미군이 38선을 넘어 전쟁을 확대하면 중국은 용납하지 않겠다는 의지를 분명하게 천명했다.

이러한 상황에서 중국지도부는 10월 1일 유엔군이 38선을 넘어 북진한다는 잘못된 소식에 접했으며, 동시에 김일성의 파병 요청 편지와 스탈린의 출병 요청 전문을 받았다. 모택동은 천안문광장에서 건국기념일 행사를 마치고 곧장 중남해에서 중공당 정치국 상무회의를 긴급 소집해 밤을 세워가며 조선전 전황을 검토하고 출병 문제를 논의했다.(유엔군이 38선을 넘었다는 소식은 한국군의 북진 소식이 잘못 알려진 것이었다. 주건영은 이렇듯 잘못 알려진 정보가 중국지도부의 초기 참전 결정 과정에 커다란 영향을 미친 것으로 보고 있다. 주건영『毛澤東の朝鮮戰爭, 中國が鴨綠江を渡るまで』동경 岩波書店 1992)

그리고 10월 2일, 중공 동북국 책임자인 고강을 북경으로 불러 참석시킨 가운데 오후

3시부터 다시 회의를 속개했다. 이 회의에는 모택동과 고강 외에 주덕·유소기·주은래와 중국인민해방군 총참모장 대리인 섭영진이 참석했다. 모택동은 가장 적극적인 출병론자였다. 따라서 회의에서는 모택동의 주도 아래 출병을 기정사실화하고 출병일자와 지원군 지휘관 임명문제가 집중 논의되었다.(주건영은 이 회의가 모택동의 뜻대로 출병으로 기운 것은, 당시 유엔군이 38선을 넘어 북상 중이라는 잘못된 정보가 입수되어 누구도 출병에 반대하는 의견을 내놓을 여지가 없었기 때문이라고 보고 있다.)

출병일자는 일단 10월 15일로 잡혔다 .출병 지휘관은 원래 임표로 하기로 했으나 그가 출병을 반대하는 입장에 있었고, 병을 핑계로 그 자리를 고사함에 따라 서북군정위원회 주석이자 중국인민혁명군사위원회 부주석인 팽덕회를 임명하기로 했다. 본래 중국지도부는 동북변방군을 구성하면서 출병시 속유를 지휘관으로 삼으려 했다 .그러나 그가 병으로 청도에서 휴양 중이었으며, 지도부 내에 참전시 대규모 파병이 불가피하다는 인식이 자리잡으면서 임표로 격상된 것이다. 회의가 끝난 후 모택동은 회의 내용을 자신의 명의로 스탈린에게 통보하자고 제의했다. 이렇게 해서 모택동 명의의 전보가 스탈린에게 보내졌다.

그런데 오늘날 이 전보와 관련해 각각 내용이 다른 두 통이 발견되고 있다. 하나는 10월 3일자로 소련이 수신한 것이고, 다른 하나는 10월 2일자로 작성되어 『모택동 외교문선』에 실려 있는 것이다. 필자가 보기에 후자는 모택동이 써 놓았다가 보내지 않은 것이며, 전자는 실제 스탈린에게 보내진 전보라고 판단된다.(이종석『북한·중국관계 1945~2000』중심 2001)

『모택동 외교문선』에 실려 있는 10월 2일자 전보 전문에는 중공군이 '지원군 명의'로 일부 군대를 북에 파견하기로 결정했음을 알리고, 출병부대는 5~6개 사단으로는 미흡하기 때문에 먼저 10월 15일에 남만주의 12개 사단을 투입하기로 했다는 내용이 실려 있다. 그러나 모택동은 이 편지를 스탈린에게 보내지 않은 것으로 보인다. 대신에 10월 3일자로 스탈린에게 출병에 대해 보다 애매모호한 입장을 취한 전보를 보냈다. 그는 중공군 5~6개 사단의 조선 출병을 희망하는 10월 1일자 스탈린의 전문에 대해 "적이 38도 선 이북 진격 시 즉각 의용군을 투입하겠다는 계획이 변경되었다"고 통지했다.

현재의 전쟁 상황은 수 개 사단 출병만으로는 문제를 풀 수 없으며, 미국과 중국의 공개충돌 가능성이 제기되는 등 당내에 신중론이 존재한다는 것이다. "지금은 병력 파견보다 전력을 키우며 보다 적합한 시기를 기다리는 편이 좋다"는 결정이 내려졌다는 것이다. 따라서 그는 파병 문제에 대해 최종결정이 내려지지 않았다며 스탈린이 원한다면 주은래와 임표를 그에게 보내겠다는 뜻을 전했다.(로신 대사가 스탈린에게 보고한 전문 1950. 10.

3. 「6·25내막/모스크바 새 증언15」『서울신문』1995. 6. 21)

　그렇다면 이 두 개의 편지를 놓고 어떻게 해석해야 할까? 모택동이 당시 정치국 내에 출병에 반대하는 목소리가 높다는 사실을 알고 있었기 때문에 내부정지 작업이 더 필요하다고 생각했으며, 다른 한편 출병을 위해서는 소련으로부터 더 많은 무기원조와 공군지원 보장을 받아낼 필요가 있다고 판단해 애초에 보내려 했던 편지를 발송하지 않고 대신 뒤의 편지를 보낸 것이 아닐까?

　즉 모택동은 당내 출병 반대론과 신중론을 설득하는 한편, 소련으로부터 보다 확실한 군사적 보장을 얻기 위해 소련과 더 협상할 필요가 있다고 판단했던 것으로 보인다. 아마 모택동이 정치국 상무회의 직후 38선을 넘은 군대가 애초에 알려진 것처럼 미군이 아니라 한국군이었다는 사실을 알고 좀더 여유를 갖고 문제를 풀기 위해서 편지 내용을 바꾸어 스탈린에게 보냈는지도 모른다.

　모택동의 입장 변경에 대해 로신은 "모택동의 답신 내용은 조선 문제에 있어서 중국지도부가 초기 입장을 바꾼 것을 뜻함. 중국이 입장을 바꾼 이유는 분명치 않음. 국제정세, 전황악화, 영·미가 네루를 통해 중국측에 재난을 피하기 위해 인내심과 자제력을 발휘하도록 요청한 것도 한 요인으로 생각됨"이라는 의견을 제시했다.(로신 대사가 스탈린에게 보고한 전문 1950. 10. 3. 「6·25내막/모스크바 새 증언15」『서울신문』1995. 6. 21)

　스탈린은 모택동의 전보를 받고 그가 군대파병을 거부했다는 취지로 김일성에게 전달했다. 그러나 이 서신에서 스탈린은 모택동이 9월 7일자 서신에서 "6개 사단이 아니라 9개 사단을 파병하되, 파병 시기는 지금이 아니라 중국대표단을 모스크바에 보내 이 문제를 충분히 협의한 뒤 결정하겠다"고 했음을 상기시켜 여운을 남겼다.

　한편 정치국 상무회의에서 중공군 파병 결심을 굳힌 모택동은 10월 4일 정치국 확대회의를 열어 이 문제를 토론하기로 결정하고, 이 회의에 팽덕회를 참석시키기 위해 서안에 있던 그를 북경으로 불러들였다. 그에 앞서 10월 2일 주은래는 출병통고 대신에 예지량 대사를 통해 김일성에게 철수하지 못한 군대는 현지에서 유격투쟁을 벌이라고 충고하는 전보를 보냈다.(當代中國人物傳記 叢書 編輯部『팽덕회전』북경 당대중국출판사 1995. 팽덕회는 10월 3일 북경으로 돌아오기로 되어 있었으나 기상악화로 북경에서 비행기가 연착해 10월 4일에야 귀경했다.『주은래 연보 1949~1976 상권』주은래는 10월 3일 출병 문제로 북경에 온 박일우와 회견했다. 해일부『조선전쟁 상권』북경 : 세계지식출판사 1995)

(4) 중국 수뇌부, 북조선 지원군 파병 놓고 정치국 확대회의

10월 4일부터 중남해에서는 출병 문제를 둘러싸고 중공 정치국 확대회의가 열렸다. 북경에 거주하고 있던 군 고위지도자들도 참석한 이 회의에서는 정치국 상무회의의 분위기와는 달리 출병 불가론 혹은 신중론이 우세했다. 이들이 내세우는 이유는 대략 다음과 같았다.

① 중국은 수십 년간 전쟁을 치렀고 아직 그 상처가 회복되지 않았으며 재정도 매우 곤란한 형편이다.
② 중국 내부에도 변경지역 및 연해 도서지방에 아직 미해방지역이 있으며, 약 100만 명에 달하는 국민당 잔여 세력과 토비를 시급히 숙청해야 할 실정이다.
③ 광대한 신해방지구에서 아직 토지개혁이 진행되지 않고 있으며, 새로운 정권 역시 공고하지 못하다.
④ 아군의 무기장비는 미군에 비해 너무 낙후하다. 더욱이 제공권과 제해권을 갖고 있지 못하다.
⑤ 장기간 전쟁의 고통스러운 생활로 인해서 일부 간부와 전사들 사이에 평화를 갈구하고 전쟁을 피하는 정서가 퍼져 있다.

이상의 이유로 회의 참석자들의 전반적인 분위기는 '부득이 하지 않는 한 출병하지 않는 것이 가장 좋다'는 것이었다.(『섭영진 회고록 하』 북경 : 해방군출판사 1984) 회의는 10월 5일 오후에 속개되었다. 그런데 회의 분위기가 전날과 달리 즉시 출병이 필요하다는 쪽으로 흘러갔다. 이러한 반전은 최고지도자인 모택동이 확고한 출병 의지를 갖고 정치국원들을 설득했기 때문인 것으로 짐작된다.

　○ 주건영은 10월 4일 회의에서는 즉시 출병론자가 모택동 · 주은래였고 여기에 동조하는 잠재적 지지자가 주덕 · 등소평 · 팽덕회였으며, 소극론자가 유소기 · 진운 · 장문천 · 이부춘, 반대론자가 고강(임표도 반대론자이나 결석)이었으나, 10월 5일 회의에서는 참석자 전원이 잠재적 지지자가 되어 유소기가 즉시 출병론자나 지지자가 되었고 진운 · 이부춘 등이 소극파였다고 보고 있다. 반대론자였던 고강은 10월 5일 회의에 참석하지 않았다.

모택동은 출병론자로서 전날 뒤늦게 참석해 발언을 하지 않은 팽덕회에게 발언을 요청하였으며, 팽덕회는 미군의 '조선반도 점령'이 신생 중국의 운명에 미칠 부정적인 영향을 내세우며 출병을 역설했다. 모택동은 이날 회의에서 마무리 발언을 통해 자신의 출병 의사를 분명히 하며 신중론자들을 설득했다. 그리고 팽덕회를 출병부대의 지휘관으로 공식 지명했다. 이로써 정치국에서도 출병은 기정사실로 받아들여졌다.

그러나 당시 정치국이 출병을 공식 결정한 것은 아니었던 것으로 보인다. 정치국 확대회의에서는 모택동의 출병의지가 확고함을 확인하고, 대다수 정치국원들이 그에게 지지를 보냈으며, 그에 따라 출병준비가 당연한 수순으로 받아들여지는 정도에서 일단 마무리된 것으로 보인다. 이는 당내에서 여전히 강한 흐름을 형성하고 있는 출병 반대론을 설득할 시간이 필요했을 뿐만 아니라 소련과 출병에 따른 제반 협상을 진행시키기 위한 책략이었을 것이다. 따라서 10월 5일 결정은 출병을 하겠다는 원론적인 결정이지 구체적으로 출병일자까지 확정된 것은 아니었다. 최종 출병을 위해서는 또 한번의 정치국 회의가 필요했다.

그런데 소련의 정보 보고서는 당시 정치국 확대회의에서 조선 출병 주장을 주도한 것은 고강과 팽덕회였다고 상부에 보고하고 있다. 목단 주재 소련총영사관이 모스크바에 보낸 보고서는 고강의 말을 인용해, 고강과 팽덕회가 미군이 조선 전역을 차지한 뒤에는 중공군 출병 명분이 없어진다는 것과 미군이 이후 대만의 국민당을 무장시켜 중국 본토를 공격할 것이라는 주장을 펴며 즉각 출병을 주장했으며, 다른 정치국 지도자들도 이에 동조해 출병이 결정된 것으로 되어 있다.(「6·25내막/모스크바 새 증언 16」『서울신문』 1995.6.23)

그러나 이러한 정보 보고는 출병이 결정된 상황에서 고강이 자신의 역할을 과장해서 표현한 것으로 여겨진다. 고강은 임표와 함께 대표적인 출병 반대론자였으며, 회의에서도 출병 신중론을 제기했다.

10월 5일 회의가 끝난 후 모택동은 출병 준비와 소련과의 협상이라는 두 가지 일을 동시에 추진해 나갔다. 그는 회의 직후 팽덕회에게 10월 8일 심양으로 가서 동북변방군 고급간부회의를 열어 당 중앙의 결정을 알리고 일단 10월 15일을 출병 예정으로 준비하라고 지시했다. 그리고 10월 6일 지원군의 입조작전入朝作戰을 논의하기 위한 당·정·군 고급간부회의를 열도록 했다. 회의를 주재한 주은래는 "당 중앙과 모주석의 결심은 이미 섰다. 이런 까닭에 현재는 출병 여부를 고려하는 것이 아니라 출병 후 어떻게 승리를 쟁취하느냐를 고려해야 한다"고 발언함으로써 출병을 기정사실화했다.(주은래 연보 1949~1976)

(5) 팽덕회·고강을 지휘부로 한 「중국인민지원군」 출동 명령

10월 7일, 유엔총회는 유엔군의 38선 월경越境을 허용하는 결의안을 통과시켰다. 그리고 미군은 즉각 38선을 넘어 북진했다. 이러한 상황 전개가 중국지도부의 행동을 급하게 만들었음은 의문의 여지가 없다. 모택동은 10월 8일 중국인민혁명군사위원회 주석 명의로 심양에 있던 팽덕회·고강 등에게 「중국인민지원군을 조성하라」는 명령을 내렸다. 이 명령에서 모택동은 이미 압록강변에 이동 배치되어 있는 제13병단 소속 38·39·40·42군과 변방포병사령부 소속 3개 사단으로 지원군을 조성하고, 사령관 겸 정치위원에 팽덕회를 임명하며, 후방사업의 책임을 동북군구 사령원인 고강에게 맡긴다고 밝혔다.(모택동 「組成中國人民志願軍的命令」 1950.10.8., 『모택동 외교문선』)

모택동의 명령을 받은 팽덕회와 13병단 지휘부·동북군구 지도자들은 10월 9일 심양에서 회의를 열어 출병과 관련한 제반 사항을 논의했다. 이 자리에서는 당 중앙의 지원군 출병에 관한 결정과 지원군 조직 문제, 팽덕회의 사령관 임명 등이 통보되었으며 출병 문제를 둘러싸고 정치국이 토론을 벌인 내용 등이 소개되었다.

회의가 끝난 후 13병단 지휘부는 팽덕회에게 중앙이 원래 계획한 1차 2개 군 병력(5~6개 사단) 파병은 현 상황에서 부적절하며 대규모 병력의 투입이 필요하다고 의견을 제시했다. 특히 미군이 압록강에 대병력이 집결된 사실을 알고 압록강의 철교를 폭파하게 되면 자칫 후속병력 투입이 어려워질 것이라며 4개 군의 동시투입을 건의했다. 팽덕회는 이 제안을 받아들여 작전상 4개 군 3개 포병사단의 동시출병이 필요하다는 점을 모택동에게 건의해 승인을 받았다.

이렇게 해서 스탈린은 당초 5~6개 사단의 출동을 희망했으나 중공군은 자체판단을 통해 이보다 훨씬 늘어난 12개 보병사단과 3개 포병 사단을 출병시키게 되었다. 사후적으로 평가해 볼 때, 이러한 결정은 중국지도부가 한국전쟁의 전황이나 미군의 전력에 대해서 스탈린보다 훨씬 정확하고 현실적인 판단을 하고 있었음을 보여 주는 것이다.

지원군 지휘부는 다시 미군 1개 사단 섬멸에 2개 군(6개 사단)이 필요하며, 국군 1개 사단 섬멸에 1개 군(3개 사단)의 투입이 소요된다며 추가병력의 빠른 국경지방으로의 이동도 건의했다. 모택동은 현지 지휘관들의 건의에 따라 추가병력의 조기투입을 위해 당시 송시륜이 지휘하는 9병단을 예정보다 빨리 북중국으로 이동시키도록 명령했다.(홍학지의 책)

한편 중공군의 출병이 결정되자 모택동은 예지랑 중국대사를 통해서 김일성에게 중국지도부가 중국인민지원군 파병을 결정했으며 팽덕회가 지원군 사령관 겸 정치위원에 임명되고 고강이 후방지원을 전담하게 되었음을 알리도록 했다. 그리고 북조선의 7인 군사위원 중 유일한 연안 출신인 내무상 박일우를 즉시 심양으로 파견해 팽덕회·고강과 중국인민지원군의 조선 경내 작전과 관련한 제반 문제들을 논의하도록 요청했다.

모택동은 김일성에게 북쪽으로 철수하지 못한 인민군은 남한에 남아있으면서 적의 배후에서 또 다른 전선을 형성하라고 충고했다. 이는 10월 2일 주은래의 충고와 맥락을 같이하는 것으로서, 중국지도부는 만약에 4~5만 명의 인민군이 남쪽에서 게릴라전을 수행해 준다면 북쪽의 작전에 큰 도움을 줄 것이라고 판단하고 있었다.

이렇듯 미군이 38선 이북으로 진격해 올 경우 중공군이 출병한다는 원칙은 오래 전부터 확정되어 있었고, 또 중국지도부는 그에 따른 준비를 착실하게 진행시켜 왔다. 만약 중국지도부가 사전에 제4야전군 병력을 압록강 방면으로 이동시켜 출동 준비를 하지 않고 유엔군의 인천상륙 이후나 혹은 소련과의 출동 협상 후 군대를 북상시켜 지원 준비를 했다면 유엔군의 북진속도로 보아서 중공군이 압록강을 건너기 전에 한반도는 유엔군에 의해서 완전 점령 되었을 가능성이 높다.(姚旭「抗美援朝的英明決策」『黨史研究』1980년. 이홍영 옮김「미국에 대항하여 조선을 지원한 현명한 정책」『중소연구』제8권 4호, 한양대학교 중소 연구소 1984년 5호 겨울)

2. 「항미원조전사」를 통해 본 중국인민의 반제투쟁 태세

이 항목은 중국공산당이 항일전쟁과 장개석정권과의 치열한 내전을 승리로 이끌어 1949년 10월 중화인민공화국을 수립한지 1년도 안되어 미국과 격렬하게 부딪치게 된 국제전쟁을 그들 자신의 입장에서 그려낸 전쟁기록의 일부이다.

미국 일변도의 역사 학습으로 편파·편중된 왜곡의 역사에만 접할 가능성을 가급적 줄이기 위해서, 또 다른 반대편쪽의 편중된 기록일 가능성이 있음에도 불구하고 지피지기知彼知己와 상호 이해를 통한 세계평화와 공동 번영을 도모하고자 하는 마음에서, 보다 더 진실된 사실史實 추구를 향한 아량과 용기와 지혜 넓힘의 의도를 가지고, 「시각을 달리한 전쟁사」의 일부만이라도 소개하여 보았다.

지정학적으로 불리한 위치에 살고 있는 남북 동포들로서는 적대하던 양측의 진솔한 역사책을 읽음으로써, 대국 중국과 미국의 격돌을 가져온 지구상 인류 전체의 욕망·모순·대결의 적나라한 모습들을 이해할 수 있게 될 것이다. 따라서 "싸워봤자 소용없다"는 깨달음과 "원수를 사랑하라"는 성인의 교훈까지도 동원하여 세계동포가 평화로운 사회를 건설할 수 있는 실낱같은 희망의 길도 찾아볼 수 있게 되기를 기대해본다.

◎ 『**항미원조전사**抗美援朝戰史』 원저자 자신들의 출판 서문

항미원조전쟁(조선전쟁·한국전쟁)은 아군(중국인민해방군)이 지금까지 실행했던 전쟁 중에서 가장 현대적 조건이 구현되었던 전쟁이었다. 이 전쟁이 발발한지 비록 30여년이 지났지만 그 영향은 매우 커 군사면은 물론 정치면에서도 중요한 연구 가치를 지니고 있다. 『중국인민지원군 항미원조전사中國人民志願軍 抗美援朝戰史』는 중앙군사위가 군사과학원에 부여한 중요한 연구과제였다. 본서의 편찬 목적은 항미원조전쟁의 역사적 과정을 정확히 기술함으로써, 중공 중앙 및 중앙군사위와 모택동 주석 등 영도인 동지들의 전쟁지도를 소상히 밝히며, 현대적 조건하에서 열세한 장비로 우세한 장비의 적에게 승리한 경험을 총결함으로써 아군의 우수한 전통을 계승 발양하고, 나아가 아군의 현대화에 참고함과 동시에 미래의 침략전쟁에 대비하는 용병用兵을 깊이 연구하는데 역사적 거울을 제공함에 있다.

이 임무를 부여받은 군사역사연구부는 군사과학원의 송시륜·양필업·정문한·왕성한·강사언 등 동지들의 지도하에, 1980년부터 자료수집에 착수하여 1982년에 저술하기 시작했다. 편찬과정 중에 우리는 당의 실사구시적인 노선을 따라, 객관적으로 항미원조전쟁의 역사적 면모를 반영하려 노력했으며, 철저한 검증을 통해서 신뢰할만한 진정한 사서史書가 될 수 있게끔 노력했다.

우리는 초고草稿를 완성한 후에, 지원군의 군軍 이상급 영도자 동지와 관련 부서로부터 광범위하게 의견을 자문 청취함과 동시에 항미원조전쟁에 참가했던 옛 동지, 군 내외의 관계 전문가를 부분적으로 초청하여 평가 심의를 진행했다.

국제 관계 방면에 관련된 문제에 대해서는 특별히 외교부·중앙선전부의 가르침을 요청했다. 그러나 우리의 수준과 자료의 한계로 결점 및 착오를 전적으로 배제함이 어려운 바 독자의 광범위한 비평과 지도 및 수정을 환영하는 바이다.

『중국인민지원군 항미원조전사』는 본래 「지원군 항미원조전쟁 경험 총결 편찬위원회」가 1956년 10월에 발간한 『전쟁간사戰爭簡史』를 기초로 해서 편찬된 것이다. 작전을 위주로 쓰여졌으며, 전략전역지도戰略戰役指導 경험을 반영함에 중점을 두었다.

본서는 본문 이외에 부록으로 상황요도狀況要圖, 피·아 쌍방 전투 서열표, 전과 통계표 및 주요 전역·전투 일람표 등을 게재했다.

본서를 편찬하는 과정에, 많은 지도자 동지, 관련 부서 및 역사학계 전문가들이 열렬한 성원과 관심을 보내주었다. 중앙당안관檔案館(공문서 보관기관)·중국인민해방군 당안관이 대량의 역사 자료를 제공해 주었다. 우리는 여기서 충심으로 감사의 뜻을 표하는 바이다.

중국인민해방군 군사과학원 군사역사연구부 1987년 11월

(한국어 번역자 : 한국전략문제연구소장 홍성태)

1) 미국은 「조선을 점령하고 중국 영토 대만을 점거」

(1) 일본·미국의 동북아 정복은 조선·중국 민중의 불행으로 직결

1927년 6월 7일 일본정부는 동경에서 동방회의라는 것을 소집했는데, 이 회의의 기밀은 오래지 않아 알려졌다. 일본 수상 다나카는 일본 천황에게 "중국을 정복하려면 반드시 만주와 몽고를 정복해야 하고 세계를 정복하려면 우선 중국을 정복해야 한다"는 의견서를 제출했다. 일본 제국주의자의 세계정복 야심은 중국인민과 세계인민의 이해관계를 일치하게 만들었고 중·미 관계로 말하면, 이때부터 2차대전 기간을 통해 일본 군국주의에 대항하는 투쟁에서 두 나라의 입장은 완전히 같았다.

제2차 세계대전 중 중국인민은 2천만 군민軍民이 반파쇼전쟁 승리를 위해 생명을 바치는 민족적 희생을 치렀다. 중공이 영도하는 튼튼한 인민군대와 해방구 전쟁지역은 중국인민 항일투쟁의 기둥이었다.

그들은 외부의 원조가 없었고 뿐만 아니라 장개석이 발동한 반공소동을 받아가며 완강히 투쟁한 것이다. 이루 말 할 수 없는 고난을 극복하며 적 후방에 해방지구를 건설하고 중국 침략 일본군과 대치하여 항쟁했다.

1938년 일본의 중국 침략병력은 68만이었는데, 그 중 59%인 40만을 공산당이 주도하는 해방지구에서 맡아 싸웠다. 1941년 일본이 진주만을 공격했을 때 일본의 중국 침략 병력은 61만이었는데, 그중 4만 즉 7%가 해방구에 묶여 있다. 1945년 투항전 일본의 재중 병력 109만의 70%인 76만을 해방지구에서 저항 공격했다. 일본 관동군은 본래 소련 출병에 대비하는 임무를 띠고 있었기 때문에 동북 항일연합군이 70여 만의 일군과 싸운 것은 여기에 포함시키지 않았다.

그밖에 또 우리 해방지구는 95% 이상의 괴뢰군(汪精衛부대)과 싸워야 했다. 중국 공산당이 영도한 중국 항일 군민은 제2차 세계대전 승리와 인류의 반파쇼 투쟁 승리에 있어서 이루 말 할 수 없이 큰 공헌을 하였다.(한국전략문제연구소『중공군의 한국전쟁사』세경사 1991)

중국 인민은 소련·미국·영국·기타 모든 나라의 반파쇼진영 군민을 전우 동맹자로 간주하였고 그들이 승리할 때마다 우리를 이해시키려 노력을 아끼지 않았으며 반파쇼 통일전선을 공고히 하고 확대하도록 온갖 힘을 썼다. 우리는 파쇼타도에 유리한 모든 행

동을 환영했고 공동사업에 불리한 것은 모조리 비판 폭로 반대했다.

그런데 일본이 전면적 중국 침략전쟁을 전개하자 루즈벨트 대통령은 아시아 보다 유럽을 우선하는 정책 하에 중국을 희생시켜 일본과 타협, 일본의 침략 방향을 북으로 돌리려 했다. 1939년 2월 미·영이「태평양회의」막후 획책에 대해 모택동은 "소위 태평양 회의는 중국을 투항하도록 만들고 미·영이 일본과 타협하고 반공전선을 결성하여 중국을 소멸시키려 했다. 중국은 극동의 뮤니히처럼 중국을 체코와 같이 만들려는 준비 공작이다"라고 신랄히 비판했다. 1941년 4월 미 정부는「일·미 양해방안」이라는 것을 내 놓았다. 일본과 타협하려는 환상적 활동은 진주만 공격이 있을 때까지 계속해 왔다고 할 수 있다.

○ 뮨헨 회담 : 1938년 독일 히틀러가 체코가 슈데텐란트를 할양받기를 요구하자 영국·프랑스·이탈리아·독일 4개국이 뮨헨(뮤니히)에서 회담하고 독일의 요구를 승낙했다. 그러나 1939년 3월 독일은 뮨헨협정을 파기하고 체코를 보호국으로 흡수해버렸다. 미국도 일본에 이런 식의 호의를 베풀다가 진주만 폭력을 당했다는 얘기.

바로 이와 같은 정세 하에서도 중국공산당은 변함없이 세계 반파쇼전쟁 전략과 중·미 우호라는 대국적 견지에서 미 정부를 향해 끊임없이 우호의 신호를 보냈던 것이다.

1941년 2월 14일 주은래는 중경重慶에서 루즈벨트의 특사 큐리와 회담했다. 이때는 바로 장개석이 치열한 제2차 반공 공작을 전개하여 국공단결이 파국에 이르렀고 미국정부는 일본과의 전쟁을 피하려고 온갖 노력을 다하고 있을 때였다. 주은래는 큐리에게 "장개석은 대일전에는 소극적이고 반공에만 적극적인데 만일 반공정책을 이대로 계속하면 중국은 내전에 빠져들어 갈 것이다. 그렇게 되면 항일전은 진정 국면으로 접어들고 일본은 태평양을 향해 남진할 것이다"라고 경고했다.

1941년 10월 19일 바로 진주만 공격 50일 전 주은래는『신화일보新華日報』에「태평양 전쟁의 위기」라는 논문을 실었는데, "도죠東條가 고노에近衛와 대체된 것은 태평양 위기 도래를 의미했다. 이 위기의 범위는 결코 북진에만 그치지 않고 일본 침략자는 반드시 시베리아와 남태평양을 점령하고 일괄해서 중국사변을 해결해 버리려는 전략인데, 머지않아 일본이 태평양에서 새로운 모험을 할 것이다. 다시 말해 태평양 전쟁이 일어날 것"이라고 경고한 것이었다.

불행히도 이 전략적 의의를 가진 중대 경고에 미국은 주의를 돌리지 않았다. 중국 공산당은 동맹자 전우로서 할 일을 하였을 뿐이다. 진주만 공격 당일 중공 중앙은 곧 주은래에게 미·영 등과 광범위한 반파쇼 통일전선을 결성하도록 지시하고 다음날은「태평양 반일 통일전선에 관한 지시」를 발표했다.

태평양전쟁의 폭발은 미국의 대일 유화정책의 파탄을 가져왔고 중국의 항일을 적극적으로 원조하는 정책을 채택하게 했다. 한편 장개석은 승리를 앉아서 기다리며 반공에만 열중해 있는 실정과 중공이 영도하는 팔로군八路軍・신사군新四軍 화남華南항일유격대는 간고한 가운데 용감한 전투를 벌이고 있다는 사실을 미국 친구들이 점점 알게 되었다.

특히 여기서 주목할만한 일은 1944년 6월 9일부터 7월 26일까지 내외기자 서북西北 참관단 일행 21명의 연안延安 방문이다. 그중에는 5명의 미국 언론계 대표가 있었다. 『AP』 『만체스터』 『뉴욕 타임스』의 스타인, 『타임』 『노동동맹신문』의 에프스타인, 『UP』 『런던 타임스』의 포만, 『토론토스타주보』 『벌티모어선』의 보토, 미국천주교 잡지・중국통신의 샤나한 신부 등 참관단은 연안에서 중공 중앙 18집 단군본부 및 섬감녕(陝甘寧 : 陝西省・甘肅省・寧夏)혁명 근거지 정부의 열렬한 환영을 받았다. 모택동・주은래・주덕・엽검영 등이 접견하여 해방구 정황 및 국내외정세에 관해 상세히 분석 설명하고 중국 공산당의 국제 문제에 대한 태도, 국내 문제에 대한 입장과 정책을 상세히 설명하였다.

참관단은 해방지구에 머무르며 광범위한 취재 활동을 하고 그들이 직접 보고 들은 바를 미국을 비롯한 전세계에 대대적으로 보도했다. 내외기자 참관단이 돌아온 후 곧 중국 전구사령관 겸 장개석의 참모장 스틸웰 장군의 지시로 데이비드 빠레트를 단장으로 한 미국 군사시찰단 일행 18명이 1944년 8월 7일 연안에 도착했다. 모택동・주덕・주은래가 시찰단 전원과 회견하고 모毛와 주周가 개별적으로 빠레트 및 써비스 등과 여러 차례 중요한 회담을 가졌다. 중공 중앙은 중・미 관계의 이와 같은 발전에 대해 만족하여 미군시찰단과 내외기자 참관단의 방문을 국제간의 통일전선 결성에 도움이 될 것이고 중공의 외교무대 진출에 호기라고 인정하였다.

그러나 불행히도 일은 순조롭게 진전되지 않았다. 스틸웰이 공산당을 편들며 자기를 몰아세우니 장개석이 이 이상 더 참을 수가 없다고 분통을 터트리자 미 국무성은 공산당과 장개석을 놓고 저울질하다가 장개석을 택하기로 했다. 드디어 루즈벨트는 1944년 8월 10일 장蔣과 스틸웰간의 알력을 조정하기 위해 헐리를 파견, 까우스 후임으로 주중 미국대사로 임명하고 스틸웰 대신 웨드마이어를 미국 중국 전구사령 겸 동맹군 중국 전구총사령 장개석의 참모장으로 임명했다. 헐리의 등장과 특히 트루먼의 대통령 취임으로 겨우 열리려 하던 중공과 미국의 내왕의 대문은 닫혀버리고 말았다.

중・미 양국인민의 근본 이익에 부합되는 이 좋은 기회는 이렇게 해서 사라지고 말았다. 미국과 장개석이 공모하여 연합정부안과 민주원칙을 희생시키고 중공으로 하여금

「군대를 내놓고 해방구 및 지방민주정권을 해산하고 그 대신 몇 명이 중경국민당 정부에 와서 한자리 하라」는 안을 제시했다. 미국과 장개석이 합작하여 제멋대로 작성한 이 제안은 결국 중국공산당 영도하의 인민군대를 미국 군관에게 넘기고 완전히 미국 통제를 받는 식민지군대를 만들겠다는 방안이었다. 물론 중공은 단호히 거절했다.

일본 항복 이후에도 트루먼은 정전한다는 간판을 내걸고 장개석의 반공전 준비를 원조했다. 미국이 작성한 방책에 따라 미국의 무기·자금·물자로 장개석은 3년여에 걸친 내전을 계속하다가 대만으로 도망하여 중국인민은 승리하고 신중국이 탄생했다.

1950년 6월 25일 조선에서 내전이 폭발하자 트루먼은 조선전쟁을 발동함과 동시에 미7함대에 명령하여 중국 영토 대만을 점령케 하고 미 공군은 중국 동북지방을 폭격 소사掃射케 하여 직접 중국의 안전을 위협했다. 이렇게 해서 중·미 양국 군대는 조선반도에서 실탄싸움을 벌였는데, 이때부터 중·미관계의 문은 굳게 닫히고 한번 닫힌 문은 20여년 동안 열리지 않았다. 휴전 후에도 미국은 계속 장개석 집단을 보호하고 대규모 군사재정 원조를 제공하여 사실상 계속 중국 내정에 참가해 온 것이나 다름없다.

뿐만 아니라 베트남 침략전쟁을 마무리 하기 위해 중국에 온 닉슨 방문(1972년 2월) 전까지 미국의 대외정책은 줄곧 중국에 대한 경제봉쇄·군사적 포위·외교 고립화였다. 1971년 미국의 해외 400여 군사기지 중 중국 주위에만 4분의 1이 배치되어 있었다. 장개석의 대표가 UN자리를 불법점거하고 있는 것을 지지하였을 뿐만 아니라 제3국가들을 위협하여 중국(중공)승인을 못하도록 했다.(柴成文·趙勇田 저, 尹永茂『중국인이 본 한국전쟁』한백사 1991)

이토록 서로 적대시 하고 있는 시기에도 신중국의 모택동·주은래 등 일생을 혁명에 바친 원로들은 계속 중·미 접촉의 길을 유지하도록 노력하였다. 미 국무성의 관리들도 역시 상대의 맥을 짚어보기 위해 선을 대고 있는 것을 희망하고 있었던 것이 사실이다. 이것이 바로 15년 동안이나 중·미 대사급 회담을 계속해 온 이유였다. 조선전쟁 후 1956년 8월 난국을 타개하기 위해 중국정부는 일방적으로 미국 기자의 중국 취재 불허 규정을 취소하고 미국 15개 언론기관에 초청장을 발송하여 1개월 동안 중국 방문을 허락했다. 그간 중·미 양국 인사의 공동노력으로 1957년 8월 덜레스는 24개 보도기관에게 기자의 중국 파견을 허가하였는데, 여전히 중국 기자의 미국 방문을 거절했다.

중·미 양국 국민은 상호 왕래가 두절된 채 서로 이해가 없는 고통 가운데 오랜 시간이 지나갔다. 20여년간 세계의 경찰노릇을 한 미국은 닉슨이 대통령에 당선되었을 때 이미 군사상으로 소련에게 따라잡혔고 무역면에서 유럽공동시장에서 일본과 경쟁해야 했다. 1969년 10월 20일에는 중·소 회담이 북경에서 열리고 중국의 국제 문제에 대한 영향력이 날이 갈수록 확대되어 중국 억제 정책은 계속해 나가기 힘들어졌다.

이와 같은 정세 하에서 1970년 12월 모택동 주석과 에드거 스노우의 회담은 중·미 내왕의 실마리가 되었다. 모택동은 그때 이런 말을 했다. "우리는 닉슨과 회담할 것을 원한다. 회담 결과가 성공적이어도 좋고 실패해도 좋다. 한바탕 싸움을 해봐도 좋다. 나는 싸울 생각은 없지만." 닉슨은 담력과 지모가 비범한 사람이다. 1971년 7월 9일에서 11일 사이에 닉슨은 국가안보회의 보좌관 헨리키신저 박사를 비밀리에 북경에 파견하고 7월 16일 중·미 쌍방은 동시에 "미국 대통령 리챠드 닉슨은 초청에 의하여 1972년 5월 이전에 적당한 시일에 중화인민공화국을 방문한다"고 발표했다.

키신저가 제1차로 중국을 방문하고 9월 4일 닉슨은 중·미관계에 언급하여 "우선 연계를 맺고 양국간의 조정이 안 되는 의견 차이를 평화적으로 해결할 수 없을 것인지를 알아보는 것이 중요하다. 오늘날 세계 최대강국으로서의 미국이 세계에서 인구가 가장 많은 나라(그 잠재력으로 보아 세계 최대강국이 될 수 있는)와 어떤 면에서 의견이 일치하고 이해할 수 있는가를 알아보는 것이 중요합니다. 우리가 20세기 남은 기간과 21세기의 세계평화 문제를 생각할 때 중화인민공화국과 미합중국 양 강대국이 접촉을 가지고 모종회담을 진행하는 것이 필요하다는 것을 똑똑히 알아야 합니다. 그렇지 않으면 세계평화를 유지할 수 없을 것입니다"라고 표명했다.

이제 주객 쌍방이 축배를 높이 들고 중·미 관계 역사상 잊을 수 없는 이 날을 축하하고 있다. 역사는 서서히 흐르는 것이지만 역사의 전환은 순간에 이루어지기 마련이다. 닉슨의 일주일간 중국 방문은 끝나고 중·미 쌍방은 2월 27일 상해에서 공동성명을 발표했다. 「사회제도 여하를 불문하고 주권영토의 상호존중·상호불가침·내정불간섭 평등호혜·평등공존원칙하에 국가간의 관계를 처리한다. 중·미 양국관계 정상화는 모든 타국가 이익에 부합한다.」 중·미 우호왕래의 대문이 열렸다.

이에 이르기까지 무수한 중·미 인사의 불요불굴의 노력이 있었다. 원래 중·미 양국 인민은 항상 우호적이었다. 이와 같은 관계를 진일보 발전시키기 위해서는 미국인이든 중국인이든, 풍상을 겪은 어른이든, 젊은 세대이든, 정부관직에 있든, 재야에 있든, 누구나를 막론하고 지나온 곡절과 복잡한 역사 과정에서 교훈을 찾아야 할 것이다.

(2) 중공, 「항미원조 보가위국」의 태세로 조선내전 주시

제 2차 세계대전의 종결 후, 국제정세에는 큰 변화가 있었다. 전쟁 전 최강이었던 6개 제국주의 국가 중 미국만을 제외하고 독일·이탈리아·일본 3개국은 이미 패배했으며, 영국·프랑스 양국은 쇠약해져, 세계 자본주의체계는 극도로 약화되었다. 아시아 대륙의 몇몇 국가는 제국주의의 속박에서 벗어나 인민민주제도人民民主制度를 건립하고 사회주의 노선을 채택함으로써, 사회주의는 이미 소련 1개국의 범위를 넘어서 세계적인 하나의 거대한 세력이 되었다.

식민지·반半식민지 인민의 민족민주혁명운동이 활발히 전개되어 제국주의 식민통치에 맹렬한 충격을 주었다. 세계에는 제국주의 진영과 사회주의 진영이 형성되었다. 이 양대 진영의 모순과 투쟁의 존재는 전후 한 시기의 국제적 투쟁의 새로운 특징이 되었으며, 민족민주혁명운동과 사회주의혁명운동은 곧 거부할 수 없는 역사의 조류가 되었다.

제 2차 세계대전 중에 횡재橫財를 하여 전후 경제력이 팽창된 미국은 강대한 경제력과 군사력에 의지해 적극적으로 침략정책과 전쟁정책을 진행시켰으며 전세계를 재패하려는 기도를 추구했다. 제 2차 세계대전 중, 미국은 지리적으로 전쟁으로 인한 파괴를 당하지 않았고, 또한 대량으로 무기를 판매하여 1077억 달러의 이윤을 얻었다. 전후 5년간, 미국은 자본 수출, 잉여물자 덤핑판매, 타국의 자원을 강탈하는 등의 방법으로 근 2천억 달러의 이윤을 얻었다. 1950년에 이르러 국민생산총액은 모든 자본주의 세계의 3분의 2를 점유했다.

미국은 사회주의국가와 인민민주국가를 적대시하여, 부단히 간섭하며, 전복 활동과 전쟁 위협을 가하였다. 적극적으로 세계에 반동세력을 육성하고, 민족민주혁명운동을 진압하며, 식민지·반식민지 인민을 불평등교역으로 수탈·노예화시키고, 타국의 독립과 주권을 침범하며 민족분열을 조성하는, 세계의 평화와 민주세력에 주요한 적대국가였다. 사회주의국가와 인민민주국가는 국제사업에 있어서 세계평화와 민주 및 진보를 위한 정책을 촉진하고 추진하는 한편, 적극적으로 광범위한 세계평화보위의 통일전선을 창도하여 결성하고, 또한 제국주의의 침략정책과 전쟁정책에 반대하였다.

1949년, 중국인민은 중국공산당 영도 하에, 장기적인 무장투쟁을 통해서 마침내는 미국이 지원하는 장쩨스蔣介石 국민당의 반동통치를 전복시키고, 중화인민공화국을 수립하였다. 중국인민혁명의 승리는 제 2차 세계대전 후 세계에서 제일 중대한 정치적 사건이다. 이는 제국주의 동방진영東方陣營을 분쇄하여, 국제정치 역량의 대비對比를 변화시켰고 세계인민의 반제투쟁과 민주혁명운동을 극도로 고무시켰다. 이 사건은 미 제국주의 입장에서 볼 때는 심각한 타격이 아닐 수 없었다.

미국은 실패를 달갑게 여기지 않고, 여전히 완고하게 중국인민과 아세아亞細亞 인민에게 그들의 반동정책을 밀고 나갔다. 태평양지구에서 미국은 대소 200여 개의 군사기지를 건립하여, 작전부대 및 근 100여 척의 군함과 1,100여 대의 비행기를 배치하였다. 중국에서, 미국은 국민당 집단의 잔여세력을 계속 원조하고, 중국인민이 대만을 해방시키려는 것을 저지 방해하며 중국대륙에 대한 무장침략을 음모하였다.

미국은 일본에서 계속적으로 군사점령을 강화하고, 일본이 극동의 주요 전쟁기지가 될 수 있도록 기도했다. 중국 및 소련과 근접해 있어 중요한 전략위치를 지닌 한반도에 있어서, 미국은 제2차 세계대전 중의 동맹국을 배신하여 자주독립 및 통일된 정부를 성립시키려는 협의를 저버리고, 조선민족의 분열을 조성하고 조선독립 통일의 실현을 방해하여, 한반도를 미의 종속우방으로, 나아가서는 대륙지배 확대의 전진기지로 삼고자 하는 기도를 추구했다.

1948년 8월 15일, 미국은 한반도 남부에서 「대한민국 정부」를 출범시켰다. 이 상황에 맞추어 9월 9일 북부에서는 「조선민주주의인민공화국 정부」가 수립됐다. 조선 남북에 두 개의 성질이 다른 정권이 성립된 이후, 민주조선은 어떤 외국의 간섭도 없는 조건 하에 전조선이 선거를 거행하여, 통일된 중앙정부를 건립하며 자주평화통일을 실현시킬 것을 견결히 주장했다. 한편 이승만은 미국의 지지 하에, 조선민족의 자주적 이익에 합치되는 주장을 거절하고 왕년의 친일세력과 함께 "무력통일"의 대립정책을 견지하였으며, 공개적으로 "남북 분열은 반드시 전쟁으로써 해결해야만한다" 고 공언했다.

1949년 12월 30일, 이승만은 서울에서의 기자회견에서, 새해 중에 "반드시 남북한은 통일된다"고 말하고, 아울러 전쟁 준비와 38선상에서의 무장대결 활동을 강화했다. 민주조선은 이승만 집단의 전쟁위협에 직면하여 첨예하게 대립되는 투쟁을 진행하는 동시에, 인민의 승리를 보위하기 위해 역시 필요한 준비를 했다. 이에 따라 조선반도의 진보세력과 보수세력간의 투쟁은 날로 첨예화되어 정세는 나날이 심각해졌다.

1950년 6월 25일, 조선에서 내전이 마침내 폭발하였다. 1950년 6월 26일, 김일성 수상은 방송연설을 통하여 "전 조선인민과 인민군은 함께 동원되어, 조선의 자유독립과 통일을 위해 정의의 조국해방전쟁을 진행할 것을 호소했다. 조선인민군은 이 호소에 응해 분연히 작전을 감행하여 파죽지세로 남으로 향해 나아갔다.

조선내전이 폭발하자마자 미국은 세계를 재패하려는 전략에 따라 지체 없이 무장간섭을 진행했다. 6월 26일 미국대통령 트루먼은 극동주둔 공·해군을 참전시켜 이승만 집단의 군대를 지원토록 명령했다. 27일 트루먼은 성명을 발표하여, 공개적으로 조선무장침입을 선포해 조선 내전에 간섭하고, 아울러 제7함대를 대만 해협에 진출시켜 중국영토인 대만을 점거하도록 명령했다. 6월 27일, 미국해군 제7함대의 10여 척의 군함이 대만의 기륭基隆·고웅高雄 양 항구를 점령하고, 대만해협에서 "순찰" 및 작전훈련을 진행했다. 8월 4

일 미 공군 제13항공대 편대비행기가 대북 공군기지_{台北空軍基地}를 점령했다.

이와 동시에 미국은 중화인민공화국과 소련 두 상임이사국이 결석한 상황 하에서, 고의적으로 조선 국내전쟁의 성질을 왜곡시키고, 이승만 집단을 "긴급원조" 한다는 이름으로 유엔 안전보장이사회를 조종하여 불법결의를 통과시켰으며 조선을 침입할 군대를 소집했다. 6월 30일, 트루먼은 계속해서 일본주둔 미국 지상부대를 조선 전쟁에 투입할 것을 명령했다.

○중화인민공화국 성립 후, 미국은 장개석 집단을 지지하여 계속 중국의 유엔 안전보장이사회의 자리를 절취하여, 이로 인해 중화인민공화국은 자리를 잃게 되었다. 소련은 미국의 도리에 어긋나는 행동에 항의, 중국이 UN 및 안전보장이사회의 합법적 지위를 회복할 것을 지지하여, 1950년 1월 안전보장이사회의 출석을 거부해 소련 역시 결석한 상태였다. 8월에 소련은 다시 안전보장이사회 회의에 출석했다.

7월 7일, 미국은 유엔 안전보장이사회를 조종하여 불법결의를 통과시켜, 미국 및 기타 국가의 조선개입군대를 유엔군으로 만들고, 미국의 극동주둔군 사령관 맥아더를 유엔군총사령관으로 임명했다. 이로 인해, 조선인민의 독립과 통일을 쟁취하기 위한 「국내 혁명전쟁」은 마침내 외국의 연합세력에 반대하는 「민족해방전쟁」으로 변화되고 말았다.

조선인민군은 결연한 전투행동으로 미국을 주축으로 하는 점령군에게 힘 있는 반격을 가했다. 6월 28일 서울을 해방한 후, 7월 20일에 대전을 점령, 미군 제24사단장 '딘 장군'을 생포했다. 8월 중순이 되어, 남조선 지역 90%를 해방해, 미군과 한국군을 낙동강 1만평방킬로미터의 협소한 지역으로 압박하였다. 미국군은 한편으로는 지형을 이용, 완강히 저항하고, 한편으로는 부산항을 이용해서 계속 병력을 증원시켜 반격준비를 했다. 전쟁은 교착상태를 형성했다.

미국의 조선에 대한 방자한 무장 개입은 전세계 인민으로 하여금 극심한 분노를 일으키게 하였고 맹렬한 항의를 표시하게 했다. 중국은 조선의 우호국으로서 미국의 조선에 대한 무장침략과, 아국 안전에 엄중한 위협을 가하고, 중국 영토인 대만을 침략 점거한 행위에 대해 절대로 용인할 수가 없었다. 6월 28일 마오쩌둥 주석은 중앙인민정부위원회 제8차 회의상에서 아국의 엄정한 입장을 발표했는데, 지적하기를 "전세계 각국의 일은 마땅히 각국 인민 스스로 주관해야 한다. 아시아의 일은 아시아인 스스로 주관해야지 미국이 관여해서는 안 된다. 미국의 아시아 침략에 대해, 아시아 인민은 광범하고도 결연한 반항을 일으키고 있다." 중국인민은 "제국주의의 유혹을 받아들일 수 없을 뿐만 아니라, 제국주의의 위협도 두려워하지 않겠다"고 하였다. 그는 호소하기를 "전세계인민은 단결하여 충분한 준비를 진행하여, 미 제국주의의 어떠한 도발도 타파하자"고 했다. 같은 날, 저우언라이周恩來 총리 겸 외교부장은 아국정부를 대표해 성명을 발표, 강조하기를 "트루먼의 27일 성명 및 미 해군의 행동은 중국영토에 대한 무장침략이며, 유엔 헌장에 대한 철저한 파괴이다." "아국 전체 인민은 반드시 일심 단결하여, 미 침략자의 손아귀로부터 대만을 해방시키기 위해 끝까지 분투하자"라고 했다.

7월 6일 주은래 총리 겸 외교부장은 아국정부를 대표해서 유엔 안전보장이사회가 6월 27일 미국정부의 조종 하에 불법결의를 통과시킨 것에 대한 반대 성명을 발표하였다. 이에 지적하기를 그 결의는 "미국의 무장침략, 조선내정간섭 및 세계 평화의 파괴를 지지하는 것"이라 했다. 또한 이는 "유엔 헌장에 규정된 이른바 유엔이 본질적으로 어떠한 국가의 국내관할에 속하는 사건을 간섭해서는 안 된다는 중요한 원칙을 위배하여, 유엔 헌장을 손상시켰다"고 지적했다. 동시에, 이 결의決意는 "중국과 소련 두 상임이사국이 참가하지 않은 상황에서 통과시켰으므로 분명히 불법이며 따라서 중국인민은 결연히 반대한다"고 했다.

이때 아국 인민은 긴밀히 조선 전국戰局의 전개를 계속 주시했다. 당시 미국이 조선을 부당 침략한 이후, 중공중앙과 모택동 주석은 즉시 선견지명 있게 조선전쟁의 형세를 분석했는데, 조선전쟁이 지닌 복잡한 성격으로 인해 국제분쟁의 초점, 최소한 동방분쟁의 초점이 되리라 여겼다. 전국戰局의 발전에 대해 일찍이 두 가지 가능성을 예측하였는데, 하나는 속결速決 즉 조선인민이 승리를 빨리 쟁취하여 미 침략군을 바다로 내쫓는 것이고, 둘은 지구持久 즉 미국이 패배를 달가와 하지 않고 계속 증병하여 심지어는 조선 북부로까지 상륙하여, 전쟁규모를 확대시켜 지구전으로 전환될 가능성이었다.

조선인민군이 낙동강지구까지 진격한 다음 교착상태가 형성되자 중공당 중앙은 더욱 더 명확히 지적하기를, 지구전持久戰으로 전환될 것이며, 미국이 전쟁 규모를 확대시킬 가능성은 날로 증대되리라 했다. 따라서 아국 인민은 준비를 하지 않을 수 없다. 동시에 지적하기를 우리는 전쟁을 두려워하지 않는다. 왜냐하면 우리는 무장투쟁을 23년간 경험한 당과 군대가 있고 또한 제국주의 미국 역시 많은 곤란함과 내부분쟁 및 동맹국간의 불일치가 있기 때문이다. 군사면에 있어서도 미국은 극복하기 힘든 약점을 지닌다.

그러나 미국의 침략 전쟁을 방비하려면 제3차 세계대전이 일어나게 되는데, 결국에는 원자폭탄을 쓸 것이다. 그러나 "우리는 너희들이(미 제국주의를 지칭) 공격하는 것을 용서치 않겠다. 너희가 꼭 공격하려 한다면 공격해라. 너희는 너희식으로, 우리는 우리식으로 싸우겠다. 너희는 원자탄을 쓸 것이고 우리는 수류탄으로 공격하겠다. 약점을 파악해 최후에는 너희를 패배시키겠다"고 하였다.(모택동이 1950년 9월 5일 중앙인민정부위원회 제9차 회의석상에서 한 말)

요약하면 충분한 준비가 있어야만 급박하게 전쟁에 돌입하는 혼란을 피할 수 있다는 것이었다. 이에 의거, 중공 중앙군사위원회는 아국의 동북지구(만주) 안전을 보위하고 필요시에 조선인민의 반침략전쟁을 지원하기 위해, 적시에 일련의 조치를 취해 사전예방책을 꾀했다. 초기 미 침략군이 연이어 패할 즈음인 7월 7일과 10일, 모택동 주석의 제의에 의해 중앙군사위원회는 두 차례 회의를 소집하여 부주석 주은래 주재 하에 동북변방군 조직 문제를 토론함으로써 첫번째 준비에 착수했다.

7월 13일 중앙군위는 정식으로 「동북변방보위에 관한 결정」을 내려, 하남·광동·광서·호남·흑룡강성省 등지에 배치되어 있던 제13병단의 38·39·40군과, 42군, 포병 1·2·8사단, 1개 고사포연대, 1개 공병연대 등 모두 25만 5천여 명을 뽑아 동북변방군을 조직했다. 8월 중순, 상술한 부대가 안동(지금의 安東)·봉성·집안·통화·요양·해성·본계·철영·개원 등지에 집결 완료하여 정비 및 훈련에 들어갔다.(9월 6일 중앙군위는 제50군을 호북에서 동북지구로 이전, 변방군 서열에 편입) 8월 하순, 중앙 군위는 총참모장을 대리하던 섭영진의 건의에 의거, 상해 지역의 제9병단과 서북지구의 제19병단을, 각각 진포鎭浦·롱해 양 철로선에 파견하여 동북변방군을 돕도록 했다. 동시에, 중앙군위는 지원부대 건설을 가속시키는 결정을 내려 즉시 4개 비행연대, 3개 전차여단, 18개 고사포 연대 및 10개 군소속 포병을 증편시켰다.

대도시와 공업기지의 안전을 보장하기 위해 중앙군위는 방공계획을 제정하여, 3개 항공사단, 15개 고사포연대, 1개 탐조등연대를 심양·안산·본계·북경·천진·남경·상해·항주·광주 등지에 나누어 배치하여 대공방어를 맡겼다. 또한 동북지구 남부의 부분 공업설비와 전략 비축물자를 북부로 옮겼다. 이와 동시에 아국정부는 적극적으로 외교투쟁을 전개했다.

2)「남침」「6·25 도발」로 비난받은, 전쟁 초기 북의 정책과 선전

(1) 북조선은 「남측의 북침에 대한 '대반격작전'으로 진격 중」이라 주장

38선상의 포성은 아시아를 진동했고 세계를 진동시켰다. 조선민주주의인민공화국 수도 평양은 특히 긴장감이 감돌았다. 그날 이른 아침 공화국 내무성은 다음과 같이 전투

상황에 관한 첫번째 보도를 발표하였다.(柴成文·趙勇田『중국인이 본 한국전쟁』한백사 1991)

남조선 '국방군'이 6월 25일 이른 새벽 38선 전역에서 38선 이북을 향해 불의의 공격을 개시해 왔다. 불의의 공격을 해온 적은 해주 서부 금천 방면과 철원 방면에서 이북지구에 1km 내지 2km 침입해 왔다. 조선민주주의인민공화국 내무성은 이미 공화국 경비대에게 38선 이북지역에 침입한 적을 격퇴하도록 명령했다.

공화국 경비대는 이미 양양 방면에서 38선 이북지구에 침입한 적을 격퇴하였다. 조선민주주의인민공화국 정부는 이미 공화국 내무성으로 하여금 만일 남조선 당국이 즉각 38선 이북지역에 대한 모험적 전쟁 행위를 멈추지 않으면 즉시 결정적 방법을 취해 적을 제압할 것이고 동시에 이와 같은 모험적 전쟁 행위로 인해 발생할 엄중한 결과에 대해 모든 책임을 져야할 것이라는 경고를 남조선 정부 당국에 발하도록 하였다.

이와 때를 같이하여 김일성은 즉시 조선노동당 중앙정치위원회와 내각 비상회의를 소집하여 정세분석과 공격해온 적을 격퇴하는 조치를 토론하였다. 그리고 즉시 인민군 각 부대와 경비대에게 적의 침공을 제지함과 동시에 반격으로 전환할 것을 하달했다. 회의가 끝난 후 「남조선군 38선 이북지구 침공에 관한 조선민주주의인민공화국 내각 공보」를 발표했는데, 그 내용은 "조선민주주의인민공화국 내각은 6월 25일 비상회의를 소집했다. 내각 비상회의석상에서 남조선정부의 소위 국방군이 6월 25일 첫새벽 38도선 이북지구에 대해 불의의 침공을 하여 38도선에서 긴장상태를 조성한 문제에 관해 토론하였고 동시에 각종 대책을 취하였다"는 것이었다.

내각 비상회의가 끝나고 이어서 조선민주주의인민공화국 최고인민회의 상임위원회 회의가 소집되었다. 여기서 내각수상 김일성을 군사위원회 위원장·조선인민군 최고사령관으로 선임하고 전시체제에 따라 전국가의 업무를 개편하는 긴급결정을 하였다.

1950년 6월 26일 김일성은 "모든 힘을 전쟁의 승리를 위하여"라는 방송연설을 하였다. 이 연설에서 반격작전의 정당성을 천명하고 "전체 조선인민은 또다시 외래 제국주의자들의 노예가 되기를 원치 않는다면 이승만정권과 그 군대를 타도분쇄하기 위한 구국투쟁에 다 같이 일어나야 합니다. 우리는 온갖 희생을 무릅쓰고 반드시 최후의 승리를 쟁취하여야 하겠습니다"라고 강조하였다. 이 연설에서 북반부에서 이룩한 민주개혁의 성과들을 사수하며 남반부 해방과 조국통일의 정의로운 투쟁에서 용감성과 헌신성을 발휘할 것과 조국과 인민을 위해 마지막 피 한 방울까지 바쳐 싸울 것을 인민군 장병에게 요구하였다.

북반부 인민들은 자기의 모든 사업을 전시체제로 개편하고 인민군대에 대한 전인민적 원호사업을 조직하여 인민군대의 후방을 철옹성같이 다져야 한다고 요구했다. 남반부 인민에게는 유격전을 강화하여 적 후방을 교란하고 각종 방법으로 반이승만 투쟁을 전개하여 인민군 작전을 지원할 것을 호소했다.

6월 27일, 조선노동당 중앙위원회는 노동당의 모든 조직과 전 당원에게 공개서신을 발표, 전체 당원이 전시 요구에 따라 당의 업무를 변경하여 당의 규율을 강화할 것과 모든 노동당 당원은 군사지식을 학습하여 완전 이해하고 모든 준비를 하여 어떠한 정세하에서도 능히 적과 전투하여 승리를 거둘 수 있도록 해야 한다고 호소했다.

7월 1일, 공화국정부는 전시 동원령을 내렸다. 동시에 국민경제발전 2개년 계획을 재심사하고 전시환경의 요구에 맞게 분기별 계획으로 개편했다. 대량의 우수한 간부, 대량의 우수한 당원이 인민군 각 부대에 배속되어 갔다. 수만 청년학도가 용약 전선으로 나갔다. 수만 노동자가 노동자단을 조직하여 전선으로 나갔다. 후방에 남은 노동자·농민·부녀자는「모든 것을 전쟁승리를 위하여」라는 활동을 전개하고「전선 돌격대 운동」「청년작업반 운동」등 여러 가지 형식으로 생산을 증가시켜 군수품 생산량이 평상시의 여섯 배 이상에 이르렀다. 조선민주주의인민공화국에는 역사상 전례가 없는 자유와 독립을 방위하는 전인민 항전의 열화 같은 불길이 타올랐다.

미 육·해·공군이 조선전쟁에 투입된 정세 하에서 조선민주주의인민공화국의 결심은 추호도 동요하지 않았다. 김일성은 1950년 7월 8일「미 제국주의자들의 무력침공을 단호히 물리치자」라는 제목 하에 방송을 통해 미제가 대대적으로 무력침략의 역량을 증강하고 있지만 그들은 절대로 조국통일과 독립을 위해 일치분투하고 있는 우리 인민을 굴복시키지 못할 것이며 전체 조선인민과 인민군 장병의 영웅적 전투는 반드시 미제 무력침략자를 철저히 격멸 소탕하고 정의로운 조국해방전쟁이 최후승리를 하게 될 것이라고 지적했다.

그리고 전략방침은 미제가 대량으로 병력을 동원하기 전에 단시일내에 이승만군과 이미 강토에 침입한 미군을 섬멸하고 인민군으로 하여금 부산·마산·목포·여수·남해 일선에 진출케 하여 조국강토를 완전히 해방하고 전국 각지에 기동성 있게 무장역량을 배치하여 미제 증원부대 상륙을 저지하는 것이라고 설명했다. 이 방침은 적을 추격하는 데 만족하지 말고 적의 대밀집 집단을 포위섬멸할 것을 요구했다.

과거 35년간 외적의 참혹한 통치의 아픔을 경험했고 해방 후 5년 동안 인민 스스로가 주인이 된 자유생활을 한 경험이 있는 근면하고 용감한 이 민족은 또 다시 생사존망의 준엄한 시각을 맞아 일치단결하여 조국의 완전해방을 쟁취하기 위해 일어섰다.

1950년 5월 조선인민군은 10개 보병사단, 1개 탱크여단, 1개 기동연대 그리고 내무성에 소속된 몇개 경비부대가 38선 지구경비를 책임맡고 있었다. 인민군 부대는 병력도 많지 않고 대단히 나이가 어렸지만 군관의 자질·사기·정치의식은 이승만군대와는 비교가 안될만큼 우수했다. 이 군대는 김일성이 이끄는 인민혁명군을 중심으로 조직되었다. 많은 군관이 전에 조선인민혁명군이었고 중국항일전쟁과 해방전쟁에 참가한 중국인민해방군이었던 사람도 있다. 중국에 거류한 많은 조선인이 중국의 토지혁명전쟁·항일전·해방전쟁에 참가하였는데, 중화인민공화국의 건국을 전후해서 그들은 자기 조국에 돌아가 조국방위건설에 참가할 것을 요구받았다.

인민군 사병의 절대다수는 노동자·농민이었다. 다시는 외국의 노예가 될 수 없다는 사람들로 이루어진 이 군대는 적이 쳐들어온다는 정보에 접하자 분연히 일어나 적의 공격을 분쇄할 각오를 한 것이다. 이제 그들은 조국의 부름에 응하여 즉각 전투에 돌입함으로써 전체 장병의 사기는 충천하고 계속해서 여러 차례의 전투를 치러냈다.

(2) 인민군, 의정부 거쳐 서울 진입, 북한강 이북 점령

조선인민군이 진행한 제1차 전투 지역은 서울전역이었다. 인민군 최고사령부의 기도는 서울지구에 모여 있는 이승만의 대군을 포위섬멸하고 서부전선의 인민군은 서해안을 따라 남쪽으로 진격하는 것이었다. 그들은 금천·화천에서 남쪽으로 향하여 개성을 해방하고 임진강 방위선을 돌파하여 의정부를 쳤다. 의정부는 서울로 들어가는 어구다. 인민군이 의정부를 향해 전진할 때 이승만의 7사단·2사단의 저항에 부딪쳤다. 이승만의 국방군은 8개 보병사단과 몇개의 독립부대 분대로 구성된 공격사단으로 조직되어 있었다. 일본 주둔 미군 3개 보병사단, 1개 장갑탱크사단, 제5항공대(835대 보유)에다 제7함대(약 300척의 함정)가 이승만부대 작전을 언제나 지원할 수 있도록 준비하고 있었다.

서울방송국이 의정부 전선에서 대승리를 거두었다고 신이 나서 보도하고 있을 때 6월 26일 오전 인민군은 이 요지를 해방했던 것이다. 서울을 향해 무너져 후퇴한 적은 처음에는 창동·쌍문동의 구릉지대를 이용하여 재편 방어하려다가 다음에는 미아리 일대 경원선 국도를 둘러싼 산을 이용하여 저항하려 기도했다. 인민군은 6월 27일 낮 창동 방어선을 돌파 그날밤 어둠을 이용하여 홍릉에 침투하고 이른바 미아리 방어선을 완전히 무력하게 만들었다. 6월 28일 오후 3시 서울이 해방되고 이어 김포비행장이 해방되었다. 이와 동시에 동부전선에서 강릉과 춘천이 해방되었다.

춘천은 한강과 소양강이 합류하는 지점으로 홍천·원주에 이르는 교통의 요충이다. 이로써 북한강 이북의 광대한 지구가 인민군의 손에 들어왔고 이 전투에서 모두 2만여 명의 적을 섬멸했다. 이승만의 국방군은 일격에 무너져 버렸다. 전에 남조선 외무부장관과 국방군 군단장으로 있던 최덕신의 말에 의하면 절대다수가 8.15해방 때까지 일본군도를 차고 중국 동북에서 독립운동을 하는 애국자를 학살하던 일군과 만군의 군관이었고 그 사병은 남조선 인민 중에서 징집한 장정들이었다.

6월 27일 새벽2시 이승만은 금·은·보석을 챙겨 심복 측근을 대동하고 특별열차로 대전으로 도망쳤다. 이어서 3시 이범석이 비상국무회의를 소집하여 정부를 수원으로 철수하는 결정을 내렸다. 수도를 고수하느냐의 여부로 국방부내에 의견대립이 생겼다. 국방장관 신성모·참모총장 채병덕은 벌벌 떨며 어찌할 바를 몰라 즉시 서울 포기를 주장하는가 하면 몇몇 소장파 장교는 결사반대했다. 누구도 수도 포기의 책임을 지게 될까 두려워 결국 사수하기로 결정할 수밖에 없었다.

이러는 동안 몇시간이나 지나 6월 27일 낮 창동 방어선이 무너지고 조선민주주의인민공화국 민족보위상 최용건으로부터 항복권고 방송이 나왔다. 채병덕은 이제 더 견딜수가 없어 사수결정을 포기하고 육군본부를 시흥으로 이전키로 하고 「적이 시내에 돌입하기 2시간 전에 한강다리를 폭파하라」고 공병대에게 명령했다. 바로 이때 6월 27일 정오 직후 미군 고문관 단장 보좌관 라이터 대령이 구명의 소식을 전해왔다.

동경의 미 극동군사령부가 조선 전선에 일선 지휘소를 설치한다는 맥아더의 전보였다. 총장은 갑자기 정신이 나서 막 시흥으로 이전했던 육군본부를 저녁에 다시 서울 용산으로 이전했다. 남조선 국방부 정훈국 사람은 피난 준비를 하던 자동차에다 재빨리 마이크를 설치하여 "미국 구원군이 온다"고 가두방송을 하며 시가를 돌아다녔다. 이 허둥지둥하던 총참모장이란 분은 머지않아 7월 하순 인민군에게 피살되었다.

여기서 독자의 주의를 환기해야 할 것은 서울은 당시 동경시간을 쓰고 있었는데, 동경의 1950년 6월 27일 정오는 워싱턴 시간으로는 6월 26일 밤 10시였다. 이때 트루먼은 브레어하우스에서 제2차 고문회의를 개회 중이었고 26일의 명령도 아직 내리기 전이고 맥아더가 보낸 조선에 일선지휘소 설치 전보는 트루먼의 25일 결정에 근거해서 발송했다고 밖에 볼 수 없었다. 다시 말해 트루먼의 육군 조선침공 명령시간은 그 이전이지 이후가 아니다. 미국 부통령 버클레이도 트루먼에게 어떻게 된 것이냐고 질문한 것은 무리가 아니었다.

일이 이렇게 진행은 되고 있었으나 멀리 떨어져 있는 물로 어찌 눈앞의 불을 끌 수 있겠는가. 하늘에서 강림한 것은 미군이 아니고 조선인민군이었다. 적은 괴멸 도주했다. 6월 28일 오후 2시 30분 채병덕의 명령으로 한강다리를 폭파하여 건너던 차량 수십 대가 파괴되고 병사들이 죽고, 무수한 이승만군은 후퇴할 길이 끊어졌고 대량의 물자정비 그리고 기밀문서가 포기된 채 뒤에 남았다.

인민군 제2차전은 수원水源작전이었다. 서울해방 후 이승만의 군대는 괴멸상태로 군이라 할 수 없이 되었는데, 소위 육군본부는 6월 28일 아침 수원으로 후퇴한 후 총망중에 한강방위선을 조직하고 미국원군이 도착하는 것을 기다리고 있었다. 인민군 최고사령부의 수원전투 작전목표는 한강을 건너 평택 방면을 향해 진격하여 수원지구의 이승만군을 섬멸한 후 평택·안성·충주·제천·영월 일선진출을 추진하는 것이었다. 수원전투는 6월 30일에 시작되어 인민군은 서울 여러 지점에서 동시에 한강 도강작전을 전개하여 채병덕이 폭파한 강다리 중간부분을 긴급 수리하여 탱크부대가 지나갈 수 있게했다.

적은 남쪽으로 도주 했고 7월 4일 무수한 적군을 섬멸하면서 수원을 해방시켰다. 인민군이 평택을 향해 진격 중 7월 5일 오산 경계선(서울 이남 50Km)에서 미군보병 24사단 선발대 1개 보병대대, 1개 포병대대와 교전했는데, 인민군은 닥치는대로 강타하여 미군부대는 거의 다 괴멸되고 말았다.

맥아더는 본래 미 지상부대가 조선전선에 나타나기만 하면 인민군은 부들부들 떨 것이고 전투상황은 쉽게 미국의 승리로 끝날 것이라고 믿었다. 그래서 6월 29일 미국 참모장 연석회의에 대한 보고에서 자신만만하게 "미군 2개 사단만 투입하면 충분히 한국을 지킬 수 있다"고 말하고 25사단 선발대 지휘관 스미스 중령도 인민군이 우리를 한번 보기만하면 기절초풍하여 도망칠 것이라고 큰 소리쳤다. 이 사람들은 자기역량을 과대평가하고 인민군의 역량을 과소평가한 것이다.

1975년 2월 20일자 일본주간지 『현대』는 그때 스미스부대가 오산에서 당한 참패상황을 이렇게 발표했다. 미군은 경상자만 후송하고 중상자는 성조기로 덮고 그대로 후퇴해 버렸다. 패잔병이 공포에 싸인 나머지 철모·웃옷까지 내버리고 심지어 신도 못 신고 달아났다. 스미스부대의 전멸 사실에 대해 미군총사령부는 사실대로 발표하지 않고 다만 600명 중 150명 전사, 72명 포로, 중경상자는 여기 포함되어 있지 않다고만 말했다. 인민군이 수원전투를 진행하며 남진하고 있는 동안 서부전선에서 평택·안성·인천을 해방하고 중동부전선의 원주·충주·삼척을 공략하여 7박 6일 전투는 승리로 끝났다.

(3) 김일성 직접 작전 지휘, 미8군과 대결, 딘 사단장 사로잡아

조선인민군이 전개한 제3차 전투는 대전 전투였다. 7월 7일에 시작하여 20일만에 끝났는데, 이때 미군은 속속 조선에 도착 참전하였다. 미군을 직접 지휘한 미8집단군사령관 월터 워커는 7월 13일 대구에 사령부를 설치하였고 소속 미보병 24사단이 맨먼저 도착했다. 오산에서 섬멸당한 21보병연대의 일부를 제외하고는 주력이 대전지구에 도착했다.

7월 2일 새로 사단장에 임명되었던 윌리엄 딘 소장도 대전에 도착하여 지휘하고 있었다. 이 사단의 사단장은 본래 존 하지였는데, 이승만군대를 건국 때부터 훈련 상황을 잘 알고 있었기 때문에 그를 한국군을 정돈하는 일에 돌렸다. 미보병 25사단은 7월 10일 부산에 상륙, 미 기병1사단(장갑탱크사단)은 7월 18일 포항에 상륙하고 이승만의 잔존병력은 모조리 미군의 통일적 지휘 아래 들어갔다. 이 시기에 적은 대전 이북의 금강과 소백산맥의 유리한 지형을 이용하여 견고한 방어진지를 구축하고 인민군의 진격을 저지, 미군의 포진과 이승만 군대의 정비를 엄호하고 있었다.

미8집단군은 1944년 6월에 창설되어 즉시 뉴기니아에 진출하고 섬을 따라 진격하는 작전을 수행했다. 섬을 하나하나 따라 올라가며 일본군을 섬멸하여 60회 이상의 수륙공격 작전을 진행했다. 1944년부터 45년 7월까지 필리핀 진격작전에 참가하여 필리핀군도를 점령했다. 일본이 투항한 후 일본 본토에 상륙, 점령군 임무를 맡았다. 2차 대전기간 중 병력이 가장 많았을 때는 11개 사단, 3개 독립연대 총병력 25만에 달했다. 월터 워커 중장은 1948년 9월 3일 8집단군사령관에 임명되었고 1950년 7월 6일에는 조선침략 미군사령관에 임명되었다.

조선인민군 최고사령부는 이번 전투를 조직 지도하기 위해 지역 군단 사령부를 설치하여 제1군단과 제2군단을 통일 지휘했다. 전투계획은 미군의 기본 병력이 포진하기 전에 빨리 금강·안동 전선의 적을 섬멸하고 대전으로 집중 돌격하는 것이었다. 대전이란 곳은 중부와 영남·호남을 연결하는 전략 요충지로 이승만이 서울에서 후퇴한 후 임시수도로 선포한 곳이었다.

김일성이 일선에서 직접 이번 전투를 지휘했다. 전투를 할수록 용감해지는 인민군은 7월 13일 금강에 이르러 야간 도강작전을 강행 성공했다. 이때 공주에서 논산을 향해 진출한 인민군 일부는 동쪽으로 돌아 대전 이남에 도착하고 또 일부는 대전 서쪽으로 돌았다. 이와 동시에 청주를 거쳐 남진한 인민군 보병과 탱크 연합부대는 대전 서북과 북부 지구로 진출했다. 7월 19일 오후 대전 포위는 완성되었다. 7월 20일 이른 새벽 인민군 각 부대는 긴밀히 협동하여 대전에 대해 총공격을 개시했다.

삽시간에 총탄이 마구 쏟아지고 초연이 천지를 덮는 격렬한 전투가 벌어졌다. 적은 점점 지탱할 수 없어 동남을 향해 포위망을 돌파하려했지만 퇴로는 이미 차단되어 있었다. 미25사단과 기병대 1사단의 증원부대도 저지당했다. 7월 20일 12시 인민군은 대전을 공략했다. 미24사단은 괴멸 당했다. 7월 21일 인민군은 소백산맥을 넘고 대전전투는 승리로 끝났다. 이 전투에서 적은 32,000명 장병과 대포 220여문, 탱크 20대, 자동차 1,300대, 기타 많은 기술장비의 손실을 입었다. 부임한지 18일 밖에 안되는 사단장 딘까지 인민군의 포로가 되었다. 대전전투의 패전으로 딘 장군은 조선 포로수용소에서 3년이란 세월을 지내고 휴전협정이 체결된 후에야 비로소 1953년 9월 5일 포로교환 때 겨우 미국으로 돌아갔다.

이 때 24사단의 무참한 패배전투를 트루먼은 진상을 은폐하고 여론을 오도하기 위해 말하기를 "미 육군 역사상 영광스런 한 페이지"라 하고, 맥아더도 "교묘하고 용감히 진행된 탁월한 저지작전"이라고 했다. 그러나 윌리엄 딘은 이와는 다른 평가를 했다. 그는 이 전투를 "처참한 비극이었다"는 것을 인정하고, 비극의 일부 원인을 다음과 같이 이야기 했다.

"대전의 처참한 비극은… 어찌할 바를 모르고 축 늘어져 무질서하게 거리를 헤매는 사병이나 (이들 사병은 1개월 전만해도 점령군 숙사에서 사치스럽고 한가한 생활을 하며 일본 여자를 끼고 샴페인·맥주나 마시고 구두도 사람을 시켜 번쩍번쩍하게 닦아 신던 애들이다.) 나와 같이 이 전투가 어떤 결과를 가져올 것이라는 것쯤 분명히 알고 있었다."

어떤 미국 종군기자는 24사단의 사병과 주고받은 이야기를 인용하며 트루먼이 내세운 미국군대의 이른바『경찰행동』의 가면을 폭로했다.

사병 : "경찰행동이라지만 무엇이 경찰행동이란 말야? 경찰행동, 누가 경찰이고 누가 강도란 말야? 이것이 무슨 경찰행동이야?"
기자 : "상관이 당신들에게 설명해 준 일이 없는가?"
사병 : "상관이 보비하고는 이런 말을 안해."
기자 : "보비는 누군데?"
사병 : "우리 소대장말야."
기자 : "그래 보비가 아무 말도 안했단 말야?"
사병 : "안해. 아마 자기도 잘 모르고 있을 거야."

1951년 5, 6월 미 상원 군사위원회와 외교위원회에서 열린 맥아더 청문회에서 미 참모총장 연석회의 의장 브래들리가 비로소 " 북조선이 나중에 사실을 증명한 것 같이 그렇게 강대하다는 것을 미처 몰랐다. 우리는 우리의 정보에 의거 그들의 인원 수·장비·작전 능력을 과소평가했었다. 적어도 처음에는 그랬다"고 인정했다.

미군은 2차대전 중에 많은 빛나는 전과를 올렸다. 특히 고위 장성의 대규모 전투조직 능력, 사병의 용감성, 여러 가지 견디기 힘든 환경에서의 생존능력, 모두 많은 사람들에게 깊은 인상을 주었다. 그러나 전후 점령군의 임무를 담당하고 트루먼 정부의 현지 인민의 의사를 무시한 정책을 집행하여 승리자로 자처한 교만한 태도로 피점령지역 인민에게 준 인상은 완전히 변해버렸다. 한 미국 종군 목사의 말에 의하면 "피점령 인민 눈에 비친 미국 사병은 왜 전쟁을 했는지, 전쟁 승리가 무엇을 의미하는지 모르는 불쌍한 어린애로 보였다. 그들의 흥미를 끄는 것은 세 가지 즉 여자를 찾아서 같이 자는 것, 브랜디를 훔쳐 마시는 것, 다음 배를 얻어타고 집에 돌아가는 것." 이런 군대가 반인민적이고 부정의한 전쟁에서 미 24사단이 당한 것 같이 참패를 당하고 쫓겨간 것은 당연한 일이었다.

대전 전투 후 이승만의 임시 수도는 대전에서 대구로 옮겨가고 미8집단군 각 부대는 이미 배치가 끝나 후속 제2사단, 해병대 제1사단 선두 부대도 이미 도착하였다. 이렇게 되니 적을 대량 섬멸할 기회는 지나갔다 할 수 있었다. 그러나 인민군은 7월 21일 또 4차 전투를 시작했다. 인민군 제1, 제2군단이 어깨를 나란히 하여 김천·대구를 향해 집중 진격했다. 낙동강에 진출하고 대안 상륙지점 확보가 목표였다. 8월 초 인민군은 낙동강과 조선 남부 해안에 진출하고 서남지방을 모두 해방했다. 그러나 전투는 예정대로 추진되지 못하고 예정한 임무를 실현하지 못했다.

(4) 북군, 낙동강 전선 교착, 광역 점령으로 보급선 멀어져 고전

인민군은 전선을 따라 남쪽으로 이동하니 보급선이 급격히 연장되고 해안선의 방어 임무가 가중되고 거기다 적의 공중 압력에 견디어 내야하고 곤란은 날이 갈수록 더해가니 지구전에 견디어 내기 힘들었다. 1개월여의 전과는 대단히 큰 것이기는 하나 이 이상 더 대대적 적군 섬멸의 기회는 없었다. 민족 흥망의 무거운 짐을 짊어진 김일성 장군이 다소 초조해진 것은 상상하기 어렵지 않다. 그는 8월 1일 재차 일선 충주 남쪽 소백산 기슭 수안보 앞 적전 사령부에 이르러 진두지휘했다.

모래바람이 불어오는 가운데 휴식할 여유도 없이 즉시 고급 군관 회의를 소집하고 지휘관들의 보고를 청취하여, 직면하고 있는 사태에 대한 방안을 직접 교시하고 전력을 다해 일선 공격 능력을 증가하기로 결정했다.

김장군이 충주에서 돌아온 다음날 중국 대리 대사와 다음과 같은 대담이 있었다. 김장군은 "우리 동지들 중에는 외국 정규 전술만 배워서 거기 얽매여 도로에 따라 정면으로 밀고 나가는 것만 알지 대담하게 산길을 이용하여 적 측면·후면으로 우회하여 포위 섬멸할 줄을 모른다. 우리가 제공권이 없는 조건에서 우리의 독특한 야간 습격 전술도 발휘하기 힘들고 포병을 쓰는 것도 어렵다. 그래서 대전전투 이후 더 많은 적을 섬멸할 수 없었고 정세 진전이 느리다"고 설명했다.

대전 전투에 화제를 돌렸을 때 중국 대리 대사가 "미국의 전투력이 어떻습니까?"하고 물었다. "미군의 전투력 여하는 나도 늘 관심을 두고 있는 문제인데, 전선 지휘관의 의견이 다릅니다. 미군의 전투력은 국군보다 못하고 국군은 날이 갈수록 투항하려 하지 않는데, 미군은 쉽게 무기를 버리고 두 손 들고 투항한다 합니다." 중국 대리 대사는 이 기회에 김장군에게 대전 전투의 상세한 보고서를 한 부 달라고 요청하여 김장군의 동의를 얻었으나 후에 전국이 급격히 변하게 되어 중국은 이 보고서를 입수하지 못하고 말았다.

인민군은 먼 거리를 진격하여 미군과 이승만군의 방위선을 하나하나 무너트렸다. 7월 29일 미8집단군 사령관 월터 워커 중장은 25사단 사령부가 있는 상주에 가서 사단 각급 군관에게 진지 사수를 명령하는 담화를 발표했다. "우리는 지금 시간을 얻기 위한 투쟁을 하고 있다. 전선 정비라든가 기타 어떤 명목의 후퇴도 용서하지 않는다. 우리 후방에는 이 이상 후퇴할 수 있는 방위선이 없다. 각 부대는 부단히 반격을 하여 적을 혼란에 빠트리고 균형을 잃게 해야 한다. 부산으로 향한 후퇴는 역사상 최대의 살상을 의미하게 될 것이니 무슨 일이 있어도 끝까지 싸워야 한다."

이 때 그들은 낙동강 방위선을 사수하려 했다. 소위 낙동강 방위선은 남북 약 160km 동서 약 80km의 장방형 지역의 외곽선이다. 북쪽은 왜관에서 영덕까지, 서쪽은 낙동강 주류를 따라 남강과 합류하는 삼랑진이다. 미군과 이승만군은 낙동강 주류와 북방의 고지를 이용하여 긴급히 견고한 진지를 구축했다. 8월 4일에는 낙동강의 교량을 모두 폭파하여 모든 적군은 이 1만㎢ 지역에 쭈그리고 들어박혀 사수하려 하고 있었다. 이와 동시에 부산에 가까운 울산 동북 서동리에서 유천·무안리를 거쳐 마산고지에 이르는 지점에 또 하나의 방위선을 구축하여 낙동강 방위선 붕괴에 대비했다. 8월 8일 인민군의 주요 공격 방향선상에 있는 각 사단이 낙동강 도하작전을 강행하며 미 기병 1사단 보병과 25사단에 많은 손해를 입히고 인민군 2군단은 동해안을 따라 포항에 밀고 내려감으로써 8월 20일 작전은 끝났다.

중화인민공화국 정부는 곽말약·이립삼을 정부단장으로 하는 대표단을 평양에 파견, 조선해방 5주년 경축행사에 참가하여 승리적으로 반침략전쟁을 진행하고 있는 조선인민을 위문했다. 8월 15일 전날 밤은 엄숙한 보고대회를 거행했다. 조선민주주의인민공화국의 당·정·군 주요 영도자가 대회 주석대에 자리잡았다. 주석대에 나타난 중국대표단 곽말약·이립삼, 중국대사 예지량, 소련대사 슈티코프는 열렬한 환영을 받았다. 김일성 수상은 우뢰와 같은 박수소리가 부단히 이어지는 가운데 인민을 격려하는 긴 보고를 하였다. 그는 위대한 이상과 포부에 넘쳐 전군에 명령하기를 8월을 조국국토 완전 해방의 달로 해야 한다고 역설했다.

조선인민의 승리는 두 말할 것 없이 위대하다. 조선 인민군은 강적과 직면하여 착착 승리를 거두고 용감히 전진을 계속하여 1개월여 만에 미군과 이승만군을 낙동강 동쪽 좁은 지역에 몰아넣고 남조선 90% 이상의 지역, 92% 이상의 인구를 해방시켰다. 해방된 남반부국토에 조선최고인민회의 상임위원회 7월 4일자 정령에 의거하여 토지개혁을 실시하고 9개 도, 108개 군, 1,186개 면, 1,365개 리동에서 각급 정권기관의 선거를 실시했다. 조선 내각 8월 19일자 결정에 의거 남반부에도 북반부와 같은 노동법령을 실시하고 교육·문화·보건 등 민주화 조치를 취했다.

조선인민군은 계속 전진했다. 8월 31일 인민군은 5차 작전 즉 부산작전을 시작했다. 이 전투에서 인민군은 억센 의지력으로 각종 곤란을 극복하여 낙동강 방위선을 돌파 선발대가 북위 35도선까지 밀고 내려갔지만 어찌하랴. 이제 기세는 꺾였고 전국戰局은 교착상태에 빠져 들어갔다.

3) 중국의 조선 주재 대사관원 평양 도착, 조·중 친선 강화

(1) 중국의 조선전쟁 지원사업협의가 당면 과업

신중국의 영도자들은 돌발한 조선전쟁 상황에 대해 응급조치를 취한 후 전국戰局의 추이를 예의주시하며 조선인민공화국과 연락관계를 강화하는 것이 당장 해결해야 할 중요한 문제였다. 중화인민해방군 총참모부는 트루먼의 6월 27일 성명을 본 후 군사시찰 소조를 평양에 파견하자는 건의서를 제출했다. 이 문제는 주은래 앞에 제시되었다.

1950년 6월 30일 깊은 밤이다. 음력으로는 5월 16일 산들바람이 불어오고 달빛이 수은같이 맑게 대지를 비치고 있었다. 검은 승용차 한 대가 외교부 앞길에서 장안 큰길을 거쳐 정양문을 돌아 앞문 밖에 있는 향산호텔을 향해 달리고 있었다. 이윽고 깊이 잠든 시성문柴成文을 깨워 차에 태우고 차는 중남해中南海 총리공관으로 달렸다. 총리가 그를 부른 것이다. "총리가 나를 부른다." 그는 혼자말로 중얼거렸다. "외교부 인사국은 무얼하고 있는가. 국가기구는 이미 모두 구성되어 있는데, 어째서 아직 이 같은 일을 총리에게까지 가저갈까." 그러나 그는 총리를 뵈러간다는 것이 기뻤다. 뵌지 이미 몇달이 지났다. 서류가방을 끼고 차에 오르니 차는 밤거리 어둠속으로 사라졌다.

1946년 4월 국·공 중경國共 重慶회담 때 시성문은 주은래가 이끄는 중공대표단 군사조 대령 참모였다. 매일 저녁 상황보고회를 할 때 그는 주부수석의 당면 정세에 대한 정밀한 분석과 구체적 공작에 관한 주도면밀한 지시를 들을 기회가 있었다. 후에 서남군구 정보처장에 임명되어 3월 북경회의 때는 군사위원회 정보부장 겸 외교부 부부장 이극농이 그를 주동독 외교관원으로 임명하려고 의견을 타진한 일이 있었다. 5월 하순 그가 중경에 돌아온지 얼마 지나지 않아서 중공 중앙 조직부는 서남군구로부터 외교부로 전근시키고 독일어 통역 적임자를 물색하라는 지시를 하고 있었다.

차는 달빛을 받으며 중남해 서쪽문 서화청으로 향했다. 주총리가 그를 부르는 것은 독일 민주공화국 공관 근무를 맡기려는 것으로 짐작하고 있었다. 그가 도착하니 이미 외교부 부부장 장한부, 군사위원회 정보부 제1부부장 류지견이 총리사무실 객실에 앉아 있었다. 이 두 사람은 앉으라고 머리를 끄떡할 뿐 아무 말도 없고 조용히 총리가 나타나기를 기다려 모든 이야기는 총리에게 맡기고 있는 듯 하였다. 총리사무실이라지만 사실 조그마한 회의실이고 아주 간소했다. 옅은 남색보를 씌운 긴 탁자 양쪽에 의자가 놓여 있고 벽에는 중국지도와 세계지도가 걸려 있었다.

몇분 후에 기력이 왕성해 보이는 총리가 객실 서쪽 집무실에서 나와 기다리던 사람들과 일일이 악수하였다. 동지들이 자리에 앉기 전에 시성문을 향해 "백승을 만났는가. 자네에게 무슨 말을 안 하든가." "저는 27일 북경에 도착하여 외교부의 연락을 기다리고 있는 중이어서 아직 사령관한테는 가보지 못했습니다." "자네 이제는 베를린 갈 필요가 없네. 섭장군이 자네가 평양 갈 것을 건의해서 백승이 하고 이야기 했는데 그것도 좋다고 하더군." 주총리는 모두들 앉으라고 했다. 실내는 조용하게 밝은 전등빛에 비치는 50이 지난 주총리에게서 풍상을 겪은 강인한 의지의 인간이 풍기는 풍채가 아련하게 눈앞에 떠올랐다.

주총리는 계속해서 시성문에게 "조선에 전쟁이 일어났는데 트루먼 정부는 조선파병 침입, 대만 침략을 선포하였을 뿐 아니라 전 아시아 침략을 위해 전면적 배치를 하고 있네. 그들은 조선 문제를 대만 문제와 연결시키고 극동 문제와도 연결시키고 있으니 우리는 사람을 파견하여 김일성 동지와 연계를 가질 필요가 있다. 예지량 대사는 무한에서 요양 중이기 때문에 지금 갈 수 없으니 자네가 군사간부 몇 명을 대동하고 먼저 떠나야겠네."

주총리는 UN안보리 6월 25일, 6월 27일 결의와 그에 의해 발생한 결과에 대해 분석하고 모택동과 자기가 28일 발표한 담화문과 성명을 설명했다. 총리는 시성문에게 "무슨 할 말이 있으면 말하라"고 재촉했다. 시성문은 "총리! 저는 조직의 결정을 절대 복종하겠습니다"하였다. 총리는 기뻐하며 공문서 철에서 총참모부가 건의한 군사조 평양파견 보고서를 꺼내며 "내 의견으로는 공관 명의로 가는 것이 좋을 것 같아. 연락조 명의나 더구나 시찰조 명의로 가서는 안돼. 조선파견 인원은 유지견이 책임지고 파견하고, 한부漢夫군이 출발 준비를 돕고, 빨리 떠나도록 하시오. 임명 수속은 사후처리 하도록 하시오."

총리는 또 장한부에게 이르기를 "떠날 때 내 명의로 김일성 동지에게 소개 편지를 한 장 써서 공작에 편리하도록 하시오." 유지견과 장한부는 일주일이면 준비를 완료하겠다고 하고 유지견은 거센 호남 사투리로 "7일 이내에 준비를 할테니 염려마십시오" 하고 대답했다. 이야기가 끝나고 시간을 보니 7월 1일 새벽 3시였다.

이 모든 이야기는 시성문으로서는 뜻밖의 일이었다. 6월 25일 그들 부부는 낳은지 두 달밖에 안되는 계집아이를 안고 국민당에게서 노획한 미군 수송기편으로 중경을 떠났다. 조직의 명령을 받아 선발된 독일어를 아는 마참모와 같이 북경에 왔던 것이다. 그 비행기는 난방장치가 없어 이륙했을 때는 몹시 추웠다. 어른들은 억지로 참고 있었으나 어린 딸은 죽을듯이 울어대어 딱하기만 했다. 비행기가 기름을 보충하기 위해 서해에 기착했을 때 하는 수 없이 마참모에게 짐을 가지고 먼저 북경으로 가도록 하고 시성문은 기차를 바꿔타고 왔다. 26일 아침 정주에 차가 멎었을 때 호외를 보고서 비로소 조선전쟁이 터진 것을 알았다. 그때는 이 전쟁이 장차 자기 행동과 연관이 지어질 줄은 꿈에도 생각지 못하고 있었다.

7월 1일부터 준비를 서둘렀다. 우선 간부를 선발하여 인원을 조직하였는데, 군사위원회 정보부는 무장훈련반에서 과거 작전경험이 있고 정세분석 능력이 있는 군사간부 5명을 선발했다. 동북 주평양 상무대표처에서 예위정 대표를 영입했고 그밖의 두 명의 전문해독원, 두 명의 통신사를 선발했다. 전신기도 준비했다. 관계부문과 상의하여 주 조선민주주의인민공화국 외교관의 직무명칭을 확정했다.

시성문 정부참사관 임시대리 · 예위정 참사관 · 설종화 참사관 · 장항업 일등 서기관 · 주광 무관 · 왕대강 부무관 · 유향문 부무관 외교부 통지에 따라 결원 수행원과 직원은 평양 상무대표처에서 선발 충원하기로 했다.

이미 중화인민공화국 수립 직후 1949년 10월 6일 중국과 조선인민공화국은 정식 외교관계를 수립하였다. 조선은 이미 이주연이 주중대사로 부임하고 있었으나 우리 주조대사 예지량은 신병으로 인해 아직 가지 못하고 있었다. 중국공관의 관원들은 모두 백전을 겪은 노련한 군인이었으나 외교전선에서는 초년병이었다. 공관을 어떻게 꾸려나갈 것인지, 어떻게 업무를 수행할 것인지, 심지어 각기 직책에 대해서도 모두 서툴렀다. 군복을 벗고 사복으로 갈아입는 것도 도무지 어울리지 않았다. 군사위원회 정보부 직원이 군사정황을 소개하고 외교부 아주국장 진가강이 조선 문제의 유래와 외교활동 중 주의해야 할 사항을 설명했고 외교부 사무처 주임 왕병남이 특별히 인원을 지정하여 준비 업무를 돕도록 하였다.

당시의 국가기관에는 두뇌가 명석하고 실행력 있는 사람이 많았다. 인원은 적었지만 사무능률은 대단히 높아서 긴급임무에 부딪쳤을 때는 전화 한통으로 모두 적극협조하고 책임을 미루는 법이 없었다. 여러 가지 준비 즉 공관관인, 공관대문에 붙일 국장國章, 문전에 붙일 중·조中朝 양국어로 된 동판銅版·복장·사무용품·식기 등 7월 7일 전에 이미 준비가 끝났다.

이 기간 동안 시성문은 진가강과 장시간 조선 전국戰局이 어떻게 전개될 것인지에 대해 의견교환을 하였다. 진가강은 "이 일은 결코 간단치 않다. 이것은 비단 조선·대만 문제에 그치지 않고 전 아시아 문제와 관련된 사건이다. 물론 세계전쟁으로까지 갈 것인지 주시해야한다. 애치슨의 3월 15일자 연설을 자세히 읽어보면 우리나라 주위에다 규합할 수 있는 역량을 그들은 구상하고 있고 심지어 아시아 마셜플랜을 실시할 것을 고려하고 있다. 6월 27일의 트루먼 담화는 이 점을 더욱 확인하고 있다."

UN에 관해서 진가강은 "현 UN 50개 회원국의 상황을 살펴볼 때 미국이 쉽게 조종할 수 있고 UN총회에서 여하한 제안이든 미국의 마음에 들지 않으면 미국이 다수표를 동원하여 통과할 수 없게 만든다. 안보리에서의 관건은 대국의 거부권이다. 이번에 소련은 큰 실수를 했는데, 스스로 거부권행사 기회를 버렸다. 안보리 6월 27일 결의로써 미국은 더욱 많은 국가를 규합하여 같이 참전할 것이다." 그는 계속해서 "미국을 추종하는 나라나 미국과 중국인민을 서로 적대시하게 하는데 동조하는 나라가 진심이든 아니든 그 숫자는 적지 않다. 홍콩에서 발생한 두 항공사 소속 비행기 사건만 보더라도 수십 대의 비행기는 모두 상식적으로도 당연히 우리에게 넘겨져야 하는데, 7대는 홍콩에서 폭파되고 홍콩·영국 당국은 카이탁비행장에 있는 70대 비행기를 결국 내놓지 않고 있지 않소. 이것이 모두 일맥상통하는 사건이오."

시성문은 "총리담화가 있은 후 유사령을 찾아갔더니 모주석이 7기 3중전회 석상에서 한 보고가 무엇을 의미하는지 설명해줍디다. 제3차 대전 가능성은 여전히 존재하고 있다는 것, 그러나 대전 폭발을 제지하는 역량이 급속히 발전하고 있으니 평화 민주역량이 단결하고 더 발전하기만 하면 새로운 세계전쟁은 막을 수 있다는 것이었습니다. 4월에 내가 중경에 돌아가기 전 이극농 동지를 찾아가 전체적 정세 이야기를 들었는데, 그도 역시 '장개석이 다시 일어서 한번 해볼 생각을 가지고 가까운 장래에 폭발할 세계3차전을 기다리고 있으나 모든 정세 돌아가는 것을 보아 쉽게 터질 것 같지는 않다. 물론 그렇다고 안심할 수는 없고 미제가 장개석을 시켜 10~20만 명을 동남연해에 보내 몇개 항구를 점령 교란할 목적으로 습격해 올 가능성은 충분히 있다'고 했습니다."

진가강은 이어서 "내가 보기에 이 기본계획이 변경된 것 같지는 않고 문제는 어떻게 이것을 제지하는가에 있다. 현재 발생한 충돌을 평화적으로 해결할 수 있는가, 일정한 범위에서 벗어나지 않도록 제한할 수가 있겠는가, 이 모든 것은 전국戰局 발전 여하에 달려 있다. 끝으로 그는 우리가 여기서 이렇고 저렇고 하고 있지만 다 소용없는 이야기고 중요한 것은 전국의 발전 변화를 주시하는 것 뿐이라는 이야기를 합니다."

이 기간 동안 외교부의 주선에 의해 시성문은 조선 주중대사관으로 이주연 대사를 예방했다. 이것은 의례적인 방문에 불과하고 실질적 내용을 가진 대화는 없었다.

7월 8일, 아침 안개가 막 걷히고 중남해의 공기는 산뜻하고 맑았다. 부임을 앞둔 6명의 외교관은 똑같은 양복을 입고 아침 8시, 시간에 맞추어 정무원 회의실에 도착하여 주은래의 접견을 받았다. 웃는 얼굴의 주총리는 힘있는 발걸음으로 회의실에 들어와 기다리고 있는 동지들과 악수하고 손에 명단을 들고 일일이 각자의 경력을 묻고 자세히 준비 공작을 점검했다. 총리와 마주앉은 설종화와 장항업이 긴장하여 군은 표정으로 무슨 말을 해야할지 어쩔줄 몰라 하고 있었다. 총리는 곧 눈치를 차리고 "여러분 동지들 왜 화난 얼굴을 하고 있지"하고 익살스러운 한마디를 던지자 일시에 모두 웃었다.

주총리는 장시간 자상하게 당면한 조선전쟁의 정세 설명을 하고 대국적 견지에서 장래를 내다보며 외교전선의 초년병들에게 방향 지시를 했다.

"현재 미 지상부대가 이미 조선에 참전했는데, 방금 들어온 소식에 의하면 UN안보리는 미국이 조선침략전에 참가한 각국 부대를 지휘하도록 하는 권한을 부여하였다. 안보리 결의로써 알 수 있는 것은 미제가 더 많은 국가를 규합 파병하게 될 것이며 그렇게 되면 조선전쟁의 장기화는 피할 수 없게 될 것이고 전 국면에 미치는 일련의 복잡한 문제를 야기할 것이다. 조선인민은 완강히 싸우고 사기왕성하며 아주 훌륭하다. 동지들이 김일성 동지를 만나면 먼저 인민군이 노동당 김수상 영도 하에 얻은 위대한 승리를 축하하고 또 조선노동당과 조선인민이 우리 중국이 과거에 곤란을 당하고 있을 때 우리를 도와준데 감사를 표해야 한다. 동지들은 동북지방 전선에서 공작해 본 일이 없어서 아마 1946년, 48년, 동북전선의 정황을 모를 것이다."

주총리는 앉아있는 사람들이 자기 말을 못 알아듣는 것 같은 표정으로 설명을 했다.

1946년 겨울 동북지방에 있던 국민당 군대는 남공북수(南攻北守 : 남부를 공격하고 북부는 현상유지), 선남후북先南後北의 작전 방침을 세우고 절대적으로 우세한 병력을 가지고 우리 남만 해방구를 연속 공격, 안동·통화 등을 점령했다. 남만의 아군은 병력을 집중하여 적의 병력을 섬멸하기 위해 자진해서 몇몇 지방을 포기하게 되어 해방구는 점점 축소되고 1946년 말에는 임강·무송·몽강·장백현 등만이 남고 기타 모두 유격구가 되어 버렸다. 적은 1947년 봄 계속 임강지구를 공격하였지만 아군의 남북 협공에 봉착, 적의 선남후북 방침으로 아군을 소멸하려던 작전은 분쇄되고 말았다. 동북전사상 소위 '3하강남 4보임강'(三下江南 四保臨江)이란 바로 이때의 정세를 말하는 것이다. 이 때 남만 아군의 가족은 모두 조선북부에 피난할 수밖에 없었는데, 조선노동당 임시정부 인민의 따뜻한 보살핌을 받았다. 그 뿐만 아니라 아군의 당시 전략이 「간선도로는 비우고 그 양측을 점령한다」는 방침이었기 때문에 중국중심부와의 연락경로가 모두 국민당군 수중에 들어 있었다. 이런 상황에서 조선이 동북지역과 관내간의 연락을 하는데 중요한 통로역할을 해 주었다.

"역사상 조선동지들의 중국혁명에 대한 공헌은 동지들이 다 잘 알고 있을 것이요. 중·조인민의 우의는 지극히 깊은 것이라 할 수 있고 조선동지들이 우리가 곤란을 당하고 있을 때 베푼 도움은 언제까지나 잊을 수 없는 것이요."

주총리는 탁상 위에 놓인 수건으로 얼굴을 닦았다. 밤을 새워 일을 한 그의 얼굴은 피곤한 기색이 역력하였다. 얼굴을 닦으며 말을 이어 "현재 조선인민이 일선에서 전투하고 있는데 조선동지들에게 지지를 표시하고 필요한 일이 있으면 우리가 할 것이니 그들에게 제기하도록 하고 제기해오면 우리는 반드시 전력을 다할 것이다. 양국의 당·군간의 연계와 그때그때 전선 변화를 포착·이해하는 것이 당면한 공관의 주요 임무이다.… 그래 그밖에 또 다른 문제는 없는가?"라고 총리는 물었다.

제출할 수 있는 문제는 이미 다 해결되었고 업무진행 중 일어나는 문제는 지금 제기할 수는 없는 일이다. 시성문은 한 가지 문제가 머리에 떠올라 총리에게 지시를 청했다."듣기에 조선인민군 내에는 소련 주조대사 슈티코프가 단장인 소련 고문단이 있는데, 업무진행 중에 접촉하게 될 터인데 그들을 어떻게 응대해야 하겠습니까?" "그들이 동지들을 어떻게 대하는가를 보아 동지들도 그들을 대하라." 총리는 분명하게 원칙을 지시하고 외교부가 작성한 소개 편지를 심사한 다음 친필로 서명했다. 담화가 끝나고 총리는 동석했던 한 사람 한 사람과 악수하고 모두가 떠나가는 것을 지켜보며 전송했다.

(2) 대사관원들, 환대받으며 조선 입국, 김수상 접견 환담

중국 주조공관 인원 일행은 7월 8일 밤 이주연 대사를 비롯한 공관 외교관이 정거장에 나와 전송하는 가운데 기차로 북경을 떠났다. 열차는 9일 오후 안동(지금의 단동)에 도착, 방공관계로 9일 밤에 강을 건너 조선땅에 들어섰다. 국경을 건너자 즉시 국경도시까지 나온 조선 외무성 의전부장의 환영을 받고 공용열차를 갈아타고 평양으로 향했다. 7월 10일 아침 평양에 도착하여 정거장에서는 외무성 부부장 박동초의 영접을 받고 그의 안내로 숙소 국제여관으로 갔다. 정거장에서 우리를 영접한 사람 중에는 중국 동북행정위원회 주조상무대표처 수석대표 온사정, 이미 평양에 와 있던 참사관 예위정, 신화사 지사장 정설송, 그리고 화교총회 책임자 등이 있었다.

중국관원은 평양에 도착한 시각부터 우의적 분위기에 싸이게 되었다. 대리는 먼저 조선민주주의인민공화국 외무성 부상 박동초, 부수상 겸 외무상 박헌영과 만났다. 김일성 수상의 접견은 이날의 긴장된 활동의 절정을 이루었다.

김일성은 조선노동당 중앙위원회 위원장·조선민주주의인민공화국 내각수상·조선인민군 최고사령관이다. 이 38세의 장군은 조선민주주의인민공화국 창건자인데 조국을 열렬히 사랑하는 분으로 자기의 모든 것을 인민을 위한 일에 바쳐온 전설적 인물이다. 그에 관한 수많은 신화와 같은 이야기가 조선인민들간에 전해오고 심지어 그를 망국 35년의 인민을 해방·구원하기 위해 하늘이 이 세상에 보낸 사람이라고도 했다. 이와 같이 민간에 전해지고 있는 이야기는 당시 민족이 고난에 빠져 자기들을 이끌어줄 지도자가 나타날 것을 갈망하는 염원을 분명히 반영하고 있었다.

김일성은 일제통치 35년을 겪은 조선인민의 가장 중요한 과제는 민족의 자존심과 자신감을 도로 찾는 것이라고 확신하고 항상 다음과 같이 주장했다.

"망국노 민족의 경험이 없는 자는 왕왕 민족자존심이라는 것이 얼마나 중요한 것인가를 이해하지 못한다. 일제는 식민지 인민이 자기 민족성을 버리고, 자기 민족의 영광된 역사를 망각하고, 민족의 긍지를 저버리도록 강요하고, 군말 없이 그들의 통치에 복종하도록 몰아세웠다. 그들이 동이라 하면 서라 할 수 없고 착취압박을 해도 그저 황송해 해야 하고 그 은전에 보답해야 했다. 일선일체日鮮一體니 일선동조동근日鮮同祖同根이니 하며 조선인이 일본인과 손잡고 같이 중국침략에 가담하도록 했다. 우리가 유격전을 전개하던 때 우리는 항상 조선경내에서 한바탕 칠 것을 연구했다.

우리의 목적은 몇몇 왜놈을 잡아 죽이는데 있는 것이 아니라 조선인민을 일깨우고 민족의 신념을 심어주는데 있었다. 해방 이후 우리는 여러 가지 방법으로 조선인민은 용기가 있고 자기의 국토를 스스로 해방하고 스스로 자기 조국을 건설하고 자력으로 민족경

제 문화를 발전시키고 민족의 자존심을 회복할 용기와 능력이 있다는 것을 끊임없이 교육하고 있다. 우리와 같이 망국 35년의 역사를 가진 인민에게는 대단히 중요한 일이다."

김일성은 중국에 대해 특별한 친근감을 가지고 있었다. 그는 1912년 4월 15일 평양 만경대의 한 소작농 가정에서 태어났다. 이때는 바로 조선이 일본 식민지로 전락한지 3년째 되는 해다. 어렸을 때부터 부모로부터 일제와 지주·자본가는 악당이고 식민지사회는 가장 못된 사회라는 교육을 받았다. 어릴 때 중국 동북 길림에 있는 임강과 팔도구에 와 살았고, 1923년 3월 11세 대 만경대萬景臺로 돌아와 창덕학교에서 공부했다. 13세 때 다시 팔도구로 돌아와 후에 무송으로 갔다. 이 때 소년 김일성은 조선이 독립하기 전에는 결코 돌아가지 않는다는 결심을 했다.

김일성의 원명은 김성주인데 오랫동안 혁명 투쟁을 하는 동안 발휘된 뛰어난 능력으로 전우들이 그를「한별」또는「金一星」이라 부르게 됐고, 시간이 지나는 동안 현재의 이름 金日成이라 부르게 되었다. 그의 말에 의하면 "나는 조선에서 태어나고 중국에서 성장했다. 길림은 당시 조선인 항일운동 애국지사 활동의 중심지였다. 나는 육문毓文중학에서 공부하고 있을 때 반일 구국투쟁에 적극 참가했다. 그 때 많은 중국 학우들이 우리 투쟁에 동정하였고 중국 군벌과 결탁한 일본에 반대하여 공동으로 동맹 휴학 투쟁을 한 일도 있다. 17세 때 길림에서 경찰에 체포되어 8개월 동안 길림감옥에 갇혀 있었는데, 그동안 제국주의와 싸우기 위해서는 무장 없이는 안 된다는 것, 농민과 결합하지 않고서는 안 된다는 것을 깨닫게 되었다. 9·18 이후는 한층 더 긴밀하게 중국 동지들과 같이 항일투쟁을 하고 중국의 혁명과 조선의 혁명이 하나로 결합하게 되었다. 남만에서 북만에 이르는 벌판에 뿌려진 피와 땀이 함께 엉켜 흘렀다."

이처럼 조선인민의 수령이고 중국인민의 친한 친우인 그에 대해 중국 대리 대사는 말할 수 없는 존경심을 가지고 그 앞에 나아가 만나게 되었다. 그날 하늘은 맑게 개이고 여름 햇볕이 따갑게 내려 쬐었다. 평양 거리에 오가는 사람들의 얼굴에는 전쟁으로 인한 긴장감이 감돌고 있었다. 오후 다섯시, 중국 대리 대사는 외무성 박동초 부상 안내로 내각수상 집무실 건물에 도착했다. 푸른 나무에 둘러싸여 우뚝 솟은 구식 3층 남향 건물이 여름 태양을 흠뻑 받고 있었다. 건물 정문 앞에는 단정한 복장을 한 의전병이 서있었고 문안에는 수상을 위해 배치된 의전관이 서 있었다. 그는 바로 손님을 안내하여 폭신폭신한 카펫을 밟으며 2층으로 올라갔다. 이 건물 전체가 장엄한 분위기에 싸여 있었다.

김수상의 집무실은 나무 마루였고 실내에는 긴 회의탁자가 놓여 있었다. 이 탁자 끝에는 진한 자주빛 책상이 놓여 있고 녹색 보가 탁자를 덮고 있었다. 이 두 탁자는 T자 형으로 놓여 있고 긴 탁자 양편에는 몇 개의 의자가 배열되어 있었다. 방은 티 하나 없이 깨끗하고 햇빛이 가득했다.

중국 손님이 수상 집무실에 들어서니 건장한 눈매에 예리한 눈, 수북한 검은 머리, 온화하고 친근감이 풍기는 영도자가 한가운데 서 있었다. 다름 아닌 김수상이었다.

전쟁이 터진지 이미 두 주일에 접어들어 전선의 장병은 열화 같은 투지로 전투를 전개하고 있을 때였다. 회색 레닌복에다 구두를 신고 왼편 이마는 반월형으로 머리카락이 드리워져 있었다. 바른손을 세번째 단추 아래로 들어 밀고 서있는 품이 아주 영특하고 늠름해 보였다. 그는 유창한 중국어(동북 길림 사투리)로 "시동지 잘 오셨습니다" 하면서 손을 내밀어 악수하고 주객이 자리를 잡았다.

시성문은 "나는 명에 의하여 주요 우방국가에 와 당일로 수상동지의 접견을 받게 되어 대단히 영광으로 생각합니다. 모택동 주석과 주은래 총리의 수상께 대한 심심한 문안과 조선 전우들이 조선 노동당과 수상동지 영도 하에 이룩한 위대한 승리에 대한 열렬한 축하를 전달하는 것을 영광으로 생각합니다." "감사합니다." 명랑 쾌활한 성격의 김장군은 약간 송곳니를 드러내고 웃었다. 그는 "모택동 동지, 주은래 동지는 건강합니까?"라고 물었다.

김일성은 이어서 "우리는 항상 조국평화통일을 주장해 왔는데, 이승만은 매일같이 드러친다고 소리치고 있으니 한판 할 바에야 우리가 역량을 집중해 싸워서 승리를 거두어야 하지 않겠소. 정작 그 사람 도무지 맥을 못추고 있소. 지금 문제는 미제가 UN명의를 가장하고 조선 내정을 무장 간섭하고 있는 것입니다." 시대리는 주총리가 친필 서명한 소개 편지를 김수상에게 내놓았다. 김수상은 정신이 나게 번쩍번쩍 빛나는 눈으로 편지에 시선을 집중하고 있었다. 그는 대리에게 "조선 전쟁이 터진 후 즉시 주총리에게 군사단軍師團급 간부를 여기 파견할 것을 요청한바 있습니다. 귀하가 왔으니 참 좋습니다. 잘 오셨소. 중국 당과 정부가 우리를 지지하고 도와주니 감사합니다. 모주석·주총리가 최근 발표한 담화문은 정정당당하고 태도가 분명합니다. 그것은 우리에 대한 고무이고 성원입니다."

시대리는 조선노동당·정부·인민이 과거 중국 인민에게 베푼 원조에 대해 감사한다는 중국당·정부의 의사를 전달하고 특히 주총리가 떠나기 전에 이야기한 1947년 봄 남만 아군의 수많은 가족을 조선 북부에 후송했을 때 조선 인민에게 크게 괴로움을 끼친데 대해 언급했다. 김일성은 이 말에 껄껄 웃으며 의자에서 몸을 앞으로 일으키고 말하기를 "그거야 우리가 마땅히 할 일을 한 거지요. 다만 우리가 그때 해방된 직후라 우리 동지들이 일이 서툴러서 좀 고생했을 겁니다."

전투 속에서 성장해 온 김일성 장군은 사람을 감동시키고 끌어들이는 힘이 대단히 커서 오늘과 같이 엄숙한 외교적 회합임에도 불구하고 솔직한 말투와 흥미진진한 말솜씨가 무거운 공기를 쓸어버리고 외교상의 딱딱한 분위기를 깨끗이 날려버렸다. 화기애애한 가운데 1시간 20분 동안 성실하고 열의에 찬 회담이 진행되었다. 김일성은 금후 무슨 일이 있으면 직접 자기를 찾아와 말하라며 연락을 하기 위해 그 자리에서 통신병에게 명령하여 시대리에게 직통전화를 가설토록 하고 재차 무슨 일이 있으면 아무 때나 찾아 오라고 했다. 시대리는 김수상에게 무관 1명, 부무관 2명이 같이 왔다고 보고했다. 김수상은 "총정치국 부국장 서휘를 지명하여 무관들과 연락토록 하고 정기적으로 전황을 알리겠다"고 하였다.

회담이 끝난 후 김일성은 손님을 안내하여 비서실을 거쳐 응접실에 들어섰다. 여기에는 긴 탁자 위에 냉채·과자가 준비되어 있었고 홍포도주가 술잔에 가득 따뤄 있었다. 김수상은 술잔을 높이 들고 "잘 오셨습니다. 여러분의 건강과 조·중 우의를 위해 건배합시다." "조선인민군이 전선에서 이룩한 위대한 승리를 축하하고 중·조 우의와 수상동지의 건강을 위해 건배합시다." 이때 시성문이 가져온 선물로 외투 안에 끼어 입게 된 담비 털옷을 수상에게 증정하며 "이것은 주은래 총리가 수상 동지에게 보내는 선물입니다"고 말했다.

담비는 추운 지방에서 사는 동물인데 주둥이가 뾰죽하고 귀는 둥글고 꼬리털이 소북하다. 색깔은 갈색이고 모질이 아주 좋아서 담비 모피라 하면 다 귀중히 여긴다. 주은래 총리는 특별히 이 담비 털옷을 골라서 한여름 전선에서 전투하고 있는 김일성 장군에게 간절하고 두터운 정의를 표하기 위해 보낸 것이다. 김일성은 두 손으로 선물을 받아 들고 담비털을 가볍게 쓰다듬으며 기쁘게 웃었다. "주은래 동지에게 감사의 뜻을 전해주시오." 손님이 고별하자 김수상은 시대리의 손을 굳게 잡고 객실문까지 나와 전송했다.

1950년 7월 10일부터 중화인민공화국 주조선민주주의인민공화국 대사관이 정식으로 집무를 시작했다. 당시 곧 문을 닫게 되어있던 동북행정위원회 평양 상무대표처가 있는 곳은 대동강가에 자리잡은 화교식당 중화원 자리다. 집이 헐어서 집무하기에 적당치 못했다. 조선정부는 고맙게도 법무성 건물을 비워서 대사관으로 쓰게 했다. 이것은 3층 돌집으로 대단히 견고했다. 평양은 미군의 미친듯한 무차별 폭격을 입어 거의 모든 건물이 다 파괴되고 오직 이 집만이 온전하였다. 그러나 당시 수리 중이고 김수상이 친히 살피는 가운데 인민군 공병대가 대사관을 위해 방공호를 급히 만들고 있었기 때문에 잠시 호텔에서 집무하는 수밖에 없었다.

중국 대사관의 집무는 일련의 예방으로 시작되었다. 시대리 대사는 먼저 민족보위상 최용건, 내무상 박일우, 재정상 최창익, 문화상 허정숙, 소련 대사 슈티코프 등을 예방하였고 중국 무관은 인민군의 관계장교를 만났다. 한편 새로 부임한 우리들은 상무처 대표 온사정·예위정·정설송으로부터 조선 정세에 대한 설명을 들었다. 공습때문에 예방은 밤에 하도록 하고 정세 청취는 이른 아침 교외로 나가 나무 그늘 아래에서 하였는데 시원하고, 공습 걱정도 없고, 인민군중들과 접촉할 기회도 있었다. 중국관원이 만난 사람들은 매우 친절하고 우호적이었다. 농민들은 우리를 보게 되면 모두 기대하는 눈길을 보냈다. 빨간 스카프를 맨 어린이들은 중공국기를 보기만 하면 멀리서 숙연히 서서 경례를 하여 우리들을 감격케 했다.

대사관 동지들이 협력하여 긴장된 공작을 계속하여 8월 12일 예지량 대사가 부임하였을 때에는 대사에게 조선 문제에 관한 상세한 보고서를 작성하여 대사 앞에 내놓을 수가 있었다.

2차대전 종결 이전의 조선 문제란 조선에 대한 일본 군국주의의 식민통치와 조선인민의 독립해방 요구를 두고 말하는 것이다. 일본은 1910년 조선을 병합 식민지화하고 아시아 대륙 군사침략 기지로 만들었다. 1931년에는 중국의 동북을 침략 점령하고 1937년 전면적 중국침략 전쟁을 전개했다. 중·조 양국 인민의 반일 투쟁은 긴밀한 연관 관계가 있다. 조선인민의 우수한 청년 남녀가 중국인민의 해방투쟁을 바로 자신들의 사업으로 여기고 중국인민과 손잡고 중국 대지 위에서 싸웠다.

태평양전쟁 폭발 이후 조선인민의 투쟁은 반 파쇼 진영의 주목을 끌게 되었다. 1943년 12월 1일 발표한 카이로선언에서 「3대 연합국은 조선인민이 받고 있는 노예적 대우를 우려하고 적당한 시기에 조선이 자주독립 하도록 결정한다」하였고 1945년 7월 26일 발표한 포츠담선언에서 다시 「카이로선언의 원칙을 반드시 실행한다」고 강조하였다. 그해 8월 소련은 대일 선전포고를 하여 「연합국이 금년 7월 26일 발표한 선언에 참가한다」고 선포했다. 위의 약속을 실행에 옮기기 위해 1945년 12월 소·미·영 모스크바 3상회의에서 조선 문제에 대해 구체적 협의를 하였다. 이 협의에 따라 실행하였더라면 조선 문제는 모두 해결되었을 것이다.

그런데 일본 투항 후 트루먼 정부가 조선에서 추진한 정책은 위의 원칙과 구체적 협의를 위반한 것이다. 모스코바회의 결정은 일본의 조선통치의 해독과 상처를 조속히 제거할 것을 요구했는데, 트루먼 정부가 추진한 것은 친미 종속적 단독정권 수립으로 일본 식민지 통치 정책을 계속 유지하는 것이었다.

1945년 9월 9일 존 하지가 인솔한 미군이 서울에 진주한 날부터 오랫동안 일본군의 무장을 해제하지 않고 있었다. 맥아더가 9월 7일에 내린 제1호 명령은 심지어 「군사 관제를 실시하는 동안 영어를 일체 업무의 관용어로 한다」고 했다. 이것은 일제가 조선민족의 언어를 말살하려고 망동한 것과 같은 행동이었다. 9월 19일 미군정이 수립되었는데, 그것은 일본 총독부의 체제와 행정기구를 완전히 그대로 두었을 뿐만 아니라 일본 관리를 그대로 군정청의 행정고문으로 있게 했다. 11월 2일 미군정은 공공연히 「총독부가 과거에 반포한 모든 법령은 계속 효력을 가진다」고 선포했다.

(3) 친일파 앞세운 일제 식민통치와 닮은 미군정 통치가 전쟁의 원인

일본 총독부의 조선인민에 대한 압박 착취는 극단적으로 잔인 참혹하였다. 그들은 조선 공업의 명맥을 장악하고 농촌에 있어서는 장기간에 걸친 토지조사와 「동양척식회사」 설립으로 농민의 토지를 대대적으로 강탈했다. 그 결과 200헥타 이상 대지주 중 일본인이 81%를 차지했다. 1934년판 「조선 미곡요람」에 의하면 매년 660만톤의 쌀(거의 총 생산의 반)을 일본으로 실어갔다. 그런데 미군정은 23호 명령으로 원래 일본 식민지 정부에 속한 모든 재산은 미군정부에 속한다고 선포했다. 52호 명령으로 남조선 총자산의 80%를 점하고 있는 「동양척식회사」를 「신한공사」로 개칭한다고 선포하고 이 자산을 미군정부에 귀속시켜 버렸다. 또 45호 명령으로 쌀 자유매매를 금지하고 농민은 미군정부가 정하는 가격으로 군정부에 매각하게 만들고 착취와 불평등의 근원인 토지소유제는 그대로 둔다고 선포했다.

카이로 선언은 조선에 자유독립을 줄 것을 요구하였는데, 미군정이 지지하는 이승만 정부는 인민에 대해 잔인한 탄압을 가했다. 1946년 5월 4일 미군정부는 72호 명령을 하달하여 미군정은 어떤 죄명으로든지 조선인을 감금하고 사형에까지 처할 수 있다고 규정하였다. 여기서 규정한 범죄란 심지어 점령군 인원 또는 점령군이 권한을 부여한 인원에 대해 비우호적 태도를 취하는 자로부터 북조선의 친척과 관련을 가지는 것까지(남북 친척 연좌제) 포함되어 있었다. 이것은 일본 초대 총독 데라우찌가 선언한 「일본 법률에 복종하든가 그렇지 않으면 죽든지」라고 한 것과 조금도 다를 바가 없었다.

일본 군국주의의 혹독한 통치아래에서 41년이라는 기나긴 세월을 살아온 조선인민은 미군정부가 하는 작태에 실망을 느껴 부득이 일어나 또 투쟁하는 수밖에 없었다. 리지웨이가 후일 회고록에서 「미군의 군사점령 정책은 인심을 얻지 못하였고 조선인민의 신임을 잃었다」고 시인했다. 한편 같은 시기에 북조선에서는 철저히 일본 제국주의 통치를 때려 부수고 반역자를 소탕하였을 뿐 아니라 일련의 사회개혁을 실시했다. 토지개혁을 통해 전농가의 30%를 차지한 반자작농, 50%를 차지한 소작농을 모두 자기 토지를 가진 자작농으로 만들었고, 남녀평등 법령을 실시하고, 남녀 성별로 인한 임금격차를 없이 하고, 8시간 노동제를 실시하며, 공창·사창·기생제도를 철폐하고, 문자를 개혁하여 1948년 말에는 기본적으로 문맹을 소멸하였다. 이렇게 대비해 볼 때 미국 점령군 정책에 대한 사람들의 불만이 큰 것은 당연했다. 이때 바람직한 조선 문제는 외세의 간섭을 배제하고 분단을 반대하며 평화통일을 실현하는 것이었다.

그런데 트루먼 정부는 이와는 정반대의 시책을 썼다. 군정부가 성립된 후 부랴부랴 1945년 10월 16일 이승만을 미국에서 서울로 데려왔다. 이승만은 1896년 일본인과 결탁한 이유로 1904년까지 수감되었다가 출옥 후 미국으로 도망하여 프린스턴대학에서 철학박사 학위를 얻었다. 1910년 일본이 조선을 삼켜 버렸을 때 서울에 돌아와, 처음에는 YMCA에 있다가 중학교 교장이 되고 후에는 민족운동 상층에 끼어들어 1919년 대한민국 임시정부 대통령에 지명되었다가 뜻이 안맞아 미국으로 돌아갔다.

그는 인민의 강렬한 독립 염원을 저버리고 미 대통령 윌슨에게 국제연맹 위임통치를 청탁했다. 이 때문에 상해독립주도세력으로부터 견책을 받은데다가 하와이 교포가 헌금한 독립기금을 가로채 사람들의 울분을 사고 드디어 1925년 3월 쫓겨났다. 그때부터 미국에서 유랑생활을 했는데, 미국이 남반부를 점령한 뒤 들리는 바에 의하면 "미국을 잘 아는 유일한 지도자이기 때문에" 중국에서 활동하던 임시정부가 들어오기 전에 끌어들였다고 한다.

이승만은 귀국한 후 친일파 김성수가 이끄는 한민당과 결탁하여 미군정의 후원으로 민주의원 의장이 되고 모스크바 외상회의 결의를 반대 파괴하는 반탁투쟁위원회의 고문을 겸임했다. 미군정이 모든 애국 진보 역량과 거국단결을 주장하는 중간파를 탄압하는 데 협력하고 김구金九와 같은 보수 우익 민주주의자까지도 1949년 6월 26일 암살하는 데 미군정 정보기관과 함께 가담한 혐의를 받고 있다. 뿐만 아니라 끝까지 남쪽에서 단독선거를 고집하고 조선을 분열로 몰아간 이승만을 트루먼 정부는 대한민국 대통령으로 옹립했다.

트루먼 정부의 조선정책의 기본은 분단이고, 가능하다면 무력 통일하자는 것이었다. 이승만이 집권하자 미군정의 지지와 사주 하에 적극적으로 무력통일의 물질적 정신적 준비를 진행하였다. 맥아더는 이승만 취임식에서 "남북을 가르는 인위적 장벽(38선)은 반드시 철폐해야 하고 반드시 철폐될 것이다"라고 선언했다. 이어서 이승만은 더욱 분명히 '북진통일' 구호를 내 놓았다. 이승만 당국이 발표한 제1호 법령에 의해 본래부터 있던 경비대를 육·해군으로 확대 편성하고 이어서 병역법을 공포하여 17세에서 60세까지의 노동능력이 있는 남자는 모두 병역의 의무가 있다고 규정했다. 이와 전후하여 미국과 「한미임시군사협정」 「한미경세원조협정」 「한미공동방위원조협정」을 체결하였다.

　이와 같은 활동과 동시에 이승만의 10만 「국방군」은 미군 고문단에 의해 맹훈련을 받았다. 미군 고문단 단장 라버츠가 『뉴욕 헤랄드 트리뷴』 기자 히킨스에게 말하기를 "자기의 군사 고문단은 머리를 잘 써서 열성을 다해 전투 경험이 있는 미국 군인 500명을 투입하면 10만 명의 우군을 훈련해 낼 수 있다는 것을 여실히 증명했다"고 말한 바 있고 또 "매개 사단에 적어도 13~14명의 미국인이 파견되어 있다. 그들은 조선 군관과 같이 공작하고 함께 38선에 있고 전투할 때나 휴식시간이나 항상 같이 있다"고 했다. 미국 경제협력국 조선북국 국장 죤슨은 1950년 5월 19일 미국하원 예산위원회에서 「미국 무기로 장비되고 미 군사고문단에 의해 훈련된 남조선 군대 10만 명이 이미 준비가 완성되었고 언제든지 작전에 들어 갈 수 있다」고 증언했다.

　전쟁을 떠들어대는 이승만 집단의 목소리는 도처에서 들려왔다. 1949년 10월 31일 이승만은 미국 순양함 쎈트폴호에서 "남북 분단은 끝장내야겠다. 그럴려면 반드시 전쟁에 의해 해결하는 수밖에 없다. 북한을 점령하여 통일을 실현할 수 있다"고 선언했다. 1949년 12월 30일 이승만은 기자회견에서 "다가오는 새해에는 온 국민이 한마음이 되어 실지회복失地回復 … 국제정세의 변화에 따라서 반드시 우리 자신의 노력에 의해 남북조선을 다시 통일해야겠다"고 주장했다. 전쟁이 폭발하기 6일전에 이승만은 남조선 국회에서 "만일 우리가 냉전 중에 민주를 지킬 수 없다면 열전에서 승리를 얻어야 한다"고 발언했다. 이와 같이 외치는 고함소리에 미국 기자들 조차도 귀에 거슬려 했다. 『뉴욕 헤랄드』는 1949년 8월 5일 보도에서 「남조선 군대에는 노골적으로 북진을 말하는 사람이 있다」고 쓴 바 있고 『뉴욕 타임스』 서울 특파원은 1950년 3월 2일 「남조선의 지도자들은 거의 모두 호전적 발언을 하고 있다」고 보도했다.

　이와 같이 인위적으로 분단된 국가, 인위적으로 분단된 단일민족이 영원히 분단될 것이냐, 통일될 것이냐, 평화통일이냐, 무력통일이냐 하는 문제를 둘러싼 투쟁이 날이 갈수록 치열해 지고 있었는데, 이것이 곧 민족상잔의 내전이 폭발한 근본 원인이고 이 모든 것이 트루먼 정부의 정책 착오로 조성된 것이다. 1950년 11월 28일 UN총회에 처음으로 등장한 중공 대표 오수권 장군이 안보리에서 조선 내전은 미국이 조성한 것이라고 엄숙히 지적했는데, 이것은 역사적 사실에 완전히 부합되는 것이었다. 실제로 미국의 많은 정치가들도 결코 이 점을 부인하지 않는다. 다만 공개석상에서 솔직히 말을 안 할 따름이다. 덜레스는 언젠가 『라이프』지에서 트루먼의 조선 침략전쟁 발동을 미화분식하기 위해 「조선 출병은 용감하고 정의롭고 미국 이익에 부합된다」고 썼지만 그후 그가 아이젠하워의 선거강령과 대외정책을 기초할 때는 진상을 토로하여 내막을 발표하면서,

트루먼이 미국의 자녀들을 조선전쟁에 투입한 것은 잘못이었다고 맹렬히 비난했다.

4) 미군은 북군을 낙동강전선에 묶어놓고 인천상륙작전 성공

(1) 중국 정부, 미국의 전쟁 중지 설득외교 실패

북경은 줄곧 조선전쟁 상황을 예의 주시하고 있었다. 미·이승만군이 계속 패배하여 서울에서 낙동강까지 몰리고, 가는 곳마다 실패했다. 그러나 그동안 UN군 사령부는 이미 조직되고 UN사무총장 트리브그리는 7월 14일 52개 회원국에게 UN조선전선 사령부를 지원할 것을 요청했다고 공개선포했다. 6월·7월만해도 호주·영국·캐나다의 해군과 공군 그리고 프랑스·네덜란드·뉴질랜드의 해군과 다른 나라의 공군이 조선전선에 도착했다. 영국의 1개 여단은 홍콩에서 출발준비를 하고 있었다. 유엔 간판으로, 사자떼와 늑대무리가 토끼몰이를 하고 있는 꼴이었다.

미국 내에서는 6월 30일 대대적으로 예비부대 징병을 시작하고 그 수는 이미 60만에 달했다. 그러나 소집된 사병의 사기는 매우 낮았다. 시카고 출신 육군하사 스티븐 치커는 "우리나라를 위해서라면 기꺼이 나가겠지만 무슨 뚱단지 같은 나라를 위해서라니 도대체 왜 우리가 나가 싸워야하는가"고 불평이었다. 이 한 마디는 멀리 태평양을 건너 조선에 와 있는 수만 명 미국 사병들의 속마음을 말하는 것이었다. 그러나 군대의 사기야 어떻든 조선을 몽땅 먹어버리려는 트루먼의 야심에는 변함이 없었다.

맥아더는 일본에 있는 자기 병력을 빼내 조선으로 보내기 위해 일본에 7만 5천의 「경찰예비대」를 만들고 해상보안대를 8,000명 증원하여 일본경찰의 무장역량은 21만 8천명에 달했다.

미국은 더 많은 나라가 파병토록 설득하는데 전력을 다했다. 트루먼은 심지어 장개석 군대를 끌어들일 생각까지 했다. 그러나 애치슨 등은 만일 그렇게 되면 중국이 반드시 파병 참전할 것이라고 주장해서 심사숙고 끝에 장개석의 반공역량 교섭은 단념했다. 이런 등등을 보면 알 수 있듯이 트루먼은 쉽게 물러날 사람이 아니었다.

조선 국토에 집결시킨 이 병력은 이미 적지 않았다. 제24사단·25사단·기병 제1사단·8집단군 지휘부가 다 도착했다. 8집단군 사령부도 이미 낙동강 동쪽 대구로 후퇴해 와 있었다. 이 비좁은 지역에 병력 밀도는 초포화 상태에 이르렀다.

인민군은 연속해서 몇 차례 큰 전투를 진행하여 미 24사단에게 섬멸적 타격을 가하고 25사단에게도 심각한 타격을 주었다. 그러나 착착 방어진을 치고 낙동강 연선을 여전히 고수하고 있었다. 결국 전선을 안정시키고 회담장에 나서겠다는 의도인가. 그럴 수도 있을 것 같이 보였지만 여러 나라가 화해와 평화를 위한 노력을 기울인 자취를 자세히 살펴 보면 역시 부정적 결론을 내리지 않을 수 없었다.

조선전쟁이 일어난지 오래지 않아서 인도 네루 수상은 조선 문제를 평화적으로 해결 하기 위해 7월 13일 스탈린과 애치슨에게 전문을 발송하여 충돌의 국지화, 평화적 해결, 중화인민공화국의 안보리 합법적 지위 회복을 주장했다. 7월 15일 스탈린은 다음과 같 이 회답 전문을 보냈다.

　본인은 귀하의 평화제의를 환영한다. 귀하가 중국인민정부를 포함한 5대국 대표가 참가한 안보리를 거쳐 조선 문제를 평화적으로 처리해야 한다는데 대해 본인은 전적으로 찬동한다. 또 조선 문제를 신속히 해결하기 위해서는 안보리에서 조선인민대표의 의견을 청취하는 것이 옳다고 믿는다.

그러나 트루먼 정부는 네루의 제의를 거절했다. 애치슨은 7월 18일 네루에게 회전을 보내 그 제의를 동의할 수 없으며 UN군이 북조선의 진격을 격퇴하여 이 지구의 평화와 안전을 회복하는 것을 지지한다고 강조하였다. 애치슨의 언사는 여전히 6월 27일 UN 안보리가 조선 문제에 관한 결의에서 긴급히 군사조치를 취하여 국제평화와 안전을 회 복해야 한다는 말투 그대로였다.

네루 수상의 좋은 뜻의 제의가 트루먼에 의해 접수되지 않자, 이틀이 지난 1950년 7 월 20일 새벽 3시 네루는 세계를 향해 그가 7월 13일 스탈린과 애치슨에게 전문을 발송하 였다는 사실을 공포함과 동시에 스탈린과 7월 15일 · 16일 양일간 교환한 전문을 발 표했다. 이래서 자기가 조선 문제 해결을 위해 노력한 경위를 널리 공표한 것이다.

중립적인 네루는 조선 문제를 평화적으로 해결할 수 있는 조건을 만들려고 노력한 사 람이다. 그는 솔직하게 "인도 정부가 1949년 12월 30일 중국인민정부를 승인하였고 그 대표가 UN 각 기관과 기구에 가입할 수 있도록 노력하였다. 우리의 이번 제의도 역시 같은 노력이다. 이것은 UN의 본질적 목적에 의거한 것이다. UN은 모름지기 조선 문제 평화해결을 위한 분위기를 조성해야한다"고 지적했다.

소련의 상주 UN대표 말리크는 안보리의장에 취임하면서 8월 1일 안보리에 출석했 다. 그리고 8월 4일 그는 안보리에 조선 문제 평화해결안을 제출하여 조선 경내에서의 적대행위 정지, 조선 문제 토론에 중화인민공화국대표 초청, 조선인민대표의 의견청취 가 필요하다고 주장했다. 이 소련 제의에 대해 중국정부는 8월 20일 지지전문을 발송했 다. 만약 트루먼이 진정으로 평화회담을 할 생각이 있었다면, 그리고 전쟁을 멈출 생각이 있었다면 좋은 기회라 할 수 있었다. 그러나 말리크의 발의는 9월 1일 안보리에서 부결되었다.

트루먼은 도대체 어떻게 할 생각이었는가. 이 문제를 놓고 모택동은 생각했다. 그리고 주은래도 생각했다. 또한 해방군 총참모부의 참모들도 생각했다. 참모들은 많은 양의 자료를 뒤져 미8집단군 수륙양용작전의 역사를 연구하고 맥아더의 경력을 연구했다. 8집단군의 경력에 관해서는 이미 소개했다. 더글러스 맥아더 이 사람에 관해서는 다음과 같이 요약되었다.

그는 당년 70세로 미국 군대 내에서 당당한 5성 장군이고 미국에는 이같은 노장은 이미 많지 않았다. 그는 체계적인 군사이론가이고 풍부한 작전경험이 있고 제1차대전에도 참가했다. 유명한 미육군사관학교장을 역임했고 30년대에는 필리핀 군사고문을 역임하였다. 태평양전쟁 발발 이후 서남태평양동맹군 총사령관에 임명되어 무수한 상륙작전을 지휘하여 일본군을 파푸아에서 구축하고 뉴기니아의 여러 전략요지를 점령하여 필리핀 공략에 이르는 전투를 지휘했다. 제2차대전 후에는 오랫동안 일본에 주둔하였다. 이 장군은 상륙저항작전 경험도 있고 또 상륙작전을 지휘한 경력이 대단히 풍부하다. 그러나 또 루손섬에서 7개월 동안 공격하다가 실패한 기록도 있다. 당시 조선에서의 쌍방 대치 태세와 8집단군의 찬란한 명성은 세인의 특별한 주목을 끌었다.

8월 10일께 주은래가 참모들에게 "조선정세가 군사면에서 볼 때 어떻게 될 것 같으냐"고 물었는데, 참모들은 "경계심을 높이고 적의 기습을 막아야 할 겁니다. 낙동강에서 서로 대치하고 양측이 다 전진을 못하고 있는데 좁고 긴 반도에서 작전하고 있는 인민군에게 가장 두려운 것은 미군이 허리를 절단하지 않을까 하는 것입니다. 미군이 후방에 상륙하게 되면 낙동강에 묶여있는 인민군은 돌아갈 길이 없습니다. 적이 만일 상륙한다면 진남포·원산·인천·군산 등지가 될 것입니다"라고 보고하였다.

주은래는 이 의견을 중시하였으나 늘 그런 것처럼 그는 대국적 관건의 의견을 가볍게 표시하지 않았다. 그는 모택동 주석에게 보고하였는데, 모택동도 그럴 가능성이 많음을 인정하고 만일 그런 상황이 발생하면 조선 정세는 힘들어질 것이고 해결할 길이 난감하다고 말하였다. 이어서 중앙군사위원회는 동북 변방군의 전시태세를 점검하고 실제 정황에 의거해서 8월 18일 중공중앙군위 명의로 재차 동북변방군에게 가일층 단단히 준비하여 9월 30일 이전에 일체 준비공작을 완료하도록 명령하였다.

당시 조선전국戰局 추세의 판단을, 후에 주은래는 1950년 10월 24일 중국인민정치협상회의 제1기 전국위원회 18차 상무위원회에서 다음과 같이 서술한바 있다.

"7월 중순 이후 미제가 남쪽으로 후퇴하여 신속히 조선반도 대구지구에 집결하고 조선인민군이 진격해오도록 유인하였고 젊은 조선인민군은 용약매진 진격하여 미군을 바다로 몰아넣어 버릴려고 했다. 당시의 형세는 이미 장기화할 징조가 보이고 있었다. 현재 조선은 곤란한 처지에 있다. 그러나 용감하게 남에서는 유격전을 벌이고, 북에서는 저항하며 여전히 투쟁을 계속하고 있다. 이대로 견디어 나가기만하면 새로운 역량을 길러서 적을 무찌를 수 있을 것이다. 조선은 면적도 적고 인구도 900만밖에 안되는데 이와 같은 역량을 가지고 강대한 적에 저항할 결심을 내린 것은 기특한 일이고 경탄하여 마지 않는 바이다."

(2) 맥아더, 인천상륙작전 성공, 서울 탈환

과연 예상한대로 1950년 9월 15일 새벽 모택동과 주은래가 인민군에게 최악의 사태라고 생각한 사태가 드디어 발생하고야 말았다. 맥아더가 직접 지휘하는 인천상륙작전이 시작된 것이다. 미군은 먼저 면적 0.6평방키로의 인천항 전방의 월미도를 점령하였는데, 이것은 인천의 방벽과 같은 곳이다. 이어서 그날 만조 때 도서공격 부대가 사다리를 타고 3미터 이상 높이의 방파제를 기어올라 인천남부 고지를 따라 상륙한 다음 주력부대가 인민군 방위선을 돌파 상륙지점을 확대하여 9월 16일 오후 전 인천을 제압했다.

맹렬한 진지전·백병전을 전개한 시가전으로 인민군은 완강히 공격에 저항하여 절대적으로 병력수가 우세한 적과 맞서 15일 동안 혈전을 전개하다가 결국 서울을 떠났는데, 낙동강지역 인민군 철퇴에 필요한 천금같은 시간을 얻어냈다. 미군과 이승만군이 대구를 향해 후퇴할 때 트루먼·애치슨·맥아더 등은 이미 전쟁확대를 전면적으로 준비계획하고 있었다. 트루먼의 결심은 벌써부터 내려져 있었고 6월 25일 이미 북조선을 무력점령하고 조선민주주의인민공화국을 소멸할 결심을 하고 있었다.

그가 맥아더에게 준 임무는 전쟁국면을 전환시키고 전 조선을 무력점령 하는 작전방안을 제출하여 확인을 받아 실행하라는 것이었다. 맥아더의 인천상륙 구상은 서울 함락후 그가 6월 29일 조선에 와서 일선을 시찰하였을 때 벌써 하고 있었다. 처음에 그는 미기병 1사단을 인천부근에 상륙시켜 인민군 주력을 측면과 후면에서 공격하려 했다. 상륙지점으로는 원산·군산·인천 세 지점을 생각하고 있었는데 인천으로 최종 결정을 내렸다. 그런데 인천은 상륙작전에서 가장 기피해야 할 여러 가지 불리한 조건을 가지고 있었다.

인천항은 서울 서남 40km에 위치한 서해안의 중요 항구다. 서해안의 평균 수심은 39.3m로 3,699m 수심의 동해안과 비교해서 100배나 차이가 있고 또 간만의 차가 극심하여 만조 때는 11.2m에 달하고 간조 때는 24km에 달하는 감탕바다이 항구에 나타나 상륙시간 선택에 많은 제한을 받게 된다. 당시 미국 전문가의 계산에 의하면 그해 상륙작전에 가장 이상적 날짜는 9월 15일, 10월 11일, 11월 3일이었다. 각각 2일 내지 3일을 쓸 수 있었다. 해안을 이용할 수 있는 시간은 매 12시간마다 3시간에 지나지 않고 9월 15일 상륙하려면 그날 만조는 두 번, 1차는 오전 6시 59분, 또 한 번은 오후 일몰 후 35분후인 19시 19분이었다.

인천의 지리적 위치의 특수성과 상륙시기 선택의 곤란을 들어 해군장관이 반대한데도 불구하고 맥아더는 인천상륙의 모험을 결심했다. 후에 그는 "여러 사람이 인천상륙작전의 여러 가지 불리한 조건을 지적했지만 나는 바로 이런 조건 때문에 성공하리라고 확신했다"고 술회했다. 맥아더는 7월 하순 자기의 상륙작전 계획이 참모장 연석회의에서 심사받고 있을 때 7월 31일 UN군 사령부의 고위간부 16명을 대동하고 두 대의 비행기에 분승하여 대만을 2일 동안 방문했다. 맥아더의 대만행은 트루먼의 의도에 따라 장개석이 신중국의 행동을 견제하는 계획을 의논하기 위해서였다는 것이 틀림없다. 바로 같은 날 미국과 대만은 워싱턴에서 방위협정을 체결했다.

8월 1일 맥아더가 성명을 발표하여 미국의 무력으로 대만을 제압하는 트루먼의 정책을 집행하는 것이 자기의 책임이고 확고한 목적이라고 말하였다. 이 모든 것을 볼 때 대만 침략 문제에 있어서 트루먼과 맥아더의 견해는 일치한다는 것을 알 수 있었다. 트루먼은 후에 사실을 은폐하고 대만 침략과 장개석의 힘을 이용하고자한 책임을 맥아더에게 뒤집어 씌웠다. 트루먼은 심지어 맥아더가 대만 가는 것조차 알지 못했다고 했는데, 5성 장군이 제자리를 비우고 여러 사람을 대동하고 떠난 것을 대통령이 전혀 모르고 있었다는 것은 있을 수 없는 일이다. 여기서 우리는 맥아더를 변호하려는 것이 아니고 다만 그때 벌어진 일을 밝히려 할 뿐이다. 확실히 트루먼과 맥아더 이 두 사람은 전략 문제로 대립되어 있던 것은 사실이다.

그후 얼마되지 않아 8월 25일 맥아더는 시카고 제51회 해외참전퇴역군인 대회에 보내는 편지에서 "대만이 적대국가 수중에 떨어지면 이상적 위치에 자리잡은, 전략적 진격이 가능한 불침不沈 항공모함이자 잠수함·지원 함정을 적에게 넘겨주는 것에 비할 수 있다. 그렇게 되면 오키나와와 필리핀 우군의 방어작전이나 반격작전이 좌절될 것이다. 태평양 지역에 대한 유화정책 주장자나 패배주의자의 어리석은 주장은 우리가 만일 대만을 보위하면 아시아 대륙과 소원해 질 것이라는 것인데 이보다 더 황당무계한 이야기는 없을 것이다."

이 서신이 일단 알려지자 트루먼은 즉각 맥아더에게 이 서신을 철회할 것을 명령했다. 트루먼은 전부터 맥아더를 못마땅하게 생각하고 있던 터라 "이 서신의 내용은 맥아더가 나의 대만 중립화 정책을 무시하는 것이고 그는 일대 모험정책에 열중하고 있는 것 같다"고 지적했다. 두 사람의 의견 차이는 전략상 유럽과 아시아 어느 편을 중시하느냐는 문제이지 대만 문제가 아니었다. 트루먼·맥아더의 대만 문제를 둘러싼 의견 차이는 정도의 차이일 뿐이었다.

정세가 급박하여 신속히 일을 진행해야했다. 트루먼은 맥아더에게 8집단군이 낙동강 방위선을 사수할 것을 명하고 8월 6일에는 특사 애브릴 해리먼과 매슈 리지웨이 육군중장·로리 노스타드 공군중장을 동경에 파견하여 맥아더와 인천상륙작전 계획과 상륙작전과 관련있는 각 방면의 협조 문제를 상의하도록 했다. 이 일단은 해리먼을 중심으로 하여 군사 문제 뿐만 아니라 정치·외교문제를 전면적으로 검토 의논하였다.

해리먼은 당시 민주당의 활동적인 저명한 외교관이었다. 2차대전 때는 미 주소 대사를 지냈고 미·소관계발전의 경위를 잘 알고 있었으며 스탈린의 성격이나 특징도 잘 파악하고 있었다. 그는 일찍이 루즈벨트를 따라 카사브랑카·테헤란·얄타회의에 참석했고 트루먼과 포츠담회의에도 참석하여 국제투쟁의 지식과 경험이 많은 사람이다.

이번 회의는 3일간 열렸고 맥아더의 상륙계획을 인정하고 정치·외교방면의 협조 문제를 충분히 토론했다. 몇일이 지난 후 8월 12일 맥아더는 인천상륙작전에 관한 예비명령을 내리고 병력편성도 이미 기본적으로 다 되었다. 8월 20일 참모장 연석회의 의장은 또 동경으로 사람을 보내 맥아더 총사령부에게 재차 회의를 열도록 했다. 이번 회의는 순전히 군사상의 회의로 참석자는 해군작전부장 포리스트 셔먼 해군중장·육군참모장 로튼 코린스중장 등이었다. 회의후 워싱턴은 8월 29일 원칙상 이 계획에 동의했고 9월 7일 다시 의논하여 9월 8일 트루먼이 최종확인 했다.

서울·인천 전선에는 서울 수비대를 포함하여 인민군 병력 총인원이 불과 2만 명이었는데, 맥아더가 인천상륙작전에 투입준비한 병력은 모두 7만 5천명이었다. 맥아더의 참모장 애드워드 앨몬드 소장이 이끄는 제10군 제1해병사단, 7보병사단 그리고 백선엽이 지휘하는 남조선 육군 제17연대, 신현준이 지휘하는 남조선 해병대 4개 대대를 거느리고 있었다. 상륙작전 참가 준비부대는 이외에도 미 극동해군 터너죠이 해군중장, 공군사령관 죠지 스트레이트마이어 소장이 지휘하는 해·공군이 있었는데, 미군 67,000명, 이승만군 8,000명, 미·영 등 국가의 군함 260여 척, 그리고 500여 대의 군용 비행기가 동원되었다.

(3) 미국의 중국 폭격과 무법항해를 놓고 외교 설전

미군의 인천상륙을 전후해서 트루먼과 애치슨은 UN주변·워싱턴·유엔본부·북경 등지에서 분주히 복잡한 외교전을 벌였다. 8월 17일 맥아더가 상륙예비명령을 내린지 5일만에, 즉 조선인민군이 발동한 낙동강 전투에서 낙동강 방위선을 이미 돌파하고 적을 부산지구에 몰아넣고 있을 때 미 주 UN대표 오스틴대사는 애치슨의 지시에 의해 안보리에서 미군은 38선을 넘어 전 조선을 점령할 결심을 하고 있다고 연설했다. 틀림없이 이것은 반응을 보기 위한 탐색 풍선이었다.

9월 12일~18일에 걸쳐 미·영·불 3국 외상회의가 뉴욕에서 열렸는데, 거기서 애치슨은 동맹국에 대해 38선을 넘어 전 조선을 점령하는 것이 중요하다는 것을 역설했다. 여기서 결정적 역할을 한 것은 영국외상 베빈이 마지막에 "이제 다시 남북조선을 갈라놓을 수는 없다"고 한 발언이었다. 이 발언으로 말미암아 미국은 안심하였다. 이에 트루먼은 9·27훈령을 내려 맥아더에게 38선을 넘을 권한을 부여하였다.

8월 27일 조선침략 미군비행기가 중국영공을 침범하여 정찰·폭격·기총소사를 시작하고 이때부터 미군용기·군함이 부단히 우리 영공과 영해를 침범하여 공공연히 도전하여 중국의 반응을 살폈다. 이때 주권을 찾은 중국인민은 응전은 하지 않고 강력히 미 침략자의 범죄행위를 항의했다. 27일과 30일 주은래는 두 번에 걸쳐 UN안보리 의장 말리크와 UN사무총장 트리그브리에게 타전하여 미국 비행기의 중국 영공 침범을 제재할 것을 요구했다. 9월 10일 주은래는 UN안보리 의장과 UN사무총장에게 타전하여 대표를 파견하고 안보리 미 군용기 재차 중국 영공침범, 미 해군의 중국 항행권 무시의 폭행을 항의하였다. 중국인민은 격분하여 미제의 도발행위를 성토했다.

인천상륙 후 미군은 중·소의 반응을 예의주시했다. 트루먼의 9·27훈령은 중·소가 개입해 올 때 취할 조치를 다음과 같이 지시했다.

① 만일 소련군이 38선 이북에 대해 공개적으로, 그리고 38선 이남에 공개적으로 또는 비공개적으로 개입해 오면 UN군은 방어전에 들어가고 사태를 악화시킬 여하한 행동도 취하지 말고 즉시 보고할 것.
② 만일 소련군이 38선 이남에 공개 또는 비공개로 개입하면 UN군은 능히 성공적으로 대처할 가능성이 충분히 있을 때는 작전행동을 계속해도 좋다.

③ 소련이나 중국이 사전에 조선 북반부를 점령할 의사표명이 있고 적대행동을 취하지 말도록 경고를 발할 경우는 UN군은 이에 대해 적대행위를 취하지 말고 즉시 보고할 것.

여기서 분명한 것은 트루먼이 중국에 대해 걱정은 하면서도 그 역량을 무시하고 있었다는 사실이다. 그래서 계속 중국에 대해 공갈을 해가며 중국의 행동을 진정시키려했다.

중국에 살던 조선인민이 돌아가 자기 조국의 건설과 보위에 참가하는 것은 그들의 정당한 권리다. 그런데 트루먼은 중국을 공갈할 구실로 중국에 사는 조선 사람에 대한 귀국 허가를 비난하고 나섰다. 우리 외교부는 신랄한 어조로 9월 22일 이에 대해 성명을 발표했다.

우리 중국은 이제 이미 승리했으니 중국 경내에 거류중인 이들 조선인이 돌아가 자기 조국을 보위하고 조국건설사업에 참가하는 것은 그들의 정당한 권리이고 신성한 책임이다. 여하한 국가도 이를 구실로 함부로 간섭할 수 없다. 중국인민은 그들이 조국방위에 참가하고 미제 침략전쟁에 반대하는 영웅적 투쟁에 대해 그저 동정지지 할 따름이다. 미제가 중화인민공화국을 비난하는 것은 일종의 횡포무도한 행위이고 비겁하고 파렴치한 짓이다. 중국인민은 이러한 비난을 접수하지 않을 뿐 아니라 두려워하지도 않는다. 우리는 영원히 조선인민편에 설 것이고 수십년래 조선인민이 우리편에 서 있는 것처럼 우리도 그들 편에 서서 단호히 미제의 조선침략 범죄를 반대하고 미제의 전쟁확대 음모를 반대한다.

미군이 서울을 점령한 후 미제는 인도수상 네루를 통하여 중국에게 미군이 38선을 넘지 않겠다는 말을 두 차례 전달해 왔다. 38선을 넘은 다음은 또 영국 외상 베빈을 통해 압록강으로부터 40마일선에서 정지한다고 전해왔다. 이 두 차례의 기만행위에 대하여 주은래는 그해 10월 24일 보고에서 상세히 경위를 설명했다.

1개월 전 즉 미군이 인천상륙 이전 우리는 미제가 38선까지 와서 정지하고 외교회담으로 들어갈려는 것인지 여부를 생각해 본 일이 있다. 적이 서울을 점령한 후 네루는 우리에게 3상회의에서 이미 38선을 넘지 않기로 하였고 만일 38선을 넘게 되면 UN에 제기하여 결정하기로 하였다는 말을 전했다. 그러나 우리에게 들어온 정보는 중국을 안심시키고 38선을 넘고, 넘은 다음은 그때 가서 중국과 어물쩍하려는 속셈이라는 것이었다. 우리는 이 속임수를 뻔히 들여다보고 있었다. 그래서 9월 30일 우리는 미제 조선침략에 대해 가만있을 수 없다고 성명을 발표했다. 10월 1일·2일의 소식은 미군은 이미 38선을 넘었고 남조선군은 38선 이북 아주 깊이 들어와 있었다.

우리는 주중 인도 대사를 불러 이러한 상황이 네루가 말한 것과 틀린다. 우리는 조선 문제에 대해 모른 체 하고 있을 수 없으며 네루를 통해 베빈에게 우리 뜻을 전달하라고 요청했다. 몇일이 지나도 적의 진격은 도무지 정지하지 않았다. 좀 지난후 베빈이 네루를 통하여 38선을 지나 압록강에서 40마일 지점에 도달하면 정지한다고 통지해왔다. 당시 적은 이미 평양에 진출해있었고 평양에서 북진할 참이었다. 이것은 우리에 대한 두 번째 거짓말이다.

미군이 인천에 상륙한 후 9월 하순 어느날 한 우호국가의 대사가 아군(중국군) 총참모장대리 섭영진 장군과 회견할 것을 요청해 왔다. 섭대리 총장은 군사위원회 대외연락처에서 회견했다. 당시 대외연락처의 집무회견장소는 어하교御河橋에 있는 전 일본영사관 자리였다.

대사: (자리에 앉은 후 먼저) "각하의 이 집무실은 바로 21개조에 서명한 장소구먼요. 참 아이러니컬합니다. 마치 역사의 바퀴가 이제 한바퀴 돌아서 되돌아온 것 같군요."

섭: "각하, 유감이지만 여기는 내 집무실이 아니고 아군의 대외연락처 내빈 접견실입니다"

대사: "내가 기억하기에 1949년 남경이 함락되었을 때 맥아더가 UP통신기자 토빈에게 '내게 비행기 500대만 주면 그들을 모조리 깨부수겠는데'라고 말한 일이 있습니다." (여기서 함락이라 함은 아군이 남경을 해방한 것을 말하는 것이고 그들이라 함은 중국공산당과 인민해방군을 두고 말한 것이다.)

섭: "우리는 원자탄도 종이호랑이로 간주하고 있는데 그까짓 몇백 대 비행기쯤 문제가 되겠습니까?"

대사: "사실 원자탄을 무서워하는 건 영국입니다. 영국의 노란 자위는 전부 런던·리버풀·만체스터 3개 도시에 집중되어 있습니다. 4천만 인구 중 1,200만이 런던에 집중되어 있거든요. 나는 누구도 중국을 정복하고 해방군을 격파할 수 없다는 것을 조금도 의심하지 않습니다. 그저 걱정이 만일 무슨 일이 일어나면 중국의 건설사업이 10년, 8년 늦어질 것이라는 겁니다."

섭: (엄숙하고 침착하게) "할 수 없지요, 만일 제국주의자가 전쟁을 걸어오면 일어나 항전하는 수밖에."

대사: "중국의 공업이 연해에 있지 않고 동북 만주에 있지 않습니까. 일단 사고가 발생하면 쉽게 파괴당할 겁니다."

섭: (단호하게) "일단 전쟁이 일어나면 일어나 항전하는 길밖에 없지요. 그렇지만 이것은 다만 문제의 일면이고 제국주의도 약점을 가지고 있으니 우리가 현재 해야할 일은 평화를 쟁취하는 것이고 전쟁의 발생발전을 막는 일이지요."

이 대사가 담화 중에 꺼낸 소위 21개조란 일제가 제1차세계대전의 기회를 이용하여 1915년 1월 18일 원세개袁世凱 정부에 들이댄 중국을 독점하겠다는 내용의 비밀협약이었다. 5월 7일 일본은 최후통첩을 제시했다. 5월 9일 원세개정부는 일본의 이러한 무리한 요구에 제5호의 일부분을 제외하고 일괄적으로 승인했다. 원세개는 그해 일본 주중 북경영사관에서 주권을 내주는 치욕적인 21개조에 도장을 누른 사람이다.

오늘 이 대사는 이 이야기를 꺼내 자기가 하고자 하는 말을 비친 것인데 아마 미리 준비하고 온 것 같았다. 이런 말을 주고받고 있을 때는 바로 트루먼이 대거 38선을 넘어 중·조 국경을 향해 침범할 준비를 하고 있을 때였다. 500대 비행기만 있으면 때려부술 수 있다느니, 중국의 공업이 파괴당할 것이라느니 했으니, 이것은 위협 협박 공갈인가, 선의의 경고인가.

영광스런 전통을 지닌 중국인민은 공갈위협을 무서워하지도 않고 은혜를 애걸하지도 않는다. 미군과 이승만군대가 서울을 점령하고 38선에 접근 속전속결로 전 조선을 삼켜버리려 하고 있었다. 위기가 중국 안전에 미치고 있는 긴급한 시각에 북경은 정의수호의 성명을 발표했다. 주은래가 중국인민정치협상회의의 전국위원회가 거행한 건국 1주년 경축대회에서 "중국인민이 전 국토를 해방한 후 평화롭고 위협받지 않는 환경 하에서 공업과 농업생산 문화교육사업을 회복 발전시켜야한다. 그러나 미국 침략자가 만일 이것을 중국인민의 아픈 점(약점)이라고 간주한다면 국민당 반동들이 범한 것과 같은 엄중한 과오를 범하게 될 것이다"라고 단호히 지적하였다.

이어서 10월 5일 오전 인도 대사 파니카르가 외교부 부부장 장한부와 만나 베빈이 네루 수상에게 통지하기를 애치슨이 최근 베빈에게 미국 비행기가 동북 영공을 침범한 일에 대해 미국은 우선 중국이 고의가 아닌 손실을 입은데 대해 유감의 뜻을 표하고 나아가 중립국에 의해 손실과 손실액을 조사하도록 하기를 원한다는 것이다. 다시 말하면 미국은 비단 유감의 뜻을 표할 뿐 아니라 배상할 용의가 있다는 것이다. 이것은 크게 우리 체면을 세워주는 것 같았다.

이와 같은 미국의 온건수법에 대해 장한부는 즉각 다음과 같은 담화를 발표했다.

"미제는 부단히 우리 동북 영공을 침범하여 인민을 살상, 재산을 파손하고 있는데 중국외교부는 이미 누차 항의를 제출하고 UN안보리에 항소하였다. 미국의 이 같은 폭행은 미국 조선침략 군용기의 소행이고 침략전쟁을 확대하고 평화를 파괴하려는 의도에서 나온 것이다. 해결방법은 미군이 조선에서 철퇴하는 것이다. 우리는 이미 안보리에 중국 영공 침범·인민살상·재산손해 문제를 의정에 올릴 것을 제의하였다. 이 토론에는 반드시 중국대표가 참가해야한다."

한편 제5차 UN총회 제1위원회와 총회에서는 치열한 투쟁이 전개되고 있었다. 9월 30일 영국 등 8개국이 UN에 8개국 제안을 내놓았다. 이 제안은 오스틴이 8월 17일에 행한 강연의 재판이었다. 트루먼이 전 조선을 점령하여 조선민주주의인민공화국을 소멸하고 나아가 조선침략전쟁을 확대하는 길을 열자는 것이었다.

내용은 적절한 모든 방법을 써서 전조선 정세를 안정시키고 UN주재 하에 선거 실시를 포함한 정부조직에 필요한 행동을 취하여 조선에 1개 통일정부를 수립토록 UN총회는 건의한다. 그리고 위에 규정한 두 가지 목적달성에 필요한 자를 제외한 UN군은 조선 어떤 지방에도 주둔해서는 안 된다는 것이었다. 사실 이것을 뒤집어 말하면 규정한 목적을 달성하기 위해서라면 조선 어떤 지방에도 UN군은 주둔해 있을 수 있다는 말이다. 이 제안은 또 7개국 대표를 지정하여 UN조선통일부흥위원회를 구성하고 UN을 대표하여 "조선을 통일하고 독립된 민주정부수립을 실현한다"는 것이었다.

이 8개국 제안에 맞서 소련 등 5개국은 5개국 제안을 제출하여 "조선에 있는 교전 쌍방은 즉시 적대행위를 정지하고 미국정부 및 기타 각국 정부는 즉각 조선에 있는 부대를 철수시키고 조선 문제는 조선민주주의인민공화국 최고회의와 남조선 국회의 동수의원으로 구성된 기관 주재 하에 해결해야 하고 전 조선인민 자유선거는 조선과 접경한 국가가 참가한 연합위원회 감시 하에 실시되야 한다"고 주장했다. 결과적으로 '미국이 조종하고 있던 5차 UN총회'는 10월 7일 8개국안을 통과시키고 5개국안은 부결시켰다.

중국 외교부 대변인은 10월 10일 "미국 정부는 불법으로 UN명의를 도용하여 조선침략 전쟁을 일으키고, 이제 또 UN명의를 도용하여 조선침략 전쟁을 확대하려 하고 있다"고 비난성명을 발표함으로써 "이와 같은 피비린내나는 제안의 통과는 완전히 불법이며 전 조선인민과 세계절대다수 인민의 의사와 위배되는 것"이라고 지적했다. 하지만 결국 이 소위원회 결의의 통과는 모든 비군사적(평화적)해결의 문을 닫아버렸다.

제2장
미군의 38선 이북 공격으로
전영토 식민지화 야심 보여

1. 유엔, 정권수립 · 참전 · 38선 북침까지 미국 소망 순종

1) 미국의 전조선 점령 야심에 중국은 조선지원 항전으로 맞대응

(1) 중국은 동북방면군을 지원군 주력으로 파병하기로 결정

미군의 조선전쟁 도발이 성공한 후 1950년 6월 트루먼 · 애치슨 · 맥아더는 비밀리에 인천에 상륙하여 인민군 퇴로를 막아 전 조선 점령을 준비 계획하고 있었는데, 한편 북경에서는 어려운 선택을 해야 할 처지에 있었다. 전쟁 국면의 진전과 적의 기도가 점점 분명해짐에 따라 모택동은 8월 5일 변방군(동북방면군)에게 8월내에 일체 준비공작을 완료할 것을 지시하였고 이어서 다시 8월 18일에는 무슨 일이 있어도 9월 30일 이전에 모든 준비를 완성하라고 재차 지시했다. 동시에 전국에서 미제의 대만 · 조선침략 반대 군중운동을 벌였다.

맥아더가 인천에 상륙한 후 서울이 함락되고 부산지구로 퇴각하였던 미군이 반격으로 나와 조선민주주의인민공화국은 대단히 위급했다. 김일성은 이 무렵 박일우 · 박헌영을 중국에 보내 구원을 요청했다. 기본적으로 파병 여부의 결정은 이미 되어 있었지만 아직 최후 결정은 내리지 않고 있는 형편이어서 다만 그저 "우리는 조선인민의 굳건한 우방이라는 것을 서약한다"고 밖에 대답할 수가 없었다.

1950년 9월 1일 외교부는 시성문을 긴급히 북경에 불러 그날 밤으로 주은래가 접견했다. 시성문은 예지량 대사와 같이 작성한 보고서를 내놓고 조선의 전쟁 국면과 후방의 주요한 상황을 자기가 아는 대로 보고했다. 그리고 두 가지 의견을 제출했다. 미국과 이승만군이 대전퇴각 후 인민군과 적은 이미 대치 상태에 들어가 다시 진격하기 힘들고 3면이 바다인 좁고 긴 반도에서 제해권·제공권도 없이 장기전을 한다는 것은 대단히 어렵다고 보고했다.

주은래는 보고를 하나하나 자세히 주의 깊게 청취한 뒤 이 대목에 이르러 "만일 정세가 돌변하여 우리가 조선전쟁에 파병해야 할 경우 어떤 곤란이 있을 수 있겠는가"라고 물었다. "최대의 곤란은 운수와 통역 문제입니다. 철도는 만들 수 없고 도로 상태도 나쁘고 길폭이 좁습니다. 또 현지에서 보급을 받는 것은 불가능합니다. 양식·탄약이 모두 없고 적한테 빼앗아 충당한다는 것은 대병력 작전에서는 불가능합니다"라고 시성문은 대답했다. 보고가 끝난 다음 주총리는 "이 보고서는 두고 돌아가고 언제 돌아갈지는 후에 통지할테니 기다리라"고 지시했다. 보고서에는 「정치국 상임위원회동지에게 복사해 돌릴 것」이라고 썼다.

시성문은 숙소에 돌아와 중앙 영도 동지에게 보고한 상황을 깊이 생각해 보았다. 오랜 세월 동안을 진절머리가나게 일제 하에서 노예생활을 해왔고 이제 또 미제의 무력침략을 받고 있는 조선인민의 강렬한 민족해방 요구를 시성문은 깊이 이해하고 있었다. 조선인민군의 용감하고 완강한 정신에 깊은 존경심을 가지고 있었다. 시성문은 전쟁 진전에 대해 전부터 몹시 우려하고 있었다. 이제 중국이 조선을 원조하기 위해 파병할지 모른다고 생각하니 흥분을 참을 수가 없었다. 시성문이 보기에 파병은 결정적이고 다만 명령을 내리는 문제가 남아있을 뿐이었다.

하루의 간격을 두고 중공 중앙위원회 사무처의 통지를 받고 시성문은 임표 숙소로 가서 보고했다. 임표는 태양이 비치는 정면 넓은 방 한가운데 앉았고 시성문은 그 왼쪽에 자리잡았다. 그는 보고에 대해 그리 정신을 쓰는 것 같지 않았다. 보고서를 이미 본 모양이었다. 임표는 "그 사람들(조선 노동당 간부들) 산에 올라가 유격전을 할 용의가 있소 없소"하고 물었다. "나로서는 확실히 있다고는 말할 수 없습니다. 김일성과 같이 지내며 느낀 바로는 형세에 따라서는 산에 들어가 유격전을 할 겁니다." "우리가 파병을 안 하고 그들로 하여금 산에 들어가 유격전을 하게 되면 어떻겠소?" 임표는 단도직입적으로 물었다. 시성문은 일이 어떻게 돌아가는지 어리둥절해졌다. 하루사이에 중앙은 또 파병 않기로 결정했단 말인가. 시성문은 입을 다물었다. 상관의 물음에 어떻게 대답할지 몰라 난처했다. 한편 조선에서 벌어지고 있는 전국을 생각하니 몹시 조바심이 났다. 시성문은 걱정에 잠긴 채 임표의 숙소에서 나왔다.

시성문이 북경에 체류하고 있는 동안 미군은 9월 15일 인천상륙에 성공하여 조선의 정세는 큰 변화가 발생하였다. 이때 중앙은 다시 조선 주재 공관에 5명의 무관을 증원하기로 결정하였다. 동북변방군은 파병하기에 앞서 이미 4인조의 선발대를 조선에 보내 정세를 자세히 조사하고 지형을 살펴 참전 준비를 할 것을 건의한 바 있다. 주은래는 이 건의에 결정을 하지 않고 있다가 마침내 당장 파견하기로 결정했다. 단 중앙에서 아직 파병에 대한 최후 결정을 내리기 전이어서 선견대란 명의를 사용하는 것은 온당치 않다 하여 무관이라 칭하기로 하고 동북군구 후방부의 부부장을 1명 추가해서 5명을 보내기로 했다.

9월 17일 주은래 총리는 그들을 접견하고 시성문이 새로 파견하는 무관과 같이 신속히 평양으로 출발하라고 지시했다. 심양에 도착하니 군구에서는 이미 무관들을 위해 찝차 5대를 운전사와 함께 준비해 놓고 있었다. 그날 밤 고강은 시성문을 찾아와 중앙에서 무슨 말이 없느냐고 묻고 모택동이 보내온 서신을 꺼내 시성문에게 보였다. 그 가운데는 사태가 파병하지 않으면 안될 것 같으니 만반준비를 틀림없이 하라고 써있었다. 평양에 도착한 후 시성문은 김일성과 단독회담을 하고 중국이 또 5명의 무관을 파견해 왔다고 하니 김일성은 대단히 기뻐하며 수상비서 하앙천으로 하여금 5명 부관에게 수상이 서명한 신임장을 발부하여 조선관계 당·정·군 기관이 협조하도록 하였다. 이 무관들은 즉시 조선 북부 최전선의 지형조사에 착수하여 극히 긴장한 가운데 1개월 가까이 공작을 진행했다.

중공 중앙 주요정책 수립자의 결심이 이미 내려져 조선인민형제의 정의투쟁을 지원하고 충분한 역량을 준비하여 미국 침략자를 격퇴하기로 하였다. 주은래는 9월 20일 작전 방침에 관한 기본원측을 작성하였다. "항미원조전쟁은 자력갱생의 지구전이 될 것인데, 우리는 적을 분산 시킨 다음 집중된 병력과 절대우세한 화력으로 소수의 적을 포위섬멸하는 방법으로 차차 적을 약화시켜 나감으로써 장기전에 유리하도록 이끌어 나가야한다"는 것인데, 이 건의는 모택동 주석의 찬동을 얻었다.

(2) 이승만군은 38선을 넘어 북진, 김일성은 장기항전 태세

맥아더가 인천에 상륙하고 부산지구로 후퇴해 있던 미군이 맹공을 시작하여 서울을 함락하였다. 조선민주주의인민공화국 후방은 텅 비었다. 정세는 매우 위급했다. 이승만의 3사단은 9월 30일 38선을 넘어왔다. 맥아더는 10월 1일 조선민주주의인민공화국을 향해 최후통첩을 내고 무조건 항복을 요구했다.

맥아더의 미친듯한 도발에 대해 김일성의 회답은 아무런 동요도 없는 단호한 것이었다. 그는 극단적으로 곤란한 처지에 있으면서도 장기항전의 결심을 하였다. 10월 1일 깊은 밤 김일성은 중국 대사를 불렀다. 활달하고 여유만만한 김일성은 대사에게 "맥아더가 날더러 두 손을 들라고 하는데, 우리는 원래 그런 습관은 없습니다"고 하며 주먹을 휘둘렀다. 중국이 하루속히 압록강변에 집결해 있는 13병단을 파견하여 조선작전을 지원해 줄 것을 요청했다. 그리고 그 이튿날은 조선인민군 최고사령부의 명의로 인민군은 조직적으로 북방 신진지로 철수하여 저항을 계속하고 있다고 선포했다. 얼마 지나지 않아 또 「조국촌토를 피로서 사수하자」는 방송을 통해 전 조선인민에게 "피로써 조국의 한치 땅이라도 보위하여 적에게 새로운 결정적 타격을 주기위해 모든 힘을 준비하자. 만일 부득이 퇴각하지 않으면 안될 경우에는 모든 물자와 운수 수단을 옮겨 한대의 공작기계, 한대의 차량, 한알의 쌀도 적의 손에 들어가지 않도록 해야겠다. 적 강점지역에서는 빨찌산투쟁을 광범히 전개하자"고 호소하였다.

1950년 10월 2일 모택동은 앞으로 극히 중대한 영향을 줄 결정을 내리고 지원군 명의로 일부군대를 조선경내에 파송하여 미·이승만군과 전투를 통해 조선인민을 원조하기로 결정하였다. 만일 전조선이 미군에게 점거당하면 조선혁명 역량은 약화되고 미 침략자는 걷잡을 수 없이 날뛸 것이니 그렇게 되면 아시아 전체가 불안하게 될 것이었다. 그러나 아직 행동명령은 내리지 않았고 조선정부에도 통지하지 않고 있었다.

주은래는 모주석으로부터 파병 준비 지시가 있은 후 10월 3일 밤 1시 인도주중대사 파니카르를 접견하여 정식 외교경로를 통해 미국정부에 다음과 같이 통고했다. "네루 수상이 제기한 문제 중 한가지 비교적 긴급을 요하는 것이 있는데 그것은 바로 조선 문제입니다. 미국은 지금 38선을 넘고 전쟁을 확대하려 하고 있습니다. 미국 군대가 사실 그렇게 한다면 우리는 좌시하지 않을 것이고 관여할 것입니다. 이 점을 귀 정부 수상에게 보고하십시오. 우리는 평화적으로 해결할 것과 조선 문제의 국지화를 주장하여 왔고 지금도 그 주장에는 변함이 없습니다. 조선 전쟁은 마땅히 즉각 정지되어야 하고 외국군대는 응당 철퇴해야합니다. 그렇게 하는 것이 아시아 평화에 유리합니다."

한편 트루먼정부는 중국인민의 결의와 힘을 과소평가하고 중국의 경고가 한낱 빈 공갈이고 대외선전에 지나지 않는다고만 생각하였다. 이런 경고를 트루먼은 문제시도 하지 않았고 맥아더는 그대로 밀고 올라와 대량의 미군이 북진을 계속했다. 10월 2일 모택동이 지시를 내리고 중앙정치국은 중남해이년당에서 확대회의를 열어 각 지구 주요책임자와 중앙당·정·군간부 동지들이 모두 집합했다. 이 회의에서 모택동은 회의 참석자들로 하여금 파병에 따르는 불리한 조건, 파병 후에 있을 수 있는 곤란한 문제점을 기탄없이 발언하라고 하였다.

참석자들은 하고싶은 말을 마음놓고 털어놓아 열띤 토론을 하였다. 모두들 적지 않은 불리한 조건과 곤란한 점을 지적하였다. 모택동은 여러 발언을 들은 다음 "동지들이 한 이야기에는 모두 일리가 있소. 그러나 다른 사람이 국가적 위기에 처해 있을 때 우리가 그저 옆에 서서 구경만 한다면 이유야 어떻든 마음이 편할 수는 없지 않소"하고 결론을 내렸다.

이 시기에 주은래는 항상 측근 참모들에게 "파병에 따르는 어려움이 무엇이겠는가"라고 묻곤 하였다. 영도자가 이렇게 하는 것은 일하는 사람의 건의를 존중하는 것 뿐만 아니라 정책결정에 있어 다각도로 검토하는데 많은 도움이 된다. 이와 같은 태도는 우리당이 장기간 길러온 중대정책 결정방법의 귀한 전통이었다. 뜻하지 않게 문화대혁명 10년의 대재난 중 어떤 사람이 불리하다든가 곤란하다는 의견을 제시하면 그것이 곧 모주석 반대로 못 박아 몰아치워 비판하고 타도의 대상이 되었으니 한심하고 분한 노릇이다.

당시 조국 서부 광활한 지대에서 투쟁하고 있던 팽덕회 장군은 중앙에서 보내온 비행기를 타고 서안西安을 떠나 10월 4일 오후 4시경 북경에 도착했다. 중남해이년당에 들어서자 그는 파병하여 조선을 원조하는 문제를 토론중이라는 것을 알았다. 팽덕회가 중앙회의에 참가한 밤은 북경호텔에 묵었다. 그때를 회상하여 쓴 글 가운데 이런 말이 있다. "그날 밤은 도무지 잠이 오지 않았다. 침대가 너무 푹신하여 내게는 너무 과람해서 그런가 하고 바닥에 내려와 누워 보았지만 여전히 잠이 오지않았다.(過濫 : 분수에 넘침) 미국이 조선을 점령하고 우리와 강 하나 두고 마주서서 우리 동북을 위협하며 우리 대만을 제압하고 상해·화동일대를 위협할 것을 생각하니 잠이 오지 않았다"고 술회하고 있다.

온 대륙을 누비며 일찍이 국내외의 반동들과 싸워온 팽장군은 "호랑이는 본성이 사람을 잡아먹는 동물"이라는 것을 잘 알고 있었다. 언제 사람을 무는가는 호랑이의 식욕에 따라 결정되는 일이다. 이런 놈에게 양보란 위험천만이다. 다음날 오후도 팽덕회는 중앙의 이년당에서 열린 회의에 참석하여 "파병해서 조선을 원조해야 합니다. 전쟁에 좀 묶이더라도 해방전쟁이 좀 늦게 끝났다고 생각하면 되지 않습니까. 만일 미군이 압록강변과 대만에 다가와 있으면 아무 때나 구실을 만들어 침략전쟁을 걸어올 것이 틀림 없습니다"라고 주장했다. 일단 모택동이 팽덕회가 군대를 이끌고 조선에 가는 것으로 결정하자 그는 두 말없이 주저하지 않고 위난 중에 명령을 받아들였다.

(3) 미국의 다음 침략은 중국이라며 팽덕회도 참전 호응

10월 7일 소위 조선통일 결의가 UN에서 통과되었다. 미군도 38선을 넘어 북조선으로 막 밀고 들어갔고 우리의 경고는 아무 효력도 없는 것 같았다. 38선에서 휴전하고 평화적으로 해결할 희망은 이제 사라졌다. 10월 8일은 극히 중요한 날이 되었다. 중공 중앙군사위원회 각 부문은 바쁘고 긴장한 분위기가 감돌았고 모든 업무가 일사불란하게 진행되고 있었다.

중국인민혁명군사위원회 주석 모택동은 「중국인민지원군」을 결성하기 위해 다음과 같은 명령 제1호를 내렸다.

「팽덕회 동지를 중국인민지원군 사령관 겸 정치위원으로 임명한다. 조선정부의 요청에 의하여 조선인민해방전쟁을 원조하고 미제와 그 주구들의 진격을 반격함으로써 조선인민 · 중국인민 · 아시아 각국의 인민의 이익을 보호하기 위해 이에 동북변방군을 중국인민지원군으로 개편, 즉각 조선경내에 출동하여 조선동지와 협력하고 침략자와 싸워 영광스러운 승리를 쟁취하도록 명령한다. 조선인민 · 조선인민군 · 조선민주정부 · 조선노동당(공산당) · 기타 민주정당 및 조선인민의 지도자 김일성 동지에 대해 우호적 태도와 존경심을 표하고 군사규율과 정치규율을 엄격히 준수해야 한다.」

이날 밤 신임 중국인민지원군사령관 겸 정치위원 팽덕회는 심양瀋陽에서 김일성 수상이 심양에 파견 주재시키고 있는 연락원 박일우를 만나 쌍방 우호적 분위기에서 지원군 부대가 조선에 가서 전개할 작전의 구체적 문제를 상의하였다. 지원군이라는 명의로 조선에 파병하는 깊은 뜻을 제대로 이해하고 있는 사람은 많지 않았다. 당내에서까지 마땅히 정정당당하게 해방군으로 참전하지 무엇 때문에 '지원부대'라고 부르느냐는 것이었다.

중국인민지원군의 선두부대가 국경을 넘었을 때 대외적으로 단지 「지원부대」라고 하였는데, 이것은 전술상 은폐하기 위한 것이고 부대가 처음 접전 포진하는데 유리했다. 제1차작전을 끝내고나서 11월 8일 중국정부는 비로소 정식으로 "중국인민지원군은 팽덕회사령관 지휘 하에 압록강을 건너 조선인민의 항미전쟁에 참가하였다"고 발표했다. 이것이 바로 지원군이란 명칭 뒤에 숨은 묘미였다. 2차 · 3차 작전에 이르러 사람들은 점점 그 묘미를 깨닫기 시작했다.

주은래는 통역을 겸한 사철을 수행원으로 대동하고 모스크바로 갔다. 중국의 조선원조 파병과 관련 소련의 군수물자 지원을 스탈린과 교섭하기 위해서였다. 구실을 붙여 지원군 사령을 사양한 임표도 요양차 소련으로 갔다. 그 때 스탈린은 휴가로 혹해 해변에 가 있었기 때문에 자연경관이 수려한 휴가지에서 회견하게 되었다. 주은래는 중국이 조선전쟁에 파병함으로서 조선의 정세를 만회하고 아시아 평화를 유지하기로 결정하였다고 설명하였다. 그리고 신중국은 건국한지 오래지 않아 재력이 부족하고 무기탄약과 운수기재가 모두 곤란한데다 공군도 창설한지 얼마 되지 않아 이 방면에서 소련의 지원이 필요하다고 말했다.

스탈린은 미군이 인천에 상륙하자 조선 정세에 대해 결단을 못 내리고 주저하고 있었다. 중국의 지원군 조선 파견에 대해서도 이리저리 생각하여 중국의 파병으로 세계전쟁을 유발하지나 않을까 두려워하고 있었다. 심지어 만일 조선이 실패하면 김일성으로 하여금 중국 동북지방에 망명정부나 수립하게 하면 어떻냐고까지 말했다.

중공중앙정치국이 주은래의 보고를 받은 후 10월 13일 긴급회의를 다시 소집했다. 정치국 동지의 충분한 토론을 거친 다음 조선파병은 중국·조선·아시아·세계에 모두 유익하다는데 의견의 일치를 보았다. 우리가 파병을 하지 않아 적이 압록강변을 제압하게 내버려 두면 국내는 물론 세계 반동들의 기세가 높아져 여러 가지 면에서 불리하게 될 것이며 무엇보다 우리 동북지역이 위험하고 전 동북변방군이 거기 얽매이게 되고 남만의 전력 문제에 위협을 줄 것이다. 요약하면 중국은 꼭 참전해야 하고 참전해서 얻는 이익은 극히 큰 반면 참전하지 않으므로 받을 손해는 말할 수 없이 크다는 결론을 내렸다.

신중국의 영도자들은 적의 막강한 병력의 위협을 무릅쓰고 스탈린 원수의 지지 없이 독립자주적으로 국제주의의 의무를 짊어지고 나서서 의연히 위대한 항미원조 국가방위 전쟁에 뛰어들기로 결심했다. 이 위대한 결정은 아시아와 세계평화 회복을 위해 공헌하고자 함이었다. 10월 8일 같은 날 모택동은 중국 주조대사 예지량에게 타전하여 중공중앙이 중국인민지원 부대를 조선에 파견할 준비를 하고 있다는 사실을 김일성 수상에게 전하도록 했다.

그날 깊은 밤 캄캄한 평양거리를 예지량과 시성문은 차를 몰아 김수상 사무실로 달렸다. 모란봉 밑에 설치한 지하 지휘소였다. 입구는 위장망으로 가리웠고 양 옆은 모래주머니로 방탄벽을 쌓아 올렸다. 입구로 내려가 꾸불꾸불 들어가니 시원하게 넓고 밝은 대청이 있는데 그 한쪽이 수상 집무실이었다.

뜻밖에도 두 사람이 문에 들어서자 진퇴양난한, 거북한 장면에 부딪쳤다. 어떤 사람이 수상과 격론을 벌이고 있는 중인데 외국사절이 가까이 와서 있는데도 그대로 계속하고 있었다. 중국외교관은 들어가지도, 돌아서지도 못하고 어찌할 바를 몰랐다. 김수상과 싸우고 있는 사람은 다른 사람이 아니라 바로 박헌영이었다. 공화국 부수상 겸 외무상, 원래 남조선 노동당의 주요 영도자였고 남북노동당 합당 후 계속하여 조선민주주의인민공화국 당과 정부의 중요 영도 직무를 맡고 있는 사람이다. 박헌영이 집무실에서 나가자 그때야 비로소 김수상은 중국 손님을 맞아 일어서서 악수했다. 김일성은 "그 사람 박헌영은 산에 올라가 유격전을 할 결심은 도무지 없단 말입니다"라고 말했다. 이 말은 주인이 방금 논쟁을 벌인데 대한 설명이었다.

자리에 앉은 후 예지량은 김수상에게 "중공중앙이 중국인민 지원부대를 조선에 파견하여 참전 준비할 것을 결정했다"는 북경으로부터의 내전을 전했다. 김일성은 중국의 파병 참전 소식을 듣자 기뻐 일어나 방금 긴장해서 논쟁하던 기분을 깨끗이 씻어버리고 계속해서 웃으며 "아주 좋습니다. 아주 좋습니다"하고 바른손 엄지손가락과 둘째손가락으로 딱 소리를 내며 "모주석과 중공중앙에게 나와 조선노동당·인민이 충심으로 감사한다는 말을 전해 주시오"하며 김일성은 예지량의 손을 잡고 대청으로 가 상에 놓인 술병을 들어 직접 석 잔을 부어 "자, 건배합시다. 중국 군대 서전의 승리를 위해"하고 건배하였다.

예지량 대사는 본래 말이 없는 노동자였는데, 이때만은 흥분을 참지 못해 웃으며 "과거 우리는 어깨를 나란히 하고 일제를 때려 부쉈는데, 이제 우리는 또 어깨를 나란히 하고 미제를 때려 부시게 됐습니다. 새로운 승리 획득을 위해 건배합시다"하고 술잔을 높이 들었다.

(4) 「중국인민지원군」의 규모와 목표·지침

1950년 10월 1일에서 15일까지, 중공 중앙정치국은 모택동 주석 주관 하에, 여러 차례 회의를 소집, 전면적이고 심도 있게 당시의 형세를 분석하고, 충분히 직면할 만한 곤란을 예측하면서 조선을 위기로부터 구하며 아국 안전을 보위하고 세계평화를 유지보호하여, 인류 진보사업을 촉진시키는 근본적 입장에서 의연히 「항미원조보가위국抗美援朝保家衛國」의 전략적 결정을 내렸다. 모든 곤란을 극복하기로 결심하고 「중국인민지원군」을 조직하여 조선전장으로 보내, 조선인민과 함께 미국 침략자를 반격하기로 했다.

중공중앙정치국은 지적하기를 "우리는 지원군 명의志願軍 名義로 일부분의 군대를 조선내에 파견, 조선동지를 원조하는 것이 필요하다. 만약 모든 조선이 미국에 의해 점령되면, 조선의 혁명역량은 실패할 것이고, 미국 침략자들의 기세는 더욱더 맹렬해져, 이에 동북정세東北情勢는 모두 불리해질 것이다. 우리가 출병하여 참전하는 적극적인 정책을 채택하는 것은 중국에 대해, 조선에 대해, 동방에 대해, 그리고 세계에 대해 모두 매우 유리하게 된다. 우리가 출병하지 않으면 적들이 압록강변에 이르고, 국내 및 국제적 반동세력이 점점 증가해, 여러 면에서 불리하게 된다. 우선 동북지방이 더욱 불안해지고 전 동북변방군全東北邊防軍이 견제당하고, 남만주의 전력공급이 장차 장애받게 될 것이다. 결론적으로, 우리는 응당 참전해야 한다고 여기며, 반드시 참전해야만 한다. 참전의 이익은 클 것이며, 참전하지 않으면 손해가 클 것이다."

출병참전의 정책이 확정된 후 중앙정치국은 아군이 참전 후의 전쟁형세에 발생 가능한 변화를 고려해 두 가지 전략사상을 제출했다. "하나는, 문제를 해결하는 것으로, 즉 조선 영내에서 미국과 기타 국가의 침략군을 섬멸하고 축출할 준비를 하는 것이다. 둘은, 이미 중국 군대가 조선 영토내에서 미국 군대와 싸울 바에는(비록 우리는 지원군 명의로 싸우지만) 미국이 중국과 전쟁 상태에 들어감을 선포하는 것에 대비해야 하는데, 최소한 공군을 이용하여 중국의 많은 대도시 및 공업기지를 폭격할 것과, 해군으로 연해지역을 공격하는 것에 대비해야 할 것이다." 또한 지적하기를 "이 두 가지 문제 중에, 우선적인 것은 중국의 군대가 조선 영내에서 미국군을 섬멸하여, 효과적으로 조선 문제를 해결하는 것이다. 아군이 조선 영토 내에서 미국군을 섬멸하려면 미 제8군(미국의 전투력 있고 저력있는 군)을 섬멸하여야만 하는 것이다. 두번째 문제(미국이 중국과의 전쟁선포)의 심각성이 비록 여전히 존재한다 하나 이때의 형세는 혁명전선과 중국 모두에 유리하게 변할 것이다." 동시에, 중공중앙은 아군이 유리하게 작전을 이끈 후에, 미국과 아국간의 외교담판의 가능성도 예측하였다.

병력 사용면에 있어, 중앙군위中央軍委는 먼저 동북변방군 4개군 12개 사단이 참전한 후에, 7개군 24개 사단을 제2, 제3차 병력으로 작전에 축차(逐次 : 차례로)투입할 것을 결정하였다. 작전지도면에 있어, 아군은 조선에 들어간 후에 먼저 "원산·평양선 이북 산악지역에서 근거지를 형성"한 이후, 이 선의 북쪽과 덕천·영원 선 남부지구에서 2~3선의 방어선을 구축키로 하였다.

제1단계에는 방어전이며 적을 소규모로 섬멸한다. 만약 적이 공격해 오면 방어선 전방에서 적을 분할하여 섬멸한다. 아군의 장비훈련이 완비되어, 공중과 지상 모두 적군에 대해 압도적으로 우세한 조건을 갖춘 후에 조선 동지와 협력하여 반격을 거행, 미 침략군을 섬멸한다.

그 밖에 아국 국방에 대하여서도 진일보한 조치를 취하였다. 전국 방공防空준비위원회를 조직, 국토 방공업무에 박차를 가함으로써 미국의 공군이 아국의 대도시와 공업기지를 폭격하는 것을 막는다. 복건성과 광동성 방향에 4개 군을 배치함으로써 미 해군이나 혹은 대만의 장개석 군대의 아국 연해지역 공격을 방어한다.

동시에 중공중앙은 또한 지시를 내려, 전 당원 및 전국 인민이 정확히 당면 사태를 인식하여 승리에 대한 신념을 확립할 것을 요구했다. 지적하기를, 우리는 비단 출병 참전할 필요가 있을 뿐더러, 또한 반드시 미 제국주의에 승리해야 한다. 미국은 종이호랑이이기 때문에 비록 경제 능력과 무기와 장비가 우세하다 해도, 그 침략 행위가 5대주 전세계 인민의 반대를 받고 있으므로 정치적으로는 고립될 것이다.

군사면에서는 미국 역시 엄중한 약점이 있고, 전선은 길고, 후방은 멀며, 병력은 부족하고 사기 또한 높지 않다. 동맹국인 영국·프랑스 등은 군사강국이 아니며, 일본·서독은 아직 무장되지 않았다. 원자무기는 혼자 갖고 있는 것이 아니므로, 전쟁 승부를 결정할 수 없을 것이다. 최후의 승리는 반드시 중국과 조선 인민에 속한다고 했다. 중공중앙의 이상과 같은 중대한 정책결정은 아군의 전쟁승리를 쟁취하기 위한 견고한 기초를 쌓게 되었다.

10월 8일, 중국인민혁명 군사위원회 주석 모택동은 중국인민지원군 편성에 관한 명령을 다음과 같이 내렸다.

1. 조선인민의 해방전쟁을 원조하고, 미 제국주의 및 그 앞잡이들의 진격을 반대하여 이로써 조선인민·중국인민 및 동방 각국인민의 이익을 보위하기 위해, 동북변방군東北邊防軍을 중국인민지원군으로 개칭하여, 신속히 조선영토로 출동하여 조선동지와 합동으로 침략자들에 대한 작전을 전개하고 영광스러운 승리를 쟁취한다.
2. 중국인민지원군은 제 13병단 및 그 소속의 38·39·40·42군(軍), 변방 포병사령부와 그 소속 포병을 제1·2·8사단을 관할한다. 상술한 각 부대는 준비완료 되는 즉시 출동을 기다린다.
3. 팽덕회 동지를 중국인민지원군 사령원司令員 겸 정치위원에 임명한다.
4. 중국인민지원군은 동북행정구를 총 후방기지로 삼는다. 모든 후방 업무 및 군수軍需 사업이 조선동지를 원조함에 적절하고 유리하게 되도록 동북군구 사령원 겸 정치위원 고강高崗 동지가 그 업무를 지휘하고 책임진다.
5. 중국인민지원군은 조선 영토 내에 들어가 반드시 조선인민·조선 인민군·조선 민주정부·조선노동당(즉 공산당)·기타 민주당파 및 조선인민의 지도자 김일성 동지에 대하여 우애와 존중을 표시하고, 엄격히 군사기율 및 정치기율을 준수한다. 이는 군사임무의 완성을 보증하는 하나의 중요한 정치기초이다.
6. 반드시 당면할 가능성이 있는 또한 필연적으로 만나게 될 각종의 곤란한 상황을 심각하게 예측하고, 고도의 정열·용기·세심과 각고의 인내정신으로 이러한 곤란을 극복할 준비를 한다. 현재의 모든 국제정세와 국내정세는 우리에게 유리하고 침략자에게는 불리하다. 동

지들이 결연하고 용감하며, 조선인민과 단결을 잘하고, 침략자와의 작전을 잘 할 수만 있다면 최후의 승리는 우리들 것이다.

중국인민지원군이 조직된 후 10월 9일과 16일, 심양과 안동에서 군軍이상 간부회의와 사단이상 간부회의를 개최했다. 팽덕회 사령원은 중공중앙과 모택동 주석의 지시에 의거 회의석상에서 상세히 당시의 형세 및 아군의 참전 필요성을 천명하는 동시에 조선 진입작전의 지도방침을 제시했다. 그는 지원군의 당면 임무는 적극적으로 침략자에 대항하는 조선인민을 원조하고, 혁명근거지를 보호 지속시켜, 기회를 보아 적을 소멸할 기지로 삼는 것이라 지적했다. 동시에 말하기를, 적의 기술 장비면의 우세함과 조선의 협소한 지형조건하에서는 아군이 과거 국내 전쟁중에 채택한 거보적 전진·후퇴의 운동전(巨步的 前進·後退의 運動戰)이 조선전장에는 꼭 적합한 것만은 아니어서 아군은 "진지전陣地戰과 운동전의 배합"방침을 채택한다. "적이 공격해오면, 우리는 적을 감당해 내어, 전진하지 못하게 해야 하되, 적의 약점을 발견하면 즉시 신속히 출격, 적의 후방으로 진격하여 적을 소멸한다. 토지를 확보하는 것이 우리의 임무이다. 그러나 더욱 중요한 것은 적의 유생역량有生力量을 소멸하는 것이다." 우리의 전술은 마땅히 영활하여야 하며 일개진지를 사수하거나, 단순한 방어가 아니다. 제일 좋은 것은 적을 능히 소멸하면서 또한 진지를 지킬 수 있는 것이다.

이 밖에 또한 4개 군이 동시에 강을 건너 강계·희천·운산·덕천·맹산지구에서 집결할 계획을 확정했다. 회의 후 지원군 각 부대는 이미 확정된 작전 방침과 임무에 의거 긴장된 전쟁준비에 임했으며, 또한 잇달아 궐기대회를 거행했다. 미제국주의의 침략범죄에 대해 비분강개하고, 투지는 앙양되었으며 결연한 의지를 다음과 같이 표현했다.

"항미원조 전쟁중에 혁명영웅주의정신을 발양하고, 일체의 곤란을 극복하며, 희생을 두려워 말고 용맹히 싸우자. 조선군민과 일치 단결해, 미 침략자를 굴복시키며, 조국을 위해 영광스럽게 투쟁하자."

10월 19일, 적들이 평양·원산 선을 넘어 진격할 때, 지원군 각 부대는 모택동 주석의 명령에 따라 안동·장전하구·집안 등에서 압록강을 건너 조선전장으로 들어갔다. 이로써 팽덕회 사령원의 지휘 하에 중국인민이 부여한 영광된 역사적 사명을 짊어지고 위대한 항미원조전쟁이 시작되었다.

2) '유엔군' 이름의 미군과 중국인민지원군의 정면 충돌

(1) 미군은 9.15 인천상륙, 10.1 38선 넘어, 10.19 평양 점령

중국이 출병을 결정한 데서부터 제1차 전역의 시작까지 중앙군사위와 우리는 전역을 언제 어떻게 치를지 끊임없이 바뀌는 적정을 끝까지 예의 주시했다. 우리는 조선 중부의 허리부분에 방어선 구축을 준비하기 시작했다. 그러나 유엔군이 이렇게 빨리 북쪽으로 밀려들지 생각지 못했다.(戰役은 戰爭과 戰鬪의 중간개념으로 여러 개의 전투, 즉 공세와 수세를 통틀어 일컫는 군사용어이다. 우리는 '중공군 제1차 공세'라고 표현하고 있으나 중국측 용어를 최대한 살린다는 뜻에서 '제1차 전역'이라고 쓴다.)

미군은 9월 15일 인천에 상륙한 뒤 10월 1일 38선을 넘었고 10월 19일 중국군이 압록강을 넘은 것과 동시에 미군은 평양을 점령했다. 20일 미 공수부대 제187여단은 평양 이북에 공중 투하되었다. 맥아더는 비행기로 공중시찰을 하며 "이제 조선의 전쟁은 끝났다"고 큰소리쳤다.(홍학지 저, 홍인표 역 『중국이 본 한국전쟁』 한국학술정보 2008)

유엔군이 빠른 속도로 진공하자 중국군은 끊임없이 계획을 바꿀 수밖에 없었고 움직이면서 상대를 공략하는 유격전을 최종작전으로 결정했다. 그들은 이미 덕천·영변을 지나 구장에 도착했다. 국군 6사단 7연대는 심지어 압록강변의 초산까지 들어왔다. 그들 말로는 "이미 압록강에서 말에게 물을 먹였다"는 것이다.

그들은 각 부대별로 잽싸게 압록강을 향해 줄달음질쳐 왔다. 우리들은 그들이 이렇게 빨리 올라올 줄은 몰랐다. 그러나 그들 또한 중국이 이미 출병해 있다는 사실을 눈치 채지 못했다. 쌍방은 서로를 몰랐던 것이다.

당시 정황은 순식간에 바뀌었다. 부대도 끊임없이 배치를 바꾸어야 했다. 그렇지 않으면 전쟁터의 상황에 적응할 수가 없었다. 이런 상황을 이해해야만 당중앙과 팽덕회 사령관의 지휘가 얼마나 탁월한지를 알 수 있다.

우리가 대유동에 도착한 이후 각 군과 유선전화로는 통화를 할 수가 없었다. 무전기만이 유일한 연락 도구였다. 사령부에서 그다지 멀지 않은 전방에 자리 잡은 40군 118사단만이 유일하게 전화통화가 가능했다.

10월 25일 새벽 2시쯤 병단 사령부 당직전화가 울렸다. 참모장 해패연이 당직을 맡고 있었다. 전화는 118사단에서 걸려온 것이었다. 정면에서 적을 발견했다는 급보였다. 상대를 이렇게 빨리 만나리라고는 예상하지 못했던 해 참모장은 "잘못 본 것 아니야"라고 큰 소리로 말했다. "틀림없었습니다. 확실히 적입니다. 외국말로 떠들어 알아들을 수 없었습니다."

"당신들 위치가 어디야?" "북진~온정 도로상에 있습니다. 북진에서 멀지 않은 곳입니다." "적은 얼마나 되지?" "잘 모르겠습니다." "미군들이야, 국군이야?" "현재로서는 잘 모르겠습니다." "계속 적들을 감시하고 절대로 노출되지 말고 수시로 보고해."

해 참모장은 상황이 상황인지라 내게 연락을 해왔다. 사령부 당직실에서 전화를 기다리려니 전화벨이 울렸다. 118사단 사단장 등악이었다.(등악 1918~2000 : 72년 심양군구 부사령관. 78년 남경군구 부사령관. 전국인민대표대회 해방군 대표)

"나는 홍학지다. 전방의 적들이 미군인가, 국군인가?" 등악이 말했다. "아무래도 국군인 것 같습니다. 우리 정찰대원들이 그들이 조선말을 한다고 보고해 왔습니다. 국군 제6사단병력으로 보입니다."

나는 "국군이라면 그대로 놔두라. 적이 우리 포위망 안으로 들어오면 그때 기습 공격해서 섬멸하라"고 지시했다. 이와 동시에 우리는 운산 북쪽에 투입된 40군 120사단에 전보를 보내 일개 연대 병력으로 운산동 북쪽의 간동·옥녀봉 일대를 점령토록 했다.

25일 오전 9시쯤 40군 120사단으로부터 전보가 들어왔다. 이날 오전 7시쯤 국군 1사단의 선두부대가 탱크 10여 대를 앞세우고 운산~온정 도로를 따라 들어오다 우리 120사단 360연대의 공격을 받아 도주했다는 내용이었다. 이것이 우리가 조선에 들어온 이후 저들과의 첫 번째 접전이 된 셈이다.

25일 정오 등악 사단장이 전화로 기쁜 소식을 알려왔다. "오전 10시 20분쯤 국군 6사단 2연대 선두 1개 대대가 온정에서 북진으로 진격해 오다 우리 118사단 351연대가 353연대와 연합해 풍중동·양수동 일대에 매복해 있다 기습공격을 퍼부었습니다. 상대 대부분을 섬멸했고 수백 명을 생포했는데 그중 3명이 미군 군사고문입니다."

그날 밤 118사단의 주력부대는 온정을 점령해, 이미 초산·고장까지 들어온 제6사단 7연대의 퇴로를 끊었다. 항미원조전쟁의 서막은 이렇게 시작되었다.

(2) 38군의 실책만 빼고 중국지원군 1차 포위·공격전 성공

10월 27일 밤, 대유동 지원군사령부의 가건물에는 기름등불이 밝게 타고 있었다. 팽덕회 사령관·등화·박일우·나·한선초·해패연이 모여 지도를 보면서 긴장된 표정으로 적정연구를 하고 있었다.

26일에도 유엔군은 계속해서 무모하게 북진했다. 국군 6사단 7연대는 중조국경에서 몇 킬로미터 떨어지지 않은 초산을 점령한 뒤 국경지대에 포격을 퍼붓기도 했다. 국군 6

사단의 주력부대는 희천에 이르렀고 1사단은 운산 이북을 넘보고 있었다.

　26일 팽 총사령관은 무모하게 대드는 국군에게 따로따로 타격을 입히기 위해 38군·40군 예하 2개 사단, 42군 125사단을 동원해, 먼저 희천지방을 점령한 국군 6사단 일부와 8사단 2개 연대를 집중 공격키로 했다. 이를 위해 39군을 신속하게 운산 서북쪽으로 보냈다. 국군 1사단의 북진과 희천으로의 지원을 막기 위해서였다. 동시에 66군으로 하여금 그날 저녁 철산·차련관·비현 일대에 집결해, 미 24사단, 영국군 27여단의 서진을 막을 준비태세를 하도록 했다. 동시에 50군의 주력은 안동·신의주 방면으로 보내 후방안전을 꾀하기로 했다.

　팽 사령관은 뒷짐을 지고 뚫어져라 지도를 바라봤다. 지도에는 피아의 병력배치를 나타내는 조그만 깃발이 가득 꽂혀 있었다. 등화가 말했다. "39군 117사단과 40군 일부가 이미 운산 북쪽에 도착해 국군 1사단과 전투에 들어갔습니다. 120사단도 이미 온정 동쪽의 구두동에 이르러 국군 6사단 19연대 소속의 2개 대대와 전투를 개시했습니다. 42군은 황초령에 이르렀습니다. 모두 다 계획대로 진행되고 있습니다. 그런데 38군에 문제가 생겼습니다."

　등화의 보고를 듣고 있던 팽 총사령관의 안색이 흐려졌다. "뭐라고?" 등화의 보고가 계속됐다. "네, 다름이 아니라 38군의 행군속도가 지나치게 느립니다. 목표지점인 희천까지 아직 60여km 떨어져 있습니다. 아무래도 희천 일대에 반격을 가하기에는 어려움이 있을 것 같습니다." 팽 총사령관은 버럭 소리를 질렀다. "양흥초(38군단장), 이 자가 제 정신이 아냐. 이번 공세에서 가장 중요한 임무를 맡은 자가 공격목표 지점에도 가지 못했다니. 뭘 그렇게도 꾸물대고 있어?"

　팽 총사령관은 머리끝까지 화가 치민 듯했다. 잠시 작전상황실에는 무거운 침묵이 흘렀다. 이때 참모장 해패연이 침묵을 깨뜨리며 적정 보고를 했다. "국군은 동·남·서남 방향 등 3방향에서 온정으로 몰려들고 있습니다. 온정에 있는 우리 부대를 협공하려는 듯합니다. 또 희천에 있던 상대의 주력은 이미 철수한 것 같습니다."

　팽 총사령관은 "이를 어쩌면 좋은가. 영 무슨 다른 방도가 없나. 그물에 다 잡아넣은 대어를 놓치다니, 이럴 수가…"라며 말을 잇지 못했다.

　이때다 싶어 내가 건의했다. "사령관 동지, 원래 계획을 바꾸는 게 좋을 듯합니다. 먼저 희천의 상대를 공격하는 계획은 포기하는 게 좋겠습니다. 따라서 초산 쪽에 있는 40군 주력을 동원해 온정으로 몰려드는 국군을 격퇴했으면 합니다. 40군 일부는 국군 6사단 7연대를 완전히 포위한 다음 희천·운산에 있는 상대 6, 7개 연대가 지원해 올 기다렸다가 38·30·40군을 집중시켜 운산 북쪽에서 한꺼번에 밀어붙였으면 합니다."

곁에 있던 등화와 한선초가 거들었다. "지금 상황에서는 홍 동지가 건의한 작전계획이 최상이라고 생각됩니다." 팽 총사령관도 머리를 끄덕이며 단호하게 말했다. "좋다. 그렇게 하지. 즉각 각 군·사단에 전보를 쳐서 이 사실을 알려라."

10월 28일 오후 지원군사령부의 수뇌부들은 계속해서 작전상황을 검토하면서 작전계획을 짜느라 부산하게 움직였다.

먼저 등화가 보고했다. "상대와 아군이 대치한지 하루가 지났습니다. 오늘에서야 국군 8사단 10연대의 2개 대대가 희천에서 온정 쪽으로 지원하러 왔습니다. 그러나 국군 8사단의 주력은 여전히 희천·구장에 있으며 1사단도 운산 북쪽에 머물러 있습니다. 상대를 모두 북쪽으로 유인하려는 우리의 작전은 제대로 실현되기가 어려울 것 같습니다."

해패연이 이어 보고했다. "초산에 있던 국군 6사단 7연대는 더 이상 공격할 생각을 않고 고장 남쪽으로 물러갔습니다. 그러나 미군 24사단, 영국군 27여단은 여전히 서쪽으로 몰려와 각각 태천 동남쪽과 정주 서쪽으로 진격해 오고 있다는 보고입니다."

이때 비서가 들어와 "사령관 동지, 모 주석의 전보입니다"며 전보를 내밀었다. 팽 총사령관은 잠시 전보를 훑어보더니 우리에게 내용을 전했다. "모 주석의 말씀으로는 이번 공세의 관건은 고장·초산에 있는 국군 6사단 7연대를 확실히 붙잡아 도망치지 못하게 해야 한다는 거야. 그러면 국군 1·6·8사단이 증원을 반드시 할 것이며 우리가 싸워 이길 수 있다는 거지. 두 번째는 3개 군을 분산하지 말고 한꺼번에 집중시켜 전역 전개를 해나가면 공격 시 효과를 발휘하고 적을 섬멸하는 것이 수월하다는 거야."

팽 총사령관은 모 주석의 지시내용을 우리에게 전해 준 다음 잠시 작전구상에 잠겼다. 이윽고 결심이 선 듯 우리에게 지시했다. "40군의 주력은 온정으로 향하는 상대를 신속히 물리친 뒤 남하할 것, 40군 118사단은 50군 148사단과 합동해 고장에 있는 국군 6사단 7연대를 물리칠 것, 39군 115사단은 태천~구성 간의 도로를 점령해 미 24사단의 북진을 차단하고 병력을 집중해 운산의 국군 1사단을 포위한 뒤 공격 기회를 노릴 것, 38군은 신속하게 희천을 점령한 뒤 구장·군우리 쪽으로 돌격할 것, 동시에 66군은 구성으로 전진해 미 24사단의 북진을 저지할 것, 이상. 다른 의견이 없으면 즉각 시행하라."

28일 밤 아군은 작전계획대로 착착 움직였다. 40군 주력은 그날 밤 온정으로 향하던 국군을 공격해 29일 아침까지 치열한 공방전 끝에 국군 6사단 2개 대대와 8사단 2개 대대 등 4개 대대의 저항을 물리치고 남진했다.

29일 오후 39군은 운산에 있던 국군 1사단을 동북·서남쪽 등 3면에서 포위하고 매복한 채 상대의 증원군이 도착하기만을 기다리고 있었다. 66군은 구성 쪽으로 계속 이

동해 미 24사단의 진격을 가로막을 태세를 완료했다.

29일 자정 40군 118사단장 등악이 희소식을 전해 왔다. "오늘밤 우리 사단은 고장에 있던 국군 6사단 7연대를 기습해서 커다란 피해를 가하고 고장을 점령했음."

그렇지 않아도 작전준비가 착착 진행됨으로써 화기애애하던 상황실 분위기가 아연 축제 분위기로 변했다. 이틀 새 118사단이 거둔 2차례의 대승은 제1차 공세의 추이를 초조하게 지켜보던 우리 수뇌부 지휘관들로서는 더할 나위없는 승전보였다. 그들을 표창하기 위해 팽 총사령관은 즉시 팽덕회·등화·홍학지·한선초·해패연·두평 동지의 명의로 그들에게 '축전'을 보내도록 지시했다.

그러나 호사다마라고나 할까. 예상했던 대로 양홍초가 이끄는 38군이 문제였다. 강계를 거쳐 희천에 도착해, 국군 6사단과 8사단의 퇴로를 끊어야 하는 중대한 임무를 맡은 38군은 북조선 임시수도인 강계로 후퇴하는 조선인민군병사와 피난민들의 봇물 터지는 듯한 행렬과 맞닥뜨려 병력 이동을 제대로 진행시키지 못했다.

더욱이 희천으로 진입하는 길은 왼쪽에는 묘향산맥이 버티어 있고 오른쪽은 청천강이 흐르고 있어 우회할 만한 길도 없었다. 철도와 나란히 달리는 유일한 이 길에 우마차를 끌고 강계로 밀려오는 피난민 대열의 아수라장 속에 거꾸로 끼어든 38군은 아무리 서둘려 봤자 진창 속에서 허우적대는 꼴이었다.

이 같은 사정을 알게 된 지원군사령부는 전군의 트럭이나 지프 등 동원할 수 있는 거의 모든 차량을 38군으로 보내 기동력을 살리려 했다. 그러나 이 지원이 38군을 더욱 옭아매는 결과가 됐다. 길을 가득히 메운 피난민행렬 속에서 트럭을 타고 거슬러 올라가는 것처럼 무모한 일은 없었던 것이다. 아무리 경적을 울려봤자 길을 재촉하는 피난민들에게는 '쇠귀에 경 읽기'였다. 마음은 급하고 금쪽같은 시간만 흘러갔다.

설상가상으로 피난민들의 늪 속에서 헤매던 38군 지휘부와 군 예하 112사단 지휘부는 때맞춰 찾아온 적기 공습을 당해 막대한 인명피해를 보았을 뿐만 아니라 대피하느라 많은 시간을 허비했다.

30일 아침 팽 총사령관과 우리는 작전상황실에서 초조하게 각 군으로부터, 특히 38군으로부터의 소식을 기다리고 있었다. 드디어 38군으로부터 전보가 날아들었다. 허겁지겁 전보를 펼쳐드니 예상대로 불길한 소식이었다.

"본군 113사단 28일 희천에 도착했으나 시간을 지체하는 바람에 29일 저녁 무렵에야 공격을 개시했음. 희천을 점령했을 때 그곳에 있던 국군 8사단은 이미 남쪽으로 도망쳤음. 상대에게 타격을 입힐 수 있는 좋은 기회를 놓친 것으로 판단됨."

이 전보를 보고 나자 팽 총사령관은 불같이 노했다. 그만큼 38군이 맡은 임무가 막중했던 탓이리라. "양흥초, 양흥초 이 자가 그렇게 좋은 기회를 놓치다니. 결코 용서할 수 없다. 군법회의에 당장 회부해. 큰 잘못을 저지른 대가를 톡톡히 치러야지. 이것 봐. 지금 당장 38군에 전보를 쳐. '희천에서 꾸물대지 말고 즉각 구장·군우리 방향으로 진격해 상대의 퇴로를 끊으라'고 말이야."

(3) 운산전투, 병력수 우위 중국군, 미군 포위·공격·대파

11월 1일 오전, 대유동 지원군사령부 작전상황실. 조선에서의 첫 공세를 준비하고 있는 터라 팽팽한 긴장감이 감돌고 있었다. 전선의 각 부대로부터 들어오는 무전소리가 긴박감을 더해 주었다. 팽 사령관과 우리는 머리를 맞대고 앞으로의 작전에 대해 궁리를 거듭했다.

이번 작전에서 38군의 임무는 막중했다. 38군이 예정대로 희천을 장악해 상대의 퇴로를 끊었더라면 39·40군과 함께 3개 군의 대병력으로 국군 6·7·8, 3개 사단에 커다란 타격을 가할 수 있었기 때문이다. 그런데 양흥초가 이끄는 38군은 유감스럽게도 희천을 제시간에 장악하지 못했다.

하는 수 없이 운산에 있는 국군 1사단을 치기로 했다. 그리고 38군은 희천에서 계속 남하해 청천강 쪽의 퇴로를 끊게 했다. 40군 118사단이 10월 25일 양수동에서 첫 승리를 거둔 이후 우리는 39군을 운산으로 보내 국군 1사단을 포위해 그들의 동향을 예의 주시했다. 그리고 때를 기다리도록 했다. 어설프게 서두르다가는 낌새를 알아차리고 후퇴를 하면 만사가 도로 허사가 되기 때문이었다.

이것이 당시 우리로서는 최선의 선택이었다. 다행스러웠던 것은 국군 16사단의 상당수와 8사단의 2개 연대가 우리로부터 큰 타격을 입었음에도 불구하고 유엔군사령부 측은 중국군 대규모 병력이 조선에 들어온 사실을 제대로 알지 못하는 눈치였다. 유엔군은 우리를 발견하기는 했지만 '상징적'으로 출병했을 뿐 이같이 대규모로 몰려왔다는 사실을 몰랐던 모양이다.

따라서 유엔군은 전 조선을 점령하겠다는 의도를 버리지 않고 계속 북진을 시도했던 것이다. 10월 31일 미 24사단, 영 27여단이 각각 구성과 선천에 도착했다. 미 1군단 1기병사단도 평양에서 용산에 도착해 국군 1사단을 지원했다. 우리가 군우리에서 협공하는 것을 피하기 위해 국군 8사단은 구장으로 물러나 방어에 임했다. 국군 7사단은 동쪽의 구장과 덕천으로 이동했고 국군 1사단은 영변과 그 동쪽 일대로 물러났다. 측면을 보강하기 위해서였다. 미 9군단 예하 2사단은 평양에서 북쪽의 안주로 이동하기 시작했다. 미 8군의 예비대 역할을 위해서였다.

이때 서부전선의 적군은 비록 병력배치를 재조정했다 하더라도 병력은 여전히 분산된 상태였다. 더구나 아군에 대한 상황을 제대로 알지 못했다. 이에 비해 아군은 적군의 병력과 부대배치에 대해 기본적인 파악이 끝난 상태였다. 유엔군과 국군은 청천강 이북에 5만여 명의 병력이 분산되어 있었다. 이에 반해 지원군은 10~12개 사단, 즉 12만~15만 명의 병력을 투입할 수 있어 그들보다 2, 3배에 가까운 인원상의 우위를 보였다. 기본 작전은 적의 측면을 돌아치는 우회작전에다 병력 수의 우세를 이용한 정면 돌파를 동시에 펼치기로 했다.

우리는, 비교적 장비가 열세이며 신참병들이 많아 전력이 떨어지는 것으로 알려진 국군 제8·제7·제1사단을 먼저 공략한 뒤 여세를 몰아 미군과 영국군을 치기로 했다. 펑 총사령관은 이러한 생각을 모 주석에게 보고했다. 모 주석은 즉시 답전을 보내와 동의의 뜻을 나타내면서 보다 확실한 작전을 지시 했다. "이번 공세에서 가장 중요한 점은 퇴로를 끊는 일이다. 우선 38군 병력과 42군 1개 사단은 청천강 퇴로를 철저히 끊어야 한다. 그리고 그 밖의 군·사단은 각 부대가 맡은 상대의 측면과 후방에 깊숙이 따고 들어간 뒤 각개 격파를 해야 한다. 그렇게 되면 승리는 우리 것이다."

이에 따라 우리는 다음과 같이 병력 배치를 했다. 38군은 신속하게 구장의 상대를 공략한 뒤 청천강 왼쪽의 원리·군우리·신안주 방면으로 돌격해 상대의 퇴로를 끊는다. 42군 125사단은 덕천 방향으로 돌격해 덕천을 점령한 뒤 동쪽과 남쪽에서 도와주러 오는 상대를 막아 아군의 측면 안전을 확보한다. 40군은 정면의 상대를 신속히 돌파한다. 1일 밤, 일부 병력이 상구동 일대에서 운산의 상대가 도망가는 것을 막는 외에 주력은 영변의 국군 1사단을 포위해 섬멸할 기회를 엿본다. 그다음 서남쪽으로 돌격한다.

39군은 1일 밤 운산의 상대를 공격 섬멸한 뒤 용산동 일대로 돌격한다. 40군이 미 기병 1사단을 섬멸하는데 합세한다. 66군은 일부 병력을 구성 서쪽에서 미 24사단을 감제시키면서 주력은 사정을 봐서 상대의 측후로 돌격, 섬멸한다. 50군 주력은 신의주 동남쪽 차련동 일대로 진격해 들어가 영국군 27여단을 공략 할 준비를 갖춘다.

50년 11월 1일 저녁, 중국인민지원군 소속의 각 부대가 일제히 포문을 열었다. 바야흐로 조선전쟁에서의 중국인민지원군의 제1차 전역이 본격적으로 시작된 것이다.

이에 앞서 39군은 이날 오후 5시 운산을 공격했다. 39군은 당초 오후 7시 30분 운산을 공격할 예정이었으나 최전방에 나선 척후병들이 이날 오후 1시 50분 운산에 있던 국군 1사단 12연대가 퇴각하려는 움직임이 있다고 보고했다. 사실은 철군이 아니라 국군 대신 미 기병 1사단 8연대가 임무를 교대해 운산에 들어오려던 참이었다.

당시 미 8군 사령관 워커 중장은 중국군이 국군 전면에서만 나타난다는 사실에 주목하고 어쩌면 국군 내부에서 문제가 발생한 것이 아닌가 하는 의구심마저 가졌다. 워커 중장은 중국군의 존재를 미군이 직접 확인해야 한다는 생각을 가졌다. 그래서 미 8군 예하 1기병 사단 8연대를 국군 1사단이 진주하고 있는 운산에 들여보내던 중이었다.

아무튼 우리는 운산의 상대가 국군에서 미군으로 바뀐 줄 모르고 8개 보병연대(2개 포병단과 1개 포병대대, 고사포 1개 연대 배속)를 동원해 공격시간을 앞당겨 오후 5시에 공격을 개시토록 했다. 그날 밤 달은 늦게 떴으나 하늘은 맑았고 하현달이 전장을 비추고 있어 공격하기에는 안성맞춤이었다. 우리 병사들은 기습작전을 펴듯 접근해 소총을 난사하고 수류탄을 던져 미군의 허를 찔렀다. '천하무적'이라는 별명을 가진 미 1기병사단치고는 너무 무력했다. 39군은 이튿날 새벽까지 공격을 한 끝에 운산을 점령해 탱크와 트럭 등 70여 대를 노획하는 전과를 올렸다.

39군은 여세를 몰아 운산 남쪽의 남면교에 자리 잡은 8연대 직할대와 3대대의 퇴로를 막고 그들을 완전 포위했다. 물론 미군은 1기병사단 예비부대인 5기병연대를 동원하고 폭격기와 탱크의 지원을 받으며 포위망을 뚫으려 했다. 그러나 우리들의 포위망이 워낙 탄탄해 허사였다.

운산 주변의 산들은 우리 병사들이 지른 불로 연기가 자욱했다. 우리의 예상대로 폭격기의 공습이나 탱크의 포격은 목표를 알 수 없는 '장님폭격'이 돼버려 별다른 효과를 거두지 못했다. 또 지원 병력인 5기병연대가 달려들려고 하면 기관총과 박격포를 퍼부어 제지했다. 결국 2일 오후 3시, 미 1군단장 밀번 소장은 1기병사단장 게이 소장에게 즉시 신안주로 퇴각할 것을 명령했다.

이때쯤은 우리 38군이 청천강 남쪽 기슭을 따라 서쪽으로 진격을 개시해 원리로부터 군우리에 압력을 가하고 있었던 것이다. 아무튼 미 1기병사단이 더 이상의 지원을 포기하고 철수하자 3일 밤 대대본부 뒷산에 원형진지를 구축하고 저항하던 미 8기병연대 3대대는 완전히 붕괴됐으며 대대의 잔병 약 2백 명은 대대장 아몬드 소령 등 2백50여 명의 부상자를 남겨두고 필사의 탈출을 기도했으나 아군에 포로로 잡히거나 전사했다.

이와 동시에 아군 115사단 343연대는 박천에서 운산의 8기병연대를 지원하러 온 제5기병연대를 운산 남쪽에서 물리쳤다. 우리는 이 전투에서 5기병연대장 존슨 중령을 전사케 하는 전과를 올렸다.

39군이 운산에서 거둔 대승은 각별한 의미를 지니는 것이었다. 국군을 상대로 하려다가 얼떨결에 마주친 미군이었지만 우리 병사들은 강인한 정신력과 탁월한 전투력을 발휘해 대승을 거두었기 때문이다. 특히 미군에서 최정예부대로 손꼽히는 미 1기병사단의 콧대를 꺾은 것이 무엇보다 흥분되는 일이었다.

11월 2일 오후 6시, 38군은 원리를 점령해 상대의 오른쪽 측면을 위협했다. 이날 40군이 상구동·고성동·묵시동을 잇는 선에서 저지돼 영변의 상대를 포위할 수 없었다. 이와 동시에 66군도 제때 상대의 철수를 발견하지 못했다. 뒤늦게 발견했을 때도 주력이 상대의 후방을 파고들어 퇴로를 끊지 못했다. 미 24사단을 그대로 놓치고 말았다.

한편 이날 오후 7시, 모 주석은 전보로 지시를 내렸다. "38군 전부를 동원해 안주·군우리·구장 확보에 중점을 둘 것. 특히 군우리에 중점을 두고 야전공사로 진지구축에 힘쓸 것. 그래야만 청천강 남북 상대의 연결고리를 끊을 수 있음. 그다음 평양서 오는 미 2사단의 지원부대와 국군 6·7·8사단의 잔여병력을 공격할 것. 그리고 최대한 아군은 평양 부근까지 진출해야 전략상 큰 승리를 거둘 수 있음."

2일 22시, 모 주석은 또 우리에게 전보를 보내 지시했다. "이번 전역의 핵심적인 관건은 우리 38군 전 병력이 신속하게 움직여 군우리·개천·안주·신안주 일대를 점령하는 데 있음. 그래야 남북에 있는 상대의 연결고리를 끊고 북진하는 미군 2사단을 확실하게 소멸할 수 있음. 이것이야말로 가장 필수적이다."

11월 3일 새벽, 미 1군단은 전 전선에 걸쳐 철수를 단행했다. 개천·신안주를 우리에게 뺏겨 퇴로가 끊어질 것을 우려했기 때문이다. 국군 2군단 예하 8사단과 7사단은 원리로부터 군우리 동남쪽 비호산으로 퇴각했고 군우리에는 미 24사단 5연대, 비호산 남쪽의 개천에는 미 2기사단 9연대가 배치되었다.

국군 1사단도 그날 저녁 무렵 영변 부근에서, 미 24사단 19연대 1·2·3대대는 청천강 북쪽 기슭을 따라 남하해 구룡강 도하점·안주교·신안주교를 지키는 형태로 포진했다.

상대가 철수를 개시했다는 정보를 입수한 뒤 펑 총사령관은 3일 오전 나와 등화·한선초·해패연 동지와 함께 연구를 거듭한 끝에 각 군에 명령했다. "즉각 모든 방법을 강구해 신속하게 적을 붙잡을 것. 절대 도망가게 해서는 안 된다." 특히 "상대를 따라잡아 각개 격파를 해야 승리를 거둘 수 있다"고 강조했다. 동시에 38군에게는 "신속하게 군우리·안주·신안주를 향해 전진 공격해 신안주에서 숙천 후방으로 통하는 상대의 연결고리를 끊을 것"을 지시했다.

그러나 상대는 기계화행군이고 우리는 도보행군이어서 우리보다 훨씬 빨리 달아났다.

3일 황혼 무렵에 이르러 서부전선의 상대는 일부 병력이 청천강 북안의 교두보를 지키면서 남아 있을 뿐 나머지 주력은 전부 청천강 이남으로 철수했으며 신안주와 개천을 잇는 선에서 강을 면한 유리한 진지를 점령하고 있었다.

11월 4일 청천강 일대는 종일 눈발이 섞인 찬바람이 휘몰아쳤다. 아군은 비호산의 북쪽 기슭에서 공격의 고삐를 늦추지 않았다. 비호산은 해발 6백22m로, 정상에서는 군우리 뿐 아니라 동쪽의 덕천, 남쪽의 순천까지 내려다볼 수 있는 요충지이다. 더욱이 이곳을 빼앗으면 미 8군의 오른쪽 측면을 위협할 수 있는 기회를 맞게 된다.

아군은 국군 7사단 3연대를 정면 돌파하고 군우리에 있던 미 24사단 5연대를 급습해 비호산 정상을 빼앗는 듯했다. 그러나 궂은 날씨를 무릅쓰고 출격한 미 공군전투기의 공습으로 상당한 피해가 발생해 비호산 정상 공격은 일단 실패로 끝났다.

5일 펑 사령관과 우리는 연구를 거듭한 끝에 더 이상 상대를 공격할 기회는 사라졌다는데 의견의 일치를 보았다. 더욱이 병사들이 휴대한 식량과 탄약이 바닥나 버렸다. 힘을 재충전할 기회가 필요했던 것이다.

(4) 중국지원군의 1차 전역, 미군의 북부 완전 점령 막아

우리가 1차 전역을 이 정도 선에서 그친 데는 다음과 같은 사정이 고려됐다. 이번 공세에서 우리가 타격을 입힌 상대는 그다지 많은 병력이 아닌 것으로 판단됐다. 따라서 상대가 잠시 휴식을 취한 뒤 병력을 재편성해 우리에게 보다 강력한 반격을 꾀할 가능성이 있다는 점을 염두에 두었다. 더욱 중요한 이유로는 아군의 '실체'를 그들이 제대로 파악하지 못하고 있으며 우리가 이를 역이용하면 다음의 대반격에서도 또 다시 승리할 수 있다는 점이었다.

이러한 여러 사정을 고려한 끝에 아군 지휘부에서는 이번 공세에서 얻은 전쟁의 주도권을 유지한다는 전제 아래 11월 5일 각 군에 공격 중지를 명령했다. 이후 서부전선에서 아군은 일부병력으로 적을 감시하는 것을 제외하고는 주력을 비현·구정·태천·운산과 구장 북쪽에 집결시킨 뒤 병사들에게 탄약과 식량을 보충해줬다.

이쯤 해서 시기적으로는 좀 거슬러 올라가는 느낌은 있지만 동부전선으로 눈을 돌려보기로 한다.

서부전선에서 국군·유엔군 주력이 중조국경을 향해 몰려드는 것과 동시에 동부전선에서도 그들은 북조선의 임시수도인 강계와 두만강 쪽을 향해 물밀듯이 밀고 올라왔다.

10월 25일 국군 수도사단의 주력이 상통리·신흥을 잇는 선까지 진출했고 기타 병력은 동해안 철도를 따라 북상해 단천을 점령했다.

중국군 42군 주력은 동부전선에서 그들의 진격을 저지하라는 임무를 받았다. 임무수행을 위해 부군단장 호계성이 2개 사단을 이끌고 예정된 지점으로 향했다.(호계성 1915~. 저자 홍학지와 동향. 제4야전군 42군 126사단장) 24일과 25일에 걸쳐 20여 대의 차량으로 2개 대대 병력을 먼저 수송해 황초령과 부전령 2곳의 요충지를 점령했다.

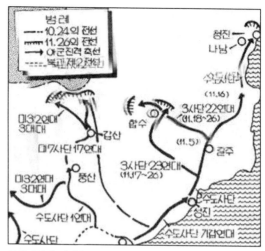

동부전선의 진격(1950.10.24.~11.26). 국군·미군의 함경남북도 진격(홍학지 저, 홍인표 역『중국이 본 한국전쟁』한국학술정보 2008)

또 황초령 남쪽의 연대봉을 차지했다. 인민군을 대신해 방어하는 것과 동시에 우리 주력이 전진하는 것을 엄호토록 했다.

호계성을 비롯한 군 지휘관들이 병사들을 독려하러 아우리 부근을 지날 때였다. 우연히 소련 군사고문단 몇 명과 마주치게 됐다. 그들이 먼저 우리 42군 지휘관들에게 말을 건네 왔다.

"수고 많으십니다. 어디로 가는 길이오." "황초령 일대 병력 배치가 제대로 돼 있는지 살펴보러 갑니다." "그런데 중국에서 대규모 병력이 조선전쟁에 참전하러 왔다는 얘기는 들었습니다만 제대로 장비나 갖추었는지 궁금합니다."

"글쎄요, 보시다시피 변변치는 않습니다." "그렇다면 중국에는 전투기가 있기는 있습니까?" "전투기는 한 대도 없습니다." "그러면 우리의 T34와 같은 탱크는 몇 대 있습니까?" "전혀 없습니다. 중대마다 박격포 정도가 있을 뿐 대포도 거의 없습니다. 그저 소총 정도의 개인화기와 수류탄 정도 갖추고 있습니다." "그렇군요."

호계성은 나중에 나를 만난 자리에서 이같이 전하면서 소련 군사고문단들의 표정은 우리가 열세한 장비를 가지고서도 과연 현대화된 장비를 갖춘 미군과 제대로 싸울 수 있을까 하는 의구심이 역력했다는 것이었다.

26일 미 10군단 소속의 해병 1사단이 원산에 상륙해 함흥과 장진을 돌아 강계에 가려고 했다. 국군 3사단 주력은 원산에서 함흥으로 향했고 26연대는 상하 통리에 도착해 국군 수도사단에 이어 북진해 왔다. 국군 수도사단은 동쪽으로 옮겨 부전령·풍산·성진 쪽으로 진격해 왔다.

27일 우리도 42군 주력을 투입했다. 124사단을 황초령 남쪽의 초방령에 배치했고 1개 대대를 소백산에 보내 국군이 우회해 강계로 가는 것을 막고 그들의 동서전선의 연결을 끊으려 했다. 동시에 126사단 일부를 부전령에 배치해서 상대의 북진을 막게 했다.

그날 그들과 우리 42군은 치열한 전투를 벌였다. 국군 수도사단·3사단과 미 해병 1사단은

10월 25일 지원군 40군 118사단이 국군 제6사단을 기습 공격한 것이 첫 번째 전투였다. 11월 8일까지 계속된 제1차 전역에서 정예인 제38군이 기대했던 희천을 제때 점령하지 못했다.(홍학지 저, 홍인표 역 『중국이 본 한국전쟁』 한국학술정보 2008)

엄청난 화력으로 우리의 진지에 맹공을 가했다. 아군은 포병의 지원과 인민군의 분투에 힘입어 밤낮을 가리지 않고 며칠간의 격전 끝에 그들의 공격을 무력화시키는데 성공했다.

11월 6일 밤 아군의 서부전선 반격작전이 이미 끝났고 42군 주력이 방어 작전 임무를 완성하자 우리 지원군사령부는 11월 7일 아침 42군 주력을 황초령진지에서 철수시켜 유담리로 보내 전투 준비를 하도록 했다.

서부전선과 동부전선에 걸친 이번 공세는 우리가 조선에 들어와 치른 첫 번째 전역이었다. 제1차 전역은 조선전황이 크게 위태로워 아군이 서둘러 조선에 들어온 상황에서 교전에 들어간 것이다. 아군과 적군이 첫 번째로 부딪친 전투였다. 모 주석과 중앙군사위·팽 총사령관의 뛰어난 지시를 받으며 아군은 전략전역상의 돌발 사태를 맞아 전장의 실제 상황에 근거해 끊임없이 작전형태와 계획을 바꾸었던 것이다. 여기에다 전체 지휘관과 병사들이 영웅적인 전투를 벌이면서 근접전·야간전의 특징을 살려 6사단에 대해 괴멸에 가까운 타격을 입혔으며 국군 1사단·8사단과 미 기병 1사단에 타격을 입혔다.

이번 전역에서 모두 상대 병력 1만 5천여 명을 살상했다. 미친 듯이 밀어붙이던 상대

를 압록강변에서 곧장 청천강 남쪽으로 밀어내 추수감사절 전에 전 조선을 섬멸하겠다는 상대의 기도를 분쇄했다. 지원군은 초전의 승리를 거두어 조선의 전쟁 상황을 처음 안정시킨 셈이다.

1차 전역이 끝난 뒤 훗날을 위해 우리는 포로로 잡은 1천여 명을 간단히 교육시킨 뒤 곧바로 풀어주었다.

(5) 공중폭격과 함께 신나게 북진하던 미군을 포위 공격·대파

당시 유엔군의 무질서한 전진은 군지휘부와 전투병들 사이에 급속히 번진 전쟁 결과에 대한 낙관론과 그에 조응한 맥아더의 성급한 명령 때문이었다. 10월 24일 맥아더는 서부전선의 미 제8군사령관과 동부전선의 미 제10군단장에게 전 병력을 투입하여 최고속도로 진격하라는 새로운 명령을 하달했다. 모든 유엔군 부대들은 성과 달성을 위해 마치 국경선까지 경주대회라도 하듯 정신없이 전진하면서 적에게 자신의 취약점을 고스란히 노출시켰다. 중국군은 이렇듯 고립된 상태로 접근해 오는 유엔군 부대들을 개별적으로 철저히 '각개격파'해나갔다. 1950년 10월 말부터 11월 초까지 중국군을 만난 미군과 한국군은 여지없이 그 병력의 상당수를 잃었다.

11월 1일 저녁, 중국군이 평안북도 운산지역의 한국군과 미군을 공격하며 중국군 제1차 전역이 본격적으로 시작되었다. 당시 운산에 위치했던 한국군 제1사단과 미 제8기병연대는 언론을 통해 부대원 전원이 괴멸되었다는 보도가 나올 정도로 막심한 피해를 입었다. 당시 제1사단장이었던 백선엽은 운산전투에서 530여 명의 한국군 병력이 전사하거나 실종되었다고 회고했다.(백선엽 『군과 나』 대륙출판사 1989)

미 제8기병연대 또한 2400명의 병력 가운데 800명의 사상자가 발생했다. 그중 제3대대는 개전 초기 800명이던 병력 중 200명 정도만 살아남았다. 이는 한국전쟁에서 미군이 당시까지 겪었던 패배 중 명백히 최대 규모였다. 온정리와 희천 일대에서도 한국군과 미군은 중국군에게 철저히 압도되었고, 10월 26일 압록강변에 태극기를 꽂았던 한국군 제6사단 7연대 또한 초산지역 철수과정에서 연대 병력 총 3552명 가운데 875명만이 사선을 넘어 집결 할 수 있었다.(국방군사연구소 『한국전쟁. 중』 1996, 109~117쪽)

11월 5일 중국군은 그들의 소위 제1차 전역의 중지를 선언했다. 그들은 이번 공세에서 얻은 전쟁의 주도권을 유지한다는 전제 아래 힘을 재충전할 기회를 확보하고자 했다. 중국군은 한국군 제6사단에 괴멸에 가까운 타격을 입혔고, 한국군 제1사단과 제8사단,

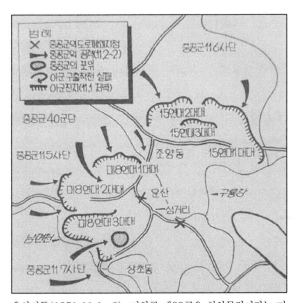

운산전투(1951.11.1~2). 지원군 제39군은 천하무적이라는 미 제1기병사단을 운산에서 만나 측후를 치고 들어가는 기습공격을 성공시켜 큰 승리를 거두었다.(홍학지의 책)

미 기병 제1사단에 커다란 피해를 입혀 총 1만5000여 명의 병력을 살상한 것으로 자평했다. 이 숫자는 상당히 과장된 것이었지만, 중국군의 압도적 승리는 명백한 사실이었다. 그리고 이 같은 사실은 전쟁승리에 들떠 있던 유엔군사령부에 큰 충격을 주었다. 11월 5일, 맥아더는 약 한달 전 웨이크섬에서 트루먼에게 건넸던 약속을 떠올릴 수밖에 없었다. 그것은 중국군이 참전하여 평양을 향해 남진할 경우 미 공군력을 동원해 벌이기로 한 "최악의 대량학살"이었다.

◎ 국군과 미군이 압록강 부근에서 중국지원군을 만나 벌인 전투들

(노병천 『이것이 한국전쟁이다』 21세기 군사연구소 2000년)

① 온정리 전투(1950.10.25~28)

○**중공군 출현** : 온정리 전투는 국군과 유엔군이 한·만국경선을 향하여 진격작전을 전개하고 있을 때 국군 제6사단 2연대가 압록강 연안의 벽동을 목표로 전진하던 중, 온정리 북방의 동림산 일대에서 중공 제40군의 반격을 받아 국군 제6사단 2연대와 19연대 그리고 제8사단 10연대가 온정리 일대에서 이들 중공군과 4일 동안 대결하게 된 방어전투이다. 중공은 1949년 10월 1일 정식으로 공산주의국가로 출범하였고 소련의 힘을 뒤에 업고 한국전에 참전하게 되었다.

유엔군이 38선을 돌파하자 중공 제3야전군과 제4야전군은 봉천 일대에서 출발하여 1950년 10월 19일부터 압록강을 넘기 시작하였는데, 온정리에서 국군 제6사단과 처음으로 조우하게 되는 부대는 제4야전군 예하 40군 병력들이었다. 중공군의 전법은 모택동의 전법에 따라 악천후, 험한 지형을 이용하여 교묘하게 상대방에게 파고 들어가 기습적으로 일익이나 양익을 공격하는 방식이어서, 이러한 전법에 익숙하지 못한 국군과 유엔군에게 예상을 뒤엎는 타격을 가하는 것이었다.

○ **청천강 철수** : 최초에 국군 제6사단 2연대가 양수동 일대에서 중공군의 기습공격을 받고 온정리로 밀리게 되자 희천에 위치한 제6사단 19연대와 제8사단 10연대가 증원차 출동하여 2연대를 구출하고 이들 중공군을 격퇴하려 하였으나, 오히려 중공군 3개 사단의 공격에 봉착하여 치명적인 타격을 받고 방어에도 실패한 채 청천강 북안으로 철수하게 되었다. 중공 제40군은 10월 26일 온정리를 점령한 후에 그 여세를 몰아 계속 남하하여 희천에서 중공 제38군과 합류하고, 개천에서 제39군과 합류함으로써 국군 제2군단 전체에게 압력을 가하였다

이 전투로 국군은 중공군이 한국전쟁에 참전하였다는 사실을 최초로 확인하게 되었으며, 전 전선이 평균 약 30마일 뒤로 물러서게 되었다. 이후 중공군은 유엔군이 동·서로 벌어진 간격을 교묘히 이용하면서 유엔군에게 압박을 가하였다

② **초산 전투(1950.10.26)**

○ **초산으로** : 초산 전투는 한·만국경선으로 향한 진격작전이 개시된 후, 국군 제6사단 7연대가 희천으로부터 초산으로 전진하던 중, 초산천 연변에서 인민군 소속의 혼성 부대를 격퇴하고 압록강 연안의 초산을 탈환한 공격전투이다.

맥아더 원수는 유엔군의 선두부대가 청천강을 넘어서자 10월 24일 드디어 북진한계선을 없애고 전 부대에 대하여 일제히 북으로의 진격을 명령하였다. 그러나 당초 원산지역으로 상륙한 미 제10군단과 서부전선의 미 제8군이 서로 연결하기로 계획하였던 것이 취소됨에 따라 북으로 올라갈수록 양부대간의 간격은 50마일 이상으로 벌어졌고 이리하여 통신연락이 곤란해지고 협조가 어려워졌다.

만약 공산군이 이 간격을 통하여 들어온다면 유엔군은 후방이 위험한 상황이었다. 이러한 전략적인 불리함과 위험을 안고 국군과 유엔군은 압록강을 향한 전진을 계속하였다.

○ **압록강 태극기** : 국군 제2군단 예하 6사단장 김종오 준장은 군단명령을 수령한 7연대를 우, 2연대를 좌, 제19연대를 예비로 하여 초산-벽동 간의 국경선으로 진출하기 위하여 7연대는 초산을, 2연대는 온정리를 경유하여 벽동을 탈환할 것을 구두로 명령하였다.

국군 6사단 7연대는 10월 26일 고장을 출발하여 초산으로 향하던 중 초산 연변에서 저항하던 북한군 연대 규모의 혼성병력을 2시간 동안의 교전 끝에 적퇴시킨 후 초산으로

돌입하여 2시 15분에 압록강변에 태극기를 게양함으로써 한 · 만국경선에 도달한 최선 봉부대가 되었다.

이 전투로 국군과 유엔군은 낙동강 전선에서 반격을 개시한지 41일만에 국경선에 도달하게 되었으며, 국경선에 위치인 압록강변의 초산을 확보하여 전 국민들에게 환희와 큰 감격을 안겨주었다. 국군병사가 압록강물을 수통에 담는 장면은 오늘날 우리에게 그날의 감격을 다시금 불러일으켜 주는 잊을 수 없는 장면이 되었다.

③ 운산 전투(1950.10.25.~11.1)

○ **미군과 최초 충돌** : 운산전투는 중공군이 조선에 잠입하여 최초로 전선에 출현하였을 때 국군 제1사단과 미 제1기병사단이 구룡강 연안의 운산 지역 일대에서 중공 제39군의 공격을 저지하기 위하여 1주일 동안에 걸쳐서 전개한 방어전투이다.

최초 국군 제1사단이 청천강을 건너 한 · 만국경선의 수풍발전소를 목표로 진격작전을 전개 중 10월 25일 운산 북쪽에서 중공 제39군과 조우하여 일대 교전을 벌였다. 10월 28일 오후 6시경, 2명의 중공군 포로를 획득하였는데, 이들은 현재 북부전선에 중공군의 정규군이 들어와 있다고 진술하였으나 유엔군은 이를 믿지 못하였고, 오히려 당시 국군 제1사단의 우측 인접부대인 국군 제2군단이 중공군의 포위공격으로 위기에 직면하고 있었음에도 불구하고 지원북상한 미 제1기병사단으로 하여금 국군 제1사단을 추월 공격하게 하였다. 이로써 10월 30일, 미군과 중공정규군이 한국전쟁에서 최초로 정면 충돌하게 되었다.

○ **청천강 남안 철수** : 이 전투에서 한 · 미 양사단은 1주일 동안 중공군의 침입을 저지하며 그들에게 상당한 타격을 가하였으나 결국에는 방어에 실패하고 대부분의 장비를 잃은 채 영변과 용산동 지역으로 철수하게 되었으며, 특히 미 8기병연대는 운산에서 중공군에게 포위되어 과반수의 병력을 손실하였다.

11월 1일 밤 8시에 안주에서 열린 유엔군사작전회의에서는 청천강 이남으로의 철수를 결정하였으며 이에 따라 전선을 조정하기 위하여 미 제8군 좌익의 미 제24사단과 영국군 27여단도 평균 50마일을 뒤로 물러서도록 하였다. 이 전투로 미 제8군은 그동안의 진격작전을 중단하고 청천강 연안으로 병력을 철수시켜 방어 태세로 전환하게 되었으며, 중공군은 전과를 확대하여 구장동~영변~용산동 선까지 침입하게 되었다. 이때 중공군은 처음으로 미군과 접전을 한 후 그들 나름대로 미군을 분석한 '운산전투 평가'라는 팜플렛을 만들어 예하부대에 배포함으로써 미군과의 전투를 대비하였다. 이 내용에는 미군은 보병 · 전차 · 포대 협동작전능력과 특히 항공기의 위력에 대하여 높이 평가하였으나, 미군의 보병은 나약하고 겁이 많다고 지적하였다. 특히 후방차단에는 속수무책인 부대로 평가하였다.

2. 북진 종결 실패하자 초토화 폭격전술로 대량 살육

1) 유엔군 간판 걸고도 유엔헌장 인권정신 완전 파괴

(1) 맥아더, 수력발전소만 빼고 38선 이북지역 완전파괴 명령

1950년 11월 5일 오전 11시 5분, 유엔군사령관 맥아더를 포함해 육군 참모총장 도일 히키, 작전부 에드윈 라이트, 극동공군사령관 스트레이트마이어 등 유엔군 군사작전의 핵심인사들이 한자리에 모였다. 이 자리에서 맥아더는 유엔군의 한국전쟁 수행방식의 급격한 변화를 뜻하는 중대한 명령을 하달했다.

맥아더 명령의 핵심은 다음과 같았다. "북부의 모든 설비와 시설, 마을은 군사적이고 전술적인 목표물이 되었다. 유일한 예외는 만주국경에 있는 거대한 수력발전소와 한반도 내 다른 수력발전소들뿐이다." 소련 국경지역의 나진시 역시 이 명령에서 제외되었다. 그 외에 북부지역에 있는 모든 시설은 언제라도 완전히 파괴 가능한 군사목표로 간주되었다. 스트레이트마이어는 추후 진행될 폭격작전의 양상을 다음과 같이 예상했다. "압록강에서 시작해 한반도 내부로 확산되며, 모든 지상의 통신시설들을 파괴할 것이다. 소련과의 국경지역을 제외하고 압록강을 따라 형성된 모든 소도시들은 파괴될 것이다. 위에서 적시한 예외들을 제외하곤 북조선 어디에서든 레이더폭격이 가능하다."

앞에서 여러 차례 설명되었듯이, 레이더폭격은 사실상 무차별폭격의 다른 표현이었다. 나진시와 수력발전소들을 제외하곤, 북조선 내 모든 시설물이 미 공군의 무차별 폭격의 공식 타깃으로 간주된 것이다. 스트레이트마이어는 자신의 일기를 통해 회의 당시 긴장된 상황을 묘사하며, 맥아더가 "소각과 파괴를 위한 초토화정책scorched earth policy to burn and destroy을 되풀이하여 강조했다"고 설명 했다.

하지만 맥아더의 초강경 조치는 불과 이틀 전까지 그가 취하고 있던 입장과는 매우 다른 것이었다. 맥아더는 초토화정책을 공식적으로 하달하기 이틀 전인 11월 3일, 신의주를 불태워버리자는 스트레이트마이어의 주장에 정면으로 반대하는 입장을 제시했었다. 맥아더는 그 도시를 적절히 활용하길 원하기 때문에 도시 전반을 불태우는데 동의하지 않았다. 실제 맥아더는 약 2주 전 스트레이트마이어가 신의주 도심을 향한 대량폭격을 주장할 때에도 "워싱턴이 발표한 일반정책"에 따라 그 같은 공격을 허용할 수 없다고 말했다. '워싱턴의 일반정책'은 전쟁 초기부터 공식적으로 제시되었던 '군사목표 정밀폭격 정책'을 지칭한다.

당시 유엔군은 38선 이북지역으로 진격을 준비하는 과정에서 "교전이 끝나면 우리의 중폭격기들에 의해 파괴된 다수의 북부 시설들에 대한 재건 책임을 안게 될 것"이라는 사실을 분명히 인지하고 있었고, 이 같은 전후복구 책임의 부담을 줄이기 위해서라도 도시 전체를 불태우는 방식의 폭격은 바람직하지 않다는 입장을 줄곧 견지했다. 9월 26일 합동참모본부는 맥아더에게 38선 돌파의 권한을 허용하면서 북부 내 전술목표 공격에만 집중하라는 지시를 하달하기도 했다. 하지만 미 공군 측 인사들은 내내 대량폭격작전의 필요성을 맥아더에게 호소하고 있었다.

(2) 개량된 네이팜탄으로 북부 전 영토 초토화 음모

11월 3일 맥아더의 반대에도 불구하고 스트레이트마이어는 신의주 내 군사목표들을 지적하며 도시폭격을 향한 자신의 의지를 좀처럼 굽히지 않았다. 맥아더도 굴하지 않고 "나는 이번에는 신의주의 막사 건물들이나 여타 어떤 시설도 파괴되길 원치 않네"라고 계속 반대했다. 그러자 스트레이트마이어는 신의주 폭격 대신 새로운 안을 제시했다. 신의주 말고 북조선의 다른 소도시들을 "시험 삼아as a lesson" 불태워보자는 것이었다. 스트레이트마이어는 그 시험의 대상으로 교통중심지인 강계를 지목했다. 맥아더는 스트레이트마이어는 끈질긴 요구에 체념한 듯한 말투로 강계 폭격에 동의해주었다. "그토록 원한다면 불태워버리시오Burn it if you so desire. 스트레이트마이어, 그곳 말고도 적에게 군사적으로 가치 있으리라 판단되는 소도시들도 시험 삼아 불태우고 파괴하시오 burn and destroy as a lesson any other those towns."

이날 맥아더는 그동안 대기상태에 있던 B-29기의 활동재개 또한 명령했다. 실제로 11월 4일과 5일에 걸쳐 신의주 폭격을 위한 일종의 시험폭격으로서 한국전쟁 최초의 B-29기 '소이탄 대량폭격'이 청진과 강계에서 진행되었다. 신의주 폭격에 신중했던 맥아더의 태도로 볼 때, 11월 5일 초토화작전의 지시는 강경한 군사노선으로의 급선회를 의미했다. 스트레이트마이어는 맥아더가 소각과 파괴를 위한 초토화정책을 "되풀이하여 강조했다"고 말한다.

스트레이트마이어는 갑작스레 강경해진 맥아더의 태도에 약간은 당황한 듯했지만, 초토화작전의 실행을 지속적으로 요구한 사람이 스트레이트마이어 그 자신이었기에 그 정책의 현실화 방안 또한 서둘러 마련했다. 11월 5일 스트레이트마이어는 맥아더가 구두로 명령한 내용을 문서 형식으로 완성해서 그의 공식적 재가를 받았다. 극동공군사령관이 제5공군사령관과 폭격기사령관에게 작전명령을 하달하는 형식을 취하고 있는 초토화작전 명령 문서의 전문全文은 다음과 같다.(Stratemeyer, "Message to Partridge and O'Donnell" 1950.11.5.)

◎ **스트레이트마이어가 파트리지와 오도넬에게**(본 지령은 5부로 구성됨)

1. 1950년 11월 5일 맥아더 장군이 다음의 작전을 하달했다.

   A. "한국~만주 국경에 위치한 모든 국제 교량의 한국 쪽 부분을 파괴할 것." 나는 이 지시를 한국 연안으로부터 첫번째 수면 위의 교각부분을 파괴하라는 뜻으로 해석한다.

   B. "나진과 수풍댐과 여타 북한 내의 발전소를 제외하고, 모든 통신수단, 모든 설비·공장·도시와 마을을 파괴할 것. <u>현 상황에서 이러한 모든 것들은 군사적 잠재력을 지니고 있으며, 따라서 군사시설로 간주될 뿐임.</u> 이 파괴작전은 한국~만주 국경에서 시작해 남쪽으로 진행될 것임."

   C. "국경 인근의 모든 목표물은 오직 시계비행視界飛行 조건에서만 공격할 것. 국경을 침범할 수 없고, 침범해서도 안 됨."

   D. "극동공군의 최대역량이 향후 2주 동안 발휘될 것임. 필요할 경우 전투원을 최대한계까지 투입함."

2. 위의 정책명령은 즉시 효력을 발휘할 것임. 구체적 명령이 뒤따를 것임. 제5공군과 극동공군 폭격기사령부 사이의 직접 통신을 허용함. 극동공군 폭격기사령부는 제5공군과의 연락부서를 배치할 것임.

3. 전반적으로 극동공군 작전명령은 극동공군 폭격기사령부를 국제 영구교량들의 한국 쪽 끝부분을 파괴하는 임무에 배치하고, 제5공군을 부설될 부교들을 파괴하는 임무에 배치할 것임. 극동공군 폭격기사령부는 도시와 읍내를 파괴 할 것임. 제5공군 산하의 비행기들은 은신처를 제공할 수 있는 모든 건물을 포함한 여타 목표물들을 파괴 할 것임.

4. 위의 정책은 소련 국경이 아니라 만주 국경에서 실행된다는 사실에 주의 깊게 주목할 것. 이 작전은 청진에서 무산으로 이어지는 선의 북쪽에서는 수행되지 않을 것임.

5. 북한의 만주 국경지대, 특히 국제교량에 대한 사진정찰을 즉시 수행하는 것이 필수적임. 귀관의 RF-80기들이 이 정책에 따라 사진정찰을 수행할 수 없는 목표물들을 나에게 알려주면, 나는 해당 목표물들을 제31비행대대에 배정할 것임.

위의 문서는 한국전쟁사 뿐만 아니라 미국의 동아시아 냉전정책에 있어서도 중요한 의미를 담고 있어 그 내용을 구체적으로 검토해볼 필요가 있다. 우선 원문상에서 밑줄이 그어져 있는 부분, 즉「현 상황에서 이러한 모든 것들은 군사적 잠재력을 지니고 있으며, 따라서 군사시설로 간주될 뿐」이라는 문장은 애초 스트레이트마이어가 작성한 명령서에는 없던 내용이다. 이 문장은 맥아더가 스트레이트마이어의 명령을 전반적으로 검토하며 유일하게 수정·삽입한 것이었다.

앞서 맥아더는 도시와 마을을 불태우는 작전을 구두로 하달하며 '초토화정책'이라는 단어를 반복적으로 사용했다. 그러나 맥아더는 자신의 지시를 문서화하는 과정에서 북부의 도시와 마을City and Village을 '군사시설'로 표현하며 자신의 초토화정책을 적극적으로 정당화했다. 즉 맥아더는 자신의 민간지역 무차별폭격이 워싱턴의 군사목표 '정밀폭격'이라는 일반정책에 어긋나지 않음을 명확하게 강조했던 것이다. 훗날 발생 가능한 워싱턴의 비난이나 국제사회의 인도주의적 관점의 비판으로부터 스스로를 적극적으로 정당화하기 위해 이 같은 문장을 삽입한 것으로 추측할 수 있다.

또한 초토화작전 수행과정에서 폭격기사령부와 제5공군의 임무가 상이하게 배정되었다는 사실도 눈여겨볼 필요가 있다. 이는 곧 폭격기사령부 소속의 B-29 중폭격기의 임무와 제5공군 소속의 B-26 경폭기와 전폭기의 임무가 서로 달랐음을 의미한다. 명령서에 따르면, B-29기들은 국경선의 대규모 국제교량을 파괴하고 도시와 읍내를 파괴하는 임무를 맡았고, B-26기와 전폭기들은 국경선의 부교와 그 외 모든 시설물에 대한 파괴 임무를 배정받았음을 확인할 수 있다. 실제로 B-29기와 여타 폭격기들은 위의 명령서에서 배정한 대로 서로 상이한 목표물들을 조직적으로 파괴해나갔다.

마지막으로 주목해볼 만한 내용은 "은신처를 제공할 수 있는 모든 건물을 포함한 여타 목표물들을 파괴"하라는 지시 내용이다. 이는 폭격수행 시점에 도시나 마을의 건물들이 적 병력에 의해 점령된 상태가 아니라 할지라도, 향후 미래에 은신처를 제공할 수도 있으므로 적 점령 이전에 파괴할 것을 명령했다는 점에서 중요하다. 이 같은 명령은 사실상 순수 민간지역을 향한 '사전폭격事前爆擊'으로 '유엔군 군사작전의 비인도적 성격'을 노골적으로 드러낸 것이라 볼 수 있다.

맥아더의 초토화작전 명령은 워싱턴의 최고위급 정·군 인사들에게도 즉각적으로 전달되었다. 이 내용은 당연히 트루먼 대통령을 포함한 워싱턴 최고인사들에 의해 검토되었을 것이다. 11월 7일 미 육·해·공군의 참모총장이 포함된 대통령 군사자문기관인 합동참모본부가 맥아더에게 해당 명령에 대한 검토 결과를 보냈다.

합참의 답신에도 도시와 마을을 향한 소이탄 폭격에 대한 별다른 언급은 없었다. 북조선 민간지역이 군사시설로 간주될 수 있다고 정당성을 부여하긴 했지만, 맥아더의 군사작전은 명백히 무차별적 초토화작전으로 워싱턴의 군사목표 정밀폭격이라는 일반정책에 어긋나는 것이었다. 그러나 워싱턴은 침묵했다. 대신 "만주 국경 5마일(8킬로미터) 이내 지역에 대한 폭격을 연기하라"는 지시만 하달했다. 합참은 전쟁의 확대를 야기할 수 있는 국경지역 폭격만을 금지했다.

맥아더는 이 같은 합참의 지시에 즉각적으로 반발했다. 그는 만주로부터 쏟아져 들어오는 인력과 물자가 유엔군에 "엄청난 손실을 초래할 수 있다"고 위협하며, 합참 명령의 즉각적인 재검토를 요구했다. 같은 날 맥아더는 합참에게 보내는 다른 전문을 통해 병력 증원을 요청하며 "그렇지 못할 경우 궁지에 몰리거나 여태까지 얻은 모든 것을 한꺼번에 잃어버리게 될 것"이라고 다시한번 협박했다. 결국 합참은 "기존에 계획했던 신의주 표적과 압록강 철교 끝부분을 포함하는 국경 인근 북조선 지역 폭격을 허용한다"고 맥아더에게 전문을 보냈다.

합참은 국경지역 폭격을 허용하는 전문에서 "미국의 국익 차원the national interest of the U.S에서 볼 때 한반도 분쟁을 국지화하는 게 결정적으로 중요"하다는 표현을 추가했다. 그러나 해당 전문에서 "현지 조선인들을 위해" 민간지역 폭격에 신중해야 한다는 표현은 어디에도 없었다. 마치 1950년 10월 15일 트루먼 대통령과 맥아더의 대화에서 중국군 참전 시 "최악의 대량학살"을 벌이겠다는 맥아더의 발언에 트루먼이 침묵했던 것처럼, 1950년 11월 5일 맥아더가 실제 최악의 대량학살을 현실화시키려 했을 때 워싱턴의 그 누구도 이에 대해서는 아무런 문제도 제기하지 않았다.

(3) 원자탄 · 소이탄 폭격 공포에 북부 백성들 생존 위한 피난길 재촉

맥아더의 초토화작전 명령을 그대로 옮긴 스트레이트마이어의 1950년 11월 5일자 작전명령서에 따르면, 극동공군 폭격기사령부의 B-29 중폭격기들은 압록강의 대규모 국제교량 파괴 임무와 함께 "도시와 읍내, 파괴 임무를 맡게 되었다. 한편 폭격기사령부 소속의 중폭격기들은 1950년 10월 25일부터 모두 대기상태에 머물러 있었다. 실제로 당시 미 공군 문서를 보면, 10월 25일부터 11월 3일까지 10일이라는 짧지 않은 기간 동안 폭격작전을 수행한 B-29기가 단 1대도 없었던 사실을 확인할 수 있다. 이 기간 동안 극동공군은 심리전 전단을 살포하거나, 정찰업무를 수행하는데 1~3대의 B-29기를 동원했을 뿐이었다.

하지만 고요한 대기상태는 11월 3일 맥아더의 지시에 의해 완전히 급변했다. 이날 맥아더는 신의주 도심을 향한 소이탄 대량폭격을 주장하는 스트레이트마이어를 자중시키면서, 신의주 폭격 이전에 "시험 삼아" 강계를 불태우는 작전에 대해서는 못 이기는 척 동의해줬다. 그리고 작전을 실행하기 위해 10일 동안 대기상태에 있던 B-29기의 활동재개를 명령했다. 10일간의 대기상태는 표현 그대로의 폭풍전야에 불과했다. 일본의 비행기지에 머무르며 완벽한 휴식을 취한 B-29기들은 기존의 파괴폭탄 대신 소이탄을 장착했다. B-29기에 새롭게 장착된 소이탄들은 유엔군의 간판으로 침략한 미국의 한국전쟁 수행방식의 더욱 폭력적인 전환을 의미했다.

11월 3일 맥아더와 스트레이트마이어의 긴 대화 끝에 한국전쟁기 무수히 반복된 '도시 자체'에 대한 파괴작전의 첫번째 목표물로 강계가 선정되었다. 지시 다음날인 11월 4일, 극동공군 폭격기사령부는 27대의 B-29기를 강계 지역으로 출격시켰다. 그러나 당일의 기상이변으로 인해 타깃은 2차목표인 청진으로 바뀌었다. 강계지역의 날씨가 좋지 않았기 때문에 B-29기들은 육안폭격을 수행할 수 없었던 것이다. 강계는 압록강을 경계로 중국과 맞닿아 있기 때문에 시야를 확보하지 않은 상태에서 대량폭격을 수행할 경우 자칫하면 중국 영토 오폭사건을 유발할 수도 있었다. 따라서 소이탄을 잔뜩 싣고 강계로 날아갔던 B-29기들은 비행 방향을 선회하여 동해안 북쪽의 청진으로 날아갔다.

당일 미 공군 문서에 따르면, 27대의 비행기 중 레이존razon폭탄을 장착한 3대의 B-29기는 기지로 돌아왔고, 나머지 24대의 비행기들은 레이더 조준으로 청진을 폭격했다고 한다. 이날 B-29기가 사용한 무기는 2차대전 시기 일본에서 악명을 떨쳤던 소이탄이었다. 한국전쟁 최초의 B-29 중폭격기에 의한 소이탄 대량 폭격이 시작된 것이다. 이미 남한지역에서 전폭기들이 네이팜탱크를 소이탄으로 활용하고 있었지만, B-29기의 소이탄 투하는 이날이 처음이었다.

다음날 청진시를 정찰한 비행기는 여전히 청진시가 "다수의 대형 화염many large fires"에 휩싸여 있으며, 도시 북쪽으로 피난하는 많은 사람들을 볼 수 있다고 보고했다. 불길이 24시간 이상 지속된 점도 그러하나 한국전쟁 발발 이래 계속된 폭격에도 청진에 머물러 있던 지역민들이 대거 피난을 떠난 사실은 소이탄 폭격의 위력이 얼마나 대단했는지 미루어 짐작케 해준다.

다음날인 11월 5일에는 22대의 B-29기들이 애초 계획대로 강계에 대량의 소이탄 폭격을 실시했다. 폭격 직전·직후에 촬영한 사진 모습을 통해 단 하루의 공격으로 인해 강계 시내의 인구밀집지역 대다수가 폐허가 되었음을 알 수 있었다. 극동공군은 사진분석을 통해 "강계의 군 보급품 집적소·교통중심지·고위사령부의 65퍼센트가 소이탄 공격에 의해 파괴되었다"고 평가했다. 스트레이트마이어 또한 미 공군 참모총장 반덴버그에게 보내는 전문을 통해, "강계 전체가 사실상의 병기창이자 매우 중요한 교통중심지입니다. 이러한 까닭에 한국에서 최초로 소이탄 폭격을 결정했습니다"라고 보고했다.(FEAF. "Air Force Activities, Korea, 1950, Bombing Kanggye." 1950.11.5. Stratemeyer, "Message to Vandenberg." 1950.11.5)

그러나 폭격피해를 입은 지역은 단일한 병기창이 아닌 강계 시내의 광범위한 인구밀집지역이었다. 모든 것을 불태워버리는 가공할 소이탄의 위력은 강계의 인구밀집지역을 순식간에 짓눌린 종잇장처럼 폐허로 만들어버렸다.

2) 하나님·유엔 체통 다 뭉개고 진짜 「검은 악마」 모습 드러내

(1) 「침략자는 남의 땅에 들어와서 대량살육하는 자」라는 정의와 완전 일치

11월 8일에는 폭격기사령부의 신의주 공습이 진행되었다. 신의주 공습은 11월 5~7일 맥아더와 합참의 공방 끝에 "신의주 표적과 압록강 철교 끝부분을 포함하는 국경 인근 조선지역 폭격을 허용한다"라는 합참의 재가 이후에 현실화된 것이었다. 이날 폭격기사령부는 78대의 B-29기를 신의주 상공으로 출격시켰다. 78대 중 70대는 신의주 도시 전체를 소이탄으로 육안폭격했고, 6대는 신의주 국제교량을 파괴폭탄으로 공격했으며, 2대는 신의주 동쪽 14.5킬로미터 지점의 복선철도교량을 레이존폭탄으로 폭격했다.

제5공군 소속 전폭기 87대 역시 폭격기 호위임무를 수행하면서 동시에 폭격작전을 수행했다. 11월 8일 단 하루 동안 신의주에는 640톤의 폭탄이 투하되었고, 도시 전체는 순식간에 잿더미로 변했다. 신의주폭격 직후 극동공군은 사진정찰을 통해 신의주시 184만 제곱미터 중 약 110만 4000제곱미터 이상이 완전 파괴되었다고 결론내렸다.

이날 하루 동안에만 약 8만 5000발의 소이탄이 투하되었다. 한국전쟁 발발 당시 신의주에는 1만4000호의 가옥과 12만 6000명의 시민이 거주했다. 이는 11월 8일 하루 동안 건물 1채당 평균 6.07발, 사람 1명당 평균 0.67발에 달하는 소이탄이 신의주 상공으로부터 투하되었음을 의미한다.

70대의 B-29기가 투하한 8만 5000발의 소이탄 수가 과장된 것으로 보일 수도 있지만, 오도넬이 스트레이트마이어에게 발송한 보고서를 보면 11월 8일 신의주에 투하된 소이탄의 수가 결코 과장되지 않았음을 쉽게 확인할 수 있다. 즉 70대의 B-29기는 각각 32발의 「소이집속탄incendiary cluster bombs」으로 무장했는데, 각각의 집속탄 안에는 38발의 소이탄이 들어 있었다. 결과적으로 당일 신의주에는 정확히 8만 5120발 (70×32×38)의 소이탄이 투하되었음을 알 수 있다. 오도넬은 "시가지가 사라졌다the town was gone"고 보고했다. 그러면서도 전 강토를 파괴 멸망시키려던 가해자들의 주장은, "모든 피폭지역에는 군사관련 대상물들이 있었기 때문이었다"고 강변·합리화 했다.

1951년 7월에 최종 작성 완료된 국제민주여성연맹 조사단(이하 국제여맹조사단)의 보고서는 11월 8일 신의주 폭격의 결과와 영향을 잘 보여준다. 조선 측의 주장에 따르면, 1950년 7월 신의주에는 1만 4000호의 가옥에 12만6000명의 주민들이 거주했으며, 도시 내에는 장·두부·신발·성냥·소금·젓갈 등의 경공업 공장들밖에 없었다. 신의주에는 전략적 관점에서 중요한 산업시설이 거의 없었던 것이다. 11월 8일 폭격으로 총 3017호에 달하는 국가 및 시 소유 건물 가운데 2100호가 파괴되었고, 1만1000호 이상의 민간인 주택 가운데 6800호가 파괴되었다. 5000명 이상의 주민들이 살해되었는데, 그 가운데 4000명 이상의 피해자가 여성들과 어린아이들이었다. 이 같은 피해자 분포는 대부분의 남성들이 전쟁에 동원되었기 때문에 발생한 현상이었다.

전략폭격이론의 창시자 두에의 유언, 즉 "인류 전체 경제에서 최대의 개별 가치"를 지닌 건장한 청년들을 보호하기 위해 후방의 여성·노인·어린이의 희생을 감수해야 한다는 전략폭격이론 창시자의 궤변이 한반도에서 정확하게 현실화되고 있었다. 신의주 14개 중학교 가운데 12개가 소이탄에 의해 파괴되었고, 국제협정에 의거하여 커다란 적십자를 표시해두었던 2개의 시립병원도 전소되었다. 5000명 이상의 사망자 외에도 총 3155명의 사람들이 소이탄 폭격으로 부상을 입었다.

○ 1922년 헤이그법률가위원회는 「空戰에 관한 규칙」을 국제사회에 제안했다. 현재 국제법학자들은 「空戰에 관한 규칙」을 관습법으로 인정한다. 공전규칙에는 '폭격으로부터 보호되는 건물'에 대한 조문 제25조가 있다. 해당 조문의 내용에 따르면, 커다란 십자가로 보호된 역사사적과 병원은 폭격으로부터 보호되어야 할 대상이었다(「空戰에 관한 規則(案)」 1922.12. 11 『국제조약집』 연세대학교 출판부 1986)

○ Women's International Commission for the Investigation of War Atrocities Committed in Korea, "Report of the Women's International Commision for the Investigation of Atrocities Committed by U.S.A. and Syngman Rhee Troops in Korea" 1951.7(『한국전쟁 자료총서 59: The US Department of State Relating to the Internal Affairs of Korea : 미 국무부 한국국내상황관련 문서, XXI』국방부 군사편 찬연구소 2001)

1950년 11월 맥아더의 공세적 지시 이후, 전선과 압록강 사이의 조선 주요 도시들을 완전히 파괴해버리겠다는 유엔군사령부의 군사정책은 오랫동안 지속되었다. 1950년 11월은 폭격의 정점이 아니라 시작점에 불과했던 것이다. 당시의 대도시 폭격양상을 보여주는 하나의 사례로서, 1950년 11월 한 달 동안의 극동공군 폭격기사령부 작전양상을 날짜순으로 정리해보면 아래의 표와 같다.

1950년 11월 극동공군 폭격기사령부의 북부 대도시 폭격양상 개요

날짜 (1950년)	폭격지역	폭격양상
11월 4일	청진	폭격기사령부는 27대의 B-29기를 출동시켰다. 기상악화로 인해 애초 계획된 강계 보급품 집적소 폭격이 취소되었다. 레이존 폭탄을 장착한 3대의 B-29기는 기지로 돌아왔다. 나머지 24대의 B-29기들은 레이더 조준에 따라 청진을 공격했다. 소이탄 투하되었고, 그 결과는 알 수 없다.
11월 5일	강계	27대의 B-29기가 출격했다. 22대는 강계의 창고지역을 수많은 소이탄으로 육안폭격했는데, 결과는 좋지 않은 것에서부터 아주 탁월한 것에 이르기까지 다양했다. 2대의 B-29기는 강계의 교량들을 공격했는데, 그 결과가 아주 좋았다. 1대의 비행기는 적 점령지역에 전단을 투하했고, 2대의 비행기는 사진정찰 및 지도 작성 임무를 수행했다.
11월 8일	신의주	신의주지역에 640톤 이상의 폭탄을 투하했다. 도시는 커다란 화염속에 잿더미가 되었다. 극동공군 폭격기사령부는 78대의 B-29를 출동시켰다. 70대의 B-29기는 소이탄으로 신의주를 육안폭격했다. 6대의 비행기가 신의주지역 교량들을 파괴폭탄으로 공격하여 매우 좋은 성과를 이끌어냈다. 2대의 비행기는 레이존폭탄으로 신의주 교량들을 공격했는데 결과는 좋은 것에서부터 나쁜 것까지 다양했다. 적 전투기의 움직임은 없었다.
11월 9일	삭주 북청 청진	폭격기사령부는 13대의 비행기를 출격시켰다. 삭주와 북청의 교통중심지역을 소이집속탄으로 공격하여 훌륭한 결과를 낳았다. 북청은 소이탄 공격으로 인해 연기가 9000피트 상공까지 솟구치는 것이 관측 되었다. 4대의 B-29기는 청진을 소이탄으로 레이더폭격했다.
11월 10일	청진	33대의 B-29기가 출격했다. 만포진과 초산 주요 목표상공의 악

	의주	천후 때문에, 17대의 비행기가 청진의 부차적 목표물을 소이탄으로 육안폭격했다. 공격 결과는 훌륭했다. 대공포화가 없었다. 12대의 비행기가 의주를 공격하면서 소이탄으로 해당 지역을 덮어버렸다. 2대의 B-29기는 적 점령 지역에 전단을 투하했다. 2대의 비행기는 감시사진임무를 수행했다.
11월 12일	북청 만포진 신천	27대의 B-29기가 북청, 만포진, 선천을 소이탄으로 육안폭격하여 훌륭한 결과를 이끌어냈다. 2대의 B-29기가 중국 공산군 집결지역에 전단을 투하했다.
11월 13일	삭주 신의주 나남 초산 남시	43대의 B-29기가 출격했다. 12대는 삭주의 교통중심지를 공격하여 좋은 결과를 이끌어냈다. 9대는 신의주 교량진입로와 나남의 보급중심지를 공격했고, 13대는 초산을 공격했다. 4대의 B-29기는 남시 인근 보급품 집적소를 육안폭격했는데, 그 결과는 알 수 없다.
11월 14일	신의주 나남	제19폭격전대의 9대 비행기가 신의주 북단 철로를 육안폭격하여 좋은 결과를 이끌어냈다. 1대의 비행기는 나남의 철도교량을 공격했으나 결과는 아직 보고되지 않았다. 나머지 9대는 나남시를 공격했는데 이들 중 3대는 레이더폭격을 수행했다. 결과는 여전히 보고되지 않았다. 제307폭격전대 소속의 12대 비행기는 신의주 북단 교량을 공격하여 관측 불가능한 결과에서부터 훌륭한 결과까지 다양한 성과를 이끌어냈다.
11월 15일	회령	극동공군 폭격기사령부는 33대의 비행기를 출격시켰다. 31대의 B-29기는 회령을 공격하여 훌륭한 결과를 이끌어냈다. 회령(북동쪽 만주국경 지역)의 군사목표물에 파괴폭탄 239톤을 투하했다.
11월 19일	무평리 구읍동 나남 곽산 구성 별하리 표동	극동공군 폭격기사령부는 44대의 효율적 출격임무를 수행했다. 41대의 B-29기가 무평리, 구읍동, 나남, 곽산, 구성, 별하리, 표동 등의 지역에 284톤의 소이탄을 투하했다. 강계와 희천 사이의 교통로에 36톤의 500파운드 파괴폭탄을 투하했다.
11월 20일	나남	극동공군 폭격기사령부는 25대의 비행기를 출격시켰다. 22대의 비행기는 나남을 육안폭격했다. 2대의 비행기가 전단을 투하했다.
11월 22일	청진 무산	B-29기 52대가 출격했다. 44대는 청진을 레이더폭격하면서 소이탄과 파괴폭탄을 투하했다. 7대는 무산을 육안폭격했는데, 폭탄들은 보급지역을 완전히 불길로 뒤덮었으며, 2차 폭발이 관측

		되었다.
11월 23일	강계 삭주 구성	극동공군 폭격기사령부는 14대의 효율적 출격을 수행했다. 11 대의 비행기가 국경선으로부터 시작하여 남쪽으로 강계, 삭주, 구성의 교통중심지를 통과하는 21개의 교통중심지 목표물을 공격했다.
11월 24일	남시 장전하구 운산 신창 태천 구성 회천 강계 만포진	폭격기사령부는 38대의 효율적 출격을 수행했다. 제19폭격전대 소속의 12비행기가 정주에서 남시 부근까지의 군사시설들과 장전하구 교량들을 육안폭격하여 나쁨에서 매우 좋음까지 다양한 결과를 이끌어냈다. 제307폭격전대의 비행기 15대는 운산부터 신창, 태천부터 구성, 회천, 강계, 만포진 일대를 육안폭격하여 나쁨에서 매우 좋음까지 다양한 결과를 만들어냈다.
11월 25일	장전 하구 만포진	극동공군 폭격기사령부는 33대의 효율적 출격을 수행했다. 11 대의 비행기가 장전하구의 도로 교량과 만포진의 철도교량을 훌륭히 공격했다. 20대의 비행기는 폭격선 북쪽의 군사시설과 보급품 집적소를 육안폭격하여 좋은 결과를 이끌어냈다.
11월 26일	보급품집적소	극동공군 폭격기사령부는 36대의 B-29기를 출격시켰다. 제19 폭격전대의 9대 비행기는 적의 보급품 집적소를 소이탄으로 육안폭격했다. 제 307폭격전대의 12대는 폭격선 북쪽의 교량과 철로를 육안폭격하여 훌륭한 성과를 거두었다. 2대는 정찰임무를 수행했다.
11월 27일	적 점령도시	극동공군 폭격기사령부는 22대의 출격을 기록했는데, 9대는 적 점령도시들을 공격했고, 11대는 적의 교통로를 공격했으며, 2 개는 전단투하 임무를 수행했다. 11대는 소이탄과 1000파운드 파괴폭탄을 적 교통로에 투하했다.
11월 28일	적 점령도시	극동공군폭격기사령부의 21대가 적 점령 도시와 병력집중지역에 소이탄과 455킬로그램 파괴폭탄을 투하했다.
11월 29일	적 점령도시	극동공군 폭격기사령부의 B-29기가 22대의 효율적 출격을 수행하면서, 적 점령 도시, 교통로, 청성진의 국제교량을 1000파운드와 500파운드 파괴폭탄으로 공격했다. 교량에 대한 2회의 정확한 명중을 비롯해 훌륭한 결과들이 보고되었다.
11월 30일	적 점령도시	극동공군 폭격기사령부는 26대를 출격시켰다. 이들 중 24대는 적 점령도시와 교통로를 공격했다. 결과는 꽤 좋았다.

(출전 : Headquarters U.S. Air Force, "Air Situation in Korea" 1950.11.4~1950.11.30)

1950년 11월 한 달 간의 폭격은 실로 대단했다. 표를 보면 폭격기사령부의 대량폭격이 11월 한 달 내내 사실상 매일 진행되었음을 알 수 있다. 중간에 빠진 날들이 있는데, 이는 11월 8일 같은 대규모 폭격을 위한 대기명령이나 기상악화 때문이었다. 더불어 11월 초에는 청진·강계·신의주 같은 큰 규모의 도시들을 공격하다가, 11월 중순 이후에는 폭격선 너머 읍 단위의 중소도시들은 물론 11월 19일의 사례처럼 리 단위 마을 폭격까지 진행된 상황을 확인할 수 있다. 11월 하순부터는 구체적 도시명을 드러내지 않고 그저 "보급품 집적소" 혹은 "적 점령 도시"라고 멋대로 타깃을 표시한 사실도 이채롭다.

사실상 지상군이 대치하고 있는 폭격선과 압록강 사이의 모든 민간지역이 폭격 목표물로 인식되었음을 알 수 있다. 11월 5일 스트레이트마이어의 명령서에서 확인할 수 있듯이, 미 공군은 인민군이나 중국군의 해당 도시 체류 여부를 따지지 않았다. 애초부터 초토화작전의 목표는 적 점령 이전 북조선지역 도시와 마을을 완전히 파괴하여 적의 은신처를 빼앗고, 적 병력과 물자의 은닉을 막는다는 것이었다.

미 공군 도시파괴의 심각성은 직접 분석한 폭격 평가에서 단적으로 드러난다. 극동공군은 전투부대들의 임무수행 후 반드시 임무보고서를 통해 작전의 달성 정도를 평가했고, 다음날 정찰기를 띄워 실제 작전성과를 검토했으며, 작전분석실을 통해 성과의 효율성을 재검토하곤 했다. 극동공군은 1950년 11월 소이탄 폭격으로 인한 북부 도시의 파괴율에 대해, 만포진 95퍼센트, 고인동 90퍼센트, 삭주 75퍼센트, 초산 85퍼센트, 신의주 60퍼센트, 강계 75퍼센트, 희천 75퍼센트, 남시 90퍼센트, 의주 20퍼센트, 회령 90퍼센트의 파괴율을 제시했다.

여기서 만포진·고인동·남시·회령 등의 지역은 90퍼센트 이상이 파괴되었다는 점은 주의깊게 볼 필요가 있다. 이는 사실상 도시 전체가 원폭피해라도 받은 것처럼 완전하게 파괴되었음을 의미하므로 자연스럽게 다음과 같은 의문이 든다. 과연 수일 동안의 폭격으로 이런 완전파괴가 가능할까? 소이탄의 위력이 이토록 대단한가? 극동공군이 폭격결과를 부풀려 보고한 것은 아닐까?

이에 대해 앞에서 살펴본 2차대전기 함부르크·드레스덴·도쿄 폭격의 사례 외에도 1950년 11월 극동공군의 도시파괴율 평가가 결코 과장된 것이 아니라는 사실을 간접적으로 보여주는 당대 극동공군 내부 상황에도 주목할 필요가 있다. 당시의 실제 상황은, 한국전쟁기 미 극동공군의 폭격성과 평가가 과장되기보다는 오히려 엄격한 기준에 의거하여 축소되는 경향이 강했다는 것이다.

예컨대 합동작전센터의 육군 측 대표이자 포병장교였던 로버트 번즈 대령은 공군이 실제 공격성과보다 훨씬 낮게 성과를 보고한다고 반복적으로 지적했다. 공군은 2500명 이상의 대규모 적을 사살한 경우에 대해서도 500명 사살로 보고하곤 했다는 것이다.(Stratemeyer, "Diary," 1950.9.25.~1950.9.29.) 스트레이트마이어는 자신의 일기를 통해 동일한 작전에 대해 공군과 육군의 평가가 언제나 상이했으며, 공군이 확실히 자신의 전과를 과소평가해왔다고 지적했다. 즉 1950년 11월 도시의 90퍼센트 파괴는 사실상 해당 지역의 완전초토화를 의미하는 것이었다.

실제로 1950년 11월의 초토화작전에 대한 조선정부의 평가도 극동공군의 자체평가 내용과 크게 다르지 않았다. 앞서 우리는 한국전쟁 초기 조선정부의 폭격피해 평가가 과장되지 않았다는 사실을 확인할 수 있었다. 조선정부는 전선의 군인과 후방의 민간인들의 사기를 고려하여 폭격의 위력과 피해규모를 불필요하게 과장하지 않았다. 이 같은 전쟁 초기 폭격피해 평가 경향을 고려해볼 때, 1950년 말 폭격피해에 대한 조선정부의 주장은 다소 이채롭다.

외무상 박헌영은 "11월에 이르러 미군항공기들은 강계·신의주·의주·진천·구성·태천·초산·북진·고산·만포·중강진·회령 및 기타 도시들을 폭격하여 완전히 폐허로 만들었다"고 주장했다. "폐허"라는 그의 표현에 주목할 필요가 있다. 이어서 그는 "강계에서는 8000여 호 중 500여 호에 도달하지 못하는 가옥들이 남아 있을 뿐이며, 신의주에는 1만 2000여 호 중 약 1000호가 남아 있으며, 만포에는 1500호 중 약 200호가 남아 있을 뿐"이라고 말했다. 박헌영은 이 기간에 북한지역에서만 7000개소 이상의 농촌과 도시가 소각되었다고 주장했다.(박헌영 「유엔총회의장과 유엔 안전보장리사회 의장에게 보내는 서한」 1950.12.7. 『조선중앙연감-국내편, 1951~1952년』 1952, 104면)

이렇듯 한 달이라는 짧은 기간 동안 북부지역의 주요 도시와 마을의 초토화를 가능하게 만든 소이탄은 2차대전시기 미 공군의 일본 본토공습에서 가공할 만한 파괴력을 과시했던 무기였다. 소이탄으로 인한 도시의 완전파괴와 수많은 민간인의 죽음은 5년 전 일본에서 이미 입증된 사실이었다. 단 2차대전시기 일본 도시지역에 투하된 소이탄은 목조건물의 방화에 유리한 M-69 소이탄이었음에 반해, 한국전쟁기 도시 지역에 주로 투하된 폭탄은 225킬로그램 M-76 소이탄이었다.(Tactical Air Command, "An Evaluation of the Effectiveness of the United States Air Force in the Korean Campaign," Vol. V, 1951.3.12. Series : AirForce Plans Decimal File, 1942-1952, Korea)

M-69는 석유를 기본으로 하는 소이탄인 반면, M-76은 석유와 금속의 장점이 합해진 석유-금속 소이탄의 일종으로, 석유 소이탄의 장점인 넓은 방사성放射性과 분말금속 소이탄 매개체의 화력상승효과가 합해진 강력한 무기다. M-76 내에는 '굽goop'이라는 마그네슘과 원유의 화합물이 들어갔다. 분말 마그네슘과 만난 석유는 진한 농도의 반죽 덩어리로 변한다. 불타는 마그네슘은 으레 강철도 녹일 수 있는 섭씨 1980도까지 온도

가 상승하기 때문에, 목조건물 뿐만 아니라 차량·열차·철로·공장 등의 파괴에도 유용한 폭탄원료였다.

마그네슘은 물과 융합되면 폭발성이 있는 수소 등의 가스를 형성시키기 때문에 진화도 어렵다. 불타는 마그네슘은 밝은 불꽃을 내며 인체에 해로운 흰색의 산화마그네슘연기까지 형성시킨다. 신의주 폭격 사진에서 유난히 하얗던 연기는 산화마그네슘의 존재 때문이었다고 한다. 8만5000발의 M-76에서 형성된 산화마그네슘 연기가 일순간에 신의주 상공을 가득 메웠던 것이다. 그 가혹한 불꽃과 매캐한 연기 아래에서 4000여 명의 어린이와 여성을 포함한 5000여 명의 사망자, 3000여 명의 부상자가 발생했다. 연기 아래 모습은 표현 그대로 아비규환이었을 것이다. (阿鼻叫喚 : 아비 지옥의 고통을 못 참아 울부짖는 소리. 극심한 참상의 형용)

1951년 5월 조선 북부지역을 돌아다닌 국제여맹 조사단의 한 그룹은 자신들의 이동경로에서 보았던 풍경을 아래와 같이 묘사했다.(국제민주여성연맹 조사단·Women's international commission for the Investigation of War Atrocities Committed in Korea)(atrocity : 잔학행위·잔인성)

헬데 칸Helde Cahn(동독), 릴리 배히터Lily Waechter(서독), 바이 랭(중국), 트레이스 수니토 헤일리헤르스Trees Soenito Heyligers.(네덜란드)로 구성된 조사단의 한 그룹은 북조선의 북부를 방문했다. 노선은 평양에서 개천·희천·강계를 거쳐 만포까지 갔다가 평양으로 돌아오는 것이었다. 평양에서 개천까지 가는 도중에 조사단원들은 완전히 파괴되어 폐허가 된 작은 도시 4곳을 보았다. 불타버린 수많은 촌락과 농가를 지나갔다. 도중에 본 모든 도시들은 파괴되어 있었다. 피해를 입지 않은 촌락은 거의 없었다.

조사단원들은 6곳에서 산불을 보았다. 그중 2곳은 그들의 눈앞에서 불붙기 시작했다. 1곳은 평양과 개천 사이였고 다른 1곳은 회천과 개천 사이였다. 조사단원들은 2곳 모두에서 항공기 소리를 들을 수 있었으며, 땅 위에서 불길이 올라가자 곧 불이 번쩍하고 별안간에 불길이 퍼지는 것을 보았다. 그들은 화염에 휩싸인 나뭇가지들을 보았다. 조사단원들은 이동 중에 산불에 의해 시커멓게 타버린 산등성이들을 보았다.

위의 묘사는 1951년 초 이미 철저히 파괴된 조선 민간인 거주지역의 실상을 너무나 생생하게 보여준다. "도중에 본 모든 도시들은 파괴되어 있었다"는 문구가 유난히 눈에 띈다. 1950년 11월부터 시작된 초토화작전에 의해 조선의 도시와 농촌은 이미 그 형체조차 찾아볼 수 없을 만큼 완전히 소멸되어버린 것이다. "이 파괴 작전은 조선-만주 국경에서 시작해 남쪽으로 진행될 것"이라는 11월 5일 스트레이트마이어 명령서를 통해 분명히 확인할 수 있는 것처럼, 실제 초토화작전은 유엔군의 남하와 함께 점차 조선 전역으로 확대되었다. 그리고 마침내 12월 20일 스트레이트마이어와 파트리지는 "평양·원산·함흥·흥남을 지체없이 소각시켜야만 한다Pyongyang, Wonsan, Hamhung and Hungnam should be burned without delay라는 결론에 이르렀다.(Stratemeyer, "Diary," 1950.12.19~20)

(2) 중국지원군 참전 후엔 폭격·방화와 무조건 학살이 더욱 기승

당시의 미 공군 문서를 보면, 12월 말 대부분의 유엔군이 38선 이남지역으로 철수하는 상황 속에서 극동공군의 초토화작전은 38선 부근까지 확대된 정황을 확인할 수 있다. 예컨대 12월 28일 B-29기 28대가 출격하여 이중 24대가 38선 인근의 파주시 금촌, 황해도 서흥군 신막읍, 철원군 갈말읍 지포리 등의 지역에 대량폭격을 수행했다. 12월 30일에는 18대의 B-29기가 철원을 폭격했다.

특히 1951년 1월 3일과 5일에 진행된 평양 폭격은 소이탄 대량폭격의 가공할 위력을 여실히 보여준다. 3일에는 72대의 B-29기가 출격하여 이중 67대가 평양을 폭격했고, 1월 5일에는 70대가 출격하여 59대가 평양을 공격했다. 연 이틀에 걸친 평양공습은 극동공군 전투력을 풀가동한 것으로서, 표현 그대로 해당 지역에서 '인간을 멸종시키려는 듯이' 완전 초토화해버리기 위한 군사작전이었다.

1951년 5월 국제여맹 조사단의 묘사를 통해 알 수 있는 것처럼, 그때까지도 극동공군의 소이탄 공격은 북부지역에서 계속 반복되고 있었다. 이 같은 사실은 실제로 1951년 5월에 작성된 수많은 미 공군 측 문서를 통해서도 쉽게 확인할 수 있다. 그리고 이처럼 짧지 않은 기간 동안 조선 전역의 민간지역을 향해 끊임없이 쏟아붓던 소이탄들은 국제여맹 조사단의 표현처럼, 북조선의 모든 도시를 파괴했고, 대부분의 촌락을 불태워 없애버렸다. 1950년 11월의 대량폭격작전은 조선 민간인 거주지역 파괴의 정점이 아니라 시작점에 불과했던 것이다.

중국군 참전 이후 조선 민간인 거주지역의 파괴양상은 더욱 심화되었다. 국제여맹 조사단원들은 "어째서 피해가 이다지도 막심한지 처음에는 알 수 없었다"고 말했다. 그러나 이내 조사단원들은 막중한 피해의 원인을 알 수 있었다. 조사보고서는 다음과 같이 말한다. "시의 공무원들이나 주민들을 만나 우연히 대화를 나누며 질문한 결과 그 이유를 알 수 있었다. 우리와 인터뷰한 모든 사람들은 첫번째의 파상적인 소이탄 투하 이후 불을 끄기 위해 거리로 나간 사람들이 저공비행 기총소사에 의해 조직적으로 사살되었다고 언급했다. 도시에 대한 완전소각은 화재진화를 시도한 민간인들을 조직적으로 기총소사하는 과정에서 초래되었다."

　조사단원과의 인터뷰에 응한 신의주 주민들은 하나같이 폭격 후 전폭기 기총소사 사실에 대해 언급했고, 이것이 도시지역 완전소각의 주요 원인이라고 주장했다. 소련군 총참모부 작전총국 또한 1950년 말 미 공군의 폭격작전에 대해 언급하며, "폭격 7~10분 후 폭격장소에 적 전폭기가 나타나 공중청소를 실시했다"고 분석했다. 이 보고서는 대외 선전을 위한 문서가 아니라, 미 공군 전투행동 분석을 위한 소련군의 내부 비밀문서였다.(「소련군 총참모부 작전총국의 보고서, 1950년 6월 25일~1952년 12월 31일 조선에서 미 공군의 전투행동에 대해서」1953.1.27.(국사편찬위원회 엮음 『북한관계 사료집 8』665면)

　여기서 우리는 다시 1950년 11월 5일 스트레이트마이어의 초토화작전 명령서를 주목하지 않을 수 없다. 왜냐하면 해당 명령서가 제시한 제5공군 소속 경폭기와 전폭기의 구체적 임무가 "은신처를 제공할 수 있는 모든 건물을 포함한 여타 목표물들을 파괴"하는 것이었기 때문이다. 아마도 이보다 더 모호하고 광범위한 타깃을 설정하기는 힘들 것이다. 제5공군 조종사들은 북조선에서 그 어떤 것에 대해서도 공격을 가할 수 있는 공식적 면허를 손에 움켜쥔 채 작전을 수행한 것이나 다름없었다.

　소이탄 투하 직후의 전폭기 기총소사는 그 목표물 자체가 도시주민들이라는 점에서 매우 비인도적인 침략군의 군사작전임에 틀림없었다. 그러나 그 진행과정 만큼이나 잔인한 것은 그 전투작전의 목적이었다. 미 공군이 소이탄 투하 직후 도시주민들에게 기총소사를 가한 이유는 생존자들의 증언처럼 도시를 완전히 초토화시키기 위한 것이었다. 미 공군은 극도로 인화성이 강한 소이탄을 도시 지역에 투하한 후, 화염이 수일 동안 불 탈 수 있도록 기총소사를 통해 진화작업을 방해 했던 것이다.

　진화작업의 방해를 위한 또다른 활동은 소이탄 투하 직후의 도시 전 지역에 대한 시한폭탄 투하였다. 국제여맹 조사단은 미 공군 폭격기들이 주로 소이탄 투하 후에 시한폭탄을 투하했다고 주장한다. 조사단의 보고서에 따르면, 시한폭탄은 다양한 시간대에 폭발했는데, 낙하 후 20일 이후에 폭파하는 것들도 있었다고 한다.

　실제로 미 극동공군은 이미 남한지역에서도 북군의 교량복구사업을 방해하기 위해 다량의 시한폭탄을 투하했다.(Women's International Commission for the Investigation of War Atrocities Commited in Korea, 앞의 책 43면)

　1950년 8월 27일 미 극동공군은 한강 교량 부근 일대에 시한폭탄을 투하하도록 명령했다. 이는 인민군의 한강교량 복구사업을 방해함과 동시에, 한강 도하를 위해 활용하고 있던 부교의 건설을 막기 위한 명령이었다.(USAF Historical Division 『1955』 앞의 글 45면)

　화재진압 및 교량복구사업은 남북을 막론하고 해당 도시 거주민들이 담당했던 업무였다. 다시 말해 1950년 8월과 11월 극동공군은 남북 도시 민간인을 대상으로 비인도적인 시한폭탄을 무차별적으로 투하했던 것이다. 작전은 민간인을 희생시키고 그들 사이에 공포심을 불러일으키는 것을 주요한 목적으로 했다. 북조선주민들은 기총소사 및 시한폭탄이 두려워 소이탄의 화염을 감히 끌 엄두를 못냈다.

도시주민들에 대한 저공비행 기총소사 임무는 제5공군 전폭기들의 몫이었다. 실제로 B-29 중폭격기가 대량으로 투입된 주요 작전에는 제5공군의 전폭기들 또한 집중적으로 투입되곤 했다. 예를 들어 11월 8일 78대의 B-29기가 신의주를 폭격했을 때, 87대의 전폭기 또한 신의주 상공에서 작전을 수행했다. 폭격 다음날 『뉴욕타임즈』에 실린 신의주 공습에 대한 기사는 신의주 상공 전폭기들의 존재에 대해 다음과 같이 언급한다.

"아침 일찍 전폭기들이 기총소사 및 로켓과 네이팜탄 투하를 통해 해당 지역을 쓸어버리면서 공격은 시작되었다. 이후 B-29기 10대가 1000파운드(455킬로그램) 고성능폭탄을 철로와 압록강 교량 및 교량진입로로 투하했다. 나머지 비행기들은 압록강 남동 기슭을 따라 조밀하게 늘어선 2.5마일(4킬로미터)의 건물밀집지역을 소이탄만으로 공격했다."

기사 내용은 앞서 살펴본 극동공군 내부자료와 거의 정확히 일치한다. 다만 다른 점이 있다면 폭격의 진행과정에서 전폭기들이 먼저 도시를 파괴한 후 폭격기가 진입했다는 사실에 대한 묘사 부분이다.

미 극동공군은 이날 신의주에 투입된 전폭기 87대의 임무를 '폭격기 호위'라고 간략히 표시했다. B-29폭격기 진입 이전에 도시의 상당 부분을 파괴하는 행위는 존재 가능한 대공포의 사전박멸을 의미하기 때문에, 엄밀한 의미에서 호위 활동이라고 볼 수 있다. 그러나 수십 대의 전폭기들이 일시에 네이팜탄을 투하하고 로켓을 발사하고 기총소사를 실시하는 행위는 그 자체가 가공할만한 파괴작전이었다. 위의 『뉴욕타임즈』의 기사 역시 "전폭기들이 해당 지역을 쓸어버렸다"라는 표현을 사용했다. 게다가 이들 전폭기들의 주요 임무가 폭격기 호위였다고 하나 이날 신의주 상공에는 단 1대의 적 비행기도 나타나지 않았다.No enemy fighters were encountered.

결과적으로 이들의 활동은 처음부터 끝까지 도시 파괴작전에 머물렀던 것이다. 이렇듯 B-29기와 함께 대도시 공격에 동원된 전폭기들은 도시 파괴에서 나름의 중요한 역할을 담당했음을 알 수 있다. B-29 중폭격기들의 임무가 대도시지역을 소이탄으로 '대량소각'하는 것이었다면, 제5공군의 전폭기들은 대도시지역의 '완전소각'을 적극적으로 방조하는 것이었다.

○ 미 공군은 조선의 대도시 폭격뿐만 아니라 여타 주요 목표물 폭격에서도 B-29기 대량폭

격 이전에 전폭기 사전폭격을 수행했다. 소련은 미 공군의 조선 비행장 폭격양상에 대해 다음과 같이 분석했다. "폭격기가 도착하기 10분 전에 분사식전투기들이 등장해 비행장에 기총소사를 수행하는 것은 비행장 공습에서 발견되는 미군기의 행동 특성이다. 그리고 그 후에야 폭격기의 폭격이 시작되었다."(「소련군 총참모부 작전 총국의 보고서, 1950년 6월 25일~1952년 12월 31일 미 공군의 전투행동에 대해서」 1953.1.27. 국사편찬위원회 엮음, 앞의 책 665면)

지금까지 살펴본 것처럼 제5공군 소속 전폭기들은 대도시 파괴에서 매우 중요한 역할을 담당했다. 그러나 실상 이들의 주요 임무는 북부지역의 작은 마을village의 파괴였다. 소위 맥아더의 '초토화정책'이 발표된 후, 농촌지역의 소규모 마을들과 산간지역의 고립된 가옥들까지도 모두 소이탄 폭격의 대상으로 간주되었다.

게다가 전쟁 초기 인민군의 주간 은신·야간행군·야간 전투작전으로 곤란을 겪었던 미 공군 전폭기 조종사들은 중국인민지원군을 대상으로 한 전술항공작전에서는 남한지역에서보다 더 큰 어려움을 호소했다. 중국군은 한반도 진입 후 전폭기들의 폭격을 피하기 위해 철저히 밤에만 산길을 따라 이동하고, 낮에는 개인 참호나 자연 지형물에 자신을 은폐시켰기 때문에 공중에서 이들을 찾아내기란 사실상 불가능했다.

○ 네이팜 탄(napalm 彈) : 알루미늄·비누·팜유·휘발유 등을 섞어 제리 모양으로 만든 네이팜을 연료로 하는 유지소이탄油脂燒夷彈의 하나. 소이력火力이 아주 커서 섭씨 3,000도의 고열을 내면서 주위를 불바다로 만들고 사람을 타죽게 하거나 질식시키며 신체에 고통스런 상처를 남긴다. 유제품이어서 눈밭에서도 꺼지지 않고 화력을 발휘한다. 2차대전 때부터 비행기에서 투하하는 방법으로 쓰였으며 베트남전 때 미군이 사용, 많은 논란을 불러일으켰다. (사진은 노병천 『이것이 한국전쟁이다』 21세기 군사연구소 2000년)

○에이전트 오렌지(agent orange) : 고엽제枯葉劑의 일종. 오렌지제劑라고도 한다. 2종류의 제초제 2·4D와 2·4·5T의 혼합물. 맹독성이 있는 다

중공군 포로의 증언에 의하면 유엔공군의 네이팜탄이 가장 무서웠다고 한다. 사진은 산허리에 엎드린 채 네이팜탄에 불타 죽어있는 중공군의 비참한 모습(위)과 1953년 판문점으로 이송된 네이팜탄에 맞은 인민군 포로의 끔직한 모습(좌).

이옥신이 불순물로서 함유되어 있다. 베트남전쟁에서 미국이 대량 사용했다. 기형을 발생시키는 특성이 있어서 베트남인 뿐만 아니라 종군병사들, 특히 한국군 장병들도 많은 피해를 보고 현재도 보훈병원의 주된 고객환자로 치료를 받고 있다. 전쟁을 일으키고 모든 독성물질 사용은 미국군이 저지르면서 세계 인류에게는 절대로 같은 무기의 대응을 못하도록 하는 무도하고 야비한 짓을 미국의 침략세력은 계속 저지르고 있다.

3) 세계 최강 제국주의세력의 짐승스런 폭격학살, 다져진 철천지 분노

(1) 주민들은 토굴과 초근목피로 생존하면서 반제투쟁 의지 굳혀

충분히 예상 가능하듯이, 미 공군의 초토화작전은 조선주민들의 삶의 근간인 의식주 자체를 극단적 위기상황으로 몰고갔다. 북조선정권은 1950년 11월 20일에 이르러서야 비로소 미군의 초토화작전과 관련된 대민지원정책을 발표했는데, 그 내용은 기존의 북조선정부 내각결정서와는 달리 온전히 주민들의 긴급한 의식주 문제 해결에 초점이 맞추어져 있었다.

우선 조선정부는 '폭격'으로 인해 피해를 입은 전재민 구호를 위해 전재민수용소 설치를 지시했고, 전재민 중에서 자신의 생활을 위탁할 수 있는 지인이 있는 사람들에게는 5일분의 양곡만을 배급하고, 위탁할 곳이 없는 사람들에게는 양곡을 중단 없이 지속적으로 배급할 것을 결정하였다. 또한 추운 겨울날씨에 제대로 걸칠 옷이 없는 사람들을 위해 10~20만 미터의 옷감을 12월 10일까지 무상으로 공급하라고 지시했다.

그리고 전재민의 주택을 보장해주기 위해 각 면·리 인민위원장들에게 농촌지역의 전재민 수용능력을 조사토록 하고, 부족한 주택 문제 해결을 위해 11월 말까지 '토막土幕'을 구축케 하며, 이를 위해 필요한 목재 등 자재를 적극 알선·보장하라고 지시했다.

1951년 1월 21일 정부에서는 다시한번 「인민생활 안정을 위한 제諸대책」을 발표했는데, 그 주요 내용은 1950년 11월 20일의 대책과 대체로 비슷했다. 달라진 점이 있다면, 주택건축에서 목재의 유상분양 방법이나 구체적인 세금면제 항목 등을 명기함으로써 그 실행에서 구체성과 현실성을 더하기 위해 노력한 정도였다. 김일성은 1951년 3월 29일 군사위원회 위원장의 자격으로 폭격피해를 줄이기 위한 방공대책의 강화를 다시 한번 강조했다. 이 명령에는 "공습피해를 적극 방지하기 위하여 (…) 1951년 4월 1일부터 1주일간을 방공대책 강화주간"으로 정하여 경각성을 높이고, 지역 방공대피호를 의무적으로 구축케 하며, "공습경보 중에는 일체 통행을 엄금할 것"을 지시했다.

또한 정부는 앞서 살펴보았듯이 1951년 5월 국제민주여성연맹을 향해 북부지역 전쟁피해 조사를 호소하는 등 가혹한 폭격피해 상황을 적극적으로 국외에 알리고자 했다. 국제민주여성연맹은 1945년 6월 프랑스 민주여성동맹의 제1차 대회 개최를 계기로, 이 대회에 참가한 반파쇼투쟁 경력의 각국 여성들이 1945년 11월 26일부터 12월 1일까지 파리에서 국제여성대회를 개최함으로써 공식적으로 수립될 수 있었다. 국제민주여성연맹은 1951년 10월 62개국 1억 3500만 명의 회원을 보유한 세계적 규모의 방대한 조직이었고, 그 연맹규약에는 파쇼사상 근절과 항구적 평화의 수립 등이 제시되어 있었다.

북조선지역에 파견된 국제민주여성연맹 조사단은 유럽·미주·아시아·아프리카의 18개국을 대표하는 20명의 대표와 1명의 참관인으로 구성되었으며, 단장은 캐나다 국적의 노라 로드였다. 한국전쟁기에 출간된 『조선중앙연감』에 따르면, 조사단은 "조선녀성들의 요청에 따라서 북조선지역에 파견되었다"고 한다. 조사단은 중국을 거쳐 1951년 5월 16일 조선에 입국하여 5월 27일까지 평양·신의주·남포·원산·해주를 비롯한 여러 도시와 농촌을 조사단원 전체가 한꺼번에 방문조사를 벌이거나, 몇 개 팀으로 나누어 특정팀이 어느 지역을 제한적으로 조사하는 방식을 통해 조선 전역의 전쟁피해 상황을 종합하고자 했다. 따라서 최종종합보고서 또한 서로 상이한 날짜와 장소에서 완성된 수개의 개별보고서를 하나로 묶는 독특한 형식으로 완성되었다.

보고서는 시종일관 조사단원들이 '직접' 보고 들은 것만을 기술했다고 반복적으로 강조하며 조사단원들의 국적이 서로 다르고 정치적 견해도 다르다는 사실 또한 부각시켰다. 이처럼 독특한 종합보고서 작성방식은 보고서 내용의 객관성을 대외적으로 알리기 위한 나름의 장치로 해석되었다.

국제여맹 보고서는 초토화작전 시기 조선주민의 폭격피해와 삶을 매우 생생히 보여준다. 1951년 5월 조사단은 여전히 미 공군의 초토화작전이 진행되고 있는 위험천만한 상황 속에서 자신들의 임무를 충실하게 수행하고자 노력했다. 대부분의 피해조사는 당시까지 여전히 진행되고 있던 소이탄 폭격을 직접 관찰·분석하고, 일부 가정을 직접 방문하여 그들의 일상을 살피고 지역민들과의 인터뷰를 통해 피해정황을 종합하는 방식으로 진행되었다.

조사단이 압록강을 건너자마자 가장 먼저 닿은 도시는 국경도시 신의주였다. 당시 신의주는 11월 8일의 소이탄 대량폭격을 기점으로 여러 차례 반복적인 공중폭격 피해를 입은 상태였다. 5000여 명의 사망자와 3000여 명의 부상자를 낳은 11월 8일의 폭격피해에 대해서는 앞서 자세히 살펴보았으므로, 여기에서는 1951년 5월 당시 신의주 시민들의 일상에 대해 간단히 살펴보도록 하겠다.

폭격 이후 신의주 주민들의 절대 다수는 흙과 나무로 간신히 모양새만 갖춘 토굴 속에 살고 있었다. 일부는 뼈대만 남은 가옥에 벽돌과 돌조각을 쌓아올려 추위와 싸우고 있었다. 조선주민들은 폭격에 의해 집이 불 타 없어진 상황 속에서 어쩔 수 없이 주변에서 구하기 쉬운 흙과 나무를 얼기설기 쌓아올려 임시거처를 마련했다. 그런데 전쟁 당시 토굴의 축조는 조선전쟁기 내내 가혹하게 지속된 미 공군의 공중폭격으로부터 우선 자신을 지켜내기 위한 안전보장 측면이 더 강했다.

조사단원들은 신의주 시내에 위치한 오막살이 1곳을 방문했다. 그곳에는 권문수씨의 가족이 살고 있었다. 그의 가족은 어머니·아버지·세 어린아이들로 구성되어 있었다. 오막살이는 두 칸으로 나뉘어 있었는데, 한 칸은 거처하는 방이고 다른 한 칸은 부엌이었다. 거처하는 방은 넓이 3×2미터였고, 부엌은 0.5×3미터였다. 다섯 식구가 머무르기엔 비좁기 그지없는 공간이었다. 그러나 이 가족은 방도 있고, 다른 이들이 갖지 못한 홑이불도 있다고 하여 이웃사람들의 큰 부러움을 샀다. 이웃들은 그들을 "행복한 사람들"이라고 불렀다.

홑이불이 있다는 이유로 "행복한 사람들"로 불린 권문수 가족의 사례는 전쟁기 조선주민의 일상이 얼마나 고단한 것이었는지 충분히 미루어 짐작케 해준다. 더불어 앞서 제시된 북한정부의 전재민戰災民 구호정책이 현실에서 그다지 큰 도움을 주지 못했다는 사실도 추측케 해준다.

조사단은 신의주를 떠나 평양으로 향했다. 조사단은 신의주로부터 평양으로 가는 도중에 자신들이 본 조선의 모습을 다음과 같이 묘사했다. "신의주로부터 평양까지 여행하는 도중에서 조사단원들은 자신들이 통과한 도시와 마을이 모두 완전히 파괴되었거나 거의 대부분 파괴된 것을 보았다. 그 도시들은 남시·정주·안주·숙천·순안동이다. 파괴된 마을들이 너무나 많기 때문에 일일이 열거할 수 없다."

근대식 건물들이 즐비했던 평양의 모습도 크게 다르지 않았다. 조사단은 평양에 있던 수많은 건물들이 "전부 파괴되었다"고 표현했다. 1951년 5월, 국제여맹 조사단이 묘사한 평양의 모습은 다음과 같다.

도시는 현재 완벽한 폐허의 상태이다. 예전의 것들 대부분이 완전히 파괴되어 평지화 되었다. 다만 재와 돌더미를 배경으로 부서진 집의 벽들만이 여기저기에 서 있을 뿐이다. 몇 개의 근대식 건물들은 골격만 남아있고, 지붕과 안쪽 벽들은 존재하지 않았다. 여타 건물들도 예전에 그곳에 건물이 있었음을 알려주는 부서진 벽들만 남아 있을 뿐이다.

평양시민들은 미군이 평양에서 전투를 벌이지 않고 사전에 퇴거하면서 시내의 건물 80퍼센트를 계획적인 방화에 의해 소각했다고 주장했다. 조사단은 미군 퇴거 이후 지속된 공중폭격에 의해 파괴율이 100퍼센트에 달한 것으로 평가했다. 1951년 1월 3일의 폭격이 가장 가혹했다고 판단했다. 보고서는 소이탄에 의해 발생한 불길과 시한폭탄에 의해 발생한 지속적 폭발이 체계적 구조 활동조차 불가능하게 만들었다고 서술했다. 때문에 다수의 평양시민들은 1월 3일 폭격 당시 엄청난 불길과 건물 잔해 아래에서 산 채로 파묻혀 죽거나 질식해 죽었다고 적었다. 생존자들은 그때까지도 많은 시신들이 잔해 아래에 있다고 증언했다. 이 같은 묘사는 1945년 소이탄 폭격 직후의 독일과 일본 도시 모습과 크게 다르지 않았다.

강계시민들은 1950년 12월 12일의 소이탄과 시한폭탄 투하에 의해 강계시가 거의 완벽히 파괴되었다고 증언했다. 소이탄으로 불을 질러놓고 추가로 떨어뜨린 시한폭탄 때문에 장시간 불길을 잡을 수도 없어서 일주일 이상씩이나 화염에 잠겨있었다고 한다. 이렇듯 강계시는 조선반도에서 초토화작전의 공식화를 알리는 1950년 11월 5일 소이탄 대량폭격 이후에도 지속적으로 미 공군의 소이탄 폭격을 받고 있었던 곳이다.

강계는 본래 4만의 인구, 10개의 학교, 2개의 극장을 지닌 중소도시였다. 도시 안에는 2개의 교회당이 있었는데, 기독교인들은 폭격이 시작 되었을 때 교회당 가까운 곳으로 대피했다고 한다. 그 이유는 미국인들이 교회당은 파괴하지 않으리라는 기대 때문이었다. 물론 이들 교회당들도 강계 시내 여타 건물과 마찬가지로 소이탄에 의해 파괴되었다.

높은 고공에서 도시와 마을을 향해 투하된 소이탄들은 가공할만한 불의 바다를 지상에 만들어냈고, 그 불의 바다 속에서 수많은 사람들이 극심한 고통 속에 죽고 다쳤다. 전쟁기 내내 조선주민들은 자신의 머리 위를 비행하는 폭격기를 바라보며 '생존'이라는 문제에 절실하게 매달려야만 했다. 살아남는 것만이 최대의 목표가 되었다. 전쟁기 내내 조선에서 전선 '후방지역'은 존재하지 않았다.

(2) 상당수는 생명보존과 권토중래를 도모, 야음 피난길 찾아 남으로

  1950년 겨울 미 공군의 가혹한 초토화작전에 맞서 북조선주민들이 선택 가능한 가장 적극적인 생존방책 중 하나는 피난이었다. 한국전쟁기 피난의 특징을 분석한 김동춘은 이 시기 조선서 발생한 대규모 피난을 전쟁 초기 서울·경기 이남지역의 1차 피난과 구분하여 '2차 피난'이라고 불렀다. 또한 김동춘은 이 2차 피난을 "전쟁이라는 상황이 초래한 생존의 절대절명의 요구이자, 처벌을 피하기 위한 불가피한 선택"으로 평가하며 '생존을 위한 피난'이라고 성격 규정했다. 특히 그는 "한국전쟁 전 시기를 걸쳐서 인민군의 남하를 피해 피난한 정치적 피난보다 미군의 폭격을 피해 피난한 경우가 훨씬 많았다는 점을 기억할 필요가 있다"고 언급하면서, 1950년 겨울의 대규모 피난과 미 공군 폭격의 직접적 상관성을 주장했다.
  1950년 겨울 북부지역 폭격과 피난의 상관관계를 분석할 때 언급하지 않을 수 없는 내용 중 하나가 미국의 원자폭탄투하 가능성과 피난의 상관성이다. 김귀옥의 월남민 연구에 따르면, 이 시기에 월남한 주민중 상당수가 북조선에서 발생 가능한 원폭에 대한 소문 때문에 피난길에 올랐다고 한다. 함남 단천군 치안대 출신의 한 인물은 "미국이 원자탄을 떨어뜨린다는 소문"을 친척으로부터 들었고, 대한청년단 소속의 한 인물은 "미군이 원자탄을 투척할테니, 마을주민을 소개하라"는 지시가 내려왔다고 회고한다. 심지어 함남 북청지역의 어느 마을 대한청년단 단장을 맡았던 한 인물은 원자탄 투하 소문이 돌자 동네 60가구 중 노동당원 20가구를 제외한 모두가 피난을 떠났다고 주장했다.(김귀옥 『월남민의 생활 경험과 정체성 : 밑으로부터의 월남민 연구』 서울대학교 출판부 1999)
  불과 5년여 전 원폭의 가공할 위력을 전해 들었던 조선인들에게 원폭 투하 가능성에 대한 소문은 굉장한 공포를 심어주었을 것이다. 심지어 당시 북반부인들은 5년 전 일본인들처럼 미 공군의 무차별적 소이탄 폭격을 실제 경험하고 있었기 때문에 원폭 소문을 단지 허황된 뜬소문으로 치부할 수는 없었을 것이다. 게다가 이 같은 소문이 우익청년단을 중심으로 주민들에게 퍼져나갔다는 사실은 당시 워싱턴에서 진행되고 있던 논쟁과 관련하여 매우 의미심장하게 살펴볼 만하다. 왜냐하면 실제 1950년 11월 워싱턴에서는 중국으로의 확전과 핵무기 사용 가능성이 진지하게 논의되고 있었기 때문이다. 게다가 1950년 11월 30일 미국 대통령 트루먼은 공식적 기자회견을 통해 원자폭탄 사용 가능성에 대해 다음과 같이 언급하기도 했다.

대통령: 우리는 항상 그러했던 것처럼 군사적 상황에 대응하기 위해 필요한 모든 수단들을 사용할 것입니다.

기자 : 모든 수단에는 원자폭탄도 포함됩니까?

대통령: 우리가 지닌 모든 무기들을 포함합니다.

기자 : 대통령님, 당신은 '우리가 지닌 모든 무기'라고 말씀하셨습니다. 이는 원자폭탄의 적극적 활용을 고려하고 있다는 의미입니까?

대통령: 원자폭탄의 사용은 언제나 능동적으로 고려되어 왔습니다. 저는 그것의 사용을 보고 싶지는 않습니다. 이는 끔찍한 무기입니다. 따라서 이것은 군사공격과 완전히 무관한 선량한 남녀와 어린이들에게 사용되어서는 안됩니다. 이것이 사용되면, 끔찍한 일들이 발생합니다.

트루먼은 원폭 관련 질문의 마지막 부분에 그것이 쓰이는 것을 보고 싶지는 않다는 단서를 달기 했지만, "원자폭탄의 사용은 언제나 능동적으로 고려되어왔다"고 단언함으로써 그 현실적 사용 가능성을 한층 높였다. 실제로 트루먼 기자회견 다음날, 맥아더는 자신의 집무실회의에서 중요도 순서에 따른 핵무기 공격목표물이 안둥·묵덴(심양·선양)·베이징·톈진·상하이·난징이 될 것이라고 언급했다. 게다가 미국의 역사학자 브루스 커밍스의 주장에 따르면, 1950년 12월 9일 맥아더는 핵무기 사용에 대한 자유재량권을 요구했고, 12월 24일에는 26발의 원자폭탄을 필요로 하는 목표물 리스트를 제출하기도 했다.

1950년 11월과 12월 핵무기 사용 가능성에 대한 이러한 워싱턴의 내부적 논쟁과 대외적 발언들은 불폭탄으로 도시마다 불타고 있던 조선반도에서는 어떤 형식으로든 한반도 현지의 군인들과 민간인들에게 확대·재생산될 가능성이 높았다. 핵무기의 사용은 일순간에 전쟁의 성격 자체를 판이하게 바꿀 수 있었기 때문이다. 1950~51년 겨울, 수많은 조선주민들은 실제 자신의 거주지를 불바다로 만들고 있던 소이탄 폭격으로부터 벗어나기 위해, 혹은 일순간에 자신의 가족과 이웃을 한줌의 재로 변화시킬 수 있는 핵무기의 공포로부터 탈피하기 위해 적극적인 '생존을 위한 피난'을 감행했던 것이다. 이산가족 1세·2세 가족을 포함한 소위 "1천만 이산가족"의 불행한 비극의 역사가 이렇게 시작되고 있었다.

(3) 소이탄 투척으로 인한 초토화·대량학살은 38선 이남에서도

"이 파괴작전은 조선~만주 국경에서 시작해 남쪽으로 진행될 것이다." 1950년 11월 5일, 맥아더의 지시에 의해 작성된 스트레이트마이어의 초토화작전 명령서에는 위와 같은 문장이 포함되어 있었다. 그리고 실제 미 공군의 초토화작전 권역은 유엔군의 후퇴와 함께 지속적으로 남쪽으로 번지며 결국 조선 북부 전역으로 확대되었다.

한편, 유엔군의 후퇴는 단순히 북부지역에서 그친 것이 아니라 38선 이남지역에서도 계속되고 있었다. 지상군 후퇴에 따라 극동공군의 초토화작전의 범위도 자연스럽게 남한지역으로까지 확대되었다. 진실화해위원회의 한국전쟁기 민간인 집단학살 조사 사례 중에는 1951년 초 미 공군의 소이탄 공격에 의한 대규모 집단희생 사례들을 쉽게 찾아볼 수 있다.

주로 1951년 1월에 집중적으로 발생한 강원·경기·경북·충북 지역 폭격피해 사례들은 사실상 1950년 11월 맥아더의 지시에 의한 초토화작전의 남한지역으로의 확대를 의미했다. 그중에서도 도진순에 의해 학계에 소개되어 진실화해위원회의 심도 깊은 현지조사가 실시된 경북 예천군 보문면 산성동 폭격에 대한 연구논문과 조사보고서, 경북 예천·충북 단양·경기·강원 지역 폭격사건 조사보고서 등은 초토화작전의 남한지역 확산과정을 속속들이 보여주는 대표적 사례로 꼽을 만하다.

도진순의 발굴문서들에 따르면, 1951년 초 충북과 경북지역을 관할하던 미 제10군단 사령관 에드워드 아몬드는 인민군이나 중국군 병력들의 은신처로 활용 가능한 남한지역의 마을들을 공중에서 네이팜탄으로 파괴하는 작전이 군사적으로 매우 효율적이라는 주장을 개진하고 있었다. 아몬드는 "네이팜탄 공중폭격은 게릴라 부대를 파괴할 뿐만 아니라, 그들이 숨을 수 있는 은신처나 마을을 파괴하기 때문에 가장 효과적인 방법"이라고 주장했다.

○ 도진순 「1951년 1월 산성동 폭격과 미 10군단의 조직적 파괴 정책」 『역사비평』 72호, 2005. 진실화해를위한과거사정리위원회 「예천 산성동 미군폭격 사건」 『2007년 하반기 조사보고서』 2008. 「단양 곡계굴 미군폭격 사건」 『2008년 상반기 조사보고서』 2권, 2008. 「경기지역 미군폭격사건」 『2008년 하반기 조사보고서』 2권, 2009. 「단양지역 미군 관련 희생사건」 『2010년 상반기 조사보고서』 6권, 2010. 「김천·단양지역 미군 폭격 사건」 『2010년 상반기 조사보고서』 7권, 2010. 「예천 진평리 미군 폭격 사건」 『2010년 상반기 조사보고서』 8권, 2010. 「강원지역 미군 폭격 사건」 『2010년 상반기 조사보고서』 8권, 2010.(Almond, "Message to Ridgway" 1951.1.16. 도진순(2005), 앞의 글 107면에서

재인용)

물론 위와 같은 주장은 아몬드 고유의 주장이라기보다는 1950년 11월 5일 맥아더에 의해 공식화된 것이었다. 맥아더는 적군이 도시나 마을로 진입하기 전에 적의 은신처로 사용 가능한 시설을 모조리 사전에 파괴하는 작전의 중요성을 반복적으로 강조했다. 이 렇듯 앨먼드는 사실상 유엔군사령관의 지시를 충실하게 이행하는 수준의 주장을 개진하고 있었기 때문에, 자신의 의지를 강력하게 밀고 나갈 수 있었다.

1951년 1월 25일 그는 "현지 주민들이 죽는 것은 사실이지만, 남아 있는 자들은 적에게 동정적이고, 마을은 적의 은신처가 된다"고 주장하며 자신의 민간지역 파괴작전을 적극적으로 옹호했다. 늑대가 된 침략자들의 눈에는 자기들이 무찌르고자 하는 상대방과 그 동포들이 전혀 동등 인격의 인간으로 보이지 않았던 것이다.

남한지역 피해자들의 증언에서 발견되는 가장 흥미로운 사실 중 하나는 미 공군 폭격기들뿐만 아니라 지상군들도 인민군이나 중국군이 해당 지역으로 진입하기 전에 매우 적극적으로 마을 소각에 동참했다는 사실이다. 예컨대 1951년 1월 19일 경북 예천군 진평리 폭격사건을 직접 목격했던 김○○는 마을 폭격 이후 미군들이 들어와 인근 마을들을 모두 불태웠다고 진술했고, 1951년 1월 12~19일 충북 단양군 노동리와 미동리의 미군 폭격사건을 직접 목격했던 대부분의 생존자들은 미군의 공격이 "폭격→포격과 총격→소각" 순으로 진행되었다고 공통적으로 증언했다. (진실화해를위한과거사정리위원회 「예천 진평리 미군폭격 사건」 『2010년 상반기 조사보고서』 8권, 2010. 진실화해를위한과거사정리위원회 「단양지역 미군 관련 희생사건」 『2010년 상반기 조사보고서』 6권, 2010, 845면)

그 구체적 예로 충북 단양군 노동리의 임○○는 미군이 수일에 걸쳐 마을로 들어왔으며, 주둔 다음날부터 마을을 돌아다니며 주민을 집에서 내보내면서 불을 지르기 시작했다고 증언했다. 이 과정에서 주민들이 불에 타서 죽거나 미군의 의심을 사서 총살되기도 했다고 한다. 노동리의 송○○ 또한 미군이 주둔 다음날부터 주민들 집에 불을 지르기 시작했다고 언급했고, 이○○와 정○○를 비롯한 다수의 지역민들이 미군이 "불총"을 쏘며 민가에 불을 질렀다고 증언했다.

실제로 1951년 1월 단양지역의 미 제7사단장 데이비드 바David Barr의 보고서에는 다음과 같은 내용이 등장한다.

주거지에 대한 조직적 소각으로 제17연대 지역의 주민들은 유엔군에 적대적이 되었다. 사람들은 왜 미군이 적군이 없는 마을을 방화하는지 이해하지 못한다. 이러한 적대적인 태도는

한국군에도 심각한 영향을 미친다. 적이 없는 지역의 가난한 농부들에 대한 조직적 소각작전
으로 이미 8000명의 피난민이 발생한 것으로 추산되며, 앞으로 더 많아 질 것이다. 그런데 그
들은 대부분 늙은이·불구자 그리고 어린이들이다.(Barr, "Message to Almond"
1951.1.18. 도진순〔2005〕108면에서 재인용)

　미 제7사단장의 위와 같은 설명은 당시 미 공군의 소이탄 폭격 뿐 아니라 지상군의 민
간지역 소각작전 또한 매우 광범하게 진행되었음을 추측케 해준다. 더불어 국제민주여
성연맹 보고서 등의 북부지역 피해보고서들 또한 유엔군 퇴각 직전의 민간지역 소각작
전에 관해 반복적으로 주장하고 있는데, 이 같은 주장이 결코 허황된 것이 아니라는 사
실을 미루어 짐작할 수 있다. 평양시민들은 미군부대가 평양에서 전투를 벌이지 않고 사
전에 퇴거하면서, 시내의 건물 80퍼센트를 계획적인 방화에 의해 파괴했다고 주장했다.
　게다가 북조선 측은 동부전선의 38선 이북지역인 양양군 또한 유엔군이 퇴각하면서
그 지역에서 항공기의 소이탄 투하와 유엔군의 방화를 벌여 총 3351호의 민가가 소각되
었다고 줄곧 주장했다. 그런데 이 지역은 아몬드의 군사 작전 구역이었다는 측면에서 주
의깊게 살펴볼 필요성이 있다. 초토화작전은 단순히 공중에서만 진행된 것이 아니라, 아
몬드의 지시 같은 지상군과의 협업을 통해 그 파괴력을 더하고 있었던 것이다.
　남한지역 초토화작전의 진행과정에서 볼 수 있는 중요한 사실 중 하나는 이 시기 폭격
기 조종사들이 남한 내 작전구역 내에서 발견되는 모든 "흰옷을 입은 사람들"을 사실상
적으로 간주했다는 것이다. 적잖은 전폭기 임무보고서의 적정敵情 항목에는 '흰옷을 입
은사람들people in white'이 기록되어 있었고, 이 같은 지역에는 어김없이 대규모 네이팜
탄폭격이 진행되었다.
　산성동 폭격의 정찰관중 하나였던 조지 울프George Wolf는 "많은 사람들이 흰옷을 입
고 있었다. 우리는 적으로 간주할 수밖에 없었다"고 증언했다. 산성동 폭격에 관여한 또
다른 정찰관 네빌Neville은 "우리는 지상에서 움직이는 모든 사람이나 물건은 아군이 아
니라고 생각했다"고 말했다. 1951년 초, 미 공군은 적 점령하의 남한지역 민간인들을 사
실상 적 병력과 동일시하고 있었다.(진실화해를위한과거사정리위원회「예천 산성동 미군폭격
사건」『2007년 하반기 조사보고서』2008, 350~351면)
　『뉴욕타임즈』의 종군기자 배릿Barrett은 1951년 초 경기도 안양 부근의 어느 농촌
마을을 방문한 후 다음과 같은 기사를 작성했다.(『뉴욕타임즈』1951.2.9.)

　중국군이 마을을 점령하기 3~4일 전에 마을에 대한 네이팜탄 공격이 진행되었다. 마을 어

느 곳에서도 시체가 매장되지 않았다. 왜냐하면 그곳에는 이를 행할 사람이 전혀 남아있지 않았기 때문이다. 나는 우연히 1명의 늙은 여인과 마주쳤다. 그녀는 그곳에 생존한 유일한 사람인 것 같았다. 그녀는 자신의 가족 4명의 시신으로 가득 찬 검게 그을린 마당 안에서 몇벌의 옷을 부여쥔 채 멍하니 서 있었다.

주민들은 마을 전체와 들판에서 발견되고 사살되었다. 그들은 네이팜탄 공격을 당했을 때 취했던 자세를 그대로 유지하고 있었다. 한 남성은 막 자전거를 타려는 참이었고, 50명의 소년과 소녀들은 고아원에서 뛰놀고 있었으며, 한 가정주부는 이상하게 아무 상처도 없었다. 약 200구의 시체들이 그 작은 마을에 놓여 있었다.

배릿의 기사는 여러모로 1951년 초 남한지역까지 확산된 미 공군 초토화작전의 특징을 단적으로 보여준다. 우선 배릿은 미 공군의 네이팜탄 공격이 중국군 점령 이전에 실시되었다는 사실을 명시적으로 밝히고 있다. 즉 위의 기사는 적 점령 이전에 순수 민간지역을 사전 파괴 하는 방식의 초토화작전이 남한지역에서도 변함없이 시행되었다는 사실을 분명하게 밝히고 있는 것이다.

또한 위의 기사는 초토화작전 희생자의 상당수가 어린이(전쟁고아)·여성·노인 같은 후방지역의 사회적 약자들이었음을 잘 보여준다. 실제로 이 시기 남한지역의 폭격피해 또한 북조선지역과 마찬가지로 그 피해자 분포에서 여성과 어린이가 압도적 다수를 차지하고 있었다. 예컨대 진실화해위원회의 예천 진평리 미군 폭격사건 조사결과에 따르면, 사망자의 70퍼센트가 13세 이하의 어린이들이었고, 23퍼센트는 20세 이상의 부녀자들로 구성되어 있었다. 예천 산성동 폭격사건 또한 사망자의 23퍼센트가 10세 이하의 어린이들로 구성되었고, 여성 사망자 비율(64.7퍼센트)이 남성 사망자 비율(35.3퍼센트)보다 훨씬 높았다.

대부분의 남성들이 징용과 징병을 통해, 혹은 점령이 반복되는 과정에서 살아남기 위해 집을 떠난 사이에 집에 남아서 가장의 역할을 대신하고 있던 여성들과 그녀들의 보호하에 있던 노인들과 어린이들이 무차별적 네이팜탄 폭격의 희생자가 되고 말았던 것이다. 소위 "한국인의 자유를 위해 실시되었다"는 미 공군의 대량폭격은 "자유를 찾아 남하했다"는 역선전에도 불구하고 이렇듯 남과 북에서 대규모의 민간인 희생을 끊임없이 강요하는 결과를 가져왔다.

제3장
누가 민중을 학살하는
침략자인지 명백해져

1. 중국지원군, 미군·국군의 북진 예봉을 꺾고 대치

1) 미국의 정계·군부, 중국군 참전에 설왕설래

(1) 맥아더는 만주로 통하는 모든 교통로 폭파를 명령

중국인민지원군이 돌연 조선전장에 나타나 제1차 공세를 승리로 이끌자 미국 정계·군부에는 일대 소동이 벌어졌다. 그러나 유엔군 총사령관 맥아더는 중국군 주력이 압록강을 건넜다는 사실을 믿으려 하지 않았다.

맥아더는 일본 도쿄에 앉아 조선반도 전쟁터를 이따금 방문해 전선을 다니곤 했다. 그러나 일선지휘관은 미8군 사령관 워커였다. 워커는 제대로 정황을 파악해 중국군 주력이 이미 압록강을 건너 참전하고 있음을 알고 여러 차례 맥아더에게 보고했지만 맥아더는 귀를 기울이지 않았다. 그는 그만큼 오만하고 독선적이었다.

제2차 세계대전의 수많은 명장들이 모두 그의 부하였다. 그가 중장이었을 때 나중에 나토군 총사령관이 될 아이젠하워가 참모장이었다. 그처럼 오만하고 남에게 굽히질 않던 패튼도 맥아더의 말은 들었다. 맥아더는 노련할 뿐 아니라 전공도 혁혁했다. 태평양 군도작전·인천상륙작전이 다 그의 작품이다. 그러니 그의 오만함은 하늘을 찌를 듯했다.(홍학지의 책)

그는 자신이 일본에 앉아 있기만 해도 우리군이 감히 압록강을 건너지 못하리라고 생각했던 것 같다. 당시 맥아더는 일종의 자아도취에 흠뻑 빠져 중국 군대가 대규모로 조선에 들어오리라고는 추호도 예상치 못했던 것이다.

브래들리 대장을 수석으로 하는 미국합동참모본부 연석회의까지도 맥아더의 권위에 대한 숭배로 그의 생각에 동의했다. 그들의 판단으로는 중국군 참전 가능성은 압록강 연안의 발전시설 보호를 위해 변경 부근의 완충지대를 확보하기 위해서라는 것이다. 그들은 중국이 건국한지 얼마 되지 않아 해야 할 일이 산더미처럼 쌓여있는 상태에서 감히 미국과 대결할 수 있겠느냐고 생각했던 것이다. 미국의 북침도 바로 신생 중국의 약한 틈을 이용하고 있었으니까.

또 국군이 낙동강지역으로 밀려간 때나 유엔군이 인천에 상륙하던 때에도 출병을 하지 않았던 중국이 뒤늦게 미군이 중조국경에 이르러서야 출병한다는 것은 중국이 자위를 위해서일 뿐 결코 미국과 싸우려는 의도가 없음을 나타내는 것이라고 판단했다. 더욱이 제1차 전역 후 중국이 대규모의 공격을 하지 않은 것도 미국의 이러한 오판에 크게 기여했다.

그러나 중국이 동북지방에 방대한 군대를 집결할 가능성에 대해 그들은 분명 불안을 느꼈다. 중국군에 대한 대책회의에서 맥아더로 대표되던 강경파들은 "중국의 대부대와 물자가 만주에서 압록강을 건너온다면 유엔군 전부를 궤멸시킬 위험이 있다"면서 "만주를 폭격해 중국군대 기지와 압록강 위의 모든 다리를 폭파해야한다"고 주장했다.

그러나 영국 · 프랑스로 대표되는 일부 국가는 '만주폭격'은 세계대전을 유발시킬 위험성이 크다며 압록강 양 기슭에 '완충지대'를 설치하자고 나섰다. 그런 다음 정치적 방식으로 조선 문제를 해결하자는 것이었다.

미국 국가안전보장회의는 세계를 제패하려는 글로벌 전략에서 출발해 맥아더의 견해에 동조하면서 트루먼 대통령에게 다음과 같이 건의 했다. "중국의 출병의도가 판명되기 전에 빠른 속도로 전 조선을 점령해야 하며 맥아더의 작전임무를 바꾸어서는 안 된다." 안전보장회의는 동시에 맥아더가 압록강 위의 모든 조선 다리를 폭파하려는 계획을 승인했다.

미국은 이미 정한 방침을 실현하기 위해 한편으로는 동맹국들에게 "무력충돌을 확대할 뜻은 없으며" "유럽에 대한 의무를 저버리지 않는다"는 뜻을 재천명했다. 동시에 스웨덴과 영국을 통해 우리(중국 측)의 속마음을 떠보았다. 소위 "중공의 이익을 보장한다"는 것을 미끼로 전 조선을 침범하는 것을 좌시해 달라는 것이었다. 다른 한편으로는 자국 내에서 전쟁 확대 준비를 적극적으로 추진해 조선전장에서 맥아더는 보다 큰 규모의 소위 '최후공세' 즉 성탄절공세를 일으킬 준비를 하고 있었다.

맥아더의 머리가 뜨겁다면 워커의 머리는 냉정한 편이었다. 그는 맥아더의 계획에 순응하면서도 현실적으로 중국군이 대규모로 조선에 들어오지 않았을까 내심 걱정을 했다. 이러한 모순되면서도 복잡한 심리상태였던 워커는 우리의 참전병력과 의도 등을 살펴보기 위해 제1차 전역이 끝난 뒤인 11월 6일 일부 병력을 동원해 서부전선에서 시험적인 성격의 도발을 감행했다. 이러한 시험도발은 동부전선에서도 동시에 이루어졌다.

서부전선에서 그들은 먼저 국군 7사단을 비호산쪽으로 진격시키고 국군 8사단을 덕천으로 진격시켰다. 이어 영국군 27여단, 미 24사단과 미 기병 1사단도 각각 청천강을 건너 박천·영변을 잇는 선으로 진격했다. 서쪽으로는 청천강 어귀서부터 북으로는 가산, 동으로는 장신동·용산동·사동에서 영변에 이르는 전선을 확보하여 '공격 개시선'으로 삼으려 했다.

동부전선에서는 미 해병 1사단이 계속 황초령을 향해 진격하고 미 7사단의 일부는 풍산을 향하고 국군 수도사단의 일부는 명천을 점령했다. 이와 동시에 그들은 중국의 조선 지원 병력을 저지하기 위해 압록강의 모든 교량폭파를 주요 목표로 하는 2주일간의 공중폭격을 단행했다.

맥아더는 미 공군에게 '전부 출동' '여러 번 출동' '최대의 역량'으로 "만주 국경에 있는 조선쪽의 모든 국제교량을 파괴하라"는 명령을 내렸다. 또 국경에서 전선에 이르는 구역의 "모든 교통수단·군사시설·공장·도시와 농촌을 폭격하도록" 했다. 맥아더의 명령이 떨어진 뒤 적기는 매일 1천여 대가 출동해 엄청난 융단폭격을 가하면서 중국군이 계속해서 조선에 들어오는 것을 막으려 했다. 또 중국 수송선輸送線을 파괴해 이미 조선에 들어온 아군부대를 소멸시키려 했다. 이런 상황에서 우리가 자칫 주의를 기울이지 않으면 상대에게 주도권을 뺏기기 쉬었다.(홍학지 저, 홍인표 역『중국이 본 한국전쟁』한국학술정보 2008)

(2) 중국군, 평양~원산 전선 확보 위해 2차전역 준비

이런 상황에 대해 팽 총사령관 등 우리 군 수뇌부가 그냥 팔짱만 끼고 앉아 있었던 것은 결코 아니었다. 상대의 반격을 우리는 이미 예상하고 있었다.

제1차 전역이 끝나기 전에 팽 총사령관은 등화 부사령관·북조선의 박일우 부사령관·홍학지·한선초 부사령관·해패연 참모장 등과 함께 앞으로의 작전에 대해 심각하게 논의했다. 그 결과 11월 4일 "상대가 반격을 시도한다면 그들을 유인해 깊숙이 끌어들인 다음 섬멸한다"는 작전 기본방침을 세웠다.

서부전선은 주력을 신의주·구성·태천·운산과 희천 이남의 신흥동·소민동·묘향산 지역에 분산시키기로 했다. 각 군은 1개 사단씩을 선천·남시·박천·영변·원리·구장에 각각 배치시키기로 했다. 이 같은 부대 배치에다 다음과 같은 전술을 짰다.

전선의 정면에서 기동방어전을 펼치면서 일정 병력으로 유격전을 펴 상대의 숫자가 적으면 그대로 공격하고 많을 경우에는 일단 물러나 상대 병력을 깊숙이 끌어들인 뒤 측면과 배후로 치고 들어가 주력 부대에 타격을 입힌다는 작전이었다.

한편 동부전선에 있는 42군 주력은 고토수·구진리·부전령 일대에 배치하고 1개 사단은 영변, 사단의 일부 병력은 덕천에서 양덕 방향으로 기동전을 펴도록 했다. 우리는 이 같은 결심을 모 주석과 당 중앙에 알려 의견을 물었다. 아울러 산동성에 주둔하고 있던 제9병단을 하루빨리 조선에 보내달라고 건의했다.

모 주석은 5일 새벽 1시, 전보를 보내와 팽 총사령관의 결심을 승낙했다.

11월 4일 15시 전보 받았음. 작전부서 결정에 동의함.
덕천쪽이 아주 중요함.
아군은 원산·순천 철로선 이북지역에서 전투를 벌여 적을 몰아내야 함.
평양·원산을 잇는 선을 전방으로, 덕천·구장·영변 북쪽과 서쪽을 후방으로 심아 장기전을 펼치는 것이 유리함.

같은 날인 5일 밤 10시에 모 주석은 또다시 전보를 보내와 송시륜이 이끄는 제9병단(제20, 제26, 제27군 등 3개 군)을 곧 조선에 보내 동부전선을 맡기기로 했다고 전해 왔다. 모 주석은 전보에서 "강계·장진은 제9병단이 전적으로 맡는다. 상대를 깊숙이 끌어들여 타격을 입힐 수 있는 기회를 엿본다. 제9병단은 앞으로 지원군사령부에서 직접 통제하라. 북경에서 제9병단의 작전에 대해서는 관여하지 않겠다. 제9병단 소속 1개 군은 곧장 강계를 거쳐 장진으로 갈 것"이라고 말했다.

11월 8일 동부전선의 유엔군과 국군은 고토수·풍산·길주를 맹렬히 공격하면서 강계를 돌아, 우리의 퇴로를 끊으려 했다. 서부전선에서도 유엔군은 병력을 집중해 청천강을 따라 북진했다. 이러한 정황과 모 주석이 "미군과 국군의 북진 기도를 분쇄하기 위해서는 동서 양 전선에서 고루 상대를 유인하고 측방을 친 다음 맹렬하게 공격을 확대하라"는 전보의 뜻을 받들어 이날 우리는 작전회의를 소집해, 제2차 전역을 어떻게 수행할 것인지를 논의했다.

팽 총사령관은 때가 때인지라 무척 흥분해 있었다. 제1차 전역 이후 무모하게 몰아붙이는 유엔군 측을 비난했다. "지금 맥아더가 제정신이 아니구먼. 분명 우리를 우습게 알고 있는 게 틀림없어. 우리 대부대가 이미 압록강을 건너 조선에 들어온 사실을 까맣게 모르는 것 같아. 우리는 바로 이 점을 노려야 해. 상대방의 판단 착오를 이용하는 거야. 상대에게 짐짓 약점을 보인 뒤 깊숙이 끌어들인 다음 치는 게 상책일 것 같은데 말이야."

팽 총사령관의 주장과 모 주석의 지시는 그대로 적중했다. '콜럼버스의 달걀'이라고나 할까. 지나고 나면 쉬운 법이다. 그러나 당시 상황을 돌이켜보면 그러한 유인작전은 결코 쉬운 일이 아니었다. 모 주석과 팽 사령관과 같은 전략가들이 아니면 감히 상상도 할 수 없는 모험이요 도박이었다. 왜냐하면 당시 국군과 유엔군은 맹렬한 기세로 몰려들었고 상대적으로 우리는 제1차 전역의 피곤함에서 벗어나지 못한 상태였기 때문이다.

이러한 상황에서 어느 부대가 상대를 유인할 것이며 어떻게 끌어들일 것인가 등등 풀어야 할 문제가 한두 가지가 아니었다. 팽 총사령관은 고심 끝에 이번 전역의 미끼노릇을 주력 중의 최정예부대인 38군 112사단에게 맡기기로 했다. 이것은 군사상 원칙을 무시한 파격적인 작전이었다. 군사학적인 관점에서 '미끼'는 보통 주력부대가 아닌 약체부대가 떠맡게 된다. 주력은 역습을 위해 아껴두는 것이다.

그러나 제2차 전역을 위해 팽 총사령관은 과감하게 최정예부대를 '미끼'로 던져 상대의 심리를 역이용하는 고도의 군사전술을 선보였던 것이다. 팽 총사령관은 "상대의 공세를 가로막을 최정예부대가 어느 사단인가" 하고 등화와 나에게 물었고 우리는 서슴없이 38군 112사단을 추천했다. 112사단은 원래 항일전쟁과 국민당과의 전쟁 당시 '철군鐵軍'으로 알려진 제4야전군의 선봉사단인 4야 1사단이었기 때문이다.

팽 사령관은 "이번 전역에서 최정예부대를 선봉에 내세워야 돼. 지금 상대는 공군력과 화력의 우세를 믿고 몰아치고 있잖아. 상대의 공격예봉을 누그러뜨리고 상대를 깊숙이 우리의 손아귀 안으로 끌어들이자면 최강의 부대를 활용할 수밖에 없어"라고 말했다.

물론 제2차 전역이 끝난 뒤 112사단의 전공에 대해서 이론이 분분했던 것은 사실이다. 일부에서는 112사단이 아무런 역할도 하지 못했다고 말들을 하지만 그것은 하나는 알고 둘은 모르는 것이다. 앞에서 말한 바와 같이 112사단은 바로 제2차 전역에서 가장 핵심적인 역할을 맡았던 것이다.

병력을 이동해 상대의 측면으로 우회시켜 들어가는데 우리는 교묘하게 상대방 내부의 허점을 이용했다. 당시 서부전선의 미 1군단과 9군단은 미 8군 사령관 워커 중장의 지휘를 받고 있는 반면 동부전선의 미 10군단(군단장 아몬드 소장)은 직접 도쿄에 있던 미 극동군 사령관 맥아더 원수의 통제를 받고 있었다.

아몬드 소장은 극동군사령부의 참모장 출신으로 맥아더의 신임이 두터운 장군이었다. 맥아더의 최고의 작품으로 불리는 인천상륙작전도 아몬드가 직접 진두지휘했던 터였다. 제10군의 지휘권을 맡을 정도로 맥아더는 그를 후원했다.

이치로 따지자면 조선에 건너와 있는 미군 3개 군단은 모두 미8군 사령관인 워커의 명령 아래 움직여야했지만 편제의 모순으로 제10군단장 아몬드 소장은 조선 작전에서 전혀 워커의 말을 듣지 않았다. 워커 또한 아몬드 소장이 이끄는 동부전선의 제10군단에 대해서는 거의 무관심했다. 그러다 보니 서부전선과 동부전선에는 80~100km의 틈이 벌어져 있었다. 이 틈새를 국군이 메워준다고는 했지만 그들의 사기는 이미 떨어져 있었고 장비도 가장 열세였다. 서부전선의 미 8군 동쪽은 덕천·영변 일대의 국군이 방어를 맡고 있었다.

펑 총사령관은 바로 이러한 상대방의 약점을 놓치지 않았다. 그는 38·40·42군 등 3개 군의 대병력을 동원해 덕천·영변의 국군의 뒤를 돌아 퇴로를 끊도록 했다. 38군 112사단이 선봉에 나서 희천에서 구장을 잇는 도로를 지키고 있다가 짐짓 후퇴하는 척 하면서 유엔군을 끌어들였다.

38군 113사단·114사단과 40군 전 병력은 덕천의 북서쪽에서 동남쪽으로 기동했다. 동부전선에 있던 42군 주력은 황초령에서 영변 쪽으로 이동했다. 이제 동부전선은 산동성에서 온 제9병단이 맡게 됐다. 39군과 66군은 각각 태천과 구성에 집결해, 덫을 놓은 상태로 국군과 유엔군을 기다리고 있었다. 혹시나 있을지 모를 상대의 상륙작전에 대비해 50군은 서해안 경비를 게을리 하지 않았다.

막 조선 땅에 들어온 동부전선의 제9병단(26군 제외)의 일부는 구진리 남쪽에 진지를 구축해 전투태세에 들어갔고, 주력부대는 구진리 남서쪽과 동남쪽에 집결해 장진 쪽으로 진격해 오던 미 해병 1사단 2개 연대와 먼저 맞붙은 뒤 본격적인 전투에 들어갈 계획이었다.

8일 오후 3시, 우리는 작성된 작전계획을 모 주석에게 보고했고 모 주석은 다음 날인 9일 회신을 보내와 동의했다. 모 주석은 전보에서 "11월과 12월 초까지 1개월 내에 동서 양 전선에 걸쳐 한두 차례의 공세를 펴 상대의 7, 8개 연대를 무력화시키고 전선을 평양~원산 간 철도까지 확대한다면 일단 성공"이라고 지적했다.

모 주석은 제1차 전역에서 우리가 당한 차량 손실에 대해서도 언급 했다. "곧 소련 차량이 대규모로 공급될 것이다. 적기의 공습으로 매일 30대의 차량이 손실된다고 치면 한 달에 평균 9백 대의 차량 손실을 입게 되는 셈이다. 그렇더라도 1년에 많아야 1만여 대의 차량이 사용 불능 상태에 빠지게 된다. 이 정도의 손실은 소련정부 측의 차량 제공에다 고장 난 차를 수리하거나 미군차를 노획하는 것으로 충분히 보충할 수 있다."

모 주석은 대규모 차량 제공에 대해서 "덕천 · 영변 · 맹산으로 이르는 넓은 도로를 보수할 것. 이것은 전략상 중요한 임무"라고 강조했고 "추위를 이겨낼 의복 · 식량 · 탄약의 충분한 제공을 위해 동북군구 주석 고강에게 방법을 강구토록 하라고 지시했다"고 밝혔다.

우리는 모 주석의 전보를 받고 정말 감격했다. 역시 모 주석은 뛰어난 전략가였다. 그는 일선에 있는 우리의 건의를 전적으로 받아들였을 뿐 아니라 이번 전역에서의 목표, 충분한 물자보급 등 전선에 있는 우리가 미처 깨닫지 못하는 주요한 사항들을 일깨워 주었던 것이다.

이러한 과정을 통해 우리는 국군과 유엔군의 성탄절 공세를 막고 전선을 평양 · 원산까지 밀어붙이는 작전계획을 정식으로 결정했다.

(3) 서부 및 동부전선에서 포위망을 이루어 잠복 대기

11월 13일 대유동광산의 산골짜기에 자리 잡은 팽 총사령관의 작전 상황실. 전봇대를 잘라 대충 두들겨 만든 단층집이었다.

이날 중국인민지원군 당위원회 성립 후 첫 번째 당위원회 회의가 열렸다. 바깥은 영하 20도를 밑도는 강추위가 몰아쳤지만 지글거리는 난로불이 한결 방 안을 훈훈하게 만들었다. 회의는 지원군 사령관이며 정치위원인 팽 동지가 주재했다. 그는 제1차 전역에서의 경험과 교훈을 결론지을 참이었다. 또 군단장급 이상 지휘관들에게 당면한 제2차 전역에서의 작전계획과 부서 결정을 통보 할 예정이었다.

오전 8시 30분쯤 부사령관 등화 · 한선초 · 홍학지 · 부정치위원 두 명 등 지원군사령부의 수뇌부들이 모두 상황실에 도착했다. 벌써 군단장들은 도착해 있었다. 지난 10월 19일 조선에 들어온지 한 달도 채 되지 않았지만 전장 특유의 친밀감이 방안을 뒤덮었다. 여기저기서 웃음소리가 끊이지 않았다. 악수하는 사람, 어깨를 두드리는 사람, 모두 꺼칠꺼칠한 얼굴들이지만 희색이 만면했다. 38군 군단장 양홍초, 39군 군단장 오신전, 40군 군단장 온옥성, 42군 군단장 오서림, 66군 정치위원 왕자봉 등의 모습이 눈에 띄었다.

이때 팽 총사령관이 문을 열고 상황실에 들어섰다. 그는 입을 꽉 다물고 표정 하나 없는 엄숙한 얼굴이었다. 나는 대뜸 팽 총사령관의 심기가 불편하다는 것을 눈치 챘다. 아마도 지난 제1차 전역에서 38군이 제대로 명령을 수행하지 못했기 때문이라는 것도 대충 감이 잡혔다.

등화가 회의 벽두 제1차 전역 때의 상황을 설명하기 시작했다. 등화가 어느 지방을 얘기했을 때 팽 총사령관은 (지원군사령부 작전처 부처장) 양적에게 지도에다 가리켜 보라고 했다. 팽 사령관의 얼굴이 잔뜩 굳어 있는 것을 보고 양적도 꽤 긴장이 돼 자신도 모르게 잘못 짚었다. '아차' 싶어 얼른 다시 제 위치를 가리켰지만 팽 사령관은 대뜸 큰소리로 나무랐다. "어째서 지도 하나 제대로 가리키지 못해." 등화가 38군의 상황을 얘기하기 시작했다.

아니나 다를까. 팽 총사령관이 대뜸 자리에서 벌떡 일어나 38군단장 양흥초를 손가락으로 가리키며 혼내주기 시작했다. "양흥초 당신은 하는 일이 어째 그래. 내가 분명 희천으로 가서 차단하라고 했잖아. 그런데 왜 차단하지 못했어. 그동안 뭘 했어. 그러고도 주력부대라고. 주력은 무슨 주력. 이번은 처음 싸우는 전투잖아. 모두들 어려움을 이겨내고 맡은 바 임무를 완수했어야지. 보다 많은 상대를 섬멸했어야지. 39군은 운산에서 미1기병사단을 멋지게 공격했고 40군은 온정에서 국군 6사단에 엄청난 타격을 입혔는데, 당신은 최정예부대라고 말로만 하면 뭘 하나. 응. 할 말 있으면 해봐."

양흥초는 팽 총사령관의 거센 질책을 받으면서도 한마디도 대꾸를 하지 않았다. '패장敗將은 유구무언有口無言'이라던가. 사실 양흥초는 항일전쟁시기 제4야전군의 명장 중의 명장이었다. 오죽하면 '상승장군常勝將軍'이란 칭호가 붙었을까. 그런 그도 오늘만은 어쩔 줄 몰라 하는 모습이 꽤 애처롭게 보였다.

회의 도중 점심시간이 되었다. 식탁에서 우연히 양흥초와 함께 자리를 하게 됐다. 그가 풀이 죽은 채 주저주저하면서 말을 건넸다. "부사령관 동지, 심려를 끼쳐드려 죄송합니다. 그런데 말입니다. 우리 38군이 지난번처럼 헤맨 적은 단 한 번도 없지 않았습니까? 국군의 퇴로를 차단하는데 현실적으로 어려운 점이 너무 많더라고요. 아까는 분위기도 그렇고 해서 변명을 늘어놓으면 더 혼이 날 것 같기에 아무 말씀도 안 드린 겁니다."

맹장의 풀 죽은 모습을 보니 내 마음도 안쓰러웠다. "양형, 심려하지 말아요. 사령관 동지께서 말씀은 그렇게 하셔도 양형을 다 생각해서 그러시는 것 같아요. 한번 실수는 누구나 저지를 수도 있는 것이니 앞으로 분발하세요." 양흥초가 고개를 끄덕였다. "부사령관 동지의 충고 명심하겠습니다. 앞으로 두 번 다시 실수는 하지 않겠습니다."

오후에 회의가 속개됐다. 팽 총사령관이 앞으로의 작전계획에 대해 설명했다.

"맥아더는 지금 제정신이 아니다. 아직까지도 우리의 주력부대가 압록강을 건너온 사실을 인정하지 않고 있는 것을 보면 분명히 알 수 있다. 맥아더는 추수감사절 전에 전 조선을 점령하겠다고 큰소리쳤다가 우리의 1차 전역 때문에 망신을 당했다. 그는 이제 성탄절까지는 전 조선을 점령하겠다고 목청을 높이고 있다. 조선을 점령하는 시간이 다만 늦었을 뿐이라고 둘러대면서 말이다. 자기네 병사들에게 이번이 마지막 공격이고 어서 전 조선을 점령하고 일본에 돌아가서 성탄절을 보내자고 다그치고 있다."

열변을 토하던 그의 얼굴에 쓴 웃음이 배어나왔다. "그러나 어림도 없는 일. 교만한 군대는 반드시 패하는 법이다. 나는 이 자리서 귀관들에게 분명히 약속한다. 결코 미군은 전 조선을 점령하지 못한다. 천하의 맥아더도 두 손을 번쩍 들게 될 것이다."

그는 몸을 돌려 상황실 벽에 걸려 있는 대형 작전지도를 손으로 가리키며 말을 이었다. "맥아더의 공격 형태를 살펴보면 지상부대를 먼저 가동한다. 지상부대로 탐색전 성격의 공격을 거는 거야. 이것은 벌써 시작했어. 또 엄청난 전투기를 동원해 공격을 해오는 것이다. 압록강의 모든 다리와 나루터에 공습을 퍼부어 동북지방의 우리 병력이 도강하거나 물자를 수송하는 것을 막는다는 계획이다. 이것 역시 벌써 시작했다."

이때 등화가 끼어들었다. "맥아더가 너무 단순하게 생각하는 것 아닙니까. 우리의 제9병단 휘하 3개 군, 12개 사단이 지금도 샘물 솟듯이 조선으로 들어오고 있는데 그따위 전투기의 공습으로 행군을 막을 수 있다고 생각하니 말입니다."

"그동안 수집한 정보를 분석해 보면 맥아더가 취할 앞으로의 작전 계획은 불을 보듯 뻔하다. 유엔군은 공격준비를 갖춘 다음 미 10군단은 장진호 서쪽으로 진격을 해오고 미 8군은 청천강을 따라 북상할 거야. 그들은 동서쪽으로 밀고 오다가 강계 남쪽에 있는 무명리에서 만나 우리 지원군과 조선인민군을 독 안에 든 쥐로 만들어 무력화시킨 뒤 중조 국경으로 진출한다는 계획이다. 맥아더의 작전은 얼핏 보면 환상적이야. 그러나 탁상공론에 불과해. 그는 머잖아 냉수 마시고 속 차리게 될 거야."

그는 이쯤에서 참모장 해패연에게 피아 병력 배치 상황을 보고하도록 했다.

"그럼 유엔군의 병력 배치 상황을 보고 드리겠습니다. 유엔군은 서울을 경비하면서 후방의 조선인민군을 '소탕'하던 미 25사단과 새로 조선에 파견된 터키여단, 영 29여단을 서부전선 북쪽에 배치 완료했습니다. 또한 미 본토에서 날아온 미 3사단은 동부전선에 배치되어 있습니다.

이로써 전선에 배치된 유엔군의 지원 병력은 5개 군단 13개 사단 3개 여단 1개 공수연대, 총 22만 명입니다. 제1차 전역 때보다 8만여 명이 늘어난 숫자입니다. 유엔군의 공군도 최신예 제트전투기 2개 연대를 증강시켜 모두 1천 2백 대의 전투기를 보유하고 있습니다. 전체적으로 볼 때 대단한 기세를 올리고 있는 셈입니다."

해 참모장은 팽 총사령관을 힐끔 쳐다본 뒤 우리 병력에 대해 보고했다.

"우리 제9병단의 주력은 이미 집안·임강을 통해 조선에 들어와 동부전선에서 작전을 수행하고 있습니다. 제9병단을 합치면 아군은 6개 군 30사단 총 38만여 명의 병력이 들어와 있는 셈입니다. 전선에 배치돼 있는 유엔군 지상부대 병력에 비해 1.7배가 많습니다. 그중에서 동부전선에는 우리 15만여 명, 유엔군이 9만여 명으로 우리가 1.66배가 많고 서부전선은 우리 23만, 상대방이 13만 명으로 우리가 1.75배 많은 셈입니다. 결국 동서부 양 전선에 걸쳐 아군은 병력의 우세를 보이고 있는 셈입니다."

내가 한마디 거들었다. "사령관 동지와 참모장의 말씀을 들으니 맥아더가 단단히 잘못 생각하고 있는 것 같습니다. 미국의 정보수집 능력이 생각보다 형편없구먼요. 맥아더가 크게 후회하겠는데요."

긴장감으로 짓눌린 상황실 분위기가 갑자기 밝아지면서 모두들 웃음을 터뜨렸다. 팽 총사령관이 말했다. "우리가 병력이 많다고는 하지만 아직 전투기와 탱크의 공급이 이루어지지 않은 상태이다. 그러니만큼 우리는 기동전·진지전·유격전을 그때그때의 상황에 따라 활용해 상대 병력을 최대한 살상해야 한다. 물론 유엔군은 밀어붙이겠지. 우리가 미리 쳐놓은 덫에 유엔군이 걸리는 날이면 각개 격파를 해 섬멸해야지. 내 생각은 서부전선에서는 대관동·옹정·묘향산·명남진을 잇는 선까지 상대를 끌어들인 뒤 기습 공격을 시도하고 동부전선에서는 구진리·장진을 잇는 선까지 유인하면 되겠어."

그때 누군가가 질문을 던졌다.

"사령관 동지, 유엔군이 제대로 밀고 들어오지 않으면 어떻게 하지요?" 팽 총사령관은 미소를 지으면서 말했다. "그거 좋은 질문이다. 그네들이 오지 않으면 어떡하냐구. 염려마. 그들은 반드시 올 거야. 맥아더 생각에 밥숟가락을 막 입에 넣으려 하는 판인데 멈출리가 있나. 만약 그네들이 오지 않는다면 우리가 치고 나가야지. 동부전선에서는 영흥에 있는 유엔군을 포위하는 것이며 서부전선에서는 2, 3개 군을 동원해 덕천에서 출발해 순천·숙천을 차단한다. 결론적으로 말해 올해 안으로 한바탕 전투를 더 벌여 상대의 6, 7개 연대 병력을 궤멸시키고 전장을 평양·원산까지 밀고 내려가야 한다. 그래서 수동적이며 방어적 입장을 취하게 하고 아군이 또다시 공격을 개시하도록 한다. 그러나 이건 어디까지나 가정이다. 내 생각으로는 우리가 당초 생각한 대로 뒤로 물러나 미끼를 던지면 반드시 대어가 낚일 것이다."

회의에 참석한 각급 지휘관들은 팽 총사령관의 자신만만한 모습을 보고 용기백배했다. 나도 은근한 자신감과 함께 용기로 가슴이 뿌듯해 왔다. 회의가 끝난 뒤 지원군 수뇌부는 전면전에 대비해 조선인민군과 합동으로 유격전을 벌이기로 잠정 결정했다. 지원군 42군 125사단의 2개 보병대대와 조선인민군 1개 연대를 합쳐 유격대를 구성해, 유엔군 측의 후방인 맹산·양천·성천지역에 침투시켜 그 지역에 흩어져 있는 조선인민군과 함께 적 후방 교란작전을 펴도록 했다.

또 유엔군 측 후방 남아 있는 또 다른 조선인민군 제2·제5군단 예하 11개 사단, 3개 여단은 철원 평야지대 주위에서 유격활동을 펴 상대에게 심리적인 불안감을 주도록 했다. 이와 함께 장진에 있던 조선인민군 3군단을 중국인민지원군 제9병단에 배속시켜 연합작전을 펴도록 했다.

중앙군사위원회와 동북군구는 또 병참보급을 보강하기 위한 대책을 강구했다. 그 결과 철도부대 제1사단이 조선에 급파돼 만포와 희천을 잇는 철도복구사업에 투입됐다.

1개 후근後勤부대 후근 지부分部와 1개 병참수송선을 늘려 기존의 3개 후근부대와 3개 수송선을 확충했다. 물론 모 주석이 지시한 "덕천·영변·맹산에 이르는 국도를 하루빨리 보수하라"는 명령과 "동서 양 전선에서 추위를 이기는데 필요한 피복·식량·탄약의 충분한 보급"을 달성하기 위해 최선을 다했다. 이런 배경으로 제2차 전역이 시작되기 전까지 병참부대에 근무하는 병사는 6만 명을 넘어섰다.

11월 14일, 지원군 당위원회 회의가 13일에 이어 두 번째로 열렸다. 그런데 이날 미군전투기가 용케도 지원군사령부가 있는 대유동을 찾아내 폭격해 왔다. 대유동이 습격당한 배경은 이러했다.

미군들은 1차 전역 당시 전장에서 후퇴할 때 어쩔 수 없이 내버려 두고 가는 차량이나 무기장비 등이 숱했다. 그러나 미군들이 도망간지 1, 2시간도 되지 않아 미군전투기들이 벌떼처럼 날아와 보병들이 버리고 간 장비에 소이탄을 무더기로 퍼부어 불태워버리곤 했다. 자기네들 무기나 장비를 우리가 노획해 쓰지 못하도록 할 셈이었다.

그러나 우리도 미군전투기들이 날아오기 전 짧은 시간을 틈타 미군 차량이나 무기·장비 등을 잽싸게 볏짚으로 덮어 위장하곤 했다. 지원군사령부 직할부대원들은 1차 전역 도중 유엔군의 트럭·지프 등 60여 대의 각종 차량을 긁어모아 대유동의 산골짜기에 이리저리 숨겨놓은 뒤 짚단을 얹어 전투기 조종사들의 눈을 속이려 했다. 팽 사령관을 비롯한 우리는 장비를 노획한데 대해 매우 흡족해했다. 그런데 나는 아무래도 마음이 놓이지 않아 차량을 숨겨놓은 곳에 사람들을 보내 제대로 위장이 됐는지 살펴보도록 했다.

그러나 14일 오후 1시가 막 넘었을 때 미군전투기 4대가 대유동 골짜기로 날아왔다. 대유동 상공에 이르러 이들 전투기들은 갑자기 고도를 낮추어 전투기 특유의 앵앵거리는 엔진소리로 골짜기를 뒤덮는 가운데 흩어져 갔다.

이들 전투기들은 지면으로부터 불과 10m도 채 되지 못할 정도로 저공비행을 해 조종사들의 모습까지 보일 지경이었다. 그런데 전투기들이 워낙 저공비행을 하다 보니 세찬 바람이 지면에서 일어나 그만 미군차량들을 덮었던 볏짚들이 날아가 버렸다. 윤기가 자르르한 미군차량들이 모습을 드러낸 것이다. 일단 차량들이 눈에 띄자 전투기들은 기다렸다는 듯이 소이탄과 기총소사를 퍼부어댔다.

당시 우리에게는 대공포 같은 방공무기가 전혀 없었다. 참으로 안타까운 순간이었다. 미군전투기들이 눈앞에 어른거려도 어찌할 도리가 없었다. 일부 병사들은 워낙 안타까웠던지 소총을 들고 적기를 향해 사격을 퍼부었으나 헛일이었다. 도리어 미군전투기들이 그 병사를 향해 기관총소사를 퍼부어 보복했을 뿐 아니라 이번에는 지원요청을 받은 듯한 수십 대의 전투기가 엄청난 굉음을 터뜨리며 공습을 감행해와 대유동 골짜기를 불바다로 만들었다.

미군전투기들의 공습이 끝난 뒤 골짜기로 허겁지겁 달려가 보니 숨겨놓은 미군 차량의 절반이 넘는 30여 대가 잿더미로 변했고 나머지도 대부분 파괴됐다. 당시 우리가 조선에 들어온 직후에는 차량이 아주 귀중했고 그나마 제1차 전역 도중 미군전투기의 공습으로 우리 측의 차량 손실이 상당했기 때문에 노획한 미군 차량으로 우리의 손실 일부를 메울 수 있다고 판단했는데 이같이 파괴를 당하니 정말 원통한 마음이었다.

팽 사령관은 이 사실을 알고 매우 화를 냈다. 사령부 지휘관들이 차량의 보존에 대해 소홀히 취급한 것 아니었느냐는 것이다. 내가 막 팽 사령관 방에 들어서려 할 때 방안으로부터 팽 사령관의 화난 목소리가 들려왔다. "도대체 사령부의 지휘관들은 뭘 하는 거야. 전혀 책임감들이 없어."

팽 사령관은 나와 참모장 해패연이 방에 들어서는 것을 보자 버럭 고함을 질렀다. "당신들 무슨 낯으로 찾아왔어. 미군 차량을 제대로 숨겨놓지도 못하고 말이야. 어떻게 해서 얻은 보물들인데 고스란히 잿더미로 만들었는가 말이야. 말 좀 해봐."

나는 팽 사령관의 노기를 누그러뜨릴 심산으로 짐짓 웃으며 말했다. "사령관 동지. 화를 가라앉히십시오. 사실 미군 차량들은 철저하게 위장해 산골짜기에 제대로 은폐를 시켜놓았습니다. 그래도 미군전투기들 눈에 띄어 폭탄세례를 받는 데야 어떡할 도리가 없잖습니까?"

그는 내 말에 어이가 없는 듯 "훙" 하고 코웃음을 쳤다. 내가 다시 말했다. "칠 테면 치라죠. 친 다음에 도로 뺏어오면 될 것 아닙니까."

내 말을 듣자 팽 사령관은 더 화가 나는 모양이었다. "이 친구가 지금 제정신이 아니구먼. 그따위 말이 어디 있어." 이왕 내친 걸음이어서 나는 계속 너스레를 떨었다. "그럼 저보고 어떡하란 말입니까. 이번 일은 이번 일이고 다음번에 미군들과 맞닥뜨리면 끝장을 내겠습니다. 심려 놓으십시오."

이쯤 되자 팽 사령관도 화가 꽤 풀어진 모양이었다. 더 이상 잿더미가 된 미군 차량 문제를 꺼내지 않았다. 대공무기가 없는 상태에서 발생한 잊지 못할 추억거리라고 말할 수 있다.

11월 16일 오전, 팽 사령관·등화 부사령관·한선초 부사령관·해패연 참모장과 나는 계속해서 제2차 전역의 준비상황을 논의했다. 팽 사령관이 해패연에게 유엔군과 국군의 공격 상황 대해 물었다. 해패연이 보고했다.

"11월 6일, 유엔군 측이 시험적인 도발을 시작한 이래 아군은 계획에 따라 모든 전선에서 천천히 물러나 상대를 깊숙이 유인하고 있습니다. 9일 우리 38군 112사단은 개천의 서북쪽에 있는 비호산 일대의 진지를 포기했습니다. 아시다시피 해발 6백22m의 비호산은 군우리, 동쪽의 덕천, 남쪽의 순천을 내려다볼 수 있는 요충지이기 때문에 비호산 점령은 미군 측에 커다란 자신감을 불러일으킬 것으로 예상됩니다. 또 10일에는 39군 115사단이 덕천을 포기했습니다."

팽 사령관이 물었다. "동부전선은 어떻소?" "네. 동부전선에서도 아군은 황초령을 포기했습니다. 지금 미군은 황초령·풍산·명천 등 세 갈래로 나뉘어 북상하고 있습니다."

해 참모장은 동부전선의 상황을 보고한 뒤 꺼림칙한 표정으로 단서를 붙였다. "그러나 상대의 행동이 지나치게 느립니다. 어제(15일)까지 서부 전선에서 상대는 박천·용산동·영변·덕천을 잇는 선까지 올라와 있습니다. 동부전선에서도 하갈우리·풍산·명천 북쪽을 잇는 선까지 진출해 있습니다. 10일 동안 겨우 9~16km씩 진출한데 불과합니다. 따라서 우리의 공격개시선까지 올라오려면 시간이 좀 더 걸려야 할 것 같습니다."

이때 부사령관 한선초가 끼어들었다. "참모장의 보고를 듣자 하니 상대가 꽤 신중하게 진격을 하는 듯 한데 저번 제1차 전역에서 너무 무모하게 달려들었다가 낭패를 당한 데 대한 상대적인 두려움 같은 것이 아닐까."

나도 한마디 건넸다. "112사단이 비호산에서 너무 부자연스럽게 후퇴한 게 아닌가 싶어. 워커가 우리에게 또 당하나 싶어 잔뜩 의심하게 한 것이 아닌지 모르겠어."

나중에 알게 된 사실이지만 당시 미 8군 사령관 워커 중장은 예하 첩보부대장에게 "중공의 군대가 정말 당신 보고대로 소규모 부대인가? 정규군도 아닌 소규모 부대가 이렇게 위협적일 수가 있을까, 이해하기 힘들군"이라며 의심을 품었다고 한다.

작전계획 수립을 책임지고 있는 부사령관 등화가 짜증난 표정으로 불쑥 말을 던졌다. "그러면 유엔군은 언제 우리의 공격개시선까지 밀려온단 말인가. 그야말로 백년하청百年河淸이겠구먼."

팽 사령관이 약간은 어수선해진 작전회의의 분위기를 수습했다. "참모장, 그러면 어떤 계획이 있는가. 상대를 공격개시선까지 끌어들일 방도가 뭔가?" "네, 현재로서는 상대가 의심하지 않도록 더욱 안심시켜 북진을 계속토록 하는 방법밖에는 없는 듯합니다."

내가 건의했다. "제 생각으로는 상대가 의심하지 않도록 하는 게 급선무인 것 같습니다. 그래서 아군에서 최정예인 몇 개 중대를 골라 상대에게 소규모로 기습공격을 펴 우리가 무작정 뒤로 물러선다는 의심을 주지 않았으면 합니다."

펑 사령관이 내 건의를 듣더니 고개를 끄덕였다. "홍 부사령관의 견해가 그럴듯해 보이는군. 각 군에 전보를 보내 진격해 오는 상대에게 소규모의 기습공격을 하라고 해. 대신 주력부대는 지금 위치에서 10여 km 더 물러나도록 하고 말이야. 절대로 우리의 의도를 눈치 채게 해서는 안 돼. 그들에게 일종의 착각을 불러일으켜야 돼. 우리가 자기네들에게 힘에 겨워 도망가는 인상을 주도록 해야지."

이러한 전술을 구사하며 아군의 주력은 11월 17일 서부전선 운산·구장을 잇는 선 북쪽과 영변 동북쪽까지 후퇴했다. 동부전선의 20군도 유담리 서쪽과 서북쪽에 집결해 42군 주력부대가 황초령 북쪽에서 하던 저격임무를 이어받았다. 42군 주력은 영변 동북쪽 일대로 이동하기 시작했다.

2) 11월 25일 2차 전역 개시, 포위망 좁히며 남으로 진격

(1) 운산 좌우로 포위망을 치고 잠복, 미군의 북진을 대기

우리가 주춤주춤 물러서자 상대는 의심스런 눈치를 보였던 게 사실이다. 그러나 그들은 아군의 병력이 "많아 봐야 6, 7만 명을 넘지 않을 것"으로 잘못 판단했다. 또 이미 실시하고 있는 공습으로 우리 지원부대를 전쟁터에 들어올 수 없게 만들었다고 판단해 전력을 기울여 맹공을 퍼부었다.

11월 21일, 서부전선의 유엔군은 이미 워커가 설정해 놓은 '공격개시선'을 넘어섰다. 전역을 위한 전개를 끝낸 셈이었다. 미 8군 사령관 워커는 11월 14일 이른바 '공격개시선'을 설정했다. 박천 서쪽 약 20km 지점의 납청정으로부터 태천·운산·온정·희천을 잇는 선이었다. 여기까지 각 부대를 진출시키고 명령이 내려지는 공격개시일에 일제히 반격을 시작하면서, 북상한다는 구상이었다.

'공격개시선'은 적유령산맥의 남쪽 기슭까지 이어져있었다. 맥아더와 마찬가지로 미 8

군도 우리가 적유령산맥에 포진한 것으로 잘못 알고 있었던 것이다. 이때 서부전선의 아군은 50군·66군·39군·40군·38군·42군이 각각 정주 서북쪽 구성·태천·운산·덕천 북쪽과 영변 북쪽으로 각각 이동해서 숨을 죽이며 유엔군의 공격을 기다리고 있었다. 동부전선에서는 제9병단의 27군이 구진리에 도착했고 26군은 후창강 어귀에 이르렀다. 이로써 제9병단 휘하 3개 군은 모두 예정지점에 도달한 셈이었다.

이때 측면 우회공격의 임무를 맡은 제38군은 이미 덕천까지 움직였고 42군은 서쪽으로 영변까지 이동했다. 이 지역은 동쪽으로 높은 산 들을 끼고 있는 좁은 산길이어서 3개 군 12만여 명이 짧은 기간 내에 통과하기는 매우 어려운 일이었다. 이러한 대병력을 위한 병참수송 또한 쉽지 않은 문제였다.

아무튼 운산의 40군은 희천 정면으로 이동했다. 더 이상 동쪽으로 움직이지 말고 그자리에서 대기하도록 했다. 40군과 태천의 39군은 청천강 북쪽 정면에서 은폐하면서 매복하고 있었다. 기다란 자루 형태를 이루어 상대가 들어오기만 하면 협공, 무력화시킬 참이었다. 앞서 얘기한 38군 112사단은 이때 구장 부근으로 철수했는데 '미끼' 역할로 선두에 나서 유엔군 측의 반격에 맞서다보니 엄청난 인명손실을 입었다. 그래서 38군의 예비대로 만들어 최전선에서 좌우로 병력을 분산시켰다.

11월 22일·23일 유엔군은 전진을 계속했다. 맑게 갠 늦가을 날씨였다. 늦가을치고

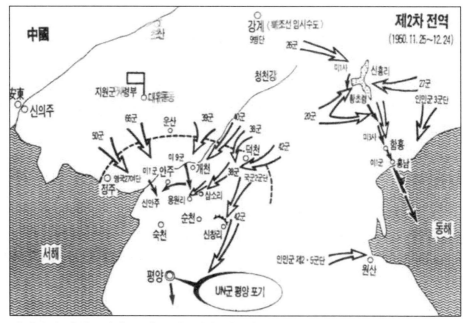

(홍학지 저, 홍인표 역 『중국이 본 한국전쟁』 한국학술정보 2008)

는 비교적 높은 기온이 계속됐다. 특히 23일은 미국인들의 추수감사절, 청천강 남쪽에 포진한 미 8군 13만 6천여 명은 추수감사절에 먹는 칠면조 고기를 들며 총반격의 날을 기다렸다고 하던가.

우리는 유엔군 측의 공격상황에 대해 기본적인 분석을 이미 마친 상태였다. 상대의 진격이 점차 활발해짐에 따라 이에 대한 작전을 구상하는 지원군사령부의 움직임도 긴박하게 돌아갔다.

11월 24일, 우리는 원래 작전계획을 재차 수정했다. 서부전선에서 6개 군의 대병력을 집중시켜 유엔군이 우리의 덫에만 걸리면 대대적인 반격을 개시한다는 것이다. 38군과 42군은 덕천·영변의 국군 제2군단 주력에 타격을 입힌 뒤 개천·순천·축천 방향으로 우회해서 퇴로를 끊는다.

이와 함께 전선 정면의 40·39·66·50군과 합동으로 활발한 기동전을 벌여 북진하는 미군 2·3개 사단을 무력화시킨다. 동부전선에서도 제9병단은 주력부대를 동원해 미해병 1사단 2개 연대를 장진호지역에서 저지한 뒤 기동전을 벌이면서 퇴각하는 미군들에게 계속해서 타격을 입히도록 한다는 내용이었다.

우리가 구체적인 작전계획 수립을 끝냈을 때 팽덕회 사령관은 "내가 제1선에 직접 나가 진두지휘를 하면 어떨까"라는 견해를 나타냈다. 우리는 모두 반대했다. 팽 총사령관은 지원군사령부에서 전체 상황을 지휘해야지 굳이 일선에 나갈 필요는 없다는 판단 때문이었다. 한참 동안 실랑이를 벌인 끝에 팽 사령관은 "그래, 귀관들의 뜻대로 하지. 나는 가지 않겠다"면서 "한선초 당신이 나를 대신해서 38군에 가서 최일선의 전투를 지휘감독하지. 38군과 42군은 측면을 우회 공격하는 중요한 임무를 맡고 있다는 사실을 잊지 말고 말이야"라고 당부했다.

우리가 비록 대병력이지만 제1차 전역 이후 전선에서 철수할 때 야간행군에다 솜을 넣은 흰색방한복의 은폐가 제대로 잘돼 미군정찰기의 눈에 띄지 않은 것은 얼마나 다행한 일인지. 더구나 유엔군은 우리가 자기네들을 무서워해 삼십육계 줄행랑을 친 줄 알고 있었으니 말이다.

11월 24일 오전 10시, 서부전선에서 유엔군이 그들의 '공격개시선'을 돌파해 북진을 감행하고 동부전선에서도 유담리·신흥리 등을 돌파하자 유엔군 총사령관 맥아더는 '오만하게도' 동부전선의 해병부대가 우리를 포위할 수 있는 주요 거점에 이르렀다고 여겨 전쟁이 바야흐로 결정적인 국면으로 접어들고 있다고 생각했다.

11월 24일, 맥아더는 직접 도쿄에서 안주에 있는 미 8군사령부에 날아와 총공세를 명령하면서 "성탄절까지 한국전쟁을 끝내자"고 목소리를 높였다. 그는 병사들에게 "이번 공세가 끝나면 집으로 돌아가 성탄절을 보내게 하겠다"고 호언장담했다. 그는 동서전선에 있는 미군·국군들을 다그쳐 동시에 우리를 공격토록 했다.

서부전선의 미 8군 휘하에는 미 1·9군단과 국군 2군단 등 3개 군단, 8개 사단, 3개 여단 및 1개 공수여단이 배속됐다. 좌측방의 미 1군단 휘하에는 미 24사단·국군 1사단·영국군 27여단이 배치돼 가산·고성동에서 각각 신의주·삭주 방향으로 진격했다. 미 9군단 휘하의 미 25사단·미 2사단은 입석·구장에서 각각 삭주·벽동·초산 방면으로 진격했다.

미 9군단의 예비대로는 터키여단이 군우리에 있었고 미 기병 1사단이 순천에서 기동했다. 우측방에는 국군 2군단이 국군 7사단·8사단을 지휘하면서, 각각 덕천 북쪽 사동과 영변에서 희천·강계로 진격했다. 예비대로는 국군 6사단이 북창리·가창리에서 기동하고 있었다.

영국군 29여단은 평양에, 미 공수 187여단은 사리원에 머물며 미 8군 예비대로 있었다.

동부전선에는 도쿄의 유엔군 총사령부가 직접 지휘하는 미 10군단이 미 해병 1사단·미 7사단·3사단을 지휘해 장진호에서 무평리·강계 방면으로 진격했다. 국군 1군단은 수도사단·국군 3사단을 거느리며 동해안을 따라 두만강으로 향했다.

이 같은 상대의 대공세를 우리는 "방어하면서 최대한 힘을 축적했다가 상대가 피로를 느낄 때쯤 역습을 시도한다"는 작전의 기본방침을 세운 뒤 모든 준비를 끝마쳤다. 진인사대천명盡人事待天命이라던가. 우리 병사들은 북조선의 산세 험한 산기슭마다 두툼한 흰 솜옷을 입고 추위를 이기며 때를 기다리고 있었다.

(2) '크리스마스 휴가' 약속으로 고무된 유엔군 전면 북진 공세

유엔군이 전면공세를 취한지 이틀째인 11월 25일, 상대는 이미 우리가 덫을 놓고 기다리고 있던 전장에 속속 도착했다. 서쪽으로는 납청정에서 태천·운산·신흥동을 거쳐 영변 동쪽에 이르기까지 약 1백40km에 이르는 타원형의 커다란 자루모양을 이루었다. 자연히 상대의 병력은 분산되고 측면이 드러났다. 또한 후방이 비어 있어 아군이 공세를 취할 수 있는 모든 여건이 무르익어 갔다.

유엔군의 크리스마스 공세 이틀째인 11월 25일 저녁 무렵 우리의 38군·42군은 정면의 각 군과 합동으로 덕천·영변의 국군 7·8사단을 향해 기습적으로 대대적인 반격을 가했다. 바야흐로 제2차 전역이 정식으로 시작되었다.

전역이 벌어지기 직전 감독차 파견된 한선초 부사령관의 참여 아래 38군은 연대장 이상 간부회의를 열었다. 회의석상에서 양훙초 군단장은 이번 전역에서 38군이 맡은 임무를 간부들에게 설명했다. 특히 양 군단장은 지난번 당위원회에서 팽 사령관에게 당한 망신을 솔직하게 털어놓았다. 군단장이 담담한 어조로 사령관의 질책을 전하자 간부들의 얼굴에는 "이번에는 잘해야겠다"는 오기가 서리는 것 같았다.

항일전쟁 당시 '철군鐵軍' 소리를 듣던 제4야전군의 후신으로서 있을 수 없는 치욕이라는 비장감이 회의장을 가득 메웠다. 양 군단장이 목소리를 높였다. "팽 총사령관께서 우리를 크게 나무라셨다. 동작이 지나치게 굼떴다는 것이다. 우리 군으로서는 치욕적인 지적이었다. 귀관들은 어떻게 생각하는가. 다가오는 제2차 전역 때도 지난번처럼 굼벵이 노릇을 할 텐가. 이번에도 공격시간을 제때 맞추지 못하면 상대의 퇴로를 끊을 수 없게 된다. 다시한번 강조한다. 이번 제2차 전역에서는 어떠한 일이 있더라도 상대의 후방을 가로막아 그들을 무력화시켜야 한다. 귀관들은 임무를 반드시 완성하리라 믿는다. 이상."

총공격 개시 전, 작전배치에 따라 최강의 38군 112사단은 청천강 동쪽 기슭을 따라 상대를 깊숙이 끌어들이는 역할을 멋지게 해냈다. 25일 황혼, 총공격 개시의 총성이 울리자마자 38군은 즉각 3개 사단을 세 갈래 길로 나누어 덕천의 국군 7사단을 맹공격했다. 113사단은 상대의 우측에서 덕천 남쪽으로 돌아서 국군 7·8사단의 경계 지점을 돌파했다.

신평리에서 대동강으로 도하해 국군 6사단 1개연대의 저지선을 돌파했다. 하룻밤을 급속 행군한 끝에 26일 오전 8시 덕천 남쪽 차일봉에 도착해 남쪽으로 철수하는 상대의 퇴로를 돌파했다. 114사단은 정면으로 치고 들어가 26일 오전 11시에 덕천 북쪽을 점령했고 또 사명역에 있던 국군 7사단 곡사포대대를 무찔렀다. 이로써 덕천의 국군 제7사단을 완전히 포위하는데 성공한 것이다.

◎ **모 주석 장남, 모안영 전사, 그의 묘는 조선 땅에 남아**

이쯤 해서 모택동 주석의 아들 안영의 죽음에 대해서 말해 보기로 한다.

지원군사령부가 대유동에 자리 잡은 뒤 미군전투기들은 여러 차례 공습을 감행해 왔다. 앞서 얘기했다시피 노획한 미군 차량이 폭격으로 잿더미가 된 지 얼마 되지 않아 두 차례나 더 공습을 받았다. 때문에 당 중앙에서는 우리에게 여러 차례 전보를 보내와 방공, 특히 지휘관들의 안전에 많은 신경을 쓰라고 주문했다.

나는 지원군 부사령관으로서 특히 사령부 자체 경비 문제를 떠맡고 있었다. 지원군사령부 지휘부의 안전 문제 역시 내 소관이었다. 미군 전투기의 공습이 잦으니만큼 펑덕회 사령관의 안전 문제에 신경을 쓰지 않을 수 없었다. 생각 끝에 그의 숙소에서 10여m 떨어진 산골짜기에 방공호를 뚫기로 했다. 공습 등 비상시에 대비키 위한 것이었다.

나는 1개 공병중대를 보내 산골짜기에 방공호를 만들도록 했다. 공사를 하려면 당연히 폭약을 사용해야 했고 폭발음이 대단했다. 그날 저녁 펑 총사령관이 막 잠이 들었을 때 공교롭게도 폭발음이 들렸던 모양이다. 단잠을 깬 펑 사령관은 언짢게 생각하며 공병중대를 철수시켰다. 당시 나는 현장에 없어 저간의 사정을 알지 못했다. 이튿날 우연히 방공호 공사현장을 지나면서 보니 공병중대는 온데간데 없고 공사가 중단된 상태였다. 이상한 생각이 들어 사람을 보내 공병 중대장을 불렀다.

"자네. 왜 공사를 중단시켰지" "네. 펑 총사령관께서 방공호를 뚫지 말라고 하셨습니다." "이봐, 그건 자네가 신경 쓸 문제가 아니야. 방공호 공사는 내 소관이고 자네는 내 명령대로 공사를 진행하면 되는 거야."

중대장이 내 말에 당황한 표정을 지으며 물었다. "좋습니다. 명령대로 공사를 수행하겠습니다만 펑 총사령관께서 왜 또 왔느냐 하시면 뭐라고 말씀드리지요?" "그러면 내가 일을 하라고 지시했다고 말씀드려. 그리고 폭약을 터트릴 때는 사령관 경호원들에게 사전 통보를 해. 그러면 경호원들이 사령관 동지께 보고할 거고 사령관 동지도 나름대로 마음의 준비를 하고 있어 달리 놀랄 일도 아니잖아. 아무튼 방공호는 누가 뭐래도 반드시 뚫어야 한다는 사실을 명심해."

이리하여 중대장은 공병대를 이끌고 방공호 공사를 재개했다. 그러나 펑 사령관은 이들이 온 것을 보고 화를 냈다. "누가 시켰어. 어느 친구가 너희들을 보냈지?" "홍학지 동지의 명령입니다. 공사를 계속 하라십니다."

"아니, 그 친구가 정신이 있어 없어. 그리고 말이야, 내가 공사는 그만두랬잖아. 당장 그만두고 돌아가." "홍동지께서 무슨 일이 있어도 공사를 끝마쳐야 한다고 하셨습니다." "그것참, 이봐 경호원, 얼른 가서 홍 부사령관을 불러와. 지금이 어느 땐데 한가롭게 동굴이나 뚫고 있어."

펑 총사령관께서 부른다는 전갈을 받고 내가 달려가자 그는 화가 머리끝까지 나 있었다. "이봐, 산 위에서 뭘 하겠다는 거야. 그렇게도 할 일이 없나." "사령관 동지, 오해 마십시오. 방공호를 뚫는 것은 바로 동지의 안전을 위해서입니다." "이 사람아, 지금은 전쟁 중이야, 그따위 한가한 공사놀음은 당장 집어치워."

"사령관 동지. 방공호는 유사시 필요할 때가 있을 겁니다. 적기가 몰려들 때 허둥지둥 방공호를 파 봤자 때가 늦어 당하는 수밖에 없습니다." 팽 총사령관은 내 대꾸가 마음에 들지 않은 듯 화를 벌컥 냈다. "적기가 날아오면 그때는 내가 알아서 할 테니 자네는 상관 마. 내 일은 내가 알아서 하면 될 것 아니야."

"사령관 동지, 그렇게 말씀하시면 안 됩니다. 동지의 안전을 위하라는 당 중앙의 배려와 명령이 있었습니다. 동지의 몸은 개인의 몸이 아니라 우리 인민지원군 전체를 위한 몸이 아닙니까?"

내가 이쯤 말하자 팽 총사령관은 침묵을 지켰다. 방공호 공사는 본격적으로 재개됐다. 공병대 병사들은 밤낮을 가리지 않고 방공호 공사에 몰두했다. 마침내 멋진 방공호가 완성됐다. 이 방공호 위쪽 10여 미터 떨어진 곳에 좀더 큰 방공호를 뚫었다. 우리의 작전상황실이었다.

11월 23일, 모 주석은 심양에 있던 고강을 대유동 지원군사령부에 보내왔다. 고강이 전선에 온 것은 전방의 병참 보급 문제를 직접 눈으로 확인하는 한편 김일성 수상, 팽덕회 총사령관과 중조연합군의 지휘 계통 통일 문제를 상의하기 위해서였다. 계획으로는 팽덕회를 연합사사령관, 등화를 부사령관, 박일우를 부정치위원, 조선총참모장 김웅을 부사령관으로 삼으려 했다.

24일 오후, 미군전투기 4대가 지원군사령부에 날아들었다. 사령부 상공을 서너 번 맴돌던 전투기들은 갑자기 기수를 낮추면서 기총소사와 함께 공습을 감행해 왔다. 2차례 계속된 공습으로 산비탈에 있던 변전소가 불에 타버렸다. 이날 저녁에는 미군 무스탕정찰기가 유유히 사령부 상공을 맴돌고 돌아갔다.

미군전투기가 뻔질나게 나타나 맴도는 것을 보고 나는 문득 의심이 들었다. 그동안 몇 차례 미군기의 공습을 받아온 경험으로는 그들이 공습을 할 때는 꼭 첫날은 정찰비행을 하고 이틀째 대대적인 공습을 감행해 왔기 때문이다.

특히 이날 저녁 날아온 정찰기는 꺼림칙했다. 또 당시 우리가 입수한 정보로는 미군이 지원군사령부의 수뇌부를 찾는데 혈안이 돼 있다는 것이었다. 아무래도 안 되겠다는 생각이 들어 등화 부사령관을 찾아갔다. "이봐, 심상찮은 느낌이 드는데, 내일 미군전투기들이 꼭 몰려들 것 같아. 미리 손쓸 방도는 없는지 신경 좀 써봐."

내가 좀 다급해 보였는지 등화는 여유 있는 투로 말했다. "손을 쓰기는 무슨 손을 써. 그렇지만 사령관 동지를 모시고 함께 무슨 방도를 마련해야 되는데…. 당신이 가서 좀 모시고 오지 그래."

나는 팽 총사령관의 핀잔을 염려하는 등화의 속셈을 대뜸 눈치챘다. 팽 사령관은 일에 몰두하면 개인적인 안전에 대해서는 전연 개의치 않았다. 내가 팽 사령관을 모시러 가니 예상한 대로 완강했다. "무슨 말이야. 나는 미군비행기가 무섭지 않아. 몸을 웅크리고 머리 처박아 가며 피하고 싶은 생각은 전혀 없어. 그 일로 모여 얘기할 필요는 없단 말이야."

하는 수 없이 등화·나·해패연 참모장·두평 부정치위원 등 몇 명이 모여 내일의 방공 문제에 대해 지혜를 짜냈다. 그 결과 다음과 같이 결정했다. 지원군사령부 지휘부의 장교 병사들은 내일 날이 밝기 전 아침식사를 끝낸다. 날이 샌 뒤에는 연기를 절대로 내지 않는다. 그 다음 모두 흩어져 몸을 피한다.

또 팽 총사령관을 제외한 사령부 지휘관들은 그날 밤으로 방공호의 손질을 완전히 끝낸 뒤 이튿날(25일) 아침 5시에 병사들과 같이 서둘러 식사를 마치고 모두들 방공호로 자리를 옮기기로 했다. 따라서 회의가 끝난 뒤 해패연 참모장 주관으로 작전상황실 이전 작업을 서둘렀다. 나는 마음이 놓이질 않아 공병대를 다시 불러 방공호를 이용하는데 불편이 없도록 마지막 손질을 하도록 했다.

나는 어떡하면 팽 총사령관의 고집을 누르고 그를 방공호로 옮길 것인가를 궁리했다. 문득 한 가지 방법이 떠올랐다. 팽 총사령관은 일이 있으나 없으나 벽에 걸린 작전지도를 들여다보는 습관이 있었다.

방에 작전지도가 없으면 어쩔 수 없을 것이란 생각이 들었다. 그래서 그가 잠이 든 뒤 나는 몰래 그의 방에 들어가 방안에 걸려 있는 작전지도를 떼어 내 산기슭의 방공호로 옮기는 고육책을 썼다.

그날 밤, 고강은 귀국했다. 이튿날(25일) 아침 5시가 넘자마자 우리는 서둘러 아침식사를 마치고 방공호로 들어갔다. 팽 사령관만 작전상황실에 그대로 남아 있었다. 우리는 경호원과 참모를 보내 여러 차례 방공호로 모시도록 했으나 팽 총사령관은 요지부동이었다. 다급한 우리는 결국 부사령관급 중 한 명이 팽 총사령관을 직접 모셔오는 게 좋겠다는데 의견을 같이 했다.

등화·해패연·두평 등은 모두 팽 총사령관의 질책이 두려워 가기를 원치 않았다. 모두들 "홍형은 사령관 동지와 농담도 잘하잖아. 홍형 밖에 설득할 사람이 없는 것 같소"라며 내 등을 떠밀었다. 당시 내가 맡은 일이 사령부 내 각종 업무이고 사령관의 안전 또한 주요한 임무라고 여겨 "좋아, 내가 가겠다"며 팽 사령관을 찾아갔다.

내가 들어서자 팽 사령관은 화난 얼굴로 야단부터 쳤다. "이봐, 내 작전지도를 어디다 빼돌렸지."

내가 말했다. "사령관 동지, 위의 방공호로 옮기시지요. 작전지도는 방공호 안에 다 잘 걸어놓았습니다. 화롯불도 뜨뜻하게 만들어놓았고 다른 사람들도 모두 그쪽으로 옮겨

사령관 동지가 오시길 기다리고 있습니다."

"도대체 여기 있으면 어떻다는 거야." 팽 총사령관은 화부터 벌컥냈다. 나는 계속해 팽 사령관의 마음을 돌리려고 애썼다. "사령관 동지, 여기는 안전하지 못합니다. 방공호로 가는 것은 우리들의 안전을 위해서이고 우리 모두의 결정입니다."

그래도 팽 사령관은 막무가내였다. "그렇게 무서우면 자네 혼자 가면 돼. 나는 여기도 안전하다고 생각 해. 무섭기는 뭐가 무섭다고 그래." 나는 안 되겠다 싶어 바깥에 있는 경호원들을 불러 거의 떠밀다시피 해서 팽 사령관을 방공호로 옮기는데 '성공'했다.

당시 팽 사령관의 경호원과 참모들 몇은 그의 숙소에 그대로 남아 있었다. 고서흔과 성보 등 2명의 참모는 당직 근무 중이었다. 팽 사령관의 비서였던 모택동 주석의 큰아들 모안영도 우리와 함께 방공호로 피신했다. 그러나 안영이 나중에 사령관 숙소에 왜 다시 돌아갔는지 이유를 알 수 없다.

우리가 산기슭의 방공호에 들어간 지 얼마 되지 않아 미군전투기들이 몰려왔다. 10대쯤 날아온 전투기들은 곧장 팽 사령관 숙소 위로 달려들어 폭탄세례를 퍼부었다. 소이탄이 숙소를 덮는가 하더니 금방 불바다로 변했다.

우리는 방공호 입구에 버티고 서서 불바다를 이루고 있는 사령관 숙소를 내려다보았다. 2분도 채 안 돼 팽 사령관의 숙소는 잿더미로 변해 폭삭 내려앉았다.

팽 사령관 참모 성보는 폭탄세례가 시작되자마자 잽싸게 뛰쳐나와 얼굴에 약간의 화상을 입었을 뿐 무사했다. 그러나 모택동 주석의 아들 안영과 사령관 참모였던 고서흔은 미처 빠져나오지 못했다. 전투기들은 팽 사령관 저격이 목표였던 듯 숙소를 불바다로 만든 뒤에는 곧 날아가 버렸다.

팽 사령관은 방공호에서 나와 숙소로 달려갔다. 잿더미에서 끄집어 낸 두 명의 시체는 형체를 알아볼 수 없을 정도로 끔찍했다. 전투기의 폭격은 소름이 끼칠 정도로 정확했다. 사령관 숙소만 잿더미가 됐을 뿐 조금 떨어진 경호원 숙소는 건드리지 않아 말짱했다.

그날 팽 사령관은 하루 종일 방공호에 틀어박혀 침묵을 지켰다. 저녁 무렵, 내가 사령관을 찾아갔다. "사령관 동지, 저녁식사를 드시지오." "아, 홍형이구만. 자네 이제 보니 썩 괜찮은 친구야." 팽 사령관은 반갑게 내 손을 잡았다.

"저는 원래 좋은 사람입니다. 나쁜 사람이 아닙니다." "자네가 아니었다면 오늘 내가 여기 없었을 것이네." "아침에 제가 경호원더러 동지 이불을 들고 나오라고 시켰는데 동지께서 필요 없다고 군이 말리시는 바람에 가져오지 못했는데, 보십시오. 오늘밤 이불을 덮지 못하고 주무시게 됐습니다."

"내가 오늘 운수가 대통했던가 봐.""이 다음에 방공호를 더 파더라도 절대 야단치시면 안 됩니다." 그는 잠시 미소를 짓더니 곧 깊은 고뇌에 빠졌다. 한참만에 어두운 얼굴로 독백하듯 토로했다.

"아 어째, 모안영을 폭사하게 내버려뒀단 말인가. 모 주석에게 무슨 말씀을 드리지." 모안영은 팽 총사령관의 비서 일을 보면서 러시아어 통역도 맡고 있었다. 숨질 때 나이 겨우 28세였다. 아버지인 모 주석을 닮아 재주가 많고 총명한 젊은이로 전도가 유망했는데 애석하게도 대유동에서 죽고 말았다.

팽 총사령관 숙소가 폭격당한 이후 나와 등화는 더 이상 집에는 거처할 수 없다는 결론에 이르렀다. 우리가 있던 곳 부근에 강이 하나 있었다. 강 아래 시멘트로 만든 건물이 있었다. 우리는 그곳으로 옮겨 갔다. 안에 일정 공간을 떼어 내 팽 사령관의 야전침대를 놓았다.

지원군사령부의 조선 동지인 박일우 일행은 산골짜기에서 우리 숙소보다 아래 있었는데 그들은 동굴에 들어가지 않고서도 폭격을 당하지 않았다.

그날(11월 25일) 오후 우리는 지원군사령부의 사령관 숙소가 폭파 당하고 모 주석의 장남 안영이 전사한 사실을 모 주석과 중앙군사위원회에 보고했다. 대체적인 내용은 "우리가 오늘 오전 7시 일찌감치 방공호에 대피해 있었고 모안영은 참모 3명과 함께 사령관 숙소에 머물러 있었다. 오전 11시쯤 미군비행기가 상공에 이르렀을 때 그들은 숙소에서 나왔다가 적기가 보이지 않자 다시 들어갔다. 그때 사라졌던 전투기가 갑자기 되돌아와 1백 개에 가까운 소이탄을 투하해, 숙소에 명중되면서 참모 2명은 뛰쳐나왔고 모안영과 고서흔 등 2명은 제대로 빠져나오지 못해 변을 당했다"는 내용이었다.

후에 팽 사령관으로부터 들은 얘긴데 주은래 총리는 사령부의 보고를 받은 뒤 차마 모 주석에게 장남이 숨진 사실을 알리지 못했다고 한다. 한참 시간이 지난 뒤 보고를 받은 모 주석은 안영의 시체를 중국으로 옮겨오지 말라고 했다. 지금도 조선 회창에 있는 안영의 무덤에는 참배객들이 끊이지 않는다는 얘기를 전해 듣고 있다.

한편 당 중앙은 팽 사령관의 숙소가 미군전투기의 폭격으로 불타고 안영이 숨진 사실을 보고받자마자 그날(11월 25일)로 우리에게 다음과 같이 지시했다.

"현재 조선전쟁이 긴박하게 돌아가고 있으므로 지휘의 연속성과 지원군수뇌부의 안전을 위해 수뇌부를 분리해 운영하라." 중앙의 지시에 따라 이튿날(26일) 오전 우리는 산비탈에서 회의를 열고 어떻게 분리 운영할는지를 연구했다.

회의가 시작되자 팽 사령관이 입을 열었다. "당에서는 수뇌부를 분리·운영하라고 지시했다. 내 생각으로는 일부는 최전선에, 나머지는 후방에 배치했으면 한다. 아무래도 내가 최전선에 가야 할 테니 자네들 중 자원자 한 사람만 나와 같이 전선으로 가자."

내가 얼른 자원했다. "제가 사령관 동지를 모시고 전선으로 나갔으면 합니다."

그러자 등화 부사령관이 끼어들었다. "당에서 수뇌부를 분리·운영하라는 것은 사령관 동지의 안전을 위하는데 첫째 목적이 있습니다. 그러자면 사령관 동지께서는 후방에 있는 것이 좋을 것 같고 저와 홍동지가 최전선에 나갔으면 합니다. 한 동지와 해 참모장이 후방에서 팽 사령관을 모시고 있으면 어떨까 싶은데요."

해패연이 펄쩍 뛰었다. "등 동지께서는 무슨 말씀을 그렇게 하십니까. 제가 최전선으로 나가야죠."

두 번씩이나 잇따라 회의를 열었지만 뾰족한 수가 생각나지 않았다. 전쟁터에 나온 그 누가 후방에 머물러 있고 싶어 할 것인가. 최전선에 나서 병력을 지휘하고 싶은 욕망이 없는 지휘관은 없으리라.

팽 사령관은 뚜렷한 결론도 내리지 못하고 분위기가 흐트러지자 버럭 고함을 질렀다. "모두 최전선에 가겠다고 하면 자네들 안전 문제는 어찌할 셈인가."

등화가 웃으며 말했다. "그러니까 사령관 동지는 안전을 위해 후방에 계시고 저희들만 최전선으로 가면 되지 않겠습니까." "그건 안 돼."

한나절 동안 논의를 벌였으나 결론이 나지 않자 팽 사령관은 결국 지휘부를 분리·운영하지 않고 대신 방공에 최대한 주의를 한다는 선에서 마무리 지었다.

중앙에서 이런 사정을 알아차린 후 아주 빨리 또 다른 지시가 내려 왔다. 팽 총사령관의 안전을 전담할 사람을 지정하라는 것이었다. 당 위원회를 열어 토론해서 결정하라는 것이었다. 팽 총사령관은 전보를 보더니 "필요 없어"라고 잘라 말했다.

등화가 말했다. "이것은 중앙의 지시입니다. 당위에서 모임을 열어 연구해야겠습니다." "그렇다면 나는 빠지겠네."

등화는 부서기로서 나·해패연·두평을 찾아서 함께 연구하자고 했다. 팽 총사령관의 안전을 책임지는 사람은 곧 팽 사령관과 함께 후방에 남아있어야 하기 때문이었다. 회의가 시작되자마자 내가 먼저 등화에게 말했다. "이번 일의 책임은 막중하다. 자네가 부서기니까 책임을 지도록 하지." "그건 안 돼. 자네는 사령부 일을 맡고 있으니 이번 일의 책임도 떠맡지. 그리고 말이야, 자네가 맡는 게 좋을 거야. 무슨 일을 당하더라도 내가 중간에서 원만히 수습해 줄 수 있잖아. 내가 책임을 맡으면 발뺌할 여지가 없거든."

난상토론 끝에 그들은 모두 내가 맡아야 된다고 주장했다. 나는 어쩔 수 없이 굴복해 동의하고 말았다. 회의가 끝난 후 등화가 팽 총사령관에게 보고했다. "이미 결정했습니다. 홍학지 동지가 사령관 동지의 안전을 책임지게 됐습니다." "무슨 일이야. 전담자를 정했단 말인가. 다시한번 말하겠는데 필요 없어."

내가 말했다. "이것은 중앙의 결정입니다. 저희들이 정한 게 아닙니다. 동지의 안전이 전군의 지휘에 아주 중요하기 때문이잖습니까." 팽 총사령관은 이 말을 듣고 더 이상 아무 말을 하지 않았다. 그 후 우리가 다시 방공호를 파더라도 그는 잠자코 있었다.

(3) 38군의 대활약, 1차 공세 때 실수를 성공적으로 만회

다시 전쟁터로 돌아가 보면 11월 25일 황혼 무렵 제2차 전역의 총공세가 시작됐다.

당초 38군은 26일 저녁에나, 하루만에 포위망에 걸려든 국군 7사단에 대해 공격을 시작하려 했다. 그러나 상대가 낌새를 채고 포위망을 뚫으려 하는 기색이 보여 공격 개시 시간을 오후 2시로 앞당겼다. 공격이 개시된 오후 3시쯤 미군전투기의 공습지원이 시작되자 국군은 포위망을 뚫으려 안간힘을 썼다. 쌍방이 치열한 격전 끝에 38군은 국군 7사단의 5천여 병력을 무력화시켰다. 미 군사고문 7명도 포로로 잡았다.

동시에 42군은 영변·맹산을 각각 공격, 점령해 국군 8사단 대부분을 섬멸했다. 40군은 38군 작전과 병행해 구장 북쪽의 신흥동·소민동의 미 2사단을 공격해 신흥동의 상대 3개 중대, 소민동의 상대 2백여 명을 섬멸했다. 후에 38군과 42군이 이미 덕천·영변을 점령하고 상대의 후방을 깊숙이 치고 들어갔기 때문에 40군은 구장·개천 쪽으로 진공했다. 50·66·39군도 이어 각각 박천·안주·영변·개천 방향으로 돌격을 개시했다.

26일 밤, 39군은 시산동에서 포로들에게 투항권고를 하도록 해 미 25사단 1개 중대 모두 115명이 투항해 왔다. 선봉 38·42군은 국군 7·8사단의 대부분과 6사단 일부를 무력화시켜 상대 오른쪽 전선에 커다란 구멍을 뚫는데 성공했다.

27일, 상대는 이 틈새를 막기 위해 미 1기병사단 일부를 순천에서 신창리 쪽으로 급파하는 한편 터키여단을 개천에서 덕천 쪽으로 이동시켜 우리의 우회공격을 막으려 했다.

팽 사령관은 급전을 보내 38군의 주력을 원리·군우리 쪽으로 진공토록 했다. 그중 일부는 군우리 남쪽의 삼소리로 이동해 군우리·개천에 있는 상대의 퇴로를 차단하도록 지시했다. 팽 사령관은 "38군은 반드시 삼소리를 장악해, 개천과 평양 간의 연결고리도 끊어야 한다"고 강조했다. 그는 "차단만이 승리의 열쇠"임을 강조했다.

당시 38군의 전위는 113·114사단 2개 사단이 맡았다. 부군단장 강옹휘가 직접 전위부대의 지휘책임을 맡았다. 강 부군단장은 114사단과 함께 머물며 전방지휘소를 운영했다. 이러한 사정으로 자연스레 삼소리 장악 임무는 113사단의 몫이었다. 27일 황혼, 38군 주력은 도로를 따라 개천으로 치고 들어갔다. 28일 새벽 가일령과 그 서쪽 일대를 점령했다. 이 사이에 터키여단 1개 대대의 저격을 분쇄하고 대부분을 섬멸했다. 또 미 기병 1사단의 2개 대대를 궤멸시켰다.

동시에 113사단은 오솔길을 따라 서둘러 삼소리를 향해 떠났다. 그들은 밤새 꼬박 걸었지만 목적지에 이르지 못했다. 이튿날(28일) 동틀 무렵 상대의 후방을 차단했지만 아군부대를 만나지 못했다. 113 사단 부대원들은 25일부터 이틀 밤을 잠 한숨 자지 못하고 계속 행군을 해서 여기저기서 불평이 쏟아져 나왔다.

"병사들이 너무 지친 듯 한데 목이라도 축이며 숨을 돌리는 게 어떨까요." "이틀 밤을 꼬박 새며 밥조차 먹을 틈이 없었으니 휴식을 시켰으면 좋겠는데요." 일선 중대장들로부터 건의가 잇따랐지만 113사단 정치위원 우근산, 부사단장 유해청은 아랑곳하지 않았다.

"안돼. 숨을 돌려서는 안돼. 총사령관 동지께서 우리 사단에게 내리신 임무를 생각해 봐. 삼소리를 한시라도 빨리 장악하라는 거잖아. 쓸 데 없는 말 말고 무슨 수를 써서라도 삼소리에 가야 돼." 결국 113사단은 휴식 없이 날이 밝아도 계속 전진할 것을 결정했다. 행군 도중, 사단 지휘관들은 몸에 걸친 위장이 도리어 위험하지 않을까 하는 생각을 했다.

미군전투기의 눈에 띌 경우 병사들이 위장한 것을 보면 중국인민지원군임을 눈치 챌 것이라는 지적이었다. 미군이나 국군은 방공에 신경을 쓰지 않아 위장을 걸치지 않았기 때문이다. 그래서 일률적으로 위장을 벗도록 지시했다. 우리는 그동안 야간행군만을 해 왔다. 그러나 밤이 올 때까지 기다려 다시 행군을 한다면 전역의 좋은 기회를 놓치게 될 터였다. 그래서 날이 밝아도 행군을 계속하기로 결정했다. 국군과 같이 대로를 걸어가기로 한 것이다. 전투기가 날아와도 국군이라고 여기면 폭격을 하지 않을 것이라는 판단에 서였다.

시간을 아끼기 위해 행군 도중 미숫가루를 먹기로 했다. 또 무전기를 꺼버렸다. 미군의 무선감청 기술이 워낙 뛰어나 113사단의 행군을 눈치 채는 날에는 큰 화를 불러올 수 있었기 때문이다. 이런 사정을 총사령부 작전상황실에 앉아 있는 우리로서는 짐작할 수 없었다. 팽덕회 사령관, 등화 부사령관과 나는 갑자기 113사단의 무전이 끊어지자 답답해 죽을 지경이었다.

"113사단 이 친구들, 도대체 어디로 사라져 버린 거야. 무전연락도 전혀 없고 무슨 큰 봉변이라도 당한 것 아냐." 팽 사령관이 소리를 질렀다. 113사단은 우리와도 그랬지만

38군 본부와도 연락두절이었던 것이다.

해패연 참모장이 작전처장·통신처장을 데리고 무전실로 갔다. 그는 모든 무전기에 대해 113사단의 무전, 38군 전방지휘소의 무전을 듣도록 명령했다. 38군 사령부도 어쩔 도리가 없었다. 등화와 나도 무전실로 갔다. 통신처장·무전실장이 무전기 앞에서 무전을 기다리고 있었다.

모두 113사단 목적지인 삼소리에 제때 도착하느냐의 여부가 이번 전역의 성패를 결정짓는 관건임을 알고 있었다. 38군도 초조했다. 38군의 전방지휘소도 113사단의 행방을 모른다는 것이었다. 113사단이 일부러 무전을 꺼버린 사실을 당시에는 아무도 몰랐던 것이다.

28일 아침 8시, 113사단은 마침내 삼소리를 장악했다. 14시간 동안 72km 행군이라는 초인적인 강행군 끝에 대망의 목적을 이룬 것이다. 삼소리를 점령하고 나서 비로소 113사단은 무전을 열고 연락좌표음어를 지원군사령부에 보고했다. 통신처장 최륜이 좌표를 풀어보더니 "아 113사단이 드디어 삼소리에 도착했다"고 소리쳤다. 모두들 환호성을 질렀다. 이 소식을 펑 사령관의 작전상황실에 전했다. 펑 사령관은 크게 안도의 숨을 내쉬며 말했다. "아, 이제야 마음이 놓이는군. 이제 어려운 일은 다 끝난 셈이다."

113사단이 삼소리에 도착해 무전을 두드리자 미군이 곧 눈치를 챘다. 미 8군 사령관 워커는 냉정하고도 신중했다. 그는 아군이 자기네들의 퇴로를 끊지 않을까 염려했던 것이다. 113사단이 삼소리에 도착했을 때 미군의 모습은 눈에 띄지 않았다. 그러나 113사단이 진지를 점령하고 전개를 끝낼 무렵 미 기병 1사단 5연대가 북쪽의 개천 쪽에서 밀려왔다.

우리 113사단과 최정예로 꼽히던 미 1기병사단 사이에 10차례 치열한 격전이 벌어졌다. 113사단은 끝내 미군의 공격을 물리쳤을 뿐만 아니라 남쪽에서 지원차 밀려드는 미군들을 몰아냈다. 113사단의 삼소리 점령은 상대가 군우리에서 삼소리를 거쳐 순천으로 후퇴할 수 있는 퇴로를 완전히 끊는 것으로 유엔군의 엄청난 타격과 연결되는 것이었다.

상대는 삼소리를 거쳐 남쪽으로 퇴각하려던 기도가 분쇄되자 즉각 다른 퇴로를 찾으려 했다. 이때 38군 전방지휘소가 113사단에게 알렸다. "삼소리 서북쪽에 용원리가 있음. 이곳의 도로가 순천으로 이어지므로 상대의 남쪽 퇴각로임. 신속히 용원리를 점령할 것." 그러나 38군 전방지휘소의 전보는 용원리龍源里의 '원源'을 '천泉'으로 잘못 썼다.

113사단은 전보를 접수하고 지도를 살펴보았으나 '용천리'라는 곳을 찾지 못했다. 그들은 남쪽으로 통하는 길을 발견하기는 했으나 군전방지휘소에 즉각 보고하지 않았다.

이런 이유로 28일 황혼이 되어서야 주력 337연대에게 이 길을 따라 급히 전진하라고 명령했다.

동시에 원래 계획대로 1개 대대 병력을 안주·숙천 방향으로 전진시켜 도로와 교량 파괴 임무를 완수토록 했다. 29일 새벽 4시, 337연대는 용원리를 점령했다. 원래 상대는 삼소리가 아군에게 점령되자 길을 돌아 용원리를 통해 퇴각하려 했다. 그러나 113사단이 상대보다 먼저 용원리를 점령해 상대의 이쪽 퇴각로도 봉쇄해 버렸다.

이 같은 사전정비가 끝난 뒤 전선 정면에 있던 우리 각 군은 맹렬한 기세로 진공을 시작했다. 미 2사단과 25사단, 터키여단 일부, 미 1기 병사단, 국군 1사단 일부가 각각 우리의 3면 포위망에 걸려들었다.

이쯤 되어서야 유엔군 총사령관 맥아더 원수가 미몽에서 깨어났다. 유엔군 총사령관 맥아더는 11월 29일, 우리의 전면적인 총공세가 시작되자 중국인민지원군이 결코 소수 병력이 아니라는 사실을 비로소 깨달았다. 당초 예상했던 상징적인 규모의 병력이 이같이 대대적인 반격전을 결코 펼 수 없으리라는 판단이 섰던 것이다. 맥아더는 대규모 중국인민지원군이 참전했다는 사실을 깨달은 뒤 즉각 유엔군의 철수를 명령했다. 쓸데없는 소모전보다 일단 물러나 전력을 최대한 보존하자는 계산이었던 모양이다.

29일 낮, 서부전선의 미군은 전 전선에 걸쳐 철수를 단행했다. 미 1군단은 청천강 북쪽 기슭에서 안주로 철수했으며 미 9군단도 개천과 그 이남지역으로 물러났다. 동시에 순천에 있던 미 1기병사단 주력과 평양의 영 29여단을 북쪽으로 급히 보내 우리의 113사단을 공격해 남쪽으로의 퇴로를 터주려 했다. 113사단은 개천으로 철수하는 상대를 봉쇄하는 임무를 맡고 있었다.

이때 해패연 참모장은 113사단과의 전화통화에서 팽 총사령관의 지시를 전달했다. "사령관 동지께서는 귀 사단이 삼소리와 용원리에 도착했음을 아시고 크게 기뻐하셨다. 임무를 완수했다고 말이다. 사령관 동지께서는 귀 사단이 철저하게 진지를 지켜 적들이 도망가지 못하도록 했으면 좋겠다고 말씀하셨다."

지원군사령부는 38군 전방지휘소에 전보를 보내 114사단, 112사단을 삼소리 북쪽 군우리를 차단하도록 명령을 내렸다. 상대의 퇴각병력의 후면을 차단해 상대를 혼란에 빠트려 삼소리·용원리에 대한 압력을 줄이기 위해서였다. 동시에 전보를 보내 정면의 몇 개 군을 안주·개천 방향으로 압력을 가해 상대를 사로잡도록 명령을 내렸다.

42군은 최전선의 예하 사단이 신창리에 이르러 미 기병 1사단 7연대를 저격해 순천·숙천 방향으로 우회하는데 도움을 주었다. 상대의 움직임을 눈치 챈 팽덕회 사령관은 해패연 참모장을 통해 113사단에게 명령을 하달했다. "귀 사단이 삼소리·용원리를 때맞취 장악, 임무를 완성했음을 축하한다. 현 위치에서 상대의 반격을 사수, 퇴로를 완전 봉쇄할 것."

29일부터 유엔군은 이틀에 걸쳐 대대적인 화력을 우리 113사단 진지에 집중시켰다. 엄청난 전투기가 날아들고 탱크 야포의 지원이 잇따랐다. 그러나 113사단은 이를 악물고 상대의 지상·공중공격을 막는데 성공했다. 한때 증원군과 포위망에 갇힌 상대와의 거리가 1km가 채 되지 않아 도리어 113사단이 어려운 지경에 빠지기도 했지만 끝내 버티는데 성공했다.

30일 새벽 1시, 40군은 군우리를 점령한 뒤 군 주력은 안주 방향으로 계속 진격했다. 30일 아침 39군은 군우리 서북쪽에서 청천강을 건너 서남쪽으로 공격했고 40군 일부병력은 38군과 합동작전으로 청곡리·신창리에 있는 상대를 물리쳤다.

38군이 삼소리·용원리에서 미군과 격전을 치른 뒤 포성은 점차 수그러졌다. 미군 포로들이 두 손을 들고 줄지어 내려왔다. 수십 리의 도로, 산 등 곳곳에 미군들이 도망가면서 버린 탐스런 물자들이 널려 있었다. 자동차·대포·탄약·음식물 등등.

그중에는 최신형 자동차만도 1천5백여 대가 새로운 주인을 기다리고 있었다. 고작 1백~2백km 달린 것이었다. 이런 물자들은 우리 병사들이 피땀 흘려 상대에게서 노획한 전리품들이었다. 항일전쟁 때도 그랬지만 이러한 전리품은 현지조달을 우선으로 하는 우리 병사들에게는 아주 요긴한 물품이었다.

군단장·사단장 등 지휘관들이 "전장 정리를 시작하라"는 명령을 내렸다. 병사들은 산에서 내려와 각종 전리품을 순식간에 진지로 운반해갔다. 전장에는 자동차만 남았다. 차체에 갓 칠한 반질반질한 기름이 어둠 속에서도 반짝반짝 윤이 났다. 병사들이 만져보고 요모조모 살펴보며 흐뭇해했다. 그러나 우리 운전병이 적어서 몰고 갈 수가 없었다. 날이 밝아오자 병사들은 다급했다. 우리에게는 당시 공군전투기가 없는 데다 대공포도 별로 없어 미군전투기들의 공습에 속수무책이기 때문이었다.

일단 적기가 다가오면 자동차를 운반해 가는 일은 더욱 어렵게 된다. 반드시 날이 밝기 전에 안전한 곳으로 옮겨 숨겨야 한다. 그러나 자동차는 덩치가 크고 무거워 짊어지고 가거나 손으로 들고 갈 수 없었다. 차를 몰고 갈 운전병이 없으니 초조해 봤자 소용이 없었다.

"미군 포로 중에서 운전할 줄 아는 친구들을 골라내 차를 몰고 가게 하면 어떻겠습니까?" 참모들이 머리를 짜낸 끝에 건의했다. 지휘부에서도 묘책이라고 여겼다. 통역을 통해 운전할 줄 아는 미군 포로들을 찾아냈다. 그래서 일부 자동차를 은폐하기 좋은 곳에 숨기기는 했다. 그러나 시간과 인력의 부족으로 길에 내버려둘 수밖에 없었다.

하늘 저편에 희뿌연 서광이 비치기 시작했다. 아니나 다를까, 곧 미군전투기들이 하늘을 가득 메우며 달려들었다. 전투기들은 흰 날개를 번득이며 소이탄을 쏟아 부었다. 한여름에 소나기가 내리는 꼴이었다. 길에 남아 있던 그 많던 자동차들이 검은 연기를 내면서 이내 한줌의 재로 변했다. 공습을 피해 나무숲에 숨어 있는 병사들은 이를 갈았지만 어떻게 할 도리가 없었다. 미군전투기의 공습이 끝난 뒤 헤아려보니 1천5백 대 중 2백 대 정도를 건졌을 뿐이었다.

지원군사령부는 운전병의 중요성을 새삼 깨달았다. 우리는 국내에 전보를 보내 운전병의 대거 파병을 요청하는 한편 자체에서 운전병을 양성하기로 했다. 그 후 전역 때마다 많은 운전병을 대기시켰다가 미군 차량을 노획할 때마다 잽싸게 안전한 곳으로 몰고 갔다. 더 이상 미군 전투기의 공습으로 애써 얻은 자동차를 잿더미로 바꾸는 일은 사라지게 되었다.

제2차 전역에서 38군은 먼저 국군 제7사단을 무력화시킨데 이어 터키여단과 미 제1기병사단의 맹공을 물리쳤다. 또 삼소리 등 전략 요충지를 점령한 뒤 상대의 증원부대와 철수부대의 결합을 가로막음으로써 혁혁한 전공을 올렸다. 이러한 무공에 대해 팽 사령관은 크게 기뻐했다.

12월 1일, 나와 등화 부사령관은 팽 사령관의 사무실에 가서 상대의 철군에 따른 아군 각 부대의 작전에 대해 논의하려 했다. 우리가 사무실에 막 들어가자 팽덕회 사령관은 전황보고를 들여다보고 있었다.

그는 고개를 끄덕이며 "38군이 정말 잘 해냈어. 훌륭해"라고 중얼거리고 있었다. 팽 사령관은 우리가 들어서는 것을 보고 한선초 부사령관이 전선에서 보내온 38군 전황보고서를 우리에게 보라고 넘겨줬다. 전황보고를 읽어본 뒤 등화가 말을 꺼냈다. "역시 38군은 항일전쟁 때의 명성에 손색이 없습니다. 우리 인민지원군의 주력이라 할 수 있습니다." 나도 거들었다. "지난번 제1차 전역 때 38군이 제대로 기동을 하지 못해 사령관 동지로부터 혼이 나지 않았습니까. 군단장이 이번 전역에 잘 해낼 수 있다고 하더니 역시 전통은 무시 못 하는가 봅니다."

우리가 치켜세우자 팽 사령관은 한껏 흥분되는 듯 큰소리로 말했다. "그래. 38군에게 무공을 치하하는 축전을 보내야지." 그는 자리에 앉아 붓을 들더니 직접 무공을 치하하는 축전을 쓰기 시작했다. 축전을 다 쓴 뒤 "이만하면 어때"라고 우리에게 넘겨줬다. 내용은 이러했다

양홍초 군단장·유해청 부군단장 및 38군 전체 동지 귀하

이번 전역에서는 뛰어난 전투역량을 유감없이 발휘했음. 지난번 전역에서 가졌던 여러 동지들의 우려를 깨끗이 씻어냈음. 특히 113사단은 신속하게 행동해 상대보다 먼저 삼소리·용원리를 점령해 남쪽으로 도망치는 상대와 북쪽으로 몰려드는 응원군을 물리쳤음. 적기와 탱크 1백여 대가 하루 종일 폭격을 퍼부었으며 포위망을 뚫으려 했으나 헛수고였음.

어제(30일)까지 올린 전과는 훌륭했음. 탱크 차량이 1천 대에 이르렀고 포위된 적은 여전히 많이 있음. 어려움을 이겨내고 용기를 가지고 포위된 적을 전멸시키기 바람. 아울러 북쪽으로 몰려드는 적 지원부대를 막아주기 바람. 다시한번 무공을 치하하며 계속 승리를 거두도록 축원함.

축전을 훑어본 뒤 우리는 "좋습니다" 하고 맞장구를 쳤다. 축전 뒷면의 발신자는 팽덕회·등화·홍학지·한선초·해패연·두평이었다.

팽 사령관이 말했다. "좋단 말이지, 그러면 가지고 가서 축전을 치도록 하게." 말을 마치고 전보를 참모에게 건네주었다. 참모가 밖으로 나가려는 순간 팽 사령관은 문득 "이봐, 축전에 덧붙일게 있으니 다시 줘봐"라고 말했다. 팽 사령관은 붓을 들어 축전 맨 마지막에 한 구절을 덧붙였다. "38군 만세."

나는 38군이 팽덕회 사령관으로부터 이같이 높은 평가를 받을 줄은 미처 몰랐다. 물론 38군이 혁혁한 전공을 세운 것은 사실이지만 축전 정도면 무난하다고 여겼으며 사령관이 1개 군에 '만세'라는 칭호를 붙일 줄은 정말 몰랐다. 사상 초유의 일이었으니까.

팽 사령관은 또다시 "어떠냐"고 우리의 의견을 물었다. 우리는 아무 말도 하지 못했다. 등화와 나는 원래 13병단의 사령관과 부사령관을 지냈고 38군은 13병단 휘하로 역시 왕년에 우리의 지휘를 받았던 터였다. 팽 사령관은 38군을 극찬할 수 있지만 과거의 인연이 있는 우리로서야 그저 묵묵부답일 수밖에 없었다.

나는 새삼 팽 사령관이 '신상필벌信賞必罰'이 분명함을 깨달았다. 제1차 전역에서 그렇게 엄하게 꾸짖던 분이 무공을 세우자 칭찬을 아끼지 않았던 것이다. 팽 사령관은 우리가 아무 말도 하지 않자 빙그레 웃었다. "아무 말도 없으니 동의한 것으로 생각하겠네." 그는 전보 원고를 참모에게 건네주었다. "가져가서 전보를 치라고. 그리고 전 군에 이 사실을 통보하고 군사위원회에도 보고해.'"

팽 사령관은 '38군 만세'라고 쓴 전보를 보내고서도 미진하다고 여겼던지 흥분된 목소리로 우리에게 물었다. "38군에서 현장보고회를 여는 게 어떨까. 서부전선의 군단장을 모두 가게 하는 거야. 38군에게 축하를 하기도 하고 그들의 전투 경험을 정리해 결론을 내리게 하면 좋지 않을까?"

우리들도 그의 의견에 동의했다. "필요할 것 같습니다." "그러면 지금 당장 한선초 부사령관에게 연락해 준비시키도록 하지. 이번 회의에는 나도 가겠어." 나는 팽 사령관의 말을 서둘러 막았다. "사령관께서는 가실 수 없습니다. 대유동은 38군 사령부와 2백여 km 떨어져 있습니다. 연도에는 도처에 상대가 철수할 때 묻은 지뢰가 널려 있고 하늘에는 비행기의 폭격이 예상됩니다. 사령관께서는 우리의 총수이신데 이런 위험을 무릅쓰고 갈 수는 없습니다. 제가 대신해서 가겠습니다."

등화가 말했다. "당신은 사령부 일을 맡아야지. 또 사령관 동지의 안전을 전적으로 책임지고 있잖아. 여기서 사령관 동지와 함께 있게. 대신 내가 갈게."

우리 세 사람은 한동안 다투었다. 결국 팽 사령관은 등화가 가도록 했다. 그래서 등화가 팽 사령관을 대신해 가게 됐다. 등화는 38군에 가던 길에 개천·군우리를 지날 때 미군전투기가 조명탄을 떨어뜨려 사방을 대낮같이 밝게 한 뒤 끊임없이 폭탄을 투하하는 곤경을 당하기도 했다. 연도에는 도처에 미군이 철수하면서 버리고 간 트럭·탱크와 산처럼 가득 쌓인 군수품이 널려 있었다. 우리 병사들은 트럭·대포·탱크 등 중장비는 움직일 수 없어 각종 경화기와 각종 식품을 거두어 긴요하게 쓰게 됐다.

등화가 38군에 도착했을 때 각 군 군단장들도 모두 와 있었다. 그들은 모두 팽 총사령관의 전보를 본 뒤에 몰려왔던 터였다. 양홍초가 전투 경험을 소개하자 모두들 그에게 축하인사를 건네면서 농담 삼아 하는 말이 "야! 만세군, 당신네 만세군에게 축하드립니다"였다. 양홍초는 더욱 기뻐 입을 다물지 못했다. 그는 노획한 맛있는 음식을 내오면서 정성껏 손님들을 접대했다.

'38군 만세'라는 칭호를 사령관이 사용한데 대해 당시 조선전장에 들어와 있는 6개 군의 지휘관·병사들은 큰 자극을 받았다. 이후 다른 부대도 '만세군'이란 칭호를 얻기 위해 전심전력을 다했던 것이다. 동시에 모두들 팽 사령관이 군대를 엄하게 다스리는 만큼 그의 지휘 아래 치러지는 작전은 건성건성 이루어지지 않는다는 것을 실감했던 것이다.

(4) 유엔군, 평양쪽으로 전격 철수, 각종 장비 버리고

미군은 삼소리·용원리의 포위망을 뚫기가 어려워지고 우리가 정면에서 밀어붙이자 '독 안에 든 쥐' 꼴이 되었다. 미 8군 사령관 워커는 자칫 완전 무력화의 위기에 부닥치자 12월 1일 포위된 자기네 부대에게 안주 방면으로 포위망을 뚫으라고 명령했다. 미군의 원칙은 장비를 내버릴지언정 인명을 중시한다.

워커는 자기네 부대가 포위된 것을 알자 과감하게 장비를 최대한 버리고 가벼운 옷차림으로 안주로 탈출하도록 했다. 그들은 자동차·탱크 등으로 기동력을 발휘하며 후퇴했고 우리는 도보로 쫓아가니 따라잡지 못하는 것은 당연했다. 상대는 안주를 돌아 숙천을 거쳐 평양 쪽으로 철수했다. 제2차 전역에서 아군은 서부전선에서 국군 7사단·8사단·터키여단 대부분을 무력화시켰다. 또 미 2사단·25사단과 미 1기병사단을 물리치는 전공을 세웠다.

이제 동부전선으로 눈을 돌려보자. 이번 전역에서 동부전선은 서부전선과는 별개로 전투가 진행되었다.

제1차 전역이 끝난 뒤 동부전선으로 미 10군단이 북상해 왔다. 이 때 우리의 전력은 미군에 비해 크게 뒤졌다. 서부전선과 단순비교를 해도 아군의 전력은 뒤떨어진 편이었다.

그래서 우리는 모택동 주석과 중앙군사위원회에 건의해 산동성에 있는 제9병단을 하루빨리 참전시켜 달라고 졸랐으나 참전준비를 하는데 시간이 걸렸다. 우선 급한 대로 42군 예하 2개 사단을 동부전선에 잠정적으로 배치했으나 미 10군단은 강계 방면으로 치고 들어와 아군의 퇴로를 끊은 뒤 혜산과 두만강을 점령하려 했다.

그들이 강계를 점령해 우리의 퇴로를 끊을 경우 아군은 엄청난 손실을 각오해야 할 판이었고 이때 비로소 제9병단이 참전하게 됐다. 제9병단은 20군과 27군으로 제1선을 이루고 26군은 제2선 예비대로 하였다. 병단 사령관은 송시륜, 정치위원은 곽화약(곽이 북경으로 전출된 뒤에는 송 사령관이 정치위원을 겸임했음), 부사령관 도용, 참모장 담건, 정치부 주임 사유법 등등이 제 9병단 수뇌부의 면면이었다.

그들은 조선에 들어오자마자 곧장 산세가 험하기로 유명한 동부전선으로 향했다. 당시는 11월 하순. 영하 20도 이하의 혹한에다 함박눈이 쏟아지는 궂은 날씨가 겹쳐 병사들은 엄청난 고생을 했다. 더구나 그들은 날씨가 비교적 온화한 산동성 주둔 병사들이어서 혹독한 추위에 시달려야 했다.

○ 제9병단은 제3야전군 소속이었다. 예하 제20·제26·제27군 등 모두 12개 사단, 약 15만 명으로 구성되었다. 제20군은 원래 1945년 11월 소북蘇北에서 창설된 신사군新四軍 제1종대였다. 이 종대는 곧 화동야전군의 주력이 되어 화동과 중원전장에서 활약했다. 제26군은 원래 1947년 3월 노중魯中 군구부대가 개편돼 이루어진 화동華東야전군 제8종대였다. 전신은 항일전쟁 초기 8로군이 노중魯中에서 창설한 지방무장부대였다. 제8종대 창설 후 이 종대는 화동·중원전쟁으로 옮겨 다니면서 화동야전군의 주력이 되었다. 제27군은 원래

1947년 3월 산둥山東군구의 제5·제6여단과 3경비여단으로 이루어진 화동 야전군 제9종대였다. 전신은 항일전쟁 기간 8로군이 교둥膠東에서 창설한 지방무장부대였다.

제9병단은 조선에 들어오기 전 추운 지역에서의 전투경험이 모자랐다. 월동장비 등의 준비도 부족했다. 포병은 소련장비와 바꾸기 위해 대부분의 장비를 동북지방에 그대로 두고 왔다. 사단마다 노획한 무기인 미·일제 75mm 야포 10여 문을 가지고 참여했다. 이 병단은 군사위의 명령을 받은 직후 서둘러 조선에 들어갔다. 부대는 동북으로 가는 열차 위에서 참전 통지를 받고 솜옷을 건네받았으나 일부는 아예 받지도 못했다. 솜·신발·솜모자도 없이 수건으로 머리를 두르고 모포로 몸을 감싼 병사들이 적잖았다. 영하 30도의 혹한을 무릅쓰고 조선 동부의 험한 개마고원으로 몸을 숨겨 잠입하는데 15만 명이 미군 공중정찰에 발견되지 않아 미군들을 경악시켰다.

제9병단은 압록강변에서 기차를 내리자마자 숨 돌릴 틈도 없이 장진호 쪽으로 행군해 전개를 시작했다. 제1선부대인 20군은 집안에서 압록강을 건너와 두만강을 따라 정면으로 전진해 전개했고 27군은 강계에서 험준한 조선의 산들을 넘어 하갈우리로 향했다.

지원군사령부의 당초 계획은 제9병단도 서부전선과 동시에 11월 25일 공격을 개시한다는 것이었다. 그러나 송시룬 병단 사령관이 난색을 표했다. 공격태세를 가다듬기 위해서는 이틀간의 여유가 필요하다는 것이었다. 펑더화이 총사령관은 제19병단의 건의를 받아들였다.

이런 사정으로 동부전선은 27일에 제2차 전역이 시작됐다. 11월 하순 백두산을 비롯해 조선 북부에는 엄청난 눈이 내렸다. 게다가 영하 20도는 보통이고 영하 30도를 밑도는 혹한이 계속됐다. 제9병단 병사 중 일부는 두툼한 솜옷이나 털모자를 걸쳤지만 대부분 방한 장비도 별로 갖추지 못했다. 그러나 제9병단의 20·26·27군은 모두 3야전군의 주력이었고 항일전쟁 당시 용맹을 떨친 최정예부대였던 만큼 병사들의 사기는 하늘을 찌를 듯이 높았다.

미 10군단장 아몬드 소장은 중국 제9병단이 이렇게 빨리 동부전선에 나타나리라고는 예상하지 못했던 것 같다. 그의 부대는 한랭지대에 도착해 상륙작전을 벌여 산속으로 진격해 들어왔다. 그러나 빨리 진격하려 들지 않았다. 그들은 기계화 부대여서 자칫 빨리 치고 들어오다 퇴로가 끊기면 철수하지 못할 것을 우려했다. 아몬드는 동부전선에서도 비교적 신중했다.

11월 27일 밤, 동부전선의 제9병단 예하 27군과 20군은 각각 유담리·하갈우리·고토리·두창리 등에 주둔하고 있는 미 10군단에 대해 공격을 시작했다. 밤을 새우며 격전을 치른 끝에 28일, 아군은 미군을 토막토막 나누어 신흥리·유담리·하갈우리 등 몇

개 지역에서 완전히 포위해 유리한 전황을 만드는 데 성공했다. 그러나 상대가 사방을 탱크로 에워싸 포공격을 하는 반면 우리는 소총·수류탄 정도로 밀어붙이니 화력 싸움에서 밀렸다. 게다가 월동준비를 제대로 하지 못해 동상에 걸린 병사 들이 속출해 전투력의 손실이 엄청났다.

제9병단은 이같이 어려운 조건 속에서도 며칠 밤낮에 걸쳐 투혼을 발휘해 포위망에 갇혀 있던 미 해병 1사단 소속 1개 연대 병력의 대부분과 국군 수도사단 일부에게 커다란 타격을 입혔다.

◎ 국군과 미군이 동부전선에서 벌인 전투와 패배·철수

(노병천 『이것이 한국전쟁이다』 21세기 군사연구소 2000)

① 혜산진 전투(1950.11.21)

○ **최초의 미군부대** : 혜산진 전투는 중공군이 한국전에 참전하여 서부전선에서 미 제8군과 제1차전을 치른 후 청천강 부근에서 상호 대치하고 있을 때 동부전선의 미 제10군단 예하 7사단 소속의 17 연대가 진격을 계속하여 갑산과 혜산진에서 북한군 제12사단과 제126사단 소속의 패잔병 집단을 격퇴하고 혜산진을 탈환한 공격 전투이다. 이 전투에서 미 17연대는 전진 도중에 험준한 산악지대를 돌파하여야 하는 지형적인 악조건과 적설로 뒤덮인 협곡을 뚫고 나가야 하는 고난을 극복하며 계속 전진한 끝에 북한군 연대규모의 패잔병 집단을 격멸하고 1950년 11월 21일 혜산진을 무혈로 탈환하였다. 혜산진 시가와 압록강에 연한 주변 일내를 완전히 장악한 미 17연대는 이미 해군 함재기의 폭격에 의해 폐허가 된 텅 빈 시가지 북쪽을 경계하였다.

○ **통일 환상** : 미 17연대는 국경선 압록강변에 먼저 도달한 국군 제6사단 7연대에 이어 한·만국경선에 도달한 두 번째 부대가 되었고 유엔군으로서는 최초의 부대가 되었다. 곧 유엔군사령관의 축하 전문이 타전되었고, 국군과 유엔군은 한국전쟁이 곧 종결될 것이라는 기대감에 차게 되었다. 혜산진 시가의 북쪽을 가로지르는 압록강의 강폭은 45-70m정도로서 강 건너 300m지점에는 중공군의 보초와 장교들이 왕래하는 모습이 똑똑하게 보였다. 그러나 이즈음 서부전선의 미 제8군과 동부 전신의 미 제10군단 사이에는 최초 50여 마일의 간격에서 무려 두 배인 100마일 정도의 간격이 발생되어 있었고, 그 사이로 중공군 정규군이 마음놓고 들락날락하였음은 물론 그 사이를 거대하게 가로막은 태백산맥 줄기에 수많은 게릴라들이 준동하여 수시로 유엔군을 괴롭히게 된다.

② 장진호전투
(1950.11.27.~12.1)

○ **대포위작전** : 장진호전투는 미 제8군이 서부전선에서 중공 제13병단과 격전을 전개하고 있을 때 동부전선의 미 제10군단에 예속되어 있던 미 제1해병사단이 서부전선부대와 장진호 북방으로 진출하던 중 중공 제9병단의 공격을 받고, 7개 사단 규모의 중공군이 포위망을 형성한 장진호 계곡을 빠져 나오기 위하여 2주일 동안에 걸쳐 치른 철수작전이다.

유엔군 부대로서는 최초로 압록강에 도착한 미군들은 맥아더가 약속한 대로 크리스마스 이전에는 귀국하여 크리스마스를 가족과 함께 보낸다는 환상에 들떠 있었다. 제7사단 장병들이 압록강을 옆에 두고 1950년의 추수감사절을 칠면조를 먹으면서 보내고 있다.

당시 중공군은 미 제8군과 미 제10군단이 서로 연결하지 못하도록 하기 위하여, 특히 장진호 방향으로의 공격에 중점을 두었으며, 이를 위하여 북한군으로 하여금 중공군의 지원 하에 국경으로 진출하고 있는 국군과 유엔군을 혜산진과 청진 방향으로 공격하게 하여 이들을 해안선으로 압박하며, 주력을 장진호 지구에 투입하여 이 지역의 미 제10군단을 압박하여 국군과 유엔군을 지역

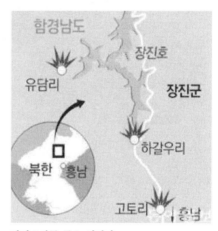

장진호전투 주요 격전지

내로 한데 몰아 모조리 섬멸하고자 하는 대포위작전을 시도하였다.

○ **빛나는 승리** : 이 전투에서 미 제1해병사단은 혹심한 추위를 무릅쓰고 유담리로부터 진흥리까지 40km가 넘는 죽음의 협곡지대에 겹겹이 에워싸인 7개 사단 규모의 중공군의 포위망을 벗어나는 동안 수많은 사상자가 발생하였으나 유엔 공군의 항공근접지원 하에 과감한 돌파작전을 전개하여 함흥으로 철수하는데 성공하였다.

미 제1해병사단의 장진호 전투는 철수전이 아니라 오히려 새로운 방향으로의 공격작전으로서 이 전투의 성공은 전선 전체에 많은 영향을 주었다.

이 전투로 중공군의 함흥지역 진출이 2주일간이나 지연됨으로써 동북지방으로 진격

죽음의 계곡을 빠져 나오는 도중에 죽은 미군 전사자들이 트럭에서 내려지고 있다. 미군은 그들 전우의 시체가 적에 의하여 유린되어지는 것을 용납하지 않으려고 비록 지옥 같은 상황이었지만 최선을 다하여 전사자들을 후방으로 옮겼다.
필자(노병천)는 1999년 6월 20일, 미주리 주의 어느 공원묘지에서 한국전 참전 어느 해병대의 한정식에 초청인사로 참석하여 마침 장진호 전투에 참전하였던 한 노병을 만났는데 그는 말로 형언할 수 없는 지독한 그때의 참상을 설명하였고 아울러 그러한 악조건 하에서도 성공적으로 철수작전을 행하였던 미 해병대에 대하여 지금까지도 대단한 자부심을 가지고 있었다.

하였던 국군과 유엔군 부대들이 흥남으로 집결할 수 있는 시간을 얻게 되었으며, 곧이어 흥남 철수작전이 가능하게 되었다. 기간 중 해병 제1사단은 전사 463명, 후송 후 사망 98명, 실종 182명, 부상 2,872명의 전투손실과 3,659명의 비전투손실(대부분 동상)을 내었지만 그 영웅적인 행위로 곧 미 대통령의 부대표창 부대가 되었다.

③ 흥남 철수작전(1950.12.5.~24)
○ **작전상 후퇴** : 흥남 철수작전은 서부전선의 미 8군이 중공군에게 패하여 38도선으로 철수하고 있을 때, 동부전선의 미 제10군단(미 제3, 제7, 제1해병사단)과 국군 제1군단(수도, 제3사단)이 흥남에서 해상으로 철수하여 38도선 남방으로 병력을 재전개시킨 철수작전이다. i950년 11월 27일 유엔군총사령부는 중공군의 위압적인 공세에 밀

려 어쩔 수 없이 함경도지구의 전 유엔군에게 '작전상 후퇴'를 지시하게 되고 이튿날 28일, 맥아더 원수는 중공군과의 전쟁이 "유엔군사령부의 권한범위를 벗어나 국제연합과 세계제국의 정치수뇌급"에서 해결책을 제시해야 할 '전혀 새로운 전쟁'임을 공포하였다. 이즈음 트루먼 미 대통령은 중공군의 전면개입에 따른 최후의 대책으로 핵무기 사용을 언급하였으나 곧 영국수상 애틀리의 방미로 일단 없었던 것으로 무마하게 된다.

○ **철수 성공** : 흥남 철수작전은 미 제1해병사단이 장진호 협곡에서 철수작전을 전개하여 중공 제9병단의 진출을 지연시키고 있는 동안 흥남 지역으로 집결한 국군과 유엔군 부대들이 함흥 외곽지대에 타원형의 저지 진지를 구축하고 해병사단의 철수를 엄호하는 한편, 해상철수를 개시하여 12월 24일 마지막 철수부대가 승선할 때까지 근 20일 동안에 걸쳐 이루어졌다. 이 철수작전에서 국군 제1군단과 미 제10군단의 병력 105,000명과 17,000 대의 차량, 91,000명의 피난민과 350,000톤의 화물을 안전하게 해상으로 철수시키는데 성공하였다.

이 작전의 결과로 국군과 유엔군은 전투력을 보존하여 다음 단계의 작전으로 전용이 가능하게 되었으며, 중공 제9병단은 장진호로부터 함흥 지역 외곽지대에 이르는 사이 연속적인 타격을 입게되어 5개월 후인 1951년 8월 중공군 제4차 춘계공세 때에 겨우 그 모습을 드러내었다. 흥남 철수작전의 성공은 아군에게 최고의 크리스마스 선물이 되었으며 사기에 큰 영향을 주었다.

(5) 동부전선에서도 유엔군 후퇴, 동 · 서부 38선으로 퇴각

미군은 아군(중국군)의 세찬 공격을 받더니 전투기의 엄호 아래 자동차나 트럭 등을 타고 후퇴하기 시작했다. 동부전선은 세찬 추위에다 높은 산들로 이루어져 있어 미군 기계화 부대의 공격은 별 효과가 없었다. 그래서 아군 대부분이 밀어붙이고 미군은 뒤로 철수하는 꼴이었다. 그들은 평원 작전에 적합했던 것이다. 함흥까지 물러나서는 그들은 후퇴하지 않았다. 함흥을 지나면 평원이었기 때문이다.

이때 아군도 형편이 어려웠다. 동부전선의 험준한 지형 때문에 대포는 가져갈 수 없었고 박격포를 어깨에 짊어지고 가는데도 엄청난 희생을 치러야 했다. 그래서 손에 쥘 수 있는 경화기에 의존해야 했다. 이 밖에 미군이 흥남항으로 후퇴한 뒤에는 군함의 화력지원이 엄청났다. 그들은 해 · 육 · 공군화력으로 세밀한 화망火網을 구축해 엄청난 화력을 아군에 퍼부어댔다.

팽 사령관은 여러 가지 상황을 고려해 제9병단에게 더 이상 추격하지 않고 상대의 움직임을 예의 주시하라고 명령했다. 유엔군은 동서전선에서 아군의 대공세에 밀려 엄청난 타격을 입은 뒤 12월 3일 38선을 향해 총퇴각했다.

우리는 당시 상대가 이렇게 빨리 철수하는 이유와 어느 선까지 철수하는지 명확히 알 수 없었다. 그래서 경솔하게 맹목적으로 쫓아갈 수 없다는 결론을 내렸다. 그래서 서부전선의 각 군에 "더 이상 추격 하지 말고 병력을 재정비해 앞으로의 전투에 대비하라"고 명령했다. 동시에 39 · 40 · 42군의 각 1개 사단씩을 숙천 · 순천 · 성천 방향으로 보내 상대를 뒤쫓도록 하는 한편 상대의 동향을 예의 주시하도록 했다.

모택동 주석은 일찍이 11월 2일 평양공략이 쉽지 않을 것이라고 예상하고 평양 탈환에 만전을 기하라고 지시한 바 있다. 그러나 유엔군은 아예 평양을 포기한 채 38선까지 철수해 버린 것이다.

12월 5일. 제2차 전역이 서부전선에서 끝났다. 6일, 아군과 인민군이 평양을 되찾았다. 12일, 서부전선의 아군 6개 군이 38선을 향해 진격을 개시했다. 16일, 서부전선의 상대는 전원 38선 이남으로 철수했다. 23일, 미 제8군 사령관 워커 중장이 후퇴하던 길에 자동차 사고로 숨졌다. 상대의 후퇴 길이 어느 정도로 혼란스러웠는지 알 수 있었다. 같은 날, 아군은 38선에 바짝 접근했다. 금천 · 구화리 · 삭녕 · 연천 · 철원 등지에 병력을 집결시켰다.

동부전선의 제9병단은 물러나는 미 10군단과 국군을 추격했으나 상대는 24일 흥남에서 전투기와 군함의 막강한 화력 지원에 힘입어 동해상으로 철수했다. 이에 앞서 11월 9일 인민군은 원산을 되찾았고, 11월 17일 제9병단이 조선인민군 3군단과 협공해 함흥을 되찾았다. 제9병단이 어려운 환경에서 미 10군단을 몰아낸 것은 결코 지나칠 수 없는 전공이었다. 그래서 지원군사령부와 모택동 주석은 제9병단에게 무공을 치하하는 축전을 보냈다. 모 주석은 축전에서 "제9병단 동지들은 극도로 어려운 조건 아래서 분투 노력해 거대한 전략상의 임무를 훌륭히 수행했다"고 추켜세웠다.

이로써 제2차 전역이 완전히 끝난 셈이다. 제2차 전역이 끝난 뒤 팽 사령관은 동부전선의 제9병단에게 함흥 · 원산 일대에서 휴식을 취해 전력을 재정비하도록 명령했다.

제2차 전역에 관해 한 미국작가는 이렇게 묘사했다. "11월 25일, 날이 어두워지자마자 재난이 밀어닥쳤다. 20만여 명에 이르는 중국인이 워커의 제8군과 아몬드의 제10군단 사이의 빈틈을 꿰뚫어 미8군의 오른쪽에 있던, 국군 제2군단을 공격했다. 국군 제2군단은 붕괴돼 서둘러 도망쳤다. 따라서 중앙부의 미 9군단이 노출됐다. 미 9군단은 우선 전선을 좁혀 방어했지만 끝내는 퇴각했다.

왼쪽의 1군단과 9군단이 동시에 후퇴했다. 이틀 후인 11월 27일 동부전선에서 또 다른 중국집단군이 제10군단, 즉 올리브 스미스의 제1해병사단을 공격했다. 중국군대가 배후를 차단해 해병대가 장진 댐에서 포위됐다. … 사정은 금세 명확해졌다. 유엔군이 맞닥뜨린 것은 최상급의 군대였다. 사람을 놀라게 만든 것은 중국인의 기율이 엄정하고 지휘 역량이 뛰어났다는 점이다. 워커가 이끄는 제8군은 돌연한 습격을 받아 완전히 얼이 빠진 채 잽싸게 전 전선에 걸쳐 후퇴를 감행한 것이다."

제1차 전역의 승리는 조선 북부의 전세를 안정시켰다. 그런데 제2차 전역에서의 승리와 성공은 전세를 완전히 역전시켰다고 할 수 있다. 제2차 전역 동안 지원군은 유엔군 3만 6천여 명의 병력을 무력화시켰는데, 그중 미군이 2만 4천여 명이었다. 또 평양을 제외한 38선 이북의 모든 영토와 38선 이남의 황해도 옹진·연안반도를 되찾았다. 유엔군 총 사령관 맥아더 원수의 '성탄절 총공세'를 '성탄절 총퇴각'으로 이끈 것이었다.

제2차 전역 동안 최전선에 나가 전투를 직접 독려했던 한선초 부사령관이 사령부로 되돌아왔다. 그는 일선 부대에서 후방으로부터의 물자보급에 대해 의견이 많더라고 전했다. 우리가 조선에 들어온 뒤 지원군에게 물자보급을 전담하는 후방 근무부後方勤務部(줄여서 후근부라고 함)가 없었다. 사령부 아래 후근과가 설치돼 있을 뿐으로 부사령관인 내가 물자보급 문제를 맡고 있었다.

제1차·2차 전역에서 물자보급, 이를테면 병참에서 드러난 여러 문제점들을 팽 사령관과 나는 파악하고 있었다. 물자보급에 대해 당시 동북군구는 최대한 역량을 모아 군수품의 조달에 많은 힘을 쏟아왔다. 전선에 있는 우리도 여러 방법을 궁리했다. 이를테면 조선정부에 식량의 현지조달을 요청하는 등등의 물자조달 방법을 생각했다. 그러나 미군전투기의 공습 등 객관적인 여건이 너무 곤란했다. 따라서 근본적인 해결책은 마련되지 않은 상태였다.

이런 문제들을 빚어내는 주요원인은 당시 지원군병참을 책임지고 있는 동북군구 후근부가 멀리 심양에 있어 전선의 전방지휘소에 10여 명을 파견한데 그쳤기 때문이다. 예하 몇 개의 후근지부後勤分部도 서둘러 조직된 것이어서 체계가 엉성했고 보급 역량도 충실하지 못했다. 게다가 적기의 폭격이 엄청나 전선의 수요에 부응하지 못하는 것은 당연했다.

이런 상황에서 병참 문제를 누가 와서 맡는다는 것도 어려웠다. 그래서 나는 한선초에게 그 일을 맡기고 내가 최전선에 가겠다고 건의했다. 등화가 말했다. "나도 한형이 당분간 병참 일을 책임졌으면 하는 생각인데." 팽 사령관이 말했다. "내가 보기에는 말이야 한선초와 홍학지를 맞바꿔서 홍이 최전선에 가서 작전을 독려하고 한은 지원군사령부에서 사령부 일과 병참보급을 맡았으면 좋겠어. 별다른 의견이 없으면 당위에서 통과된 것으로 알고 그대로 시행하라고."

그날 저녁, 나는 짐을 다 꾸리고 지프차도 시동을 걸어놓았다. 전선으로 가기 위해서였다. 떠나기 직전에 나는 팽 사령관의 집무실에 작별인사를 하러 갔다. "사령관 동지, 출발합니다. 다른 지시는 없으신지요?" 팽 사령관이 내 말을 듣더니 놀라는 표정이었다. "출발한다고? 어디로 간단 말이야?" "당위에서 결정하지 않았습니까? 저를 전방으로 보낸다면서요."

그는 얼굴 표정이 굳어지며 말했다. "말이 그렇다는 것이지 실제로 그렇게 하라는 것은 아니었어. 이번 기회에 한선초의 어려움을 우리가 알게 됐잖아. 아무래도 병참은 자네가 겸임하고 한선초가 전방에 가는 게 낫겠어."

나중에서야 사정을 알았다. 회의가 끝난 뒤 팽 사령관과 등화가 의견을 나누었는데 등화 생각에는 나와 한선초를 맞교대하는 것이 마음에 들지 않았고 팽 사령관도 거기에 찬동했다는 것이다. 그래서 나는 계속 사령부 물자보급 문제와 씨름해야 했다.

두 차례의 전역 중 적기의 엄청난 공습 때문에 밤낮으로 아군 후방 보급선이 봉쇄되거나 파괴돼 아군의 주식과 부식공급이 제때 이루어지기 어려웠다. 게다가 제때 공급이 된다 해도 대낮에는 불을 지펴 밥을 짓지 못했다.

미군 전투기가 수시로 우리를 찾느라 혈안이 되어 있어 연기를 낼 수 없었기 때문이다. 설상가상으로 병사들은 밤낮으로 행군을 계속해 상대를 추격해야 했기 때문에 한가롭게 밥을 지어 먹을 형편이 아니었다. 그래서 미숫가루가 한동안 지원군의 주요 야전식량이 되었다.

미숫가루는 70%의 보리에 콩·수수 또는 옥수수를 섞어 볶은 다음 갈아 0.5% 식염을 넣어 만든 것으로 휴대나 보존에 편리했다. 전투할 때 모두 미숫가루 부대를 하나씩 등에다 짊어지고 가다가 배가 고플 때면 아무 때나 한 줌 입에 넣어 씹으면 그런대로 요기가 돼 전투식량으로는 안성맞춤이었다.

11월 8일, 1차 전역이 막 끝났을 때 동북군구 후근부는 우리의 건의에 따라 "인민해방군 총후근부에 미숫가루를 주 식량으로 삼고 공급량을 늘리자"고 건의하는 한편 지원군사령부에 미숫가루 시제품을 보내와 의견을 물었다. 팽 총사령관과 우리 부사령관들은 이 건의를 알고 미숫가루 시제품을 살펴보니 만족스러웠다. 제2차 전역이 있기 전인 11월 20일, 팽 사령관은 나더러 동북군구 후근부에 전보를 쳐 그들에게 이렇게 전하도록 했다.

"보내온 미숫가루 시제품은 좀 더 철저하게 갈아 소금을 넣었으면 좋겠다. 볶을 때는 먼저 깨끗이 씻어야 하며 대량으로 전방에 보내주도록." 11월 하순, 2차 전역이 시작됐을 즈음 동북군구에서는 전선에 엄청난 양의 미숫가루를 공급하기 시작했다.

수요량이 엄청나 1인당 매월 정량의 3분의 1을 공급한다 해도 1,482만 근(斤. 1근은 500g)이 필요했다. 동북군구에서 아무리 노력해봤자 1천만 근밖에 생산할 수 없어 모자라는 양을 다른 지역에 의뢰해야 했다.

11월 12일, 전방의 긴급한 미숫가루 공급을 위해 동북인민정부는 '미숫가루 생산을 위한 규정'을 만들어 심양시의 경우 당·정·군 각 기관마다 날마다 최소한 미숫가루 13만 8천 근을 의무적으로 생산하도록 했다. 20일 만에 미숫가루 2백76만 근을 생산할 수 있었다. 2차 전역이 시작 된 11월 말 현재 전선에 공급된 미숫가루는 4백5만 근에 이르렀다.

12월 18일, 동북군구는 「미숫가루·고기포 생산회의」를 열어 한 달 내로 미숫가루 6백50만 근과 고기포 52만 근을 생산하는 방안을 강구했다. 동북지방은 물론 전국의 당·정·군·민은 행동을 시작했다. 즉각 남녀노소를 동원해 가가호호 미숫가루를 만드느라 '미숫가루 제조 열풍'이 불기 시작했다. 주은래 총리 등 중앙의 당정지도자들도 틈을 내 직접 북경의 각 단위간부 및 군중들과 함께 미숫가루 제조에 참여하기도 했다.

전선의 병사들은 미숫가루를 먹는 문제가 해결된데 감격했고 심지어 "미숫가루를 위해 공을 세우자"는 구호까지 나올 정도였다. 12월 23일, 제2차 전역이 승리로 끝날 무렵 계속해서 제3차 전역을 준비하기 위해 팽 총사령관은 내게 그를 대신해 중앙군사위와 동북군구에 보내는 보고서를 기초하도록 했다. 이 보고서에는 이런 구절이 있었다. "적기의 파괴 때문에 밤낮으로 불을 지펴 밥을 짓기 어렵습니다. 야간행군작전 때 모든 부대원들은 동북에서 보내준 미숫가루에 감사하고 있습니다. 이후로는 누런 콩·쌀과 소금이 가미된 미숫가루를 보내주기 바랍니다."

그러나 미숫가루를 오랫동안 군대의 주식으로 삼는 것은 불가능했다. 미숫가루는 영양성분이 단순하고 비타민도 모자라 오래 먹다 보면 병사들의 체력과 건강에 영향을 미칠 수 있기 때문이었다. 예를 들면 미숫가루에는 수분이 모자라 상용하다보면 입 안이 헐어 끝내는 구강염에 걸리는 경우가 많았다. 어떤 병사들은 위하수胃下垂에 걸리기까지 했다. 그래서 어떤 병사들은 농담 삼아 "미숫가루를 나무 위에 걸어놓으면 미군전투기 조종사들이 불쌍히 여겨 공습을 하지 않겠지"라고도 말할 정도였다.

2. 중국 지원군, 1·2차전 주로 야간전투 승리로 38선에 도달

1) 중립국에선 휴전을, 중국 중앙은 38선 남진 요망

(1) 전장의 장병들은 탈진 상태, 손실도 크고, 일단 휴식

2차 전역으로 유엔군은 38선 이남으로 퇴각했다. 이즈음 팽 총사령관 생각에는 우리와 적군 사이의 거리가 지나치게 멀리 떨어져서는 안 된다고 여겼다. 그래서 지원군부대 주력은 휴식을 멈추고 또다시 급속히 전진해 38선 부근에 이르렀던 것이다.

이때 지원군사령부 소재지 대유동은 전선에서 너무 멀어지게 됨에 따라 팽 사령관은 전방지휘소를 평양 북쪽으로 옮기도록 했다. 우리는 성천군 북쪽으로 이동하고 방공을 위해 광산갱도를 찾기로 했다. 결국 성천군에서 남서쪽으로 5km 떨어진 군자리(군자동이라고도 함)를 선택했다. 군자리로 결정한 것은 김일성 수상과의 연락에 편리하고 방공에 유리했기 때문이다. 당시 김 수상은 이미 평양 부근의 서포로 옮긴 상태였다.

여기에 머무르고 있으니 김 수상과의 연락이 비교적 수월했다. 이곳에는 조선의 병기 공장이 있었다. 상대가 점령한 뒤 광산은 약간 파괴된 상태였다. 우리는 광산에 도착해서 간단한 수리를 마치고 머무르게 되었다. 이때 팽 사령관이 나를 찾았다. "이봐. 여기는 전선에서 너무 멀리 떨어져 있는 것 같은데 좀 더 가깝게 옮기면 어떨까?" "사령관 동지, 제 생각에는 이곳 군자리가 지휘부 위치로는 현재 가장 적합한 것 같습니다. 아직은 전선 상황이 유동적이기 때문에 자칫 전선에 너무 가깝게 가다 보면 지휘의 안전성에 영향을 받을 수도 있습니다."

내가 조목조목 설명을 하자, 팽 사령관은 고개를 끄덕였다. "좋아, 일단 여기서 당분간 머무르지. 상황을 살펴본 뒤에 다시 논의하자." 이 무렵은 아군이 비록 두 차례 전역에서 승리를 거두긴 했지만 상대의 주력을 대량으로 섬멸한 것은 아니었다. 게다가 부대원들의 손실도 엄청났고 연속된 작전으로 무척 피로했으며 병참 공급도 매우 곤란했다. 그래서 팽 총사령관은 일정시간 휴식이 필요하다고 판단해 이듬해 봄까지 기다렸다가 새로운 전역을 개시해야 한다고 여겼다.

그러나 여러 가지 사태진전이 지나치게 빨라 아군을 이듬해 봄까지 내버려두지 않았다. 12월 7일 중국주재 인도대사 파니카가 우리 외교부 부부장 장한부를 만나 "인도 등

13개국이 며칠 안에 유엔안전보장이사회에 38선에서 휴전한 뒤 협상을 진행하자는 건의서를 제출할 계획"이라고 말했다. 파니카 대사는 "중국이 만약 38선을 넘지 않는다고 보장한다면 이들 국가들로부터 환영과 지지를 얻게 될 것"이라고 덧붙였다.

12월 11일 주은래 총리는 이 제안에 대해 "미국이 먼저 38선을 넘었으며 따라서 38선은 맥아더가 파괴했으므로 더 이상 존재하지 않는다"고 지적했다. 말 속에 숨은 뜻은 분명했다. 그것은 우리가 38선을 넘지 않겠다고 선포할 수는 없다는 뜻이었다.

12월 13일 모 주석은 팽 총사령관에게 보내는 전보에서 이렇게 말했다. "12월 8일 18시 전보 받았음. 다음과 같이 지시함."

1. 미국·영국 등 각국은 아군을 38선 이북에 머물도록 요구하고 있음. 그러나 이 같은 요구는 시간을 벌어 다시 전쟁을 일으키려는 수작임. 때문에 아군은 반드시 38선을 넘어 남진해야 함. 38선 이북에서 일단 정지한다면 정치적으로 엄청나게 불리해질 것임.

2. 이번 남진에서 개성 남쪽과 북쪽 일대, 즉 서울에서 멀지 않은 일대에서 적을 섬멸할 기회를 가지기 바람. 그 다음 상황을 살펴 만일 적이 엄청난 역량으로 서울을 고수할 경우 아군 주력은 개성 선과 그 이북 일대로 물러나 휴식을 취하면서 서울을 공격할 조건을 준비할 것. 또 몇 개 사단을 한강 중류 북쪽 기슭으로 접근시켜 인민군이 한강을 건너 국군을 섬멸하는 작전을 지원할 것. 적이 서울을 포기할 경우에는 아군의 서부전선 6개 군은 평양~서울 사이에서 일정기간 휴식한 뒤 다시 전투를 계속할 것.

모 주석의 전보를 받은 뒤 팽 사령관은 우리가 지금 공격을 계속 하는 것이 합리적인가에 대해 여러 차례 토의를 거듭했다. 팽 사령관은 군사적인 각도에서 볼 때 지금 당장 공격을 재개한다는 것은 무리라고 판단했다.

아군은 조선에 들어온 지도 1개월여가 되었고 이미 연달아 두 차례의 전역을 치르면서 38선에 이르렀다. 전쟁 속도가 이렇게 빠를 줄은 우리도 미처 예상 못 했다. 우리들 현지 지휘관들이 판단하기로도 서부전선의 6개 군은 이미 지칠대로 지쳐 휴식과 병력 보충이 절실했다. 재충전 기간이 꼭 필요하다고 생각했다. 동부전선에 있는 제9병단은 곤란이 더욱 컸다. 인원·탄약·식량이 크게 부족한 형편이었다.

따라서 지금 당장 공격을 재개하는 것은 무리라는 게 지휘관들의 공통된 견해였다. 우리는 국내에 고참병을 보충해 달라고 요청했었다. (고참병이 와야 당장 실전에 투입할 수 있지 신병은 훈련과정을 거쳐야 했기 때문이다.) 후방부대 병력의 투입도 요구했다. 그러나 후방부대는 아직 오지 않았다. 이런 상황에서 전장의 지휘관은 전역을 여는 것이 옳은지 그른

지를 당연히 따져보게 된다.

더욱 중요한 것은 상대가 퇴각하기는 했지만 주력의 역량은 보존되어 있다는 점이다. 우리가 분석하건대 상대가 잽싸게 철수한 것은 역량을 보존하기 위한 이유 외에 다음의 두 가지 원인이 있다고 여겼다.

첫째, 그들은 38선 이북에 방어선이 없다. 38선 이북과 평양 이남은 산이 별로 없는 평야지대로 지형적으로 방어선 구축이 불가능했다는 점이다. 또 계절적으로 겨울이기 때문에 땅이 얼어붙어 임시방어선을 구축하는 것도 쉬운 일이 아니었다. 반면 38선 이남은 전부터 국군의 방어선이 있었으므로 방어하는데 유리했다.

또 하나는 미군이 2차례의 연이은 패배로 사기가 떨어져 재정비의 기간이 필요했다는 점을 들 수 있다. 미군은 우리와의 접촉을 벗어나 38선 이남의 진지에서 병력을 재정돈하려 한 것이다.

그것은 이렇게도 말할 수 있다. 상대가 그렇게 빨리 철수한 것은 이미 설치해 놓은 진지를 차지하려는 의도가 있었던 것이다. 이런 상황에서 우리가 다시 공격을 재개하는 것은 바람직하지 않다고 팽 사령관은 판단했다. 결국 군사적인 측면에서 공격을 재개하는 것이 무리이지만 모 주석의 지시와 같이 정치적인 측면에서는 즉각 공격을 재개해야 했다. 현지 군사적 상황과 정치적인 주문과는 거리감이 생긴 셈이다. 이럴 경우 어떻게 해야 할까.

팽 사령관은 심사숙고 끝에 "군사는 정치에 종속돼야 한다"는 최종 결론을 내렸다. 그는 병사들이 겪고 있는 어려움을 이해하면서도 작전 준비에 착수해 제3차 전역 준비에 들어가야 한다고 결론을 내렸다.

12월 15일 팽 총사령관·조선의 박일우 부사령관·한선초 부사령관·해패연 참모장 그리고 내가 모여 논의를 거듭한 끝에 정식으로 결정을 내렸다. 겨울을 지나며 재정비의 기간을 가지려던 기존의 계획을 완전히 철회하고 인원 부족·보급 부족 등의 어려움에도 불구하고 제3차 전역을 시작해 38선을 넘어야 한다고 말이다.

팽 사령관은 제3차 전역 개시의 필요성을 역설했다.

"귀관들도 알다시피 지금 상황에서 전투를 재개하는 것은 현실적으로 어려운 일이다. 그러나 지금 정치적인 상황이 우리에게 또한번 전투를 하라고 요구하고 있소. 모택동 주석도 우리에게 공격을 재개하라는 명령을 내렸어. 정치현실이 군사상의 요구를 앞서는 것이니까 공격의 가부를 지금 단계에서 왈가왈부할 수 없다. 이제 38선을 돌파하는 일만 남았어. 다만 현실적인 어려움을 감안해 신중하게 일을 도모해야 해.

미군과 영국군이 서울에 집중되어 있음에 비추어 먼저 병력을 집중시켜 국군을 내려

치고 미군을 견제할 생각이야. 먼저 국군 1사단을 섬멸한 뒤 기회를 보아 국군 6사단을 공격할 생각이야. 전역 발전이 순조로우면 춘천의 국군 3군단을 공략할 것이고 순조롭지 않을 경우에는 작전방침을 다시 고칠 거야. 돌파를 해야 승리를 거둘 수 있어. 절대로 너무 멀리, 너무 깊숙이 쳐들어가서는 안 돼. 그렇지 않으면 엄청난 어려움을 맞게 되고 우리에게 불리해. 적을 섬멸하는 것도 많이 할수록 좋은 것이지만 적어도 괜찮아. 결론적으로 말해서 38선을 돌파한 뒤 상황을 보고 적당한 선에서 그만둘까 해."

팽 사령관은 이번 전역의 목적은 국군을 먼저 제압해 미군을 견제하는데 있음을 분명히 했다. 따라서 먼저 국군 제1사단을 공격한 뒤 기회를 엿보아 국군 6사단을 치기로 했다.

제1·2차 전역 후 상대는 그동안 경멸의 시선을 보냈던 아군에 대해 공포심을 느끼는 듯했다. 미군인들은 일련의 패배를 "진주만사건 이후 미국 최악의 군사적 패배"라고 규정하기까지 했다. 더욱이 미국 내의 여론은 맥아더 원수가 성탄절까지 조선전쟁을 끝내겠다며 나선 총공세를 "역사상 최대의 오판"이라며 맥아더 원수를 비난했다. 그러나 맥아더 원수가 이끄는 강경파들은 여전히 중국과의 한판 전쟁을 불사한다는 주장을 굽히지 않았다. 그들은 "만주비행장을 폭격하고 중국 해안을 봉쇄하면서 대만의 중국인을 활용해 전면전을 벌이자"고 주장했다.

트루먼 미 대통령 등 정책결정권자들은 전쟁이 중국까지 확대되기를 바라지는 않으면서도 "유엔군은 한국에서의 사명을 포기하지 않을 것이며 한국에서 원자탄을 사용할지도 모른다"고 말하기도 했다. 일련의 논쟁, 트루먼과 영국 수상 애틀리 회담을 거쳐 그들은 12월 14일 유엔국가들을 '조종'해 소위 '한국휴전 3인 위원회' 결의 성립을 통과시켰다. 먼저 발등의 불을 끄고 난 뒤 담판을 벌이자는 잔꾀로 숨을 돌리자는 계책緩兵之計(완병지계)이었다.

12월 16일 트루먼은 미국 전역에 비상사태를 선포하고 미군을 당시 2백50만 명에서 3백50만 명으로 증원할 것이며 1년 이내에 비행기·탱크 생산 능력을 각각 4~5배 늘리겠다고 천명했다.

전장에서 상대는 38선까지 물러났으며 더 이상 물러나지는 않았다. 상대는 조선반도를 가로지르는 2백50km의 정면과 폭 60km에 이르는 두 갈래 방어선을 구축하고 있었다. 제1방어선(또는 A선)은 임진강 어귀 대동리에서 시작해 문산·주월리를 거쳐 38선 부근의 장존리에 이르는 선이었다. 제2방어선(또는 B선)은 고양에서부터 의정부·가평·춘천을 거쳐 동덕리를 연결하는 것이었다.

방어를 두터이 하기 위해 제2방어선 이남에서 37도 선에 이르기까지 3갈래 기동방어선을 준비하고 있었다. 첫 번째는 한강을 따라 양평·횡성을 거쳐 강릉에 이르는 것이고 두 번째는 수원에서 이천·여주·평창을 거쳐 삼척에 이르는 길이었으며 세 번째는 37도 선을 따라 평택에서 충주를 거쳐 삼척에 이르는 것이었다.

당시 상대는 5개 군단(13개 사단, 3개 여단, 1개 공수여단)으로 총 20만여 명의 병력이었다. 최전선인 제1선에 국군이, 제2선에는 미군과 영국군이 자리잡았다. 병력 대부분을 서울 주변과 한강 남북쪽 일대 주요교통로에 집결시켰다. 그들은 전 전선에서 지키다가 언제든지 철수할 수 있는 태세를 갖추었다.

12월 26일, 미 제8군 사령관 워커 중장이 자동차 사고로 숨진 지 3일 째 되던 날 미 육군 참모차장 리지웨이 중장이 8군 사령관으로 부임했다. 리지웨이는 부임하자마자 미국과 국군에게 현 진지를 사수하면서 후퇴하지 말라고 명령했다. 또 가능하다면 공세를 취하라고 지시했다. 그러나 진지를 포기해야만 할 경우 질서정연하게 후퇴하라고 했다.

(2) 정치적 우세 유지위해 38선 남쪽으로의 진격 선택

12월 초 전선 남쪽에 낙오했던 조선인민군들 중 원대 복귀한 병력이 3개 군단이 되었다. 전투력이 회복됨에 따라 그들은 용기백배했고 전황이 잘 풀려가다 보니 적극적으로 참전시켜 달라고 조르는 지경에 이르렀다.

중국과 조선이 연합작전을 벌이는 경우 통일된 지휘계통의 확립 문제가 해결되어야했다. 그들의 최고사령관은 김일성 수상이며 우리 지원군의 사령관은 팽덕회 동지였다.

중국과 조선군대가 효과적으로 연합작전을 펴기 위해 두 나라는 협상을 거쳐 12월 4일 중국인민지원군과 조선인민군연합 사령부(줄여서 「연합사」라고도 함)를 창설했다. 모든 작전 범위와 전선에서의 모든 활동은 연합사의 지휘를 받도록 했다. 연합사는 팽 동지가 사령관 겸 정치위원을, 등화가 부사령관을 각각 맡았다. 또 조선쪽에서는 김웅 동지가 부사령관, 박일우 동지가 부정치위원을 각각 맡았다. 그러나 연합사령부의 설립은 대외에 공개하지 않기로 했다.

김웅은 동부전선에서 김웅지휘부를 조직해서 동쪽의 3개 인민군 군단(정면에 제2·5군단, 원산에 제3군단)을 지휘하고 있었다. 박일우는 지원군사령부에 머물렀다. 인민군은 지원군사령부에 3, 4명의 연락조를 파견해 작전처와 유관 업무 연락을 하도록 했다. 연락조장은 상교上校(중령급)였는데, 중국어 실력이 뛰어났다. 연합사가 명령을 내릴 경우 인민군에게는 연합사의 명의로, 지원군부대는 지원군사령부 명의를 그대로 사용했다.

12월 21일, 모택동 주석은 팽 사령관이 건의한 작전방침을 승인하며 다음과 같이 지적했다. "…… 세 번째, 적정판단은 정확하다고 생각됨. 반드시 장기적인 안목에서 고려할 것. 네 번째, 미국과 영국은 아직 사람들의 머릿속에 남아 있는 38선에 대한 낡은 인상을 이용해 정치선전을 재촉하면서 우리를 정치회담으로 끌어들이려 함. 그러므로 아군은 38선을 넘어가 다시한번 전투에서 이긴 뒤 휴식하는 것이 필요함.

다섯 번째, 작전은 동지의 의견을 지지함. 지금 미군과 영국군이 서울지역에 몰려있으므로 우리가 공격하는 데 불리함. 따라서 우리는 전적으로 국군을 목표로 공격해야 함. 총체적으로 말하면 국군 전부 또는 대부분을 일단 무력화시키면 미국은 고립상태에 빠지고 부득불 조선에 장기간 머무를 수 없게 됨. 미군 몇 개 사단을 좀 더 공략할 수 있으면 조선 문제는 더욱 쉽게 해결될 수 있음. 이번 전역에 한정해 말한다면 전투가 쉽게 풀려나가고 식량 공급이 순조로울 경우 춘천·가평·홍천 등에서 비교적 많은 국군을 공략할 수 있음. 여섯 번째, 전역을 시작하기 전 가능하다면 며칠 휴식한 뒤 전투에 투입시킬 것. 국군 1사단·6사단을 공략하기 전에도 이같이 하도록 하고 춘천을 치기 전에도 같은 요령으로 할 것.

전체적으로 볼 때 주도권은 우리의 손아귀에 있으니만큼 지나치게 무리할 필요는 없음. 일곱 번째, 전투가 여의치 못하면 병력을 철수시켜 적당한 곳에서 휴식을 취한 뒤 다시 전투를 치르겠다는 동지의 의견에 전적으로 동감임."

사흘 뒤인 12월 24일, 모택동 주석은 제3차 전역의 구체적인 작전계획에 대해 팽덕회 사령관에게 다시 전보를 보내 "지금 국군과 미군 일부는 38도와 37도 선 사이에 방어선을 치고 있으므로 아군의 입장에서는 상대를 각개 격파하는 것이 가장 유리함. 현재 국군의 병력이 집중되면 우리에게 유리하고 분산해 있으면 불리함. 인민군 제2, 제5군단을 깊숙이 상대 후방에 침투시켜 그들을 분산시키려는 원래 계획은 재고할 필요가 있음"이라며 각개 격파를 강조했다.

모 주석의 이러한 지시는 우리들에게 38선 돌파의 결심을 한층 굳게 해 줄 뿐 아니라 작전계획을 한결 구체화시켰다. 연합사가 성립됐으므로 우리는 제3차 전역에서는 지원군 6개 군과 조선인민군 3개 군단 등 모두 9개 군단 병력으로 공격을 개시키로 했다.

전역의 목적은 38선 돌파와 국군 공략에 있었다. 따라서 측면 우회작전이 아닌 정면 돌파작전을 쓰기로 했다. 임진강 돌파에 중점을 두었다. 상대의 38선 방어선을 정면으로 돌파해 미군과 국군을 분리시킨 뒤 동쪽의 국군을 주 공격대상으로 삼았다.

12월 22일 작전부서를 최종 결정했다. 서울 북쪽에는 서쪽에서 동쪽으로 50·39·40·38군과 6개 포병단이 배치해 지원군 우익돌격집단군이 되었다. 조선인민군 1군단과 연합작전을 벌이며 고랑포에서 영평에 이르는 30여km의 정면을 돌파한 뒤 동두천·서울 방향으로 주공을 삼는다. 먼저 38·39·40군 3개 주력군을 주공으로 삼아 39군은 중앙에서 정면 돌파해 미군과 국군과의 연결부를 끊는다. 40군은 중간에서, 38군은 동쪽에서 아래로 치고 내려가 국군 6사단을 포위 섬멸하고 다시 국군 1사단을 섬멸한다. 순조로울 경우 다시 의정부 쪽으로 진격해 승세를 굳히면서 서울을 빼앗을 기회를 엿본다.

50군은 모석동에서 고랑포에 이르는 선을 돌파한 뒤 39군을 따라 전진하면서 39군이 상대에 타격을 입히는데 합동작전을 벌인다. 인민군 1군단은 동장리 동쪽 일대에 위치해 문산 쪽으로 진공을 실시한다. 아군의 우익집단군이 상대를 공략하는데 연합작전을 벌이면서 아군우익의 안전을 맡는다.

춘천·가평 북쪽에는 서쪽에서 동쪽으로 42·66군과 1개 포병단이 배치돼 지원군좌익집단군으로서 우측의 38·39·40군 등 3개 군을 좌측에서 엄호한다. 좌익집단군은 영평에서 마평리에 이르는 30km의 전선 정면을 돌파한 뒤 각각 가평과 춘천 방향으로 돌격한다. 주력을 집중시켜 국군 2사단의 1, 2개 연대를 공격하고 순조로울 경우 가평 방향으로 치고 들어간다. 이 밖에 66군 일부는 화천에서 북한강을 건너 춘천 북쪽의 국군 5사단을 공략하는 것처럼 거짓공격을 시도해 5사단의 발을 묶어 좌익의 인민군 제5·제2군단이 남진하는 것을 도와준다. 42·66군은 앞서 말한 임무를 완수한 뒤에는 가평·청평리쪽으로 치고 들어가 춘천과 서울 간의 교통을 끊는다.

동쪽의 인민군 제2·제5군단은 아군과 일정한 간격을 유지하면서 전역이 일어나기 전 일부병력을 양구·인제 일대에 배치해 국군 제2·제1군단의 연결부를 돌파시킨 다음 홍천 방향으로 진격한다. 상황에 따라 기동하면서 공격해야 할 곳이 있으면 공격해 적을 흡수하는 일을 맡아 지원군 주력 작전과 발맞춘다.

지원군의 수송 능력을 강화하기 위해 군사위원회는 우리에게 2천 대의 차량을 보충해 주기로 결정했다. 또 1개 공병단을 조선에 보내 정주·평양 간 도로복구와 교량건설 및 지뢰제거 작업을 하도록 명령을 내렸다. 이 밖에 철도병 교량연대와 독립연대를 조선에 보내 대동강교 등 철로교량을 수리하는 임무를 맡도록 지시했다.

38선 남하작전의 식량 부족을 해결하기 위해 조선정부와의 협의를 통해 현지 인민정부의 협조 아래 아군은 전역을 시작하기 전에 평양 동쪽과 남쪽, 함흥·영흥 일대에서 양식 3만 톤을 빌려 부대작전의 급한 수요에 충당토록했다.

지난 두 차례의 전역에서 경험했듯이 아군은 제공권이 없고 적기는 대낮에 맹렬하게 폭격을 일삼으니만큼 우리는 야간에만 전투를 할 수밖에 없었다. 더구나 달이 떠 있는 밤은 아군의 야간전투에 안성맞춤이었다.

따라서 공격개시는 보름달이 떠오를 때를 감안해야 했다. 그러나 공격개시일을 보름날로 잡을 수는 없었다. 보름날에 공격을 시작하면 날이 갈수록 달이 작아지고 어두워지기 때문이다. 가장 좋기로는 보름달 뜨기 며칠 전이다. 이렇게 되면 전역이 최고조에 이를 때(우리의 전역은 평균 7일이다) 달은 바야흐로 보름달이며 가장 밝게 된다. 우리가 살펴건대 양력 12월 말과 1월 초순은 음력으로 11월 중순, 바로 보름달이 뜨는 시기였다.

그중에서 12월 31일은 바로 보름달이 뜨기 며칠 전이다. 이 시기를 놓치면 1월 중순은 초승달이 뜨는 때로 날이 어두워지면 제대로 앞을 보기 어렵다.

한 달이 더 지나야 보름달이 떠오른다. 12월 31일은 양력으로 섣달 그믐날, 미군과 국군은 새해를 앞두고 설레고 있을 터였다. 성탄절의 분위기도 채 가시기 전이다. 이번에는 섣달 그믐날 적의 경계심이 풀어진 틈을 주로 노렸다. 상대의 허를 찌르면 기습의 효과는 한결 두드러지는 법이다.

이런 상황을 고려해 팽 사령관과 우리는 이번 전역의 공격개시일을 12월 31일 밤으로 결정했다.

제3차 전역에는 등화가 참전치 못했다. 그는 제2차 전역 후반 38군 사령부의 현장보고회에 참석했다가 돌아오는 길에 자동차 사고로 머리를 다쳐 치료를 받기 위해 귀국했다. 귀국길에 그는 동북군구와 군사위원회에 전선의 상황을 보고했다. 이번 전역에서도 팽 총사령관은 최전선에 나가 일선 병력을 직접 지휘하고 싶어 했다. 그러나 마땅한 곳이 없어 팽 총사령관은 이번에도 한선초를 우익부대로 보내 전선을 독려하도록 했다. 좌익의 2개 군은 42군단장 오서림이 지휘했다. 팽 총사령관과 나는 지원군사령부에 머물렀다.

전역준비가 거의 끝날 즈음인 12월 28일 팽 사령관은 최종계획을 모택동 주석에게 보고했다. 모 주석은 다음 날인 29일 회신에서 다시한번 38선 돌파의 중요성을 강조했다.

"38선에 대해 사람들이 가지고 있던 낡은 인상을 이번 기회에 완전히 씻어버려야 함. 아군이 38선 이남이나 이북 어디서 휴식을 취하든 무방함. 그러나 이번 전역을 일으키지 않고 아군이 겨울 내내 휴식을 취한다면 자본주의 국가들에게 쓸데없는 자신감을 심어줄 우려가 있음.

민주진영의 각국에서도 대부분 자연스럽지 못하다고 여길 것이며 의론이 분분할 것임. 아군이 현재의 병력배치에 따라 1월 상순에 국군 몇 개 사단과 미군 일부를 섬멸하고 2개월 뒤에 춘계공세를 취할 수 있다면 민주진영과 자본주의 각국의 인민대중에 대한 영향은 엄청날 것임. 제국주의에 대해서도 새로운 타격을 입혀 실패감을 안겨줄 것임."

2) 지원군 3차 대공세, 38선 동서부에서 총남진

(1) 서울 · 춘천 이북 국군 방어지역 점령

12월 31일 황혼, 아군은 예정된 계획에 따라 약 2백km에 걸친 전 전선에서 공격을 개시했다. 몇 개 포병단에서 상대 진지를 향해 포격을 개시한 뒤 지상군은 잽싸게 임진 강을 도하했다. 38 · 39 · 40군은 모두 31일 밤에 돌파임무를 끝냈다.

좌익의 42군 · 66군도 31일 밤으로 상대 진지를 돌파했다. 한선초 지휘부(줄여서 한지 韓指라고 함)는 40군사령부와 같이 있었다. 미군은 잇단 패배로 이미 아군에 대해 두려움을 갖고 있어 감히 제1선에서 저항하려 들지 않았다. 제1선을 맡고 있는 것은 모조리 국군이었다. 국군은 우리를 더욱 무서워했다. 아군의 강력한 공격을 받고서 그들은 걸음아날 살려라 하며 도망쳤다. 우리는 상대의 약점을 꿰뚫어 전적으로 국군만을 공략해 더욱 순조로웠다.

그날 밤, 아군은 파죽지세로 상대 B방어선, 즉 미군 방어선을 돌파해 18~20곳의 미군들을 포위했다. 곳곳마다 1개 대대 남짓했다. 그때 우리는 미군을 공략하는데 약간의 경험이 있었다. 과거 한입에 왕창 먹으려다 제대로 먹지 못한 적이 얼마나 많았던가. 그래서 조금씩 베어 먹기로 해 아군 1개 사단이나 2개 연대가 미군 1개 대대를 포위했던 것이다. 이리하여 18~20군데의 미군 대대를 포위했는데, 한밤중 돌파에 성공해서 이루어진 것이다.

최전선에서 무전기로 이런 상황을 한선초에게 보고하자 그는 매우 기분이 좋았다. 옆에 있던 작전처 부처장 양적에게 웃으며 말했다. "이거 재미있겠는걸. 날이 밝으면 어떤 일이 벌어질지 궁금하구먼." 포위된 미군들이 탱크를 빙 둘러싸고 그 안에 숨어 있었기 때문이다. 우리는 미군 방어선을 돌파한 뒤 너무나 급하게 서둘러서 추격해 왔기 때문에 포병이 따라오지 못했다. 보병이 휴대한 경화기로 탱크를 공략하는 데는 어려움이 컸다.

이런 상황인데도 한선초는 각 군에 한껏 적을 포위해서 섬멸하도록 지시했다. 완전 섬멸이 불가능한 경우에는 일부 소멸도 가능하다고 했다. 기동을 하면서 그들에게 접근하게 되면 적기는 자기네 병사들이 다칠까봐 감히 폭격을 하지 못한다는 것이다. 동시에 폭약을 집중시키거나 수류탄을 터뜨려 적의 탱크를 파괴할 수 있다는 것이다.

소위 '한지韓指'는 한선초와 작전처 부처장 양적과 참모 1명으로 이루어졌다. 그들은 2대의 지프차에 나누어 탔다. 중형트럭 1대가 뒤따랐다. 위에는 무전시설을 갖추었고 무전병과 기밀요원이 탔다. 38선을 통과할 때 도로 곳곳에 지뢰가 깔려 있어 더듬더듬 지나가는데 앞에 가던 40군 트럭 1대가 "펑" 소리를 내며 폭파됐다. 그들이 탄 2대의 지프차는 길가를 따라 비스듬히 나아간 반면 뒤에 따라오던 중형트럭은 도로를 따라 곧장 진행해 가다 그만 "펑" 소리를 내며 파괴됐다. 기밀요원은 여성동지였는데 다리뼈가 폭탄의 충격으로 날아가 응급붕대로 휘감아 서둘러 후송됐다. 남은 이들은 40군의 트럭에 옮겨 타고 서둘러 최전선으로 향했다. 장애물을 헤치고 나간다 해도 찬찬히 들여다볼 수는 없었다. 어디에 지뢰가 묻혀 있는지 알 수가 없었다. 다만 길 어귀에 지뢰가 특히 많이 묻혀 있었다.

길을 가는데 도처에서 "펑, 펑" 폭발음이 들렸다. 그들은 하반야下半夜(자정 이후 밤)에 남조선에 진입했다. 날이 밝으면 움직일 수 없었다. 미군전투기가 정신없이 폭격을 해대기 때문에 날이 밝기 전 그들은 동두천(의정부 북쪽) 북쪽 산의 한 절간에 숨어들었다. 날이 밝자 적기가 날아와서는 저공비행을 하며 아군에게 기관총소사를 해대며 미군지상부대가 포위망을 뚫는 것을 도와주었다. 이 순간, 포위된 적 탱크가 잽싸게 움직이고 이어서 차량들이 움직였다. 우리는 눈을 빤히 뜨고서도 적이 도망가는 것을 따라잡을 수 없었다. 그래서 포위된 미군 대부분은 도망쳐버렸고 일부의 적에게 타격을 입혔을 뿐이다.

39군은 31일 17시 40분, 임진강을 돌파한 후 군 주력은 1일 동트기 전 상대 방어선 약 10km를 치고 들어가 도강을 준비하던 50군에게 큰 도움을 주었다. 40군 소속 제117사단은 돌파 후 연도에서 상대의 5차례에 걸친 저격을 물리쳤다. 1일 5시 우회해서 상수리·선암리에 이르러 국군 6사단과 국군 1사단의 연결고리를 끊는데 성공했다. 그러나 유리한 지형을 이용하고서도 제6사단을 제대로 차단할 수 없었다.

40군은 31일 18시 30분 임진강을 돌파한 뒤 1일 동트기 전 상대의 방어선 12km까지 치고 들어가 동두천 서쪽의 안흥리 상패리를 점령했고 일부 병력을 동두천의 동산에 보내 국군 제6사단의 퇴로를 끊으려 했으나 상황을 제대로 이해하지 못해 스스로 철수하는 바람에 구멍이 생겼다.

38군은 31일 18시 돌파 후 주력은 포천의 미군(1개 연대)을 향해 공격을 시작했다. 포천 서쪽 신읍리에 이르렀을 때 포천의 미군이 남쪽으로 철수하기 시작했다. 예하 114사단은 우회임무를 맡아 1일 12시에는 상대의 방어선 깊숙이 20km까지 치고 들어가 동두천 동남쪽에 있는 칠봉산을 점령했다. 그러나 길이 멀고 험한 탓에 조금 늦게 도착하

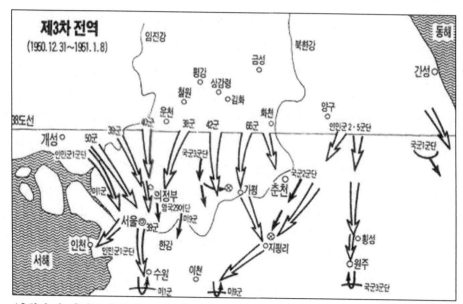

(홍학지 저, 홍인표 본역 『중국이 한국전쟁』 한국학술정보 2008)

는 바람에 39군과 함께 포위망을 구성하지는 못했다. 아군이 확실하게 상대를 포위하지는 못했으나 50군 주력은 39군의 협조를 얻어 1일 아침 임진강을 돌파하고 2일 문산 동쪽에 이르렀다. 문산의 국군 1사단은 아군 50군·39군의 공격을 받자 2일 12시 남쪽으로 물러났다.

인민군 1군단은 2일 문산 부근 선유리·파주 일대에 이르렀다. 좌익집단군인 42군은 31일 18시 20분, 상대 진지를 돌파했으며 주력은 1일 화현리·중판리·적목리 일대까지 전진해 국군 2사단 1개 대대 이상의 병력을 살상했다. 그러나 낮에는 가평 남쪽으로 진격을 하지 못해 상대의 퇴로를 끊지 못하는 바람에 가평의 적이 퇴각하기에 이르렀다. 2일 10시 42군은 가평을 점령했다.

66군 주력은 31일 20시 30분 상대의 진지를 돌파한 후 1일·2일 사이 차례로 수덕산 상하홍적리·상하남종 일대를 점령했다. 그리고 42군과 합동해 이 일대의 국군 2사단 31연대, 32연대와 국군 5사단 36연대 대부분과 국군포병 24대대를 섬멸했다. 예정된 임무를 성공적으로 완수한 셈이다. 그러나 66군에서 춘천 쪽의 양동작전을 맡았던 198사단 주력은 동작이 느려 상대를 제대로 잡지 못해 춘천 북쪽의 상대가 남으로 퇴각하게 했다. 2일 15시, 우리는 춘천을 점령했다.

인민군 제5·제2군단은 전역이 일어나기 전 이미 일부 병력에게 38선을 넘어 국군 3사단이 퇴각하는 것을 뒤쫓도록 했다. 전역이 일어난 후에는 주력부대 역시 38선을 넘어 지원군작전에 동참했다.

51년 새해 첫날, 미군전투기가 끊임없이 군자리 상공을 맴돌았다. 조선인민군전방사령부는 전승을 축하하고 새해를 맞이해 펑 총사령관, 나와 해패연을 초청해 개고기를 대접했다. 전역의 진행이 순조로운 터라 조선의 여성접대원들이 연거푸 펑덕회 사령관에게 술을 권했고 펑 사령관 역시 마다하지 않고 술잔을 들이켰다. 이어 주흥이 무르익자 무도회가 시작됐다.

나는 펑 사령관의 안전을 책임진 몸이다 보니 여간 불안스럽지 않았다. 인민군사령부 건물 위로 미군전투기들이 끊임없이 선회하고 있었고 사령부 건물 자체가 제대로 은폐되어 있지 않아 자칫 공습을 당하면 큰 화를 입을 가능성이 컸다.

나는 아무래도 안심이 되지 않아 슬그머니 펑 사령관의 소매를 잡고 "이제 돌아가시죠"라고 권해 우리 지원군사령부로 되돌아왔다. 사령부에 도착해 펑 사령관께서 거나하게 취했다 싶어 휴식을 좀 취하도록 권하자 그는 말짱한 얼굴로 되레 내게 "홍형, 괜찮아 장기판이나 들고 와. 두 판은 두어야지" 하며 껄껄 웃는 것이었다.

1951년 1월 2일, 아군은 이미 전 전선에 걸쳐 상대 방어선 깊숙이 15~20km까지 치고 들어가 상대방 전 병력을 혼란 속에 빠뜨렸다. 그들은 제1방어선(국군방어선)이 완전히 무너지자 동쪽 측면이 완전히 드러났다. 상대는 우리가 그들의 동쪽 측면에서부터 깊숙이 우회포위를 할 경우 10만여 명의 군대가 한강 북쪽 기슭에서 배수 작전을 벌이는 위험에 빠질 것을 우려해 1월 2일 전 전선에서 철수를 개시했다.

펑 총사령관과 나는 상대가 이미 저항할 뜻을 버리고 잽싸게 철수한다는 보고를 받았다. 그들이 서울을 포기할 가능성이 있다고 보았다. 또한 한강 남쪽 기슭을 지키거나 심지어 계속해서 남쪽으로 철수할지 모른다고 판단했다. 일선에 승기를 틈타 계속 밀어붙이라고 지시했다. 1월 3일. 우익집단군과 인민군 제1군단에게는 인천·서울·수원 쪽으로 추격하도록 명령을 내렸고 좌익집단군과 인민군 제5·제2군단은 홍천·횡성 쪽으로 추격에 나섰다.

1월 3일, 우익 50군은 고양 북쪽에서 미 25사단 1개 대대의 저항을 물리친 뒤 고양 남쪽의 영국군 29여단의 퇴로를 끊었다. 격전 끝에 그날 밤 29여단 휘하 1개 보병대대와 8기병(탱크)연대 직속 중대를 물리치고 탱크 11대를 노획했다.

영국군 29여단은 2차대전 당시 노르망디 상륙작전에 참가한 그 유명한 몽고메리부대의 후신이다. 50군은 포위망을 압축한 뒤 폭약을 터뜨려 선두탱크를 파괴했다. 나머지 탱크는 자연히 퇴로가 막혀 탱크병들이 모두 투항했다. 영국군 29여단 대대장도 생포했다. 이와 동시에 39군은 의정부 서남쪽에서 미 24사단 21대대와 조우해 사살했다. 이어

의정부 서남쪽에서 영국군 29여단 2개 중대를 사살했다. 4일, 38군·40군은 의정부 남쪽에서 미 24사단 17연대 일부를 사살했다.

아군이 미군 방어선을 돌파하자 그들은 필사적으로 후퇴했다. 서울도 포기하기에 이르렀다. 제8군이 신속하게 서울을 철수하기 위해 3일 오후 워커 중장의 후임으로 부임한 미 8군 사령관 리지웨이 중장은 직접 한강대교에 나와 지휘했다. 오후 3시 이후 한강의 통행을 금지시켰다. 한강다리와 그 길목에는 군인을 제외한 누구도 통행할 수 없다고 규정하고 헌병에게 이 규정을 위반한 시민들에게는 발포하도록 명령했다. 그날 오후 미군은 서울을 떠나 한강 남쪽 기슭으로 철수했다. 우리는 미군이 서울을 포기할 수도 있다고 예상했지만 그들이 이처럼 빨리 서울을 포기하리라고는 생각지 못했다. 또 그들이 곧장 수원을 잇는 선까지 물러날 줄도 생각지 못했다.

(2) 미군이 철수하고 지원군, 서울 재점령

4일 밤, 우리 우익의 50군과 39군 116사단, 조선인민군 1군단은 서울을 재점령했다. 아군이 서울을 탈환한 사실은 국제적으로 큰 반향을 불러일으켰다. 미군의 위신은 땅에 떨어지고 아군은 사기가 충천했다. 5일 낮, 조선인민군은 서울에서 장엄한 입성의식을 거행했다. 이날 밤 북경 천안문광장에서 전승을 축하하는 군중들이 밤을 새며 열광했다.

그러나 이때 미군은 서울 부근 김포공항과 인천항을 장악하고 있었다. 팽 총사령관은 아군이 승세를 몰아 한강을 건너 한강 남쪽 기슭의 적을 몰아낸다면 서울을 확고히 할 수 있을 뿐만 아니라 김포·인천 등 요충지를 확보할 수 있어 앞으로의 작전에 더욱 유리하다고 판단했다. 그래서 팽 총사령관은 4일 밤 50군에 빨리 한강을 건너 후퇴하는 상대를 추격토록 하고 인민군 1군단은 1개 사단만을 서울방어에 맡기고 나머지 주력은 김포공항과 인천항을 점령토록 했다.

당시 팽 사령관의 또 다른 생각은 이러했다. 서울을 점령한 뒤에 지나치게 깊숙이 추격하는 것은 필요하지 않다는 생각이었다. 당시 아군 후방과는 너무 멀리 떨어져 있어 병참보급이 제대로 이루어지지 않았다. 그래서 일부 병력에 도망치는 상대를 쫓으라고 명령을 내리는 것과 동시에 38·39·40군 등 주력부대는 한강 북쪽 기슭에서 3일 동안 쉬도록했다.

5일, 50군과 인민군 1군단이 한강을 건너 인천·김포·수원 쪽으로 추격을 계속했다. 50군은 6일, 7일 과천·군포에서 미국·영국군 일부를 섬멸했고 7일 수원·금양장리를 점령했다. 인민군 1군단은 5일 김포를 점령했고 8일 인천을 공격하여 점령했다.

좌익집단군인 42군·66군은 한강·소양강을 건넌 뒤 4일, 66군은 홍천을 점령했고 42군은 양덕원리를 점령했다. 그 후 42군 124사단은 계속 전진해 6일 이목정 일대에서 미군 2사단 1개 중대를 섬멸하고 7일 지평리를 점령했다. 8일 차례로 양평·여주·이천을 점령했다. 인민군 제2·5군단은 각각 6일·8일 횡성·원주 일대를 점령하고 계속해서 영주 방향으로 추격했다. 1월 8일 우리는 이미 37도 선 부근 평택·안성·제천·삼척까지 몰아붙였다.

이때 팽 총사령관과 우리의 판단은 이러했다. 이번 전역에서도 쉽게 이기기는 했지만 상대 주력을 무력화시키지 못한 점, 또 유엔군이 방어선을 쉽게 포기했으나 주력은 일찌감치 남쪽으로 후퇴한 점 등을 고려할 때 상대가 우리를 깊숙이 유인한 뒤 우리의 배후에서 또다시 상륙작전을 꾀하려는 음모가 있을 것 같았다. 8일 팽 총사령관은 전군에 추격 정지 명령을 내렸다. 이로써 제3차 전역도 일단락되었다.

아군이 조선에 들어온지 2개월여 동안 3차례 전역에서 모두 대승을 거두었다. 더욱이 이번 제3차 전역에서 아군은 앞서 두 차례의 전역보다 훨씬 어려움이 큰 상황에서도 조선인민군과 함께 7일 밤낮 연합작전을 벌여 80~110km를 전진하면서 상대를 37도 선 부근으로 밀어내고 서울을 점령했다.

이로써 그들이 유엔에서 장난치려던 휴전음모와 38선을 고수하면서 시간을 벌어 다음 전쟁을 준비하려던 기도를 분쇄했다. 한 걸음 더 나아가 아국의 국제사회에 대한 위신과 영향력을 확대했으며 상대의 내부모순과 패배감을 심화시켰다.

이때 우리 진영에선 잇단 승리에 힘입어 계속 밀어붙여 끝장을 내자는 의견들이 나왔다. 일부에서는 "왜 추격을 중지하지요. 지금 상대는 걸음아 날 살려라 하고 도망치고 있고 서울마저 해방시킨 터에 왜 계속 밀어붙이지 않고 이쯤에서 제3차 전역을 종결짓는 거요"라고 공개적으로 투덜거렸다.

또 다른 친구들은 "제3차 전역을 중지해서는 안 되며 승기를 잡았으니 여세를 몰아 미국 친구들을 조선반도에서 아예 몰아내야 돼"라고 주장했다.

팽 총사령관은 결단코 이런 견해에 동조하지 않았다. 그는 그런 견해가 실제에 맞지 않으며 군사적인 측면에서 볼 때 근본적으로 있을 수 없다고 생각했다. 팽 총사령관은 내게 여러 번 말한 적이 있었다. "단숨에 가능할 것 같아? 천만에. 그렇게 많은 장비를 갖춘 상대를 단숨에 바다로 빠뜨릴 수 있을까. 불가능해. 마찬가지로 상대도 우리를 밀어낼 수 없을 거야. 가능하다면 말이야, 우리가 상대를 섬멸시키려는 임무를 빠른 시일 안에 완수하기를 바랄 뿐이지."

그러나 특히 조선주재 소련 대사 라자예프는 팽 총사령관의 견해에 반대했다. 그는 팽 사령관을 겨냥해 "누가 전투에서 이기고도 적을 추격하지 않는가. 이런 작전을 지시하는 사령관은 도대체 누구인가"라고 공개적으로 비난했다. 그는 줄곧 우리더러 계속 추격해서 부산까지 밀고 들어가 상대를 바다에 빠뜨리라고 촉구했다.

팽 총사령관은 그 말을 전해 듣고는 "그의 말에 신경 쓰지 마. 내가 인민에게 책임을 지고 있는 한 경솔할 수 없어"라고 말했다. 나는 팽 사령관과 조석으로 함께 있다 보니 그의 생각을 이해할 수 있었다. 내 생각에도 팽 사령관의 견해가 피아 양측의 실정을 객관적으로 분석한데 기초를 둔 옳은 판단이라고 생각했다.

팽 사령관은 라자예프가 한쪽 면만을 본 것으로 여겼다. 단순히 우리가 이긴 것, 병사들의 사기가 극도로 오른 일면만을 보고 언급한 것이지 우리가 갖추지 못한 여러 조건들을 보지 못했다는 것이다. 팽 총사령관은 "상대를 바다에 몰아넣는 것"은 아군이 현재 보유하고 있는 역량으로는 이룰 수 없다는 판단을 한 것이다.

첫째, 아군은 2개월여의 연속작전으로 극도로 피로했고 병력손실 또한 엄청나다는 점이다. 반드시 휴식과 재정비가 필요했다. 둘째, 제3차 전역에서 아군이 승리를 거두기는 했지만 상대의 주력에 타격을 가하지는 못했다는 점이다. 상대 장비의 절대적인 우세 등을 감안하면 피아 전력대비에 변화가 생기지 않아 아직은 결전의 시점이 성숙되지 않았다는 점이다. 셋째, 제3차 전역 후 아군의 전선이 신속하게 남쪽으로 뻗어갔기 때문에 보급선이 500~700km에 이르고 있었다는 점이다.

여기에 미군기 공습이 가세하고 수송 장비가 모자라 보급에는 더욱 큰 어려움이 따랐다. 부대에서 필요한 양식을 대부분 현지에서 꾸어서 충당하고 있는데, 그나마 현지 인민들의 여유분도 한계가 있는 만큼 수요를 제대로 채우기가 어려웠다.

넷째, 아군이 당시 동서해안 방어에 허점을 보여 양익측면이 드러나 있다는 점이다. 우리가 계속 남진할 경우 상대가 우리 측면과 배후에서 상륙작전을 감행해 협공해 온다면 '인천상륙작전의 재판'이 되지 말라는 법이 없다. 위에서 말한 분석에 기초해서 팽 총사령관은 예하 부대에 추격중지 명령을 내렸던 것이다.

한선초 동지는 40군 사령부에서 팽 총사령관과 해패연에게 보내온 전보에서 이렇게 말했다. "이번 전역(3차 전역을 가리킴)에서 활약을 한 것은 모두 고참병들이었습니다. 최전선 작전부대는 극도로 피로했고 어려움이란 말로 나타낼 수 없을 정도였습니다. 38선 이남에서 적들은 집을 불태우고 양식을 없애버려 병사들이 밥을 먹거나 휴식하는데 어려움이 많았고 체력소모가 컸습니다. 게다가 병참보급이 제때 이루어지지 않았습니다.

최전선에서는 양식·탄약·신발 등의 보충이 시급합니다. 새로운 병력충원 없이 현재

병력에 의존해서 대공세를 다시 시작하려 든다면 분명 불가능하다고 말씀드릴 수 있습니다." 한선초 동지가 얘기한 사정에서도 알 수 있듯이 팽 총사령관이 일선부대에 추격 중지 명령을 내린 것은 정확한 결정임이 다시한번 입증되고 있다.

그런데 뜻밖에도 소련 대사는 이 일을 스탈린에게 확대시켰다. 팽 총사령관은 모 주석에게 전보를 보내 자신의 견해를 설명했다. 모 주석은 팽 총사령관의 의견을 스탈린에게 전달했다. 스탈린은 답신에서 "열세한 장비로써 세계최강의 미 제국주의를 무찌른 팽덕회는 당대 천재적인 군사전문가이다. 팽의 의견이 옳다"고 말했다. 그는 동시에 라자예프를 비판하면서 다시는 함부로 발언을 하지 못하게 하겠다고 했다. 그 후 라자예프를 귀국 조치시켰다.

제3차 전역 당시 미군 포로들과 만나 나눈 대화에 대해 잠깐 얘기해 보겠다. 당시 포로들의 얘기가 아직도 생생하다.

1951년 1월 상순, 나는 군자리 지원군사령부에서 포로로 잡혀온 5명의 미군 중대장과 만나 통역을 두고 얘기를 나누는 기회를 가졌다. 나는 미군들이 중국군에 대해 어떤 인상을 가졌는지 궁금해 "지원군에 대해 어떻게 생각하는지 허심탄회하게 말씀 좀 해보시오"라며 말문을 열었다.

그러자 한 중대장이 엄지손가락을 치켜세우며 "당신들 전술은 대단합니다. 나는 제2차 세계대전에도 참전했습니다만 우리 작전은 포병화력 공격부터 시작해 비행기가 대량 폭격을 퍼부은 뒤 보병이 나중에 갑니다. 그런데 반해 중공군은 바로 우리 등 뒤로 접근해 배후를 강타하지 않습니까. 이런 전투는 처음 겪어봅니다."

내가 말했다. "당신네들 전투는 밀어붙이는 것이고 우리는 지형을 이용해서 분할. 우회, 포위로 이루어지는 거죠." 그가 말했다. "중국 군대의 그 같은 전법은 끔찍했습니다." "그런 말을 들으니 아군의 전술이 유효한 것 같구려."

다른 중대장이 거들었다. "당신네 병사들은 용감합니다. 우리 사병들은 모두 집단으로 움직이지요. 중대, 대대별로 말입니다. 당신네 병사들은 어떻게 3~5명씩 작전을 벌일 수 있는지 이해하기 어렵습니다." 다른 중대장도 동감을 나타냈다. "중공군들은 독립작전에 능합니다. 우리들은 전투를 단체로 하며 훈련 역시 단체로 받습니다. 각개 전투 능력이 당신네만 못합니다."

또 다른 중대장이 말했다. "전투는 낮에 하고 밤에는 쉬어야 되지 않습니까. 그런데 당신네는 밤에 공격해 오니 우리는 언제 기습을 받을지 몰라 전전긍긍하는 형편입니다."

3) 8군 사령관 리지웨이의 총반격 작전 개시

(1) 중국군 피로 알아채고 접근전 펴면서 공격 전술 구사

한편 유엔군이 37도 선 부근으로 물러나 서울마저 우리 수중에 떨어지자 미군의 위신은 크게 손상을 입었다. 전황이 불리해지자 유엔군 진영은 분열상을 보이기 시작했다. 51년 1월 상순 열린 영연방수상회의에서 영국은 공개적으로 미국이 더 이상 영연방제국을 조선전쟁에 끌어들이지 말 것과 정전회담에 나서라고 촉구했다.

이에 반해 맥아더로 대표되는 미국 내의 '매파'들은 아예 중국의 동북지방을 폭격해 중국에까지 전쟁을 확대시켜야 한다고 목소리를 높였다. 이런 와중에 트루먼 미대통령은 51년 1월 12일 "유엔군은 결코 군사적인 패배 이외에는 제 발로 한국 땅을 떠나지 않겠다"고 선언했다.

리지웨이 장군은 제2차 세계대전 당시 노르망디상륙작전에 공수 사단장으로 참전한 적이 있었다. 전임 워커 중장보다 군 경력은 짧았지만 작전경험은 풍부했다. 리지웨이는 1950년 12월 25일 제8군 사령관으로 임명된 날 오전, 미국에서 일본으로 가 맥아더를 만났다. 그는 맥아더에게 "전황이 우리에게 유리하다고 판단될 때 제가 공격을 개시한다면 반대하시겠습니까?"라고 물었다. 이에 대해 맥아더는 "제8군은 자네에게 달렸네. 자네가 좋다고 생각하면 그대로 하면 되네"라고 답했다.

리지웨이가 이처럼 물은 까닭은 무엇인가. 그는 맥아더가 하급부대의 일에 참견하기를 좋아한다는 사실을 알았기 때문이다. 리지웨이는 맥아더가 자기행동에 간섭하기를 꺼렸기 때문에 선수를 쳐 맥아더에게서 전권을 부여받은 것이다. 이리하여 부대기동을 마음대로 할 수 있게 됐다.

리지웨이는 맥아더로부터 전권을 부여받은 26일 오후 조선전선의 8군사령부로 날아왔다. 리지웨이 중장은 50년 12월 말 조선에 온 이래 워커 중장이 실패한 교훈을 되살려 병력을 집중하며 방어선을 두텁게 하는 등 작전의 변화를 꾀했다. 또 국군을 엄격히 통제해 직접 미군사단의 지휘를 받도록 했다. 그는 "공격이 최상의 방어"라는 신념 아래 병력을 정비했다. 동시에 미군들은 양호한 수송조건을 최대한 활용해 병력과 탱크 및 야포를 늘리면서 전방보급도 개선해 나갔다.

원래 부산에 있던 미 제10군단이 37도 선 부근으로 이동해 제1선 작전에 가담하는 등 유엔군의 지상병력만도 25만 명을 웃돌게 되었다. 리지웨이는 51년 1월 15일부터 이른

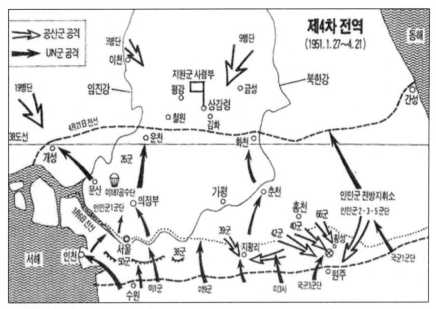

(홍학지 저, 홍인표 역 『중국이 본 한국전쟁』 한국학술정보 2008)

바 '자석전술'을 구사했다. 대규모의 교전에 앞서 탱크 등으로 이루어진 소규모 기계화 부대로 끊임없이 아군과 접촉해 소모전의 형태로 우리 병사들의 움직임을 제약해 우리가 기습공격을 못 하도록 억제했다. 자기네들에게 유리하면 우리를 밀어붙여 요충지를 점령하는 반면 불리하면 잽싸게 물러나 버리는 것이었다.

리지웨이 중장은 정찰기를 타고 우리 진지를 살핀 끝에 우리의 보급선이 지나치게 길어 더 이상의 효과적인 공격을 할 수 없으리라고 판단한 것 같았다. 따라서 아군이 피로하고 보급에 여의치 못한 틈을 타 대대적인 반격을 해오곤 했다.

1월 25일, 유엔군은 5개 군단 16개 사단 3개 여단 1개 연대 등 모두 23만 명의 병력을 동원, 2백km에 걸친 전 전선에서 밀고 나왔다. 그들은 주력인 미 제1·제9, 2개 사단 등 모두 6개 사단 3개 여단을 서부전선(한강 서쪽)에 배치시켜 서울 쪽으로 돌격을 감행했다. 미 10군단과 국군 제3·제1군단 등 모두 8개 사단, 1개 연대는 동부전선에서 보조공격을 맡았다.

이번 공세에서 상대의 편제상 특징은 이러했다. 미군과 국군의 혼성이었으며 미군은 주공을 맡으면서 주로 서부전선에, 국군은 동부전선에 배치됐다. 아군이 측후로 치고 들어가는 것을 막고 이전에 소규모 병력을 여러 갈래로 신속히 투입했다가 아군에게 각개 격파된 교훈을 되살려 그들은 전역의 방어선을 두터이 하는 한편 주력을 밀집대형으로

"돌다리도 두드리며 건넌다"는 식으로 공격해 들어왔다. 그들의 구체적인 병력배치는 이러했다.

○ 서부전선 : 미 1군단(3개 사단, 2개 여단을 관할)은 터키여단·미 제25·제3사단·영국군 29여단을 제1제대로 삼아 야목리에서 금양장리에 이르는 약 30km의 정면에서 전개해 서울 쪽으로 주공격을 실시했다. 국군 1사단은 오산리 일대에서 예비대가 되었다. 미 9군단(3개 사단, 1개 여단을 관할)은 미 기병 1사단·미 24사단·영국군 27여단을 제1제대로 삼아 금양장리와 여주에 이르는 약 38km의 정면에서 전개했다. 예봉산 쪽으로 진격을 감행했으며 국군 6사단은 원호리 일대에서 예비대가 됐다.

○ 동부전선 : 미 10군단(4개 사단, 1개 연대를 관할)은 미 2사단·미 공수187연대·국군 제8·제5사단을 제1제대로 삼아 여주에서 평창에 이르는 67km 정면에서 전개해 횡성·양덕원리·청평천 쪽으로 돌격을 시도했다. 미 7사단은 제천에서 예비대가 되었다. 국군 3군단(2개 사단을 관할)은 국군 7사단을 제1제대로 삼아 오동리와 북리동에 이르는 30km 정면에서 전개해 하부진리·현리 쪽으로 돌격했다. 국군 3사단은 영월과 그 동쪽에서 예비대가 되었다. 국군 1군단(2개 사단 관할)은 국군 9사단과 수도사단을 제1제대로 만들어 북동리에서 옥계에 이르는 30km 지역에서 전개해 동해안을 따라 북쪽으로 진격을 개시했다.

이밖에 미 해병 1사단·국군 11사단은 각각 의성·대구에 위치하면서 전역예비대로 활동하게 됐다. 국군 2사단은 충주·단양 등에서 경비와 후방 교통수송을 엄호하는 임무를 맡았다.

우리는 당시 리지웨이가 이렇게 빨리 미 8군을 정비해 반격을 시도할 줄은 몰랐다. 1월 8일 우리가 제3차 전역을 끝냈는데, 그들은 불과 1주일 뒤인 15일 탐색전 성격의 공격을 우리에게 개시했다. 우리의 최일선 부대는 분대 규모의 특공대를 조직해, 매복과 야습 등으로 상대의 공격을 견제하려고 했다.

25일, 상대가 전면공격을 취해 오자 펑 사령관은 27일 전군에 휴식 중지 명령을 내렸다. 자연히 군자리에서 진행 중이던 중조 양군 고급간부회의는 즉각 제 4차 전역동원회의로 이름이 바뀌었다.

제4차 전역에서 우리는 한때 고전을 면치 못했는데, 펑 사령관은 이 점을 예상하고 1월 31일 모택동 주석에게 보내는 전보에서 "제3차 전역의 피로가 겹쳐 이번 전역에서는 잠시 후퇴할 수도 있습니다"라고 보고했다. 당시 아군의 입장에서는 조선에 오기로 결정된 제19병단이 아직 오지 않은 상태였다. 또 원산·함흥에 있던 제9병단은 병력충원이 제대로 이루어지지 않아 즉각 작전에 투입하기는 어려웠다. 따라서 전선에 투입할 수 있는 병력은 막 3차 전역을 끝낸 지원군 6개 군과 인민군 3개 군단에 불과했다.

우리는 장비에서의 열세는 물론 병력의 열세까지 겹치는 이중고에 시달리게 됐다. 그렇다고 주력의 역량 보존을 위해 무턱대고 서울을 포기하고 북쪽으로 철수하는 것도 정치적으로 불가능한 것이었다. 유엔군의 주공격 목표는 서부전선, 즉 한강과 서울 방면이었다. 주공을 맡은 미군의 진격속도는 비교적 빨랐다. 리지웨이 장군은 미군을 선두에 세우고 국군을 뒤따르게 했다. 동부전선에서는 국군이 주공을 맡았는데 진격속도는 비교적 느렸다.

팽 사령관 · 한선초 부사령관 · 해패연 참모장과 나는 정세를 분석한 뒤 상대의 진격을 최대한 억제해 시간벌기 전술을 펴도록 결정했다. 이에 따라 팽 사령관은 한선초를 서부전선의 한강 방면으로 보내 38군 · 50군과 인민군 제1군단을 독려하면서 최대한 막아내도록 했다. 동부전선에서는 상대를 깊숙이 유인한 뒤 주력을 집중해 반격을 시도함으로써 상대의 1, 2개 사단에 타격을 입혀 서부전선의 측면을 위협해 최대한 상대의 공격을 늦춘다는 계획을 세웠다.

당시 우리의 생각은 이러했다. 우리의 반격이 제대로 먹혀 들어가면 상대의 전진을 멈추게 하거나 원래 진지로 후퇴시킬 수도 있다. 그러나 상대가 우리의 서부전선 병력이 취약한 것을 눈치 채고 계속 밀어 붙인다면 동부전선에서도 우리는 후퇴할 수밖에 없다. 만일 우리의 반격이 제대로 풀리지 못하면 상대는 38선까지 밀고 올 수도 있다.

우리는 모 주석에게 서둘러 제19병단을 전선에 투입해 줄 것을 요청했다. 팽 사령관은 한강 남쪽에 급파된 한선초에게 최대한 시간을 끌어줄 것을 당부했다. 아군의 주력이 식량과 탄약을 제대로 보급 받을 수 있도록 시간을 벌어달라는 주문이었다.

이런 위급한 상황에서 요양 중이던 등화가 때마침 지원군 사령부로 되돌아왔다. 팽 사령관은 등화를 즉각 동부전선에 보내 39 · 42 · 40 · 66군을 동원해 국군이 주축을 이룬 공격을 무력화시키도록 했다. 동부전선의 아군은 대부분 막 제3차 전역을 치른 뒤여서 군화 · 미숫가루 등의 보충이 제대로 이루어지지 않은 어려운 상태였지만 어쩔 수 없이 참전케 됐다.

(2) 혹독한 추위, 힘든 방어전, 원주 · 서울 다시 물러나

51년 1월 25일, 유엔군의 반격이 예상 외로 빨리 시작되자 우리는 몹시 당황했다. 먼저 김웅이 지휘하는 인민군 제2 · 제5군단이 방어 태세를 갖춰 등화 부사령관이 이끄는 최일선 부대와 연합으로 반격 기회를 노렸다.

지원군사령부는 또 신속히 26군을 철원으로 보내 지원군의 전역 예비대로 삼게 했다. 미군이 측후에서 상륙작전을 벌이지 못하도록 인민군에게 계속해서 동·서해안 방어임무를 맡기는 외에 원산 일대에서 휴식을 취하고 있던 제9병단 예하 20·27군에게 동해안 방어임무를 맡겼다.

병력 배치를 마친 뒤 등화와 한선초는 각각 그들의 지휘소를 이끌고 동서전선으로 향했다.(이 2개의 지휘소는 펑 총사령관을 대신해 전방 각 군의 작전 행동에 협조하기 위해서였다.) 이른바 등화지휘소(동부전선)는 등화와 작전처 부처장 양적에다 2명의 경호원, 2명의 암호병, 2명의 무전병으로 이루어졌다. 한선초지휘소는 한선초와 124사단 참모장 초검비 이외에 경호원 2명, 암호병 2명이었다.

이때 펑덕회 총사령관은 전선에 가까이 가기를 원했기 때문에 지원군 사령부를 김화로 옮겼다. 김화 북쪽에 대산리가 있다. 숲이 빽빽이 들어서 있는 첩첩산골이었다. 우리 사령부는 은폐하기에 가장 알맞은 산골짜기의 한 지점을 골라 굴착공사 끝에 안성맞춤의 거처를 마련했다.

회의가 있을 때면 부근 금광굴에 가서 열었다. 2월 7일, 중앙군사위원회는 순환참전의 원칙을 정해 제3병단(12·15·60군)과 47군을 3월부터 속속 조선에 보내 참전토록 했다. 조선에 들어온 뒤에는 곧 들어올 19병단(63·64·65군)과 함께 모두 9개 군 27사단을 제2선 부대로 삼도록 했다.

중앙군사위는 또 다음과 같이 결정했다. "기갑병의 참전 준비를 가속화 하며 고사포 3개 사단 외에 22개 대대, 방공포 2개 사단, 로켓포 9 개 단, 유탄포 3개 단의 확충과 훈련을 서둘러 끝낸다. 또 조선에 있는 부대와 조선에 들어갈 부대에 경화기를 새로 지급하되 일단 36개 사단에서 새로운 화기로 교체한다."

1월 25일 서부전선의 미 1군단은 야목리에서 금양장리에 이르는 전선 정면에서 우리를 향해 공격을 개시했다. 주력은 수원~서울을 잇는 국도를 따라 두 갈래로 나눠 서울을 향해 공격했다. 이어서 미 9군단도 28일, 금양장리에서 여주에 이르는 정면에서 공격을 시작했다. 미군의 이번 공격은 과거의 도로를 따라 진격하는 단순한 방식이 아니라 산을 타고 고지를 점령하면서 정면의 여러 갈래로 몰려드는 점이 인상적이었다.

공격로마다 1개 대대에서 1개 연대의 병력이 탱크와 야포의 막강한 지원을 받으며 우리의 방어요충지를 향해 한꺼번에 달려들었다. 상황이 어렵다 보니 나도 직접 서부전선에서 방어임무를 맡은 50군과 38군 112사단을 진두지휘하게 됐다. 살을 에는 듯한 겨울날씨에 땅은 꽁꽁 얼어붙고 식량과 탄약보급은 거의 이루어지지 않은 끔찍한 상황에서도 모두들 잘 버티어냈다. 작업도구도 거의 없는 상황에서 야전공사로 공격을 막아냈다. 전투는 시간이 갈수록 격렬해지고 방어에 어려움이 컸다. 야전공사라 해봤자 주로 눈더미에다 물을 뿌려 치우는 게 고작이었다. 50군과 112사단은 필사적으로 상대의 공격을 막아냈다.

참호 파기로 방어를 하는 것이 유일한 방법이었다. 50군은 장춘에서 혁명을 일으킨 국민당 제60군을 공산당 정권 수립 후 개편한 전통 있는 부대였다. 이번에 38군의 주력 부대와 호흡을 맞춰 열심히 임무에 충실했다. 군단장 증택생은 줄곧 병력을 이끌고 최전선에서 지휘했다. 요충지마다 상대와 쟁탈전을 쉴 새 없이 벌여 그들에게 상당한 타격을 입혔다. 이 때문에 팽 총사령관은 지원군 총사령부 지휘관 이름으로 1월 31일 50군, 특히 148사단 전체 병력과 그중에서도 가장 전공을 올렸던 443연대·444연대와 447연대의 무공을 치하하는 전보를 하달했다.

2월 3일에 이르러 상대는 수리사산·군포장·광교산·문형리·발리봉·천덕봉·이포리를 잇는 아군진지를 점령했다. 아군은 제2선 진지로 물러나 방어를 계속했다. 이때, 서부전선의 아군은 이미 10일 밤낮 동안 전투를 벌인 데다 제2방어선에서 상대를 강력하게 저지하기 위해 한선초 부사령관은 2월 4일 원래 50군이 방어를 맡았던 남태령·과천·군포장 분계선 서쪽의 40km 정면을 인민군 제1군단이 맡도록 해 50군 방어 정면을 줄이는 대신 방어선을 두터이 했다. 그는 38군 주력을 한강 남쪽 기슭으로 보내 112사단이 맡고 있는 방어를 강화하도록 했다. 팽 총사령관은 9병단 26군에게 2월 15일까지 의정부·청평천 일대로 나아가 방어선을 두터이 하도록 지시했다.

2월 7일, 상대는 상당한 희생을 치른 뒤 인민군 제1군단과 50군의 제2방어진지를 돌파했다. 이때 한강의 얼음은 벌써 녹기 시작했다. 아군 진지는 한강에서 그다지 멀지 않았고 상대가 자칫 밀어붙인다면 우리는 배수의 진으로 맞서 전군이 전멸할 위험이 있었다. 따라서 인민군 1군단과 지원군 50군의 일부 병력으로 한강대교 남쪽 진지를 방어하게 한 뒤 주력은 한강을 건너 북쪽에서 방어를 계속했다.

그러나 38군 전체는 계속해서 한강 남쪽에서 상대의 저항에 맞섰다. 상대의 동서전선의 연계를 끊고 아군 동부전선의 측면을 보호하기 위해서였다. 50군과 인민군 1군단 주력이 한강 북쪽으로 철수한 뒤인 2월 8일 미 1군단이 한강으로 접근하기 시작했고 10일 인천을 점령했다. 미 9군단의 24사단·영국군 27여단·그리스대대와 국군 6사단 등이 야포 탱크 비행기의 합동지원을 받으며 38군에 맹공을 퍼부었다.

1월 31일, 동부전선에서도 유엔군은 공격을 개시했다. 미 2사단·국군 제8·제5사단은 한강 동쪽 원주 무류리에서 지평리와 횡성 쪽으로 공격해 왔다. 미 7사단과 국군 제

7·제9·제3사단도 각각 북진을 시작했다. 팽 사령관은 이러한 상황에서 등화에게 명령을 내려 42군 주력과 66군 198사단을 가평·김화에서 오음산으로 남하시켜 미 2사단과 국군 8사단을 저지토록 했다.

인민군 제5·제2군단은 횡성·방림리에서 방어를 전개하고 등화의 주력인 39군, 40군과 66군은 5일과 6일 각각 중원산·홍천 등 예정지점으로 진격했다. 2월 9일, 미 2사단 23연대와 프랑스대대가 지평리에서 아군에게 저지당했다. 국군 8사단은 횡성 서북쪽에서, 국군 3사단과 국군 5사단은 횡성 동북쪽에서 저지당했다.

국군 2사단 2개 대대와 미공수 187연대는 횡성과 그 이남에 위치했고 국군 제7·제9사단과 수도사단은 대미동·하부진리·강릉을 잇는 선에 진출했다. 전선 전반으로 볼 때 지평리와 횡성 북쪽의 상대가 돌출된 상태여서 아군의 반격에 유리했다. 이런 상황에 대해 팽 사령관·해패연 참모장과 나 세 사람은 긴급회의를 열었고 등화와도 전보를 통해 논의를 거친 결과 즉각 동부전선에서 반격을 개시토록 결정했다. 그러면 어떤 방법으로 공격할 것인가.

팽 사령관의 생각은 이랬다. 지평리와 횡성 두 곳에서 전선이 돌출 해 있으므로 우리가 타격을 입히는 데는 절호의 기회이다. 그러나 현재의 병력으로는 동시에 두 곳을 공략해 좋은 효과를 거둘 수 없다. 먼저 한 곳을 치려면 어느 곳이 좋을까. 두 곳 모두 장단점이 있었다. 지평리를 먼저 친다면 서부전선의 상대 주력부대에 큰 충격을 던져 주고 우리의 동서 양 전선이 긴밀하게 결합될 수도 있다. 그러나 지평리에는 상대 병력이 집중되어 있는 데다 이미 진지 구축 공사를 마친 상태여서 신속하게 공략하기는 어렵다. 1~2일만에 상대에게 타격을 입히지 못할 경우 이천·횡성에서 증원군이 몰려들어 도리어 아군이 위태로운 지경에 이르게 된다.

반면에 횡성 북쪽을 고려해 본다면 병력은 비록 많으나 국군이 대부분이며 전투력이 취약하다. 게다가 기동 중이라 측면이 그대로 노출 돼 있어 우리가 신속하게 포위하는 데 유리했다. 따라서 팽 사령관은 2월 9일, 먼저 횡성을 공격하기로 결정했다. 우선 상대 3개 연대 병력타격을 목표로 하되 제대로 될 경우 다시 상대 2, 3개 연대를 공략해 전세를 안정시킨다는 계획이었다.

이때 아군이 집결하고 있는 것을 눈치 챈 것 같아 당장 공격하지는 않고 기회를 엿보다 2월 11일 밤에 반격을 개시키로 했다. 등화가 이끄는 동부전선지휘소는 횡성 서북쪽, 지평리 북쪽의 인적 이 드문 조그만 마을에 자리 잡았다. 팽 사령관의 명령을 받고 등화는 먼저 횡성 서북쪽의 국군 8사단을 공격하기로 결정했다.

그래서 미 2사단의 지원을 끌어들인 뒤에 주력을 투입해 기동 중에 타격을 입힐 심산이었다. 이어서 원주와 목계 동쪽으로 밀고 들어 갈 참이었다. 42군(39군 117사단과 포병 25단 1개 대대 병력 포함)은 예하 124사단 117사단을 횡성 서북쪽의 학곡리·상가운리 등에 돌격시켜 국군 8사단의 퇴로를 끊도록 했다. 또 125사단을 횡성 서남쪽으로 보냈다. 원주 쪽에서 지원 나올 가능성이 있는 상대를 막으면서 66군과 합동작전을 벌이도록 했다. 126사단은 주읍산과 지평리의 상대를 감제하도록 했다. 66군 주력은 횡성 서북쪽에서 횡성 동남쪽으로 치고 들어가 횡성에 있는 상대의 퇴로를 끊게 했다. 일부 병력은 상대의 지원부대 저지를 준비했다. 그다음 횡성 쪽으로 돌격하도록 했다.

66군 198사단은 오음산에서 횡성 북쪽으로 돌격하도록 했다. 40군은 2개 포병대대를 배속시켜 정면에서 횡성 서북쪽의 풍수원·이수정·광전 일대의 국군 8사단을 공격토록 했다. 39군(제117사단은 제외)은 등화집단군예비대로서 용두리 동남 일대에 배치되었다. 또 조선인민군 전선사령관 김웅지휘부는 인민군 제3·제5군단을 동원해 횡성 동북쪽의 국군 5사단 일부를 공략한 뒤 횡성 동남쪽의 학곡리 쪽으로 진격토록 했다.

2월 11일 오후 5시, 등화지휘소와 김웅지휘부는 예정된 계획에 따라 횡성반격작전을 개시했다. 밤을 새우는 격전 끝에 등화가 이끄는 40군·42군의 주력과 66군 198사단은 국군 8사단의 퇴로를 끊었다. 우리의 맹렬한 공격을 받은 국군 8사단은 대부분 횡성 쪽으로 물러 나려했다.

12일 낮, 제39군 117사단과 40군 118사단은 가운북산·학공리 일대에서 국군 8사단 대부분을 포위했다. 또 40군 120사단과 42군 124사단도 광전지구에서 상대를 포위하는데 성공했다. 밤을 지새우는 격전 끝에 국군 8사단 예하 3개 연대에 큰 타격을 가했다.

그러나 66군의 주력이 예정된 시각에 예정된 지점에 이르지 못해 아쉬웠다. 횡성 반격작전은 2월 13일 아침에 끝났다. 리지웨이 장군은 그의 회고록 『한국전쟁』에서 아군의 횡성에서의 승리를 이렇게 술회했다.

"중공군대의 공격 전면에 있었던 미 2사단은 처음 용감하게 맞섰으나 엄청난 손실을 입었다. 우선 대포의 손실이 엄청났다. 이러한 손실은 주로 국군 8사단이 지나치게 서둘러 철수하는 바람에 생겨났다. 제8사단은 적의 야간공격을 한 차례 받더니만 완전 붕괴돼 미 2사단의 측면을 그대로 노출시켰다. 국군의 엄청난 대패에는 이들이 중공군들에 대해 일종의 외경심을 갖고 있는 게 아닐까 하는 생각마저 들 정도였다. 중공군이 국군 진지까지 숨을 죽이고 접근해 돌진한다면 대다수 국군들은 겁을 집어먹고 걸음아 날 살려라며 달음박질 칠 것 같은 느낌마저 들었다."

팽 사령관은 즉각 등화에게 지평리의 상대를 공격하라고 명령했다. 지평리는 상대가 한사코 버티고 있는 전략요충지였다. 등화는 39군과 42군 일부를 서둘러 재정비해 13일 밤, 신속하게 지평리의 상대를 공격토록 했다.

그러나 우리 공격부대는 상대 방어진지를 돌파하는데 실패했다. 우리는 제공권이 없어 고전을 면치 못했다. 대낮에는 미군전투기가 벌떼처럼 달려들어 맹폭을 가하더니 우리는 어쩔 수 없이 밤에만 이동이 가능했고 밤에만 공격을 할 수밖에 없었다. 첫날 밤 공격에 실패 한 후 이튿날 밤에서야 겨우 포병의 지원을 받아 사흘째 밤 비로소 공격다운 공격을 했지만 역부족이었다.

반면 상대는 지원 병력이 물밀듯이 몰려왔다. 등화는 당시 전황을 분석한 끝에 더 이상의 공격은 불가능하다고 판단했다. 그래서 그는 15일 오후 5시 30분 지평리에 대한 공격중지를 명령했다. 동시에 그는 전 부대원들에게 철수하기 전에 전리품을 확실히 챙기도록 명령했다. 횡성 반격전 중에 상대가 엄청난 무기와 장비, 특히 신형 대포와 신형 차를 내버려두고 후퇴했는데, 그때는 지평리 공격에 바빠 제대로 회수를 못했기 때문이다.

16일, 동트기 전 등화가 이끄는 부대는 북쪽으로 '이동'하기 시작했다. 그는 지평리에서 상대를 제대로 포위하지 못한 점에 대해 '자아비판'을 했다. 그러나 그가 최선을 다했음이 밝혀지자 팽 사령관은 더 이상 나무라지 않았다. 동부전선에서 등화가 이끄는 부대가 반격을 펼치는 와중에 서부전선의 유엔군은 한강 남쪽의 38군과 50군 1개 연대를 향해 맹공을 퍼부었다. 38군은 시종 진지를 사수하면서 상대의 주공을 잘 막아냈다.

그러나 동부전선의 지평리에서 우리가 철수한 뒤 상대의 추격이 거세져 전 전선은 또다시 균형을 이루었다. 팽 총사령관은 38군과 50군 예하 1개 연대에게 16일과 18일 각각 한강 북쪽으로 철수토록 명령했다. 제4차 전역은 1월 27일부터 2월 16일까지를 제1단계로 일컫는다.

(3) 유엔군·국군의 거센 공격, 지원군·인민군 38선 북 후퇴

2월 17일, 제4차 전역 제1단계가 끝난 다음 날, 팽 총사령관은 각 군과 군사위에 보낸 전보에서 이렇게 평가를 내렸다.

"이번 상대의 공격에서 느낄 수 있는 것은 미군의 주력을 소멸시키지 않고서는 그들이 조선에서 물러가지 않으리라는 점이다. 이것은 이번 전쟁이 장기전일 것이며 동시에 상대의 공격에서 제1, 2차 전역 때와 아주 다른 점을 느낄 수 있다. 병력이 많을 뿐더러 동서 양 전선의 병력이 밀집대형을 이루었고 방어선이 두터워 공격대형이 질서정연했다.

한선초집단군이 이를 악물고 적극방어에 나서 23일 동안 상대 병력 1만여 명을 살상해 상대 주력을 남한강 서쪽에 묶어두었다. 이 틈을 타 등화집단군·김웅집단군이 횡성 일대 국군 8사단·미 2사단 1개 대대와 국군 3사단·5사단 각 1개 부대에 타격을 입히는 데 성공했다. 반격전에서의 첫 승리였다. 그러나 승리가 만족스러운 것은 아니다. 제때 퇴로를 끊지 못해 다 잡았던 상대 병력을 놓쳤기 때문이다."

13·14일 2일간 밤에 지평리의 상대를 공격해 약간의 성과를 거두었으나 상대는 신속하게 3개 사단을 규합해 증원했다. 횡성에 이른 상대는 궤멸됐지만 원주에 있던 상대의 방어선은 무너지지 않았다.

2월 17일, 팽 총사령관과 나·해패연 등은 향후 작전·병력 배치 등을 연구했다. 팽 총사령관의 판단으로는 아군이 제4차 전역에서 승리를 거두긴 했지만 상대의 인명살상이 그다지 많지 않았다. 도리어 상대는 계속해서 북쪽으로 밀어붙여 아군의 보충과 휴식을 노리는 한편 우세한 기술 장비를 이용해 아군을 대량으로 살상하려 했다. 이때 아군의 제1선 부대는 너무 피로했고 병력은 계속 줄어드는데 비해 병력충원은 이루어지지 않았던 것이다.

예비대는 제19병단이 2월 15일 조선에 들어와 예정지점을 향해 전개한 것을 제외하고 제3병단과 제9병단 및 기타 부대는 4월 초쯤 돼야 38선 부근에 도착할 예정이었다. 이런 형편인데 상대가 예상 외로 진격속도를 빨리해 38선에 이른다면 우리가 곤란한 처지에 빠지기 십상이다.

팽덕회 사령관은 여러 점을 고려해 이렇게 결정했다. 전 전선은 즉각 기동방어전에 돌입해 2개월간의 시간을 벌어야 한다. 그래야 제2선 부대가 전진 및 전개하는 것을 엄호하고 교통운송을 개선할 수 있다.

또 상대를 깊숙이 끌어들여 한강 북쪽에 이를 때쯤 재반격을 시도한다. 기동방어의 부대배치는 이러했다. 인민군 1군단·지원군 50·38·42·66군과 인민군 5·2·3군단 등 모두 8개 군단을 제1제대로 한다.

서쪽으로는 한강 어귀서부터 하진부리 서쪽에 이르는 1백50km의 전선 정면에 폭 25~30km의 제1방어진지를 구축한다. 방어진지에서 상대를 격퇴하면서 1개월간의 시간을 버는 게 주요 임무이다.

인민군 1군단 19사단·지원군 26·40·39군 등 3개 군 1개 사단은 서쪽으로 문산에서부터 의정부를 따라 제2방어진지를 구축한다. 제1제대의 방어선이 임무가 끝나면 제2선으로 옮겨서 방어임무를 떠맡게 된다. 이런 사전조치를 취한 뒤 아군은 야금야금

후퇴를 했다. 최대한 상대 공격에 버티면서 뒤로 물러나는 것이다.

팽 사령관은 이렇게 말했다. "물러날 때는 물러나야지. 그러나 무작정 물러날 수는 없고 38선까지는 무방하다. 그런데 단번에 물러나면 여러 가지로 불리하다. 첫째는 후방에 있는 몇개 군이 조선으로 전개하는데 불리하고 또 하나는 우리 병사들의 사기가 떨어지게 된다. 그리고 무엇보다 중요한 것은 정치적인 측면에서 우리에게 불리하다. 조선 동지들은 물론이고 소련 등에도 설명하기가 뭣하다. 제 삼자는 분명 트집을 잡을 거란 말이야. 당신네 중국인들은 어찌된 셈이냐고. 저번에는 신바람을 내며 37도 선까지 치고 내려가더니만 이번에는 도로 38선 너머까지 퇴각하느냐고 말이다. 따라서 이번 기동방어는 시작부터 한계를 가지고 시작하는 셈 이다. 38선을 정치적인 약속의 경계선으로 삼아야 한다. 항일전쟁 때와는 달리 우리 마음대로 철수할 수는 없단 말이다."

팽 사령관 지적대로 무작정 38선 너머까지 철수할 수 없는 형편이 다 보니 우리는 각 군에 하루 몇 km씩 후퇴해야 한다는 구체적인 숫자까지 제시해야했다.

2월 중순의 어느 날 오후, 나는 탄광갱도의 내 거처에서 전방과 군사위원회에서 보내온 전보를 읽고 있었다. 갑자기 비서가 숨을 헐떡거리며 나를 찾았다. "부사령관님, 얼른 가보십시오. 총사령관 동지께서 벼락같이 화를 내고 계십니다.""무슨 일이야?" "종우일(후근부 제4지부장) 동지가 제9병단 전투식량 보급을 제대로 하지 못한 모양입니다."

나는 서둘러 팽 사령관 숙소로 달려갔다. 내가 채 말을 꺼내기도 전에 팽 사령관이 버럭 호통을 쳤다. "전역이 곧 시작될 테고 제9병단(26군)이 서둘러 전장에 출발하려 해서 종우일에게 양식을 전해 주라고 했는데, 제대로 전달을 못 하다니. 군율을 어겼으니 내 이 자를 군법에 따라 엄중하게 처리하겠다."

"사령관 동지, 고정하십시오. 문제가 어떻게 됐는지 일단 알아본 뒤에 처리를 하셔도 늦지는 않을 겁니다." 내가 덧붙였다. "무슨 오해가 있을지 모르니 제가 직접 이 문제를 해결하도록 해주십시오. 반드시 해결하겠습니다."

나는 서둘러 사령부에 되돌아와 동북군구 후근부 전방지휘소 책임자 두자형에게 지시했다. "얼른 제4지부에 가서 자초지종을 파악해 돌아오시오."

두자형이 조사해 온 바에 따르면 사정은 이러했다. 제9병단의 작전 출동에 즈음해 종우일이 양덕에서 원산까지 트럭 40대분의 양식을 보급해 주기로 했다. 그런데 어제 저녁 7시가 조금 넘어 예정 지점에 도착해 보니 군대가 보이지 않았다. 9시가 넘게 기다려도 사람 그림자는 보이지 않고 그러자니 자연히 운전병들 입에서 자칫 양식을 여기 두고 갔다가 일을 그르치는 경우가 있을지 모르니 그대로 갖고 돌아가자는 말이 나왔다. 종우일도 이런 경우 뚜렷한 방안이 없다 보니 식량을 싣고 그대로 돌아왔다는 것이다.

제9병단 병사들이 오늘 아침 예정 지점에 도착해 보니 기다리던 양식이 없었다. 곧바로 지원군사령부에 전화를 걸어 "양식도 없이 무슨 전투를 벌이느냐"고 볼멘소리를 한 것이 팽 사령관에게까지 보고가 된 것이다.

나는 곧 팽 사령관에게 전말을 보고 드렸다. 그제야 화가 풀린 듯 한 팽 사령관은 눈을 치켜뜨며 물었다. "그래, 알기는 알겠는데 이 문제를 어떻게 풀 참인가?" "지금 날이 어둑어둑하지만 내일 밤까지는 제9병단 병사들에게 양식을 보급해주겠습니다." "좋아. 전쟁터에서 설마 농담을 하는 것은 아니겠지."

나는 숙소로 돌아오자마자 제9지부부장分部部長 왕희극과 정치위원 이강에게 전화를 걸어 지상명령을 내렸다. "당신들은 오늘밤 트럭 60~70대를 동원해 제19병단에 양식과 물자를 어떤 수를 쓰든지 내일 밤까지는 갖다 주시오. 죽음을 무릅쓰고라도 반드시 내 명령을 지키시오."

나는 종우일에게도 명령을 내렸다. "당신이 어제 갖다 주지 못한 물건들을 내일 밤까지 꼭 갖다 주시오. 당신이 직접 인솔하시오. 이번에도 실패하면 그때는 책임을 묻겠소." 왕희극과 이강은 비지땀을 흘리며 트럭 70여 대를 마련해 수송길에 나섰다. 이튿날 얼마나 엄청나게 눈이 내렸던지 차가 길을 제대로 가지 못할 지경이었다. 그러나 운전병들이 정신력으로 잘 버텨내 그중 6대가 미군전투기에 폭격 당해 희생되었을 뿐 나머지 트럭은 그날 밤 무사하게 예정 지점에 도착했다.

그런데 부대는 이미 기동 중이었다. 운전병들도 이번에는 감히 돌아 올 마음을 못 먹고 밤새 눈길을 뒤진 끝에 그 다음 날 오전 마침내 부대행렬을 찾아냈다. 양식과 물자를 완전히 보충했음은 물론이다. 제9병단 송시륜 사령관은 즉각 지원군사령부에 전보를 보냈다. "필요한 모든 물건은 전부 보충됐음."

이 소식을 전해들은 팽 사령관은 주위 사람에게 "홍학지 그 친구, 확실하구먼. 믿을 만한 친구야"라고 말했다는 얘기를 전해 들었다. 2월 19일, 상대는 한강 동쪽에서 공격을 재개했고 우리 방어부대는 식량과 탄약 공급이 형편없는 상황에서도 분투해 공격을 최대한 늦추게 했다.

상대는 3월 6일까지 보름이 지나서야 동부전선에서 치고 올라와 서부전선과 균형을 이루었다. 이때쯤 서부전선에서도 유엔군은 이미 도강 준비를 마쳤다. 이 기간 팽 사령관은 북경에 가서 모택동 주석에게 전선 상황을 보고하고 앞으로의 작전방침에 관해 협의하고 돌아왔다.

3월 7일, 상대는 5개 군단 모두 14개 사단 3개 여단과 2개 연대 병력을 집중시켜 전 전선에 걸쳐 대규모의 공격을 시도했다. 처음 아군은 상대의 강력한 화력에 눌려 방어경험이 부족하고 전술 적인 운용이 서툴러 비교적 사상자가 많았다. 이러한 사정을 간파한 팽 사령관은 이렇게 지적했다. "기동방어의 목적은 후방의 2개 병단이 전선에 도달할 때까지 엄호하기 위해서이다. 이른바 기동이라는 것은 죽음을 무릅쓰고 임하는 것은 아니다."

이러한 사령관의 지시에 발맞춰 지원군사령부는 일선 각 부대에 병력운용을 "전방에는 적고, 후방에는 많이 배치토록" 하는 원칙을 지키도록 지시했다. 이를테면 한 진지에 너무 많은 병력을 배치했다가 상대 포격에 과도한 희생을 치르지 말자는 뜻이다. 화력운용에서는 일선 부대에 있는 보병에게 화기를 최대한 공급해 전방 화력을 강화토록 했다. 밤에는 분대단위의 소규모 병력을 상대 진지에 보내 야습을 감행했다.

3월 14일, 아군은 후일을 기약하면서 서울에서 철수했으며 이어 다음 날인 15일 미 3사단과 국군 1사단이 서울을 점령했다. 3월 16일 이후 우리 제1제대의 각 군은 38선 이북으로 물러나 휴식을 취했다. 대신 제2제대의 각 군이 미리 설치한 진지에서 유엔군과 치열한 격전을 벌였다.

상대는 계속해서 '주력은 밀집대형으로' '고르게 진격하는' 등 이른 바 '자석전술'로 점차 밀어붙이면서 기계화 장비와 우세한 화력에 의존해 아군에 대해 소모전을 벌였다. 아군은 넓은 정면에서 중요지점을 정해 방어에 나서면서 단계적으로 준비태세를 갖추었다. 병력배치는 「점으로써 면을 제압한다」(이점제면 以點制面)는 원칙, 「병력은 전방은 적고 후방은 많이」(전경후중前輕後重) 「화력은 전방에 집중한다」(전중후경(前重後輕)는 원칙에 따라 저격과 반격·매복·습격 등 각 종 수단을 총동원해 진지마다 상대의 공격을 막거나 상대를 대량 살상했다.

3월 23일, 상대는 고양·의정부·가평·춘천 선을 점령했으며 미 공수 187연대가 문산에 4천 명의 병력과 탱크·야포를 투하시켜 북쪽으로 이동하는 인민군 1군단의 퇴로를 끊어 아군 26군 측면을 위협하려했다. 그러나 아군 26군의 저항으로 기도는 실현되지 못했다. 3월 말~4월 초에 이르러 아군의 최일선 부대는 38선 이북으로 이동해 상대의 진공을 계속해서 막았다.

4월 10일 유엔군은 이른바 '캔자스선'에 도달했다. 서쪽의 임진강에서부터 동쪽의 양양을 잇는 선이었다. 그들은 4월 12일 공격의 중점을 이른바 철의 삼각지라는 철원·평강·김화 지구로 돌렸다.

기동방어 기간 동안 중대한 전투는 없었다. 우리는 잠시나마 '큰비'를 피했다. 보급이 제대로 이루어지지 않고 병력 손실이 잇따르는 상황에서 후속부대가 도착하기만을 학수고대하는 형편이었던 것이다. 유엔군도 병력전개 후 추진력이 모자랐다. 크게 밀어붙이는 것이 아니라 그저 '자석전술'대로 아군을 따라다니는 꼴이었다.

아군은 줄곧 상대와 대치했다. 그들은 자기네 자석전술로 밀려오고 우리는 기동방어로 맞서 상대의 공격시간을 늦추면서 차츰 아군의 예정공격 출발선에 다가갔다. 그들이 조금 진격하면 우리도 조금 물러나고 그들이 오지 않으면 우리도 물러서지 않았다. 그들이 살상을 피하려 들면 우리도 피했다. 그들이 소모를 피하면 우리도 그렇게 했다. 이리하여 2개월 동안 전쟁을 치르면서 아군은 시간을 벌었고 제대로 물자보급 및 병력보충을 끝냈다.

이때 상대는 아군의 후속병단이 진격해 오는 것을 발견하고는 다시 공격을 취해 오지 않았다. 리지웨이는 4월 18일, 예하 부대에 방어로 전환하도록 명령을 내렸다. 다만 중부지방에서는 공격을 걸어왔는데 진공속도는 더욱 느렸다. 4월 21일, 상대는 마침내 아군에 의해 개성 지포리·양구·간성 선에서 저지됐다.

제4차 전역은 제3차 전역이 끝난지 며칠 안 돼 시작했다. 상대는 공격을 신속하게 전개했고 아군은 병력충원이나 양식·탄약 등의 보급이 제대로 이루어지지 않아 고전했다. 이런 상황에서 아군은 결사적으로 방어임무에 나섰고 반격과 방어라는 2중작전을 펴 상대에게 87일 동안 1~3km 밖에 진격을 허용하지 않아 선전한 셈이었다.

우리는 3개월간의 시간을 벌어 전략예비대가 집결해 다음 전역의 준비 조건을 만드는 데 성공한 것이다. 이번 전역에서 확인한 사실은 일반 야전방식에 의존해서는 현대화 된 기술과 장비를 갖춘 상대와 맞붙어 방어 작전을 편다는 것이 아주 어렵고 적절하지 못하다는 점이었다.

◎ 「중국군 2만4천여 명 화천저수지에 수장」 확인, '유해 송환해야' 마땅
　　<국방부, 미 제9군단 지휘보고서 공개>

강원도 화천군 파로호(옛 화천저수지)에 중국군 2만4천여명이 수장됐다는 미군 보고서가 확인됐다. 한-중 관련 단체에선 6·25 전쟁의 또다른 희생자인 중국군의 유해를 발굴해 이제라도 중국으로 보내줘야 한다고 주장했다. 최근 6·25 전쟁 때 북한에서 전사한 미군 유해를 미국으로 송환하는 일과 마찬가지로 인도주의적 차원에서 접근해야 한다는 것이다.

25일 국방부 군사편찬연구소가 공개한 '미 제9군단 지휘보고서'를 보면, 1951년 5월 24~30일 강원도 화천 파로호 인근에서 사살된 중국군은 2만4141명이다. 이들의 주검을 확인한 부대별로 보면, 한국군 6사단 1만3383명, 2사단 772명, 미군 7사단 6982

명, 24사단 3004명 등이다. 하지만 2만4천여구의 중국군 주검을 어떻게 처리했는지는

파로호가 있는 강원도 화천 지역에서 미군에게 포로가 된 중공군의 모습. 대한민국 정부 기록 사진집. 『한겨레』 2018.6.26.

기록에 남아 있지 않다. 미 제9군단은 파로호 전투에 참가한 한·미 연합군을 지휘한 부대다. 이 전투에서 전사한 중국군의 구체적인 숫자가 공식 기록을 통해 확인된 것은 이번이 처음이다.

국방부 군사편찬연구소의 한 연구원은 "한·미 군이 사살했다고 확인한 2만4141명의 중국군 가운데 대다수가 파로호에 수장된 것으로 추정된다. 당시 중국군은 화천저수지 일대에서 포위돼 퇴로가 막혔다. 당시 한국군 장병들의 증언에 따르면, 어마어마한 숫자가 물에 빠졌다고 한다"고 말했다. 그동안 주변 마을에선 중국군 3만명이 파로호에 수장됐다는 얘기가 전설처럼 전해왔다.

파로호에 설치된 '파로호 비석'에는 '중국군 제10·25·27군을 화천저수지에 수장시킨 대전과를 보고받은 이승만 대통령이 전선을 방문해 '파로호'라는 친필 휘호를 내렸다. 그 후 화천저수지를 파로호라 불렀다'고 기록돼 있다. 파로호는 '오랑캐를 깨뜨린 호수'라는 뜻(破虜湖)이다.

한-중 우호단체에서는 이 자료를 바탕으로, 수장된 중국군의 유해를 발굴·송환하고 위령탑을 세우는 등 중국군 전사자 추모 사업을 해야 한다고 밝혔다. 허장환 한중국제우호연락평화촉진회 공동대표는 "남의 나라 전쟁에 보낸 남편과 아들의 생사도 모르는 중국군 가족들이 한국을 어떻게 생각하겠는가. 비록 한때 적국이었지만, 이제라도 서로 쌓은 원한을 풀고 상생할 수 있어야 한다"고 말했다.

지금까지 국방부 유해발굴감식단이 남한에서 발굴한 유해는 1만2천여구다. 이 가운데 중국군 유해는 589구(북한군 700여구)에 불과하다. 나머지는 모두 국군 유해다. 하지만 중국이 밝힌 당시 중국군 사망자는 11만6천여명이며, 실종자와 포로 2만9천여명을 더하면 모두 14만5천여명이다.

6·25 전쟁에 참전했다가 사망한 중국군 유해는 2013년 12월 한-중 간 합의에 따라 지금까지 5차례에 걸쳐 589구가 송환됐다. 2014년 3월 처음으로 437구가 인도된 이래 2015년 3월(2차) 68구, 2016년 3월(3차) 36구, 2017년 3월(4차) 28구, 2018년 3월(5차) 20구가 송환됐다. 중국군 유해 송환은 2013년 6월 중국을 국빈 방문한 박근혜 전 대통령이 제안해 추진됐다.(『한겨레』 2018.6.26. 박수혁·박병수 기자)

◎ 동족상쟁이 부른 유혈의 생지옥, 이웃까지 불러들여 살육
　<전투에 참여했던 허장원씨가 동생에게 전한 당시 상황>

파로호 전투는 '현대판 살수대첩'으로 유명하다. 1951년 5월 상대적으로 열세였던 한·미 연합군이 중국군을 상대로 전투를 벌여 2만4141명을 사살하는 대승을 거뒀다. 이처럼 연합군과 중국군이 파로호에서 목숨을 걸고 맞붙었던 이유는 화천수력발전소를 차지하기 위해서였다. 변변한 전력시설이 없던 당시 남한은 화천댐을 반드시 확보해야 했고, 같은 이유로 북한으로서도 절대 빼앗길 수 없는 전략적 요충지였다.

당시 한·미 연합군은 전투가 끝나고 여기저기 흩어진 중국군 주검을 처리하는 일로 골머리를 앓았다. 당시 6사단 공병장교(당시 중위)로 전투에 참여했던 고 허장원씨는 그의 동생 장환씨에게 생지옥이나 다름없는 파로호 주변의 상황을 생생하게 전했다. 허장환씨는 "당시 주검은 너무나 많았고, 날씨는 더워지고 있었다. 주검을 가장 간편하게 처리할 수 있는 방안이 파로호 수장이었던 것 같다. 형은 모든 전투가 끝난 뒤 한·미 연합군이 파로호 일대의 산과 들에 흩어진 중국군 주검을 불도저 등 중장비로 파로호에 밀어넣었다고 했다"고 전했다.

당시 파로호 전투 상황에 대해 화천군이 발간한 『화천군지』에도 "퇴각하는 적을 협공, 대부분의 적이 화천저수지(현 파로호)에 수장당했다. 저수지 주변과 계곡 일대는 적의 주검으로 뒤덮였다. 우리 후속 부대는 불도저로 주검을 밀어내면서 전진해야 했다. 중공군 도살장이었다"고 기록해놓았다.

한국전쟁 당시 연합군이 중국군의 주검을 일부러 파로호에 수장한 것이 사실이라면 제네바협약을 위반한 것이라는 지적도 제기된다. 제네바협약 17조는 '사망한 적을 그의

종교 관례에 따라 매장하고 유해의 송환을 보장해야 한다'고 규정하고 있다.

허장환 한중국제우호연락평화촉진회 공동대표가 한·미 연합군이 중장비를 이용해 중국군 포로 주검들을 밀어넣었다는 장소에 서서 상황을 설명하고 있다.

2001년에는 화천군이 나서 정부에 파로호 중국군 유해 발굴과 위령탑 건립을 건의했다. 하지만 당시 정부는 아무런 조처도 취하지 않았다. 지역 주민들은 대외적으로 인권을 중시하는 미국이 적군 전사자를 집단으로 수장했다는 사실을 인정하기 어려웠기 때문이라고 생각했다. 정부가 미국 눈치를 보느라 움직이지 않은 것이라고 본 것이다.(사실 미국은 자기들의 군대 주검만 거둬가지, 자기들이 죽인 시신을 거둘 턱이 없다. 침략의 악한들로서는 당연한 자세였다.)

중국군 유해 발굴을 위해선 넘어야 할 산도 많다. 국방부는 2007년 유해발굴감식단을 창설하고 유해 발굴 사업을 하고 있다. 지금까지 유해발굴감식단이 한 곳에서 발굴한 유해는 최대 70여구다. 이제까지의 사업에 견주면 파로호의 중국군 유해 발굴 사업은 규모에서 비교가 되지 않는다. 더욱이 '6·25 전사자 유해의 발굴 등에 관한 법률'은 전사자 가운데 국군을 우선 발굴하게 돼 있다. 유해발굴감식단 관계자도 "국군 유해를 찾다가 중국군 유해를 발굴해 중국으로 송환한 적은 있다. 하지만 중국군 유해를 찾기 위해 따로 발굴한 적은 없다"고 말했다.

50m에 이르는 파로호 수심과, 수문을 모두 열어 물을 모두 빼야 한다는 점도 어려운 점이다. 각종 수해와 방류 등 영향으로 중국군 주검들은 화천댐 수문이 가까운 곳에 몰려 있을 것으로 추정된다. 하지만 발굴을 위해 파로호의 물을 모두 빼면 파로호에서 어

업을 하는 어민들이 반발할 수 있다. 또 파로호에 중국군 주검이 2만구 이상 수장됐다는 사실 자체가 이 지역 어민 등 주민들에겐 달가운 일이 아닐 수 있다.

허장환 한중국제우호연락평화촉진회 공동대표는 "어려움이 있더라도 이번에 중국군 유해를 발굴해서 이 문제를 깨끗이 털어버리는 것이 낫다. 파로호는 팔당호의 상류 가운데 하나인데, 2만명 이상의 중국군 유해가 가라앉아 있는 그 물을 수도권 주민들의 상수원으로 사용한다면 기막힌 일 아닌가"라고 말했다.(『한겨레』 2018.6.26. 글·사진 박수혁 기자)

(4) 제5차 전역, 재반격 작전 후 남북 교착 상태

51년 4월 19일, 미 24사단과 25사단이 철원 부근까지 치고 올라왔다. 이 2개 사단은 전선에서 돌출부를 이루었고 이러한 형상은 아군의 공격 목표로는 안성맞춤이었다. 그토록 벼르던 반격의 기회, 즉 제5차 전역의 기운이 무르익고 있었다.

이날, 펑더화이 중국인민지원군 총사령관은 제5차 전역을 4월 22일 황혼 무렵에 개시하겠다고 최종 결정했다. 상대는 우리의 의도를 알아채지 못하고 계속 공격해 왔다. 21일, 상대의 선두부대는 이미 개성·고랑포리·양구·간성 선까지 밀고 왔다. 미 1군단이 지휘하는 국군 1사단·미 3사단·미 25사단은 문산에서 고남산과 그 동쪽 지역에 위치했다. 또 국군 1사단 학도병연대와 전초부대는 개성·석주리 일대에서 활동했다. 군단지휘소와 예비대인 미 3사단 15연대는 의정부에 위치했다.

미 9군단이 지휘하는 미 24사단·국군 6사단·미 해병 1사단은 지포리~대리리 선에 위치했다. 영국군 27여단은 예비대로서 가평 일대에 있었다. 군단지휘소는 청명천에 자리잡았다. 미 10군단 예하 미 2사단과 네덜란드대대·프랑스대대·미 7사단·국군 5사단은 구만~원통리 선에 위치했다. 군단지휘소는 신악에 있었다.

국군 3군단이 지휘하는 국군 3사단은 원통리와 한계령을 잇는 선에 위치했으며 국문 7사단은 현리 일대에서 예비대가 되었다. 군단지휘소는 하진부리에 있었다. 국군 1군단이 지휘하는 국군 수도사단·국군 11사단은 한계령과 간성에 이르는 선에서 방어태세에 들어갔고 국군 9사단은 강릉에서 예비대로 남았다. 군단지휘소는 제장가동에 있었다. 미기병 1사단, 미공수 187연대·국군 2사단은 8군 예비대로 각각 춘천·수원·원주 등에 위치했다.

아군은 펑 사령관의 사전계획에 따라 3개 병단 총 12개 군(인민군 1개 군단 포함)을 서부전선에 배치해 주요공격을 맡게 해 북한강 서쪽의 상대를 분할하는 임무를 수행하도

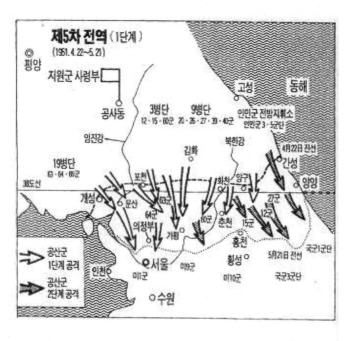

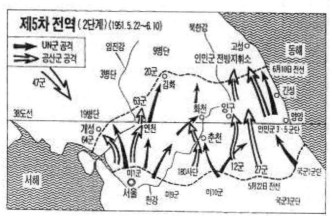

(홍학지 저, 홍인표 역 『중국이 본 한국전쟁』 한국학술정보 2008)

록 했다. 또 3병단을 중앙공격집단군으로 삼아 정면공격을 맡도록 하고 제9·제19병단을 좌우 공격집단군으로 하여 양 측면에서 우회공격을 하도록 했다. 1차로 국군 1사단·영국군 29여단·미 3사단·터키여단과 국군 6사단 등 모두 5개 사단(여단)을 각각 공략한 뒤 다시 병력을 집중해 2차로 미 24사단과 25사단을 칠 계획이었다. 동부전선의 인민군 3, 5군단은 적극적으로 상대를 감제하는 한편 상대에게 타격을 입힐 기회를 엿

보도록했다.(監制 : 감시통제)

　아군의 중앙공격집단군인 제3병단이 지휘하는 12, 15, 60군에는 포병 2사단 2개 포병단·탱크저지포병 1개 단이 배속돼 삼관리에서 신광동에 이르는 15km의 정면을 돌파해야 했다. 1차로 미 3사단, 터키 여단을 공략한 뒤 초성리·종현산 일대를 향해 공격해 19·9병단 주력과 함께 영평·포천 일대 미 24·25사단을 밀어붙일 계획이었다.

　우익공격집단군 예하 63·64·65군과 인민군 1군단에는 포병 8사단 1개 포병단이 배속돼 우익돌파 임무를 맡았다. 덕현동에서 무등리에 이르는 31km의 정면에서 임진강을 돌파한다. 이어 동두천·포천 쪽으로 나아가 3, 9병단과 함께 미 24·25사단을 공략한다. 인민군 1군단은 개성·문산 일대를 거쳐 고양·서울 쪽으로 공격해 서울을 점령하면 서울수비 임무를 맡도록 했다.

　좌익공격집단군 9병단 예하 20·26·27군과 39·40군에는 포병 1사단 5개 포병대대·포병 2사단 1개 포병대대와 탱크저지포병 31사단 1개 포병단이 배속돼 좌익공격을 맡았다. 20·26·27군 등 3개 군은 고남산에서 복주산에 이르는 27km의 정면을 공격해 만세교리와 기산리·포천 쪽으로 주요공격을 하도록 했다. 1차로 미 24사단·6사단 각각 일부를 공략한 뒤 19·3병단과 함께 미 24·25사단을 치도록 했다. 40군은 상실내동에서 하방산동에 이르는 6km의 정면에서 돌파해 가평 쪽으로 공격해 춘천에서 가평에 이르는 도로를 끊어 동·서전선에서 미군의 연계를 절단케 했다.

　이와 함께 일부병력을 화천·춘천 사이로 전진시켜 상대의 퇴로를 끊고 39군과 함께 도망치는 상대를 공략하는 한편 상대 증원군을 제지토록 했다. 39군은 일부 병력을 화천 이북에 배치해 상대를 감제토록 하면서 주력은 논미리·원주리 쪽으로 공격을 하도록 해 미 해병 1사단, 기병 1사단이 서쪽으로 지원을 가지 못하게 감제해 전역의 주요공격 방향에서 좌익의 안전을 보장했다.

　인민군 3·5군단은 일부병력을 양구 이북에 배치해, 미 2·7 사단을 감제하도록 했다. 주력은 유목동에서 무와리에 이르는 구간을 돌파해 국군 3·5사단의 접점인 서호리·인제 일대를 향해 공격하도록 했다. 일이 순조로울 경우 평창·강릉 쪽으로 전진하도록 했다.

　4월 19일, 아군의 각 공격집단군은 명령을 받들어 철저한 은폐 하에 공격출발 지점으로 나아갔다. 4월 22일 낮, 유엔군은 계속 철원·김화 방면으로 공세를 취했고 나머지는 방어태세에 있었다. 그날 해거름에 아군의 각 공격부대들은 예정된 계획에 따라 모든 전선에 걸쳐 반격을 개시했다.

　이번 전역에 참전한 우리의 포병은 전원 처음부터 조선전장에 들어 온 노련한 병사들이어서 전투 경험이 풍부했다. 그들은 부서 배치에 따라 시점을 잘 맞춰 포 공격을 준비해 놓았다. 그런데 포병의 지원이 완벽하게 준비됐음에도 우리의 지상 병력은 여전히 공격개시선에서 헤매고 있거나 공격 및 돌격선의 위치가 적당 하지 않고 야포사격 지점에서 너무 멀었다. 야포공격 후에도 보병의 돌격이 이루어지지 않는 곳이 많아 야포 지원의 효과를 제대로 활용하지 못했다. 심지어 어떤 지상부대는 기동이 늦어 공격개시선에서 돌격 위치로 허둥지둥 기동하기까지 했다.

우리 공격은 밤에 이루어진다. 하룻밤이 얼마나 짧은지, 돌격 위치로 기동하는데 적잖은 시간이 걸린다. 돌격 위치에 도달한 뒤에는 전개를 해야 한다. 전개하랴 돌파하랴 허둥대다 보면 날이 뿌옇게 밝아오는 것이다. 하룻밤 새 돌파하지 못하면 그야말로 날 새는 것이다.

공격명령이 떨어지는 경우 이렇게 한심한 건의를 해오는 일선부대도 있었다."아직 돌격 위치에 도달하지 않았는데 공격명령이 웬 말인가. 잠시 말미를 두고 전력을 추스린 뒤에 공격하는 것이 좋을 것으로 판단됨."

조선전장에 처음 참전한 지상부대가 대부분이었으니 그럴만도 했다. 그러나 사령부의 답변은 간결 명확했다. "쓸데없는 말 말고 명령을 즉각 수행하라."

아군의 상당수 동지들은 미군과 싸운 경험이 전혀 없었다. 국내에서 국민당군대와 싸운 경험 밖에 없었다. 특히 세 차례 전역 후에는 그나마 국민당군과 전투한 적이 전혀 없는 일련의 부대들이 조선에 참전했다. 한꺼번에 이렇게 많은 신참 병력이 가세하게 되니 아무래도 미군과 전투하면서 어느 정도 문제가 발생하는 것은 피할 수 없었다.

이번 전역의 전술은 무난했다. 제3병단을 중앙 돌파하게 한 뒤 두 갈래로 공격의 물꼬를 튼다. 제9병단과 제19병단은 양 측면에서 돌파·우회·포위 임무를 맡았는데, 그날 저녁 3개 군은 상대의 방어선을 돌파했다. 그러나 일부 부대에서 배후 차단 움직임이 늦어 지정위치에 이르지 못해 포위공격을 제대로 하지 못하는 곳도 있었다.

팽 사령관은 전역을 시작할 때 남다른 습관이 있다. 그는 비서를 시켜 지도에 붉은 깃발을 꽂게 한다. 어느 부대가 전선을 돌파했고 언제 돌파했는지, 각 부대가 어느 위치에 이르렀는지 일목요연하게 파악하기 위해서였다.

우익의 제19병단은 임진강 서쪽 기슭의 상대를 물리치고 임진강을 돌파했다. 예하 63군은 마주 있던 영국군 29여단과 미 3사단에 공세를 펴 23일 새벽 감악산 거점과 부근 일대를 점령하고 상대 전초를 돌파했다. 64군은 23일 장파리·마지리를 점령한 뒤 저지를 당하자 제2선의 65군 예하 2개 사단이 계속해서 전투에 투입됐다. 결과적으로 5개 사단 병력이 장파리·고토동·마지리 북쪽·임진강 남쪽 약 20km의 좁은 지역에 몰렀다. 상대의 야포 전투기 공습의 집중공격으로 사상자가 많이 생겼다. 인민군 1군단은 22일 밤 개성을 점령했으며 24일 임진강을 건너 문산에 접근했다.

중앙공격을 맡은 3병단은 돌파 후 탄동·속우 일대에서 미 3사단 1개 연대를 포위했다. 그러나 이 연대는 전투기·탱크의 엄호를 받으며 남쪽으로 달아나 버렸다. 이후 3병단은 24일 새벽까지 38선 부근의 화봉초·탄동·판거리 일대에서 상대와 대치 상태에 들어갔다.

좌익 9병단은 상대 방어선을 돌파한 뒤 40군은 신속히 방어선 깊숙이 파고 들어 24일 새벽 상대의 동서연결부를 분리하는데 성공했다. 39군도 예정보다 앞서 지촌리·언주리까지 미 해병 1사단을 북한강 동쪽에 고립시켰다. 서쪽으로 지원을 갈 수 없게 만든 것이다. 26·27·20군은 23일 상대 방어선 18~20km까지 미 24사단과 국군 6사단 각 일부병력에 타격을 입혔다.

아군의 이틀간에 걸친 맹렬한 공격을 받게 되자 국군 1사·영국군 29여단은 문산·미치사·신암리 일대에서 완강하게 저항했다. 미 1군단 주력과 미 9군단이 마차산·초성리·종현산·강씨봉·옥녀봉·용화동 일대에서 방어를 펼 수 있도록 엄호했다. 이와 함께 영국군 27여단과 캐나다 25여단 2개 대대, 미기병 1사단 7연대를 가명 일대로 보내 아군이 만든 전역돌파구를 막았다. 아군 40군이 측익으로 치고 들어가는 것을 저지했다.

승리를 굳히기 위해 우익 19병단은 신속히 의정부 쪽으로 우회하라는 연합사령부의 지시에 따라 25일 18시 국군 1사단·영국군 29여단의 중요 방어진지를 돌파했다. 진천리 칠봉산 등을 점령하면서 29여단 일부 등에 타격을 입혔다. 19병단 64군 선발대는 앞질러 도봉산까지 진출하면서 상대 후방에 위협을 가했다. 63군 189사단은 토코장에서 천여 명의 병력을 포위했으나 1개 대대 병력으로 퇴로를 막는 바람에 병력 수에서 밀려 놓쳐버렸다. 중앙의 3병단은 25일 초성리 보장산 일대에 이르렀다. 15군 1개 대대는 초성동 남쪽의 대전리에서 미 3사단 2개 중대에 타격을 입혔다. 좌익 9병단은 25일 밤 청계산·운악산과 중관리·영양리 일대를 점령했다.

아군은 연속 3일 밤낮 전투를 벌인 끝에 가평 쪽에 전역의 돌파구를 만들어 상대의 측익에 엄청난 위협을 가했다. 그러나 상대의 퇴로를 끊는 데는 실패했다. 상대의 주력은 25일 금병산·현리·춘천의 제2선 진지로 물러나 계속 저항했다.

4월 26일, 아군은 계속해서 상대 방어선 깊숙이 공격했고 그날로 금병산·현리·가평 등 2선진지를 점령했다. 28일, 아군의 우익19병단은 국사봉·오금리·백운대 일대를 점령했다. 인민군 제1군단은 오금리에서 국군 1사단 1개 대대에 타격을 입혔다. 29

일에는 서울 교외의 북한산까지 진격했다. 19병단 63군은 낙도산에서 미 3사단 1개 연대를 포위한 적이 있었으나 퇴로를 끊지 못해 그들은 남쪽으로 달아났다.

중앙의 3병단은 28일 자일리·부명리로 진격했고 29일 일부는 간림·퇴계원 일대까지 나아가 서울에 육박하면서 한강 북쪽 기슭을 통제했다. 좌익의 9병단 40군은 20일 가평 북쪽에서 미 기병 제1사단 7연대·영국군 27여단의 반격을 물리친 뒤 가평을 점령했다. 39군 주력은 춘천 일대로 진격한 뒤 일부 병력은 소양강을 건너 구봉산 명촌리까지 나아갔다. 그곳에서 미 해병 제1사단을 물리쳐 전역의 보장임무를 성공적으로 완수했다. 9병단은 28일 주금산·축영산·청명천을 점령한 뒤 29일 일부병력은 금대리·마석우리 일대까지 진격해 한강에 접근했다.

서부전선의 아군이 공격을 개시한 뒤에 동부전선의 인민군 제3·제5 군단은 인제 이북의 국군 제5·제3사단 각 일부에 대해 공격을 시작하는 한편 서호리 일대에서 국군 5사단 36연대에 타격을 입혔다. 중앙 돌파 임무를 맡은 3병단은 탄동 등에서 미 3사단 1개 연대를 포위했으나 완강한 저항에 부딪쳐 주력에 타격을 입히지는 못했다. 좌익의 9병단은 상대 방어선을 돌파한 뒤 예하 40군은 신속하게 상대의 방어선을 깊숙이 파고 들어 24일 아침에는 상대의 동서 두 진 영을 분리시키는데 성공했다.

4월 28일, 우리가 공격의 고삐를 늦추지 않자 상대의 주력은 서울 이남이나 북한강·소양강 이남으로 철수해 저항했다. 미 1기병사단은 서울로 이동한 뒤 서울 주위에 치밀한 화력통제 지대를 만들어 우리를 서울로 유인하여 대량살상을 노리는 작전을 폈다. 펑 사령관은 서울 이북의 상대를 공략할 기회가 사라졌다고 보고 29일 공격정지 명령을 내렸다.

제5차 전역의 제1단계 공세는 전역부서의 측면에서 본다면 당초 상대의 5·6개 사단을 무력화시킬 계획을 잡은 데 비하면 결과는 신통찮았다고 할 수 있다. 상대의 방어선을 돌파한 뒤 배후를 제대로 차단하지 못해 상대의 역량을 무력화시킬 수 없었던 것이다.

이번 전역에서도 우리는 병사들이 양식·탄약을 등에 짊어지고 전투를 할 수밖에 없어 공격의 주도권을 잡았으면서도 1주일간의 공격으로 그친 아쉬움이 남았다.

3. 미국은 참혹한 폭격 살육전으로도 한반도 완전 점령에 실패

1) 두 침략외세가 조작한 분열과 증오로 동포끼리 원수되어 살상

(1) 강자와 약자의 전쟁, 당시 미국군과 인민군의 한반도내에서의 위상

1945년 가을 한반도에 진주한 미군은 일제(日本帝國主義 식민지 통치세력)를 물리쳐준 해방군이면서 동시에 일제의 식민지 조선을 계승하여 종속 통치하려는 야망을 가진 점령군이었다. 이같은 판단은 점령 당시에는 불확실했으나 3~4년 동안의 반공 절대군정을 실시하고 반세기 이상 주둔하면서 보여온 실체적 증거와 과거 150여년 동안의 종교 및 무력 침투경력으로 미루어 보아 半식민지적 영토의 선제先制 점령자임은 명백해졌다.

그리고 나중에서야 알게 되었지만, 미국이 스페인의 식민지 필리핀을 무력으로 빼앗아 2회차 식민지로 지배하게 되었던 제국주의 경력으로 보아서도, 일본 식민지 상태에서 갓 벗어난 조선민족으로서는 당연히 의심을 할 수밖에 없었던 것이다.

미국군에 대한 이런 판단은 간악한 일제의 침탈과 학살에 시달려온 한반도의 남북 자주독립세력으로 하여금 제2의 점령군을 물리치려는 저항투쟁과 반침략전쟁을 감행하게 만들었던 것으로 보인다.

게다가 6.25 발발 전인 1948~49년에 걸쳐 38선에서는 일제때의 일본군 토벌대에서 활약했던 김석원 등이 이끄는 전투부대가 미점령군의 무기로 재무장하고 해주·개성·양양 등지를 여러 차례 공격·살상함으로써 이승만의 거듭되는 "반공·북진통일" 협박 구호와 함께 상대방에게 전면적인 반격의 구실을 제공했던 것으로 밝혀졌다.

그러니까 멀리 태평양 건너편의 자국 영토로부터 한[조선]반도에 선제 점령한 미군과 자기 영토에서 식민지 노예상태로부터 자주독립을 위해 조직된 북의 군대 중 어느쪽이 "선제 공격자"(침략자) 였을까는 자명하다고 볼 수 있다. 그럼에도 불구하고 미국을 비롯한 친일·친미세력에 의한 반공교육과 반북 종교세뇌는, 상대방을 "침략의 악마"로 규정하여 장기간에 걸쳐 육체적 정신적으로 훈련·결집시켜나가는 바람에 동포형제자매들 간의 증오·분열·적대시 감정이 확고하게 자리를 잡았으니 日·美 제국주의세력과 구명도생苟命徒生한 친일파 언론의 민족분열 획책과 민중 수탈체제 구축의 야망은 큰 효력을 본 셈이다. 친일·친미 아부세력이 집권과 동시에 사상을 반공(근로계층 민주화·

평등주의 주장 억압)으로 집결시켜 나갔다.

돌이켜 보면, 침략자들이 약소국을 쳐들어갈 때는 언제나 상대방이 먼저 공격해왔다는 구실거리를 만들어 사방에 알리는 일부터 시작했다. 일제가 조선반도를 침략하여 식민지로 만들기까지 숱하게 협박한 배상책임 사건들과 만주사변·노구교사건 등 중국침략의 이유를 모두 상대방에게 돌린 술책들이 바로 교활한 책임전가 왜곡선전 수법이었다. 미국의 전쟁전략도 항상 그랬다. 그렇게 해야 자기네 국민들의 분노를 일으켜 전쟁에 적극 지지하게 만들고 세계의 인심을 자기편으로 유리하게 조장시켜갈 수가 있었던 것이다. 한반도에서도 19세기 후반부터 이미 정신세계를 점령한 미국의 침략세력은 자주성이 강하여 저항할만한 세력은 '악마'라고 규정해놓고 순종하는 민중은 '하나님의 종'으로서 당연한 자세라며 추켜세워 동포형제자매들 끼리의 분열·증오·분쟁을 은근히 부추겼다. 마침내 "악마의 남침으로 착한 하나님의 형제들이 다 죽어간다"는 악선전과 함께 전쟁을 붙여놓았으니 서로 총질·칼질·고문·악담이 오가는 민족동포들이 극악한 증오·적대감으로 대결할 것은 필연적이었으며, 그 치유가 장기화하여 힘센 미국의 종교감언에 오래오래 의탁하는 것은 너무나도 자연스러운 일이었다.

사실 조선〔한국〕전쟁 때에 미국이 공중폭격과 함포사격으로 전 국토를 초토화시키며 수백만명을 학살하고 전국의 농가와 사찰건물을 인민군 죽이기 위해 모조리 불태워버림으로써 석기시대로 돌아가게 만들었다는 비난을 받을 정도로 잔인무도한 '악마의 짓'을 한 것은 모두 "남의 나라, 남의 땅, 남의 민족이니까 그럴 수 있었던 것이지, 자기의 부모형제자매가 살고 있는 집과, 내나라, 내 동포형제의 땅을 어떻게 그렇게 무지막지하게 파괴할 이유가 어디 있었겠느냐" 하는 말로 두 집단의 "침략자냐 정당방어자냐"에 대한 대답은 자명해지는 것이다. 그래도 전쟁 후 전국의 학교와 교회에서는 물론, 반공대회가 열릴 때마다 "모든 학살과 모든 파괴는 몽땅 북측의 남침 때문이었다면서 미군에 대한 비판은 일언반구도 용납하지 않고 오히려 "빨갱이새끼" "북을 지지·찬양하는 악마"라며 죽일 듯이 윽박지르고 두들겨 패고 감옥에 처넣었다. (이런 글을 쓰면서도 언제 또 법에 걸려들지 아직도 겁이 날 정도이다.)

침략·수탈자들은 생산근로대중을 노예처럼 억압·멸시하면서도 그들의 노동력을 직·간접으로 수탈해야 불로소득 또는 자산증대가 가능하기 때문에 악착같이 값싼 머슴으로 소유하려고 한다. 그리하여 자주·평등·민주·통일의 주창자들을 악법(특히 국가보안법)을 휘둘러 한사코 근로자들과 분리시키려고 발광하면서도 외세든 내부 독재자든 폭력적 권력과 실정법 맹종의 검·판사에 의한 고문·감옥행 판결로 계속해서 반공 공포사회를 유지하고 神이라는 허상까지 이용하여 근로민중의 순종을 강요하여온 것이

다.(『시민의 소리』光州 2007)

(2) 전쟁과 반민중 정치이념의 선전 · 세뇌 · 체질화, 동포 분열 심화

정치가 상대방을 공격하고 제압하여 자신의 지배를 관철하는 것을 목표로 하고 있다면, 혁명과 전쟁은 그것을 더욱 치열한 형태로 발전시킨 것이다. 혁명이 물리력을 동반한 이념 · 사상적 직접투쟁의 과정이라면, 전쟁에서는 모든 이론적 대화는 자취를 감추게 되고 오로지 상대방을 완전히 제거하는 것이 '일상적인 활동'이 된다. 즉 제압을 위한 설득보다는 먼저 상대방을 없애놓고 보는 것이 전쟁이다. 따라서 전쟁에서는 중립의 범주는 완전히 소멸되고, 적과 나만 존재하게 된다. 여기서는 모든 형태의 회의주의와 상대주의가 정형화된 문구로 통일되고, 그러한 통일된 구호 아래 일사불란하게 움직이는 것만이 요구된다. 그러한 논리를 거역하는 것은 곧 죽음을 의미한다. 그리고 전쟁은 모든 민간인을 군인으로 만들고, 모든 사회를 군대화한다. 따라서 모든 담화는 획일화되고, 단순화된다. 결국 제국주의 침략전쟁은 약육강식의 짐승이 되어 자원을 강탈하고 학살고통에 의해 인간을 노예로 만드는 수단이다.

조선전쟁은 전쟁 이전부터 계속되어오던 한반도내의 계급간의 갈등, 외세를 배제하고 자주적인 통일독립국가를 건설하려는 세력과 외세추종 세력간의 갈등, 그리고 약육강식 무한경쟁의 자본주의 진영과 평등사회 지향의 사회주의 진영간의 이념적 대립이라는 진영간 갈등의 복합적인 성격을 지니고 있었다. 조선전쟁의 이러한 구조적 측면은 전쟁 이후 남북 양측에 형성된 극히 대립적이고 이질적인 이념의 객관적인 기반이 되었다.(전쟁의 원인에 관해서도 상반된 주장을 하고 있지만, 대체로 미국은, 1949년에 미국이 지원하던 장개석을 몰아내고 중국을 통일한 중공정권이 원자탄도 없는 허약한 상태일 때 완전 지배하에 두자는 입장이었고, 북측은 "제2의 식민지로 굳기 전에 민족을 해방시킨다"고 표방하고 있었던 것으로 알려져 있다. 그리고 일단은, 미군이 한반도에 대한 선제 점령자로서, 일제의 식민지 억압과 학살통치를 계승하기 위한 것이었음이 역사적으로 실증되었다. 김주환 편『미국의 세계전략과 조선전쟁』청사 1989)

우선 전쟁은 한반도 전역에서의 격렬한 계급적 갈등으로 표출되었다. 전쟁은 남북 양측에 잔류하고 있는 적대적인 인물에 대한 대규모 처형을 초래했다. 북측에 밀려 후퇴하기 시작한 이승만 정부는 각 지역의 보도연맹 가입자들을 한곳에 모아 처형하였다.(반일 · 반미 자주화운동에 참여했던 이른바 좌익으로 몰린 사람들을 전쟁이 나자 예비 검속하여 집단 학살시킴) 처형은 전쟁의 이름으로 정당화되었다. 한편 북측이 남한지역을 점령하기 시작하면서 좌익인사 처형에 앞장섰던 남한내 친일파 우익인사와 그 가족들은 '반동분자'와

'인민의 적'으로 간주되어 대량적인 보복대상이 되었다. 이러한 상호 '학살'은 물론 최고 권력자에게 책임이 있는 것이지만 실제 이루어지는 과정에서는 그 대상과 잔인성이 몇 배로 증폭되었다. 북측 인민군의 경우 민간인을 학살하지 말라는 경고를 하부에 내렸다고 하고 이승만 역시 유사한 지시를 하였다고 하나 지방에서의 좌우대립은 이러한 경고를 묵살 폐기시켰다.

북측의 점령정책은 남한점령지에서 북측과 같은 반제·반봉건 민주주의 혁명을 수행하여 "이승만 정권하에서 소외된 민중을 전취하고, 점령지역을 공고화하여 전선에 인적·물적 자원을 최대한 동원하는 것"이었다.(김주환 1989) 북측은 점령 직후 당의 복구에 착수하였고 인민정권의 수립을 위해 인민위원회를 복구하였다. 인민정권은 인민민주주의 독재기관이므로 친일분자·친미분자·민족반역자·정신병자는 선거권·피선거권을 박탈하였다. 전국적으로 볼 때, 피선된 군·면·리 인민위원의 계급·계층별 분포는 농민과 노동자가 압도적인 다수(95%)를 차지하였다.(김주환 1989) 이것은 전쟁 이전의 남한의 지배구조를 완전히 역전시킨 것이었다. 따라서 '천국'은 '지옥'이 되고 지옥이 천국이 될 수밖에 없었다.

한편 전쟁의 승리를 위한 선전·동원정책과 정치적 숙청작업은 전쟁이라는 비상한 상황에서 시행되었기 때문에 강압적이고 졸속적일 수밖에 없었고, 전쟁이 불리해지면서 강제성을 띠지 않을 수 없었다. 의용군 모집·전선원호사업·반혁명세력에 대한 숙청, 반대로 친일·친미 경찰과 우익단체에 의해 저질러진 좌익에 대한 보복이 반복되었다.

일종의 계급투쟁이라고 할 수 있는 점령지에서의 토지개혁도 엄연한 한계가 있었다.(권영진 1989) 북측은 남한에 뿌리박은 봉건적 토지소유제도와 남한정권의 경제적 기반을 없애고, 남한 인구의 80%를 차지하는 농민의 지지를 얻기 위해서 토지개혁을 추진하였다. 특히 전쟁 와중에 필요한 물적 자원을 동원하기 위해서도 이러한 조치는 시급히 요청되었다. 미국과 이승만 정부 및 그의 기관들이 소유하고 있던 토지는 제1순위의 몰수대상이 되었고, 몰수된 토지는 고용농민, 토지 없는 농민으로 구성된 농민총회의 결정에 의해 분배되었다.(김주환 1989)

특히 공정한 세금제도를 실시한다는 명분하에 시행된 8월 18일자 현물세 납입결정(농지현물세 실시에 관한 내각결정)은 일제의 공출제도에 버금가는 '낟알까지 세는' 철저한 시행으로 말미암아 오히려 농민들의 지지기반도 상실하는 계기가 되었다. 조기작물은 이미 수확이 끝났으므로 과세를 못하고 만기작물에 대해 수확고의 25%를 납입하기로 하고 평당수확고를 산출하려고 벼·조 등의 이삭을 따다가 세라고 하였고, 과수원에서는 한 그루에 달린 과일을 세어 모든 주수에 곱하여 예상고를 산출하였다. 이 경우 충해나 풍해를 참작하지 않았고, 이러한 무리한 정책은 많은 빈농민들조차 사회주의 개혁에 등을 돌리게 하는 요인이 되기도 했다.

전쟁 중 남한에서는 국가의 병영화, 국민에 대한 사상적 통제를 위한 제반조치를 실시하였다. 대다수의 국민들을 버려두고 남하한 지배층과 지도층(도강파)은 이제 어쩔 수 없이 남게 된 많은 사람들(잔류파)에 대해 승리자처럼 군림하면서(고은 115쪽) 부역의 혐의를 씌워 심판하였고, 남아 있던 사람들은 남아 있었다는 이유만으로 동료들에 의해 급수가 매겨지고 운명을 맡겨야 했다.

북측의 점령정책은 지배세력은 물론 다수의 대중에게도 공산주의에 대한 공포감을 가중시켜 오히려 반공의 기반을 강화시켰다. 이제는 대규모의 민간인 살해도 반공의 이름으로 정당화되었다.(예를 들면 거창 양민학살 사건의 책임자는 특사로 출옥하여 승진까지 하였다) 반공은 이제 단순한 이데올로기가 아니라 모든 사람의 생사를 좌우하는, 정글의 법칙같은 무시무시한 자연의 물리력이 되었다. 심지어 전쟁은 태극기를 내거느냐, 교회에 나가느냐의 여부까지도 빨갱이·반미성향을 따지는 징표로 삼게 만들었다.

미국을 주축으로 하는 유엔군의 개입은 곧 한국군의 지휘 통솔권까지 유엔군에 소속되는 「대전협정」으로 한국군 역시 유엔군의 일부가 되는 계기가 되었다.(그 후 현재까지도 군통수 작전지휘권은 미국 주둔군 사령관에게 있다.) 그리고 일체의 전비도 미국 주도의 유엔군이 부담하고 민간인에 대한 구호용 물자도 유엔이 공급하게 됨으로써, 미국은 사실상 한국의 운명을 좌우하는 존재가 되었다. 사실상 병력의 대부분과 군수물자의 전부가 미국의 것이었다. 전쟁기간과 전후 복구과정을 거치면서 미국은 30억 달러에 달하는 각종 원조를 제공하였는데, 이것은 한국의 지배층으로 하여금 미국에 대해 깊은 신뢰와 의존심을 갖도록 하기에 충분하였다. 특히 미국은 한국민으로 하여금 원조자인 미국에 대해 감사의 마음을 갖도록, 그것이 미국 원조물이라는 것을 나타내는 인식표(악수하는 두손과 깃발 문양)를 달거나 찍도록 의무화하였고, 그것을 눈에 잘 띄는 곳에 표시하도록 하였다. 이것이 바로 한국민으로 하여금 "미국인은 침략자가 아니고 생명의 은인"이라는, 어리석은 친미적 혹은 숭미적 사상을 배양케 해주는 역할을 하였다.(이대근 1987, 152쪽)

전쟁은 남북 모두에게 엄청난 피해를 가져왔다. 남한측은 전쟁 후 다음과 같은 인명의 피해를 입었다. 국군 전사자 141,011명, 국군 전상자 717,083명, 민간인 사망자 244,763명, 피학살자 128,936명, 부상자 229,625명, 전쟁고아 59,000명, 월남피난민 618,000명.(해방 20년사 간행위원회 563쪽)

북측은 조선전쟁중 미군의 무차별 폭격으로 인하여 사상 유례 없는 피해를 입었다. 겨울의 쌓인 눈 위에 파리가 기어다닐 정도로 만든 '세균탄'까지 투척하였다. 군사시설·비군사시설을 가리지 않고 진행된 초토화 폭격은 미 해군 소장 스미스의 원산에 대한 묘사에서 그 정도를 짐작할 수 있다. "원산에서는 공중폭격과 함포사격 때문에 길거리를 걸어다닐 수 없다. 24시간 내내 어느 곳에서도 잠을 잘 수 없다. 잠은 죽음을 의미했다."(커밍즈와 할리데이『조선전쟁의 전개과정』태암, 1989, 158~159쪽)

북측에서만도 총인구 950만 명 중 약 300만여 명의 전쟁사상자를 낸 조선전쟁은 북쪽주민의 생존이 얼마나 처절하였나를 짐작케 한다. 이런 와중에 북쪽 주민들은 생존가능성이 조금이라도 높은 남한으로 월남하게 되었다. 왜냐하면 미군은 1950년 12월 총퇴각 때 북쪽 주민들을 회유, 월남을 유도하거나 원자탄이 곧 투하된다는 소문을 유포시키고, 또 흥남철수시 원산 앞바다의 작은 섬으로 잠시 소개할 것을 거짓 요구하여 강제로 월남조치했으며, 이데올로기 전쟁, 즉 "자유를 택해 남한으로 북쪽 주민이 월남한 것은 자본주의 자유세계의 승리"라는 선전전을 수행하기 위하여 인위적인 비자발적 월남인을 양산하였기 때문이다.

북측의 공식적 발표는 40여 일간의 북부점령기간에만 미군의 지휘 감독 및 직접적인 적대행위에 의해 172,000여 북쪽 주민이 학살되었다 한다. 학살방법 또한 집단적 생매장, 통풍이 되지 않는 건물에 감금하는 질식사, 굶겨죽이기, 휘발유와 장작불로 태워죽이기, 불에 달군 쇠로 지지며 산 사람을 탱크로 깔아죽이며 닥치는 대로 강간하거나 임신부의 배를 갈라 죽이는 등 이루 형언할 수 없는 학살방법을 거리낌없이 감행했다고 한다.(일제의 '난징 대학살극'과 유사했다) 가장 큰 규모로 학살·만행이 진행된 곳은 황해도 신천·안악·강원도 양양(25,300 여명 학살)으로, 신천군의 경우 군내 총 인구의 4분의 1인 35,383명이 앞에서 언급된 처참한 방법으로 학살되었고, 그 가운데 어린이·노인·부녀자들이 무려 16,234명이나 되었다. 이 40여 일의 강점기간 동안 파괴·약탈행위도 엄청났다.(『조선통사』하, 417쪽)

이러한 미군의 '야만적' 행위에 대해 세계여론이 비등하여 1951년 「국제민주여성동맹」과 「국제민주법률가협회」가 진상조사단을 북측에 파견했다. 얼마후 이 진상조사단의 일원으로 참가한 영국인 펠튼Monica Felton의 기행문 「That's What I Went」와 위 「국제민주법률가협회」가 1952년 3월 북측을 방문·조사한 후에 작성한 「미국의 범죄에 대한 국제민주법률가협회 조사단의 보고서」가 발간되기도 했다.

수없이 자행된 미국의 조직적인 범죄행위에 의해 북쪽 주민들은 처참하게 죽임을 당하였다. 조선전쟁이 제한전쟁으로 끝났더라면, 아니 미국의 점령·분단이 없었더라면 이러한 전민족 동포형제자매들의 고통과 시련은 없었을 것이다.

1951년 6월부터 지상전선은 대체로 38선을 경계로 소강상태에 접어들었다. 이 소강

상태는 공중전과 해상전에서 절대적 우위를 지키고 있던 미군 공습이나 해상 함포사격 등이 소강상태를 유지했다는 뜻은 아니다. 전선 아닌 후방에서 군사시설 아닌 민간생업 현장에 대한 해상 함포사격과 공중폭격에 의해 북쪽 주민들은 살해되고, 부상당하고, 생존수단을 파괴당하는 등 끔찍한 전쟁 체험과 시련을 겪었다. 더구나 정전회담이 진행되고 있는 중에도 비전투 요원과 비전투 시설물에 대한 악마적 살상과 폭격행위는 계속되었고, 정전이 실시되는 1953년 7월 27일 오후 10시 정각의 1분 직전까지도 지속되었다.

북측의 남일과 미국의 해리슨이 정전조약에 서명한 12시간 이후부터 모든 지상·해상·공중의 전투행위는 중지하게 되어 있었다. 군사적 좌절감에 빠진 미국은 정전협정 서명 후 발표까지의 12시간 동안에 이러한 패배감과 분노를 타락하고 야만스런 보복행위로 표출시켰다. 정전발효 30분 직전에 중폭격기 편대가 평양시를 마지막으로 강타한 일이다. 또 정전서명 1시간 20분 직후 미국 세이버 제트기 4대가 중국영토 100km 내에 있는 민간비행장에 침투해 소련 민간항공기를 폭격해 15명의 승객과 6명의 승무원을 살상했다.(Alan Winnington & Wilfred Burchelt. Plain Perfidy, London : The British-China Friendship Association, 1954. p.55. 김주환, 앞의 책)

전쟁 초 6개월 동안 미 극동공군 폭격사령관을 역임했던 오도넬이 맥아더 청문회 증언에서 밝혔듯이 중국군이 개입하기 이전에 이미 북측의 5개 주요 도시(평양·성진·나진·원산·진남포)는 철저히 파괴되었다. "나는 전부, 한반도의 전부가 정말 놀랄 만큼 어지럽다고 말하고 싶다. 모든 것이 파괴되었다. 이름값을 할 만한 것은 아무 것도 서 있지 않았다. 중공군이 들어오기 바로 전에 우리는 무기를 손에서 놓게 되었으니까. 한국에는 더 이상 목표물이 없었다." 이러한 무시무시한 폭격이 41일 동안 밤낮없이 이어졌으며, 현대 미 해군사상 최장기일인 861일 동안 해안선을 포위공격했다.

평양 인구도 50만 명에서 약 5만 명으로 줄어들었다. 농촌이라고 결코 안전하지 않았다. 사람들은 동굴이나 지하 방공호에서 혈거인과 같은 생활을 할 수밖에 없었다. 석유덩어리로 만든 신형무기인 네이팜탄은 높은 공중에서 폭발해 조그만 산탄으로 사방에 퍼져 지상에 있는 모든 물체를 태워버리고 사람의 살에 붙어서 몸을 불태워버린다. 공습에 희생되거나 다친 이웃·친지·가족을 구조하기에 정신없는 동안, 이 시한폭탄이 다시 이 구조대를 살상·파괴하는 것이다. 장마철에 평양 근처의 저수지댐을 폭파시켜 농토와 관개시설과 주위 주거지 소실, 화학전과 세균전 감행, 문화재 약탈과 파괴, 민간재산의 고의적 파괴, 대규모 폭격작전인 '교살작전'(絞殺 strangling 목졸라 죽임), 500대 이상의 비행기를 동원해 북측전력 공급의 90%를 차지했던 수풍댐과 발전소 파괴 등 미군의 전쟁범죄로 인해 북측의 전 영토와 중부지역이 거의 완전 초토화되었다.(커밍즈와 할리데이, 앞의 책 174쪽)

북측은 전쟁기간 약 2백만 명에 가까운 민간인 인적 손실을 입었다. 최소한 인구의 12~15%가 죽임을 당했고, 사회간접자본, 농업 및 산업시설 등은 거의 완전히 파괴되었다.(존 할리데이 『북한의 수수께끼』『서구 마르크스주의자들이 본 북한사회』중원문화, 1990.)

이 엄청난 민족과 민중의 재앙은 대부분 무차별 폭격으로 북부 전역을 초토화시킨다는 미국의 야만적 전투행위에서 비롯되었다. 국제민주법률가협회 보고서의 주장처럼 이는 결코 개인적인 차원에서 무작위적으로 저질러진 것이 아니라 조직적이고 체계적인 미국의 전쟁범죄 행위의 결과물이었다. 미국은 이와같이 거침없는 살상을 자행함으로써 인류도덕적으로는 물론 종교상으로도 그들이 내세워온 기독교적 사랑은 새빨간 거짓말이었음을 만천하에 증명해 보였고 현재도 미래에도 이같은 범죄행위를 계속 저지를 것으로 보인다.

1951년 6월 전쟁이 교착·제한전쟁에 돌입하여 서로가 군사적 승리를 단념한 상태에서 7월 초 정전협상이 시작되었다. 그러나 미국이 정전협상을 고의적으로 2년여 지연시키면서 북부 지역에 대한 무차별 폭격, 포로 자유송환이라는 선전전, 포로들에 대한 가혹행위, 세균전 등을 전개해 민중의 시련은 남과 북에서 끝없이 이어졌다. 이렇게 민중의 시련을 가중시킨 정전 회담의 지연은 주로 4가지 쟁점, 곧 포로의 자동송환이 아닌 자유송환, 군사분계선 설정, 비행장 복구 및 건설, 정전의 성격규정에 대한 서로간의 이해관계 대립 때문이었다.

군사분계선 문제에서는, 공산측은 38선의 원상복귀 원칙을 주장하였으나, 미국은 해군과 공군력에서 공산측을 압도하기 때문에 공산측이 이를 보상해 38선 훨씬 이북으로 분계선을 설정해야 한다고 주장했다. 이에 공산측은 남측지역의 제2전선인 빨치산투쟁에 대한 보상을 요구하여 38선 이남으로 분계선을 요구하는 공방전을 전개했으나 결국 현 접촉선을 군사분계선으로 할 것에 최종 합의했다.

(3) 미국이 지배 가능한 남한에서 억압적 통치기구의 확장

전쟁은, 일제하 반민족·반민중적 식민지 통치기구의 발달과 미군정기의 격렬한 정치적·계급적 갈등의 진압과정에서 발전된 과대성장국가 남한을 '초과대' 폭력국가로 성장시켰다. 대규모의 군대가 급조되었고 경찰병력이 증강되었다. 전쟁 이전에 경찰 혹은 우익청년단체의 준군사조직에 의해 대표되던 억압적(폭력적) 국가기구는 이제 군대로 대표되기에 이르렀다. 따라서 전쟁 이전의 각종 비제도화된 사설 반공단체가 통합되고 국가의 통제하에 놓이게 되었다. 한편 한민당세력과 이승만간의 불화, 족청세력의 존재 등 지배세력 내의 갈등은 조선전쟁을 거치면서 이승만 일인에게 권력을 집중시키는 결과를 가져왔다. 따라서 의회와의 마찰도 별로 문제가 되지 않았으며, 모든 국가기구는 이승만의 통제하에 편제되고 이승만은 바로 국가 그 자체로 부각되었다.

국가기구의 팽창은 곧 국가와 개인 사이에 존재하고 있던 모든 권력기구를 국가기구로 일원화하였다는 것을 의미하기 때문에 국민의 모든 사상과 행동은 국가의 통제 하에 둘 수 있는 조건이 마련되었다는 것을 뜻하며, 국가기구의 내적 응집성이 확보되었다는 것은 국가 이념을 일사분란하게 국민들에게 전달할 수 있는 제도가 정비되었다는 것을 의미한다.(5·16 군사쿠데타는 바로 이같은 日·美가 훈련시켜놓은 군대질서에 대립되어 일어나는 민주질서에 대해 반란을 일으킨 것이고 일사불란한 반공 병영국가체제를 연장시키려 한 셈이었다.)

인천상륙 직후 맥아더가 주기도문을 인용하여 이승만에게 메시지를 전한데 대해 당시의 지배세력은 "하늘에 계신 우리 아버지는 미국인의 아버지요, 한국인의 아버지시요, 이승만의 아버지요, 트루먼의 아버지시요, 인류의 하나님이라는 말이다. 그러므로 미국사람과 한국사람은 한 아버지의 아들이요, 한 형제인 고로 형제가 난을 당할 때, 형제가 와서 구원합니다."(김인서 1963, 85쪽)라고 해석할 정도로 동족의 형제자매에게는 짐승 이상으로 잔인하면서도 미국에 대해서는 부모형제 이상의 일체감을 느꼈다.

조선전쟁이 일어나자 나는 이것이 종말을 의미하는 비극적인 사태라고 생각하지 않았다. 그와 같은 견해는 우리도 군대가 있을 뿐 아니라 세계 제일의 막강한 힘을 자랑하는 우방 미군이 진주하고 있다는 사실에 근거를 둔 것이며….(선우기성 94쪽)

따라서 미국에 대한 절대적인 의존적 태도, 미국의 이익과 한국의 이익이 완전히 일치한다는 상황규정은, "현대사회의 어떤 국가도 자신의 이익을 희생하면서 다른 나라를 도와주지는 않는다" "미국의 한국전 개입은 국제적 냉전질서를 유지하기 위한 미국의 국가이익의 표현이고, 한국의 민족적 이익은 그것의 희생물이 될 수도 있다"라는 상식적인 인식과는 정면으로 배치될 뿐더러, 실제로 냉전적 세계질서와 자본주의 세계체제의 재편을 통해 자국의 이익을 일관되게 추구하려 한 미국의 실제 의도를 왜곡한 하나의 이데올로기라고 볼 수도 있으나, 여기서 한국의 지배층의 인식은 단순히 고의성을 개입시키기보다는 반민족·반민중 범죄자들로서의 자신의 생명을 유지해야 한다는 본능적 요구 때문에 미국을 하나의 구세주로 받아들인 것으로 볼 수 있었다.

미국의 개입과 중공의 개입으로 전쟁이 국제전으로 비화되면서 이제 이승만을 비롯한 지배세력은 조선전쟁을 단순한 미국·한국과 북측간의 전쟁이 아니라 '자유세계'와 '공산세계'의 전쟁으로 받아들이기 시작하였다. 따라서 공산주의에 대한 공포와 불안, 미국에 대한 절대적·의존적 태도는 스스로를 자본주의세계의 첨병에 선 공산주의 타도의 투사로서의 자기규정으로 극복, 발전시키기에 이른다. 결국 이제는 오히려 이승만이, 휴전을 서둘러 추진하려는 미국을 충고하면서 "미국이 세계 민주주의를 구하고, 세계의 반공주의자들과 민주주의 국민을 파멸로 이끌지 않기를 바라오. 세계는 위대한 지도이념을 희구하고 있소, 약해져서는 안됩니다"(중앙일보사 1983, 184쪽)라고 세계 자본진영의 승리를 위해 북측을 완전히 쳐 없앨 것을 요구하였던 것이다.

이제 공포는 자랑과 자부심으로 발전하게 되었고 그러한 자부심은 민족자주의 '자존심'을 전면적으로 폐기·부인함으로써 가능하였다.

대한민국은 침략과 전복을 일삼는 공산도배 제국주의 무장공격에 대항하여 단호히 물리치고 혁혁한 전과를 거두고 있는 아세아에서 유일한 나라다. 아세아에서 여러 국가는 공포를 받아 위축되고 일본대국은 패배하였으나 대한민국은 불굴의 결심을 가지고 성공을 확신하여 계속 투쟁해 가는 것이다. 한국에 준 현재까지의 미국원조는 위대한 성공을 가능케 하였던 것이다.(대한민국 국회 공보처 1952, 75쪽)

미국의 한반도 선제 침략·주둔·억압을 전혀 의식하지 못하고 있는 처지에서 북측의 '적대적' 진공만을 의식했던 이승만 집단에게는 민족을 죽이는 전쟁이 '성전聖戰'이 되었고, 민족을 압제하고 죽이는 편에 섰던 일제 식민지시대의 군인과 경찰들이 이제는 성전을 수행하는 '애국투사'가 되었다. 현실은 왜곡된 이념을 통해 전도轉倒되었고. 이러한 전도는 곧 현실(거꾸로 된 세상)이 되었다. 이러한 인식은 "왜 전쟁이 일어났는가, 왜 미국이 개입하였는가, 왜 동족간에 적대적으로 싸웠는가, 과연 피해는 어느 편이 누구에게서 더 받았는가, 모든 남한사람이 그들에게 피해를 입었는가, 남한의 지배층은 국민들이 전쟁의 와중에서 흩어지고 죽어갈 때 과연 무엇을 하였는가에 대한 주인으로서의 근본적인 질문을 하지 않은 채 침략외세의 반공 증오에로 전민족·전국민을 몰아갔다.

전쟁 후 공산주의 혹은 북측에 대한 공식적인 규정은 다음과 같은 내용으로 요약되었다.

　공산당 앞에는 조국도 민족도 없다. 그들은 목적을 위하여 공산소련으로부터 받은 모든 지령에 따라 폭력으로써 조국을 적화하려는 것뿐이다. 원래 공산주의자들의 인간성은 인정도 눈물도 의리도 없이 그저 잔인한 것뿐이다. 국내에 있어서도 소위 조선공산당의 폭력에 의한 행동만 보더라도 가히 짐작할 수 있는 것이다. 그들이 조국을 배신한 것은 고사하고라도 같은 백의민족이요 단군의 혈통을 이어받은 단일자손이건만 민족이야 죽건 말건 알 바가 아니다. 다만 소련을 종주로 하는 국제공산당 지령에 충실하게 복종하는 것만이 지상과업이요 제일주의로 알고 있는 것이다.(김정후 1968, 200쪽)

　마치 침략자인 일제 관동군의 분노의 목소리처럼 들린다. 전쟁을 거치면서 완전 조작된 반공드라마는 국민적 강령, 국민적 이념, 국민적 생활신조, 도덕과 가치의 중심적인 기준이 되었고, 그러한 기준은 과거에 타당했듯이 앞으로도 '영원히' 타당한 것이 될 것이라는 종교적 색채를 지니게 되었다. 반공은 이제 "日・美 형제국들과 공유하는" 사실상 철석과 같은 국가이념이 되었다

　이러한 이념은 곧 정치적 실천을 수반하였고, 정치적 실천 자체가 이념을 강화시키는 상호작용을 하였다. 정치적 실천은 곧 남한내에 잔류하는 공산주의 인사에 대한 색출・처벌 등 이데올로기 정화를 위한 제반활동 및 교육적인 제반활동으로 표현되었다. 전쟁후 "전경찰력을 투입하여 각 기관의 대공對共사찰을 적극 강화하여 불순분자를 완전 봉쇄하고 민심동향을 정확히 파악하여 멸공의식을 앙양한다"는 원칙을 세웠다.(변영태 국무총리, 1954년 정부 시정방침 연설 1954.7.14)

　이승만의 반공포로석방 행위야말로 곧 "반공은 모든 것을 용서한다"는 것을 상징적으로 보여 준 국민대상의 교육적인 국가행동이었다. 이미 전쟁중인 1951년 문교부 산하에 국민사상지도원이 설립되었고, 1953년 7월 공보처의 기능과 역할이 확대되었으며 1955년 대통령 직속 공보실이 설치되어 국민적 반공의식 함양을 제도화하였다. 나아가 1955년 교육의 모든 기능을 '멸공의식의 앙양'에 둔다는 조치가 발표되었다.

　한편 이승만 정권은 국가차원에서의 반공이데올로기의 실천을 곧 자신의 정권유지의 도구로 활용하였다. 이승만은 야당을 제압하기 위하여 '정부전복 기도는 망국행동', '정당파쟁은 위험천만'이라고 규정하면서 정치적 갈등 자체를 반공주의의 적으로 규정하였다. '부산정치파동'과 대구매일 피격사건 등이 대표적이다. 1952년 5월 25일 공비소탕과 치안확보를 이유로 경남의 8개 군과 전남의 7개 군에 계엄령이 선포되었고, 20명의 괴한이 경향신문사를 습격하였으며, 서민호 의원이 헌병대에 끌려갔고 국회의원에

대한 집단검거가 실시되었다. 당국은 "구속된 의원들은 공산당과 금전관계의 수수가 있음을 포착한 증거에 의해 수사중이며 검거된 국회의원은 공산주의자와 음모하여 한국정부를 전복하려는 혐의 때문에 구속되었으며 수사에 의해 의심이 해소되기 이전에는 석방할 수 없다"고 발표하였다.(1983년 현재 세계의 공산당수는 108개, 그 중 집권경험 정당수가 20개, 불법정당수 26개, 우리사회의 경우 「반공법」이 세계 유일의 독재법임이 드러나자 폐지하였다.) 궁극적으로 절대적 반공주의는 피수탈 근로계층의 일체의 평등 민주화 요구와 저항에 재갈을 물린 사실상의 노예화 정책이나 다름없었다.

1955년 9월 14일 "학도를 정치도구로 이용하지 말라"는 사설을 문제삼아 대구매일신문이 피격을 당하였다. 경찰로부터 아무런 처벌이 없었고, 오히려 경찰간부는 "백주에 행하여진 것이므로 테러가 아니다"라고 발표하였으며 '멸공전선에 헌신하던 청년'이 벌인 일이라고 정당화하였다. 자유당 국회의원은 "이 사건은 테러가 아니라 의거다. 애국심에 불타서 테러를 한 청년들이니 국가에서는 훈장을 수여하여야 할 것이다"(「해방 20년사」, 762~765쪽)라고까지 말하였다. 이승만의 수족노릇을 하던 일본군 출신의 김창룡이 내부의 의협심이 있는 군인들에게 살해당했을 때에도 이승만은 그를 육군중장으로 승진시키고, 그의 애국심을 칭송하였다. 그는 죽은 뒤에도 대전의 국군묘지에 묻혔다.

반공주의자, 반공단체에 대한 모든 비판은 금기시되었고, 그러한 비판을 할 경우 좌익이라는 혐의를 받게 되었다. 다음은 친일파적 세계관의 왜곡된 시각을 보여주고 있다.

"6·25 당시만 하더라도 반공정신으로 무장된 청년단 동지들이 전국 방방곡곡에서 과감한 투쟁을 한 덕분으로 모처럼 세워놓은 우리들의 조국을 지켜낼 수 있었다는 사실을 냉정히 생각할 때 해방후에 이러한 이 나라의 건국 청년운동을 칭찬은 못할망정 헐뜯고 무시하는 따위의 말을 할 수는 없는 일이다. 만일 이러한 견해를 가졌다고 하면 그것은 제2의 월남을 원하든가 아니면 공산당에 동조하는 마음에서일 것이다."(선우기성 114쪽)

(4) 전쟁과 미국 편중 교육의 악영향

조선전쟁 이전까지 반공이데올로기는 사실상 의도된 이데올로기였고, 위로부터 강요된 것이었다고 볼 수 있다. 그러나 조선전쟁을 거치면서 신념에 찬 적극적 반공세력이 국민내부에서 형성되었다. 따라서 반공이데올로기는 강한 '체험적 기반'을 갖게 되었고, 반공이데올로기는 대중을 동원하고 투쟁의 지형을 제한하는 유기적인 것이 되었다. 일제·미제의 침략과 분단이라는 배경역사에 눈을 뜨지 못한 이들 응고된 신념을 가진 반공주의자와 반공단체(준국가기구)는 친일파세력이 주도해온 남한의 지배질서와 자신에 대해 일체감을 느끼고 권력의 지시 없이도 반공이데올로기를 일상적으로 선전하고, 대중을 동원할 수 있는 요원이 되었다. 나아가 공산주의를 반대한다는 이야기를 적극적으로 표현하고 자신은 결백하다는 것을 고백하도록 강요하는 위협적이고 강압적 분위기가 형성되었다.

게다가 미국은 자기들의 영향력 하에 있는 유엔 회원국들을 끌어들여 형식적으로나마 참전시킴으로써 미국 단독의 제국주의적 선제적 침략성을 감추었다. 그리하여 남한 국민들에겐 미국은 유엔과 더불어 온세계의 지도국으로서 자유세계를 수호하는데 목숨을 바치고 있다고 선전·홍보함으로써 상대방인 「조선민주주의인민공화국」을 악마로 악선전하고 남북 동포형제간의 정신적 육체적 유대관계를 "철천지 원수가 되도록" 산산이 파괴하여 버렸던 것이다. 한편 다수의 피해대중은 그들이 적극적으로 반공의 이념을 내면화 했다기 보다는 단지 전쟁체험의 공포 때문에 이데올로기 지배를 용인하였고, 노동자·농민의 권익에 동정적이던 사람들은 모든 가치체계에 대한 허무주의·패배주의 때문에 그냥 반공의 논리가 사회적으로 관철되도록 방관하고 있었으며, 그것을 수동적으로 받아들였다고 보는 것이 합당할 것이다.

아래 기사는, 약소국의 불행한 과거사에 별로 동정同情을 표할 줄 모르는 인색한 미국의 한 신문이 밝힌 모처럼의 바른 소리이므로 재인용하여 참고하도록 하였다. (『한겨레』 2001. 8.28.)

"한국 역사교과서도 왜곡, 일제부역 기억상실 논란"

LA타임스 보도… 부역자집안 '반공'망토 과거 가려

일본의 역사교과서 왜곡을 강하게 비난해 온 한국에서도 일제 부역자, 미군범죄 문제 등과 관련해 중·고교 역사교과서 왜곡문제가 불거지고 있다고 미국의 「로스앤젤레스타임스」가 26일 보도했다.

이 신문은 한국의 교과서 저자들은 과거 일제가 했던 것과 비슷한 일종의 '선택적 기억상실증'에 대한 정밀한 조사를 해야 한다는 압력을 받고 있다면서 한국의 역사학자와 시민단체, 교육자들은 중·고교 교과서의 역사왜곡이 일제 부역자 처리, 항일독립투쟁 평가, 미군의 한반도에서의 구실에 관련된 것으로 보고 있다고 전했다.

신문은 일제 부역자 문제가 가장 큰 비난을 받지만 가장 무시되고 있다고 전하며, 중학교 교과서는 이를 전혀 기술하지 않고 있고, 고교 교과서는 1945년 부역자 처벌 조처가 정부의 반대로 무산됐음을 짤막하게 언급하고 있을 뿐이라고 밝혔다.

신문은 오늘날 한국의 법조계·정계·재계·예술계 등 모든 분야의 많은 엘리트들이 일제 부역자들의 후손들이고 친일유산에서 직·간접적인 혜택을 계속 누리고 있기 때문에 이 문제가 반세기 이상 중요사항으로 남아있다고 지적했다. 즉 친일파 후손 엘리트들이 일제 식민지배기간의 자기 선조들의 행각에 대한 대중의 관심을 흐트러뜨리기 위해 학교 교육과정과 다른 사회기관들에 대해 그들의 영향력을 발휘하고 있다는 시각이 엄존한다는 것이다.

또 한국의 교과서는 남한의 항일독립투쟁을 부각시킨 반면 북한의 항일투쟁을 무시하고 있다고 전하면서 이는 일제 부역자 집안들이 '반공'이라는 망토를 자신들의 과거를 가리는 수단으로 이용하면서 친일행적을 제기하는 사람을 공산주의자로 낙인찍었던 사실과도 관련이 있다고 설명했다. 신문은 가장 최근의 교과서들도 미국이 조선전쟁에 참전했다는 사실 이외에는 미군의 민간인 학살과 미군범죄, 환경파괴 등에 언급하지 않고 있다고 전했다.

황상철 기자 rosebud@hani.co.kr

2) 대량의 불폭탄에 중국지원군 엄청난 희생 치르며 남진(상황 설명)

(1) 소총과 수류탄·야포 뿐, 그것도 낮에는 수송 완전 중단

지원군 사령부는 유엔군의 크리스마스 공세 이틀째인 11월 25일 저녁 제2차 전역을 개시했다. 중공군의 총공세에 밀린 맥아더는 11월 29일 유엔군 철수명령을 내렸으며, 12월 3일에는 38선을 향해서 총퇴각했다. 중공군은 12월 6일 평양을 수복했으며, 16일에는 서부전선에서 유엔군을 38선 이남으로 밀어냈다. 동부전선은 이 전선을 맡은 제9병단의 준비 부족으로 11월 27일에야 2차전역을 시작했다. 제9병단은 인민군 3군단과 협공해 12월 17일에 가서야 함흥을 점령하고 2차 전역을 마쳤다.(흥남항 철수)

2차 전역은 비록 중공군의 승리로 끝났지만 미 공군기가 쏟아부은 폭격의 가공할 만한 위력이 그대로 과시된 전투였다. 미군은 1차 공세를 겪으면서 대규모 중공군 병력이 참전했음을 깨닫고, 공군기를 동원해 후속 부대의 추가 도강을 방해하는 한편, 전투장소로 이동하는 중공군을 무차별 공습했다. 따라서 중공군은 부대이동을 엄동설한의 야간에만 실시해야 했으며 물자보급도 제대로 이루어지지 못했다. 소련공군의 엄호가 없는 무방비 상태에서 미군 공습이 가져다준 피해는 실로 막심했다.

2차 전역 시기에 압록강을 건넌 제9병단은 각 부대가 전투지점까지 야간이동을 하는 과정에서 엄청난 인명피해를 입었다. 예컨데 제9병단 27군의 경우 압록강에서 전투 공격지점까지 이동하면서 전체 병력의 30%가 동상에 걸려 전투력을 상실했다 . 또한 중국에서 들어온 노무자들이 대부분 도망가 버리는 바람에 부상자 구호와 후송에도 문제가 발생해 부상자 사망률이 38.4%에 달했다

전투에서도 양상은 비슷했다. 27군 소속 79·80사단은 11월 말~ 12월 초 함경남도 장진호 일대에서 6일간 전투를 치르면서 보병연대와 중대체계의 대부분이 무너져 2개 사단을 각각 1,000여 명 정도로 구상된 2개의 연대로 재편할 수밖에 없었다. 2개 사단의 전투 가능인원이 4,000여 명으로 줄어든 것이다. 따라서 4개 사단 4만5천8백 명으로 구성된 27군은 승리를 쟁취했으나, 대신에 사상·실종자 7,737명, 동상으로 인한 인원감소 10,558명이라는 전투력 상실을 입었다. 결국 2차 전역에서 중공군은 승리했으나 그 피해는 막심했던 것이다.

미 공군의 엄청난 화력 앞에서 상당수 간부들도 겁을 집어먹었다. 27군 소속 소대장급 이상 간부 가운데 2차 전역에서 처벌을 받은 자는 188명이었으며 면직된 자도 67명이었다는 사실이 이를 반증한다. 이러한 악조건 속에서 중공군이 자랑하는 3대 기율三大 紀律·8항주의八項注意도 점차 흐트러지기 시작했다. 2차 전역을 계기로 상당수 병사들이 미군과의 전투에 두려움을 느꼈다. 이 두려움으로 인해서 탈영병도 적지 않게 발생했다. 전투 직전에 부상병으로 위장하기 위해 몰래 자상自傷하는 경우도 생겼다.

○ 8개 항목 주의사항

모택동이 국공내전 시기에 제정(1947. 10. 10)한 중국인민해방군의 규율. 3대 기율은 ① 모든 행동은 지휘에 복종할 것 ② 군중의 바늘 하나, 실 한 오라기도 가지지 말 것 ③ 모든 노획물은 조직에 바칠 것 등이다. 8항 주의는 ① 말을 친절하게 할 것 ② 매매는 공평하게 할 것 ③ 빌려 온 물건은 돌려줄 것 ④ 파손한 물건은 배상할 것 ⑤ 사람을 때리거나 욕하지 말 것 ⑥ 농작물을 훼손하지 말 것 ⑦ 부녀자를 희롱하지 말 것 ⑧ 포로를 학대하지 말 것 등이다.

심지어 "이번 전투에서 죽을 게 뻔하니 늦게 죽는 것보다는 차라리 일찍 죽어 고생이나 면하는 것이 더 낫다"는 생각에서 자살하는 병사까지 나타났다. 그만큼 전투는 처참했으며 희생자도 많았다. 27군의 경우 1950년 11월 4일 입조入朝해 1952년 10월 27일 귀국할 때까지 2년 동안 전사·실종·부상 등 전력 감소인원이 전체의 68.8%에 해당하는 31,514명에 달했다.

한편 2차 전역에서 미 공군의 위력은 대유동의 지원군사령부에도 영향을 미쳤다. 11월 25일 대유동 지원군 사령부에서 러시아 통역을 맡고 있던 모택동의 장남 모안영이 미군의 공습으로 전사했다. 그의 죽음은 당시 모택동이 병중이었기 때문에 즉각 보고되지

않았으며, 이듬해 1월 2일에 가서야 주은래가 모택동의 부인인 강청江靑에게 편지를 써서 보고하는 형식으로 통보되었다.

모안영의 전사를 보고받은 후 중공 중앙은 지휘의 연속성과 지원군 수뇌부의 안전을 위해서 수뇌부를 분리 운영하도록 지시할 만큼 미 공군의 공습에 신경을 썼다. 그러나 이러한 당 중앙의 지시는 팽덕회의 고집으로 분리 운영 대신에 방공防空에 최대한 주의하는 것으로 변경되었다.

이처럼 중공군은 막대한 희생을 치른 대가로 승리를 거두었다. 그리고 승리의 보상으로 전세는 완전히 역전되었다. 이에 따라 지원군 사령부도 전선을 따라서 남하해 군자리君子里의 금광으로 옮겼다.

(2) 11월 말 소련 공군 전투기 지원 있었으나 후방 활동에 그쳐

한편 스탈린은 중공군 출병 후 2개월 내지 2개월 반 이내에 소련 공군을 지원하겠다는 약속을 지키기 위해서 제2차 전역 중에 64방공 집단군을 조성하고 로보프 장군을 사령관으로 임명해 공군파병을 준비시켰다. 로보프 장군은 1950년 11월 초에 32대의 전투기로 구성된 1개 단의 선발대를 이끌고 안동에 도착했다.

선발대에 이어 곧 2개 단의 공군부대와 고사포 사단이 안동으로 이동해 왔다. 이로써 소련 공군의 최초 참전을 맡을 전투기 150~200대로 이루어진 1개 비행사단이 모두 안동에 도착했다. 이들 소련 공군기가 첫 전투에 나선 것은 1950년 11월 말이었다. 이들은 압록강 일대의 북·중 국경지역에서 미군기와 전투를 치렀다. 이때부터 소련 공군의 은밀한 전쟁 참여가 이루어졌다. 그러나 스탈린은 미국의 눈을 피하기 위해서 철저하게 조심성을 발휘해 그들의 전투지역은 국경지대를 넘지 못했다.

심지어 전투가 38도 선상에서 소강상태를 보일 때인 1951년 중반에도 소련기들의 최남단 작전범위는 평양~원산 선(위도 39도선 부근)으로 제한되었다. 따라서 소련 공군은 전선에서의 지상군 전투나 병참 보급에 별다른 도움을 주지 못했다. 여전히 전선에서 제공권은 미군에 의해 장악되어 있었으며, 긴 보급로의 대부분은 미군 공습으로부터 자유로울 수 없었다.

한편 소련기들은 자신의 정체를 드러낼 수 있는 일체의 흔적을 지우고 대부분 중국 공군기로 변장했다. 그리고 일부는 북조선기로 위장했으며 조종사들은 중국 공군 복장을 착용했다. 교신에서 러시아어는 금지되었다.

소련은 2년 8개월 동안 12개 비행사단과 2개 고사포사단, 1개 항공기술 사단을 중국 영내에 주둔시키면서 조선전쟁에 순환 참전시켰다. 참전한 연인원은 7만 2천명이었으며 조종사 중 70%가 2차 세계대전에 참전한 정예들이었다. 뒷날 로보프 장군의 증언에 따르면 소련 공군은 조선전쟁에 참전해 1천3백대의 미군기를 격추했으며 소련기도 345대가 격추되었다고 한다. 전체 전사자는 2백여 명이었으며 그외에 2~3백명이 뇌염으로 사망

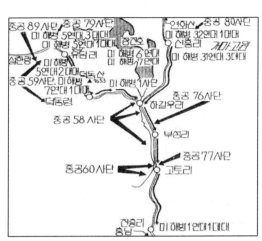

장진호 전투(1950.11.27.~29). 지원군 제9병단은 장진호전투에서 미해병 제1사단에 엄청난 타격을 입혔다. 허를 찔린 미 해병들은 유명한 철수작전을 벌이면서 최소한 희생을 줄이는 눈물겨운 사투를 벌였다.(홍학지의 책 172쪽)

했다고 한다.(「로보프 장군의 증언」『중앙일보』 1994.7.28. 필자(이종석)는 1999년 8월에 여순旅順에 있는 소련군 묘지에서 한국전쟁 참전 중 사망한 소련군 병사들의 묘 수백 기를 확인한 바 있다.)

(3) 중·조 연합사령부 조성, 지휘체계 통일과 3·4차 전역(추가 설명)

2차 전역을 앞두고 중국 지도부는 효율적인 작전 운용을 위해 기력을 회복해 가고 있던 인민군과의 통일적인 지휘체계 확립을 구상하기 시작했다. 모택동은 11월 23일, 심양에 있던 고강을 대유동 지원사령부로 보내 김일성·팽덕회와 중·조연합군 지휘계통 통일문제를 상의하도록 했다. 이 지휘체계는 「중·조연합사령부」라는 형태로 논의되었다.

그런데 중·조연합사를 만들어 작전지휘권을 통합한다는 것은 김일성이 중공군 지휘부에 작전지휘권을 내준다는 것을 의미한다. 이는 일국의 주권을 제한하는 문제이기도 했다. 따라서 모택동과 유소기·주은래는 이 문제를 협의하기 위해 김일성을 북경으로 불러들였다. 김일성은 북경으로 떠나기 전에 조선노동당 정치위원회를 열어 중국측의 제의를 설명하고 동의를 얻었다.

김일성은 고강과 함께 12월 3일 중남해에 있는 모택동의 집무실을 방문하여 그와 이 문제를 논의했다. 여기서 두 사람은 중국인민지원군과 조선인민군의 작전과 전선의 일

체 활동을 통일적으로 지휘할 연합사령부 구성에 합의했다. 중·조연합사에는 중국인민 지원군 사령부와 조선인민군 참모부의 두 기구가 속하며, 이 둘은 한 곳에서 업무를 보는 것으로 했다. 그리고 연합사 사령관 겸 정치위원은 팽덕회가 맡고, 북측이 맡을 부사령관에는 인민군 총참모장 김웅, 부정치위원은 박일우로 하기로 합의했다. 12월 4일 주은래는 팽덕회에게 이 사실을 즉각 전보로 통지했다

북경에서의 합의에 따라 김일성은 북으로 돌아와 12월 7일 팽덕회와 중·조연합사 구성과 관련한 구체적인 내용들을 협의 결정했다. 여기서 연합사는 모든 작전범위와 전선에서의 활동을 관할하며 후방동원·훈련·군정 경비 등은 북조선정부가 직접 담당 관할하기로 했다. 아울러 연합사의 결성 사실을 대외적으로는 비공개로 하기로 결정했다. (『팽덕회전』 437쪽. 두평 『在志願軍總部』 북경 해방군출판사 1989. 북은 1953년 2월에 김웅을 최용건으로 대체해 임명했다. 홍학지의 책).

당시 9월에 강건이 전사한 후 1군 단장에서 인민군 총참모장이 된 김웅은 동부전선에서 3개 인민군 군단(2·3·5군단)을 지휘하고 있었기 때문에 양국 참모부의 동일 장소 근무는 이루어지지 않았다. 대신에 부정치위원인 박일우는 지원군 사령부에 머물렀다. 인민군은 지원군 사령부에 상교(중형급)를 조장으로 하는 3, 4명의 연락조를 파견해 항상 연락할 수 있는 체제를 갖추었다. 그리고 연합사의 명령은 인민군에게는 연합사 명의로, 지원군 부대에게는 지원군 사령부 명의로 전달되었다

이러한 중·조연합사 구성 원칙은 공군에도 적용되었다. 1951년 1월에 주은래는 김일성에게 양국 공군 참전 준비사업을 강화하고 향후 양국 공군작전의 지휘를 원활히 하기 위해 중·조연합사 조직원칙에 따라 「중·조 공군연합집단사령부」의 성립을 제의했다.

3) 유엔군 다시 반격, 북군 서울에서 후퇴 38선에서 방어전략 (보충 설명)

(1) 미군의 공습 격화, 참호 생활로 인한 물 부족·질병 유발

38선 이북으로 밀려난 중공군은 한국전쟁에서 최후의 공세 전투인 제5차 전역을 4월 22일부터 6월 10일까지 50일 동안 전개했다. 그러나 이 전투에서 중공군은 소기의 성과를 거두지 못한 채 상당한 손실을 입었다. 60군 180사단의 경우 철수과정에서 대낮에

산 속에서 미군 탱크 대열이 지나가는 것을 보고 포위된 것으로 착각하여 작전을 잘못 구사하는 바람에 전멸하기도 했다. 중공군은 이 전역 이후 전쟁의 양상을 전략 반격단계에서 38선을 분계로 한 전략 방어 단계로 바꾸어 나갔다.

따라서 유엔군의 북진으로 4월에 대산리에서 김화 북쪽인 공사동 금광으로 옮겼던 지원군 사령부를 6월에는 다시 최전선에서 어느 정도 떨어진 평양 부근의 회창으로 옮겼다. 이로써 중공군사령부는 참전 이래 8개월 동안 대유동→ 군자리 → 대산리 →공사동을 거쳐 회창에 안착하게 되었다. 회창의 사령부는 1958년 중국인민지원군 마지막 부대가 조선에서 철군할 때까지 자리를 지켰다.

5차 전역 후 중공군의 전략이 방어 중심으로 바뀌면서 현지 사수의 중요성이 커지자 연합사 사령부는 1951년 10월 각 전장에서 미군 공습에 대처해 땅굴공사를 적극적으로 벌이도록 했다. 이에 따라 최전선에만 2백킬로미터의 땅굴이 만들어졌으며 약 650킬로미터의 참호·교통호가 구축되었다.

그러나 이러한 전투요새의 지하화는 미군 공습을 막아내는데 어느 정도 효과를 나타냈지만 뜻하지 않은 문제를 야기시켰다. 즉 등잔불 사용으로 산소 부족 현상이 발생해 상당수의 병사들이 만성 기관지염에 걸렸으며, 식수 공급도 큰 문제로 대두되었다. 또한 미군의 공습으로 불을 피울 수 없었기 때문에 병사들은 미숫가루를 양식으로 상용했으며 이에 따라 막대한 양의 미숫가루를 공급하기 위해서 본국에서는 수많은 주민이 미숫가루 빻기에 동원되었다

현편 전쟁이 장기화되면서 중국지도부는 장기전에 대비해 3교대 순환제라는 새로운 전략체제를 고안해 냈다. 중공 중앙군사위원회가 1951년 2월 8일에 결정한 기본계획에 따르면 조선에서 작전하고 있는 9개 군 30개 사단를 제1번 지원군으로 삼고, 19병단 3개 군과 20병단 2개 군, 평양 및 남북지구에서 휴식정돈 중인 13병단 4개 군을 묶은 9개 군 27개 사단으로 제2번 지원군을 삼으며 동기무董基武병단의 2개 군 등 9개 군 27개 사단으로 제3번 지원군을 삼는다는 것이었다.(중공군의 기본계획은 2월 8일에 내려진 「윤번 작전방침에 관한 지시」에 들어있다. 계획에 따르면 13병단은 2번 지원군의 임시 예비대로 편성되며, 나머지 본토에 있는 2번 지원군은 2·3월에 조선에 도달하고, 이때 제1번 지원군은 뒤로 빼내서 휴식 정돈 시키는 것으로 되어 있다. 『주은래 연보 1949~1976』)

결국 3교대 순환제에 따라 한국전에 참전하는 중공군 지상군은 28개군 87개 사단이 되었다. 따라서 전투부대의 순환제가 가동되던 1951년 4월 중순에 이르러 한반도 내에 배치된 중공군은 전투병력과 휴식병력을 합쳐 16개 보병군 47개 사단, 7개 포병사단, 4개 고사포 사단, 4개 탱크연대, 9개 공병단, 3개 철도병 사단 등 총 병력이 95만 명에

달하게 되었다.

(2) 중국과 소련은 공군기 지원·현지 작전 행태 등을 놓고 갈등

전투부대 순환제는 낙후한 무기와 장비를 가지고 현대화된 미군과 상대하다보니 막대한 인명피해를 입을 수밖에 없는 중공군 입장에서는 불가피한 전략이었다고 할 수 있다. 다른 측면에서 보면 이는 중국 본토에서 새롭게 교대 해 조선전쟁에 파병되는 중공군에 대한 소련의 현대식 무기로 이어질 수 있는 방안이기도 했다. 바로 이러한 전략적 안목에서 중국지도부는 100만 명이 넘는 대규모 병력이 동원되는 3교대 순환제를 채택한 것이다.

그러나 이러한 중공군 현대화 움직임에 소련은 미온적인 태도를 보였다. 소련군 고문단은 부대 순환제에 대해서 중공군이 이 전쟁 참여를 이용해 무기와 군장비 현대화를 꾀하고 있다고 불만을 나타냈다. 그러나 이러한 책략은 앞에서 살펴본 것처럼 스탈린이 중공군 참전을 유도하기 위해 먼저 제시한 것이었다.

3교대 순환제의 채택을 결정한 모택동은 1951년 3월 1일 스탈린 앞으로 장문의 편지를 보내 이 사실을 통보하고 최소한 2년은 더 싸워야 할 것으로 전망하며 장기전에 대비한 대규모 소련 공군의 빠른 출동을 요청했다. 그는 미 공군기의 폭격으로 전선에 보내는 물자가 60~70%만 도달하고 있고, 그동안 4차례의 전역에서 10만 명의 병사가 전사하거나 부상했으며 앞으로도 추가로 30만 명 정도의 병력 손실이 예상된다고 알렸다. 따라서 이 희생을 줄이기 위해 4~5월 중에 10개 항공단을 전투에 투입해 줄 것을 요청했다.

그러나 스탈린의 답변은 미온적이었다. 그는 모택동의 공군지원 요청을 마지못해 수락하면서도 끝까지 소련 공군의 직접적인 전선 투입을 회피했다. 따라서 중국 안동 지역에 전투기 1개 사단을 보내줄테니 그곳에 있는 중공 전투기 2개 사단을 전선으로 빼내가라는 제안을 했다.(「6·25내막/모스크바 새 증언 18」『서울신문』 1995.6.27. 소련 공군의 지도 아래 중국 공군은 1951년 9월 25일 미군기 100여 대와 최초로 대규모 공중전을 전개했다.)

한편 모택동은 새로운 순환제에 따른 60개 사단 규모의 무기 도입을 위해서 서향전徐向前 인민해방군 총참모장을 소련에 파견했다. 모택동은 서향전을 모스크바에 파견해 놓고 6월 21일에 재차 60개 사단분의 무기 공급을 요청했다. 그는 북의 지도부로부터 1951년에는 16개 사단분만 인도하고 나머지는 52~53년에 인도할 것이라는 정보를 들었다며, 스탈린에게 이를 수정해 7월부터 매월 6분의 1씩을 공급해 줄 것을 요청했다. 이에 대해서 스탈린은 물리적으로 51년에는 10개 사단분만 가능하며 나머지는 54년 상

반기까지 완료하겠다는 뜻을 전했다.(「6·25내막/모스크바 새 증언 18」『서울신문』 1995.7.7)

그렇다면 스탈린은 왜 1951년 6월 시점에서 중공군의 무기원조 요청에 소극적인 입장을 보였을까. 아마 그는 전쟁이 확전되지 않고 거꾸로 휴전분위기로 내닫고 있다고 판단했으며, 그럼에도 불구하고 중국이 대량의 군수품 지원을 요청하는 것은 순수 전쟁용을 넘어서 중공군 현대화에 이용하려는 의도라고 보았기 때문일 것이다. 결국 스탈린은 중국의 참전을 유도하기 위해서 군 현대화 문제를 거론해 놓고 전쟁이 교착상태에 이르자 태도를 바꾼 것으로 보인다. 다시 말해 전후 군사적 강국으로 성장할 중국을 견제하기 위해 무기지원에 소극적인 자세를 보인 것이 아닌가 여겨진다.

따라서 60개 사단 분의 무기 공급 문제를 둘러싸고 중·소 양국은 미묘한 신경전을 계속해 나갔다. 모택동은 1951년 10월 7일에도 스탈린 앞으로 전보를 보내 60개 사단의 무장계획을 연기시키지 말 것을 요구했으며, 이에 대해서 스탈린은 그의 요구가 당초 약속에 없는 무리한 것이라고 반박했다. 그러나 모택동은 이에 개의치 않고 10월 24일에는 중국 전투기부대들의 조선 이동에 따른 공백을 메우기 위해서 3개 제트기 사단과 중국 전투기들을 훈련시킬 3개 항공기술대대의 중국 파견을 요청했으며 아울러 조선 내 활주로 방어와 철도 보호를 위해 1개 고사포 사단의 조선 파견도 요구했다.

그러나 스탈린은 3개 제트기 사단의 중국 이동을 승인하되, 3개 항공기술대대의 지원은 거절했다. 또 고사포 사단의 경우 현재 파견 중인 소련군 2개 사단 외에 추가 파견은 불가능하다며, 오히려 소련이 중국에 제공한 180정의 각종 대공화기를 북조선에 인도하라고 촉구했다.(이상은 「6·25내막/모스크바 새 증언 22」『서울신문』 1995.7.14. 대신에 스탈린은 중국에 12월 중에 120정의 대공포를 제공하겠다고 약속했다.)

상황이 이렇다보니 서향전은 1951년 6월 상순에서 10월 중순까지 모스크바에 머물며 협상을 계속했으나 결과는 만족스럽지 못했다. 중국은 1951년에 16개 사단 규모의 장비만을 들여올 수 있었고, 나머지 44개 사단 규모의 장비는 54년까지 나누어 인도받을 수 있었다.

중국과 소련은 소련군 군사고문단 파견 문제를 둘러싸고도 신경전을 벌였다. 모택동은 1951년 7월 스탈린에게 중국인민지원군에 소련군 고문단의 추가 파견을 요청했다. 그리고 다시 9월에 83명(사령부 10명, 5개 병단 각 2명, 21개 군 각 3명)의 군사고문단을 요청했다. 전쟁이 소강상태로 접어든 뒤에 나온 모택동의 이러한 요청은 아마 소련군의 선진 작전기술을 배우기 위해서라기보다는 소련 군사고문단으로 하여금 현장의 어려움을 직접 보게 함으로써 보다 용이하게 소련의 무기지원을 받기 위함이 아니었나 짐작된다.

　이와 함께 조선전쟁에서 소련의 발목을 확실히 잡아두려는 의도도 있었을 것이다. 스탈린은 이러한 중국의 의도를 간파했던 것으로 보인다. 그는 각 전투 현장에 소재한 병단 과 각 군에의 고문단 파견을 거부하고 대신 지원군 사령부에만 5명을 파견하겠다고 통고했다.(「6·25내막/모스크바 새 증언 21」『서울신문』1995.7.9.)

(3) 전쟁은 교착 상태, 휴전 회담 개시, 미 공중폭격은 계속

　한국전쟁에서 휴전 제의는 전쟁발발 직후부터 여러 경로에서 다양하게 제시되었다. 그러나 양측이 어느 정도 내부조율을 거쳐 실현성 있는 안을 내놓은 것은 1951년 6월 23일 유엔주재 소련대사 말리크가 유엔 보도부에서 행한 '평화의 대가'라는 방송연설을 통해 밝힌 휴전 제안이었다. 이 제안에 대해서 중국은 물론이려니와 미국도 긍정적인 반응을 보였다. 따라서 이 제안을 계기로 전쟁을 중단시킬 본격적인 협상시대가 개막되었다.(김학준『한국전쟁 - 원인·과정·휴전·영향』서울; 박영사 1989)

　그런데 말리크의 연설이 나오기 전인 5, 6월에 미·소 양국은 이미 휴전을 위한 비밀협상을 진행시키고 있었다. 중공군 참전 이후 미국 내에는 휴전과 확전의 두 가지 주장이 대립하고 있었다. 현지 유엔군 사령관인 맥아더를 중심으로 한 군부는 「핵무기 사용과 중국 본토로의 확전」등 대 중국 강경책을 주문하고 있었다. 따라서 미국으로서는 실질적인 휴전협상이 불가능했다.

　이 무렵(1951. 6~9) 중국인민지원군의 병력 개황을 살펴보면, 사령원 겸 정치위원 팽덕회, 부사령원 겸 부정치위원 등화, 부사령원 진갱·송시륜·홍학지·한선초, 부정치위원 겸 정치부 주임 감사기, 참모장 해방, 정치부 부주임 두평을 비롯해서 보병 19개 군 55개 사단, 공군 5개 사단, 후방근무사령부 5개 분부·1 개 사단, 철도 4개 사단, 공병 11개 단, 탱크 4개 단, 포병 8개 사단, 고사포 4개 사단이었다.(군사과학원 군사역사연구부 편『中國人民志願軍 抗美援朝戰史』)

　그러나 1951년 3월 24일 맥아더가, 모든 관리들에게 정책 결정사항에 대해 어떠한 공식성명도 발표하지 못하도록 한 트루먼 대통령의 명령을 어기고 확전 성명을 발표하자, 이를 계기로 트루먼은 맥아더를 해임시키고 후임에 리지웨이 장군을 임명했다.

　중국이나 소련에게 맥아더의 해임은 미국이 핵무기를 사용하거나 중국 본토를 공격할 의사가 없으며 휴전용의가 있다는 신호로 받아들여졌을 것이다. 실제로 미국의 협상파는 유엔군이 1951년 초 38선까지의 북진에 성공함으로써 휴전을 위한 명분을 얻었다고 생각하고 있었다.

미국정부는 맥아더 해임 이후 공산측과 휴전을 모색했다. 오늘날 중국은 휴전협정 문제와 관련해서 1951년 5월 말 미 국무성 고문인 케넌이 특별임무를 띠고 말리크를 만나 휴전의사를 전달했다는 공식입장을 가지고 있다. 그러나 누가 먼저 휴전회담을 비공개리에 제의했느냐와 상관없이 중국지도부와 조선지도부가 그 시점에서 휴전을 절실히 원했다는 것은 의심할 여지가 없다.(시성문의 책)

이는 스탈린이 6월 24일자로 모택동에게 보낸 전보에 "소련이 유엔에서 휴전협상을 제의함으로써 모택동과의 약속을 지켰다"는 내용이 들어 있는 것으로 보아서도 확실하다. 모택동으로서는 1951년 5월 하순에 이르러 5차 전역이 성공적이지 못했음이 분명해지자, 전쟁 승리는 무리라고 보고 소모전이 될 가능성이 높은 전쟁의 지속보다는 휴전을 바랐던 것이다.(「6·25내막/모스크바 새 증언 20」『서울신문』1995.7.7)

미·소 양국이 비밀접촉을 진행하는 가운데, 이 문제를 협의하기 위해 김일성은 6월 3일 동북인민혁명정부 주석인 고강과 함께 북경에 도착하여 모택동·주은래와 만났다. 여기서 양측 지도자들은 "현 상황에서 휴전하는 것이 유익하다"는데 합의했다.(「6·25내막/모스크바 새 증언 19」『서울신문』1995.7.4)

이에 따라 모택동은 김일성과 고강이 모스크바로 가서 최종적으로 스탈린과 의논케 했다. 이때 모택동은 김일성과 고강에게 휴전과 관련해 "적이 휴전제의를 할 때까지 기다리되, 소련정부가 미국정부를 상대로 휴전협상을 제의하는 것이 바람직하며, 이와 관련해서는 스탈린의 의견과 지시를 받을 것"과 "휴전 조건으로는 38도 선을 경계로 회복할 것"을 골자로 하는 5가지 방안을 제시했다.(「6·25내막/모스크바 새 증언 20」『서울신문』1995.7.7)

김일성은 말리크 연설이 있자, 모택동에게 리지웨이 유엔군 사령관이 자신에게 휴전협상을 제의해 오면 어떻게 할 것인지 의견을 달라고 요구했다.(「6·25내막/모스크바 새 증언 20」『서울신문』1995.7.7. 이러한 김일성의 질문은 휴전을 위한 5, 6월 미·소 비밀접촉에서 소련이 휴전제의를 하고, 미국이 이에 화답해 현지 유엔군 사령관을 통해 휴전협상을 제안하는 형식에 합의했을 가능성이 높다는 것을 시사한다.)

그러나 모택동은 이 문제에 대해서 김일성에게 직접 답변 하지 않았다. 대신에 스탈린에게 전보를 보내 이 사실을 알리고 그가 협상 전 과정을 '총지휘' 해 줄 것을 요청했다. 그러나 스탈린은 6월 30일 모택동에게 전보를 보내 협상은 모택동이 지도해야 한다는 의사를 전달했다. 이로써 모택동은 의례적이지만 스탈린의 뜻을 받아들여 휴전협상을 지도했다.(「6·25내막/모스크바 새 증언 21」『서울신문』1995.7.9.)

4) 정전회담 시작됐어도 전투는 계속, 북측은 함포·공폭에 고통

(1) 미 공군의 군수물자 공급차단 공세로 북측 협상력 약화

1951년 초여름, 유엔군사령부는 한국에서 완전히 새로운 형태의 전쟁에 직면했다. 1951년 7월 이후 유엔측과 공산측이 서로 좀 더 유리한 조건에서 정전을 성사시킨다는 동일한 목표를 향해 나아갔던 것이다. 1951년 6월 30일 유엔군사령관 리지웨이는 트루먼의 지시에 따라 서울과 도쿄의 라디오방송을 통해 '정전을 위한 군사회담'을 공산측에 제안했다. 이에 대응하여 공산측 또한 스탈린의 지시에 따라, 군사행동을 중지'한 후에 평화회담을 개최할 것을 주장했다.(국방부 전사편찬위원회 『한국전쟁: 미국합동참모본부사下』 1991. 홍학지 『중국군의 한국전쟁사 3』 국방부 군사편찬연구소 옮김 2005)

리지웨이는 공산측에 보내는 답신문에서 무엇보다도 "정전협정 체결시까지 적대 행위는 정지되지 않는다"는 내용을 강조하며 공산측의 군사행동 중지 주장을 정면으로 반박했다. 그는 전투가 중지되면 공산측이 군을 계속 증강하여 유엔측에 위태로운 사태가 발생할 것이라고 생각했다. 실제로 회담이 개최된 후에도 공산측은 전투 중지를 제안했지만, 유엔측은 이를 거절했고, 결국 양측은 수차례 논쟁 후 유엔측의 요구인 '전투계속원칙'에 합의했다.

전투계속원칙의 합의는 사실상 미 공군의 북부지역 폭격이 지속됨을 의미했다. 중국군 참전 이후 소련에서 제공된 Mig-15 전투기와 미 공군 전투기 사이의 공대공 전투가 종종 벌어지곤 했지만, 공산측 전투작전의 대부분은 사실상 전선의 지상군 몫이었다. 반면에 유엔측은 해군과 공군력을 활용해 북부 전역에서 무력을 행사할 수 있었다. 결국 정전협정 초기 '전투계속원칙'의 합의는 남한지역 후방의 대부분의 민간인들에게는 사활이 걸린 문제가 아니었지만 북조선지역 민간인들에게는 정전 시점까지 죽음의 공포와 싸워야하는 참기 힘든 고통을 안겨주었다.

한반도에서 정전협상의 귀추가 주목되던 이 시기에 극동공군 고위직에 적잖은 변화가 발생했다. 1951년 4월 트루먼 대통령은 전쟁의 확대를 지속적으로 주장하던 맥아더 유엔군사령관을 해임했다. 맥아더의 후임으로 리지웨이 제8군사령관이 임명되었고 신임 제8군사령관으로는 제임스 밴플리트가 선정 되었다. 또한 1951년 5월 20일 스트레이트마이어 극동공군 사령관이 심장마비로 장기간 입원하자, 반덴버그 공군 참모총장은 오토 웨일랜드를 신임 극동공군사령관으로 임명하고 프랭크 에버리스트를 신임 제5공군사령관으로 선정했다. 폭격기사령부 또한 1951년 5월 제임스 브릭스를 새로운 지휘관으로 맞이하게 되었다. 바야흐로 전선의 고착과 정전의 모색이라는 새로운 전쟁국면을 맞아, 극동공군의 최고지휘부까지 새로운 변화를 맞게 된 것이다.

새로운 극동공군 장성들은 1951년 중반 전선의 고착을 오히려 공군력의 진정한 가치를 보여줄 수 있는 기회로 간주했다. 전선이 고착된 상황에서 지상에서의 새로운 병력과 보급품의 이동을 막는 공군의 차단작전이 중요해졌다. 웨일랜드 극동공군사령관은 "공군의 효용성을 보여줄 수 있는 최초의 호기"를 맞이했다고 주장하면서, 북조선전역에 걸친 철도망의 파괴에 더욱 주목했다.

사실 남의 땅에서 마음놓고 파괴할 수 있는 외국 점령(침략)세력과 자기 국토에서, 그것도 동포·부모·형제·자매가 즉각즉각 죽어나가는 가공할 상황에서 싸워야하는, 지상병력만의 북측으로서는 애당초 싸움의 상대가 될 수 없을 정도로 우·열세가 분명히 갈렸다.

한국전쟁기 미 공군작전사를 다룬 기존의 연구들은 정전협상이 시작된 후 1년여의 기간(1951년 6월~52년 6월)을 철도차단작전의 시기로 정리한다. 실제로 이 시기 북부지역 철도차단은 미 공군의 가장 중요한 군사 목표 중 하나였다. 38선 인근의 전선에서 싸우는 공산군은 중국으로부터 들어오는 식량과 무기에 절대적으로 의존하여 전투를 수행하고 있었기에 열차는 가장 중요한 보급품 이동수단이었다.

북측은 당시뿐만 아니라 현재까지도 화물과 여객 수송의 많은 부분을 열차에 의존하고 있는데, 기존 연구에 따르면, 철도수송이 전체 화물 운송의 90퍼센트를 차지하고, 나머지 도로와 해운수송이 각각 7퍼센트와 3퍼센트를 담당하고 있다. 여객수송에 있어서도 철도수송이 62퍼센트, 도로수송이 37퍼센트, 해운수송이 1퍼센트를 담당한다. 이처럼 화물과 여객 수송에서 북측이 철도에 절대적으로 의지하게 된 역사적 배경에는 과거 일제의 대륙침략정책에 따른 대대적인 철도부설정책이 자리잡고 있었다.(서보혁「북한의 산업화와 철도 근대화 정책」조진구 엮음『동아시아 철도네트워크의 역사와 정치경제학 I: 근대화와 제국주의의 명암』리북 2008. 박종철「한반도 철도부설과 제국주의의 경쟁과 음모」조진구 엮음, 앞의 책 298~301면)

일제는 1930년대 한반도 북부지역을 병참기지로 활용하는 정책을 본격화 하면서, 조선의 인적·물적 자원을 효율적으로 징발하기 위해 빠른 속도로 철도건설을 추진했다. 「조선철도 12년 계획(1927~38)」을 세워 병참과 수탈을 위한 종합적 철도건설을 추진했다. 도문선(웅기~동광진)·혜산선(성진~혜산)·만포선(순천~만포진)·동해선 (원산~포항·울산~부산) 같은 북조선 철도의 상당수가 이 계획에 의해 추진되었다. 그리고 실제로 1930년대 도문선(1933)·혜산선(1937)·만포선(1939)·평원선 (1941) 등의 철도가 완공되었다. 일제는 철도건설에서 군사적 측면을 중요하게 고려하여 항만집중적이고 남북종단적 성격을 띤 철로를 건설했다. 물론 이 같은 특징은 일본의 전쟁수행 뿐만 아니라 조선의 전쟁 수행과정에서도 주효하게 활용될 수 있는 것이었다.

김일성은 전쟁 초기부터 미 공군의 철도차단작전에 대응한 '전시철도복구연대'의 조직을 명령하여 파괴된 철도의 신속한 복구를 도모했다. 김일성은 그 후에도 "전시수송조직을 합리적으로 하며 기관차와 화차를 비롯한 철도운수수단들을 제때에 수리정비 하고 그 리용률을 높여야 하겠다"고 역설하거나, "철도일꾼들은 전선수송을 선차적으로 보장하는데 모든 력량을 집중하며 전시조건에 맞는 렬차운행방법을 적극 받아들여 수송의 기동성을 보장하여야 한다"고 지속적으로 강조했다.

조선지도부의 열차수송의 중요성에 대한 위와 같은 강조는 전쟁 초기부터 수많은 철도사업 관련 영웅들을 탄생시켰다. 예컨대 1950년 7월 28일 조선의 최고인민회의 상임위원회는 전시수송에 특출한 공을 세운 교통운수 부문 노동자 29명에게 당대 조선 최고 훈장인 국기훈장 제3급과 공로메달을 수여한다는 정령을 발표했다. 조선은 관련 기사를 통해 리병순 선로원과 김근수 통신사령의 헌신적 피해복구 사례를 중요하게 강조했고, 기관사 강인섭의 목숨을 건 기관차 운행 사례를 멋진 영웅담으로 묘사했다. 전시 열차수송 문제가 전쟁의 승패를 가르는 사활적 문제로 부상하면서, 조선지도부는 끊임없이 민중의 헌신을 강요하고 있었다.

1950년 8월 17일, 조선 산업성은 「전시 철도화물 소송 보장에 관하여」라는 지시를 통해 개별 기업소별로 군수품으로 간주해야 하는 품목을 정하고, 군수품과 거리가 먼 물품의 철도수송을 '금지'시키는 긴급조치를 취하기도 했다. 이들 군수품 목록은 철광석·무연탄·철강·원목 같은 개별 기업소들의 원료와 기자재로 채워졌고, 그외 "불급불요 不急不要의 화물" 즉 급하거나 필수적인 화물이 아닌 경우 열차수송 금지 대상이 되었다.

열차수송이 이렇듯 강조된 까닭으로는 조선지역의 조밀한 철도망 뿐만 아니라 열차의 상대적이고 압도적인 화물수송 능력을 들 수 있다. 기존 연구에 따르면, 1949년 철로 수송량은 1630만톤에 이르고, 화물 수송량은 34억 500만톤킬로미터(철도 수송화물 톤수에 그 화물의 수송거리를 곱한 값)에 달했다고 한다. 다시 말해 한국전쟁 직전 시기 조선철도의 수송능력은 하루 약 4만4657톤에 달했던 것이다.

조선전쟁 당시 미 8군 정보보고에 따르면, 인민군과 중국군은 사리원 이남의 전투지역에 각종 형태의 사단 60개를 보유하고 있었고, 각 사단은 일일 약 40톤의 보급품이 필요했다. 즉 공산측 부대들은 하루 2400톤의 보급물자 수송이 필요했던 것이다. 트럭 1대의 적재량이 2톤에 불과한 반면, 열차 1량의 적재능력은 20톤에 달했다. 즉 화차 120량이면 일일 보급품 소요량을 충분히 수송할 수 있었다.

1949년 조선의 열차 일일수송량이 4만 톤을 훨씬 상회했다는 사실을 고려해보면, 전쟁기에 어느정도 신속한 복구작업이 진행될 경우 전선의 군인들이 필요로 했던 보급품들은 열차운행만으로도 충분히 충당할 수 있었음을 알 수 있다. 때문에 유엔군은 지상군의 전투에 직접적 영향을 미치는 북조선 지역 철도파괴에 집중하지 않을 수 없었다.

51년 8월부터 12월까지 진행된 '스트랭글작전Operation Strangle'(교살작전 혹은 질식작전으로도 불린다)과 1952년 3월부터 5월까지 지속된 '쌔처레이트작전 Operation Saturate'(집중폭격작전으로도 불린다)은 이 시기 철도차단작전의 대표적 예다. 극동공군은 스트랭글작전과 쌔처레이트작전으로 대표되는 철도차단작전을 위해 끊임없이 새로운 폭격기술을 개발했지만 최종적으로는 이 모든 철도차단작전을 실패로 규정하지 않을 수 없었다. 당시 세계 최고인 미국의 첨단과학기술이 조선주민들의 생명을 바쳐 희생한 노력 앞에 무릎을 꿇고만 것이다.

조선지도부는 말 그대로 철도 및 교량 복구사업에 전쟁의 사활을 걸었다. 김일성은 "적기의 폭격으로 철도와 도로가 파괴될 경우 인민들을 동원, 제때에 복구하여 군수품과 후방물자 수송에 만전을 기해야 한다"고 역설했다. 조선지도부는 미 공군의 철도차단작전에 맞서 주민들을 적극적으로 복구사업에 동원하고자 했다.

공중 촬영된 사진 분석에 의하면 "철도수리요원rail repair crew"이라고 표현된 노무자들은 주요 철도를 따라 일정한 간격으로 대기하고 있다가, 폭격으로 노반路盤이 붕괴되면 즉각적으로 복구에 돌입했다.

철도복구사업은 거의 전적으로 야간에 진행되었다. 철도복구사업은 폭탄과 어둠에 맞서 싸운 사실상의 전투나 다름없었다. 미 공군 정보보고서에 서술된 철도복구 양상은 아래와 같았다.

적은 그들의 복구작업에 방대한 인적자원을 계속 투입했다. (…) 꽤나 정확한 정보에 의하면, 적은 주요 복구사업을 해질녘에 시작하며, 통상 6~8시간 내에 파괴된 철도수리를 마친다. 모든 복구활동이 동시에 수행되기 때문에, 일반적으로 철로는 자정부터 일출 때까지 활용될 수 있다. 예컨대 적은 신안주와 평양 사이에 철도감시원을 두고 차단된 철로를 찾아 민간인 노동자들을 고용하여 폭격 이후에 가능한 한 빨리 폭탄구멍을 메우는 작업을 실시하도록 했다. 밤이 되면 숙련된 군의 복구요원들이 재료와 장비를 지니고 철도를 수리하기 시작했다.

미공군의 주간폭격은 위와 같이 야간에만 철도수송과 복구사업을 가능하게 했다. 위의 미공군의 정보보고서는 인민군과 중국군 소속의 복구요원과 대규모의 민간인 노동자들이 복구사업에 지속적으로 투입되었고, 주요 철도 구간에는 감시원을 두어 차단된 철로를 재빨리 찾아냈다고 주장한다. 이는 당시 조선과 중국측 자료를 통해 쉽게 사실로 입증된다.

실제로 인민군과 중국군 지도부는 전쟁의 성패를 좌우할 수 있는 보급품 이동을 보장하기 위해 대규모 인력을 철도와 열차 수리에 동원했다. 특히 중국군은 참전 초기부터 미 공군의 초토화작전으로 인해 물자가 절대적으로 부족한 조선지역에서 작전을 수행해야했기 때문에 대부분의 물자와 장비를 중국에서 운송하여 보충해야만 했다. 게다가 폭격은 지상의 주요 도로와 교량을 대규모로 파괴하고 있었기 때문에 철로의 운송능력은 매우 중요했다.

(2) 중국군 노무단·도하작업대, 폭격 당할 때마다 즉각 야간 복구·수송

이에 중국군은 1950년 11월 6일부터 철도노무자들로 구성된 「원조援朝지원대」를 구성하여 철도와 관계된 작업과 작전을 본격적으로 실시했다. 또한 중국과 조선은 철도의 효율적 관리를 위해 양국 간의 통일적 철도관리체계를 서둘러 수립했다. 기존 연구에 따르면, 양국간의 기본 합의사항들은 1950년 12월 김일성의 베이징 방문을 통해 확정되었다고 한다. 그 같은 합의의 최종 결과물은 1951년 5월 4일 중국과 조선 정부에 의해 베이징에서 체결된 「조선철도의 전쟁시기 군사적 관리제도에 대한 협의」를 통해 구체화되었다.(양진삼 「전쟁기 중국지도부와 북한지도부 사이의 모순과 갈등」 『한국전쟁사의 새로운 연구 2』 국방부 군사편찬연구소 2002)

양국은 이 협정을 통해 양국의 전시 철도관리방안과 조직체계를 명확히 규정했다. 협의된 내용을 보면, 1951년 7월 평안남도 안주에 정식으로 조선철도군사관리총국을 설치하여, 중국측의 류쥐잉柳居英을 국장 겸 정치위원으로, 조선측의 김황일과 김황탁을 부국장으로 임명해 조선지역 철로운수의 관리를 통일적으로 책임지도록 했다. 철도관리총국은 희천·정주·신성천·평양·고원에 5개의 분국을 두었으며, 모두 1만 2000여 명의 중국측 인원을 동원했다.

또한 1951년 11월에는 안주에 전방철도운수사령부를 조직하여 철도보수와 군사방어 업무를 지휘하도록 했다. 이 시기 철도병단은 4개 사단 규모로 증강되었고, 5만 2000여명에 달하는 「항미원조중국노무단」이 조선 현지에 투입되었다고 한다. 미 공군의 압도적 기계의 힘에 대항하여 북한조선과 중국측은 지속적인 인력 투입으로 철도의 파괴를 저지시키고자 했다.

한국전쟁기 국군포로의 신분으로 소위 「도하작업대渡河作業隊」의 노무 활동에 동원된 박진홍의 생생한 증언은 밤과 낮을 바꿔 생활했던 조선주민의 일상을 부분적으로 보여준다. 도하작업대란, 수용소 인근 철교 옆에 설치된 통나무 다리를 통해 매일 밤 열차에서 운반된 화물을 강 건너편의 열차로 옮겨 싣는 역할을 담당했던 작업반을 가리킨다. 박진홍의 묘사에 따르면, 자신이 머물렀던 조선 농촌지역의 주민들 모두가 낮에는 잠을 잤고, 밤이 되면 노무 활동에 임하는 사람들로 일대가 북적거렸다고 한다.

한밤중이 되면 기관차와 화차가 도착했다. 철교는 이미 파괴되어 기차가 통과할 수 없었고 통나무 다리는 약해서 기관차 등이 통과하지 못했다. 그렇기 때문에 우리가 필요했던 것이다. 우리는 수작업만으로 하역작업을 해야 했다. 선로 보수차 같은 운반차에 물건을 옮겨 싣고, 대여섯 명이 통나무 다리 위에서 맞은편으로 운반치를 밀고 갔다. 맞은편에 도착하면 다시 대기하고 있던 화차에 옮겨 실었다. 그리고 다시 화차를 약 300미터 떨어진 터널로 운반했다. 우리는 밤에는 일을 하고 낮에는 자면서 매일 이 작업을 반복했다.(박진홍 『돌아온 패자』 역사비평사 2001)

박진홍의 설명에 따르면, 노무활동 시 통나무 다리 위에는 레일이 깔려 있었는데, 낮에는 폭격을 피하기위해 이 레일을 해체했다고 한다. 미 공군은 거의 매일 이 지역에 폭탄을 투하했는데, 오직 철교만을 공격하고 통나무 다리는 폭격하지 않았다. 박진홍은 인민군이 고사기관포로 폭격기에 맞대응 했지만 이에 격추되는 폭격기를 단 한번도 본 적 없다고 증언한다.

이렇듯 1951년 8월부터 12월까지의 스트랭글(교살)작전과 1952년 3월부터 5월까지의 쌔처레이트(집중폭격)작전으로 대표되는 미 공군의 집중적 차단작전은 사실상 "기계와 인간의 전투"에 다름없었다. 전선이 고착되고 전투 자체가 1차대전기의 참호전처럼 치열하게 전개되는 상황 속에서 후방으로부터의 원활한 보급은 전쟁의 사활을 가르는 문제가 되었다.

이 같은 상황에서 유엔군은 일본과 남한의 후방지역으로부터 보충병력·물자·무기를 어려움 없이 공급받을 수 있었지만, 중국군과 인민군은 미 공군의 조선지역 폭격으로 인해 후방에서 또다른 치열한 전투를 벌일 수밖에 없었다.

후방의 주민들도 미 공군의 폭격으로 인해 평범한 일상을 영위하는 것이 불가능해졌는데, 특히 야간 철도복구와 노무 활동에 종사하기 위해 상당수가 밤낮을 바꿔 살아야 했다는 점도 눈여겨 살펴볼 만하다. 북조선지역의 민중들은 소위 정전협상이 진행되던 2년여의 기간 동안 죽음의 공포와 끊임없이 싸워야했을 뿐만 아니라, 지하생활과 야간생활이라는 비정상적 일상을 정전 시점까지 견뎌내야만 했다.

1952년 전쟁은 또다시 새롭게 전개되었다. 조선전쟁은 정전회담의 포로송환협상을 거치며 차츰 이념전이자 심리전으로 변해갔다. 공산측은 제네바협정의 원칙에 따른 자동송환을 유엔측은 인도주의적 관점을 강조하는 자원송환을 주장했다. 양측은 자신의 원칙으로부터 조금도 물러설 용의가 없었다. 1952년 2월 27일, 유엔군사령관 리지웨이는 포로관련 협상이 송환원칙 문제만 남긴 채 모두 타결되었다고 합참에 보고했다. 리지웨이는 포로 문제에 대한 워싱턴의 결심을 요구했다.

트루먼은 다음과 같은 연설로 화답했다. "미국은 포로를 송환하기 위하여 강제력을 사용하거나, 포로의 생명이 위태롭게 될 어떠한 협정도 수락하지 않을 것이다." 트루먼은 결국 제네바협정에 규정된 자동송환원칙이 비인도적이고 부당하다는 결론을 내린 것이다. 소위 미국의 「자원 송환원칙」이 공식화된 순간이었다.

'인도주의적' 관점을 부각시킨 미국측의 자원송환원칙은 이후 무수한 '비인도적' 결과를 양산하기 시작했다. 포로송환을 둘러싼 공산측과 유엔측의 논쟁은 1년 이상 지속되었고, 그 과정에서 수많은 군인과 민간인이 고통 받고 희생되었다. 미국은 전쟁의 주요 내용이 심리전으로 변한 상황에서 자원송환원칙을 바꿀 의향이 조금도 없었다. 미국은 자원송환원칙의 관철을 통해 '승리의 대체물'을 얻고자 했다. 미국인들은 동북아시아의 두 신생국을 상대로 한 전쟁에서 일방적 승리가 아닌 협상을 통해 종전에 이른다는 사실 자체를 반기지 않았다. 자원송환원칙이라는 새로운 제도 하에서 좀더 많은 포로들이 미국 진영에 들어온다는 시나리오하에, 미국은 최소한 이념적 승리라도 얻고 싶어했다.(정전회담의 결과를 통해 전쟁의 이념적 승리를 얻고자 한 미국의 의도에 대해서는 다음의 글을 참조. Rosemary Foot, A Substitute for Victory: The Politics of Peacemaking at the Korean Armistice Talks. Cornell University Press 1990)

이와 같은 입장은 정전회담장에서 공산측의 입장을 주도하고 있던 중국도 마찬가지였다. 마오쩌둥은 포로송환의 문제가 '정치문제'라고 보았다. 그는 누차 포로송환 문제를 양보할 수 없다고 표명했다. "적이 양보를 거절하고 계속해서 지연시킨다면 우리는 즉시 선전을 확대하고 적의 휴전회담 결렬 기도와 침략전쟁 확대 음모를 폭로하고 국제여론을 동원하고 우리의 전선에서의 굳건한 방어와 결합시켜 적에게 계속 해서 손상을 입혀 적이 최후의 양보를 하게 만들어야 한다." 마오쩌둥의 입장은 굳건해 보였다.(「모택동이 스탈린에게」 1952.7.15. 『중국군의 한국전쟁사 3』 국방부 군사편찬연구소 2005)

반면 북조선지도부는 포로 문제가 하루빨리 마무리 되길 원했다. 1952년 1월 16일 외무상 박헌영은 펑더화이(팽덕회)를 방문하여 "전조선 인민은 평화를 요구하고 있으며 전쟁을 계속하는 것을 원치 않는다"는 입장을 전달했다. 1952년 3월 김일성은 타스통신 기자들을 불러 정전을 호소하는 기자회견을 열었지만, 소련정부의 통제로 자신의 주장을 알리지 못했다. 김일성은 소련과 중국의 반대에도 불구하고 내부적으로 수차례 정전의지를 표출했다.

그가 포로 문제의 조기타결을 강렬히 원했던 핵심적 이유는 미 공군의 폭격 때문이었다. 김일성은 조선지역 폭격피해가 이미 감당할 수준을 넘어섰다고 판단했다. 1952년 7월 16일 김일성은 스탈린에게 보내는 전문을 통해 마오쩌둥의 강경한 입장에 대한 동의 의사를 표시하면서도, 폭격으로 인한 조선의 막심한 피해를 강조했다. 조선정권과 주민들은 인도주의적 관점을 강조하는 미국의 새로운 포로송환원칙과 이를 강경하게 거부하는 소련 및 중국의 틈바구니에서 공중폭격을 1년 더 견뎌내야만 했다.

・

○ 스탈린에게 보낸 김일성의 전문

"현재의 조선 상황을 전체적으로 분석해볼 때 휴전에 관한 회담이 무기한 연기될 가능성을 배제할 수 없습니다. (…) 적군은 거의 어떠한 손실도 입지 않은 채 지속적으로 우리측의 유생 역량과 물질적 재보에 막대한 손실을 입혔습니다. 예를 들어, 바로 최근에 적은 북조선 내 모든 발전소를 파괴했으며, 적 공군의 대대적인 작전으로 발전소의 복구는 어려운 형편인바, 이로 인해 조선민주주의인민공화국 경제는 모든 분야에서 커다란 손해를 입고 있습니다. (…) 야만적 폭격이 있었던 지난 24시간 동안, 평양에서만(1952년 7월 11일에서 12일 밤까지) 6000명 이상의 양민이 사망하거나 부상당했습니다. 적군은 이러한 상황을 최대한 이용하여 받아들이기 어려운 조건을 제시하고 있습니다."(조선민주주의인민공화국 주재 소련대사가 소련 육군상과 외무상에게 보낸 전문, 조선민주주의인민공화국 내각 수상 김일성이 소련 내각회의 의장 스탈린에게 보내는 서한, 휴전협상의 지체 가능성 및 소련과 중국의 군사 장비와 무기로 북조선의 대공방어 역량을 강화하는데 대하여. No. 2250. 1950.7.1. 국사편찬위원회 엮음, 앞의 책 744~745면)

(3) 민간인 및 시설에 대한 섬멸적 대량 폭격으로 항공압력을 전략화

김일성이 스탈린에게 북부지역 폭격피해에 대해 직접 보고했던 1952년 7월은 극동공군작전사에서 매우 중요한 분기점이었다. 7월의 북부지역 공습은 기존의 차단작전과는 상이한 목적 하에 수행되었다. 극동공군은 차단작전을 중심으로 진행되던 기존의 폭격전략에 큰 변화를 주기 시작했다. 소위 「항공압력전략air pressure strategy」이라는 전 략개념이 이 시기부터 적용되기 시작한 것이다. 항공압력전략은 공군력에 가해진 기존의 정치적 ·군사적 제한요소를 해제시키고, 오히려 공군력을 '정치적 압력수단'으로 직접 활용하는 새로운 개념의 공군전략이었다.

1951년 여름 지상군의 전선이 특정지역에 고착되면서, 미 공군의 항공작전은 철도시설의 파괴 같은 전술적 역할에 집중되었다. 그런데 1952년 2월 차단작전 중심으로 진행되던 극동공군의 전략에 강한 이의가 제기되었다. 1952년 1월 18일 극동공군작전부장으로 부임해온 제이컵 스마트Jacob Smart가 그 주인공이었다. 스마트는 유엔측이 정전협상에서 가장 유리한 결과를 얻을 수 있도록 극동공군전략을 대대적으로 수정해야 한다고 주장했다. 1952년 2월 말, 스마트는 다음과 같은 극동공군 전투작전정책을 주간정보보고에 재빠르게 삽입했다.

1. 한국전쟁에 참전하고 있는 북한군과 중국군에게 효율적이고 적극적인 군사적 압력을 유지한다.
2. 유엔군사령부가 가장 유리한 결과를 얻을 수 있도록 현재의 한반도 정전협상에 영향력을 행사한다.
3. 일반적인 긴급상황에 대비하여 기타 작전 수행능력을 유지한다.

스마트는 이 새로운 작전방침을 상신하여 재가를 얻어냈고, 1952년 3월 그의 부하 랜돌프Randolph와 메이오Mayo에게 명령하여 "극동공군력을 최적으로 활용하여 북조선의 공산군에게 최대의 압력을 가할 수 있는 수단과 방법을 고안해내라"고 지시했다.

랜돌프와 메이오의 연구는 1952년 4월 12일 불과 15장의 짧은 보고서를 제출하며 종료되었다. 그러나 이 짧은 보고서는 1952년 7월부터 53년 7월까지 1년여 동안 조선주민들에게 커다란 재앙의 씨앗이 되었다. 보고서는 약 1년 동안 철도차단작전을 중심으로 전개된 극동공군 폭격작전의 문제점을 신랄하게 비판하면서 후방의 도시 및 농촌의 파 괴와 민간인들의 살상을 적극적으로 권하고 있었기 때문이다.

보고서는 그 작성의 목적을 분명하게 제시했다. "문제 : 극동공군의 최대역량의 투입을 통해 북한지역의 공산군에게 최대한의 압력을 행사 할 수 있는 방법과 수단을 고안해내는 것." 이후 보고서는 철도차단작전의 문제점을 강하게 비판했다. 애초 극동공군은 적 보급품의 흐름을 끊어 숨통을 조인다는 차단작전의 목적에 따라 북한지역 1만5003개소의 철도를 차단하고 199개 교량을 파괴하는데 성공했지만, 적은 "극도로 효율적인 대응"을 통해 열차를 지속적으로 운행하고 어느 정도의 물자를 비축할 수 있었다고 평가했다. 따라서 보고서는 당시 극동공군의 차단작전이 그 효율성에 비해 너무 값비싼 비용을 치르고 있다고 분석했다.

랜돌프와 메이오는 이 같은 문제점의 해결을 위해 극동공군의 공군력을 '파괴'작전에 집중시킴으로써 "적에게 커다란 압력을 행사할 수 있도록 활용해야 한다"고 주장했다. 보고서는 이 같은 주장과 함께 기존 폭격작전의 목표물 리스트에서 가장 상위에 있었던 철도와 노반을 가장 낮은 순위에 배치했다. 동시에 중요목표물 리스트를 새로 작성했는데, 그 첫번째는 "보급품"이 제시되었고, "후방의 병력과 인력"과 "도시와 마을의 건물들"이 주요 타깃으로 추가되었다. 보고서는 다음과 같이 주장했다.

아무리 적의 인력 공급이 풍부하다 할지라도 이들(후방의 병력과 민간인력)의 상당수를 죽이는 것은 적에게 타격을 줄 것이다. 잘 알려진 적의 밀집지역에 대한 공격은 우리에게 특별히 많은 비용을요하지 않을 것이다. (…) 이것들(도시와 마을의 건물들)은 보급품의 은닉은 물론 병력과 노동자들에게 은신처를 제공하기 때문에 표적으로 간주되어야만 한다. 이전의 파괴가 이미 상당하고, 남아 있는 건물들이 꽤 분산되어 있다. 일반적으로 이들은 특별히 값어치 있는 표적은 아니지만, 적은 비용으로 쉽게 공격할 수 있다.

랜돌프와 메이오는 위와 같이 "비용절감을 위해 기존의 차단작전 대신 북조선후방지역의 민간인들을 살상하고, 도시와 농촌지역에 대한 대량파괴에 더욱 집중해야 한다"고 노골적으로 주장했다. 보고서는 "무작위적 건물 파괴와 인명 살상"은 미미한 성과만을 안겨줄 것이지만, "적에게 압력을 행사할 수 있을 것"이라고 강조했다. 또한 보고서는 북조선지역에서 값어치 있는 표적을 찾는 것이 쉽지 않지만, 극복할 수 없는 문제는 아니라고 주장하면서, "파괴"라는 개념을 분명하게 제시하고 작전·정보 기구에서 적극적으로 표적을 발견해나가면 새로운 타깃을 발견하여 성공적으로 파괴작전을 완수할 수 있을 것이라고 분석했다. 보고서는 마지막 결론을 통해 "파괴를 통해 적에게 최대한의 압력을 행사할 수 있는 개념에 기초하여 표적 우선순위 리스트를 작성해야 한다"고 주장했다. 「민간인들을 향한 무차별적이고 대량적인 폭격을 통해 적에게 정치적 압력을 행사한다는 항공압력전략 개념」이 이렇게 완성되고 있었다.

1952년 4월 28일 정전회담 유엔측 대표 조이 제독은 워싱턴의 지시에 따라 교착상태를 타개하기 위한 일괄타결안을 공산측에 제시했다. 당시 미결상태의 논쟁점은 비행장 복구문제·중립국감시위원회 구성문제·포로송환문제 등이었다. 유엔군사령부는 비행장문제와 폴란드·체코의 중립국감시위원회 참여문제는 양보할 수 있으나, 포로 자원송환 원칙은 절대 포기할 수 없다고 천명했다. 유엔군사령부는 더 이상 양보할 여유가 없다고 생각했다. 이제 새롭게 구상된 공군전략에 따라 군사력을 달리 사용할 시기가 온 것이다.

일괄타결안이 제시된 1952년 4월 28일 트루먼은 미 본토 지상군사령관인 마크 클라크 장군을 새로운 유엔군사령관 겸 극동군사령관으로 임명했다. 클라크는 2차대전 직후 오스트리아 점령군 사령관으로서 소련측과 직접 협상해본 경험이 있었다. 트루먼은 공산측과의 정전회담이 난관에 봉착한 시점에 클라크라는 새로운 인물을 유엔측의 대표로 임명한 것이다. 공산측과의 협상에 대한 클라크의 견해는 간단명료했다.

그는 자신의 협상경험에 대해 다음과 같이 언급했다. "러시아인들과 함께 보낸 골치아픈 2년은 공산주의자들의 숭배대상에 대해 알게 된 시기였다. 그들이 숭상하는 것은 힘force이었다." 항공압력이라는 새로운 공군전략을 구상한 스마트는 자신의 목소리에 진심으로 귀 기울여줄 최적의 신임 상관을 모시게 되었다. 공중에서 압도적인 힘을 가하는 것으로 적에게 정치적 압력을 행사한다는 새로운 전략개념은 이제 현실화될 가능성이 더욱 높아졌고, 이는 북조선 주민들에게 또다른 커다란 시련을 예고하고 있었다.

(4) 북부에 대한 확대점령 야욕이 좌절되자 전멸을 노린 파괴 공작

극동공군은 항공압력전략을 구상하는 과정에서 공산측 지도부와 주민들에게 실질 파괴와 심리적 압력을 행사할 수 있는 첫번째 타깃으로서 북부지역의 수력발전소에 주목했다. 수풍·부전·장진·허천·부영 ·금강산 등의 수력발전소들은 일본 최고 기술자들이 20년 이상의 공사기간을 통해 수립한 당대 최고 수준의 시설들이었다. 이들은 한반도 전력의 90퍼센트 이상을 생산해냈다. 특히 수풍발전소는 만주지역 전력소비의 10퍼센트 이상을 담당하고 있었다.

유엔군은 애초 전쟁 초기의 북조선지역 전략목표에서는 수력발전소를 제외했다. 군사·경제·정치의 모든 요소가 이러한 원칙의 설정에 복합적으로 작용했다. 먼저 수력발전소는 당시 극동공군의 핵심 전략목표인 생산시설이 아닐 뿐만 아니라, 시설 자체가 독립적으로 여러 곳에 분산 되어 있기 때문에 완전파괴가 쉽지 않았다. 또한 전력은 전후복구에서 핵심적으로 활용될 수 있는 자원이었고, 발전소 재건을 위해서는 매우 값비싼 복구비용을 치러야만 했다. 게다가 수풍발전소는 만주지역에 상당부분의 전력을 공급했기 때문에, 전쟁 초기 중국을 자극하고 싶지 않았던 유엔군은 수력발전소를 폭격대상에서 제외했었다.

랜돌프와 메이오는 위와 같은 조건 속에서 사실상 부득이하게 유엔군의 보호 하에 있던 수력발전소들을 북조선에 남아 있는 가장 값어치 있는 타깃으로 지목하면서, 이에 대한 공격제한조치가 즉시 해제되어야 한다고 주장했다.

또한 1952년부터 미 공군 정보보고서들은 북측의 산업시설들이 전국적으로 분산된 지하시설을 통해 재건되고 있다는 분석을 제시하기 시작했다. 반면에 극동공군은 지하 갱도를 따라 재건된 북의 산업시설을 완전히 파괴하는 것이 불가능하다는 사실을 깨닫기 시작했다. 동시에 산업시설 직접 파괴가 아닌 동력원 파괴가 좀더 효율적인 작전으로 부상했다. 동력이 없는 암흑 속에서 북조선의 생산시설은 무용지물이 되고 말 것이었다. 수력발전소의 파괴는 어느새 극동공군의 시급한 해결과제로 부상하고 있었다.

수력발전소에 대한 최초 공격은 1952년 6월 23일 16시에 시작되었다. F-84기 79대와 F-80기 45대는 수풍발전소에 145톤 이상의 폭탄을 투하했다. 수풍발전소 공격 직후 제5공군 F-51기들이 부전의 제3·4호 발전소를 공격했고, 제1해병비행단은 장진의 제3·4호 발전소를 공격했다. 해군 함재기들은 부전의 제1·2호 발전소와 허천발전소를 공격했다. 이후 제5공군은 4일간의 공격에서 730회의 전폭기 출격과 238회의 요격 출격을 기록했는데, 공산군의 반격에 의한 희생은 전혀 없었다.

극동공군은 포연이 가신 뒤 폭격 결과를 조사했다. 분석관들은 북조선의 전력 생산 잠재력의 90퍼센트 이상이 파괴되었다고 평가했다. 이후 1953년 3월까지 북부지역 수력발전소들은 핵심적인 공격목표 중 하나로 설정 되었다.1952년 9월 12일 31대의 B-29기가 수풍댐을 대량폭격하기도 했 다. 극동공군은 발전소 부근의 특정한 움직임이나 복구활동이 관찰되면 어김없이 발전소를 반복 폭격했다.

수력발전소 폭격과 관련하여 흥미로운 사실 중의 하나는 폭격 직후의 북측의 공식적인 반응이었다. 놀랍게도 북조선은 수력발전소 폭격이 정전회담의 정체현상과 직접적으로 관련되어 있다고 폭격 직후부터 주장했다. 『로동신문』은 1952년 7월 1일자 기사를 통해 당시 미국이 전선과 정전회담장 모두에서 궁지에 빠져 있다고 주장하면서, 이 같은 당시의 현실이 "조선정전 담판회의가 전쟁포로 처리문제로 인하여 엄중한 침체상태에 빠지고 있는 오늘에 와서 미국 침략군대가 무엇 때문에 공화국 북반부의 평화적 발전시설들을 야

대대적인 융단폭격에 나선 B-29비행대   미 공군의 원산 철도 수송로 폭격 모습

수적으로 폭격하는 만행을 감행하게 되었는가를 명백히 설명"해준다고 역설했다.

더불어 "만일 미제침략자들이 북반부 발전시설들을 폭격함으로써 조선인민을 겁내게 하며 정전담판에 그 어떠한 영향을 줄 수 있으리라고 망상하였다면 이는 실로 가소로운 일이다"라고 설명했다 당시 『로동신문』 기사는 마치 극동공군 내부적으로 갓 완성된 랜돌프와 메이오의 보고서를 들여다본 것처럼 항공압력전략의 의도를 해설·반격하고 있었던 것이다.

그런데 이 시기 위와 같은 전력시설의 파괴보다 북조선사람들에게 더 큰 고통과 정치적 압력을 가중시킨 것은 도시와 농촌 지역을 향한 극동 공군의 무차별 폭격이었다. 극동공군 고위층은 공군력을 국가정책집행 수단으로 삼아야 한다는 새로운 교리를 구체화해 나가면서, 이미 황폐화된 조선지역에서 항공압력전략에 따른 새로운 목표물들을 찾는데 혈안이 되어 있었다.

1952년 7월 10일 극동공군의 새로운 작전지침이 제5공군과 폭격기사령부에 하달되었다. 이 지침의 배포에 앞서 스마트 준장은 "지침을 개정하는 것은 방침을 크게 바꾸는 것이 아니라 단지 「지연·방해작전」에서 「파괴작전」으로 중점을 전환한 것에 불과하다"고 언급했다. 그러나 지침은 1952년 초부터 주장된 스마트의 문제의식들을 고스란히 담고 있었다. 지침은 북조선 내 적군에게 최대의 압력을 가하기 위한 제공권의 우위를 유지하는데 최대의 역점을 두면서, 이용 가능한 항공전투력을 모두 투입해 선별적 파괴목표를 최대한 공격할 것을 요구했다. 병력·장비·물자 면에서 적에게 값비싼 댓가를 치르도록 한다는 것이 지침의 핵심 목표였다.

이때부터 북조선지역의 촌락과 도시는 값비싼 댓가를 치러야 할 핵심 공격대상으로 재설정되었다. 새로운 지침의 하달을 전후하여 제5공군은 경폭격기의 파괴목표로 북부

지역 촌락과 도시 35개를 선정했다가 얼마 후 78개로 확대했다. 지침이 하달된 다음날 인 7월 11일에는 극동지역의 모든 항공부대가 평양의 30개 목표공격에 투입되었다. 야간에도 54대의 B-29기가 연속적으로 집중폭격을 감행했다.

한국전쟁 발발 이래 최대인 1254대의 전폭기와 폭격기가 평양공격에 투입되었다. 극동공군은 이 작전 이름을 「프래셔펌프작전 Operation Pressure Pump」이라 불렀다. 공군은 이날의 폭격으로 북측 고위급 인사 400~500명이 희생되었다는 정보를 입수했다.

이날의 평양폭격은 상상 이상으로 대단히 격렬했던 것으로 예상된다. 평양은 전쟁 초기부터 매우 일상적이면서도 반복적으로 폭격피해를 당했음에도 불구하고 『로동신문』은 여러 기사를 통해 7월 11일 폭격 피해의 심각함에 대해 재차 강조하여 보도했다. 해당 기사에 따르면, 폭격은 7월 11일 아침부터 12일 새벽까지 진행되었고, 그 결과 주간폭격에 의해 1000여 명의 사망자와 부상자가 발생했고, 야간폭격에 의해 2000여 명의 사망자와 4900여 명의 부상 혹은 행방불명자가 초래되었다.

『로동신문』은 7월 11일 폭격에 의해 대량 파괴된 평양의 포도원이라는 주택지구의 희생 사례를 구체적으로 보도했다. 이 일대의 주민들은 이미 기존의 공중폭격에 의해 건물들이 모두 파괴되어 모두가 '토굴' 생활을 하고 있었다. 지상주택은 하나도 없었다. 그런데도 11일의 대량폭격 타깃에 포함되어 있었고, 결과적으로 주택지구 내 창전리 지역만 따져도 160여명의 노인·유아·부녀자가 폭격에 의해 사망했다.

가족 6명이 모두 사망하고 홀로 남은 안영실이라는 이름의 여성은 기자들을 향해 다음과 같이 토로했다. "광범한 지역에 자그마한 토굴들만이 밀집해 있는 이곳을 놈들은 군사적 목표라고 한다. (…) 죽은 부모와 오빠, 동생의 원쑤인 미제국주의자들에게 어찌 죽음을 주지 않고 참을 수 있겠는가! 죽음은 죽음으로, 피는 피로 갚아야 한다." 1952년 여름 2년여에 걸친 미 공군의 북조선지역 폭격은 이렇듯 조선인의 강렬한 반미주의를 아래로부터 만들어내고 있었다.

약 한달 뒤인 1952년 8월 29일 평양지역 폭격에 참여했던 한국인 조종사 이창실은 1952년 여름 평양의 모습을 다음과 같이 묘사했다. "아군지역을 지나자 황폐한 들처럼 아무 것도 보이지 않고 오직 폭격당한 자리만이 보이는 적지가 눈 아래로 들어왔다. (…) 우리는 드디어 평양을 바라보게 되었다. 하늘은 구름 한 점 없는 푸른색이고 평양시가는 조용하며 평화스러웠다. (…) (폭격 후) 평양 시가를 뒤돌아보니 온통 불바다에 연기로 덮여 있었고, 수분 전에 그렇게도 맑았던 하늘이 검은 포연으로 모자를 쓴 것 같이 보였다. 수백 대의 연합전폭기가 일시에 폭탄을 투하하였으니 그 위력은 가히 상상하고도 남을 것이다."(공군본부 『6·25전쟁 증언록』 2002, 466~467면)

위와 같은 평양공습은 항공압력전략에 의한 민간지역 폭격의 하나의 사례에 불과했다. 극동공군은 연일 북조선지역 주요 촌락과 도시를 보급품 집적소 및 병력 은신처라는 명분 아래 공격하기 시작했다. 기상악화로 인해 비행 자체가 불가능하거나 다음날의 대량출격을 위해 출격 대기명령이 내려지지 않는 한 극동공군의 전면적 항공압력작전은 연 일 계속되었다. 그 공격양상은 대개 해당 지역을 초토화시키는 참혹한 양상으로 진행되곤 했다. 예컨대 사진과 문서를 통해 확인 가능한 1952년 8월 13~14일 황해도 안악 야간폭격 양상을 살펴보자.

1952년 8월 13일과 14일, B-29기 야간 폭격은 황해도 안악 전체를 순식간에 폐허로 만들어버렸다. 그러나 이날의 안악폭격에 대해 극동공군의 한 문서는 다음과 같이 간략하게 언급하고 있다. "25대의 B-29기가 진남포 남쪽 8킬로미터 지점의 안악 보급품 집적소를 대량 폭격했다." 다른 여타 지역 폭격과 마찬가지로 단 한 줄로 보고된 안악지역 폭격 결과는 사진과 같이 처참했다. 이제껏 남아 있는 사진이 없었다면, 1952년 여름부터 진행된 보급품 집적소 폭격의 실체는 영원히 흔적도 없이 역사 속에 은폐되었을 가능성이 높다.(이곳에는 검은 색 폐허의 사진을 싣지 않았다.)

민간인 거주 지역을 싹쓸이해버린 안악 지역 폭격의 이유는 해당 지역의 인민군 보급품 집적 가능성 때문이었다. 공격 직후 폭격 결과를 분석한 평가보고서는 안악 지역 내 '보급품 보유 건물' 385채가 파괴되었다고 평가했다. 400발 이상의 대형폭탄들이 해당 지역 "건물들을 쓸어버렸다." 현재의 안악은 세계적 문화유산인 고구려 고분벽화로 유명한 곳이지만, 당시 미군에게 안악은 평양과 해주를 연결하는 주요 교통요충지 중 1곳에 불과했다.

미 공군은 수개월 전 파괴된 안악비행장의 보급품들이 이곳에 보관되어 있는 것으로 '추측'했다. 결국 교통요충지이자 보급품 집적 가능성이 존재했던 안악 전체가 파괴의 대상으로 간주되었고, 극동공군은 민간인 희생에 대한 아무런 죄의식 없이 도시 전체를 쓸어버렸다.

1952년 7월 이후 제5공군 전폭기와 경폭격기 또한 「작전계획 72-52」에 따라 민간시설 폭격에 적극적으로 동참했다. 작전계획 72-52는 전선으로 이어지는 주보급로 주변의 보급지역, 통관항에서 이어지는 도로 주변의 보급지역에 대한 '조직적 공격'을 요구했다.

예컨대 1952년 10월 1일 75대의 제5공군 비행기가 좌표 CU4426지점의 보급지역을 공격했고, 10월 2일 76대의 비행기가 좌표 YC3674지점의 조차장과 철로를 공격했다. 10월 4일에는 43대의 비행기가 BV4611지점의 광산을 공격했다. 10월 5일 121대의 비행기가 CT7886지점의 보급지역을 폭격했다. 10월 7일에는 49대의 비행기가 CY1149지점의 보급지역을 공격했다. 이처럼 7월 이후 제5공군 전폭기와 경폭기 또한 적잖은 민간인 희생을 양산했으리라 충분히 짐작할 수 있다.

극동공군의 항공압력전략은 정전협정 체결 시점까지 지속되었다. 폭격기사령부는 200개 이상 되는 교통 및 병참 목표 중에서 순차적으로 몇개씩 골라 야간에 폭격했다. 극동공군은 북부지역에 공격할 가치가 있는 목표들이 남아 있는지 의문을 품고 있었다. 목표의 대부분은 도시와 촌락에 불과해 보였다. 그러나 이내 극동공군은 조선지역의 도시와 촌락이 공산군의 중요한 병기고라고 단정했다. 믿음의 근거는 구체적인 정보가 아닌 폭발 현상에 대한 분석으로부터 나왔다. 폭격 직후의 연쇄적 폭발이나 화재가 무기고의 근거로 제시되었다. 침략자들의 악마스러운 파괴심리의 실증을 날마다 보여주었다.

1952년 10월 5일 새로운 폭격기사령관으로 취임한 윌리엄 피셔는 "아마도 우리가 공산군의 보급 및 분배계통의 취약점을 발견해낸 것으로 생각된다"고 말했다. 폭격기사령부는 1953년 4월까지 적 보급소 및 통신센터 파괴라는 목적 하에 목표 168개소를 공격하여 132개를 파괴했다.

(5) 철천지 원수되기로 작정한 듯, 저수지까지 폭격한 반인륜 범죄

1953년 5월 15일 대동강 상류의 평남 순천군 운흥리 자모저수지 인근 농민들이 다급하게 저수지 쪽으로 모여들었다. 이들은 미 공군 폭격으로 인해 파괴된 저수지 복구를 위해 인근 지역에서 급하게 동원된 사람들이었다. 제방이 파괴되어 저수지의 물이 분출될 경우 해당 지역 농민들을 포함한 지역주민 상당수가 위급한 상황에 처할 수 있었다. 저수지 부근에는 북부에서는 보기 드문 넓은 벼농사 지대가 자리잡고 있었고, 지역 농민들은 5월의 새봄을 맞아 모내기를 갓 끝낸 상태였다.

본격적인 벼농사 계절을 맞아 수위가 최대치로 상승한 자모저수지의 물이 한꺼번에 쏟아질 경우 인근 주택지구와 대동강 하구의 평양 시내 일부 지역까지 물에 잠길 뿐만 아니라 조선주민 상당수의 생계와 직접적으로 연계된 쌀 생산이 좌절될 위기에 빠질 것이 분명했다. 때문에 주민들은 필사적으로 복구공사를 진행했고, 그 결과 저수의 분출을 가까스로 막을 수 있었다

그러나 안도감은 오래 가지 않았다. 다음날 아침 24대의 전폭기가 다시 자모저수지 상공에 등장한 것이다. 전폭기 조종사들은 지역주민들의 복구 능력에 놀라지 않을 수 없

었다. 실제 조종사들은 전날 폭격의 가시적 피해를 찾아볼 수 없었다. 전폭기들은 전날과 동일한 방식으로 폭탄을 투하했다. 같은 날 오후에도 또다시 24대의 전폭기가 자모 저수지 상공에 출현하여 공중폭격을 가했다. 그리고 끝내 흙과 돌로 축조된 대규모의 저수지에 60미터 너비의 균열이 발생하면서 상상을 초월하는 막대한 양의 물이 순식간에 쓰나미津波(해일 : 지진·화산의 폭발이나 해상의 폭풍 등으로 바다에 큰 물결이 갑자기 일어나 육지로 넘쳐 덮치는 일)처럼 인근 농경지와 주택을 집어삼켰다. 이 인위적 홍수는 수백 정보의 농경지를 침수시켰고, 40여 호의 농가를 파괴했다.

민간지역을 대규모로 파괴하고 쌀 생산을 사전에 차단하기 위한 미 공군의 저수지폭격작전은 2차대전 시기 루르 지역 5개 소도시를 침수시킨 연합군의 댐 폭격작전에 비견될 수 있는 명백한 비인도적 군사작전이었다. 그러나 저수지 폭격은 정전협정 체결 직전 수개월 동안 진행된 미 공군폭격기의 일상적 군사작전에 비교하자면 그저 평범한 수준의 파괴작전에 불과했다.

1953년에 접어들며 미 공군은 더 이상 값어치 있는 목표물을 찾아낼 수 없는 북조선의 도시와 농촌 지역을 향해 폭격의 강도를 한층 더 높이기로 공식적으로 결정했다. 민간지역을 향한 대량폭격을 통해 정전회담장에 정치적 압력을 행사한다는 소위 항공압력전략이 더욱더 구체화되기 시작한 것이다

이 같은 결정은 대부분 토굴생활로 어렵사리 살아가던 북조선 도시와 농촌의 무고한 민중들에게는 또다시 커다란 재앙이 될 수밖에 없었다. 이제 폐허 아래 지하 토굴마저도 그들의 안전을 보장해주지 못하게 된 것이다. 전쟁이 끝나는 시점까지 생존은 모든 조선 주민들의 최대 당면 과제가 되었다. 정전협상 테이블에 마주 앉은 양측 대표들은 공히 인도주의적 원칙을 내세우며 자기 주장의 정당성을 강력히 호소하고 있었지만, 협상기간 내내 폭격을 견뎌내야 했던 북조선주민들에게 2년의 협상기간은 그저 비인도적인, 생존을 위한 투쟁의 기간에 불과했다

극동공군의 항공압력전략은 정전협정 체결을 불과 2개월 앞둔 1953년 5월부터 시작된 전조선지역 저수지폭격작전을 통해 그 성격을 단적으로 표출했다. 커밍스의 설명에 따르면, 이 같은 저수지폭격작전은 2차대전 당시 연합군의 전략을 그대로 따른 것이었다. 1943년 5월 연합군은 「채스타이즈 작전」이라고 불린 응징작전을 통해 수위가 가장 높은 시기의 루르지역의 댐 2곳을 폭격했다.(chastise 응징하다)

타깃이 된 뫼네 댐은 높이 130피트에 기저부의 두께가 112피트에 달했고, 에더강 댐은 70억 세제곱피트의 물을 저장하고 있었다. 댐 파괴로 "1억6000만 톤의 물이 30피트(9.15미터) 높이로 밀물처럼 쏟아져 내리면서" 5개 소도시를 침수시켰다. 영국 공군은

이 공격을 "지금까지 수행한 가장 눈부신 작전"이라고 평가했다. 1953년 5월 미 공군은 정확히 10년 전 유럽에서 행했던 비인도적 군사작전을 한반도에서 재현하고자 했던 것이다.

조선에서의 저수지폭격은 2가지 군사적 측면에서 그 중요성을 평가할 수 있다. 첫째, 저수지폭격은 공산측 주보급로의 차단을 의미했다. 저수지로부터 흘러나온 방대한 양의 물은 인근의 철도와 도로를 얼마간 무용지물로 만들 수 있었다. 둘째, 공산군의 주식인 쌀 생산을 저지 할 수 있다. 모내기를 갓 끝낸 논으로 덮쳐 든 큰물은 벼농사 자체를 불가능하도록 만들 것이 분명했다.

전쟁으로 인한 굶주림은 임진왜란 때에도 극심했다. 침략군 왜적에게 식량을 강탈당하고 지원군인 명나라 군대에게 식량지원에다 말먹이까지 지원하느라 조선 백성들은 많은 사람이 굶어죽거나 초근목피로 가까스로 목숨을 이어갔다.

미군의 저수지폭격은 단순한 군사적 측면보다는 정치적·심리적 측면에서 더욱 중요한 의미를 지니는 파괴작전이었다. 물이 많이 고인 저수지를 공중공격으로 파괴하면 홍수로 1년 농사를 망쳐놓을 수 있었다. 주요 식량의 파괴는 군인들뿐만 아니라 민간인들에게 엄청난 고통을 안겨주는 행위였다. 특히 북부에서 생산되는 쌀의 대부분이 해주에서 나오고, 해주지역 논의 75퍼센트는 저수지 관개시설에 의존하고 있었다.

해주지역에 20개의 저수지가 집중되어 있어 이들을 파괴한다면 조선 경제에 명백히 큰 부담이 될 것이었다. 극동공군은 이 파괴를 통해 공산측 지도부와 민간인들에게 적잖은 정신적 충격을 안겨주고자 했다.

극동공군의 첫번째 공격목표로 견룡저수지가 선정되었다. 견룡저수지는 한국전쟁 당시 미국문서에는 '독산저수지'로 표기되었는데, 이는 저수지에서 104미터쯤 떨어진 인근의 독산에서 유래한 견룡저수지의 별칭으로 추측된다. 견룡저수지는 1927~29년 평양 북방의 보통강 상류를 막아 축조된 저수지다. 저수지의 아래쪽은 길이 762미터, 두께 82.2미터에 달했다. 견룡저수지의 물은 4개의 간선을 거쳐 평원군·대동군·평양시 순안구역·형제산 구역의 8400여 정보에 달하는 논밭에 물을 댔다. 견룡저수지 바로 아래의 계곡에는 평양으로 이어지는 주요 철도보급선이 지나갔다. 평양으로 이어지는 주요 도로 또한 통과했다.

1953년 5월 13일 극동공군의 첫번째 저수지 공격이 진행되었다. 제5공군 제58전투폭격비행단 소속 F-84기 20대가 견룡저수지를 공격했다. 다음날 아침 후속공격을 위해 또다른 전폭기들이 견룡저수지로 날아갔을 때, 그들은 저수지 틈새로 뿜겨져 나오는 커다란 물줄기를 발견했다. 저수지 아래 계곡 43킬로미터가 이미 완전히 물에 잠겨 있었다. 신의주와 평양을 잇는 경의선의 주요 구간 또한 물에 잠겼다. 대홍수는 수천 평의 논에 측량 불가능한 피해를 주었고, 평양 시내에도 700채의 건물이 파괴되는 커다란 피해를 입혔다.

5월 15일 아침에는 24대의 F-84기가 자모저수지를 공격했다. 자모저수지는 한국전쟁 당시 미국문서에는 '자산저수지'로 표기되어 있는데, 자산저수지 또한 자모저수지의 별칭이었다. 자모저수지는 대동강 상류의 저수지로서 수천 평의 논에 물을 대고 있었다. 이틀간 계속된 공격 결과 자모저수지에는 61미터 정도의 균열이 발생했고, 이 균열을 통해 방대한 양의 물이 쏟아져 나왔다. 홍수는 인근의 교량·철도·도로·전답·촌락을 순식간에 덮쳤다. 평양 또한 대동강의 범람으로 인해 많은 부분이 침수되었다.

전쟁시기 내내 미 공군의 폭격에 시달리던 마을주민들은 전쟁 말기의 저수지 파괴에 의한 홍수로 인해 나머지 거주지와 식량마저 잃고 말았던 것이다.

당시 『로동신문』은 자모저수지로부터 쏟아져 나온 막대한 양의 저수가 수백 정보의 농경지를 침수시켰고, 40여 호의 농가를 파괴했다고 보도했다. 조선정부는 사건 발생 직후 '비상구호위원회'를 조직하여 이재민들에 대한 구호사업을 전개했다. 『로동신문』은 미 공군의 저수지폭격이 "판문점 회담의 진전을 방해하려는 음흉한 의도 밑에 감행"되었다고 주장하면서 미국을 맹렬히 비난했다.

5월 22일 미 공군은 다시 대동강 상류의 용원저수지(미국 자료상에는 구원가저수지로 표기)를 폭격하여 기존의 대동강 침수지역을 다시한번 철저히 파괴하고자 했다. 북측은 용원저수지 파괴에 의해 또다시 적지 않은 농경지가 침수되었다고 주장하면서, 미 공군이 견룡·자모·용원 등 3개 저수지에 대한 계획적 파괴를 통해 "농민들을 살육하고 영농사업을 파탄"시키려 한다고 맹비난했다.

정전협상 막바지인 1953년 5~7월 『로동신문』은 저수지 폭격 보도와 함께, 한국전쟁 3년 내내 거의 보기 드문 특정한 성격의 공중폭격 피해를 반복적으로 기사화했다. 해당 내용은 미 공군의 폭격에 의한 농경지 파괴의 사례들이었다. 폭격이 반복적으로 진행되는 과정에서 농업국가였던 조선의 농경지 상당부분이 훼손되는 현상은 충분히 예상할 수 있는 내용이지만, 흥미롭게도 기존의 『로동신문』 기사들은 이 같은 내용을 특별히 강조한 적이 없었다. 그러다가 1953년 5~7월 조선은 사실상 미 공군이 의도적으로 농가의 농업경영을 방해하기 위해 농경지를 파괴했다고 주장하고 있는데, 이 같은 주장이 식 량생산 파괴를 주요한 목적으로 했던 저수지폭격과 동일한 시기에 등장했다는 사실에 주목할 필요가 있다.

예컨대 북조선 당국은 1953년 6월 1일 평안남도 일대에 등장한 미 공군 폭격기들이

민가와 토굴을 대규모로 파괴하여 민간인을 대거 살상했다고 주장하는 한편, "이 폭격으

6.25전쟁 기간 초토화된 평양 중심가

로 인하여 이앙과 파종이 끝난 수 정보의 논밭이 피해를 입었다"는 사실을 강조했다. 또한 북측은 1953년 6월 8일 평안남도 중화군 일대에 나타난 폭격기들이 무수히 많은 폭탄을 투하 하여, "푸른빛 일색이었을 전답들이 흙빛으로 일변하였다"고 주장했다. 해당 기사는 폭격기가 "주로 파종을 끝마친 푸른 밭과 주민 지대에 폭탄을 투하하였다"고 주장했다. 이날 폭격으로 2천여 평의 밭을 잃은 김영덕 농민은 "야수적인 폭격으로 기름진 밭을 하루 밤 사이에 잃게 되었다"고 울부짖었다.

　함경도 농민들 또한 미 공군 폭격기들이 "특히 농민들이 정성들여 가꾸고 씨 뿌린 논밭을 계획적으로 파괴하고 있다"고 주장했다. 1953년 7월 1일자 『로동신문』은 정전회담에서 난관에 봉착한 미국이 "평화적 주민지대와 농경지들에 대한 야수적 폭격을 계속 강화"하고 있다고 주장했다. 신문은 특히 최근 수일간에 미제항공기들은 이앙과 파종이 끝난 논밭을 폭격하여 농작물들에 피해를 주며 작업 중의 농촌 부녀자들을 무참하게 살육하는 만행을 계획적으로 감행하고 있다"고 역설하며, 미 공군의 항공압력전략의 비인도적 성격에 대해 비난을 가했다.

　전쟁 막바지 미 공군의 농경지 파괴에 대한 조선측의 위와 같은 비난은 아직까지 미 공군 문서를 통해 구체적으로 입증되는 내용은 아니다. 필자(김태우)는 아직까지 농경지를 조직적으로 파괴하라는 1953년 미 공군측 문서를 보지 못했다. 그러나 기존의 수많은 전쟁피해보고서나 신문 기사 등에 전혀 제시되지 않았던 특정한 형태의 전쟁피해에

대한 호소가 이 시기에 집중되어 있다는 것은 충분히 주목할 만한 현상으로 판단된다.

이렇듯 한국전쟁 발발 직후부터 시작된 3년간의 미 공군 폭격은 전조선의 도시와 농촌을 폐허로 만들어버렸다. 극동공군은 자체평가를 통해 진남포의 80퍼센트, 청진 65퍼센트, 해주 75퍼센트, 함흥 80퍼센트, 흥남 85퍼센트, 황주 97퍼센트, 강계 60퍼센트 군우리 100퍼센트, 교미포 80퍼센트, 평양 75퍼센트, 사리원 95퍼센트, 순안 90퍼센트, 원산 80퍼센트, 신안주 100퍼센트가 파괴되었다고 평가했다.

특히 B-29기의 공중폭격을 관리했던 극동공군 폭격기사령부는 1952년 11월 현재 남아있는 타깃들에 대한 전면적 분석을 실시하여 이들에 대한 조직적 제거를 도모했는데, 1953년 B-29기 공격의 대부분은 "적에 의해 보급품 집적소로 활용되는 작은 마을과 소도시"를 비롯한 민간시설에 집중되었다. 이 같은 폭격기사령부 문서는 한국전쟁기 "보급품 집적소"로 표기된 타깃이 사실상 적 점령지역의 도시와 농촌 지역임을 직접적으로 보여준다. 그리고 이 같은 민간시설 파괴 작전의 의도는 적에게 "가능한 한 많은 댓가를 치르게 하기 위한 것"이라고 명기되었다.

1953년 1~7월 폭격기사령부는 보급품 집적소를 향한 폭탄의 투하량을 전체 폭탄 투하량의 46.4퍼센트까지 상승시켰고, 한국전쟁 전시기에 걸쳐 약 22.6퍼센트의 폭탄을 집중시켰던 도로·철도·교량에 대해서는, 1953년 전체 투하량의 4.4퍼센트만을 쏟아 부었다. 전쟁 막바지에 폭격기사령부의 폭격 양상은 「차단작전」에서 「파괴작전」으로 변화한 극동공군작전의 성격변화를 단적으로 보여주었다.

1953년 1월에 촬영된 평양 인근 "보급지역"의 사진 뒷면의 설명은 미공군의 조선 내 보급지역에 대한 인식의 단면을 보여준다.

북한 평양 인근의 이 지역은 전선의 공산병력들이 사용할 예정이었던 군수보급지역이었다. 그러나 공산병력들은 이곳을 전혀 활용할 수 없었다. 미 공군 전폭기들과 B-29기들이 이곳을 먼저 발견했기 때문이다. 미공군기들이 폭탄과 네이팜탄으로 그들의 임무를 마쳤을 때, 남아 있는 것은 사진과 같은 완전한 폐허뿐이었다.

위의 설명에 따르면, 미 공군기들은 북측 병력들에 의해 사용될 가능성이 있는 시설 일체를 "보급지역"으로 규정했음을 알 수 있다. "공산 병력이 사용할 예정이었던 군수보급지역"을 공산군보다 먼저 발견했다는 모순된 표현을 통해, 폭격 당시 해당지역에는 인민군이나 중국군 병력의 존재가 발견되지 않았음을 알 수 있다.

북조선 내의 번듯한 건물들의 집합소는 이내 미 공군 조종사들의 목표물로 간주되었던 것이다. "적에 의해 보급품 집적소로 활용되는 작은 마을과 소도시"를 폭격작전의 핵심타깃으로 간주한다는 1953년 폭격기사령부의 지침은 현실에서 이토록 가공할 모습으로 구현되고 있었다.

한국전쟁 초기에 전쟁포로가 되어 전쟁기 대부분을 북조선 내에서 보낸 미 제24사단장 윌리엄 딘 장군의 이곳 소도시에 대한 묘사는 폭격 피해 양상을 현재의 우리에게 생생하게 전달해준다.

나는 희천의 광경에 놀랐다. 예전에 내가 보았던 눈에 잘 띄는 주요 도로와 2층 건물들로 이루어진 도시는 더 이상 그곳에 없었다. 대부분의 소도시들은 그저 예전에 건물들이 존재했던 흔적만이 남아 있는 눈 덮인 공터이거나 돌무더미에 불과했다. 한때 사람들로 가득했던 작은 소도시들은 이제 텅 빈 껍데기들에 불과했다. 마을사람들은 협곡에 숨어 있는 완전히 새로운 임시 마을들에 기거하거나, 대대적인 폭격만이 영향을 미칠 수 있는 장소에 머물렀다(정전협정 체결 직후에 출판된 딘의 회고록)

5) 소총 · 수류탄의 산중 유격부대와 무자비한 대량 공중폭격대의 대결

(1) 제국주의세력의 침략에 분노, 이웃 우방의 고난에 동참

중국인들로 하여금 조선에서 싸우도록 만든 동인은 무엇인가? 그것은 일본과 서구 제국주의의 역사적 피해자로서 이들에 대해 갖게 된 적대감이었음을 조선파병을 지지하는 중국의 한 신문사설에서 읽을 수 있었다.("Volunteers for Korea, "by Qiao Guanhua, editor, *People's China* 2, No.10, 16 November 1950)

기계화되고 잔인한 백색 테러가 북쪽을 향해 중국 국경으로 다가오면서 중국 인민의 분노가 거세지고 있다. 지금 나라의 분위기는 일본 제국주의자들이 중국 동북쪽에서 치명적 '사건'을 저지른 1931년 9월 18일을 상기시킨다. … 이것은 경고가 아니다. 중국 인민은 과거 여러 차례 침략자들에게 엄숙히 경고했다. 이는 침략자들을 멈추게 하기 위한 즉각적인 합동 작전을 말한다. … 한 세기 동안 온갖 구실 아래 다양한 제국주의자들의 침탈로 고통받은 중국 인민은 침략자들이 아무리 교활하게 위장하더라도 그들을 알아챌 수 있게 됐다.

평더화이는 베이징의 마오쩌둥과 매일, 심지어 매 시간 전신電信을 주고받으며 '2차 공세' 전략을 수립했다. 조선 북부의 늘어선 언덕과 계곡, 얼어붙은 강, 여기에 산길로만 오를 수 있는 춥고 눈 덮인 산봉우리까지도 가벼운 무장을 한 건장한 중국 시골 청년들에 겐 비교적 유리한 지형이었다. 이들은 이미 고향에서의 혁명 승리에 고무돼 있었다. (뒤늦게 자주적 해방을 맞은 쓰촨성(사천성) 벽지의 농촌 젊은이들이 1951년 군 입대 요청에 응한 사례는 Stephen Endicott, *Red Earth : Revolution in a Sichuan Village*, Toronto 1989. 참조)

중화기나 공군력이 없었기 때문에 중국군은 수류탄을 이용한 야간 전투, 포위 및 측면 공격, 근접 백병전과 위장전술 등으로 적을 놀라게 함으로써 전투의 주도권을 쥘 수 있는 작전을 선호했다. 그들은 마오쩌둥이 체계화 시킨 「인민 전쟁 전술」에 의존했다.

인민의 지지, 지형·날씨가 압도적으로 유리한 조건에서 아군보다 강한 적의 공격을 분쇄하기 위해서는…… (아군의) 주요 전력戰力을 집중시켜야 한다. 적의 측면 부대를 기습 공격하면서 적의 주력 부대와 다른 쪽 측면 부대는 게릴라나 소규모 분견대로 견제한다면 승리를 얻을 수 있다.

중국인들은 미군의 결정적 약점을 간파했다고 생각했기 때문에 성공의 가능성에 고무됐다. 한 중국 정보 보고서는 '1차 공세'의 경험을 다음과 같이 요약했다.(Appleman, *Disaster in Korea*, pp.102~104)

미군 보병들은 허약하고 죽는 것을 겁내며 공격이나 방어할 용기가 없다. 그들은 비행기와 탱크·대포에 의존하면서 우리의 화력을 두려워한다. … 그들이 엄청난 규모의 장비를 수송하려면 지형과 날씨가 모두 좋아야 한다. 그들은 대로와 평지에서는 신속히 작전을 수행할 수 있다. 하지만 언덕 지형에선 그렇지 못하다. …

그들은 주간 전투가 전문이며 야간 전투나 백병전에는 익숙하지 못하다. 패배한 경우에는 대형이 흐트러진다. 그들은 후방이 끊길까봐 두려워한다. 보급이 멈추면 보병들은 싸울 의지를 잃는다. 우리에게 포위된 적들은 우리가 잘 조직돼 있고 잘 무장돼 있다고 여길 것이다. 그런 상황에서 그들은 싸우기보다 항복하려 할 것이다.

맥아더의 "집에서 크리스마스를 맞기 위한" 공격이 실행에 옮겨지자 마오쩌둥과 평더화이의 주의 깊은 계획과 검증을 거친 전술이 모습을 드러냈다. 중국군은 산속 은신처에서 내려와 경계 태세를 채 갖추지 못한 미군과 유엔군을 야간에 공격했다. 마치 '유령 부대'가 미8군을 괴롭히는 것 같았다고 미국 역사가 로이 애플먼 대령은 기술했다. "무시무시하고 공포스런 현장에서 도망치고자 하는 욕구밖에 없었다. … 그 다음 달까지 적과의 교전을 피해 남쪽으로 달아나는 상황이 전부였다." "그 달에 미국 역사상 최악의 일련의 재앙이 미군을 덮쳤다."

가장 유명하고 희생이 컸던 패배는 6개 포병대대를 거느린 미2사단이 평안남도 군우리에서 남쪽으로 퇴각하려 할 때 발생했다. 마오쩌둥과 펑더화이는 그런 시도를 예상하고 탈출을 막기로 결정했다. 그들은 38군 산하 113사단의 2개 연대를 지름길로 보내 미군 탈출로를 막았다. 중국군은 구보로 산을 넘고 계곡을 가로질러 2개의 남쪽 탈출로, 즉 삼소리에서 대동강을 건너가는 주요 포장도로와 5마일 서쪽의 와동과 용원리를 가로지르는 비포장도로를 봉쇄했다.

14시간 동안 45마일을 구보로 행군함으로써 2개 연대는 후퇴하는 미군-유엔군을 측면 공격 할 수 있는 시간 안에 도착했다. "모두 지치고 굶주리고 목말랐지만 113사단은 용맹스런 봉쇄 작전을 펼쳤다"고 생존 부대원은 회고했다.(로이 애플먼 대령은 2사단 배후에서 전개된 중국측 기동 작전은 "미8군을 청천강 전선에서 후퇴하도록 압박하면서 병력 대부분이 함정에 빠지도록 잘 고안되고 제대로 실행됐다"고 평한다. Appleman, *Disaster in Korea*, p.232.)

(2) 미군은 중국 지원군의 기동작전에 연패하자 핵폭탄 투하 엄포

중국의 조선전쟁에 관한 공식 역사에는 2사단을 궤멸시킨 그 전투가 한 문단으로 쓰여 있다.

(11월) 30일 적군은 비행기 1백여 기와 탱크 1백여 대의 지원 아래 필사적으로 돌파로를 찾았다. 113사단은 그들을 가로막고 용맹스럽게 반격하며 (삼소리와 용원리의) 전장을 사수했다. 적들은 탈출로를 찾으려 했다. 그들과 북쪽 지원군(영국 미들섹스 여단)은 1킬로미터도 떨어져 있지 않았다. 그들은 서로 볼 수 있었지만 합칠 순 없었다. 이 때문에 이 지역을 탈출하려던 적의 시도는 분쇄됐다. 이 작전으로 38군은 인민지원군 고위 지휘관들로부터 훈장을 받았다.

중국 역사가들이 이처럼 간결하게 기술한 이 전투는 애플먼 대령의 미국 전사에선 한 장章에 걸쳐 군우리~순천간 도로에서 중국군의 포화 속에 2사단이 6마일을 통과하는 과정이 상세히 기술된다.

그 속에는 살을 에는 듯한 추위와 좁은 길을 향한 기관총과 박격 포성, 폭파된 다리에 배치된 적 저격수, 미군 비행기의 능선 폭격과 네이팜탄에서 뿜어져 나오는 먼지와 연기, 파괴되거나 불이 붙은 채 길을 가로막고 도랑으로 처박힌 차량들, 길가에 널브러진 시체들, '죽음의 계곡'을 더듬어 가던 탱크·포병·보병 대대로 이루어진 7개 공격 부대 중 누군가 자신을 차량에 태워주길 바라며 도랑에서 기어나오는 부상자에 대한 묘사가 들어있다. 군우리 철수가 끝났을 때 2사단은 5천여 명의 희생자를 냈고 대포 대부분을 잃었다. 그것은 전력의 절반에 해당했다.

11월 하순, 군우리 근처에서 일대 재앙이 일어나자 미국 군부와 정치 지도자들은 원자폭탄으로 기울었다. 이전까지 자신만만하던 맥아더 장군은 11월 30일 합동참모본부에 8군과 10군단을 한국의 좁은 목을 가로질러 걸쳐 있는 전선에 배치하는 것은 "실행하기 매우 어렵다"고 말했다. 전선의 길이와 병사의 수적 열세, 「남쪽과 판이한 북쪽 전선의 산악 지형」에 따른 병참 문제 등이 모든 가능성을 무효화했다.

거의 같은 시기 태평양 건너편에서도 트루먼 대통령이 기자회견을 통해 침울한 성명을 낭독한 뒤 유엔이 중국에 대한 군사 행동을 승인한다면 맥아더 장군에게 원자폭탄 사용에 대한 재량권을 부여할 수 있다고 말했다.(Fleming, *The Cold War and Its Origins*, p.623)

12월 4일 미 합동참모본부는 패배를 막기 위해 필요하다면 원자폭탄을 사용할 수 있다는 대통령의 입장을 지지했다. 이는 원자폭탄 사용을 우려하던 클레멘트 애틀리 영국 수상과 트루먼 대통령 간 회담을 준비하고 있던 국무부의 자문요청에 대한 회답이었다.

합참은 '원자폭탄 사용'이란 제목의 국무부 입장이 담긴 문서를 검토한 결과 다음과 같은 조건에서는 군사적 견지에서 어떠한 반대도 없다는 사실을 확인했다. 한국전쟁에서 미군의 재앙을 막는데 실질적으로 도움을 주기 위해 미국이 사용할 수 있는 무기가 원자폭탄밖에 없는 상황이 빚어지는 경우.(Report by the Joint Strategic Survey Committee to the JCS on the use of the alomic bomb, 4 Dec. 1950. 맥아더·합참·국무부·트루먼·애틀리 간의 대화는 현실적인 위기감을 보여 주며, 트루먼과 미군이 1951년 2월까지 개선되지 않고 있던 대규모 군사적 패배의 위협을 막기 위해 원자폭탄 사용을 진지하게 고려한 것은 아니라는 일각의 주장이 사실이 아님을 보여 준다. 미국이 한반도에서 원자탄 사용을 검토한 다양한 사례에 관해서는 Cumings, *Korea's Place in the Sun*, pp.290~293 참조)

이 같은 표현에서 한국전의 범위를 확장할지 여부를 놓고 고심하던 정책 결정자들의 전략적 사고를 읽을 수 있다. 이들 정치인과 장군들은 2차대전 때 미국의 전략이 전면전의 바깥쪽 경계까지 확장되면서 부상하고 이에 단련된 사람들이었다. 원자폭탄이 「사용할 수 있는 유일한 무기가 되는 경우」이를 사용해야 한다고 주장한 사람들은 생물학무기에도 같은 비중을 둘 만 했다. 조지 마셜 국방장관이 승인한 스티븐슨 보고서는 공개적 수단으로서든 은밀한 수단으로서든 생물학전 사용에 대한 열망을 표명했다.

재앙이 임박한 이 시점에 생물학무기가 원자폭탄의 대안으로 채택됐음을 보여주는 미국 기록은 아직까지 공개된 바 없다. 하지만 스티븐슨 보고서의 생물학무기 옹호를 알 턱이 없는 저우언라이 중국 총리는 "1950년 12월부터 1951년 1월 사이, 미군이 38선 이남으로 퇴각하면서 평양·강원도·함경남도·황해도와 여타 지역에 천연두바이러스를 살포했다"고 주장했다.(Statement by Chou En-Iai, 24 Feb. 1952, in Stop US Germ Warfare, Peking 1952)

중국군의 2차 공세는 1950년 12월 초에 수도 평양을 비롯한 북조선 지역 대부분을 되찾으면서 끝났다. 중국측 기록에 따르면 이때 이미 중국군은 3만7백 명의 병사를 잃었으며(전사 또는 실종) 미군과 유엔군에 3만6천 명(미군 2만4천 명 포함)의 인명 손실을 입혔다. 짧은 휴식 뒤 3차 공세에서 중국군과 재결집한 북군은 38선을 넘어 1951년 1월 서울을 점령했다. 2주 뒤 그들의 공격 선봉은 남쪽으로 37도선까지 이르렀다. 애플먼 대령은 「미군 역사상 전례가 없는 대규모 퇴각」으로 기술했다. 미군은 후퇴하면서 공중 폭격에 의한 초토화 전술을 지속했다.

한국 주둔 미군의 3분의 2가 궤멸에 직면하면서 미국 언론은 「초인적 빨갱이 무리」라고 떠들어댔고 트루먼은 11월 30일 기자회견에서 원자폭탄을 언급했다. 하지만 유럽 동맹국들이 한반도에서 원자폭탄을 사용할 경우 3차 세계대전이 일어날지 모른다며 한목소리로 반대하자 트루먼은 뒤로 물러섰다.

1951년 1월 리지웨이 장군이 신임 미8군 사령관으로 부임하면서 잠깐 동안이긴 하지만 미국의 전운이 호전되기 시작했다. 국방부에서 곧장 날아온 리지웨이는 병사들의 규율을 다시 잡아 반격에 나서기로 작정했다. 그는 소모전을 통해 보병부대가 적을 조금씩 밀어붙이도록 했다. 목적은 영토가 아니었다. 적의 전력을 떨어뜨리고 지치게 하면서 필요한 경우 섬멸에 나섰다.

그것은 2차 세계대전 때부터 사용 돼 온 전략이었으며 미군 장교 교육과 사고방식에 있어서는 그 전례가 남북전쟁 때까지 거슬러 올라간다. 병사들의 사기를 북돋우기 위해 그는 미국의 '명백한' 사명에 대한 도덕적 확신과 미국인의 역사적 가치관을 강조했다. 그는 「우리는 무엇을 위해 싸우는가」라는 제목으로 1951년 1월 21일 병사들에게 보낸 메시지에서 다음과 같이 말했다.

나에겐 문제가 명확하다. 한국의 이 마을이나 저 도시를 점령하는 게 문제가 아니다. 이곳 어디를 점령한들 그건 일시적일 뿐이다. … 진정한 문제는 신의 은총으로 우리의 사랑하는 고국에서 꽃핀 서구 문명의 힘이 공산주의를 패배시킬 것인가, 포로에게 총을 쏘고 시민을 노예로 부리며 인간의 존엄성을 경멸하는 자들의 통치가 개인과 인권을 신성하게 여기는 통치로 바뀔 것인가, 우리를 인도하고 이끄는 신의 손길과 함께 살아남을 것인가, 아니면 죽음과도 같은 신 없는 세상에서 멸망할 것인가이다.(Matthew Ridgway, *The Korean* War, New York 1967)

리지웨이의 군대가 공습과 포격으로 엄청난 사상자를 안겨주면서 중국군과 인민군을 38선 쪽으로 다시 밀어붙이자 양측 모두 무승부를 받아들일 준비에 나설 것임이 명백해졌다. 휴전협상은 38선 바로 남쪽에 있는 개성에서 1951년 7월부터 시작됐지만 쉽게 진척되지 못 했다. 리지웨이 장군은 1951년 7월 10일 미 합동참모본부로부터 "조선과 중국 공산군에게 최대한 인적·물적 피해를 안겨 줌으로써 협상이 타결될 수 있도록 군사적으로 압박하라"는 지시를 받았다. 이 같은 소모전의 정치적 동기는 2년쯤 뒤 새로 선출된 드와이트 아젠하워 공화당 정권의 존 포스터 덜레스 국무장관이 가장 일목요연하게 언급했다. "중국군에게 뜨거운 맛을 보여 줌으로써 우리의 명백한 우위를, 모든 아시아 국가들 앞에 보여 주지 못한다면 남북의 협상에서 얻어 낼 것은 그다지 많지 않으리라 본다."

간헐적인 지상전과 미군의 집중 폭격이 6개월 동안 지속된 뒤 쌍방은 38선에 근접해 있는 현재의 전선을 따라 휴전선이 그어져야 한다는 합의에 도달했다. 포로 교환이 '자발적 송환 의사'에 근거해야 한다는 미국의 새로운 요구가 마지막 남은 쟁점이었다. 당연히 중국과 조선의 협상 대표들은 모든 포로를 지체 없이 자국으로 송환할 것을 요구한 1949년 제네바협약 조문에 따라 이에 반대했다. 미국은 공산당 치하로 돌아가고 싶어 하지 않는 포로들에 대한 인도적 고려를 내세웠으나 당시 미국 주장의 동기를 놓고 역사가들은 지금껏 논쟁을 지속하고 있다. 트루먼 대통령은 "우리는 인간을 학살 대상이나 노예로 내주면서 휴전을 사지는 않겠다"고 말했다.(Harry Truman, *Years of Trial and Hope*, pp.460~461)

미군과 유엔군이 이 문제에 대한 양보를 얻어내는데 15개월이 걸렸으며 그 대가는 전후방에 걸쳐 혹독했다. 전투의 교착 상태와 적의 보급로 교란 실패에 좌절한 미 공군은 1952년 6월 중국 접경의 압록강 일대 수력발전소와 북부의 인구 밀집 지역, 마침내는 1953년 5월 북측의 관개용 댐에까지 폭격을 확대했다. 이는 뉘른베르크의 나치 전범재판에서 전쟁범죄로 단죄된 것과 같은 종류의 불법적 전투행위였다.

후방의 미군이 관할하던 거제도 전쟁포로수용소에서는 송환 찬성파와 미군이 부분적으로 부추긴 송환 반대파 간에 통제권을 놓고 폭동이 발생했다. 질서가 회복되기 전까지 많은 포로들이 죽었다. 한국에서의 이러한 행동은 미국정부가 전쟁 및 포로 처우에 관한 법률에 서명했다는 사실만으로, 목적 달성을 위해 필요하다면 수단과 방법을 가리지 않는 미국의 정치 및 군부 지도자들을 견제할 수 없다는 점을 다시금 보여주었다. 이는 또한 미국이 전쟁의 범위를 합의 아래 법적으로 통제하려는 시도를 무시하고 전쟁의 실질적 제한을 확대시켰음을 보여 주는 것이었다.

1951년부터 1953년 사이 전선에서 전투가 지속되면서 상황은 점차 1차세계대전 당시의 참호전을 닮기 시작했다. 중국군과 인민군은 난공불락에 가까운 진지에서 작전을 펼치며 교착 상태의 지상전에서 전반적으로 우위를 보인 반면, 미군은 압도적인 제공권을 확보하고 있었다. 이 기간 동안 미군과 유엔군은 12만5천 명의 사상자를 냈다. 미8군은 중국군과 인민군 25만 명이 죽거나 다치거나 생포됐다고 주장했다. 조선 민간인 수십만 명이 미군 폭격으로 집을 잃거나 목숨을 잃었다. '자발적 송환'은 엄청난 대가를 치렀다. 미국측의 주장을 얻어내기 위해 수십만의 생명을 초개와 같이 버리도록 공중폭격과 세균전 만행을 저질렀던 것이다.(세균·화학전에 관해서는 뒤에 설명)

전선에서 전개된 참호전에서 쌍방은 땅을 팠으며 특히 중국군은 미군 폭격기와 포격을 피하기 위해 엄청난 노력을 쏟았다. 그들은 참호·동굴·깊은 땅굴 등으로 이른바 '지하 만리장성'을 구축했다. 그것은 주방어선을 따라 20마일 폭의 지역 지하에 총 1천2백50킬로미터에 걸쳐 건설됐다. 이곳에서 그들은 사실상 폭격으로부터 안전할 수 있었다. 그들은 이곳에서 생활하면서 음식을 조리하고 부상자를 돌보고 겨울에 추위를 피했으며 전력을 집중시키는 한편 그들이 원하는 지점에서 적의 방어선을 공격할 수 있었다. "이로써 우리 군은 전장에서 주도권을 장악할 수 있었다"고 펑더화이 장군은 썼다. "이 전술은 … 장기전 성격의 진지전에서 최선의 조건을 만들었다."

1951년 여름과 가을, 미군-유엔군 사령부는 휴전회담을 성사시키기 위한 수단으로 '적을 수색해 섬멸하는' 작전을 수행하면서 유리한 지역을 확보하기 위한 '밀쳐 내기'를 시도했다. 하지만 '피의 능선', '단장의 능선'(미군 병사들이 붙인 전투 이름) 등의 표현이 보여 주듯 대가는 비쌌다. 1951년 10월의 미군 1군단사령부 보고서에는 다음과 같은 대목이 나온다.

적의 강력한 저항 속에 치열한 백병전을 벌이는 동안 많은 지역에서 서너 차례씩 주인이 바

꿰었다. 대포와 박격포·탱크 등이 엄청난 포격을 쏟아부었음에도 견고한 벙커를 파괴하지 못했다. … 네이팜탄과 1천 파운드급 폭탄 투하도 적 방어 병력에 거의 영향을 주지 못했다. … 적의 완강한 저항(많은 경우 최후의 1인까지 버티는) 때문에 1기갑사단은 대규모 사상자를 냈으며 미군 돌격대가 적은 병력으로 목표 지점을 확보했을 때는 곧바로 뒤이은 적의 강력한 반격에 맞서야 했다.

이런 상황에서 미군의 지상 작전은 1951년 10월에 삐걱거리기 시작했다. 미8군은 대규모 희생 위험을 무릅쓰려 하지 않았다. 추락 하는 병사들의 사기를 살리기 위해 미8군은 매달 2만 명씩 돌아가며 본토의 고향으로 휴가를 보내 주기 시작했다. 병사들이 계속해서 빠져나가면서 전투에 숙련된 군대를 유지하기가 더욱 어려워졌다. 미국이 적을 압박하기 위해선 적의 보급로를 끊어 굶주리게 하거나 강력한 저지선을 뚫기 위한 뭔가 다른 비정규적 수단을 사용해야만 했다.

극동사령부는 1951년 8월 적의 통신망과 보급로에 대해 최대한의 공중 압박을 가하는 '교살 작전'을 시작했다. 이후 8개월 동안 미 공군(해병대·해군·제5공군·제20공군)은 적을 굶주리게 하기 위해 9만 차례 이상 출격, 철도 1만9천 곳을 끊고 2백76량의 기관차, 3천8백20량의 객차, 3만4천2백11대의 트럭 및 대로상의 다른 차량들을 파괴했다고 주장했다. 미군 조종사들은 철도·다리·조차장操車場·대로·열차·트럭은 물론 마차나 손수레·창고로 이용될 수 있다고 생각되는 모든 주택과 방공호에다 네이팜탄과 소이탄·세열탄細裂彈 등을 투하했다.

이 같은 기술적 능력에도 불구하고 미군 고위 지휘부는 믿기 어렵게도 휴전협상을 시작한 뒤 1년간 한국 내 적 지상군 병력이 갈수록 강화되는 것을 지켜봤다. 폭격은 지상의 수송을 방해하지 못했다. 보급은 계속됐다.

'교살 작전'이 실패한 데는 2가지 주된 이유가 있었다. 먼저 일부 소련 공군 비행전대가 미그-15 전투기를 몰고 참전하는 등 중국군의 대공 방어력과 공군력이 점진적이지만 뚜렷하게 개선됐다. 미 극동공군사령부는 1951년 9월 "비행기 수가 늘어났을 뿐 아니라 공산군 조종사들이 더욱 공격적으로 달려들었다"고 기록했다. 소련제 미그-15기는 상승·강하·가속력에서 미군기를 앞섰다.

중국군 미그-15기 조종사들은 미군 조종사보다 경험이 적었지만 1951년 10월 셋째 주에는 '그들이 얼마나 능숙해졌는지를 보여주는 역사상 가장 위대한 공중전'이 한국 북서부에서 펼쳐졌다. 여기서 미군 전투기 9대와 B-29 폭격기 5대가 격추되고 8대 이상이 손상을 입었다. 충격적인 소식이었다. 1951년 5월 한 폭격편대 지휘관이 심각한 사기 저하를 초래했다는 이유로 해임됐으며 6월에는 공군참모총장 호이트 반덴버그 장군이 한국 내 공군력에 대해 우려를 표명했다.

공중전 상황이 미국에 갈수록 불리해지자 반덴버그 장군은 1951년 11월 한국 일선을 긴급 시찰한 뒤 워싱턴으로 돌아와 침울한 보고를 했다. "거의 하룻밤 사이에 공산 중국은 공군력에서 세계 주요 강국으로 부상했다." 그때 이후 줄곧 미군 폭격기는 조선 상공을 밤에만 비행할 수 있었다. 소련제 레이더 조준식 대공포가 배치되면서 B-29와 심지어 B-26 폭격기조차 비행 고도를 더 높여야 했고 그 결과 정확성이 떨어졌다. 고도가 상대적으로 낮은 B-26경폭격기와 전폭기 피해가 갈수록 늘어났다.

'교살 작전'이 제한적 성공에 그친 두 번째 이유는 적이 구축한 후방 지원체제가 효율성을 더해 갔기 때문이다.(絞殺 : 목을 졸라 죽임) 처음 한국에 파견된 중국군은 전문적인 병참체제가 없었다. 하지만 미군 폭격기에 의해 희생이 커지고 1951년 여름 조선에서 홍수가 일어난 뒤로 모든 것이 바뀌었다. 정규군 조직과 3천 명 이상의 본부 인력을 가진 인민지원군 병참사령부가 평양에서 동남쪽으로 30마일, 전선에서는 50마일 떨어진 수안에 들어섰다.

이 사령부는 곧 18만 명의 후방지원 요원들을 지휘해 군사 물자를 수송·수령·이동·저장·배급하는 한편 부상병들을 돌보거나 배편으로 귀국시키고 다리와 도로를 고치고 통신망을 보호했으며 대공 방어를 조직하고 후방의 안정과 안전을 도모했다. 거기에다 철도 수송과 정비를 책임진 5만2천 명으로 구성된 중·조中朝 합동사령부가 있었다. 펑더화이 장군은 전선 후방에 있는 모든 전투부대들에게 도로 건설, 수송선을 따라 트럭 대피소 굴착, 대공 경계 강화 등의 병참 책임을 분담하도록 지시했다.

1천 2백 마일에 걸친 주 수송선에는 1마일 간격으로 대공對空 경계 요원이 배치됐다. 그들은 미군 비행기가 날아오는 소리를 들으면 총을 쏘거나 나팔을 불어 운전사들에게 경고를 보냈다. 트럭들은 즉각 전조등을 끄고 가장 가까운 대피소로 숨었다. 이런 식으로 트럭들은 하룻밤에 평균 1백 마일 가량을 움직일 수 있었으며 피해율은 40퍼센트에서 1퍼센트 미만으로 줄어들었다.

한국전 중반 무렵인 1951년 12월 미국은 난처한 상황에 빠졌다. 재래식 무기가 동원된 고정된 진지전에서는 기술적 우위가 적을 효과적으로 압박하지 못했다. 상대는 휴전협정 조건에 일부 동의했지만 이것은 그들이 약하기 때문에 그렇게 한 것이 아니었다. 그들은 나날이 더 강해져갔다. 일부 미군 지휘관들은 만약 이런 추세가 지속된다면 중국군이 또다시 전면 공세에 나설 것으로 우려했다. 중국군의 전선 요새들은 지상 공격으로 파괴할 수 없었고 적의 보급로도 다소 조악하긴 해도 요지부동이었다. 미 공군의 폭격도

적 주방어선의 전투 효율을 떨어뜨리지 못했다.

만약 제5공군이 믿었듯, 중국군이 '교살 작전'에 맞서 아직도 50만 명의 병력을 거느리고 있다면 미국이 어떻게 그들에게 '뜨거운 맛'을 보여 줄 수 있을까. 어떻게 하면 미국이 원하는 승리를 얻을 수 있을까. 한 방법은 전쟁의 폭력을 인구 밀집 지역과 경제 자원으로 확대하는 것이었다. 압록강변의 수력발전소 11곳이 1952년 6월 폭격당했다. 8월에는 평양을 비롯한 조선의 78개 도시와 마을이 집중 폭격과 초토화작전으로 폐허로 변했다. 9월에는 미군 비행기들이 소련 접경의 나진 정유 시설을 폭격했다.

그동안 지상에서는 가을의 삼각산전투에서 '밀쳐 내기' 시도가 또다시 실패했다. 중국과 조선을 깨부수는데 실패 하자 미국은 1953년 5월 수많은 하천을 통제하는 조선 관개 댐들을 폭격하기 시작했다. 이는 독일군이 1945년 네덜란드의 둑을 폭격했을 때 연합군이 전쟁범죄로 비난한 것과 같은 행위다. 이와 동시에 아이젠하워 대통령은 휴전협상의 교착 상태가 종결되지 않을 경우 원자폭탄을 사용하겠다는 트루먼의 위협을 되풀이했다. 미 공군은 오키나와로 원자폭탄 몇 발을 공수했으며 호이트 반덴버그 공군 참모총장은 중국 동북부의 선양이 전략적 공격 목표가 될 것이라고 공개적으로 암시했다.(Philip Meilinger, *Hoyt Vandenberg : The Life of a General*, Bloomington 1989)

이 같은 전쟁의 확대가 생물학전쟁으로까지 확대되었다. 생물학무기에 대한 열망이 최고조에 이른 시점은 전쟁의 전개 양상에 미국이 점차 좌절하던 바로 이때였다. 미 공군은 생물학전에 대비하라는 긴급 계획을 지시받았다. 은밀하고 급박한 작전 수행은 이미 수립된 전쟁 계획의 일부였다. 미국은 상당한 양의 생물학무기를 갖고 있었다. 최고 지도자들은 생물학무기나 핵무기 사용에 대한 도덕적 망설임을 이미 떨쳐냈고 나중에 생물학전쟁을 그럴듯하게 부인할 수 있을 정도로 은밀하게 작전을 수행한다면 여론이나 국제 사회의 정치적 공격을 피할 수 있었다. 만약 생물학무기 사용이 드러난다 해도 미국은1925년 생물학전에 관한 제네바협약에 서명하지 않았다는 사실이 최후의 보루가 될 수 있었다. 1952년 미국은 생물학전 프로그램에 5억 달러를 집행했다.

생물학전이 적에게 입힐 수 있는 효과는 치명적인 질병이나 무기력증을 확산시킴으로써 도로 보수나 폭격 당한 교량 복구, 식량 및 탄약 수송에 동원된 중국군이나 인민군 사이에 공포심을 야기할 수 있다는 것이다. 그렇게 되면 탈영이 일어나고 지휘 체계가 교란될 것이다. 치명적인 세균은 폭탄이 닿지 않는 전선의 땅굴이나 동굴로 침투할 수 있다. 전투부대의 힘은 서서히 고갈될 것이다. 미국 군사 기획자들은 생물학전이 '엄청난 가능성'을 제공한다고 생각했다.

적이 무엇이 일어났는지 알게 되고 제네바협약 위반 또는 전쟁범죄에 관해 분노에 가득 찬 비난을 쏟아 냈을 때 미 국무장관은, 생물학전 은폐와 기만 계획에 관여하지 않기로 합의된 미국의 동맹국들을 시치미떼기로 재확인시키고 공식적으로 그런 비난을 공산주의자들의 선전으로 일축할 수 있을 것이다. 또한 중국과 조선의 빈약한 위생 상태와 자연적으로 발생하는 전염병으로 원인을 돌릴 수도 있다.

1952년 초 저우언라이가 북조선 외무상의 두 번째 생물학전 주장을 공식 지지했을 때 (중국은 1952년과 53년 대규모 공습 때와 그 이후 지속적으로 수행됐다고 주장했다.) 그것은 미국의 주장처럼 선전이었을까? 아니면 그 질병의 발병은 이미 중국인들이 한 세대에 걸쳐 지속적으로 경험했던, 격동과 전쟁의 시대를 살아간 사람들 사이에서 자연스럽게 생기는 수준을 넘어서는 것이었을까? 이 책에서 서술된 바에 의하면 당시 상황을 평가할 능력을 갖춘 중국인들이 자연 발생적인 전염병 수준을 넘어서는 것으로 판단했다는 새로운 정보를 제시한다. 그들은 여전히 그러한 관점을 고수하고 있다.

1952년 초 세균전에 관한 공식적인 비난이 트루먼 대통령이 플로리다에 있는 그의 겨울 별장에서 일정을 1주일 앞당겨 돌아와 악화되고 있는 한국 전황에 대해 고위 관리들과 회의를 가진 직후 나온 것은 우연의 일치였을까?

○ 1951년 11월 29일부터 12월 11일 사이에 "Daily Korean Bulletin"이 플로리다의 백악관에 있던 트루먼 대통령에게 보내졌다. 미군 정보부가 만든 이 문건은 조선 내 적군 병력이 급속도로 증강되고 있음을 보여준다. 11월 30일 59만6천 명에서 1주일 뒤인 12월 7일엔 80만5천 명으로 늘어났다. 전투 지역의 병력은 21만3천 명에서 29만2천 명으로 증가했다. 적은 연대 병력으로 소대 병력을 공격했으며 공군력은 건선까지 닿을 정도의 능력을 확보했고 공격적으로 활동했다. U.S. Government Declassified Documents Index 1988(White House)

또한 로버트 러빗 국방장관이 「실행 가능한 최대한 이른 시점」에 생물학전 「실전 대비 태세」를 갖추라는, 자주 인용되는 중요한 1급비밀 지시를 합동참모본부에 내린 1951년 12월 21일로부터 며칠 지나지 않은 시점인 것도 우연이었을까? 조선과 중국 동북부의 특정 질병들은 조선과 중국의 주장처럼 세균전의 결과인가, 아니면 미국 역사가들의 설명처럼 질병에 취약한 전시 한반도의 환경 탓인가? 미국은 비밀요원을 통해 적군의 건강 상태를 면밀히 추적하려고 노력했다. 1952년 3월 13일 미국이 훈련시킨 요원 9명이 전선 후방으로 공중 투하됐다고 한국 파견 중국군은 보고했다.

4명은 도주했으나 나머지 5명은 사로잡았다. 39군이 2명, 67군이 2명, 3병단이 1명을 잡았다. 이 첩자들은 미군에 항복한 우리 병사들로 적에게 포로로 잡힌 뒤 미 제국주의자들로부터 훈련을 받고 정보 임무를 부여받았다. 그들은 서로의 이름과 생김새를 알고 있었으며 자백이 서로 일치했다. 그들 모두 적이 만든 인민지원군 군복을 입고 있었으나 색상이 좀더 짙었다. 그들은 카본 소총이나 소련제 소총, 14년식 일제 권총, 쌍안경·라디오·무전 장비를 소지하고 있었다. 군용 비둘기도 갖고 있었다. 그들은 우리 군 장교 행세를 했다. 그들의 주된 임무는 세균전의 효과를 알아내는 것이었다. 즉 군대와 민간인의 전염병 감염 상황, 죽음에 이르기까지 걸리는 기간, 사망자 숫자, 희생자 중 노인과 청년 비율, 어떤 주사약이 효과가 있었는지, 군대 내에 전염병이 발병했는지, 거주지 내에 죽은 쥐들이 있었는지, 빈대와 이는 얼마나 있는지 등이었다.

한국전쟁 당시 미군 의무부대의 역사학자 앨버트 코드리는 미군 정보 보고서를 근거로 1950년 한겨울과 1951년 초봄에 "천연두와 장티푸스가 조선과 한국 전역에서 보고됐다"고 말한다. 반면 컨버스 미 육군 소령은 1951년 3월 미 국무부 주선으로 열린 14개 연합국 대사들의 모임에서 남한 내 피난민과 10만 명의 이주민에 관해 언급하면서 "지난 8개월간 어떤 종류의 전염병도 보고되지 않았다"고 말했다.(Albert E. Cowdrey, "'Germ Warfare' and Public Health in the Korean Conflict," *Journal of the History of Medicine and Allied Sciences* 39, 1984)

불행히도 이 기간 초기의 질병 사례에 관한 중국군과 인민군 기록은 아직 기밀 해제되지 않았다. 어쨌든 미 정보 소식통은 조선 내 보건위생 프로그램의 결과로 1951년 늦여름에 "봄철 전염병이 사라졌다"고 믿었다. 이는 생물학전이 광범위하게 수행됐다는 첫 주장이 나오기 6개월 전이었다. 따라서 미국은 질병이 전쟁 노력을 결정적으로 도울 수 있으려면 필시 이를 의도적으로 유발해야 한다는 것을 알았을 것이다.

접근 가능한 중국 정부 기록에 따르면 특이하게도 1952년 봄에는 중국 동북부와 조선 북부지역에 큰 전염병이 발생하지 않았다. 이 때문에 미 육군은 생물학전 개발 프로그램의 효과에 크게 실망해 결국 1953년 가을에 중단하게 됐다는 설명이 가능하다. 원인이 무엇이든 페스트·탄저병·뇌염·콜레라 등의 질병이 조선과 중국 동북부에서 지역적으로 발생하긴 했지만 중국군과 지방 정부 당국의 공중보건정책으로 신속히 제압됐다.

미국의 대량파괴 작전이 휴전회담에서 중국과 조선의 협상대표들로 하여금 전쟁 포로의 '자발적 송환'에 관한 수정안을 받아들이도록 하는데 어느 정도 영향을 주었는지 알 수는 없다. 아무튼 휴전협정은 판문점에서 쌍방에 의해 조인됐고 1953년 7월 말 전쟁은 끝났다.

4. 공중폭격도 모자라 참혹한 암살무기인 세균전까지 저질러

1) 증거 명백한데도 국가적 범죄행위라 끝까지 모르쇠로 일관

1952년 2월 말, 조선 외교부장 박헌영朴憲永과 중국 총리 저우언라이周恩來는 미국이 조선 북부에서 생물학전을 벌였다고 비난했다. 중국군에 전쟁 포로로 붙잡힌 미국인 조종사들이 생물학무기를 사용했다고 자백함에 따라 조선과 중국측의 비난은 한층 더 세계인의 관심을 끌었다. 추후에 포로 교환에 따라 풀려난 조종사들은 (밝혀진 바와 같이, 군법회의에 회부하겠다는 위협 아래) 자신들의 종전 '자백'을 철회했으며 미국 정부는 그때는 물론 그 이후에도 조·중 정부의 이 같은 비난을 '선전 책동'이라며 일축했다.

(1) 미국이 일본 침략세력과는 난형난제의 제국주의 맹방이었음을 입증

이 사건은 아마도 미국이 가장 감추고 싶어 하는 군사 기밀에 대해 주의를 환기시킨다. 즉 1951~1953년 위기에 직면해 추진한 대규모 생물학전 프로그램과 이에 앞서 제2차 세계대전 기간 중 대영제국 및 캐나다와 긴밀한 협력 체제를 유지하며 개발한 세균전 프로그램에 관한 것이다. 지난 20년 동안 비밀문서로 분류돼 있다가 해제된 미국 정부 문서들은 1937~1945년 중국 침략 기간 동안 일본이 개발한 생물학전 기술을 얻기 위해 미국 정부가 벌인 은밀한 거래 뿐만 아니라 미국의 2차 세계대전 프로그램의 진행 수준까지 드러내고 있다.

냉전 초기의 생물학전 프로그램에 관한 문서는 공개 범위가 좁고 느려 아주 최근까지도 여전히 많은 의문을 미제未濟·謎題로 남겨 놓고 있다. 그러나 새로 비밀 해제된 미국·캐나다·영국의 문서(이들 중 상당수는 우리(저자)의 요청에 의해 비밀 해제됐다)와, 외국인으로는 처음으로 우리에게 이 분야 비밀문서에 접근을 허용한 중국 중앙문서보관소의 협조에 힘입어 우리는 미국이 작전용 생물학무기 시스템을 구비했을 뿐 아니라 실제로 한국전쟁에서 그것을 사용했다는 비밀의 배일 뒤편에 있던 새 증거를 발견했다.(스티븐 엔디콧·에드워드 해거먼 저, 안치용·박성휴 역 『한국전쟁과 세균전』 중심 2003)

또한 미국의 생물학전 프로그램은 순수하게 방어 및 보복 성격에 머물러 있다는 미 행정부의 종전 주장이 의회와 국민에 대한 거짓말이라는 분명한 증거가 사상 처음으로 드러났다. 미국 정부 주장과 달리 광범위하고도 정교한 생물학무기 시스템이 공격 무기로 개발됐다. 미 공군은 1949년 베를린 봉쇄를 둘러싼 위기가 전면적 대결로 비화하면서 생물학무기를 사용하겠다는 작전 계획을 수립했다.

이후 조선전쟁 때는 생물학전이 전략공군사령부의 전면전에 대비한 작전 계획에 포함됐으며, 유럽 주둔 미 공군의 전술 계획에도 들어 있었다. 현대의 군대 역사에서 생물학전이 전쟁 정책에 정규 무기 시스템의 하나로 편입된 건 이때가 처음으로 중요한 의미를 갖는다. 이에 더해 미국은 비밀리에 생물학무기를 사용할 수 있는 기술 능력을 보유했으며, 작전수립과 실행을 위한 체계를 완비하고 있었다.

동시에 미국·캐나다·중국의 문서는 미국이 조선전쟁에서 생물학무기를 실험했다는 매우 강력한 증거를 제시하고 있다. 당시 조선과의 접경 지역에서 모든 생물학전 증거를 발견해 보고할 책임을 지고 있던 기관인 중국 공중보건국은 전문적이고도 균형 잡힌 기록을 남겼다. 내부 극비 문서로 분류된 이 기록은 세균전 공포에 휩싸여 때로 지나치게 과민한 반응을 보인 중국인들의 모습까지 냉정하게 그리고 있다. 이 자료를 중국군과 북조선군의 전장戰場 의무醫務 및 작전 기록과 함께 놓고 비교, 분석해 보면 발병 지역에서는 아직까지도 이례적인 그 질병의 유형과 운반 수단이 미국의 생물학전 능력과 일치하는 것임을 알 수 있다.

의료와 첩보에 관한 이 극비 문서에서는 그 혼란의 시기에 중국 정부가 도대체 무슨 일이 일어나고 있는지 알아보려고 필사적인 노력을 기울였다는 인상을 받게 되며, 선전 공작을 기도했다는 흔적은 보이지 않는다. 중요한 것은 1952년 중국·조선이 미국과 세균전과 관련된 공방을 벌이고 있을 때 그것을 입증하기 위해 중국 중앙문서보관소 자료들을 거의 이용하지 않았으며, 그 이후로도 비밀문서로 분류해 보관하고 있었다는 사실이다. 아마도 그때나 그 이후에도, 미국이 그들의 실험 결과를 평가하는데 사용할 수 있는 정보를 미국에 제공하지 않으려는 중국과 조선의 의도가 작용한 것으로 추측된다. 그러나 냉전이 끝났기에 우리는 중국과 조선의 극비 문서에 접근할 수 있었다.

미국 문서보관소로부터는 인간 생명의 존엄성과 관련해 가장 엄격한 도덕성을 요구받는 과학인 의학을 전쟁에 끌어들여 현대전의 범주를 확대해 간 숨겨진 이야기를 이 책은 들춰낸다. 비록 미국의 생물학전 이야기는 조심스럽게 은폐돼 왔지만 2차 세계대전에서 한국전쟁에 이르는 기간 실제로는 많은 이야기가 존재했다. 2차대전 후 잠시 잊혀졌던 생물학전 프로그램은 냉전 초기에 다시 소생해 조선전쟁과 함께 막대한 자금이 투입되면서 최우선 순위 과제로 급작스럽게 부활했다. 여기에는 미국의 군부·의학계·과학계·학계·기업 뿐 아니라 대통령과 국방부 외에 몇몇 정부기관들이 깊숙이 관여했다. 영국과 캐나다가 비밀 연구에 참가해 공동작업을 진행했으며, 북대서양조약기구NATO

트루먼 대통령의 생물학전 특별고
문으로 생물학전 프로그램의 제약
사 머크의 대표인 조지 머크.

2차대전 당시 중국에서 731부대를 지휘했던 이시이 시로 중장(외)과
1980년 미국과 이시이의 비밀 거래를 폭로한 『월간 중국 리뷰』지의 편
집인 존 파월(오른쪽)

내 생물학무기 시스템의 구축도 기대됐다.

　최우선적인 지원을 받으며 가장 긴박한 명령을 자주 수행했던 생물학전 네트워크는
소련을 겨냥한 전면전 계획을 수립할 때 전략·전술적 측면에서 세균전 도입을 상정할
수 있도록 세균 병원체와 세균탄두 개발, 병참 지원 등 필요한 과업을 진행했다. 한국전
쟁 기간의 한가운데쯤인 1951년 12월 미국 국방장관은 생물학무기를 공격용으로 사용
할 수 있게 "최단 시간 내에 실질적인 준비 태세를 갖출 것"을 명령했다. 몇 주 뒤 미 공군
참모 총장은 그 같은 능력이 "신속하게 실현되고 있다"고 보고했다.

　미국이 조선에서 대규모의 생물학전 실험을 시작했다고 인민군과 중국군이 미국을 비
난한 것은 두 사람 간에 극비 전문이 교환된 직후였다. 미 국무장관은 그런 비난을 단호
하게 부인했다. 한국전쟁에서 생물학전 유무를 둘러싼 양측의 입장은 오늘날까지도 그
대로 유지되고 있다. 우리 연구는 이러한 상반된 주장의 진실이 무엇인지를 찾는 일이
다.

　미국의 세균무기 개발과 관련된 동인動因과 분위기, 인체 실험의 필요성에 대한 관심
수준, 당시의 위기감 등은 역사학자들로 하여금 대답에 대해 아무런 편견 없이, 왜 미군
이 조선에서 세균전을 벌이려 하지 않았을까를 묻게 만든다. 이념과 정치적 열정에 사로
잡히고 군사적 위기가 찾아온 순간에 어떤 군사·정치·도덕적 제약이 있었는가?

　공중보건과 예방의학을 거꾸로 사용하는 것에 대한 도덕적 가책의 문제는 2차 세계
대전 직후 미국이 악마와의 계약에 가까운 결정을 내리는 과정에서 대부분 사라져 버렸
다. 이런 결정은 미국의 정치·군사 역사에서 흔한 것이었다. 미국은 군 수뇌부의 주도
로 일단의 일본 전범들을 기소에서 면제 해 주고(일본인들은 중국 여러 도시에서 생물학전 실

험을 수행했으며 '과학적인' 세균전 시험 과정에서 미국인을 포함해 최소 3천 명의 전쟁 포로를 살해했다.) 그 대가로 그들로부터 생물학전 지식을 제공받았다. 일본 생물학전 프로그램과 미국의 거래는 두 나라가 35년 이상 가장 철저하게 숨겨 온 공식 비밀들 가운데 하나다. 비밀 해제된 문서에서도 일본 프로그램이 미국에 통합된 과정은 쉽게 드러나지 않는다

일본 커넥션에 대한 침묵에도 불구하고 지난 20년 동안 점진적으로 비밀 해제된 문서들을 통해 미국 생물학전의 정책과 동기, 추진 과정에 대한 그림이 서서히 드러나고 있다. 이 책은 미국·중국·일본·영국·캐나다·유럽 대륙에서의 연구를 종합하고, 그리고 앞선 연구자들의 노고를 빌어 이 그림을 더욱 뚜렷한 내용으로 채우려는 시도이다. 우리의 희망은 완전히 새로운 형태의 폭력을 추가함으로써 현대 전쟁의 범위를 확대한 위기의 시대에 관한 역사 이해를 돕고자 하는 것이다.(『한국전쟁과 미국의 세균전』 저자들의 서문)

(2) 일본의 세균전 전범자 이시이의 지도 받으며 흰쥐·매개곤충 실험

페스트·콜레라·탄저병·파상열·야토병 등의 감염 물질은 자신과 타인의 안전에 충분히 주의를 기울일 수 있는 사람이 운반해야 한다.(406의무부대 복무 규정, 도쿄,1947년 연례 보고서)

사람을 무는 습성을 갖고 있는 데다 매개 곤충으로서 엄청난 잠재력이 있는 것으로 알려진 「진디 등에」에 연구의 강조점이 두어졌다.(406의무부대 곤충 분과, 도쿄, 1953년 연례 보고서)

작은 포유류와 새의 체외 기생충을 대상으로 한 우리의 연구는 한국전쟁을 통해 완성됐다.(위 보고서)

보안상의 이유로 비밀 유지가 필요한 연구 결과는 다른 경로로 보고했다.(406의무부대 일반 실험실, 도쿄, 1951년 8월 월례 보고서)

한국전쟁 개전과 함께 생물학전 연구 개발 압력이 높아지면서 극동의무사령부 산하 406의무부대가 매개 곤충 연구의 보고寶庫가 됐다. 406부대는 1946년 요코하마에 있는 아쓰기 해군 항공기지 근처 창고에서 활동을 시작했다. 나중에 도쿄 중심가 미쓰비시 히가시 빌딩에다 본부를 개설했으며 교토에 지부를 열었다.

한국전쟁 기간 동안 406부대는 전투 지역에 실험 인력을 공급하고 지원하는 업무에 개입했다. 부대의 당초 임무는 진료·혈액은행·접종 등 통상적인 의료 서비스를 일본과 한국 주둔 미군 병사에게 제공하는 것이었다. 부차적 임무는 맥아더 장군의 점령군을 도와 민간인들 사이에서 발생할 수 있는 많은 공중보건 문제에 대처하는 것이었다.

406부대는 의무감실 산하 예방의학 부문 책임자인 제임스 사이먼스 준장의 지휘를

받았다. 사이먼스 준장은 이미 10년쯤 전 생물학전 프로그램을 만들 때 배후 추진 세력이었으며, 또한 육군 의무부대가 공격적인 세균전 연구에 참가할 수 있는 구실을 만든 핵심 인물로 기억될 것이다. 406부대 초대 지휘관이자 B형 일본뇌염을 매개하는 곤충에 관한 연구의 권위자인 타이거트 중령(의학 박사)이 1946년 일본에서 본국으로 전보된 일은 아마도 우연이 아니었을 것이다. 타이거트 중령은 미국으로 귀환해 5년 동안 디트릭 기지 의무부대 지휘관으로 근무한 것을 포함해 일련의 고위 연구직을 역임했다. 그들의 관계를 고려할 때 그가 406부대로부터 정기적으로 연구 보고서를 받았을 가능성은 충분히 있어 보인다.

406부대 연례 보고서는 창고에서 출발한 이 부대가 전염병·세균·곤충·바이러스성 질병 및 발진티푸스 등을 망라한 완전한 규모의 실험 기관으로 성장했음을 보여 준다. 1949년 무렵과 한국전쟁 기간 내내 406부대는 생물학무기 시험 및 제조를 위해 매달 흰쥐 2만 마리를 비롯해 기니피그·개구리 등 엄청난 양의 소형 동물을 요청했다. 실험용 소형 동물 중 상당 부분을 이시이 장군의 옛 동료들로부터 공급받았다. 406부대가 미국본토 뿐 아니라 극동의 일본에서도 광범위한 네트워크를 형성해 작업을 진행했음은 '특별 조항'이라 불린 복무 규정을 통해서도 짐작할 수 있다.

복무 규정은 「전염성이 강한 페스트·콜레라·탄저병·파상열·야토병 등의 세균성 물질을 운반할 때는 자신 뿐 아니라 타인의 안전을 지킬 수 있도록 관련 규칙을 숙지한 자로 한정한다」고 되어 있었다. 406부대는 상당한 업무를 일본 국립보건원에 위임했다. 그곳에서는 일본군 세균전 전문가인 와카마쓰 유지로松佑次朗 전 중장이 연구과학자로 재직했으며, 세균전에 참여한 다른 과학자들도 다양한 분야의 책임자로 일하고 있었다. 2차 세계대전 기간 중국에서 생물학전 실험을 실시한 일본군 100부대 사령관을 지낸 와카마쓰 전 중장은 일본 세균전 프로그램에 있어서 이시이와 키타노의 뒤를 잇는 매우 중요한 인물이다.

2차대전이 끝난 뒤 일본 세균전부대의 지휘관들은 의과대학·제약회사, 나중에 녹십자사로 이름이 바뀐 일본 혈액은행 등 공공 및 민간 보건 기관에서 일자리를 구했다. 이들은 일본·중국 그리고 아시아의 다른 일본 점령지 내 군대·대학·공공 의료 기관에서 이시이를 위해 일한 수많은 얼굴 없는 과학자와 기술자들을 지휘하는 위치에 있었던 사람들이다. 미군은 긴급 상황에서 이전의 「이시이 과학자들」에게 도움을 요청했음을 인정한다. 그리고 이들 「이시이 인프라」는 생물학 물질의 연구개발을 지원하고, 부르기만 하면 미국이 이러한 물질을 생물학전에 이용할 수 있도록 도울만한 잠재력을 분명히 보유하고 있었다.

1951년 406부대 지휘관인 리처드 메이슨 대령(군의관)은 모든 소속 부대원에게 12시간짜리 화학·세균·방사능전 과정을 이수하도록 지시했다. 이에 더해 연구부서 인력은 추가로 매주 4시간씩 훈련을 더 받았다. 이수 과목에는 생물학전, 모기 채취법, 모기를 매개로 한 질병, 모기와 말 뇌척수염, 모기와 B형 일본뇌염, 벼룩 식별법, 벼룩과 페스트, 벼룩과 티푸스, 진드기 생물학, 진드기와 바이러스성 질병 등이 포함됐다.

406부대는 광범위한 실험을 일본·한국·오키나와 등지에서 실시했으며, 심지어 1949년 마오쩌둥의 '공산군'이 승리를 거두기 전에는 베이징에서도 실험을 진행했다.

406부대의 가장 큰 과제는 곤충과 관련된 것이었으며, 특별히 매개충媒介蟲으로서 모기 연구에 집중했다. 1946년 부대 창설 이후 중요하고도 지속적인 연구과제는 모기에 의한 B형 일본뇌염의 확산이었으며, 특히 겨울나기에 성공한 모기에 주목했다. 매개 곤충에 관한 연구는 2차 세계대전 당시 일본 과학자들이 이룩한 이전의 성과에 의존했으며, 1951년 여름 406부대 곤충 분과 아래 생태학 팀이 설립되면서 연구가 한층 더 강화되었다. 뇌염은 또한 바이러스성 질병 분과의 주요 연구과제였다.

한국전쟁 전에는 주요 프로젝트로 벼룩과 파리 연구, 말라리아·뎅기열·필라리아병·말뇌염의 매개충인 진드기 연구가 포함됐다. 도쿄에서는 쥐 연구가 진행됐고 디프테리아 연구는 상당한 진척을 이뤘다. 한국전쟁 기간인 1951년엔 일본과 한국의 벼룩·진드기가 406부대 교토 지부 내 '특수 그룹'의 주제였다. 그해엔 B형 일본뇌염의 매개체로서 새에 대한 매우 중요한 조사가 있었다. 설치류도 주요 대상이었다. 한국에서는 주로 북의 인민군 포로가 관련된 살모넬라와 주한 미군사이에 발병한 수두가 관심사였다. 이처럼 매개충 연구는 모기·진드기에서 시작해 벼룩·모래벼룩·이·파리·쥐 등으로 범위가 확대되었다.

1952년 406부대는「이 분야의 지도적인 일본 당국」과의 긴밀한 협조 아래 특별한 연구에 착수했다. 한국과 일본에서 진디등에의 지리적 분포·생태·번식과 무는 습관 등에 관한 것이었다. 이 연구에 강조점이 주어지게 된 이유는 진디등에가 사람을 무는 곤충이며 "질병을 매개하는 곤충으로서 커다란 잠재력을 갖고 있다"는 많은 연구 보고가 있었기 때문이다.

또한 페스트와 쥐티푸스 매개충으로서 벼룩에 관한 연구가 진행됐다. 이 연구는 뒤에 디트릭 기지의 시오도 로즈버리와 캐나다의 리드 박사의 프로그램으로부터 특별한 주목을 받게 된다. 벼룩을 통한 페스트 전염은 이시이에게도 우선 순위 연구 과제였다. 디트릭 기지의 미국 과학자들은 앞선 이시이의 실험 결과를 높이 평가했다. 406부대는 바이러스성 질병과 관련해 진드기 연구도 수행했다.

1947~1953년 동안 연구 대상이 된 다른 질병은 탄저병·파상열·야토병·장티푸스·파라티푸스·이질·주혈흡충병 등이다. 콜레라 프로젝트는 지속적으로 추진돼 1953년 성공적인 백신을 개발했다.

406부대 못지 않게 「8003극동의학연구실험부대 Far East Medical Research Laboratory」에도 주목해야 한다. 8003부대는 우연찮게도 미 공군이 생물학무기 개발 프로그램을 강력하게 밀어붙이던 1952년 봄 도쿄에서 창설됐다. 8003부대는 역사학자들에게 실체가 제대로 알려지지 않았다. 편제는 406부대와 비슷해 세균·전염병·곤충·바이러스성 질병 분과를 갖추고 있었다. 또한 연구 개발팀을 보유했으며 406부대와 실험 설비를 같이 썼다.

8003부대를 둘러싼 모호함은 우선 극동의무사령부 기록에서부터 발견할 수 있는데, 언제 이 부대가 창설됐고 누가 추진했는지가 불분명하다. 창설 날짜에 대해서는 1952년 1월 말부터 3월 말까지 다양한 기록이 나타난다. 어쨌든 8003부대는 1952년 3월 10일 미국의 일본 병참사령부 명령에 의해 설립된 것으로 보인다.

B형 일본뇌염의 매개충 연구를 강화함으로써 406부대의 곤충 분과 생태학 팀을 보완한다는 내용의 설립 계획은 훨씬 전에 수립됐다. 적시(摘示 : 지적指摘하여 제시提示함)된 임무는 「적법한 지휘 계통에 의해 지휘나 승인받은 작전을 수행한다」는 너무나 일반적인 문구여서 구체적인 내용을 파악하기 힘들다. 406부대와 임무가 중복된 별도 기구를 만든 이유가 접근 가능한 기록에서는 정확하게 해명되지 않는다.

분명한 것은 406부대와 함께 8003부대도 군·공공 부문·민간 부문의 각종 보건 기관으로부터 많은 과학자들을 흡수했다는 사실이다. 그해가 끝날 무렵엔 눈에 띌 정도의 지식인 대이동이 일어났다.

○ 406부대 연례 보고서가 지적하듯, "한 해 내내 군과 민간에서 우리 조직으로 사람들이 끊임없이 몰려들었다. 이들은 극동사령부에 도착해 15일에서 그 이상 장기간 머물면서 특정한 의학적 문제를 조사하거나 자문에 응했다." "Annual Report of Medical Service Activities 1952" AMEDD Records 1947~1961)

406부대와 8003부대가 실제로 미국의 생물학전 프로그램에 관여했는지는 현재로서는 추측 수준에 머물러 있다. 그러나 비록 연결 고리에 관한 실체 파악에는 성공하지 못했지만 강한 의혹을 제기하지 않을 수 없다. 우선 디트릭 기지와 406·8003 부대간에 형성된 커넥션을 통해 일본에서 수집된 자료가 미 메릴랜드 주 디트릭 기지의 세균무기 연구 팀에 전달되었으리란 점을 들 수 있다. 캐나다 소식통은 또한 캐나다와 미국이 일본에서 백신에 관한 생물학전 프로그램을 공동으로 진행했다고 언급하고 있다.

그동안 가장 큰 주목을 끌어 왔던 소문은 이시이의 세균전부대 과학자들이 406부대의 비호 아래 미군 프로그램에 은밀히 참가하고 있다는 것이었다. 이러한 의혹은 일본에서 유명 작가 모리무라 세이치의 「악마의 폭식」이란 3부작 대중 연극을 통해 극화되기도 했다. 모리무라는 미군 극동사령부 산하 G-2 정보부대가 J2C-406이란 작전명 아래 이시이 과학자들을 미국의 비밀 생물학전 프로그램에 가담시켰으며, 이들은 도쿄 중심부 미쓰비시 빌딩에서 406부대 시설을 함께 사용했다고 묘사한다.

우리 뿐 아니라 츠네이시 케이치·셸던 해리스·피터 윌리엄스·데이비드 월래스 등 많은 이시이 연구자들이 이 같은 커넥션을 입증하고자 노력했으나 구체적인 증거를 확보하는데 실패했다. 그러나 정황 증거는 만족할만한 대답을 얻을 때까지 조사를 반복할 필요가 있을 만큼 충분하다.

이시이의 부하들이 어떻게 미국 생물학전 개발 프로그램에 참가하게 됐는지를 설명하는 모리무라의 픽션fiction(가공의 이야기, 소설)은 이시이 그룹 내에 비밀리에 잠입해 활동 중인 일본 공산당 활동가가 있었다는 '가정'에 근거한다. 미군 정보기관 기록에 따르면 미국이 이시이 장군이 만주에서 추진한 세균전 프로그램의 구체적인 내용을 처음 파악한 경로는 1945년 일본 공산당이 미군 당국에 전달한 메모를 통해서였다. 미국의 저술가 셸던 해리스는 전달된 정보가 "전체로서 매우 믿을만한 수준이어서 만약 이 정보의 신뢰도에 의구심을 표하는 사람이 있다면 한때 생물학전 프로그램에 깊숙이 관여한 '제 발 저린 사람들' 뿐일 것"이라고 말한다.

이시이가 미국과의 협상을 성사시킨 게 명백해지면서 이시이 그룹 내부의 공산주의자들이 그룹 내에 잔류키로 했으리란 상황은 충분히 그려봄직하다. 우리는 현재의 일본 공산당 지도부와 접촉해 이러한 가정을 입증하려고 시도했으나 실패했다. 다만 당시 활동가로서 우리에게 도움을 줄 수 있는 인물과는 모든 연락이 끊어진 상태라는 답변만을 들었다.

부대 자체 기록에 의하면 406부대는 1951년 일본인 1백7명을 포함해 3백9명의 인력을 보유하고 있었다. 이들의 업무 범위는 고급 과학자로부터 실험실 기술자·보조원·운전사·실험동물 관리인·통역·기계공·안내 및 관리인까지 망라됐다. 1년 사이에 전체 일본인 직원의 절반 가량이 업무에 대한 불만으로 교체되는, 상대적으로 급속한 인적 구성의 변화가 있었다. 일본인 직원 대부분이 영어를 상당한 수준까지 이해했으나 406부대 지휘 장교는 "명령을 알아듣지 못하는 것이 명령 불이행의 주된 이유였다"고 불평했다.

이것은 한국전쟁에 반대하는 일본 공산당이 406부대 내에 조직원을 심어 놓기에 매우 이상적인 환경이었다. 「미국의 세균전 기지가 도쿄 중심부에 자리잡고 있다」는 제목으로 1952년 일본 평화협의회가 작성한 한 팸플릿은 "페스트·콜레라·성홍열·이질·뇌수막염 등 전염병 세균에 감염돼 매개충 역할을 할 수 있는 곤충들이 잘 포장돼 미국 디트릭 기지로부터 실험을 위해 지시와 함께 정기적으로 거기에 수송되고 있다"고 지적했다. 그러면 파견대인 406부대는 즉시 세균의 대량 배양에 돌입한다는 것이다.

공산당원으로 맥아더 사령부에서 일하다 1947년 좌익 대숙청 때 쫓겨난 타구치 신키치는 좌익 침투로 간주할 수 있는 대표적 사례로 우리의 주목을 끌었다. 맥아더 사령부에서 쫓겨난 뒤 그는 사이타마현에서 살았는데, 사이타마는 406부대가 쓰는 실험용 동물 대부분을 공급하는 지역이었다. 타구치는 기니피그 생산에 뛰어들었으며 생산자조직에도 가입했다. 또한 그곳에서 병원도 설립했는데, 그곳 원장은 이시이의 731부대 출신이었다. 모리무라의 소설은 사이타마의 일본 실험동물연구소가 406부대의 세균전 활동을 은폐하는 한편 406부대에, 세균무기를 검증하고 배양하기 위한 설치류를 비밀리에 공급했다고 적고 있다.

일본 생물학전 프로그램에 참가한 과학자들은 조선에서 출혈열이 대거 발병했을 때 406부대와 8003부대 소속 미군 의사들을 도왔다. 매우 이례적인 최초 발병은 1951년 4월이었으며, 1년 뒤인 1952년 5~6월에 다시 미군들 사이에 크게 번졌다. 병은 38도선 북쪽 적군과 대치하고 있는 주요 전선에서 잇달아 발생했다.

그 지역은 1950년 미군이 북진하면서 통과한 적이 있으며, 1951년 봄엔 전투가 거듭된 전장이었고, 1952년 발병 당시에는 미군 점령지였다. 미 군의관들은 전염병 치료에는 실질적인 성공을 거뒀으나 병의 성격을 규명하거나 매개체와 병원체를 분리해내는데는 실패했다. 바이러스가 질병을 유발했다는 상당한 증거가 수집됐고, 쥐에 기생하는 진드기가 가장 유력한 감염 경로로 추정됐으나 몇몇 동물 실험 결과 연관성을 확증하는데 실패했다.

406부대 보고서에 따르면 더욱 의미심장하게도 406부대 과학자들은 미군들 사이에 감염이 대대적으로 확산된 1952년 봄 이전인 1951년에 출혈열을 대상으로 이미 연구 작업을 진행하고 있었다. 또한 병원체를 조사하는 초기 단계에 경험이 많은 일본인 인력의 비중을 배가했으며, 그 중에는 카사하라 시로가 포함됐다. 카사하라는 이시이의 731부대 구성원으로 미군 당국으로부터 자신의 연구 결과를 대외적으로 공표하는 것을 금지 당했다. 연구 결과 중에는 지원자에게 접종을 받게 해서 출혈열을 감염시킨 사례도 있었다.

1951년에 발병하기 시작한 출혈열에 관해 이처럼 일찍 연구를 한 논리적 근거는 무엇이었는가. 406부대 소속으로 예방의학 전공인 존 크레이그 대위와 또 다른 전염병 전문가는 "조선에서 그 질병과 조우하게 될 가능성"을 일찍부터 알게 됐다. 그때까지 조선에서는 출혈열이 발생한 적이 없었다. 세계에서 출혈열이 확인된 두 곳 가운데 한 곳은 만주의 작은 지역으로 1945년까지 15년 동안 일본이 지배했던 지역이다.

이것은 이주민 혹은 적군이 출혈열을 남쪽으로 가져왔을 가능성을 제기했다. 가능성은 가능성일 뿐 의문은 풀리지 않았다. 그러나 미군 전염병 전문가들이 모든 가능성을 샅샅이 점검해야 한다는 점에는 의문의 여지가 없었다. 크레이그는 나중에 드러나듯 조심을 거듭했다. 크레이그 대위는 1951년 8월 406부대 월례 보고서에서 "새로운 연구 결과 이곳의 질병은 랩토스피라병으로 사료되나 일본인들이 유행성 출혈열이라고 묘사한 병과도 닮았다"고 적었다. 이러한 기술 앞에는 "보안상의 이유로 비밀 유지가 필요한 연구 결과는 다른 경로로 보고했다"는 문구가 있다. '다른 경로'는 만일 아직 존재한다 해도 여지껏 역사학자들에게 접근이 금지된 상태로 남아있다.

그렇다면 랩토스피라병과 출혈열 사이의 이러한 연계가 이시이 과학지들이 1951년 406부대의 세균 연구에 깊숙이 개입한 결과 때문이 아닌가 하는 의문이 들게 된다. 여기서 개입은 부대 내에서의 공동 작업뿐 아니라 부대 외부에서 이뤄지는 협력 작업까지를 뜻한다. 또 다른 의문은 미군 생물학전 연구자들이 출혈열에 관한 일본인들의 기존 연구를 십분 활용했기 때문에 이 질병에 대해 소상히 파악할 수 있었는가 하는 점이다. 현재까지 화학부대 기록에서는 이 같은 추론을 확증해 줄만한 아무런 증거가 없다.

어쨌든 출혈열에 관한 연구는 신속하게 진행됐다. 1951년 4월 단 한 건의 치명적인 사례를 발견한 것만으로 406부대는 즉각 주요 관심사로 이 질병을 연구하기 위해 역학과를 만들었다. 크레이그 대위의 요청을 받아들여 406부대는 일본 쪽 정보를 수집했다. 미 극동사령부 산하 의무사령부는 키타노·카사하라 외에 생리학자 이시카와 타치오마루·다미야 다케오 등 이시이의 731생물학전부대와 연관을 맺은 사람들을 인터뷰했다.

406부대 과학자들은 또한 출혈열을 발견한 토코로 야스오 박사의 연구를 활용했다. 문학 작품에서는 최소한 이시카와가 부대로 불려가 슬라이드 필름을 보면서 자문에 응한 것으로 묘사되고 있다. 자문 결과는 의무사령부 소속 랄프 타카미 대위에 의해 보고서로 번역, 정리돼 1951년 8월 극동사령부 내에 배포됐다. 출혈열에 대처하기 위해 8003부대도 투입돼 최소한 406부대 곤충 분과를 부분적으로 지원한 것으로 보인다.

단 한 가지 사례가 보고된 것만으로 왜 이렇게 요란 법석을 떤 것일까? 731부대 연구 결과를 406부대와 8003부대를 거쳐 미군 생물학전 프로그램으로 이전하는 체계적인 자문 과정이 마련됐음을 의미하는 것은 아닌가 하는 강한 물음이 나올 법하다.

미 육군 의무부대가 생물학전의 현장 연구에 개입했다는 의구심을 품게 하는 두 가지 사건이 있다. 두 사건 모두 일본 맥아더 군정에서 공중보건 및 복지담당 수석 보좌관을 지낸 크로포트 샘스 준장(Brigadier General Crawford Sams) 주변에서 발생한다. 샘스 준장은 친구인 더글러스 맥아더 장군의 후광을 업고 육군 군의감까지 평탄한 출세 가도를 달릴 수 있을 것으로 기대됐다. 그러나 트루먼 대통령이 1951년 4월 맥아더를 해임하면서 맥아더 인맥은 몰락 위기에 처했으며 샘스 준장의 앞길에도 먹구름이 끼게 됐다.

샘스 준장은 행동을 통해 막힌 길을 뚫었다. 그는 적 전선의 배후 작전을 지휘했는데, 이는 미국이 한국전쟁에서 얻은 교훈의 일부가 됐으며, 또한 의무부대의 다양한 역할과 관련해 많은 시사점을 주고 있다. 1951년 3월 어느 날 밤, 샘스 준장은 소수의 부하들과 함께 실험장비를 탑재한 상륙정을 타고 조선 영해로 들어가 해안에 접근했다. 샘스의 공식 기록에 따르면 임무는 원산지역 중국군부대에서 선페스트가 발병했다는 첩보원의 보고를 확인하기 위한 것이었다. 선페스트 발병이 사실이라면 미군과 유엔군 병사들에 대한 면역 대책을 마련해야 했다.

한국에서 미군의무부대의 역사를 연구한 사학자 앨버트 카우드리에 따르면 페스트는 면역 기간이 3~4개월에 불과한 탓에 당시 미군과 유엔군은 페스트 예방접종을 받지 않았으며, 백신 재고도 소량밖에 없었기 때문이다. 샘스 준장의 임무는 병에 걸린 적군 병사를 마취해 상륙정으로 납치한 다음 실험을 실시하는 것이었다. 그러나 바닷가에 상륙해 첩보원과 접선한 샘스 준장은 상당한 과학 교육을 받은 첩보원으로부터 전염병은 페스트가 아니고 출혈성 수두라는 수정 정보를 받았다. 당연히 납치는 실행에 옮겨지지 않았다.

이러한 그저 그런 얘기가 오랫동안 비밀문서로 분류돼 있었다는 사실을 알면 독자들은 놀랄 것이다. 비밀 해제를 할 수 없었던 것에 대한 공식적인 해명은 적군 병사를 마취해 납치하려고 한 샘스 준장의 기도가 "군의관 윤리에 어긋나는 것으로 비쳐질 수 있고… 결과적으로 미군 군의관 전체의 명예에 손상을 가할 수 있을 것으로 우려했기 때문"이었다. 또한 비밀 해제로 미국의 이미지가 국제적으로 손상 될 것을 우려했기 때문이라고 주장했다.

"샘스 장군이 투약 의사가 없는 환자에게 약물 사용을 계획한 것은 불필요했으며, 그 자체로 비윤리적 행동이 될 수 있다. 또한 병원에 강제로 침입해 투병 중인 환자에게 몰핀을 사용한 뒤 납치하려고 샘스 장군이 계획한 것은 제네바협약과 지상전 교전 수칙의 명백한 위반이다. 단순화 하면 미국이 '전쟁범죄'를 조장한 셈이었다."

비밀 해제 요청을 거부한 해명 문안이, 미군이 공개를 거부하고자 했던 모든 내용을 다 시인한 것은 참으로 흥미로운 일이다. 드러난 기록 이외에 비밀스런 내용이 더 있는 것이 아닌가 하는 의심이 드는 게 당연해 보인다. 그러나 샘스 준장에게 기록 외 다른 임무가 더 있었음을 보여 줄 수 있는 활용 가능한 증거는 없다.

다른 사건 역시 샘스의 실험실로 개조한 해군상륙정과 관련이 있으며 남한 거제도 포로수용소에서 적군 전쟁 포로를 대상으로 생물학전 연구를 수행했다는 의혹을 낳고 있다. 상륙정에서 행한 실험은 수용소에 만연한 이질에 대처하기 위해서였다는 게 미국측 주장이었다. 그러나 조선과 중국은 물론 한국전쟁 연구자들도 미국이 포로들을 세균전을 위한 실험 대상으로 사용했다고 비난했다.

실험선의 활동은 미국 언론에 일부 포착됐는데 『뉴스위크』 1951년 4월 9일자는 적군의 주장을 보도하면서 "실험 장비를 적재한 보병 상륙정에서 많은 중국 공산군들을 대상으로 선페스트 관련 실험을 했다"고 언급했다. 또 『AP통신』은 보병 상륙정 1097호 선상에서 거제 포로수용소 환자들의 구강과 항문에서 채취한 가검물을 대상으로 매일 3천 건 가량의 시험이 이뤄지고 있다고 1951년 5월 18일 보도했다.

미국 열대의학회에서 발행하는 『열대 의학과 위생 저널』 1952년 1월 호에는 짧은 학술 논문 한 편이 게재돼 '전염병 통제선'으로 알려진 실험선이 거제도에서 무슨 일을 했는가에 대해 역시 의문을 제기했다. 논문은 전쟁 포로들 사이에서 발생한 이례적인 전염병, 즉 이질dysentery(설사병 痢疾)에 관한 내용을 담고 있다. 논문은 전염병 발생 장소를 명시하지 않았지만 필자인 하디·메이슨·마틴 박사는 거제도에 설치된 극동사령부 산하 「제64야전병원 이질합동대책반」 구성원들이었다.

포로들 사이에서 이질은 1951년 초에 발생해 1년간 지속됐다. 우리는 여러 언론보도를 통해서 실험선이 최소한 1951년 초에는 거제도에 배치됐음을 확인할 수 있었다. 또한 군의관들도 전염병이 터졌을 때 이미 실험선이 현장에 있었다고 증언했다. 이들은 한결같이 "그 전염병의 가장 이례적인 특징은 그 규모였다"고 말했다.

이질은 발병과 함께 1백61명의 입원 환자와 8백 명 가량의 경증 환자를 발생시켰으며 입원 환자의 치사율이 9퍼센트에 이르러 곧바로 매우 중요한 전염병으로 취급됐다. 발병 후 4개월 동안 매일 이 정도 수준의 피해가 보고됐다. 기세가 수그러든 뒤에도 전염병은 지속돼 총 1년을 끌었다. 말하자면 1백50개 주요 전염병이 하나로 응축되어 나타난 형국이었다.

발병 후 4개월 동안 놀랍게도 1만9천3백20명의 입원 환자가 생겼으며, 가벼운 증세를 보인 환자는 10만 명에 달했고, 치사율은 9퍼센트였다. 군의관들은 통상 전염병에서 하나의 병원체가 나타나는 일반적인 상황과 매우 다른 특수한 사례를 목격한다. "매일… 시겔라(이질균의 전형종典型種)의 여러 변종에서 기인한 아메바성 이질, 바실루스(간상균桿狀菌)성 이질이 뒤섞인 사례가 있었다. 게다가 거제도의 이질은 단순히 설사만 수반하는 미국 내 이질과는 여러 모로 달랐다. 병상 기록을 살펴보면 포로수용소를 휩쓴 전염병균이 매우 독성이 강했음을 알 수 있다. 논문 필자들은 미국에서 성인이 이질에 걸렸을 때 시겔라만 확인하면 되는 '상대적으로 손쉬운 절차와는 대조적으로' 한국에서는 "의심스런 세균의 종류가 너무 많았다"고 기술했다.

군의관들은 6개월에 걸친 정교하고 광범위한 시험 프로그램에 대해 묘사했으며, 이러한 과정을 통해 무수한 세균을 비교할 수 있었다고 언급했다. 또한 대대적인 전염병 발발이 귀중한 과학 지식을 매우 빨리 축적할 수 있는 기회를 제공했다고 평가했다. 그들은 또 "'전염병 통제선'이 훌륭한 장비를 갖춘 떠다니는 실험실로… 이미 거기 있었으며, 바로 전염병 발생 장소에서 즉시 필요한 연구를 시작할 수 있게 해줬다"고 기술했다. 논문 필자들은 몰랐을 테지만 '떠다니는 실험실'은 아마도 「질병 검사와 감염 유발」이란 이중 역할을 수행했을 것이다.

가장 큰 의문은 현대적인 의료장비와 항생제, 정밀하고 광범위한 의료 프로그램을 수중에 넣고도 왜 그렇게 치사율이 높았는가 하는 점이다. 또 전염병이 왜 그렇게 널리 퍼졌으며 1년이란 비정상적으로 긴 기간 동안 지속됐을까도 의문 사항이다. 406부대와 극동의무사령부가 열대 이질을 퇴치할만한 충분한 지식을 갖고 있지 못한 게 아니었을까. 그렇다면 그렇게 공을 들인 검사 프로그램을 필요로 한 이유는 무엇일까. 꼬리를 무는 다른 의혹은 논문에서 지적했듯 "전염병은 발병하고 4개월이 지나서야 워싱턴의 책임 있는 당국자에게 보고됐다"는 사실이다.

이상의 의문은 1950년 12월 5일 미 국방부 생물학전위원회에서 제시한 지침에 비추어 고려되어야 한다. 지침은 "중요한 생물학전 질병에 대한 면역 증거를 찾기 위한 군 프로그램은 적군 도망자나 전쟁 포로를 대상으로 실시되어야 한다"고 촉구했다.

디트릭 기지에서 한 때 연구개발부서의 기술국장을 지낸 시오도 로즈버리 박사가 곤충을 매개로 한 이질 확산에 대해 특별한 관심을 갖고 있었다는 점도 이러한 맥락에서 살펴봐야 한다. 또한 2차 세계대전 후 첫 번째 프로젝트로 티푸스-이질 세균과 관련한 매개충 연구를 선택한 캐나다 생물학전 프로그램 책임자인 리드 박사도 함께 주목해야 한다. 1947년 리드 박사는 자신이 현재의 면역 수단을 우회할 수 있는 새로운 종류의 이질균을 연구하고 있다고 밝혔다. 리드 박사가 작성한 이 같은 내용의 보고서는 1949년 미국 생물학전 프로그램에 제출된 많은 보고서 중 하나다.

극동사령부 산하 미 육군 의무부대가 406부대와 8003부대를 통해 실험 인프라를 구축해 매개 곤충 및 설치류 숙주에 대한 광범위한 연구를 진행한 뒤 그 결과를 생물학전을 개발 중인 디트릭 기지로 보냈다는 데는 의심의 여지가 없다.(설치류齧齒類·쥐목目: 송곳니가 없고 앞니가 발달하여 물건을 잘 쏢(쏜다). 초식성으로 겁이 많으나 민첩, 번식력이 강함. 기생충寄生蟲의 숙주宿主로 매개체가 될 수 있다. 쥐·다람쥐)

1950년 12월 12일 극동사령부 산하 육군 의무부대는 정보기관인 G-2에 보낸 메모를 통해 생물학전 연구에 있어 화학부대와 협력을 다짐하는 한편 자대의 역할을 다음과 같이 규정했다.

화학부대와 의무부대 간 지속적 협력은 생물학전에 있어 잠재적인 위험과 작전을 평가 하는데 있어 필수적이다. 이러한 협력 관계가 지속될 것이란 점은 분명하다. 의무부대는 모든 전염병의 관할권을 자대에 맡겨준 것을 바람직하다고 평가하며, 이는 생물학전 관점에서 뿐만 아니라 보편적인 의료 서비스를 위해서도 긴요하다.

이 메모는 또한 세균전 계획 수립이 방어 목적에 국한한다는 기준을 설정하고 있지만, 우리는 미국 군사 정책에 관한 여러 문건을 통해서 '방어 목적'이란 수사修辭(표현·말·문장) 아래 비밀스런 공격 전략이 숨어있음을 알고 있다. 또한 생물학전 세균 연구 개발 프로그램이 존재했으며, 여기에 의무부대가 관련되어 있음을 알고 있다. 의무부대의 협력 다짐은 미8군이 압록강에서 후퇴하면서 위기가 고조되던 시기에 나왔다. 당시 맥아더는 합동참모본부에 중국군을 저지할 수 없다고 말했으며 합참과 트루먼 대통령은 심각한 패배를 방지할 수 있는 유일한 수단이라면 핵무기 사용도 고려하겠다는 입장이었다..

미국의 부인과는 반대로 만일 미국 정부가 선택만 한다면 생물학전을 수행하기 위한 풍부한 이론적 지식과 실질적인 수단을 충분히 갖고 있었다는 점이다. 미국이 한국전쟁에서 생물학무기를 사용했다는 중국과 조선의 주장은 충분한 가능성의 영역에 있었다. 중국군에 포로로 붙잡혀 생물학전 목적으로 매개충을 살포했다고 자백한 워커 마후린 공군 대령은 나중에 자신의 자백을 철회했다. 석방돼 고향으로 돌아온 마후린 대령은 미국인들에게 "세균전을 위해 벼룩·파리·모기를 사용했다"는 주장은 완전히 터무니없는 것이며 서툰 날조라고 주장했다. 그것은 이솝 우화에서 도둑이 도둑을 꾸짖는 것과 같았다.

○ ABC무기 : 원자 Atomic · 생물 Biological · 화학 Chemical 무기를 뜻하며 화생방

CBR 무기와 같은 용어. 국제조약으로 금지되어 있다.

(3) 북측의 격추로 포로가 된 미 공군 조종사들의 세균전 자백

오랜 심문으로 심신이 지쳐가고, 그들이 내 사고 과정에 영향을 미치기 시작했을 때… 나는 무심코 메릴랜드 주 프레더릭에 있는 디트릭 기지를 방문한 적이 있다고 말해 버렸다. 당연히, 이것은 그들이 원하던 것이었고, 나에게 방문 내용을 자세히 쓰라고 강요했다. 기지에 관한 정보를 얻고나자 그들은 모두 자백하라며 꽤 심한 압박을 가하기 시작했다.(워커 마후린 공군 대령, 포로 대표, 미 공군 조종사, 1953년 본국 송환 후의 진술)

그는 계속해서 내 생각과 감정, 공산주의에 관한 견해 등 흔한 이야기를 집요하게 물었다. 이미 정서적으로 많이 위축돼 싸울 기력이 없는 사람에게 이러한 상황이 어떤 영향을 미치는지 조리 있게 쓸 수가 없다.(존 퀸 중위, 미 공군 조종사, 1953년 본국 송환 후의 진술)

미군 장교들의 인성에 대해 한마디 하자면, 그들은 매우 유순하다. 나는 여러 해 동안 많은 미군 장교들을 상대했다. 그들은 심하게 다루지 않아도 쉽게 마음을 비운다. 그것도 굉장히 빠르게 바뀐다. 영국 장교들은 다르다. 영국 장교들의 주장을 꺾는 일은 쉽지 않다.(주춘, 전 정치 장교, 한국전쟁 당시 중국 인민지원군, 포로수용소 사단 본부, 1996년 저자와의 인터뷰에서)

소위 '세균전' 관련 자백은 공산주의자들이 만든 거대하고 계산된 거짓말 책동이다.(찰스 메이요 박사, UN 주재 미 대리 대사, 1953년 10월 26일 UN에서)

조선전쟁 당시 인민군과 중국군에 의해 격추 당해 포로로 잡힌 미 공군 조종사들 가운데 많은 숫자가 세균전 공격에 가담했다는 자술서를 썼다. 그들 중 일부는 1951년 말에 세균전에 가담했다고 진술했다. 중국군 정보부대는 이 자술서를 미군의 생물학전 실험 개시를 입증하는 여러 증거에 대한 확증 수단으로 사용했다. 25개 자술서는 대외에 공표됐다. 자술서를 작성한 조종사들은 모두 나중에 미국으로 송환된 뒤 자백이 거짓이며 협박에 의한 것이라고 부인했다. 이 글에서는 미군 포로들이 남긴 증거물을 미 제5공군의 예기치 않은 기록과 함께, 중국과 서방 양쪽의 관점에서 살펴본다.(스티븐 엔디콧·에드워드 해거먼 저, 안치용·박성휴 역 『한국전쟁과 세균전』중심 2003)

중국군은 벽동碧潼 근처 압록강변 여러 곳에서 포로수용소를 운영했다. 이중 빙장리 수용소에는 남한군을 제외한 미국·영국·호주·터키 등의 장교들이 수용돼 있었다. 포로들의 병과는 다양했으며, 1952년 봄쯤에는 수용 인원이 약 3백 명에 이르렀다.

"수비 중대가 포로들을 용이하게 통제할 수 있도록 높지는 않았지만 가시 돋힌 철책이 수용소를 빙 둘러처져 있었다"고 주춘은 회상했다. 그는 1951년부터 1953년까지 북조선에 파견된 중국 인민지원군 총정치국 소속 포로수용소 사단 본부 정치장교로 일했다.
(요크대학의 「한국전 구술사 프로젝트Oral History Project on the Korean War」를 위해서 스티
븐 엔디콧이 1996년 3월 27일 베이징에서 중국국제전략연구소 부소장인 주춘 교수와 가진 인터뷰)

중키에 악수할 때 손을 꽉 잡고 느긋하게 말하는 주 교수는 1996년 인터뷰 당시 71세
였다. 중국국제전략연구소CIISS의 부소장인 그는 매일 자전거를 타고 출퇴근하는 것으
로 건강을 유지했다. 주 교수는 1952년 세균전을 자백한 36명의 미 공군 포로 장교들을
심문한 사람들 중 한 명이었다. 그는 우리의 질문을 반갑게 여겼지만 40년의 세월이 기
억을 희미하게 만들었을 수도 있다고 주의를 줬다. 그는 가장 먼저 포로가 된 존 퀸 중위
와 케네스 에녹 중위는 자신이 직접 심문한 것이 확실하다고 증언했고, 사진을 본 후 찰
스 커 중위와 조지 브룩스 중위에 대해서는 확실치는 않지만 심문을 한 것 같다고 말했
다.

젊은 시절 주 교수는 상하이上海 푸단대학에서 저널리즘과 영문학을 전공했다.(그는 자
신의 영어가 녹슬었다고 말했으나 알아들을 만했다.) 그는 졸업 후 1년 반 동안 쓰촨성四川省 충
칭에서 일하다가 1951년 7월에 26세의 나이로 인민지원군 포로수용소 사단 소속으로
조선에 도착했다.

"빙장리의 포로수용소를 운영하기 위해서 20명의 중국군 장교와 수비 중대가 주둔해
있었다"고 그는 회상했다. 장교들은 2개 소대로 편제됐다. 첫 번째 소대는 포로에게 필
요한 물자를 보급하는 등 수용소 내 행정 담당이었고, 더 많은 인원이 배정된 다른 쪽 소
대는 나를 포함해 모두 영어로 말할 줄 아는 사람들을 배속시켜 정치 문제를 처리했다.

그는 수용소 건물을 "굉장히 낙후되었으나 거주할 만한 곳"으로 기억했다. 수용소는
이전에 학교 자리였다. 안쪽에는 전형적인 조선식 건물에서 볼 수 있는 기와를 얹은 목
조 건물들이 서 있었다. 바깥쪽은 농구・축구・야구를 할 수 있는 운동장이 있었다.

세균전에 참가한 것으로 추정되는 미 공군 장교들은 자술서 작성을 요구받았다. 다른
장교들에 대한 중국군의 정보 수집 방법은 구술을 통해서였다.

1952년 1월 이후 생포된 모든 미 공군 장교들로부터 세균전 자백을 받아냈느냐는 질
문에 주 교수는 아니라고 대답했다. 그는 "지금은 정확하게 말하기 어렵지만 약 10~20
퍼센트 정도였다. 우리는 그들과 얼마간 얘기해 보고 정보를 얻은 후 누구에게 물어볼지
결정했다"고 말했다. 주 교수는 포로들이 자술서를 썼던 환경에 관해서 설명했다.

포로들이 처음 우리 수용소로 오면 신상 정보를 묻는 양식을 나눠주고 가족, 입대 이전의
삶, 군 경력, 사회 경력 및 소속정당(해당자만)을 채우게 했다. 이것은 행정 장교들이 사용하

기 위한 것이었다. 그리고 며칠 후에는 정치 소대의 장교들이 포로를 한 명씩 불러서 인터뷰했다. 인터뷰는 1~2시간, 하루 종일, 어떨 때는 며칠씩 걸리기도 했다. 세균전에 참가했다고 판단되는 포로들에게는 자술서를 쓰도록 요구했다. 그들은 사무실에서 바로 자술서를 작성했다. 끝나면 자술서를 제출한 후 막사로 돌아갔다. 우리는 자술서를 읽고 나서 하루 이틀 뒤에 다시 포로들을 불러 더 상세하고 포괄적인 사항을 추가하도록 요구했다. 포로들이 알고 있는 모든 것을 털어놓았다고 판단될 때까지 이 과정이 계속됐다.

포로였던 미 공군 장교들이 1953년이나 수년 후 본국에 송환된 뒤 진술한 내용을 들으면서 주 교수는 경멸에서부터 어떤 부분에 대해서는 완강하게 부정하고 고개를 끄덕이거나 심지어 웃음을 띠기까지 하는 등 다양한 반응을 보였다. 이들은 나쁜 대우, 형편없는 음식, 몇 달간의 독방 감금, 정신적 학대 그리고 한 사례에 있어서는 구타에 시달려 세균전 자백을 요구하는 중국군에게 굴복했다고 말했다. 그들은 군 상사들과 미국의 대중들에게 거짓으로 자백했다고 확인했다. 그들은 미국의 생물학전 수행에 대해 아는 것이 전혀 없었다고 말했다.(에드워드 해거먼이 「한국전 구술사 프로젝트」를 위해서 1996년 1월 26일 플로리다 사라소타에서 하워드 히첸스 2세와 가진 인터뷰)

주 교수는 그가 들은 것에 대해 "이들이 말한 것들 중 많은 부분은 사실이 아니다"라고 반응했으며, 포로들의 처우에 대한 설명에도 이견을 보였다.

미군 장교들의 인성에 대해 한마디 하겠다. 나는 여러 해 동안 많은 미군 장교들을 만났다. 그들은 굉장히 유순하다. 그들의 마음을 바꾸도록 하기 위해 많은 압박을 가할 필요가 없다. 금방 마음을 바꾼다. 영국군 장교들은 다르다. 그들이 당신과 생각이 다를 때 그들의 견해를 바꾸기란 쉬운 일이 아니다.… 우리는 1952년 미 공군이 세균폭탄을 투하하고 있다는 것을 알았을 때, 미군장교들에게 이 문제를 물어보기로 결정했으며, 사실을 아는 사람으로부터는 공표할 수 있도록 서면 진술을 받으려 했다.

어떻게 자술서를 쓰게 만들었는가에 대해서 그는 이렇게 설명했다.

우리는 그들을 사무실로 불렀다. 그들과 개별적으로 인내심을 갖고 대화했다. 처음에 그들은 아무 말도 하고 싶어 하지 않았다. 그러나 우리에게는 증거가 있었다. 밖에는 눈이 오고 있었고, 땅에는 눈이 쌓였으며, 우리 군은 땅에서 세균에 감염된 곤충들을 발견하고 있었다. 그렇다. 우리로부터 압력이 있었다.

우리는 포로들에게 발견한 세균폭탄들에 대해 알려줬다. 우리는 이런 범죄 행위가 가져올 결과를 주지시켰다. 우리는 그들이 공군에 입대한 후 어디에서 근무했는지, 어떤 일들을 했는지 모두 서면으로 작성하라고 말했다. 포로들은 대개 불충분하고 여기저기 애매한 구석이 있는 자술서를 써서 제출했다. 우리는 추가 질문을 했고 그들은 사무실로 불려와 다시 더 많은 것을 작성했다.

우리는 그들을 심문했고, 그들은 우리를 두려워하는 것 같았다. 우리는 그들과 이성적으로 대화했고, 우리의 원칙을 이야기해 주었다. 우리가 왜 조선에 자원해서 왔는지 설명했다. 우리가 조선과 함께 공동으로 수력발전소를 운영하는 압록강 국경에 미군이 근접하게 되면 우리는 국익과 주권을 보호하기 위해 참전할 수밖에 없다는 사실을, 저우언리이 총리가 인도 대사를 통해 미국에게 경고했다는 사실도 상기시켰다.

우리는 물었다. "만일 적대적인 외국 군대가 너희 나라 국경에 접근한다면 어떻게 느끼고 어떤 행동을 취할 것인가?" 그들은 이해하는 것 같았다. 그들은 아주 쉽게 굴복했다. 뒤에 그들은 막사의 동료들에게 돌아가서는 우리에게 굴복하지 않은 것처럼 행세했다. 그리고 우리 뒤에서는 우리를 비난했다. 그러나 우리는 그들의 자술서를 가지고 있었다. 한 명씩, 그들이 아는 것을 말하게 하기는 아주 쉬웠다.

그 다음 주 교수에게 자본주의와 사회주의의 차이, 중국에서의 외국 제국주의의 역사 등에 대해 포로들과 대화하려 시도했는지 물었다.

그렇다. 그런 얘기를 했을 것이며, 특히 초기에 더 그랬을 것이다. 이 주제로 강의를 했다. 그러나 나중에는 하지 않았다. 우리는 그들을 설득시킬 수 없다는 사실을 알았다. 원하면 읽을 수 있도록 다양한 잡지를 그들 주변에 비치해 놓았다. 우리는 대부분의 시간을 운동과 여가 활동으로 보내도록 허용했다. 어떤 경우에는, 특히 성탄절이나 부활절에는 포로들이 자신들의 소중한 전통을 지킬 수 있도록 배려해 주려고 애썼다.

주 교수는 인터뷰를 끝내고 자전거에 올라타려고 하면서 자신이 심문한 포로 중 한 사람인 앤터니 파러 호클리 장군(당시 대위)이 중국 재방문 의사를 밝힌 적이 있다고 무심코 말했다. 주 교수는 친구를 통해 그가 중국에 체류하는 동안 주 교수의 연구소로 초대하겠다는 메시지를 보냈지만 그때까지 답장을 받지 못했다.

영국의 한국전쟁 참전에 관한 공식적인 전사를 쓰기 전에, 파러 호클리 장군은 한국전쟁 당시의 포로 경험을 소재로 한 선정적인 문체의 『칼날』이란 책을 집필했다. 1954년에 첫 출간된 이 책은 냉전 초기의 언어와 이미지, 좋은 편과 나쁜 편으로 나누는 단순한 이념적 진실, 빙장리의 중국군에 의해 행해진 거짓말과 야만에 관한 내용으로 가득 하다. 이 책에서 그는 중국군을 '누리끼리한 얼굴' '개구리 눈' '사악한 난쟁이' '철저한 거짓말쟁이' '목적이 수단을 정당화한다고 믿는 진지한 사회주의자' '이름도 발음하기 힘든 더러운 꼬마' 등으로 다양하게 묘사했다.

포로수용소 소장인 딩산은 "중국인 치고도 작고 뱀처럼 반짝이는 눈"을 가지고 있었고 그의 부하들은 불행한 포로들에게 뱀처럼 씩씩댔다. 그로부터 수년 뒤 냉전이 한풀 꺾이고 난 후에 파러 호클리는 중국군에 대한 비난 수위를 낮췄다. "수용소 내에서 중국인에 의한 심한 물리적 폭행 같은 것은 없었다. 오히려 그 반대로 중국군은 잘 훈련된 모습을 보이고 있었다.… 수용소의 전반적인 분위기는 우리가 개조되어야 할 '비열한 놈들'이라는 것이었다. 이따금씩 우리는 못된 어린이들이었고 우리 잘못을 인정하고 순응할 때까지 유모가 우리를 혼내는 듯 한 그런 분위기였던 적도 있었다."(템즈 TV와 보스턴의 WGBH 합작, 필립 화이트헤드 Phillip whitehead 제작 및 감독의 『한국 : 알려지지 않은 전쟁 Korea: The Unknown War』에서의 파러 호클리 인터뷰)

심문자 중에 파러 호클리가 어느 정도 경의를 표한 사람이 바로 주 교수였다.

빅Big 주는 다른 범주에 속했다. 그는 특별히 중요한 사안을 다루는 참모진이었다. 심문·훈육 그리고 선전까지 중요하다 싶은 일은 그의 관할 범위에 들었다. 1백75센티미터 정도의 키에 마른 그는 독특한 소리를 내며 걸었다. 빅 주가 어떤 포로를 찾아와 중국식 억양의 유창한 영어를 구사할 때에는 대개 수용소 소장이 그 포로의 호출에 관심을 보이고 있다는 것을 의미했다.(Anthony Farra Hockley, *The Edge of the Swords*, London 1954·1981)

주 교수는 파러 호클리와 글로스터(영국 서남부 도시) 출신인 그의 동료 장교들에 대해 정중하게 말했다.

포로로 붙잡힌 영국 제29글로스터 부대 제1대대 소속 장교들을 알게 됐다. 파러 호클리 대위를 포함해 개인적으로 그들과 접촉했다. 그들 모두는 교육을 매우 잘 받았고 폭넓은 지식을 갖고 있었으며 철저한 군사 훈련을 받은 사람들이었다. 처음에는 굉장한 자부심과 동시에 거부감을 나타냈지만 나중에 대화를 통해 서로를 알게 된 뒤에는 서로 소통할 수 있었다. 우리는 영국군 정보를 물었으나 그들은 강한 사내들이어서 완고하게 거부했다. 그들은 조금씩 풀어졌다.

고정 관념이 없고 이념의 날이 완화된 세상에서 과거 적이었던 이 늙은 두 사람이 베이징에서 만나 그들의 기억을 화해하는 것은 상상 속에서나 가능한 일일 것이다.

주 교수와의 인터뷰 몇 달 전 플로리다 주 사라소타에서 하워드 히첸스 2세는 한국전쟁에서 생물학전에 참가했다고 자백한 미국인 포로 조종사들 중 한 명으로서 자신의 경험을 회고했다. 키가 크고 마른 그는 주 교수처럼 71세였으며 나이에 비해 젊고 건강해 보였다. 그는 한국전쟁 경험과 오랜 미 공군 생활 그리고 냉전 초기와 그 후에 대해 똑똑하고 명료하게, 그리고 쉽게 이야기했다.

2차 세계대전 동안 태평양에서 젊은 조종사로서 3년 반 동안의 임무를 마친 뒤 그는 고향인 델라웨어의 대학으로 돌아왔으며 결혼도 했다. 뉴욕에 있는 콜롬비아 대학에서 석사 과정을 밟고 있던 중 한국전쟁이 발발하면서 B-26 항법사로 참전하게 됐다. 끔찍한 전쟁 포로 경험을 겪었고, 포로 기간 동안 태어난 아이까지 딸린 유부남이었지만, 종전 후 그는 비행에 대한 동경을 접지 못하고 공군에 남는 길을 선택했다.

이런 결정 때문에 생물학무기 사용을 고백한 조종사로서의 그의 경험은 이후 군 경력의 중요한 부분이 됐다. 4년간의 조종술 교관 복무를 끝낸 뒤 그는 콜로라도 스프링스에 새로 생긴 공군사관학교의 창립 교수로 배속 받았다. 그는 거기에 머물며 시라큐스 대학에서 커뮤니케이션 박사 학위를 받았고 12년 뒤 제대할 때까지 공군사관학교에서 커뮤니케이션 과정을 이끌었다.

그는 또한 생물학전에 관해 자백한 이유와 군사 정책에 있어 이것이 지니는 의미를 대중과 10년간 그를 거쳐간 생도들에게 설명할 책임이 있다고 생각했다. 히첸스는 짧든 길든 어떠한 길이의 강연 시간에도 기회가 주어지면 자로 잰듯이 정확하게, 그리고 사명감을 가지고 대중을 상대로 끊임없이 강연했다. 더 중요한 것은 그가 자신의 경험을 공군사관학교의 생존 및 윤리 규범 과정 과목으로 개발했다는 것이다.

그가 고안하고 가르친, 그리고 미 공군도 승인한 이 과정은 주 교수의 회고와 미 육군의 전후 연구 사이의 수렴점이라고 할 수 있다. 주 교수가 히첸스를 심문했을 가능성이 있다. 주 교수는 자신이 심문한 모든 사람들의 이름을 기억하지는 못했지만 사진을 보고서 조지 브룩스를 심문했던 것 같다고 생각했으며, 심문 내용에 따르면 그는 히첸스와 함께 수용된 3명의 조종사 중 한 명이었다. 히첸스는 자신을 주로 심문한 심문관은 지적으로 세련되고, 영어를 잘 구사했으며, 차분하고 이성적인 접근 방식을 사용했다고 묘사했다. 이는 파러 호클리 장군이 묘사한 주 교수와 일치한다.

그러나 히첸스와 주 교수는 포로 처우나 수용소 일상생활의 세부 사항에 대해서는 상당 부분 다르다. 예를 들면 주 교수는 조종사들이 집단으로 수용됐다고 말했으나 히첸스는 각각 분리되어 수용됐다고 주장했다. 주 교수는 조종사들을 심문실로 불러 자술서를 쓰게 했다고 했지만 히첸스는 심문관들이 그들에게 왔다고 말했다. 그럼에도 불구하고 두 사람 모두 미 조종사들이 무너져 내린 이유가 육체적인 학대 때문이 아니라 상황대처 능력에 있어 그들이 정서적으로나 지적으로 성숙하지 못했으며 강인하지도 못했기 때문 이었다는 데 동의했다.

히첸스는 자신은 물론 당시나 그 이후에 대화해 본 수용소 내 다른 조종사들도 구타나 고문이라는 의미에서의 육체적인 학대를 받지 않았다고 주 교수에 동의했다. 물론 다른 조종사들처럼 히첸스도 권리 박탈이나 육체적·정신적 협박의 정도에 대해서는 주 교수 와 다른 견해를 보였다. 하지만 히첸스는 극심한 협박과 스트레스가 있었다는 점에서는 단호했다. 또한 포로들이 자기들에게 무슨 일이 일어나고 있었는지 이해할 만큼 충분히 성숙하고 훈련을 받았더라면 저항할 수도 있었고, 또한 저항했을 것이라고 분명히 밝혔 다. 히첸스는 자백한 다른 사람들과 마찬가지로 자신도, 그리고 대화해 본 다른 사람들 도 단지 당시 가해지는 가혹한 압박을 끝내고픈 생각에서 자백했었다는 데 동의했다고 말했다.

주 교수와 다른 심문관들이 미국 조종사들을 만났을 때의 상황을 언급하면서 히첸스 는 순진하고 세계·정치·전쟁에 대해 무지했던 자신의 배경을 묘사했다. 그와 함께 참 전한 다른 조종사들도 자신과 비슷한 수준이었다고 그는 말했다. 그들은 애국심과 반공 주의적인 시각을 견지했으나 정치에 대해서는 관심이 없었고 지식도 빈약했다. 조종사 들의 관심은 임무를 마치고 집으로 돌아가려는 것뿐이었다. 그들은 그저 맥주와 계란 요 리 그리고 잠자리에 드는 것에 대해서만 대부분 생각했다고 그는 말했다. 그들은 격추 당하는 것에 대해서는 생각하지도 않았고 더욱이 포로로 잡히면 어떤 일에 직면하고 어 떤 행동을 해야 할지에 대해서는 생각도 해보지 않았다.

공군 교육은 이러한 상황에 대비해 그들에게 아무런 준비도 갖춰 주지 않았다. 바로 이러한 빈 틈을 메우는 일에 그는 자신의 군 생활을 바치기로 했다. 적군에게 협력하지 않고 핵심적인 정보를 제공하지 않는다는 군인의 행동 강령을 강조하면서 그는 고문이 나 항거하기 힘든 상황이 아니라면 심문에서 자신이 그랬던 것처럼 행동하지 말라고 다 른 사람들에게 가르쳤다.

조선의 포로수용소에서 미군이 어느 정도까지 협력했는지를 가장 광범위하게 조사한 미 육군 연구는 '세뇌'가 없었으며 구타 내지는 고문 등의 육체적 학대가 미군 포로들 사 이의 고도의 협력 원인이 아니라는 데 동의했다. 원인은 포로들이 스스로 경험하는 상황 에 대처할 수 있는 통찰력과 성숙함이 부족했다는 문화적 배경에 있었으며, 더불어 이를 보충할 만한 군사 훈련이 부족했던 탓이었다. 비록 이 연구가 조종사들과는 여러 측면에서 잘 맞지 않는, 한 전쟁 포로 집단을 다루고 있지만, 평균적으로 이 결론은 유효할 것으로 보인다. 공군이 주요 지침으로 수용한 히첸스의 관찰과 결론은 본질적으로 육군 조사와 동일했다.

히첸스는 심문관들이 그의 자백을 끌어내기 위해 그가 속한 비행 전대 지휘관의 이름을 알고 있다는 것 이상의 다른 정보는 들이대지 않았다는 주 교수의 주장에 동의했다. 나아가 심문관들이 만족할 때까지 정보를 더 내어 놓으라는 단순한 요구를 반복했다는 점에도 동의했다. 비록 중국측이 자백을 공개하려는 의도를 갖고 있었지만, 심문관들은 미군이 생물학무기를 사용하고 있다는 확신 아래 정보를 수집하고 조합하기 위해 기초적인 정보 수집 기술을 쓰고 있었다는 것이 히첸스의 생각이었다.

히첸스는 자신이 생물학전에 관여하지 않았으며, 그가 쓴 자술서는 사실과 허구를 뒤섞어 놓은 것이라고 우리에게 말했다. 그러나 우리가 그에게 한국전쟁 당시 미국의 세균전 프로그램이 어느 정도로 진행됐는지를 보여주는 구체적인 문서들을 보여주고, 프로그램과 히첸스의 진술을 포함해 포로들의 자백 내용이 일치함을 제시하자 그는 놀라움을 표시했다.

그는 동료 조종사들과 세균전 프로그램의 가능성에 관한 대화는 없었다고 말했다. 소수의 절친했던 B-26 동료 조종사들 사이에 그런 정보가 있었다면 그 정보가 비밀로 지켜지긴 불가능했으며 새어나갔을 것이라는 주장이다. 다만 대대장 선까지만 정보가 제공되었거나 비밀리에 임시 폭탄 저장고에 파견된 요원이 폭탄을 폭발물이나 전단(傳單) 대신 세균으로 교체했을 가능성까지는 부정하지 않았다. 그러나 임무 때마다 직접 폭탄을 검사했던 사람으로서 그는 그것을 믿으려 하지 않았다. 다른 부대들이 세균전 프로그램에 관련되지 않았다고 자신 있게 말할 수는 없지만 그 가운데 자신이 속했던 제17폭격비행전대가 있으리라는 것은 믿지 않았다.

중국군은 포로들로부터 생물학전과 관련해 어떠한 정보를 얻었는가? 송환된 미군 포로들이 자백을 철회한 것은 어느 정도 신뢰성이 있는가? 또 미 극동 공군의 입수 가능한 작전 기록은 어느 수준까지 세균전 비난에 대해 실증하거나 반박하는가? 이 글의 나머지 부분에서는 이러한 의문에 대해 알아보았다.

총 36명의 미국 장교가 중국측에 생물학전에 참여했다는 내용의 자술서를 제출했다. 이 중 현재 27개의 자술서를 확인할 수 있다.

○ 1952년과 1953년 『인민 중국』에 25개의 자술서가 영문으로 실렸다. 우리는 추가로 제67전술정찰비행단 제45비행대대 소속 로버트 번스 대위와 오키나와 카데나 공군기지 제20공군 제19폭격비행단 소속 토마스 아이레스 중위 등의 자술서를 1996년 3월 베이징의 중

앙문서국에서 국가 문서국의 호의로 입수했다. 이 둘 모두 '1급 비밀' 표시가 붙어 있었지만 1952년과 1953년 베이징에서 발간된 전쟁 포로 진술서와 본질적으로 비슷했다.

대부분의 진술은 제5공군 소속 조종사들로부터 나왔는데 대령 2명, 대위 2명, 중위 20명이다. 이들 중 7명은 군산(K-8)·부산(K-9) 비행장에서 출격한 폭격 비행전대의 B-26 조종사였고, 10명은 수원(K-13)·진해(K-10)·대구(K-2) 기지에서 출격한 전폭기 비행전대 소속이었으며, 5명은 김포(K-14)와 수원(K-13)에서 출격한 요격 비행전대 소속 최신형 F-86 세이버 전투기 조종사였다. 두 명은 교대로 장시간 비행하며 사진을 공급한 전술 정찰 비행단 소속이었다. 나머지 진술은 1952년 7월 함께 격추된 제1해병항공비행전대장 프랭크 슈와블 대령과 병기 장교 로이 블레이 소령 그리고 오키나와에 기지가 있던 제20공군 소속 토마스 아이레스 중위로부터 나왔다.

중국은 이 장교들로부터 미 고위 지휘부의 생물학전 결정에 관한 정보, 미국의 생물학전 선택 배경, 세균무기 생산기지, 사용된 세균무기 유형, 유포 질병의 종류, 생물학전 임무수행 방식, 생물학전의 역사·개발·훈련에 관해 군인들에게 행한 강의 내용, 미 세균전 프로그램 진행 단계, 보안 주의 사항 그리고 세균전 결과에 대한 미군의 평가 등에 대한 정보를 얻었다. 정확하건 정확하지 않건 중국측은 조각을 맞춰 다음과 같은 그림을 그려냈다.

조선전쟁에서 미국이 심각한 패퇴에 직면한 1950년 12월, 미 합동 참모본부는 1951년 말까지 생물학무기를 사용할 수 있도록 준비를 완료하라고 연구 개발 부서에 지시했다. 그 프로그램은 합동참모본부가 극동사령부 사령관 리지웨이 장군에게 직접 명령을 전한 1951년 10월 시작됐다. 지시 내용은 조선에서 세균전을 실험 차원에서 소규모로 개시하여 점차 확대하라는 것이었다. 당시 미 공군 참모총장이던 반덴버그 장군은 구식 전투기 교체 명목으로 최신예 F-86 세이버 전투기 75대를 한국에 배치하도록 명령했다. 개발 담당 참모차장 샤빌 소장에 의하면 이 비행기들은 세균전 프로그램 수행과 관련돼 있었다.

2) 일본·미국 연합 의료공작팀 제조, 군·민 안 가리고 투척

(1) 범죄를 비밀지령해놓고도, 자백한 장교들에게 엄벌 협박

11월, 군산의 제3폭격비행전대 소속 B-26 폭격기들과 오키나와의 제20공군 소속 B-29 중형 폭격기들에 의해 실험이 시작됐다. 이 실험이 성공하면서 정식 승인이 났고 다른 부대들도 1951년 12월 말 이 임무를 수행하기 시작했다. 그로부터 얼마 되지 않아 앤드루 에반스 대령은 제5공군 부사령관 어니스트 와버튼 준장의 말을 빌어 합동참모본부가 세균전 범위를 압록강 북쪽 중국까지 확대하기로 결정했다고 설명했다. 실제 작전은 1952년 1월 시작됐다.

○앤드루 에반스 2세 : 대령. 34세. 조종사. 제49전폭기비행전대 부 전대장. 1953년 3월 26일 조선에서 격추 당해 포로가 됐다. 직업군인으로 지상 작전과 핵에너지 사용과 관련된 훈련을 받았고 공군대학의 부총장, 합동참모본부 병참기획단 단장, 공군참모총장 직속 행정관 보좌관, 공군 전쟁기획사단의 일원으로 복무했다. 그는 중국군에 제출한 자신의 이력에서 마지막 부분은 그럭저럭 생략했지만 중국군은 그럼에도 불구하고 그가 고위급 결정 과정에 대해 잘 알고 있으리라고 믿을 만한 이유를 갖고 있었다.

중국은 1952년 5월 24일 또는 그 즈음에 미 생물학전 프로그램이 실험 단계에서 작전 단계로 변경됐다는 것을 알게 되었다. 이 명령은 제5공군 사령관으로 새로 임명된 글렌 바커스 장군이 내렸다. 바커스는 이러한 변경은 단순한 군사 정책이 아닌 국가 정책의 문제이며 1급 기밀 적용 대상이라고 말했다. 특별한 자격을 갖췄으며, 믿을 수 있고 충성스러운 군인들로 바커스가 직접 뽑은 조종사들만이 투입됐다. 세균전의 목표는 만주에서부터 38선 근처의 주요 저항선까지 남쪽으로 이동하는 병력과 보급을 차단하기 위해 북조선 중앙부를 가로지르는 오염 벨트를 만드는 것이었다.

전폭기 비행전대의 한 정보장교에 의하면 미국이 생물학무기를 도입한 이유는 "전쟁을 빨리 끝내고 미국인의 생명을 구하기 위해서"였다. 같은 주제로, 미 네바다 주 넬리스 공군기지 훈련대대 지휘관이었던 제임스 맥인타이어 소령은 1952년 3월 F-86 세이버 전투기 조종사들을 대상으로 한 강연에서 주요한 목적을 "지난 전쟁에서 일본에 대해 원자폭탄이 수행한 역할처럼 전쟁을 조기에 종식시키기 위한 것"이라고 말했다.

생물학무기 사용은 전방과 후방에 전염병을 퍼뜨릴 것이다. 이것은 적군의 사기를 전쟁을 포기하고 싶어 하는 수준으로까지 떨어뜨릴 것이다. 사용될 세균과 세균폭탄의 유형을 설명한 뒤 그는 모든 내용은 1급 기밀이며 "우리는 누구에게도, 또한 우리끼리도 이 문제를 언급해서는 안 된다"고 경고했다.

생물학무기를 사용한 또 다른 배경은 중국군이 제압하기 힘들고 중국군의 보급 체계를 붕괴시키기 어려웠다는 점이었다. "재래식 무기로 무장하고 일단 산악에 자리를 잡게 되면 중국군을 물리치기란 사실상 불가능 했다. 더불어 다리·도로·철도·병참시설이나 주둔지역을 폭격함으로써 수송 체계를 마비시킨다는 것 역시 불가능했다. 우리의 공격에도 불구하고 밤에… 적의 보급망이 지속적으로 복구된다는 사실을 우리는 잘 알고 있었다."

중국군과 조선군의 복구 시스템 효율은 매우 높았다. 그래서 매 임무 때마다 비행기 한 대에는 "복구를 지연시키기 위해 세균폭탄을 싣는 계획"이 수립됐다. 오직 '철저한 조치' 만이 적이 지금 준비 중인 춘계 대공세를 막을 수 있었다.

제5공군의 병참 담당 부사령관 에프라이트 대령은 폭탄 케이스·휴즈와 분사 탱크는 미국에서 제조되어 한국으로 수송됐다고 말한 것으로 인용되고 있다. 반면 살아 있는 병원체는 도쿄 근처의 공장에서 생산된 뒤 용기에 담겨 필요할 때마다 화물 비행기로 「부산과 대구에 하나씩 있는 세균무기 임시 보관 창고」로 운반됐다.

사용된 폭탄과 세균은 수 개월이 지나면서 다양해졌다. 가장 흔한 무기는 감염된 곤충이나 깃털 또는 다른 세균 매개물을 운반할 수 있는 칸막이가 된 5백 파운드 폭탄이었다. 다음으로 중요한 무기는 액체 또는 세균이 섞인 가루를 뿜는 1백20갤런 용량의 유류 탱크처럼 생긴 분사 탱크였다. 어떤 폭탄에는 낙하산이 장착되어 있었다.

제49전폭기비행전대장 로버트 로저스 대령은 그의 부관에게 세균전 수행을 위한 출격은 보통 대구에 있는 제5공군사령부로부터 매일 내려오는 정규 작전 계획 속에 통합돼 있었다고 말했다. 또 다른 정보 제공자에 의하면 이러한 특수 임무를 위해서 활주로 끝에 있는 유도로에서 폭탄을 장착했다. 분사식 부착 장치를 사용한 뒤에는 화학 약품을 사용해서 소독했다.

제5공군 사령관 프랭크 에버레스트 장군은 마후린 대령에게 이러한 종류의 임무를 수행하기를 꺼리는 조종사들에게는 군법을 적용할 것이라고 설명하면서, 질병 전파 수단으로 사용된 곤충은 말라리아·티푸스·페스트·이질에 감염된 파리·벼룩·모기라고 말했다. 미국의 맥스웰·터너·루크·넬리스 공군기지와 일본 이타주케 공군기지에서 교육에 참가한 다른 조종사들은 천연두·황열병·콜레라·파상열·발진 티푸스·뇌염 등도 가능한 감염 병원체로 언급됐다고 보고했다.

이 같은 교육을 통해 그들은 미국 생물학전 프로그램의 역사가 일본이 생물학전 연구를 진행하던 2차 세계대전 때 시작됐으며, "미국이 일본의 연구를 이어받고 개선시켰다"는 얘기를 들었다.(미 공군조종사 19명의 진술·조서·증언 *Depositions of Nineteen U.S. Airmen*)

지휘관들은 생물학전 프로그램에 관해 보안을 강조했다. 미군이 이러한 무기를 사용하고 있다는 실질적인 증거가 적의 수중에 들어가는 것을 방지하기 위해 가능한 모든 수단을 동원해 적을 속여야 했으며, 아군에게도 관련 정보를 제한하고 통제하는 조치가 취해졌다. 생물학무기는 일반 폭탄 또는 네이팜탄과 함께 적의 보급로에 가하는 통상적인 공격의 형태를 띠며 사용됐다.

조종사들은 만약 세균폭탄에 관해 대화하다 적발되면 군법회의에 회부돼 「공군의 보안 규정에 의거해 가장 무거운 벌을 받게 될 것」이라는 경고를 받았다. "전시에 1급기밀 정보와 관련되는 것은 죽음을 의미했다." 조종사들은 생물학 폭탄을 보고하기 위해 임무수행 보고서에서 '불발탄' '초강력 선전' 또는 '결과 미확인'과 같은 위장 단어를 쓰거나 '합동작전센터 임무' 또는 '대공포 진압 임무'라는 표시를 달았다. 보고서는 별도 1급비밀 채널을 통해 사령부에 직접 전달됐다.

미국측은 작전 결과를 평가하기 위해 스파이를 고용하고, 전쟁 포로를 심문했으며, 야간 이동 트럭 수 조사, 조선과 중국 당국의 발표 관찰 등 가능한 모든 수단을 동원했다. 미국은 대규모 전염병이 발생하면 소문이 날 것이라고 추정했다. 비행전대 차원에서 전반적인 평가를 얻을 수는 없었지만 느낌으로는 결과가 '썩 좋지 않은 것'으로 보였다. 슈와블 대령은 "내가 아는 그 누구도 기울인 노력과 위험, 부정직에 상응할만한 성과를 어디에서든 거둔 적이 있다고 말한 사람이 없었다.… 내가 아는 전체적인 결과는 실망스럽고 좋지 않은 것이었다"고 심문관에게 말했다.(슈와블 자술서)

1953년 9월 6일 일요일, 중국과 조선은 마지막 남은 미군 전쟁 포로들을 본국으로 송환시켰다. 포로들을 실은 트럭이 남쪽으로 향하고 있던 그날 아침, 베이징 라디오 방송은 조선에서 생물학전에 참가한 것을 시인한 미 공군장교 25명의 이름을 발표했다. 판문점에서 38선을 넘은 첫 번째 지프차에는 이 25명 중 3명의 대령인 앤드루 에반스·워커 마후린 그리고 어색하게 웃고 있는 프랭크 슈와블이 타고 있었고, 이들의 사진이 『뉴욕타임스』에 실렸다. 신문은 대부분의 장교들이 '트럭 안에 멍하니 앉아서' 이름이 불려질 때만 반응을 보였다고 보도 했다. 그들은, 당연하겠지만, 다음에 어떤 일이 일어날지 불안해했다. 신문은 슈와블 대령과 인터뷰를 할 수 없었다고 전했다.

다음에 일어난 것은 추가적인 미국 위신의 손상을 막기 위한 광적인 노력이었다. 마후린 대령에 따르면 모든 송환자들은 입원 환자로 분류되어 "모두가 철저한 감시 하에 놓였다." 또한 그들은 자백을 철회할 것과 그렇게 하지 않으면 중형, 아마도 극형에 처해지리란 강한 압력을 받았다.

허버트 브라우넬 미 검찰총장은 "조선에서 공산주의자 심문관에게 협력한 미군 전쟁포로들은 반역죄로 기소될 수도 있다"고 말한 것으로 공식 기록되었는데, 반역죄는 사형도 가능했다. 또한 미 국방장관 찰스 윌슨은 상원 군사위원회 중진 의원인 리처드 러셀 상원 의원이 보낸 글을 언론에 공개했는데, 러셀 의원은 이 글에서 "내 견해가 극단적일 수도 있으나 나는 적군에 협력하고 거짓 자술서에 서명한 자들은 즉시 군에서 불명예 제대시켜야 한다고 믿는다"고 밝혔다. 해병대가 고위 장교들로 구성된 위원회 주관으로 슈와블 대령에 대한 심리 재판을 워싱턴에서 준비하고 있다는 소문이 널리 유포됐다. 마후린 대령은 "밤마다 장래를 생각하느라 잠을 이루지 못했다"고 말했다.

○ 프랭크 하세 슈와블 대령. 1908년 버지니아 노팩에서 출생. 1900년 의화단 사건과 필리핀 반란 진압에 참전한 해병 대령의 아들. 1929년 해병 입대. 2차 세계대전 당시 4개의 수훈공군십자훈장을, 한국전에서는 '이례적으로 가치 있는 성취를 이뤄' 1개의 금성상을 받았으며 해병대 안에서 가장 유망한 선임 장교 중 한 명으로 평가받았다. 해병대는 슈와블 대령이 중국군에 제출한 세균전 자백서에 굉장한 충격을 받았다. 그에 대한 군법회의 심문 기록이 1천 2백 페이지에 이른다. 결국 그는 1계급 승진해 전역했다. 수년 후 요크 대학의 『한국전 구술사 프로젝트』를 위해 연구자인 켄 칸이 인터뷰 요청을 하자 슈와블 장군은 '옛 상처'를 다시 열고 싶지 않다며 거절했다.

모든 송환자들이 종전 자백을 철회하도록 펜과 종이를 받은 것은 바로 이러한 분위기에서였다. 그리고 미 국방부 특수작전실 소속 켈리허 2세 소령이 준비한 주요 질문 목록표도 주어졌다. 그들은 아무런 금전적 대가없이 "나 자신의 자유의지로 작성한다"는 내용으로 진술서를 시작했고 "이 진술서 전체 또는 일부 내용이 군법회의 재판에서 나에게 불리한 증거로 사용될 수 있음"을 인정했다.

법적인 효력을 갖는 문서의 형식을 취한 진술서를 작성한 후 그들은 군법 31조에 따라 약식 재판소 관리들과 법무관실 대령, 또는 공군 특별조사실 상급 장교들이나 요원들 앞에서 증인을 세운 채 작성 내용이 진실임을 선서했다. 이에 대해 미 국무부조차도 이처럼 잘 조직된 공공연한 압력 아래에서 행해진 철회가 대중으로부터 신뢰를 받을 수 있을지 우려를 표시했다.

6주 후 UN 주재 미국 수석 대표 헨리 카봇 로지 2세는 선서된 진술서 10개를 UN총회 정치안보위원회에 내놓으며 중국 공산주의자들이 미국을 음해하기 위해 만든 '유례 없고 악독한 거짓말'을 폭로하는 증거라고 당당하게 주장했다. 제출된 진술서 중 8개는 중국군에게 자백한 사람들 것이었으며, 2개는 저항하는데 성공한 사람들 것이었다. 8개의 진술서 중 폴 니스 중위와 앤드루 에반스 대령의 진술서만이 협력 이유로 "극심한 정신적·육체적 고문"을 들었다.

마후린 대령과 슈와블 대령을 포함한 나머지 진술서에는 '협박' 또는 '부당한 대우', 신체적 권리 박탈' 그리고 '정신적 학대' 등을 언급했다. 그러나 후자에 속하는 사람들도 협력하게 된 직접적인 동기가 전범으로 사형에 처해질 수 있다는 중국측 위협을 들면서 심문관들은 그들이 '전쟁범죄'를 자백하면 관대한 처분 약속을 했다고 진술했다. 전범 위협은 1952년 3월 8일 "중국 영공에 침범해 세균무기를 시용한 미 공군 요원은 생포되면 전범으로 다뤄질 것"이라는 저우언라이 총리의 성명에서 유래했다.("Protest Statement" 8 Mar. 1952. *Stop U.S. Germ Warfare!*, Peking, 1952)

세균전을 자백한 사람들 중 선임인 프랭크 슈와블 대령은 미국 송환 뒤 세균전 사용 제안을 결코 들어보지 못했다고 말했다. 그것은 '터무니 없는' 것이었다. 그가 생각하기에 중국인 스스로도 그것을 믿지 않았다. 그는 독방에 감금돼 '허위와 속임수로 가득 찬 터무니없는 자술서'를 쓰도록 강요당했다고 말했다. 중국군은 그를 조롱하고 모욕하고, 지치게 하고, 겁주고 협박하는 과정을 반복함으로써 결국 "내 조국에 대한 사악한 비방으로 내 마음을 오염시키려고 했으며, 거짓 희망과 약속을 나에게 주었고, 그리고 자백을 통해서만 전쟁에 대한 죄책감을 씻을 수 있다는 의식을 나에게 주입시키려고 했다."

그들은 그를 지치게 만들어 "미군이 수행하는 전쟁 방식은 비인간적이다"라고 믿게 만들려고했다. 조선의 생활수준이 낮았고 전시라는 상황이 더 많은 제약을 가했음을 인정했지만 그는 아직도 "그들은 내가 그들에게 굴복한 뒤 그랬던 것처럼 시설이 조금 더 나은 압록강변 후방으로 나를 옮겨줄 수도 있었을 것"이라고 생각했다. 슈와블은 임시 수용소에서 제네바협약에 따른 인도적 대우를 받지 못했다고 불평했다.

시원찮긴 했지만 어쨌든 잠자리는 항상 제공됐다. 음식은 형편 없고 모자랄 때도 있었으며 물이 없을 때도 많았지만 굶은 적은 없었다. 두꺼운 겨울옷과 누비 이불, 담요를 줬지만… 무척 추웠고 부분적으로 동상에 걸렸다.… (정신적 학대와 함께 독방이란 제한된 공간에서 오랫동안 계속해서 앉아있어야 했기 때문에) 나는 … 나에게 허위 자백을 강요하기 위해 극심한 고통을 가했다고 생각한다.

이것이 세균전을 자백한 이유다. 아마 가장 신랄한 진술은 존 퀸 중위로부터 나왔을 것이다. 영양 실조와 수면 부족이란 고통 속에 그는 "포우 같은 시인이 바로 그렇게 묘사했을, 악마적인 정신적 고문으로 인해 공산주의 선전물을 쓰지 않을 수 없었다"고 주장했다. 퀸 중위는 독방에 8개월 이상 감금된 채 주춘으로 짐작되는 심문관과 함께 생활했으며, 그는 심문관을 "미칠 정도로 적개심을 갖게 된 유일한 사람"이라고 말했다.

그는 끊임없이 내 생각과 감정, 공산주의 등에 대해 준비된 질문으로 열변을 토했다. 이미 정서적으로 많이 위축돼 싸울 기력이 없는 사람에게 이러한 상황이 어떤 영향을 미치는지 조리있게 쓸 수가 없다. 강요에 의해 내가 작성하고 말하고 행동한 것에 혼란스러워 하는 사람들은 나와 동료들이 지내 온 과정에 대해 어렴풋이나마 어떤 느낌을 가져 보길 바란다. 결과는 주문에 걸려 기꺼이 주인의 명령을 따르는 산송장이자 인간로봇이다.

퀸 중위는 세균전이 어떻게 수행됐는지 전혀 알지 못하며 그 주제와 관련된 어떤 교육도 받은 적이 없다고 맹세했다. 자백의 많은 부분이 구술을 받아 적은 것이라고 말했다. 자백의 상당 부분은 '믿기 어려운 환상'처럼 보였으며 또한 이 「세균전과 반미운동」은 "지각있는 사람 누구에게나 우스꽝스럽게 여겨질 것"이라고 덧붙였다.

대부분의 번복 진술서는 세균전에 관해 전혀 알지 못했고, 관련 교육에 참석했거나 이 주제로 특별한 훈련을 받은 적이 없다고 단호하게 밝히고 있다. 이 같은 모습은 송환 포로들과 그들이 중국군에게 한 자백을 떼어놓기 위해 그들에게 가해진 엄청난 압력을 반영한다. 왜냐하면 우리는 합동참모본부가 1951년 2월 생물학전을 「전략·작전 및 비상 (전쟁) 계획」에 포함시키기로 결정했으며 동시에 군인들에게 적절한 훈련을 명령했음을 이미 알고 있기 때문이다.

이러한 훈련은 서로 다른 시간과 장소에서 특별하게 진행됐지만 미 공군감찰감 산하 특수조사실OSI 기록은 1951년 말 퀸 중위와 에녹이 근무한 군산(K-8) 공군기지의 제3 폭격비행전대에서 세균전 교육이 있었음을 드러내고 있다. 그 기록은 이 교육이 '방어적 세균전에 관한 것'이었다고 주장한다. 퀸 중위가 1951년 12월 18일 교육에 참석한 사람가운데 한 명으로 거명한 어윈 로저스 중위는 OSI 조사관에게 "그는 12월쯤 군산에서 교육에 참석했으며, 그 자리에서는 동양이 바이러스와 세균 연구에 매우 뛰어난 만큼 세균전 공격을 받았을 경우에 대비해 준비를 갖춰야한다는 수준까지 생물학전에 관한 논의가 있었다"고 말했다.

역시 제3폭격 비행전대 소속인 렐프 에버레트 대위도 지신의 감독 하에 전 대원을 대상으로 진행한 교육에서 "세균전이 거론됐다"고 OSI 조사관에게 말했다.

세균전 훈련이나 오리엔테이션이 있었다는 더욱 확실한 증거는 제임스 맥도널드 2세의 「한국전 미 해병 포로들의 문제점」이란 보고서에서 나타난다. 보고서는 1952년 봄 격추된 헬기 조종사가 중국군에게 "그가 특정한 전문가 훈련 과정에 참가했으며 화생방전에 관해 상당한 이론적 지식을 갖춘 사실을 감추는데 성공했다"고 적고 있다. (James Angus MacDonald, Jr., *The Problems of U.S. Marine Corps Prisoners of War in Korea*, Occasional Paper. History and Museums Division, Headquatters, U.S. Marine Corps, Washington DC, 1988)

마찬가지로 "벼룩·파리·모기가 질병을 전파하는 매개체로 사용됐다는 것"을 냉소적으로 일축한 마후린 대령의 진술은 2차 세계대전 때부터 벼룩·파리·모기 뿐 아니라다른 매개충에 대해서도 상당한 연구 개발이 진행됐다는, 지금 우리가 알고 있는 사실과배치된다는 점에서 고려되어야 한다. 디트릭 기지 활동에 대해 자신이 중국군에게 제공한 정보는 "완전히 우스꽝스러운 것"이란 그의 항변도 마찬가지로 말이 되지 않는다.

마후린Mahurin은 자의든 타의든 자술서를 작성한 포로들의 대변인으로 가장 활발히공식적인 활동을 했다. 다른 포로들은 수년 간 인터뷰 하기 힘들었으나 마후린은 항상접촉이 가능했고, 한국전쟁 경험을 담은 회고록인 『정직한 존 Honest John』을 1962년출간했다. 그의 한국 전쟁 경험을 둘러싼 상황은 지금 우리가 미국의 생물학전 프로그램에 대해 알고 있는 지식을 바탕으로 재평가되어야 한다.

○ 우리는 전쟁 포로들 중 14명에게 접촉을 시도했다. 우리와 우리의 연구보조원들은 하워드 히첸스·폴 니스·워커 마후린·반스 프릭·바비 해메트·프랭크슈와블·워렌 룰·로버트 루리 그리고 플로이드 오닐 등과 이야기했고, 그 중 히첸스·룰·루라 니스와 마후린 등 5명과는 인터뷰에 성공했다.

○ 마후린에 관한 다음의 정보는 그의 자서전인 『정직한 존』에서 발췌한 것이다. 「약식 재판관 헨리 피터슨에게 선서한 진술서」의 발췌본이 1953년 11월 1일 『뉴욕타임스』에 실렸다. 또한 1976년 7월 28일 「한국전 구술사 프로젝트」를 위해서 그 당시 워싱턴 대학의 마크셀던 역사학 교수와의 인터뷰가 마후린의 집에서 이뤄졌다.

마후린 대령은 1952년 34살의 전투기 조종사로 2차 세계대전의 격추왕 출신인 직업군인이었다. 한국에 가기 전에 그는 전략공군사단 내 보급처 전투기 담당 책임자로 1급비밀 취급 인가를 받고 워싱턴의 미 공군본부에서 근무했으며, 이후에는 미 공군장관의보좌관을 지냈다. 그는 직무상 미 생물학전 프로그램의 중심인 메릴랜드 주 디트릭 기지를 방문했으며 CIA와도 접촉을 유지했다.

1951년 12월 그는 한국에 파견됐다. 자술서에 따르면 그의 임무는 최신예 F-86 세이버 전투기로 세균전 프로그램을 수행하도록 조종사들을 지휘하고 돕는 것이었다. 하지만 그의 회고록에서는 2차 세계대전 때의 옛 동료들이 한국에서 러시아제 미그기를 격추해 격추왕인 자신의 기록을 앞서가자 개인적인 경쟁심에서 한국에 일시 파견해 달라고 요청했다고 주장한다.

마후린 대령의 임무에서 보안은 중요한 요소였다. 그는 회고록에서 "비행전대 내 다른 대원들에게 우리가 하고 있는 일을 숨기기가 점점 더 어려워졌다"고 썼다. 전투 필름들은 은닉하고 소각해야 했다. "문제가 될 수 있는 것은 기지 밖으로 절대 유출시키지 않았다." 이 비밀 임무의 본질은 무엇이었는가? 그는 자술서에서 그건 바로 북조선 지역과 압록강 너머 중국 선양시에까지 철도를 오염시키고 폭격 이후 복구 작업을 방해하기 위한 세균전 임무였다고 밝혔다.

그는 회고록 개정판에서 보안이 필요했던 이유가 그와 동료들이 UN사령부의 복무 규정을 어기고 적 전투기를 '맹렬히 쫓아' 중국 내 중립 지역까지 넘어갔기 때문이었다고 말했다. 그러나 그는 동시에 미 합동참모본부가 중국 지역으로의 '맹렬한 추격'을 비밀리에 구두 승인했다고 밝혔고, 이러한 승인은 모든 조종사들이 알고 있었을 것으로 짐작되는 만큼 이에 대한 기지 내 보안은 불필요했다.

이 점은 국제적인 사건에 의해 확인된다. 1952년 봄 한국에서 미 공군 F-86 세이버 전투기를 몰았던 캐나다 조종사 닉슨은 소속 부대 상관이 중국 영공을 침범했다는 보고가 사실이냐고 묻자 이를 시인했다. 닉슨은 상관에게 압록강을 넘어 만주지역으로의 비행이 고의적으로, 반복적으로, 조직적으로 실시됐다고 말했다. "조종사들이 압록강을 넘어간다는 것은 누구나 알고 있다. 그건 정말 사소한 일이다."

캐나다 외무장관 레스터 피어슨은 워싱턴에 해명을 요청했고, 워싱턴 주재 캐나다 대사는 다음과 같이 오타와에 보고다. "기본적으로 극동지역 미 공군 내에서 비행전단 혹은 비행대대 단위로 심각한 규율 위반 행위가 있어 왔다는 주장이 있다. 어제 본인과의 대화는 이것이 사실일 수 있다고 미 국무부가 받아들인 첫 암시였다." 캐나다 정부는 미국에게 이 정보의 출처를 알리고 싶지 않았고 또한 의도는 전달했다고 생각해서 더 이상 조사하지 않았다.

마후린 이야기 속에 들어 있는 모순은 분별 있는 관찰자로 하여금 자백을 번복하려는 그의 시도에 깊은 의구심을 갖게 만든다. 이러한 의구심은 한국에서 돌아온 후 UN에 제출한 그의 번복 진술서에 의해 더욱 증폭된다.

오랜 심문으로 심신이 지쳐가고 그들이 내 사고 과정에 영향을 미치기 시작했을 때… 나는 무심코 메릴랜드 주 프레더릭에 있는 디트릭 기지를 방문한 적이 있다고 말해버렸다. 당연히, 이것은 그들이 원하던 것이었고, 나에게 방문 내용을 자세히 쓰라고 강요했다. … 기지에 관한 정보를 얻고나자 그들은 모두 자백하라며 꽤 심한 압박을 가하기 시작 했다.

마후린은 중국군에게 제출한 자술서에서 질병 매개체로서 미 공군의 감염 곤충 사용 실태에 대해 상세한 정보를 제공했다. 그러나 그가 미국인의 손으로 돌아와 한국을 떠나 고국으로 돌아가기 위해 군 해상수송부 소속 하우즈 호에 승선해 약식 군법회의 소속 장교 헨리 피터슨을 만나 군법회의 회부 가능성에 직면하게 되자 그가 디트릭 기지 활동에 관해 중국군에게 제공한 상세한 정보는 갑자기 "조금이라도 생각이 있는 사람이라면 누구에게라도… 우둔한" 터무니없는 것이 되었다. 마후린 대령은 자술서의 모든 내용이 "완전히 엉터리"라고 맹세했지만 중국은 이 내용을 사실로 받아들였다.

그러나 진실은 마후린 대령이 좀처럼 속지 않는 중국인에게 말한 것에 분명히 더 가까웠다. 지금 우리가 알고있는 바와 같이, 일본군의 과거 실험에 관한 정보를 넘겨받아 이를 바탕으로 세워진 디트릭 기지는 세균전 실행 수단으로 매개 곤충 개발에 깊이 관여하고 있었다. 그곳 과학자들은 매개 곤충을 시용한 현장 실험이 성공했음을 잘 알고 있었거나 또는 이 실험을 직접 수행했다. 따라서 헨리 카봇 로지 2세가 중국의 사악한 거짓말이라며 순진한 UN총회에 제출한 문서에서 '터무니 없고' '믿을 수 없다'고 주장한 내용은 미군이 세균전 수행 과정에서 쓸 수 있는 전적으로 가능한 방법으로 판명됐다.

1952년 봄, 중국의 세균전 주장이 더욱 강도를 높이자 당시 미 공군이 보안 규정을 한층 강화했다는 기록이 남아 있다. 비니 대령이 지휘하던 포항(K-3)의 미 해병 33비행단은 평균 이틀에 한 번씩 '기밀' 임무를 수행했다. 1952년 3월 비니 대령은 항공대 정보부의 콘셋 막사 일부를 막아 그곳에서 은밀히 조종사들에게 임무를 지시하고 임무 이행 보고를 받았다. 그 다음 달 후임자 시버슨 대령은 보안을 한층 더 강화하기 위해 기밀 물질을 파기할 때 '소각통'을 사용하기 시작했다. 폐품을 활용, 45갤런들이 낡은 기름통에 수많은 구멍을 내고 손잡이를 단 이 통은 비행단 정보 장교에 따르면 '매우 효과적'인 것으로 드러났다.

미 공군은 해병 조종사들의 일부 활동에 관한 정보를 '알 필요가 있는 사람'에게만 한정시키고자 부심했다. 이 문제에 관한 보안 강화를 위해 미 극동사령부는 종전 후 세균전과 관련된 문서들을 기밀 또는 1급기밀로 취급할 것을 두 차례나 명령했다. 다음 주제들에 관한 문서는 일반인의 열람이 금지되었다.

특정 목표물을 대상으로 한 공격적인 생물학전 수행과 관련한 군사 작전 상의 정책·계획·지시들 … 학명이나 발표에 의해 정체가 확인된 특정 활성 병원체나 그 독성 파생물이 공격적인 군사작전을 위해 표준화 됐다는 사실… 활성 생물학전 병원체의 대량 생산과 관련된 생산공정이나 시설물의 세부 내용.

기밀문서들의 은닉과 파기에도 불구하고 이러한 활동에 관한 일선 공군기지에서의 문서상 흔적이 사라진 것으로 결론 내려서는 안된다. 일본 나고야에 있는 제5공군 정보참모본부는 고위 사령부가 다음 날 폭격 계획을 입안하는데 도움을 주기 위해 모든 정보를 취합해야 했다. 보고와 계획의 절차는 다음과 같았다.

승무원들이 폭격 임무를 마치고 기지로 귀환하면 비행대대의 보고실로 가서 규격화된 양식을 채워 부대 정보 장교에게 제출했다. 승무원과 구두 면담한 뒤 정보 장교는 손으로 작성한 양식을 송신병에게 넘겨주었으며, 송신병은 그 내용을 즉시 나고야로 전송했다. 나고야의 정보참모본부에서는 이 정보를 분석, 요약해 6쪽 분량의 「일일 작전 및 전략요약」이라는 등사인쇄물을 만들었다. 이 요약 보고서를 만드는 과정에서 정보 참모들은 텔렉스 사본에 주석을 달거나 그들이 갖고 있던 다른 정보나 목록을 근거로 특정 임무 보고서에 '기밀'이라고 쓰거나 혹은 '보안·제한'이라는 도장을 찍었다.

(2) 「전단지 폭탄」으로 위장된 통에 감염된 「병균 폭탄」 담아 투하

원본은 일선 공군기지에서 주의를 기울여 소각했지만 정보 장교들의 주석이 달린 이들 빛바랜 텔렉스 사본은 비밀작전의 문서상 흔적으로 남아 있다. 그 중 상당수는 제5공군 문서보관소에 있으며, 나머지는 파기되거나 '13-5' 'b-5' 등의 기밀 봉투에 담긴 채 비밀 장소에 보관돼 있다.

「일일 작전 및 전략 요약」은 작전처장 메이슨 대령이 이 자료를 바탕으로 지휘부의 동료들과 함께 현재까지의 성과를 분석하고 다음날 작전을 세울 수 있도록, 이른 아침 시각 나고야에서 한국의 대구(K-2)에 있는 제5공군 작전센터로 수송됐다. 회의 결과는 「작전 명령」이라는 또 다른 등사 인쇄물로 만들어졌다. 그러면 이 문서는 여러 부분으로 나뉘어('부분 명령') 각기 다른 부대에 전달돼 다음 24시간 동안에 이루어질 매일 8백회에 달하는 출격의 정확한 임무와 목표물을 지시했다.

「작전 명령」중 140-52호에서 142-52호(1952년 5월 19~ 21일)까지와 153-52호(1952년 6월 1일)만이 공개됐다. 이 문서들은 당시 한국에서 제5공군의 명령 아래 작전을 수행한 제1해병항공비행전대 문서보관소에 있다. 이들 희귀 문서는 특정한 내용이 '제거'되었지만 특히 퀸과 에녹이 속한 제3폭격비행전대에 내려진 지시들이 주목을 끌었는데, 맥락상 역사가들로 히여금 중국이 증거로 내세우는 B-26기 출격이 맞는 증거인지 정황을 검토해 볼 것을 요구한다.

5월과 6월의 이 시점 작전 명령은 제3폭격비행전대의 B-26기 30대(각각 5백 파운드 GP(일반목적) 폭탄 10개 이상 적재)에 야간 무장 정찰비행 임무를 부여해 북조선 서부 특정 지역에서 차량과 열차를 찾아내 폭격하도록 했다. 이 B-26기들 중 4대는 전폭기들이 하루 종일 급강하 폭격한 철교나 철도가 있는 특정 지역으로 향했다. 야간에 4대의 B-26기는 수십 톤의 고성능 폭탄을 추가 투하해 철도를 완전히 끊었다. 후미 2대는 지연 폭탄을 떨어뜨렸고 마지막 1대는 공격 말미에 2발의 '전단(傳單)폭탄'(병균이 들어 있는 가짜탄)을 투하했다. 이것이 전형적인 폭격 패턴이었다.

예를 들어 5월 20일 제3폭격비행전대 소속 B-26기 4대에 내린 비행 작전 명령은 다음과 같다.

(c) 4 acft wkg P-3 w·drop internal bb load at rail cut area F-3 YD4744 to YD4846 last 2 acft w·b carrying max 500# GP bbs with 1 to 48 hr delay fuses w·last acft carring two leaflet bbs. No. 8281 on last two stations.

이를 해석하면 "평양 동북쪽의 Purple-3 목표 지역을 향하는 4대의 항공기들은 평양과 원산 간의 동서철도 1.5마일 구간을 적재한 폭탄으로 폭격할 것. 이 구간 철길의 정밀 지도상 좌표는 YD4744와 YD4846 사이다. 마지막 2대의 항공기는 지상 투하 1~48시간 뒤에 폭발하는 5백 파운드급 GP 폭탄을 최대한 적재할 것. 마지막 항공기는 8281호라고 불리는 무언가를 내장한 2발의 전단폭탄을 적재할 것."

B-26기들의 이러한 폭격 유형은 생포한 미군 조종사 퀸과 에녹에 대한 심문과 그들 자신의 관측에 의거해 중국군이 묘사한 내용과 잘 들어맞는다.

중국은 세균전 공격이 B-26기에 의한 정규 폭격의 한 부분으로 수행됐으며, 세균에 감염된 깃털이나 곤충은 「불발탄」 또는 「어둠 때문에 시야로 결과를 확인할 수 없음」 등과 같이 보고된 5백 파운드 규모 전단폭탄에서 나왔다고 주장했다. 이러한 공격의 목적은 폭격 지역을 감염시키고 중국에서 조선으로 이어지는 철도 보급망을 복구하려는 복구 요원들의 작업을 저지하려는 것이었다. 「지연 폭발 폭탄」도 '복구 노력 저지'라는 동일한 목적을 갖고 있었다.

중국측 주장이 제기된 뒤 제3폭격비행전대 요원들은 공군이 생물학전에 개입하지 않았음을 증명하는 차원에서 미 공군특별조사실 부관실로부터 질의를 받았다. 어떠한 생물학전도 부인했지만, 그들 중 몇몇은 조선인에게 "파손된 철길에서 떨어져 있고 복구를 시도하지 말 것이라고 경고하거나, 적군이 UN관할지역으로 투항하도록 안전 통행증을 제공하는 전단폭탄(4천 피트 상공에서 투하)을 포함해 몇 종류의 폭탄을 섞어 항공기에 탑재했다"고 확인했다.

1952년 1월부터 11월까지 제3폭격비행전대를 지휘한 윌리엄 무어 대령은 세균전 주장은 "전적으로 거짓이며, 미 공군으로부터 공격을 받기 쉬운 군사 목표 인접 지역의 민간인들에게 사상死傷에서 벗어날 기회를 주기 위해 알리는 전단폭탄을 투하했다"는 내용의 선서 진술서에 서명했다. 그러나 이러한 설명은 1952년 5월의 실제 작전 명령(또는 확인 가능한 다른 날의 작전 명령)과 비교해 보면 공허하게 들린다. 결론부터 말하자면 '전단폭탄'으로 위장된 가짜 폭탄이 바로 세균 감염된 '생물전 폭탄'이었다고 의심을 받게 된 것이다.

1952년 5월 20일 Purple-3 목표 지역 내에 위치한 사인장 및 신원 마을의 한국인들에게 '인도적 경고'를 발한 시점은 (그것이 진정 그런 의도를 갖고 있었다면) 제49 및 제136전폭기비행전대 소속 F-84 급강하 폭격기 36대가 오전 7시 15분부터 10만 파운드의 엄청난 폭격을 퍼부은 후가 아니라 전이어야 했으며, 또한 그날 저녁 늦게 제3폭격비행단 소속 B-26기 4대가 폭격을 시작하기 전이어야 했다.

M105 전단폭탄에 실제로 생물학무기가 들어었었다면 미국 작전 기획자들의 논리는 알 만하다. 전단폭탄을 마지막에 투하한 이유는 매개 곤충이나 감염된 깃털이 다른 폭격으로부터 피해를 입지 않도록 하기 위해서였을 것이다. 폭격이 끝난 뒤 복구 요원들이 도착했을 때 (당시는 남진·이동 중의 주력부대에게 공급 가능하도록 그날 밤마다 즉각 즉각 인부가 동원되어 철로·도로를 복구했다.) '지연 폭탄'마저 그들을 해치지 못했다면 그들은 그 장소에 어울리지 않는 이상한 물체들을 목격했을 것이다.

미 제5공군은 노동자 중 극히 일부만 열병이나 페스트에 걸린다 해도 대규모적이고 효율적인 도로 보수를 저지할 수 있을 것으로 판단했으며, 또한 나머지 노동자들을 공포에 질리게 함으로써 작업을 중단시킬 수 있으리라 기대했다. 설령 M105 폭탄에 '인도적 메시지와 경고'를 담았다 해도 이 폭탄을 폭격 맨 마지막에 투하해야 한다는 논리는 성립하지 않는다.

내친 김에 미 공군이 선전용 전단(삐라) 프로그램을 정말로 갖고 있었다는 점을 지적할 필요가 있다. 그것은 엄청난 작업이었다. '규슈 집시' 비행대대 소속으로 '공중 열차'라고 불린 C-47 더글러스 수송기가 매일 밤 「인도적 약속과 안전통행증」을 담고 있는 전단을 3백만 장이나 북조선 지역에 살포했다. B-26 폭격기의 적재함을 가득 채운 폭탄 가운데 섞인 전단폭탄 2발로는 양동이에 떨어지는 물방울 정도여서 선전전에 양이 차지 않았을 것이다.

　1952년 5월과 6월의 작전 명령 중 산악 지형이 많고 낙후된 조선의 동쪽 절반을 담당한 제17폭격비행전대(제452폭격비행전대와 교체된 부대)의 B-26기에 내려진 명령은 제3폭격비행전대에 전달된 것만큼 자세하지 않았다. 여기에는 세균전 의심을 유발할 만한 대목이 전혀 없다. 매일 저녁 33대의 B-26기가 "수송 차량과 열차를 최대한 파괴하고, 적의 이동을 막기 위한 야간 감시망을 지속적으로 확보하기 위해" 특정 목표 지역으로 출격했다.

1954년 6월, 미국 알라바마에 있는 미 육군화학군단 훈련사령부에서 세균전에 대하여 브리핑하기 위하여 준비한 슬라이드. (스티븐 엔디콧·에드워드 해거먼 저, 안치용·박성휴 역 『한국전쟁과 세균전』 중심 2003, 94쪽)

　그러나 당시 제17폭격비행전대가 나고야로 보낸 빛바랜 텔렉스에서, 비록 모든 세부 사항까지 확인할 수는 없지만 중국 정보기관의 포로 심문 기록에 들어 있는 정보에 상당한 신뢰를 더하는 증거들을 찾을 수 있다. 예를 들면 제37비행대 폭격 항법사인 보비 해머트 중위는, 중국군에게 얘기했듯, 실제로는 이 부대 정보 장교 중 한 명이었으며 폭격 후 보고 임무를 수행했다. 1952년 5월 19일부터 31일까지 12일 밤 동안 해머트 중위는 조종사인 제임스 거노 2세와 위치 측정 담당인 데이비드 페니와 함께 9차례 야간 출격에 참가했다. 해머트와 페니는 같은 해 6월 7일 격추돼 포로로 붙잡혔다.

중국군에 제출한 자술서에서 진술했듯이, 그들은 비행대대의 기획 장교로부터 '사전 지시 받은' 임무를 수행했다. 그들은 사전에 지시 받은 이 대대의 계획이 세균전 임무였다고 중국인에게 말했다. 나고야로 보낸 텔렉스 임무 보고서에는 그들의 출격 목적이 기록돼 있지 않다. 그들은 수안(Green-7. 중국 인민지원군의 병참 병력 거점) 근처를 폭격한 뒤 그 중 셋을 '불발탄'이라고 기록했다. 하지만 이렇게 기록한 시점은 자술서에서 밝힌 5월 24일이나 25일이 아니라 5월 28일이었다.

이 즈음 중국군은 제5공군 사령관으로 글렌 바커스 장군이 부임했음을 포로들로부터 알아냈다. 미 공군 문서보관소에 따르면 그의 부임과 동시에 제17폭격비행전대의 '불발탄' 수가 극적으로 늘어났다. 5월의 마지막 12일간에만 42발의 불발탄이 발생했으며, 그 중 절반은 제95비행대대가 투하한 것이었다. '비밀' '제한' '보안 정보' 등의 단어가 나타나기 시작했다. 이런 단어가 들어간 도장은 '배구' '올챙이' 등으로 불린 레이더 통제 폭격 임무에 관한 텔렉스 사본에는 물론 일상적인 임무 요약보고서에도 찍혔다. 어떤 조종사들은 그들의 무기를 '알 수 없는 폭탄'이라고 적어 보고하기 시작했다.

바커스 장군이 '보다 강도 높고 효율적인' 폭격을 지시하면서 1952년 봄과 여름에 비밀임무의 범위와 빈도는 공중전의 격화와 함께 더욱 늘어났다. 포로로 붙잡힌 미군 조종사들의 자백을 근거로 한 중국 군사 정보가 믿을 만한 것이라면 미국이 중국과 조선의 사기에 영향을 미칠 목적으로 이들 나라 상공에서 비밀 전술 실험과 비밀 특수 작전을 실행했을 여지는 충분히 있었다.

◎ 세균전 사진과 함께 설명, 731부대가 개발하고 미군이 사용

"미국은 한반도에서 세균전Germ Warfare을 감행하였다. 그 명령의 장본인은 1951년 미 제8군사령관 리지웨이 장군으로 그는 미 합참의 비밀지령을 받아 한반도와 중국지역에 세균전을 명령하였다." 이 충격적인 내용은 한국전에서의 세균전에 대하여 무려 20년을 집중적으로 파고 들어 연구한 스티븐 엔디콧Stephen Endicott과 에드워드 해거먼 Edward Hagerman이 그의 최신 저작 『미국과 화생방전쟁 : 초기 냉전과 한국에서의 비밀들 The United States and Biological Warfare』에서 밝혔다.

1951년 당시 이 비밀스러운 작전을 수행하다가 적에게 포로가 되었던 적어도 36명의 미군 비행사들은 그들이 생화학전 폭탄을 투하하였다고 고백하였다. 이들 중에는 제1해병항공단의 참모장이었던 슈와블Frank Schwable 대령이 포함되었다. 이들은 1953년 휴전이 되자 곧 본국으로 송환되었고 군사재판의 위협에서 벗어나고자 이들이 고백하였던 세균전에 관한 언급은 빼버렸다.(노병천『이것이 한국전쟁이다』21세기 군사연구소 2000)

이들 조종사들은 후일 그 세균탄은 일본에 기지를 둔 제406부대에서 제조되었으며, 일본인의 세균전 기술에 의하여 개발되었다고 언급하였다.

일본은 제2차 대전 당시 악명 높은 유지로 와카마쓰 중장이 지휘하는 제100부대에서 중국인 포로들을 대상으로 콜레라·탄저병·뇌염·식중독균·뇌막염·발진티푸스 등 갖가지 세균 실험을 하였다. 또한 "인간통나무·마루타"로 유명한 일본의 731부대는 이시이중장의 지휘 하에 중국에서 포로들을 대상으로 무서운 세균전 실험을 하였다.

당시 이들 부대에서 실험에 종사하였던 일본 과학자들은 후일 미국의 세균실험소에서 일을 하고 있었음이 드러났고, 그들은 하나같이 전후 군사재판에서 은밀히 면죄가 되었던 것이다.

◎ 이시이石井의 731부대와 마루타

제731부대, 통칭 이시이石井 부대는 만주 하얼빈 남쪽 20킬로미터 지점에 위치하고 있었으며, 일본은 1930년대 말기부터 패전까지 끔직한 인체실험을 하였다. 포로들은 '마루타(丸太=통나무)'라고 불리웠으며 조선인·중국인·러시아인 등 약 3천 명이 실험의 대상이 되었다. 일본이 패전할 당시 남아 있었던 포로들은 증거 인멸을 위하여 전원 살해되었고, 실험기구와 서류는 소각되었다.

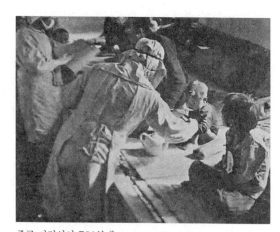

중국 지린성의 731부대.

그러나 그들이 행한 실험결과의 데이터는 고스란히 일본으로 가지고 돌아갔다. 미국은 당시 일본의 항복을 접수하면서 제731부대장 이시이 중장과 담판하여 그를 전범의 대상에서 제외시키는 조건으로 실험결과를 그대로 건네받았다. 그리고 곧 그 자료들은 미국 메릴랜드Maryland에 위치하고 있는 세균전 실험부대Camp Detrick에 이송되어 연구가 계속 되었으며, 급기야 한국전쟁에서 다시 한번 실험이 실전에서 이루어졌다.

1951년 10월경, 맥아더 원수가 "크리스마스까지는 집으로"라는 구호 하에 전개하였던 작전에서 6만 여명의 유엔군 사상자가 발생하자 유엔 측은 고뇌에 빠져 있었다. 이즈음 미 합참에서는 리지웨이 미 제8군사령관에게 한반도에서 제한된 범위의 세균전 실험을 시작하라고 하는 명령을 내렸다. 그후 또 다른 명령은 이듬해인 1952년 2월 25일에는 보다 큰 규모(a larger scale)의 실험을 한반도에서 시작하도록 허락하였다.(미 합참 제1837 · 29호)

미군 조종사들은 세균전에 관한 브리핑을 들었고 동시에 이 작전은 극비top secret이며 만약 폭로될 경우에는 군사재판에서 사형 또는 극형에 처해질 것을 경고 받았다. 이 극비의 세균전 임무는 비밀통신망을 통하여 합동작전본부Joint Operation Center로 전달되어 보관되었다. 그리고 이 비밀스러운 임무는 미 제5공군 예하의 제1해병항공단에 의하여 수행되었다 처음에 세균전에 관련된 기본적인 임무는 한반도에 위치하고 있던 CIA 장교인 마후린Mahurin대령이 미국의 세균전 본부가 위치하고 있는 디트릭Detrick 기지로부터 받았고, 곧 한반도에 특별 임무가 지시되었다.

미 CIA는 당시 조선과 중국에 대한 보다 효과적인 세균전 실험을 위하여 한반도에 주둔하면서 각종 정보를 획득하고 있었으며, 제1해병항공단의 임무수행을 도와주었다.

1995년에 세균전의 권위자인 롤리커Rolicka는 그의 「군사의무로서 잊혀진, 전쟁에서의 에피소드」라고 하는 논문을 통하여 증언자들의 말을 기초로 하여 세균전에 대한 논쟁을 시작하였다. 그는 1951년 8월부터 1952년 9월까지 한국전에 참가하였던 두 명의 증인과 1950년대 당시 세균전에 관계하였던 저명한 미생물학자들의 말을 인용하여 한국전에서의 세균전에 대하여 논하였다.

미국정부는 미국국민들에게 한반도에서 활동하고 있는 세균전 부대에 대하여 눈치채지 못하게 하였다. 1950년 12월, 공산주의자들에 의하여 처음으로 한반도에서의 세균전이 알려졌으나 당시 이에 대한 조사를 담당하였던 미 공군 감찰참모는 그 자신의 지휘관들에게 허위보고를 하였다.

무어William Moore 대령은 제3공격대의 지휘관이었다. 그는 세균전 당시 상황을 맹세코 진술하였는데, 본격적인 공격이 있기 직전에 민간인들에게 경고를 주는 심리전에 관한 삐라를 그의 비행기에서 뿌렸다고 하였다. 그러나 정작 이것은 통상 이루어졌던 심리전이 아니라 '작전명령 141-52호'로 「폭격 임무보고서Bomber Mission Report」에 따라 암호명 제8281로 불리운 세균전이었고, 삐라를 담는 500파운드 폭탄안에는 삐라 대신에 각종 세균덩어리가 채워져 있었던 것이다. 그 세균폭탄은 E73R 혹은 M115 폭탄으로 불리워졌다. 미 공군 감찰참모는 무어 대령에게 이 말을 들은 후 더 이상 캐묻지 않았다. 무어 대령은 단지 기지에서 정하여준 임무보고서에 따라서 그의 항공명령을 수행했을 따름이었고, 그의 말이 진실인지 아닌지는 그 자신 외에는 모르기를 감찰참모는 희망하였다.

1952년 7월, 세균전을 폭로하고 있는 미 제1해병항공단의 참모장 슈와블 대령. 당시 그는 포로의 몸이었다.

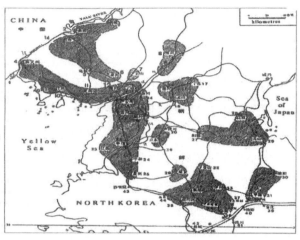

미국이 1952년 박테리아를 공중에서 뿌렸던 지역들.

1952년 2월 한반도에서 사용되었던 세균곤충의 하나. 눈 덮인 겨울 강추위의 산꼭대기에 바다조개와 파리들이 볏짚에 싸여 있었다.

미국은 삐라를 뿌리기 위하여 만들어진 500파운드 폭탄 안에 삐라 대신 각종 병원체를 집어넣어 세균전을 실험하였다.(노병천 『이것이 한국전쟁이다』 21세기 군사연구소 2000)

그러나 B-26 폭격기로 세균폭탄을 투하하다가 포로가 되었던 이노크 중위 외 여러 명의 미군 조종사들은 후일 이렇게 증언하였다.

"그것은 매우 명백하다. 나는 북조선군과 중공군들에게 세균탄을 투하하였다. 이것은 무서운 범죄행위였다. 내가 포로가 된 후 중공군들은 내게 너무나 친절하게 해주었다. 추위를 막기 위한 두터운 옷을 주었고 아주 좋은 음식을 제공하였다. 그리고 따뜻하게 잠을 잘 수 있는 안식처도 마련해 주었다. 나는 내 자신의 양심의 가책이 커져 옴에따라 도저히 이러한 사실을 밝히지 않고서는 그들에게 속죄할 수 없을 것 같았다. 이제 이러한 사실을 고백하게 되어 마음의 부담을 조금이나마 덜 수 있게 되었다. 나는 이 친절한 사람들에게 무서운 범죄행위를 하였던 것이다."

실제로 당시 세균탄이 투하되었던 북부지역에서 북조선군들과 중국군은 갖가지 전염병으로 고통을 받고 있었다. 그리고 그 원인은 미국이 던져버린 세균덩어리 때문이라는 확증을 갖게 되었다. 미국은 이렇게 전쟁에서 승리하기 위하여 사람들이 모여 있는 밀집지역에 세균덩어리를 던져버리는 비인간적인 행위를 할 수 있었던 것이다.

1952년 3월 8일, 중공의 주은래는 당시 미국이 투하하였던 세균폭탄에 대하여 미국정부를 상대로 공식적으로 항의하였다. 그는 미국이 여러 가지 종류의 곤충들 그리고 썩은 물고기, 부패한 돼지고기, 개구리, 쥐들을 대상으로 하여 만들어진 각종 세균 덩어리를 중국 영공을 침범하여 중공군과 인민군을 향하여 떨어뜨렸다는 것이며, 이는 명백히 국제법에 위배된다는 것이었다. 그러나 당시 미국정부는 강력하게 이를 부인하였다. 3월 26일, 주은래는 이러한 미국의 세균전에 대하여 유엔에 정식으로 항의하였다.

1952년 7월이 되자 이러한 미국의 세균전에 대한 비인간적 행위는 세계적인 이슈가되었다. 그리하여 많은 나라에서 공산주의자들에 의하여 지원 받는 폭동들이 발생하였다. 1998년 12월 1일, 세균전 연구기관인 미국 커크스학회에서는 이때의 주은래의 주장을 지지하고 있으며 특히 트루먼 미 대통령이 화학무기사용과 마찬가지로 세균탄 사용을 승인하였던 공문서를 증거로 제시하였다.

제4장
제국주의 최강자 휴전 제의
해방세력에 힘의 한계 실감

1. 대만군 파견과 핵폭탄 투하 계획, 미국의 침략성 폭로

1) 미국이 돕다 패퇴한 장제스를 부추겨 본토 침공 시도

1949년 장제스 정권이 대륙으로부터 철수한 것은 미국을 중심으로 하는 자본 제국주의 국가들에게 큰 충격이었다. 그러나 이러한 중국 본토의 상실에 대해 당시 미국은 이를 기정사실화 하는 방향으로 전략을 수정하고 있었고, 이러한 전략 하에 발표된 것이 1950년 1월 12일 애치슨의 서태평양 도서방위전략이었다. 하지만 미국의 의도와는 달리 대만의 장제스 정권은 권토중래捲土重來를 다짐하고 있었다. 특히 중국 본토 탈환의 기회를 한반도에서의 분쟁과 연계하고 있었다.

따라서 이러한 대만의 본토 회복 움직임은 남한과의 밀접한 관련 속에서 움직이고 있었다. 1950년 4월 21일 보도에 따르면 장제스는 한국과의 군사동맹을 체결할 의도를 가지고 있었다. 즉 대만국부군의 작전을 위해 한국의 군사기지를 이용하려고 한 것이다.(『자유신문』 1950.4.23.)

(1) 장제스, 대만 공군 파견, 한국에 해·공 군사기지 요구

1949년 9월 9일 중화인민공화국이 수립되었지만, 대만으로 철수한 국부군과의 전투는 계속되고 있었다. 1949년 6월부터 진행되고 있던 대만의 중국에 대한 봉쇄전략은 서해 및 화남의 중국 항구에 대해 일정 정도의 성과를 거두고 있었으나 화북 항구에 대해서는 별다른 성과를 거두지 못했다.

이러한 상황에서 장제스는 대한민국과 군사동맹을 체결하여 군사기지를 확보할 수 있다면 이를 통해 만주 및 화북의 공업기지를 폭격하고 중국공산당 지배 하의 서해안 연안까지 봉쇄정책을 시행할 수 있을 것으로 판단했다. 이를 위해 대만은 고위급 군사 사절 3명을 한국에 파견했다. 당시 신문 보도에 따르면 이들의 계획은 매우 구체적이었던 것으로 판단된다.(이상호『맥아더와 한국전쟁』푸른역사 2012)

보도된 바에 의하면 그들은 대한민국 대통령에게 한국의 소규모 내전에 있어서 북조선 공산군에 대항하기 위한 공군지원을 제의했다 하는데, 이와 교환조건으로 중공에 대항해 전개되고 있는 한층 대규모의 내전에 있어 장개석 총통을 원조하기 위한 해공군 기지를 한국에서 획득할 것을 희망하고 있는 것이라 한다. 서울에 있는 국부사절은 장개석 총통 고문 오철성씨, 주일중국사절단 단장 주세명씨 및 조曹 소장이다. 조 소장은 전 국부國府 상해 및 남경위수사령관이며 현재 주일중국사절단 단원이다.

결국 장제스의 의도는 남한과의 협력을 통해 중국에 대한 국부군의 해군 봉쇄력 범위를 화북 지역으로까지 확산하려는 것이었다. 특히 이러한 분쟁 지역 확대를 통해 장제스가 노리는 최후의 목적은 미국으로부터의 군사 지원을 다시 획득하는 것이었다.(『자유신문』1950. 4. 29)

오철성·주세명·하오시첸 세 장군의 중국 국민정부 사절단은 방금 남한에서 기지건설 허가를 구하고 있다 한다. 오철성 장군을 수반으로 한 동 사절단은 동경으로 갔으며 그들은 동경에서 맥아더사령부 당국자들과 남한에 기지를 건설할 계획을 토의하였다 한다. 그리고 맥아더 원수로부터 허가를 받은 것으로 보인다.

장개석 총통은 중국의 연안 봉쇄를 강화하고 만주의 발전소를 폭격하여 중공의 경제를 일층 저해하려고 기도하고 있는 것으로 생각된다. 그리고 한국은 태평양조약을 열렬히 제창하고 있는데 비추어 동 정부는 국민정부를 위한 기지 설치에 반대하지 않을 것으로 생각되고 있다. 그러나 당지에서는 상기한 바와 같은 조치로 국부군國府軍 폭격기들이 소련 선박 및 항공기와 마찰을 일으켜 극동에 대한 소련의 직접적 무장간섭을 초래하는 사건을 야기할까 두려워하고 있다.

또한 일부에서는 오래 전부터 장 총통이 국민정부를 회복하는 최선의 방법으로 3차대전을 일으킬 의도 하에서 소련에 도전할 계획을 가진 것으로 추측되어 왔다고 말하였다. 그리고 그들은 미국이 모택동의 공산주의정권을 승인할 징후를 보일 경우에는 장 총통은 소련에 대하여 전쟁을 선포할 것이라고까지 말하였다. 장 총통은 소련의 간섭행동을 비난할 수 있는 사태를 양성함으로써 전쟁을 선언하고 미국으로 하여금 자기편에 가담케 하기를 바라고 있다는 것이다.

이러한 상황에서 한국전쟁의 발발은 대만에게 새로운 기호를 제공하는 것이었다. 1950년 6월 25일 한국전쟁이 발발하자 워싱턴 당국에서는 한국에 대한 해·공군 지원을 감행하며 추가적인 조치로 제7함대의 대만해협 배치를 결정했다. 이러한 미국의 조치는 중국 인민해방군의 대만 공격을 차단하기 위한 의도에서 비롯된 것이었다.

한국전쟁이 발발한지 3일이 지난 6월 28일 장제스는 국부군 파병을 공식적으로 미국에 제의했다. 주미대만대사가 극동 지역 담당 부차관보인 머천트를 방문한 자리에서 해·공군력은 파병할 여력이 없지만, 야전장비를 갖춘 3개 사단을 파병할 용의가 있다는 것이었다. 하지만 맥아더와 합동참모본부는 대만 국부군의 활용에 반대했다. 국부군의 한국전선 활용은 한국에 중국군의 개입을 불러일으키고 자칫 대만의 방어를 약화시킬지 모른다는 판단에서였다.

○ Memorandum by the Deputy Assistant Secretary for Far Eastern Affairs(Merchant) to the Secretary of State"(1950.6.29.) FRUS 1950.

"맥아더 將軍, 臺北서 성명"(1950.8.1.) 대한민국 국방부 정훈국 전사편찬회 『한국전란 일년지』 1951. William Blood, *The Three Wars of Lieutenant General George Stratemeyer, His Korean War Diary*(Hawaii : University Press of the Pacific 2005, reprint)

한국전쟁이 한참 치열하게 전개되던 7월 31일 맥아더가 수행원을 이끌고 전격적으로 대만을 방문했다. 워싱턴에 보낸 그의 전문에서 그는 이번 방문이 단순히 대만의 방위력을 평가하고 대만 주둔 미군사고문단과의 연락관계를 점검하기 위한 것이라고 알렸다. 맥아더는 대만 방문을 마치고 공식적으로 발표한 회견문에서 자신의 대만 방문에 대한 견해를 다음과 같이 밝혔다.(『부산일보』 1950.8.12.)

1. 이 여행은 사전에 미 정부 및 중국 정부에 모든 기관과 충분한 협의를 통해 공식적으로 준비된 것이다
2. 이 여행의 목적은 전일에 발표한 나의 공식성명에서 말한 것과 같이 전혀 군사 문제에 한한 것으로 미 대통령의 지령에 준하여 대만에의 군사적 침공을 방지할 문제만을 취급한 것

이며 대통령 지령을 집행하는 것은 나의 책임이었다. 이번 대만 여행은 정치 문제와는 전혀 관계가 없다.

3. 중국 정부의 장차 중국 본토에 있어서의 제 문제 내지는 나 자신의 군사 경험 이외의 것은 아무런 것도 토의하지 않았으며 또는 문제를 가져오지도 않았다.

4. 나의 대만 방문 결과에 관한 완전한 보고는 즉시 워싱턴에 제출되었다.

그동안 일각에서는 이런 맥아더의 대만 방문을 중국과의 전면전을 모색하기 위한 일련의 계획에 따른 것으로 평가했다. 하지만 대만 당국이 소장한 맥아더의 대만 방문 회의록에 의하면 이러한 평가는 상당히 사실과 다른 것으로 보인다. 이하에서는 대만 국방부 소장所藏 「맥아더 원수 대만방문회의록」을 중심으로 구체적인 사실을 살펴보았다.

(2) 맥아더 대만 군사력 점검, 중공군에 대응 파견 요청

1950년 7월 31일 맥아더는 수행원 16명을 동반하고 대만의 장제스 총통을 국방부 본부 공기실共棋室로 방문했다. 이날 회의는 오후 4시에서 6시까지 진행되었다. 대만 측에서는 장제스 총통과 부인·주체조우 참모총장·구어치차오 참모치장·왕쉬에팅 비서장·쿠어크 상장·호우장팅 정보국장·쉬유첸 작전국장·숭타 군수국장 등 총 25명이 참가했다. 극동군사령부에서도 맥아더를 위시하여, 아몬드·윌로비·마쿼트·휘트니 등 일명 '바탄 갱'이라고 불리는 그의 참모들과 해군에서 조이와 스트러블, 공군에서 스트레이트마이어 등이 참여했다.

이 회의에서 집중적으로 논의된 주제는 크게 보면 두 가지였다. 우선 대만 침공을 준비하는 중공군의 동향에 대한 정보와 이에 대한 대만의 방어태세였다. 대만 측 보고에 의하면 중공군은 200여 만에 달하는 육군과 소련 측에서 훈련받고 있는 공군 그리고 해군으로 무장하고 있다고 설명했다. 또한 상당수의 수송기와 도하 장비를 소련으로부터 제공받은 중국이 7월 25일 이전에 대만 침공 준비를 거의 완료했고, 8월 어느 시기에 대만을 세 방향에서 공격할 것으로 예측했다. 물론 이는 미국으로부터 더 많은 지원을 받기 위한 대만 측의 계산이 어느 정도 반영된 것이었다.

대만의 방어태세에 대한 질문에서 대만은 육·해·공군 68만 명이 완전 편성되어 있다고 답변했다. 육군이 48만 명, 공군과 해군이 13만 명, 기타 부대 7만 명이다. 대만 측 정보 보고에 따르면 중공군의 이동 소요 시간은 상하이에서 배로 2일 정도, 푸저우에서는 10시간 정도 걸리기 때문에, 대만의 방어태세가 매우 급박한 것으로 평가했다.

보고를 청취한 맥아더는 대만 보호에 최선을 다할 것과, 자신의 사령부에서 더 많은 연구와 참모들과의 회합 이후 다시 방문할 것을 약속했다. 회의 직후 대만 국방부 정보국에서 제출한 적정 제9호에 의하면 현재(1950년 7월 당시)까지 중국 대륙 내의 반공 게릴라 부대는 160만 명으로 한국전쟁 발발 이후 더욱 늘어났다고 보고했다. 즉 한국전쟁 발발은 중국 본토인들에게 중국 공산당의 종말을 더욱 확신하게 만들었고, 더 많은 사람들이 반공활동에 종사하도록 자극을 주었다는 것이다. 이에 대해 특별한 평가는 없었지만 대만은 이런 보고를 통해 제2전선을 개설하도록 맥아더에게 넌지시 암시한 것으로 보인다.

맥아더의 대만 방문을 둘러싸고 여러 가지 추측이 난무하자, 그는 8월 10일 특별성명을 발표했다. 즉 대만 방문은 군사적 성질의 것으로 정치적 문제와는 하등의 관계가 없고, 국민당 정권의 중국 본토에 대한 문제는 자신의 범위 이외의 것이므로 회담에서는 거론도 하지 않았다고 밝혔다.

8월 10일경 대통령 특사로 방문한 해리만은 맥아더에게 트루먼의 전언을 전달했다. 트루먼은 두 가지를 지적했는데 하나는 장제스 정권을 고립시키는 것이고, 또 하나는 절대로 중국 본토를 침략하지 말라는 것이었다.

한동안 대만 문제는 공식적으로 표면화되지 않았다. 그러나 중공군의 참전으로 인해 대만 문제는 다시 논란의 대상이 되기 시작했다. 맥아더는 중공의 전쟁 개입으로 상황이 변화했다고 판단하고 11월 28일 합동참모본부에 장제스 군대의 파병을 요청했다. 그는 애초 대만 국부군을 반대한 것은 적어도 한국에서 국부군(장개석 국민정부군)의 투입이 중국의 한국 전쟁 개입을 위한 구실을 주게 된다는 이유에서였다고 주장했다. 따라서 현재 중공군이 개입한 상태에서 대만 국부군의 참전은 문제될 것이 없다는 주장이었다.

12월 3일 맥아더는 한국전쟁에 대만 국부군을 활용하자는 장제스의 제안을 받아들이자고 상부에 건의했다. 7월에 피력했던 자신의 견해를 완전히 뒤집는 제안이었다. 워싱턴에 보내는 건의안에서 맥아더는 남쪽으로 국부군의 공격을 위해 중국 본토는 널리 개방되어 있다고 말했다. 그는 한국에 대한 중공군의 압력을 약화시킬 수 있기 때문에 그와 같은 공격은 이루어져야 한다고 제의했다

12월 7일 맥아더는 다시한번 대만 국부군을 한국전선에 이용할 수 있도록 허용해줄 것을 요청했다. 그는 장제스가 자신에게 6만 내지 10만 명 정도를 지원할 수 있을 것으로 보았다. 맥아더의 국부군 이용에 대한 부정적 평가는 더 이상 유효하지 않았고, 즉각 자신에게 유용한 훈련된 부대는 국부군 이외에는 없는 것으로 판단한 것이다.

1950년 12월 30일, 맥아더는 그가 가능하다고 믿고 또한 중공의 군사력을 상대적으

로 줄이게 될 4가지 보복 조치를 제의했다. 첫 번째 조치는 중국 해안을 봉쇄하는 것이었다. 둘째는 해군의 함포 사격과 공중 폭격을 통하여 중국의 군수산업을 파괴시키는 것이며, 세 번째는 대만에 있는 국부군의 일부를 동원해 한국의 병력을 증강시키는 것이었다. 그리고 네 번째는 중국 본토 중 취약 지역에 대해 대만이 견제작전을 전개하도록 허용하는 일이었다.

그렇다면 과연 맥아더는 중국으로의 확전을 통해 3차 세계대전을 구상했던 것일까? 고든 섬너Gordon Sumner에 의하면 맥아더는 한국을 통일시키고 싶어 했을 뿐 결코 중국으로까지 확전하려 하지 않았다고 밝히고 있다. 리지웨이 역시 맥아더가 아시아 대륙의 전면전에 미국을 끌고 들어가려고 했다는 등의 논쟁은 전혀 근거가 없다고 주장했다. 오히려 맥아더가 희망한 것은 중공의 전쟁 수행 능력을 파괴하려는 예방전쟁에 지나지 않았다는 것이다.

2) 한반도에서 핵폭탄을 사용하려 한 잔인한 구상까지

(1) 미국은 최대 핵보유국, 소·중 제치고 조선 전역 점령 시도

맥아더가 전쟁을 확전하려 했다고 주장하는 이들이 근거로 제시하는 것 중의 하나는 대만 국부군 활용이고, 다른 하나는 원자폭탄 사용에 관한 문제이다. 여기서는 한국전쟁에서 원폭 사용이 제기된 시기와 근거가 무엇인지 살펴보도록 한다.

한국전쟁에서 원자폭탄 사용에 대한 최초의 구상은 미군의 개입 이후 첫 전투에서 패배한 직후인 7월 초부터 고려된 것으로 보인다. 현재 확인할 수 있는 자료는 미국 육군부와 공군부의 문서철이다. 한국전쟁기 미국의 핵정책에 대한 연구는 부분적으로 이루어져 왔다. 특히 그 가운데 한국전쟁과 핵무기 투하계획에 관한 자세한 연구는 로저 딩먼과 김상배·브루스 커밍스 및 아카기 칸지의 선구적 논문이 있다. 대부분의 연구 모두 한국전쟁 전 시기를 대상으로 미국의 핵 사용계획을 치밀하게 고증하고 있다.

하지만 선행연구들이 갖고 있는 문제점은 워싱턴 당국의 정책 결정만을 집중적으로 다루고 있기 때문에 실제 현지사령부인 맥아더사령부의 핵무기 사용에 대한 인식에 대해서는 분석하고 있지 못하다는 점이다. 물론 핵정책에 대한 전반적인 결정은 고위당국자에 의해서 이루어지는 것이기는 하지만 전쟁 상황에 직면하고 있던 현지사령부의 인식을 이해하는 것도 중요한 연구 주제 가운데 하나라고 판단된다.

한국전쟁기 맥아더사령부에서는 핵무기 사용에 대한 논의를 진지하게 고려했다. 특히 극동군사령부의 정보참모부(G-2)·작전참모부(G-3)·작전조사국 극동지부 등에서 많은 연구보고서를 작성했다

결과적으로 여러 부서에서 제출된 핵무기 투하계획에 관한 내용에서는 장소의 부적절함, 효과에 대한 의문 등 다양한 요인에 대한 분석을 통해 한국전쟁에서 핵무기는 사용하기에 적당한 전술무기가 아니라고 결론 내렸다. 만일 미군이 한반도에서 전면적으로 철수하는 경우에도 일본에 대한 보복 공격을 염려하여 재래식 무기 사용으로 한정하기도 했다. 이러한 문제에 대해서는 맥아더사령부 역시 동의하고 있었다는 것이다.

2차 세계대전에서 핵무기의 사용은 전쟁의 양상을 근본적으로 변화시켰다. 히로시마와 나가사키에 투하된 2발의 원자폭탄은 대규모의 살상력과 파괴력으로 일본의 전쟁 의지를 완전히 소진시켜 전쟁의 종결을 가져왔다. 하지만 핵무기의 파괴력은 실제 그것의 사용보다는 전쟁에서의 위험 요소로 더욱 크게 작용했다. 아카기는 "핵무기는 그것이 지닌 막대한 파괴력에 의해서 그때까지 국제관계에서 전쟁이 지니고 있었던 정책수단으로서의 합리성을 빼앗았다"고 밝히고 있다. 딩먼 역시 "핵무기 사용을 결정할 수 있는 인사들은 이를 활용하려는 능력보다도 자제라고 하는 책임감을 더 느끼게 된다"고 결론지었다.

○ Roger Dingman, "Atomic Diplomacy during the Korean War", International Secuity (Winter, 1988-1989) ; 김상배 「한국전쟁에서 미국의 핵정책에 대한 연구」 서울대학교 외교학과 석사학위논문, 1991 ; Bruce Cumings, *The Origins of the Korean War, vol. II: The Roaring of the Cataract, 1947~1950* (New Jersey: Princeton University Press, 1990) ; "Spring thaw for Korea′s cold war", Bulletin of the Atomic Scientists, April 1992 ; 赤木完爾 「核兵器と朝鮮戰爭」 赤木完爾 편저 『朝鮮戰爭, 休戰50周年の檢証・半島の內と外から』 동경 :慶應義塾大學出版 2003. 이 논문은 서상문 편저 『동아시아 전쟁사 최근 연구 논문선집』에 「핵무기와 6.25전쟁」으로 번역·게재되어 있다.

핵무기 보유 자체가 잠재적으로 적국에게 심리적 불안을 가져다주는 효과는 무시할수 없다. 미·소 냉전이 가시화되던 1940년대 후반, 미국은 자국의 핵무기 우위를 통해 장차 벌어질 소련과의 전쟁에서 사용할 계획을 추진했다. 이러한 대소전쟁계획은 한국전쟁 발발 시점까지 다양하게 준비되어 있었다. 이 가운데 대표적인 것이 1946년 3월부터 착수된 핀처PINCHER 계획, 1948년의 브로일러BROILER 계획(1948년 3월 완성),

1949년의 옵태클OFFTACKLE 계획 등이다. 핀처 계획에서는 20~30발로 20개 도시를 목표로 하고, 브로일러 계획에서는 34발로 24개의 도시를, 옵태클 계획에서는 104개의 도시에 대해서 220발과 함께 재공격용 핵무기 72발을 사용하는 것으로 계획했다.

하지만 이러한 계획은 단지 긴급한 상황에 따른 도상圖上 계획에 지나지 않았다. 트루먼 정권 당시, 미국의 군사전략에서 핵무기의 가치는 자리매김을 하지 못했다. 미 군부에서도 재래식 군비를 중시했기 때문에 핵무기의 중요성에 대해서는 여러 가지 견해가 있었고, 또한 새로운 무기의 역할과 외교정책은 충분히 정리되지 못했다. 아카기는 이러한 핵무기의 다양한 특성으로 인해 핵정책과 전략은 오히려 제대로 구사되지 못하는 대안이었다고 평가했다. 즉 핵무기의 강력한 파괴력 때문에 소유 그 자체가 자기억제를 강요하는 성격을 지니게 되었다.

따라서 실제 소련과의 적대적 긴장이 고조되었을 때에는 주로 핵무기를 사용할 수도 있다는 위협정책으로 대응했다. 이러한 예를 대표적으로 보여주는 사례가 바로 '베를린 사건'이었다. 베를린 봉쇄로 인해 미국의 공수작전이 진행되던 1948~1949년, 미국은 소련에 대한 공갈정책을 구체화했다. 미국은 베를린 위기가 장기화하자 60대의 B-29 폭격기를 영국에 배치했다. 소련에 대한 미국의 핵 우위는 베를린 봉쇄에서 효과적으로 작용했고, 이를 두고 미국의 정치가와 군사전문가들은 독점적 핵 지위에서 이러한 핵 위협이 장래의 위기에서도 효과적일 것으로 판단했다.

(2) 1949년 소련 핵실험 성공, 핵 경쟁 중에 한국전쟁

하지만 미국의 핵 우위시대는 얼마 지나지 않아 마감되었다. 1949년 소련이 핵 실험에 성공하고 공식적인 핵 경쟁시대를 열었기 때문이다. 이제 미국은 소련의 핵 위협에 대해 군비경쟁으로 대응해야 했다. 특히 2차 세계대전 직후 미국은 1,200만에 달하는 미군의 소집 해제를 통해 전력이나 재래식 무기에 있어서는 소련에 필적할 수조차 없었기 때문에 군비증강이 급박하게 되었다. 만일 소련이 서유럽으로 침공한다면 전투 지역에서 우방국의 군대와 접전을 벌일 것이기 때문에 핵무기를 사용하기에는 어려움에 직면할 수밖에 없었다.

한국전쟁이 발발하기 이전인 이 시기에 대소전쟁계획의 구체적 준비를 위한 국가 차원의 마스터플랜이 준비되기 시작했다. 바로 「NSC 68」이었다. 이 보고서에서는 현 위기의 배경을 소련 등의 국가가 대규모 살상무기를 개발했기 때문에 파멸의 가능성에 직면하게 되었고 이에 따라 총력전의 국면으로 접어들게 되었다고 밝히고 있다. 특히 핵전쟁의 위기에 직면한 가운데, 소련의 계획을 견제하기 위한 적절한 수단이 없다고 평가했다. 소련은 세계 지배계획을 지원하기 위해 군사적 역량을 발전시키고 있는데, 미국의 육·해·공군 및 원자력조사위원회 그리고 중앙정보국의 판단으로는 소련이 다음과 같이 핵 능력을 발전시킬 것으로 전망했다.

소련의 핵무장능력 (단위 : 개)

1950년 중반	10~20
1951년 중반	25~45
1952년 중반	45~90
1953년 중반	70~135
1954년 중반	200

출전; "A Report to the President Pursuant to the President's Directive of January 31, 1950"(1950.4.7), FRUS, 1950, National Security Affairs; Foreign Economy Policy (Washington: USGPO, 1977)

이러한 핵무장 능력에다 소련이 이를 실행할 수 있는 항공기도 보유하고 있음을 지적하며 그들이 200개의 폭탄을 보유하게 되는 시점, 즉 1954년에 만일 소련 보유 핵무기 가운데 100개 정도가 미국의 도시에 떨어진다면 미국은 심각한 위기에 직면할 것으로 이 보고서는 판단했다. 더욱이 핵폭탄에 이은 소련의 수소폭탄 개발은 더욱 심각한 피해를 가져올 것으로 예측했다.

따라서 미국은 소련이 1954년까지 가능하게 될 것으로 예상되는 공격 능력으로 만일 선제 기습 공격을 가할 경우, 이를 방지하기 위해 자유세계의 안전을 보장하고 나아가 목표 달성을 위해 육군·해군 및 공군력의 대규모 증강과 방공 및 민방위계획을 증강하는 것이 필요하다고 판단했다.

결국 이러한 미국의 대소對蘇전쟁 준비계획안의 구체화와 함께 이를 준비하기 위한 종합계획이 마련되던 시기에 한반도에서 전쟁이 발발했다. 한국전쟁이 발발했을 때 워싱턴 당국은 이 전쟁의 배후에 소련의 개입이 있지 않은가를 예의주시했다.

이러한 분위기에서 열린 1950년 6월 25일 블레어하우스의 대책회의에서 극동 주둔 소련 공군력을 묻는 트루먼 대통령의 질문에 대해 반덴버그 공군참모총장은 상하이에 기지를 두고 있는 소련 제트기에 대해 보고하며 "소련 공군기지를 제거하기 위해 시간이 필요하며, 그 경우 원자탄의 사용이 필요하다"고 대답함으로써 핵무기 사용을 공식적으로 처음으로 언급하기도 했다. 이후 전쟁 상황의 변화에 따라 미 당국은 핵무기 사용에 대한구체적인 협의를 여러 차례 개최했다.

딩먼은 한국전쟁 초기 1년간 미국 내에서 핵무기 사용에 대한 논의가 적어도 4번 정도 있었다고 밝혔다. 첫 번째와 두 번째는 1950년 7월이고, 세 번째는 중국의 대규모 개입으로 미국이 '완전히 새로운 전쟁'에 직면했던 11월 말이며, 마지막은 가장 심각했던 상황으로 1951년 4월이라는 것이다. 한편 김상배는 한국전쟁에서 다섯 차례에 걸쳐 핵 사용의 문제가 제기되었는데, 1950년 6월 말과 7월 초, 1950년 7월 말, 중국의 참전 직후인 11월 30일, 1953년 5월 말에 이르러 '만일 한국에서의 사태가 악화된다면' 핵무기를 사용해 전쟁을 확대한다는 데에 미국 수뇌진이 의견의 일치를 보았다고 평가했다.

두 연구자는 미국이 한국전쟁에서 최초로 핵무기 사용을 검토했던 시기를 6~7월인 전쟁 초기로 주장하고 있는 것이다. 반면 아카기는 한국전쟁에서 미국이 최초로 핵무기 사용을 심각하게 검토한 것은 중공군 참전으로 유엔군이 철수했던 12월, 즉 1950년부터 1951년에 걸친 겨울이라고 주장했다. 어쨌든, 미국은 한국전쟁이 발발한 직후부터 북측의 전쟁 배후에 소련이 개입되어 있음을 의심하며 핵무기 사용에 대한 계획을 다각도로 검토하고 있었다.

우선 당시 미국이 소련을 상대로 핵전쟁을 개시하려고 했는지를 살펴보기 전에 당시 양국의 핵무기 보유량을 살펴보도록 하자. 최근에서야 한국전쟁 전후 시기 미국·영국·소련의 핵무기 보유량이 어느 정도 상세히 파악되고 있다. 그 당시는 엄격한 보안조치로 인해 군부의 계획 담당자도 완전히 파악하고 있지 못했기 때문이다.

다음 표는 1945년부터 1953년까지 미·소·영 3국의 핵무기 보유량을 나타낸 것이다.

미국·소련·영국의 핵무기 저장량 비교(1945~1953)

	미국	소련	영국
1945	6	-	-
1946	11	-	-
1947	32	-	-
1948	110	-	-
1949	235	1	-
1950	369	5	-
1951	640	25	-
1952	1,005	50	-
1953	1,436	120	1

출전: Robert S. Norris and Hans M. Kristensen, "Global nuclear stockpiles. 1945~2006"

The Bulletin of the Atomic Scientists, vol.62(Jul · Aug, 2006)

아카기 칸지의 논문에는 1994년 The Bulletin of the Atomic Scientists 50호에 게재된 논문을 인용하고 있다. 하지만 2006년도 논문에 의하면 1994년 논문의 수치와 달리 최근에 밝혀진 숫자를 전재하고 있다. 따라서 본 논문에서도 2006년도 논문을 인용하여 표를 작성했다.

물론 표에 의하면 1950년 미국의 핵무기 보유량은 369개이다. 하지만 이것이 1950년 말인지 아니면 1950년 초인지는 명확하지 않다. 김상배에 의하면 미국은 대략 2개월에 100여 개의 핵무기를 생산하고 있었다고 밝히고 있으므로 이에 추정해 한국전쟁 개전 당시인 6월경에는 약 400여 개 이상의 핵무기를 보유하고 있었다고 추정해 볼 수 있다.

한국전쟁이 발발한 1950년 당시 미국은 약 400여 개의 핵무기를 보유하고 있었다. 이 숫자는 미국 본토와 서유럽에서 소련의 공격을 억지할 수 있는 수준이었다. 그렇다면 한국전쟁에서 핵무기 사용은 본격적으로 언제부터 계획되었을까? 현재 확인할 수 있는 자료로는 7월 초 미군의 개입 이후 첫 전투인 스미스특임대대의 오산전투 패배 직후부터 고려된 것으로 보인다. 이는 미국 육군부와 공군부가 작성한 문서철에서 확인할 수 있다.

(3) 한국전쟁 중 핵폭탄 사용 본격 검토 여러 차례

육군부 산하 작전참모부(G-3)는 이미 1950년 7월 전쟁 초기 단계에서 조선에서의 원자폭탄 사용을 검토했다. 작전참모부는 7월 7일 정보참모부(G-2)에 한반도에 원폭을 투하한다면 세계와 소련의 반응이 어떨지에 대한 평가를 요구했다. 이 문서에서 작전참모부는 ① 38선 이북으로 북군을 철수하도록 하고 ② 1항이 성공한다면 북군을 38선 이북에 잔류시키도록 하며 ③ 유엔군의 북부 공격과 점령을 지원하기 위해 핵무기를 사용한다는 목표 하에 이에 대한 세계 여론을 평가해주도록 요청했다

정보참모부는 7월 13일의 회답에서 ① 한반도에서의 핵 사용은 서유럽과 라틴아메리카 · 중근동 그리고 극동의 친미국가들과의 관계를 악화시키고 ② 정치적이고 선전적 차원에서 소련을 유리하게 할 것이며 ③ 소련 군부의 반응이 어떨지는 정보 차원에서 확인할 수 없고 ④ 절대무기로 평가받고 있는 핵무기는 확실한 상황에서 사용되어야 하는데, 현재 한반도의 상황이 그렇지 못하다는 이유를 들어 핵무기 사용에 반대했다.

   ○ "Utilization of Atomic Bombardment to Assist in Accomplishment of the

U.S. Objectives in South Korea"(1950.7.7.) Records of the Army Staff, General Decimal File 1950~1951.

"Inelligence Estimate of World-Wide and Soviet Reaction to the Use of Atomic Bombardment in the Korean Conflict"(1950.7.13.) Records of the Army Staff, General Decimal File 1950~1951)

특히 서유럽의 경우 미국이 유엔의 경찰행동Police Action을 지원한다는 원칙에 대해 의구심을 가질 것이고 또한 핵무기가 사용될 경우 소련이 서유럽을 직접 침공하고 유럽의 주요 도시에 핵무기를 사용할지 모른다는 두려움 때문에 핵무기 사용을 반대할 것이라고 예상했다. 아시아 각국의 경우 핵무기 사용은 커다란 반향을 불러올 수 있는데, 이는 공산주의자들이 '백인종 대 황인종'의 투쟁으로 이용할 수 있다는 것이다. 소련의 경우 그동안 스톡홀름 평화대회에서 핵무기 금지와 핵무기 사용 국가를 범죄국가로 상정하자는 자신들의 제안을 강화시킬 수 있는 기회로 활용할 것으로 보았다. 더 나아가 소련에게 '미국은 핵무기를 통해 세계 지배를 획책하는 국가'로 공격할 수 있는 빌미를 제공할 것으로 예측했다.

○1950년 11월 스톡홀름에서 열린 세계평화옹호대회International Partisans of Peace Movement에서 평화옹호운동조직은 핵무기 금지를 위한 국제관리 실현을 요구했다. 특히 이들은 전 세계적으로 서명운동을 진행하여 3억 명에 달하는 서명인을 확보했다고 주장했다.

미국은 이러한 행동을 소련의 사주에 의해 움직이는 위장된 평화공세로 판단하고 있었지만, 세계 여론이라는 측면에서 무시할 수 없었다. "The International Partisans of Peace Movement and Its Campaigns after the Korea Attack"(1950.8.18.) 국사편찬위원회 『한국현대사자료집성 55 : 미 국무부 정보조사국OIR 한국관련보고서 3』 2002)

그러나 이에 대해 또 다른 견해가 존재했다. 커밍스에 따르면 7월 9일 맥아더가 '긴급메시지'로 당시 합동참모본부 차장이었던 리지웨이에게 원폭 사용에 관해 전문을 보냈다는 것이다. 하지만 이에 대해 커밍스 본인 스스로도 이 긴급메시지를 확인하지 못했고 다만 리지웨이의 비망록에서 확인했다고 밝히고 있다. 그런데 앞의 7월 13일자 정보참모부 문서에서 이러한 평가는 극동 지역에 핵무기 배치를 바라는 맥아더의 의견에 대한 합참의장의 메시지로 적혀 있는 것으로 보아, 맥아더가 자기의 관할 하에 핵무기 배치 가능성을 타진했던 것으로 보인다. 그러나 이를 두고 맥아더가 초기 핵무기 사용을 적극적으로 주장했다고 보기는 어렵다.

한편 워싱턴에서는 1950년 7월 8일 전략공군사령부Strategic Air Command(SAC) 사령관 르메이에게 1948년 베를린 봉쇄 당시의 B-29 위협을 사실상 되풀이하라는 명령이 내려졌다. '소련 내 목표를 겨냥한 핵무기'를 탑재할 수 있는 항공기를 영국에 보내기로 한 것이다. 물론 핵탄두는 여전히 미국 내에 존재했다.

핵무기 사용에 대해 전적으로 찬성한 인물은 당시 육군부 작전참모부장 볼테였다. 그는 7월 13일 더 많은 보병사단을 지원해 달라는 맥아더에게 추가적인 사단 지원을 반대하며 '지상전투의 직접적 지원'으로 10 내지 20개의 핵무기 사용을 제안했다.

원자탄에 대해 공개된 최초의 언급은 7월 21일 미국의 군부에 의해 시작되었다. 하지만 이 시기 미 군부는 원자탄을 사용해도 한반도에서는 그다지 효과가 없을 것으로 전망했다. 당시 작전에서 사용 가능한 원자탄은 '공중폭발형air-burst type' 뿐이었으므로 비행장에 있는 항공기나 집결된 인원 및 물자를 목표로 하는 것 외에는 그 사용이 효과적일 수 없었다.

1950년 7월 27일 공군부에서는 조선에서의 핵무기 사용에 관한 비망록을 작성했다. 군사전략가 파서니가 작성한 이 비망록에서는 우선 핵무기 사용에 대해 우려를 전달했다. 핵무기가 효과적인지의 여부가 문제시된다는 것이다. 북군의 보급이 국경선 외부에서 이루어지기 때문에 '산업 지역'에 대한 전략 폭격은 의미가 없다고 밝혔다. 또한 만일 북부의 도시를 핵으로 공격할 경우 다수의 북부 주민들이 사망할 것이고, 이는 한국인에게 미국에 대한 역효과를 불러일으킬 것으로 예상했다.

마지막으로 북군에 대한 전략적 핵 공격 역시 북군이 대규모로 한 곳에 집결하여 적절한 공격 목표를 제공하지 않는 한 그 효과를 장담할 수 없고, 이런 경우에도 10 내지 20개의 핵무기가 필요할 것으로 보았다. 따라서 핵무기의 비효율적 사용은 미국에 대한 비난만 초래할 뿐이라고 주장했다. 더욱이 만일 핵 공격이라고 하는 최후의 일격이 효과를 내지 못한다면, 이는 미국에 대한 서방진영의 신뢰성에 큰 타격을 줄 것으로 예상 했다.

따라서 핵무기의 사용은 다음과 같은 전략적 이점이 있을 경우에만 고려 대상으로 삼았다. 첫째, 필요할 경우 미국의 결의를 확고히 보여 주기 위해, 둘째, 국제연합이 핵무기의 사용을 지지할 때 등이다. 하지만 이 보고서에서는 국제연합의 지지를 얻는다고 하더라도 핵무기를 사용해서는 안 된다고 강조했다. 왜냐하면 미국은 소련에 의해 희생양이 되고 있는 북조선인 사상자를 줄이기를 원하기 때문이라는 것이다. 따라서 대통령은 핵무기 사용을 허가해서는 안 된다고 주장했다.

최종적으로 이 보고서는 4개항의 결론을 제시하고 있다.

1. 핵무기를 한반도에서 사용해서는 안 된다.
2. 미국은 핵무기 사용을 하지 않는다는 점을 널리 알려야 한다.
3. 대통령은 북조선인들이 미국과 우호적인 관계에 있다는 점을 알리는 연설을 해야 한다.
4. 대규모 작전을 알리는 선전물을 준비해야 한다.

이 가운데 특히 네 번째 항은 부수적으로 북부의 여성·청년·아동들에게 핵 위협이나 강제노동을 피해 탈출을 부추겨 게릴라 단체를 조직시킬 수 있을 것으로 보았다.

한편 1950년 7월 30일 국방장관 존슨은 워싱턴 해군기지에서 트루먼 대통령을 만나 핵무기를 사용할 것을 강력히 주장했다. 이는 받아들여지지 않았지만, 트루먼은 핵무기를 탑재할 수 있는 B-29 10대를 괌에 배치했다. 이러한 결정에 대해 딩먼은 1950년 7월 말의 결정이 비록 명백히 의도를 설명하지 않고도 이 같은 무기의 배치만으로 소련 군사력에 대한 억지에 기여할 수 있을 것이라는데 대해 워싱턴이 굳게 믿고 있었음을 보여주는 사례라고 밝혔다.

즉 핵탄두 부분이 그대로 미국에 있는 상태에서 기계적 조립품만을 실은 핵폭격기의 파견은 미국이 "군사적으로 핵무기를 사용하겠다는 의지가 있었던 것"이라기보다는 오히려 '정치적인 유용성에 초점을 둔 공갈'이나 '억지효과'를 노린 '견제책'이 될 수 있다는 것이다.

1950년 8월 2일 공군부의 심리전 부대장인 그로버 역시 파서니가 제시한 논리와 비슷한 시각에서 핵무기 사용을 제한하고 이를 앞의 네 번째 항과 같이 북조선에 대한 심리전으로 활용할 것을 주장했다.

(4) 핵무기 사용 및 심리전에의 활용 방법 구체적 검토

1950년 8월과 9월은 한국전쟁에서 중요한 전환점이었다. 잘 알려져 있듯이 8월에는 북군이 남한 전역을 점령하기 위해 최후의 일격을 가하고 있었으며, 이에 대해 미군은 돌파구를 모색하던 시기였다. 특히 이때에는 인천상륙작전을 비롯해 다수의 작전계획안이 준비되고 있었다.(이상호 『맥아더와 한국전쟁』 푸른역사 2012)

이 가운데 현지사령부에서 추진한 핵무기 사용계획안의 중심에는 바로 미 작전조사국 Operations Research Office(ORO)이 있었다. 우선 작전조사국에 대해 간략히 정리해보자.

2차 세계대전이 시작되었을 때, 재능 있는 학자들 대부분은 대학이나 기업체에 종사하고 있었다. 미군은 대규모의 연구조사 기구를 갖추지 못하고 있었지만, 점점 학문적 지식의 필요성을 느끼고 있었다. 2차 세계대전은 총력전의 성격을 띠고 있었기 때문에, 연합국들은 인구 및 경제력의 자원을 총동원하고 있었고, 기술 및 학문적 지식도 예외일 수 없었다.

○ "The Use of Atomic Weapons in Korea"(1950.8.2.), Recorde of the Headquarters US, Air Force(Air Staff), Air Force Plans Decimal File 1942-1954, Korea, Headquarters U.S, Air Force.

US Congress, Office of Technology Assessment, A History of the Department of Defense Federally Funded Research and Development Centers, US Government Printing Office, June 1995)

이러한 취지에서 전략분석가인 부쉬에 의해 국방조사위원회 Defense Research Committee가 창설되었고, 민간연구기관으로 과학조사개발국 Office of Scientific Research and Development이 만들어졌다. 2차 세계대전이 끝난 후 이 과학조사개발국은 폐쇄되었다.

하지만 2차 세계대전 종전 후 미군에서는 민간조직 연구기관의 필요성을 절감하게 되었고, 이러한 필요성에 의해 해군의 작전평가단Operations Evaluation Group(OEG), 공군의 랜드RAND연구소, 육군의 작전조사국Operations Research Office 등 연구조사 기관이 신설되었다.(RAND : Research and Development 연구·조사의 약자)

해군의 작전평가단은 해군작전연구단Naval Operations Research Group(ORG)의 명칭이 변경되어 1945년 11월 1일 창설되었다. 작전평가단에는 25명의 과학자들과 30만 달러의 예산이 배정되었다. 공군 역시 육군항공대 사령관인 아놀드 장군의 주도로 민간 연구기관의 설립을 추구했다. 1945년 12월 1일 연구개발을 위해 르메이 장군이 주도하는 새로운 사령부가 창설되었고, 이후 정식으로 랜드연구소가 창설되었다.

한편 육군도 1946년 4월 30일 당시 육군참모총장이던 아이젠하워에 의해 육군 외부에 민간 조사기구 설립안의 논의가 본격화되었다. 이러한 논의는 매콜리프 중장의 주도로 이루어졌고, 1948년 6월 랜드연구소와 유사한 일반조사국General Research Office이 신설되었다. 이 기구는 동년 12월 작전조사국Operations Research Office으로 명칭을 변경했다. 작전조사국ORO은 존스 홉킨스대학과 계약을 맺고 실제 업무에 착수했다. 작전조사국은 1972년 6월까지 존속했다.

미 육군부는 한국전쟁기 이러한 작전조사국의 일부를 극동군에 파견했다. 따라서 극동군작전조사국(ORO, FECOM)은 극동군사령부에서 연구·조사를 담당하는 주체가 되었다. 미국 군부의 공인 하에서 극동군사령부가 핵무기 사용 연구에 착수했던 것은 1950년 9월 6일에 육군부가 극동군 작전참모부에 준 「군사 목표에 대한 핵무기 사용」이라는 전문에 기초했다. 인천상륙작전 직후인 9월 중순에 작전조사국 국장 존슨을 비롯한 핵심 멤버들이 극동군사령부에 배속되었다. 이들의 배속이 결정되자 9월 18일 극동군사령부에서 임무가 확정되었다.

작업을 위해 G-3 산하 작전조사국ORO이 설치되어 전체를 총괄했지만, 주요그룹은 제8군 G-3에, 심리전 담당은 극동군 G-2에 배속되었다. 참고로 작전조사국의 연구 및 그 우선순위는 극동군사령관이 육군부에 승인을 요청하여 최종적으로는 육군부가 결정하는 것으로 되어 있었다.

작전조사국은 한국전쟁이 발발한 직후 2년 동안 현지팀을 파견해 한국과 일본에서 활동했다. 작전조사국 국장인 존슨은 4개 팀을 이끌고 한국에 입국했고 연구팀은 점차 40여 명의 전문가들로 구성된 8개 팀으로 늘어났다. 작전조사국의 연구팀은 한국전쟁에서 근무 지원의 평가, 한국인의 활용방안, 효율적인 삐라 작성, 핵무기 사용에 대한 평가 등 다양한 작업을 수행했다. 연구조사를 위해 작전조사국의 연구자들은 적 후방에 침투하여 조사를 수행하기도 했다.

작전조사국의 프로젝트는 당초 8개였지만 제8군 관계 최종보고서는 1. 원폭의 전술 사용 2. 심리전 3. 근접항공 지원 4. 공산중공군 5. 지뢰 6. 적병참 공격 7. 후퇴 등이었다. 이 가운데 원폭의 전술 사용은 1. 한국에서 원자폭탄의 전술적 사용 2. 중국공산군의 전술에 기초한 점령 지역의 표준에 관한 보고서 3. 원자폭탄의 전술 사용 4. 청천강의 핵 방어 등이었다.

작전조사국의 보고서에 의하면, 핵무기 사용 여부에 관한 것은 합동참모본부나 대통령의 결정에 따를 것이지만 맥아더사령부가 긴급사용 시의 이점에 대해 평가할 필요가 있다며 그 조사의 이유를 밝혔다. 따라서 조사·연구는 육·해·공군이 포함된 전역 차원에서의 전략적 문제와 적(소련을 암시)이 일본에 대해 보복 공격할 기능성을 염두에 두어야 한다고 강조했다. 작전조사국의 원폭 투하 연구는 1950년 9월 18일 극동군 방첩대CIC, FEC에 보낸 작전조사국 비망록 프로젝트 1과 극동군 참모장의 승인(1950.9. 18)을 얻고 1950년 10월 28일 육군부에 의해 승인을 받아 이루어졌다.(Counter Intelligence Corps, Far East Commission)

(5) 맥아더에게 핵탄 투하 재량권 맡기는 사태까지 벌여

1950년 10월 말 중공군의 대규모 참전에 따른 전세 변화로 낙관적인 상황은 급변했다. 11월 4일 국무부 정책기획실장인 니츠는 육군부 병참부의 원자력 보좌관인 로퍼 장군과 핵무기 사용 문제에 대해 협의했다. 하지만 이 회의에서 한국전쟁에서는 원자탄을 사용하는 것이 바람직하지 않으며, 또한 만약 핵무기를 사용한다면 소련의 참전을 자극할 가능성이 있어 부정적이라는 결론에 도달했다. 국무부 극동과의 에머슨 역시 핵무기 사용에 대해 부정적이었다.

그는 비망록에서 중국에는 핵무기 목표로서 적당한 대상이 없다는 합동참모본부의 견해에 동의하며, 오히려 핵무기 사용시 등장할 불리한 반응을 묘사했다. 즉, 대량살상무기인 핵의 특수한 성격으로 인해 이를 사용 시 미국의 도덕적 지위가 타격을 받을 것이고, 유엔에서 우방국과의 협조관계를 깨뜨릴 것이며, 소련의 선전에 이용될 것으로 예측했다. 나아가 또다시 아시아인들에게 핵무기를 사용한다면 아시아인들 사이에 분노를 촉발시킬 것으로 보았다.

하지만 1950년 11월 20일 합동전략조사위원회Joint Strategic Survey Committee (JSSC)가 합동참모본부에 보고한 문서는 한국 전선에 핵무기 배치에 관한 내용을 담고 있었다. 합동전략조사위원회는 한국에 핵무기 배치를 고려해야 할 상황에 임박했다고 평가했다. 즉, 중공군의 개입으로 유엔군이 핵무기를 사용해야 할 새로운 입장에 놓여있다는 것이다. 특히 병력과 물자 집결지에 대한 핵무기 공격은 유엔군이 현재의 방어선을 유지하거나 혹은 만주 국경 유역으로 진격하기에 결정적 요소로 작용할 것이라고 주장했다.

이때 육군부의 작전참모부(G-3)도 새로운 주장을 전개하고 있었다. 11월 후반 작전참모부는 새로운 정세를 배경으로 하여 "유엔군의 작전을 지원하기 위해 원자탄의 사용이 결정되는 경우에 대비해서 맥아더 장군에게 사용 능력을 부여하기 위한 준비가 마련되어야 한다"는 결론에 도달했다. 작전참모부는 중공군이 한반도로 계속 이동하는 경우에 만주 국경의 바로 북쪽에 핵방사능에 의한 띠 모양의 '방역선'을 설정하여 한국의 전장戰場을 만주로부터 고립시키는 가능성까지도 상정하고 있었다.

결국 이러한 논의 끝에 11월 30일 트루먼은 공개적으로 중공군에 대해 핵무기를 사용할 수도 있음을 시사했다. 이 시기 미국은 핵 보유량에서 소련의 25발에 비해 450발이라는 압도적 우위를 가지고 있었다. 또한 그는 이 핵무기 사용에 대한 권한을 맥아더에게 부여할 것이며, 따라서 맥아더가 이를 언제, 어디서 사용할지를 결정할 것이라고 언론에 발표했다.("The President News Conference"(1950.11.30.) Public Papers of the

Presidents of the United States: Harry Truman 1950. 2008년4월28일 검색)

하지만 트루먼의 발표에 대해 전 세계적으로 논란이 일자, 백악관은 "법률상 대통령만이 원자탄의 사용을 승인할 수 있으며, 야전사령관에게는 그러한 승인 권한이 주어져 있지 않은 점이 강조되어야 한다. 만일 승인이 주어지면 그때에 야전사령관은 무기의 전술적인 운반에 대해서만 책임을 질 것이다"라고 긴급히 해명했다. 앞의 트루먼의 발언 가운데 "핵무기 사용의 권한을 야전사령관에게 부여한다"는 부분은 애당초 잘못된 표현이었다. 왜냐하면 원자탄 사용의 권한은 원자력법Atomic Energy Act에 따른 대통령의 고유권한이었기 때문이다.

12월 1일 맥아더는 자신의 집무실에서 열린 회의에서 만일 자기에게 핵무기 사용 권한이 주어진다면 공격 목표는 다음과 같은 순위가 될 것이라고 언급했다. 단둥·무크덴(심양의 만주국 명칭)·베이징·톈진·상하이·난징이라는 것이다. 여기에 다음 우선순위로 블라디보스토크·하바롭스크·지린 등을 거론했다. 하지만 영국 수상 애틀리가 미국을 방문하여 핵무기 사용에 관해 강력하게 항의하자 미국은 이에 대해 어느 정도 양보하는 수순을 밟았다

그러나 합동전략조사위원회는 12월 3일 국방장관에게 제출한 각서에서 "한국에서 진행되고 있는 상황은 미군의 크나큰 재앙을 막기 위해 필요한 유일한 무기가 핵무기로 되어 가고 있다"고 언급했다. 그러면서 대통령이 언론을 통해 중국에 핵무기를 사용할 것을 고려했다는 점을 알리도록 추천했다. 군부는 "유엔군이 한국에서 철수할 필요성에 직면할 경우 한국이나 중국 내의 목표물은 군사적 재앙을 막기 위해 핵무기 공격의 목표물이 될 것"이라는 입장을 가지고 있었다.

하지만 함흥지역에 있는 제10군단이 안전하게 철수하게 되자 합동참모본부와 국방부는 12월 13일 앞에서 언급한 핵무기 사용에 관한 합동전략조사위원회의 제안을 철회했다.

워싱턴에서의 이러한 결정에도 불구하고, 현지사령부인 극동군사령부는 핵무기 사용에 대한 보고서를 여전히 작성하고 있었다. 극동군사령부 작전참모부는 12월 13일 아몬드 참모장에게 「전술 핵무기의 긴급 시 사용」의 연구가 19일까지 완료될 것이라고 통보했다. 보고서는 「한국에서 원자폭탄의 전술적 사용(ORO-T-1, FEC, 1950. 12. 22)」이라는 정식명칭을 부여받고 완성되었다.(荒敬『朝鮮戰爭と原爆投下計劃 : 米極東軍トップ·シークレット資料』東京:現代史料出版 2000)

작전조사국의 연구는 우선 한국에서 핵무기를 전략적으로 사용하기 이전에 고려되어야 할 것들을 열거했다. "핵무기가 소련을 억제할 수 있는 효율성은 어느 정도인가" "핵무

기를 미국이 사용하면 소련은 공개적으로 전쟁에 개입할까" 등을 검토하며, 소련의 핵 보복 능력으로 인해 특히, 일본에서 미국의 취약성이 나타날 것으로 예측했다.

따라서 "한국전쟁에 핵무기의 배치가 주요 세계전략의 한 부분으로 필요한 것인가를 자문하고 있었다. 또한 문제점으로는 연구팀이 당시에도 미국의 핵 보유량이나 생산능력을 모른다고 언급하며, 가장 큰 문제점으로 정보 취득의 어려움을 지적했다. 왜냐하면 지역적으로 가장 중요한 것은 핵 공격을 위해 적절한 목표에 대한 인식과 정확한 위치인데 현재의 정보력에 의하면 이는 불가능하기 때문이라는 것이다. 따라서 정보체계의 개선이 필요하다고 지적했다.

한편 핵 공격을 위해서는 재래식 공격보다 더욱 자세하고 시간이 많이 소요되는 준비가 필요하고 부수적으로 적군 사상자의 치료와 소개에 관한 정책을 수립하기 위해 다수의 사상자를 처리할 수 있는 의료부대를 준비해야 한다고 권유했다. 더욱이 여기에는 민간인 치료를 위한 의료 지원 역시 고려되어야 한다는 것이다. 자기쪽의 피폭 방어에서도 핵 공격에 대비해 유엔군의 조직과 훈련을 완비해야 한다고 지적했다. 한편 이 보고서에서 작전조사국은 120발의 전술 핵무기가 요코다와 오키나와에 들어와 있고 표적 확정부터 투하까지 11시간이 소요된다고 밝히고 있다.

작전조사국의 연구보고서는 극동군사령부의 참모부에서 논란을 불러 일으켰다. 특히 극동군 작전참모부는 이에 대해 다음과 같이 지적했다.

작전조사국 연구는 평야 지역에서의 핵무기의 효과를 크게 평가하고 있지만 반면에 조선은 거의 구릉과 산악지대이다. 작전조사국 연구는 현존하는 군 정보조직 하에 원자폭탄을 배치하는 효과에 대해 의문을 제기하고 있다. 정보 수집과 분석 그리고 투하까지는 11시간 내에 이루어져야 한다고 밝히고 있지만 원자폭탄의 최대한의 효과를 위해서는 현재의 정보 수준에서 이는 불가능하다. 민간인 희생자에 대한 의료 지원 역시 고려되어야 한다. 피폭 방어를 위해서는 원자폭탄을 사용하기 전에 극동군사령부가 충분한 방어 장비와 측정 장비 그리고 이를 수리·보수할 수 있는 인력을 보유해야만 한다.

특히 작전참모부와 함께 극동공군사령부는 적의 보복 능력과 일본 내 기지의 취약점 등의 문제점을 제기했다. 작전조사국ORO 연구 보고에 대한 찬성은 제8군사령부와 제10군단 등 현지 전투사령부로부터 제기되었다.

제8군사령부는 "본 사령부는 원폭 사용이 결정되면, 강제피난을 지원하는 현재의 상당한 열세가 만회될 것으로 생각한다"고 밝히고(핵폭탄 소문만 들려도 너도 나도 도망치듯 피난을 자발적으로 떠날 테니까) 그 후 합동참모본부에도 "다수의 미 8군 장교는 원자폭탄의 전술 사용이 실행 가능하며 그 효과가 높은 무기라고 판단하므로, 사용이 권고되리라고 생각한다"고 보고했다. 대다수의 8군 장교들은 핵무기의 전술적 사용이 가능하다고 생각했다. 왜냐하면 핵무기는 심리전에서도 효율적이기 때문에 추천할 만하다고 여기고 있었기 때문이다.

(6) 핵 사용, 미래로 미루고 한반도에서의 사용은 포기

하지만 원폭 사용에 대한 작전조사국의 연구에 대해 휘하 부대 내에서 찬반양론이 비등해지자 「극동군사령관은 권고에 동의하지 않는다」는 육군부에 보내는 초안이 1951년 1월 18일 히키에 의해 작성되었고, 1월23일 맥아더는 콜린스 육군참모총장에게 '극동군사령관은 권고의 동의를 유보한다'고 하는 서신을 발송했다.

날짜가 확인되지는 않지만 이 시기 육군부에 보낸 전문으로 추정되는 자료에는 그 이유를 다음과 같이 밝히고 있다.

극동군사령관은 핵무기가 경제적이고 효과적이라는 전술적 목적 때문에 특정한 상황에서 결정적일 수 있다는 의견이다. 하지만 유엔의 목적이 현재 불명확하기 때문에 본 사령부에서는 한국에서 핵무기를 즉각 전술적으로 사용하는 것에 대해 추천하지 않는다. 극동군사령관은 다음과 같은 사항을 추천한다. 첫째, 비축된 핵무기는 장래 전술적 사용을 위해 극동에 배치한다. 둘째, 극동군사령부의 요청에 핵무기의 신속한 사용을 위해 필요한 예비 조처를 고려한다. 셋째 필요한 참모와 기술팀을 본 사령부에서 조직 훈련한다.

한편 이 당시 극동군사령부 내에서 뿐만 아니라 육군부 작전참모부에서도 핵무기 사용에 대해 논의를 진행시키고 있었다. 육군부 작전참모부는 맥아더와 핵무기 사용을 위한 타격지점 선정에 대해 논의했다. 문제는 학계의 일부에서 이러한 논의를 기초로 맥아더가 핵무기 사용에 대해 적극적인 의도를 가지고 있었다고 평가하고 있다는 점이다.

커밍스는 영국 외무성 자료를 근거로 1950년 12월 9일 당시 유엔군 사령관 맥아더가 핵무기 사용을 위한 재량권을 요청했다고 주장했고, 12월 24일 26개의 핵무기가 필요한 "보복 목표 리스트"를 제출했다고 밝혔다.

그러나 이는 사실과 일부 다른 것으로 보이는데 맥아더가 공식적으로 핵무기 사용을 요구한 문서는 아직 확인되고 있지 않기 때문이다. 12월 20일 육군부 작전참모부장 볼

테는 핵무기 사용을 전제한 새로운 비상계획을 준비하기 시작했다. 다음날인 1950년 12월 21일 볼테는 맥아더에게 이 비상계획을 알렸다.

미 군부는 중공군의 대규모 참전에 따른 전황 변화를 소련의 배후조종에 의한 것으로 판단한 듯하다. 따라서 미 군부 당국에서는 소련의 참전에 대비한 비상작전계획인 「셰이크다운 SHAKEDOWN」전략을 세웠다. 이는 소련의 극동 지역 참전에 대한 보복 전략으로 전략공군에 20개 핵무기의 배치를 잠정적으로 승인한 합동참모본부의 지시에 의한 것이다. 합동참모본부는 셰이크다운 계획에 입각해 각 부대에 소련과 전면전이 발발할 시 소련에 대한 보복 공격으로 핵무기를 사용할 지역에 관한 목록을 제출하도록 지시했다. 이 지시에 따라 육군부 작전참모부에서는 우선순위에 따르는 목표 지역을 맥아더가 선정해주기를 요청했다.

볼테의 요청에 따라 맥아더는 극동 지역에서 소련의 참전에 대한 보복 공격보다 소련의 전쟁 잠재력을 감소시킬 목적에서 타격 지역 목록을 제출했다. 그는 적어도 21개 지역에 26개의 핵무기가 필요할 것으로 계산했다.

핵무기 목표 타격 지역 (단위 : 개)

타격 지역	핵무기 수요량	타격 지역	핵무기 수요량
블라디보스토크	2	무크덴	2
보로실로프	1	소베츠카야가반	1
하바롭스크	2	하얼빈	1
뤼순항	1	이르쿠츠크	1
베이징	1	치타	1
다롄	2	울란우데	1
사할린	1	페트로파블롭스크	1
콤소몰스크	2	나홋카	1
블라고베셴스크	1	칭다오	1
미하일롭카	1	아르템	1
쿠이비셰프	1		

앞의 표에 따르면 맥아더는 소련 영토 15개 지역, 중국 영토 6개 지역을 선정했다. 물론 중국 영토 가운데 뤼순 및 다롄 지역은 소련의 조차지이므로, 실질적인 중국 지역은 4개 지역에 한정되었다. 게다가 하얼빈·칭다오 지역 역시 소련의 군사고문단이 주둔해 있었으므로 맥아더는 이 지역을 소련의 전진기지로 예상했던 것으로 보인다.

맥아더는 이 지역에 대한 공격이 도시 지역에 위치한 소련의 전략 비축 기지와, 통신센터·잠수함 기지 등을 파괴함으로써 소련의 작전 능력을 감소시킬 것으로 보았다. 특히 목표 지역의 선정에는 극동군의 전략 목표 조사와 함께 연합번역통신부에서 이루어진 일본인 송환자들의 심문에 의해 선정했다고 밝혔다. 다만 더 구체적인 정보와 자료가 주어진다면 이러한 타격 지역은 바뀔 수 있다고 보았다.

즉, 이 문서를 통해 판단해보면, 맥아더가 핵무기 사용을 적극적으로 주장하며 26발의 핵무기를 요구한 것이 아니라 육군부 작전참모부의 요청에 대해 답변한 것에 지나지 않은 것이다. 맥아더의 핵무기 사용 주장에 대한 진위는 확인하기 어려운 문제이다. 왜냐하면 그가 한국전쟁을 수행하며 핵무기 사용을 진지하게 고려했다는 증거는 찾기 어렵기 때문이다. 단지 중국으로의 확전을 감행했을 때 당연히 소련도 참전하게 될 것이고 이로써 전쟁이 전면화되면, 선택 사항 가운데 하나로 선정할 수도 있었던 문제였다.

한편 1951년 1월 11일 사이밍턴 국가안보자원위원회 위원장은 트루먼에게 권고안을 제출했다. 「현재의 중대한 국제정세를 감안하여 취할 정책과 조치에 관한 권고(NSC 100)」라는 제목의 문서에서 미국의 국익이 걸린 지역에 소련이 침략하면 즉각 핵 공격으로 대응한다는 내용이었다. 하지만 트루먼은 애치슨으로 하여금 그 사용 위협으로 소련에게 걱정을 주기는커녕, '우방국들만 놀라게 하는 정치적 부담'이라고 반박하게 했다. 또한 이 당시 맥아더도 유엔군 철수를 위해 핵무기를 전진배치 하자는 제안 자체도 고려하기를 거부했다.

1951년 4월 6일 트루먼은 원자무기 완제품을 탑재한 B-29폭격기를 괌에 파견하기로 결정했다. 1951년 4월 7일에 제9중거리폭격비행단은 핵폭탄을 괌으로 이송하도록 명령받았다. 4월 10일 의회 주요 의원들은 1945년 이후 처음으로 핵무기가 해외에 배치되었음을 행정부로부터 통보받았다. 또한 트루먼은 핵무기를 이동시키는 결정과 조건부로 맥아더 해임에 대한 합동참모본부의 지지를 얻어냈다.(Memorandum by the Joint Chiefs of Staff to the Secretary of Defense(Marshall)"(1951.4.6.) FRUS 1951. Roger Dingman, ibid. 김상배, 앞의 글)

맥아더가 해임되고 난 이후인 4월 말 트루먼은 핵 장착 기능 폭격기를 태평양으로 증파하는 명령을 승인했다. 그리고 워싱턴은 맥아더의 후임자인 리지웨이 장군에게 한반도 밖으로부터의 공중 공격에 대해 핵 보복 공격을 가할 수 있는 '제한된 권한'을 주는 명령을 하달하였다. 여기에 더하여 후임이 된 전 제8군사령관 리지웨이 중장은 5월에 38발의 원자폭탄을 새로이 요구했다. 원자폭탄 투하라는 점에서는 오히려 리지웨이가 맥아더보다 더욱 적극적이었던 것이다.

한국전쟁에서 미국이 핵무기 사용을 적극적으로 고려했을 것이라는 문제에 대해서는 쉽게 단언할 수 없다. 왜냐하면 미국은 만일 한국전쟁에서 핵무기를 사용하면 이는 극동 전쟁으로 확대되고, 나아가 소련과의 전쟁을 초래할 것이라고 예상했기 때문이다.

딩먼은 미국이 한국전쟁 전 시기에 걸쳐 전투 시 사용 가능 지역에 핵무기를 하나도 배치하지 않았고, 이러한 사실은 워싱턴이 한국에서 핵폭탄을 전술적으로 사용하려 하지 않았음을 보여주는 것이라고 평가했다. 다만 미국의 정치가들이 핵무기를 전쟁에서의 정치·외교관계에 사용하려 했었다는 것이다. 그렇다면 한국전쟁기 맥아더사령부에서의 핵무기 투하 논의는 무엇을 의미하는가. 앞에서도 언급했지만, 맥아더사령부에서는 핵무기 사용에 대해 정보참모부·작전참모부·작전조사국·제8군·제10군단 등 각 하위부대 및 관련부서에서 지속적으로 연구를 진행했다.

하지만 다양한 논의가 진행되는 가운데에서 찬반양론이 대립하고 있었고, 전황의 변화에 따라 그 필요성도 변화되었다. 따라서 맥아더 역시 이러한 변화에 영향을 받아 한때는 핵무기를 강력히 요구하기도 했지만, 한편으로는 이에 대한 사용을 거부했다. 즉 미국정부와의 관계에서 맥아더는 원폭 투하의 주창자였지만, 그것은 현지부대의 강한 요구를 반영한 것이었다.

핵무기 사용에 대한 맥아더의 의도는 중국과의 전면전 내지 미국의 대아시아정책의 선회를 요구한 것이지 핵무기 사용 그 자체를 심각하게 고려한 것은 아니라고 판단된다. 결국 한국전쟁에서의 핵무기 사용은 최악의 경우 군부와 맥아더사령부 내 강경파의 최후 수단이었던 것이다.

3) 동북아 정복에 편중한 맥아더, 트루먼에 의해 해임

맥아더의 해임은 그의 상관이었던 트루먼과의 갈등에서 비롯된 것이었다. 『뉴욕타임스』는 「대논쟁」이라는 기사에서 문제의 초점을 세 가지로 요약했다. 여기에는 한국전쟁의 전략에 관한 문제로 제한전-전면전, 문민-군인 사이의 관계, 유럽과 아시아 가운데 어느 지역을 미국의 우선순위로 삼아야 하는가 등을 거론했다. 맥아더의 해임은 그 내용에 있어 명령계통에 관한 문제 등이 복합적으로 얽힌 사항이었다.

(1) 중국에 대해 외교적 배려 보다 무력 정복을 선호·주창

맥아더를 해임시키라는 최초의 요구는 1950년 8월에 나타났다. 대만 방문을 마치고 돌아온 맥아더는 8월 20일 해외참전군인회에 보낸 전문에서 대만은 '가라앉지 않는 항공모함'으로 서태평양에서의 미국의 전진교두보가 되어야 한다고 강조하면서, 대만을 지원하지 않는 워싱턴 당국을 비난했다. 맥아더에 따르면 대만의 상실은 미국으로 하여금 그 방어선을 5,000마일이나 후퇴시켜 서부 태평양 연안으로 축소시킨다는 주장이었다. 국방장관 존슨에 따르면 트루먼은 매우 화가 나 맥아더를 유엔군사령관에서 해임하려고 했으나 그 당시 이 논의는 더 이상 진전되지 않았다고 한다.

12월 1일 맥아더의 인터뷰는 다시한번 트루먼을 분노케 했다. 맥아더는『유에스 뉴스 앤드 월드 리포트』와의 인터뷰와 UP통신의 휴 베일리에게 보낸 전문에서 자신의 상관이 부여한 '제한'은 거대한 핸디캡으로 "군 역사에서 이전에는 한 번도 없었던 일"이라고 밝혔다. 이 메시지는 8월의 해외참전군인회와의 회견 때보다도 더욱 트루먼을 분노케 했다.

트루먼은 12월 5일 두 가지 명령을 하달했다. 첫째는 외교정책에 관한 언론 발표는 국무부에 의해서 그리고 군사정책에 관한 문제는 국방부에 의해 사전에 미국정부의 공식적 정책과 일치되는지 여부를 검토한 이후에야 가능하다는 것이고, 둘째는 해외에 거주하는 정부 관리와 사령관들은 공식적인 발표에 주의를 기울일 것이며, 미국 내의 신문사·잡지사·기타 언론매체와 군사 및 외교정책에 관해서는 직접적인 의견 교환을 삼가라는 것이었다. 물론 이러한 지시사항은 명백히 맥아더를 목표로 한 것이었다.(이상호 『맥아더와 한국전쟁』 푸른역사 2012)

12월 이후 워싱턴은 중국의 한국전쟁 개입이 소련을 세계대전으로 이끌어가는 한 단계일 뿐이라는데 관심이 집중되었다. 이러한 점을 걱정하여 미국의 모든 주요 사령부에 임전태세를 갖추도록 통고했고 12월 16일에 트루먼 대통령이 국가의 비상사태를 공식적으로 선포했다. 훗날 청문회에서 맥아더는 동아시아에서의 전쟁 확산에 소련이 개입하지는 않을 것으로 예측했으며, 설사 소련이 개입하더라도 그 규모는 한반도 내로 한정된 제한전이 될 것으로 판단했다고 밝혔다.

○ US Congress, *Military Situation in the Far East-Hearings before the Committee on Armed Services and Committee on Foreign Relations United States Senate, Eighty Second Congress Firt Session*, Part 1 (Washington: United Scates Government Printing Office 1951)

1950년 12월 30일 맥아더는 중국에 대해 네 가지 보복대책을 제안했다. 중국의 해안을 봉쇄하여 함포와 공중 폭격으로 중국의 군수산업을 파괴하는 것과 대만에 있는 국부군의 일부를 한국에 파견하는 것 그리고 대만의 국부군으로 중국 본토에 견제작전을 하도록 하는 것 등이었다. 1951년 1월 6일 미 합동참모부에 보낸 서한에서 맥아더는 한국군에 무기를 추가로 지원하는 것에 대해, 오히려 시급한 것은 「일본 경찰예비대의 증강」이라고 강조했다. 즉 한정된 자원으로 일본 경찰예비대와 한국군에 대한 무기 제공이 동시에 가능하지 않다면 한국군보다는 일본의 안전 보장을 강화하는데 사용하는 것이 오히려 전반적인 미국의 이익이 될 것으로 보았다.

이러한 사정을 알 리 없는 이승만은 맥아더에게 50만 명의 한국군을 무장시킬 수 있는 무기를 요구했다. 여기에 덧붙여 5만 명의 중국 국민당 군대의 유엔군 가담이 허용되어야 한다고 제안했다. 만일 맥아더가 파병 요청을 직접 하지 못한다면 이승만 자신이 직접 장제스에게 파병을 요청할 것이라는 내용도 추가적으로 밝혔다.

영국은 한국전쟁에서 진짜 주적은 소련이므로, 대만 국부군을 이용하여 중국을 불필요하게 자극할 필요는 없다고 주장했다. 이에 대해 트루먼은 중국 국민당 군대를 이용하여 중국 본토에 대한 전복운동이나 게릴라전을 구사하지는 않을 것이라고 밝혔다. 그러나 한국정부는 주미한국대사 장면을 통해 지속적으로 대만 국부군의 활용을 주장했다. 장면은 중국 본토 공격을 대만에게 허용하거나 이를 지원한다면 한국 내 유엔군의 상황에 도움이 될 것이라고 주장했다.

1월 9일 국무부는 한국정부 및 관료들의 소개계획을 합동참모본부와 논의했다. 이 자리에서 철수에 관한문제는 대규모 철수 인원(약 80만~100만)을 제주도로 옮기느냐 혹은 소규모 인원을 철수 가능한 세계의 각 지역으로 분산 수용하느냐의 선택 문제로 보았다. 다만 제주도가 용이치 않을 경우 한국군을 일본으로 후송시키는 것은 한일 간의 민족 문제로 비화될 것으로 우려되는바 오키나와 기지에 주둔시키는 것이 효과적일 것으로 예상했다. 여기에 대해 무초 주한미대사는 제주도지역을 가장 우선적으로 고려해줄 것을 요청하며 이러한 계획이 한국인들에게 알려지지 않도록 주의를 촉구했다.

1월 9일 합동참모본부는 맥아더에게 중국군에 대한 대응 및 군사방침에 대해 다음과 같이 지령했다. 우선 중국 해안 봉쇄는 한국에서 유엔군의 지위가 확고해지거나 아니면 완전 철수가 이루어진 다음에 실행되어야 하고, 중국에 대한 공격 역시 중국군이 한반도 이외 지역에서 미군을 공격하는 경우에 허가되어야 한다고 밝혔다. 또한 대만 국부군의 이용에 대해 이들이 한국에서 중요한 역할을 할 가능성이 없으므로 이들을 한국에 파병하자는 제안에 대해서도 긍정적인 반응을 보이지 말 것을 주문했다.

맥아더는 자신이 요청한 제안이 아무것도 받아들여지지 않자 1월 10일 육군부에 보낸 전문에서 최대한 신속히 한반도로부터 철수하자고 제안했다. 즉 자신의 기본적 임무는 1차적 우선순위로 일본 방위를 맡고 있는데 이를 위해서는 자신의 군대를 일본으로 철수시켜야 한다는 내용이었다. 병력의 추가 파견도 없고 중국 국민당 군대의 이용도 허용되지 않고 있으며 중국 본토의 군사력에 대해 아무런 조치도 없이 한국과 중국 지역에 대규모의 중국군이 집결하고 있는 현재의 상황은 결국 유엔군사령부의 지위를 위태롭게 만들 것이라는 이유에서였다.

이러한 상황에서 워싱턴 당국은 한반도 전황을 휴전으로 이끌려는 계획을 구상하고 있었다. 또한 합동참모본부는 중국과 한국에서의 행동방침이 되는 「NSC 101」을 작성했다. 이 문서에서 합동참모본부는 해안 방어선을 유지하고 대만을 사수하되, 한국에서 철수할 경우 한국 망명정부를 수립할 것을 건의했다. 또한 중국군을 침략자로 규정하는 유엔 결의를 요구하며, 중국 내에서 활동 중인 게릴라를 비밀리에 지원할 것을 주장했다.

후에 밝혀진 사실이지만, 합동참모본부가 이 시기에 전쟁을 국지화 하려고 하지는 않았던 것 같다. 맥아더청문회에서 논쟁이 되었지만 1월 12일에는 한국의 철수 문제 뿐만이 아니라 합동참모본부도 전쟁을 확전하려는 계획을 준비했었음이 드러났다.

1월 12일자로 된 각서에서는 "대만 국부군의 작전에 대한 제반 제한 사항을 일소하여 효율적인 대공작전에 기여하게 될 군수 지원을 대만군에 제공한다"는 내용이 담겨있었다. 후에 청문회에서는 이 문제를 가지고 맥아더와 다른 고위급 장성들과 의견 차이가 나타났다. 맥아더는 자신이 이 문서에 기초하여 대중국 확전을 주장했다는 것이다. 하지만 당시 국방장관이던 마셜은 맥아더의 이런 주장을 반박했다. 그 문서는 유엔군이 한반도에서 철수하게 될지 모른다는 급박한 상황 아래서 작성된 것으로 잠정조치에 지나지 않는다는 것이다. 따라서 1월 중순에 들어와 한국의 군사적 상황이 호전됨에 따라 이 제안이 무효화된 것이라고 주장했다.

1월 13일 트루먼은 맥아더에게 한국 문제에 대해 다음과 같은 메시지를 전달했다. 우선 교전 지역을 확대하는 문제는 신중하게 다루어져야만 한다고 강조했다. 맥아더의 대중국 확전 주장을 거부한 것이다. 이러한 메시지와 함께 맥아더 주장의 타당성을 판단하기 위해 워싱턴은 고위 군장교단을 파견하기로 결정했다.

1951년 1월 15일 콜린스 육군참모총장·반덴버그 공군참모총장이 한국에서의 군대 철수를 맥아더와 논의하기 위해 도쿄에 도착했다. 1월 17일 회의에서 맥아더는 한국에서 자신의 군사적 위치는 견딜 수 없는 상태라고 말했으나 이제 상황이 한국에서 교두보를 유지할 만큼 개선되었다는 점에 있어서는 동의했다. 콜린스가 보기에 맥아더의 주장과 달리 유엔군의 사기는 매우 높았다. 따라서 이들은 자신들이 목격한 한국에서의 희망적인 내용들을 1월 17일 워싱턴에 전달했다. 리지웨이가 지휘하는 제8군의 상태는 맥아더가 주장했던 절망적인 상태와는 전혀 상반된 것이었다.

(2) 맥아더와 한국측의 확전 요구, 국무부 휴전 방침과 충돌

1월 29일 맥아더는 『런던 텔러그래프』와의 회견에서 "아시아의 자유를 위한 전투는 계속될 것"이라고 발언했다. 이것은 휴전을 모색하고 있는 미국정부로서는 매우 곤혹스러운 발표였다. 영국정부도 이에 대해 미국의 대한정책이 무엇인지, 그리고 이를 영국정부가 신뢰해도 되는지를 문의해왔다. 국무부는 맥아더의 발언은 말 그대로 단순한 발언으로 받아들여줄 것을 요청하며 미국의 정책은 조금도 변함이 없다고 밝혔다.

2월 1일 미국은 유엔총회에서 중국을 침략자로 규정하는데 성공했다. 하지만 이를 통해 미국이 의도한 것은 적대행위를 중단하고 평화적 방법, 즉 휴전을 모색하는 것이었다. 당시 국무부 극동담당 차관보였던 러스크가 작성한 「한국에 대한 유엔군의 행동지침」을 보면 여러 가지 대안을 상정해놓고 있었다.

이 대안 가운데 유엔군의 군사력 강화나 즉각 철수, 전면 개입을 통한 중국정부의 전복 및 군사적인 교착상태의 지속 등은 미국의 정책으로 선정해서는 안 된다고 강조했다. 아울러 그는 12월에 제안한 휴전협정을 받아들이는 것만이 현 상황에서 미국의 이익에 가장 부합한 마지막 대안이라고 주장했다. 이는 합동참모본부에 의해서도 받아들여졌는데 1950년 6월 25일 이전의 상태로 돌려놓는 것이 주요 목적이라는 것이었다.

그러나 한국 내부에서는 계속적인 전투를 강조하고 있었다. 우선 참모총장인 정일권은 압록강까지 진격해야 할 뿐만이 아니라 북경과 남경까지도 점령해야 한다는 등 중국본토로 공격해 들어가야 한다고 주장했다. 이에 대해 미 중앙정보국은 이러한 발언을 미숙하고, 무책임 하며, 바보 같은 한국 지도자들이 가진 민족주의적 열망이라고 비난했다. 이승만 역시 이후 NBC방송과의 회견에서 38선 이북 진격은 당연한 것이고 필요하다면 대만군의 사용에 대해서도 환영한다고까지 말했다.

2월 15일 트루먼은 신문기자 회견석상에서 38선 문제에 대해 이는 전적으로 맥아더에게 권한을 부여했다고 강조했다. 물론 작전상 38선 돌파뿐만 아니라 다른 어떠한 지역에 대해서도 공격할 수 있는 권한을 그가 가지고 있다는 점까지 지적했다. 이러한 보도에 대해 맥아더는 매우 만족했다.(『경향신문』1951.2.17.~18)

그러나 38선 이북에 대한 군사작전을 워싱턴이 지지한 것은 결코 아니었다. 트루먼의 한국에 관한 성명서 초안을 준비 중이던 국무부 정책기획가 터프츠는 그 초안에서 미국 정부는 유엔군의 우선적 목표가 38선 이남 지역에 대한 침략으로부터 남한을 보호하고 「개전 이전 상황으로 복귀하는데 있다」고 기술했다. 이러한 「38선 이북 지역에 대한 반격작전의 금지」에 국무장관 역시 동의했다.

하지만 군부는 이에 대해 부정적인 입장을 견지했다. 38선 문제에 대한 국무부의 초안을 검토한 국방부는 유엔군과 미군이 정치적인 이유 때문에 38선을 넘어서 진격하는 것을 금지해서는 안 되고, 개전 이전 상태로의 복귀 역시 정치적인 관점에서 보았을 때 받아들일 수 없을뿐더러 군사적인 입장에서도 전혀 받아들일 수 없다고 밝혔다. 즉 군부의 입장은 현재의 군사적 행동이 계속되어야 한다고 주장했다.

3월 7일 맥아더는 중국 지상군과 물자의 유입에 대한 공격을 제한한다면 한국에서 유엔군은 궁지에 몰릴 것이고 따라서 군 사령관으로서 자신의 권한 이상의 결정이 필요하다는 성명서를 발표했다.

일주일 뒤인 3월 15일 맥아더는 휴 베일리와의 전보를 통한 회견에서 다시 전쟁의 확대를 주장했다. 즉 유엔군을 보전하며 공산군에게 최대한도의 응징을 주는데 필요하다면 38선을 월경할 용의가 있다고 밝혔다. 또한 유엔군의 군사적 불리함을 언급했는데, 그 하나는 자신이 한 손을 뒤에 묶인 채 싸우고 있다는 것이다. 중국군의 병력과 물자는 대부분 만주로부터 나오고 있기 때문에 만일 만주 지역을 폭격할 수 있다면 이러한 적의 보급로를 완전히 궤멸할 수 있다는 주장이었다.

하지만 워싱턴 당국은 이때야말로 중국과 휴전이라는 평화적 해결 방법을 원하고 있었다. 즉 리퍼RIPPER작전으로 이룩한 전과로 인해 38선 이북에서 작전하는 것이 새로운 정치적 문제로 대두되었다. 국무부와 국방부는 리지웨이의 최근 승리가 중국이나 북조선이 군사적으로 승리할 수 없다고 믿게 하고 만일 이것이 사실이라면 그들이 휴전협상에 동의해올 것이라고 믿었다.

○1951년 3월 7일 제8군이 주도한 반격작전으로 춘천 지역에 대한 공격을 통해 서부의 중국군과 동부의 조선군을 분리시키는데 그 목적을 두었다. 이 작전의 영향 때문에 서울 재탈환에 성공한 것으로 합동참모본부는 평가했다. 국방부전사편찬위원회 역 『미국합동참모본부 - 한국전쟁 상』

이러한 관리들의 권고를 받은 트루먼 대통령은 유엔이 전쟁을 끝낼 의사가 있음을 암시하는 내용의 성명서를 공표할 것을 계획했다. 이 성명서는 협박의 분위기를 피하여 상대방으로 하여금 좋은 답변을 할 수 있도록 용어 선정부터 신중히 검토되었다. 3월 20일 합동참모본부는 맥아더에게 이러한 대통령의 계획을 통보했다. 대통령의 호소가 공개되어 적의 반응이 나타날 때까지 유엔군사령부는 38선 이북으로 주된 진격을 하지 않는 것이 옳다는 유엔의 일반적인 분위기를 통보했다.

이에 대해 맥아더는 전쟁에 대한 해결은 외교적인 것보다는 군사적인 해결책이 이롭다는 결정을 워싱턴에 주장했다. 3월 24일 맥아더는 휴전을 준비하기 위해 적의 총사령관과 회의할 것을 제안한다는 공식 성명을 발표했다. 하지만 그 내용은 중국의 반감을 불러일으키기에 충분한 것이었다. 맥아더는 중국이 현대전에 필요한 산업자원의 부족을 겪고 있고, 만일 유엔군에 대한 제한이 철폐된다면 중국은 군사적으로 붕괴할 수밖에 없다는 내용도 같이 언급했다.

즉 맥아더는 휴전을 제안하면서도 중국의 군사력을 하찮게 보았고, 중국군은 한반도에서 승리할 수 없으며 만일 적대행위가 계속된다면 유엔이 중국을 공격할 것이라는 일종의 협박으로도 받아들일 수 있는 성명을 발표한 것이다. 그러자 국무부는 맥아더의 성명을 중국으로의 확전 위협으로 받아들였다.

맥아더의 발표가 있자마자 워싱턴 당국은 당황했다. 우선 러스크는 우방국 13개국 대사들에게 맥아더의 성명은 독단적이고 갑작스러운 것이라고 언급하며 이러한 일이 다시는 일어나지 않도록 수단을 취할 것이라고 알려주었다. 한편 국무부 대변인 역시 맥아더의 성명은 갑작스러운 것이었고 워싱턴의 승인을 받지 않았다는 점을 언론에 지적했다. 맥아더의 성명에 대해 미 언론도 부적절하고 비현실적인 것으로 평가했다.

결국 이러한 견해는 미국이 대외정책을 변경할 기능성에 대한 외국 정부의 질문을 유발시켰고, 트루먼은 자기가 준비한 성명서의 어조와 모순되는 것이므로 국제적인 혼란이 일어날까 두려워 자신의 성명서를 발표하지 않기로 결정했다.

맥아더는 계속해서 자신의 발언을 강조하며 만일 아시아에서 공산주의자들과의 전쟁에서 패한다면, 유럽의 몰락 역시 피할 수 없을 것이라고 주장했다. 승리 이외에 대안은 없다는 것이다.

1951년 4월 9일 맥아더의 발언을 놓고 심각한 토의를 한 끝에, 합동참모본부는 맥아더의 해임에 대해 만장일치의 견해를 보았다. 합동참모본부 의장인 브래들리는 트루먼에게 맥아더의 해임을 공식으로 건의했다.

결국 트루먼은 합동참모본부의 건의를 받아들여 4월 11일 맥아더를 전격적으로 해임했다. 트루먼이 맥아더 해임에 관해 기자들에게 배포한 성명서에 의하면, 그 관련 문건은 7가지였다.

첫째, 트루먼이 12월 5일 언론 발표에 관해 주의를 촉구하는 내용을 합동참모본부를 통해 맥아더에게 전했던 메시지. 둘째, 합동참모본부가 1951년 3월 20일 평화를 모색하고 있다는 내용을 맥아더에게 전달한 메시지. 셋째, 맥아더가 중국에 전달한 3월 24일의 최후통첩. 넷째, 트루먼의 지시에 의해 3월 24일 합동참모본부가 맥아더에게 지난 12월에 하달한 지령을 준수하라는 내용의 전문. 다섯째, 3월 20일 마틴에게 보낸 맥아더의 서신. 여섯째, 한국군의 무장에 관해 합동참모본부가 맥아더의 견해를 물은 1월 5일의 전문. 일곱째, 한국군의 증강은 불필요하다는 1월 6일 맥아더의 답변 등이었다.

맥아더에 비판적인 샬러는 맥아더가 남긴 유산은 실패로 판정받아야 한다고 주장했다. 필리핀·오스트레일리아·일본 등의 사령부를 지휘하고 아시아태평양에서 20여 년을 복무하면서 자신의 이기적인 목적, 즉 정치적인 목적을 이루기 위해 정보를 왜곡하고 사태를 조작했기 때문이라고 밝혔다. 따라서 "동양인의 심리에 관한 한 미국의 가장 위대한 전문가"인 맥아더는 아시아 현실에 관해 아는 게 거의 없었고 미국정치에 대해서도 마찬가지라고 혹평했다.

(3) 맥아더의 해임과 고별연설·상원 청문회

맥아더의 해임이 보도되자 가장 먼저 이에 대해 반발한 세력은 공화당 보수파 의원들이었다. 1951년 4월 11일 태프트·훼리·마틴·할렉 등 공화당 지도부 인사들이 모임을 갖고 미국의 군사·외교정책에 대한 전반적인 재조사와 맥아더의 증언을 듣는 청문회를 개최하기로 결의했다. 이들은 이 회합을 알리는 기자회견에서 맥아더 소환에 대한 책임을 물어, 대통령 트루먼과 국무장관 애치슨의 탄핵결의안까지 언급했다.

상원 군사위원회 위원장인 러셀은 1951년 4월 12일 국방장관 마셜을 통해 맥아더에게 4월 18일 열리게 될 청문회에 참석하도록 통보했다. 그리고 이는 상원 군사위원회 위원 전원의 합의 하에 이루어진 청문회라는 것도 공식적으로 밝혔다. 또한 위원회는 맥아더에게 청문회에 출석하여 극동의 정세에 관한 견해와 해임에 이르게 된 상황에 대해 의견을 피력하도록 요청했다.

하지만 맥아더는 아이젠하워나 클레이 같이 해외에서 귀환한 사령관에게 주어지는 의회 초청 연설을 이유로 그 시일을 늦추어 달라고 요청했다. 한편 이때 상원 외교위원회가 청문회를 공동으로 개최할 것을 상원 군사위원회에 요구했으므로 청문회는 군사위원회와 외교위원회가 합동으로 개최하게 되었다. 청문회 준비에 있어서 합동위원회 구성이라는 절차상의 이유와 맥아더의 요구로 인해 개최 일자는 5월 3일로 결정되었다.

1951년 4월 17일 맥아더는 샌프란시스코에 도착하여 대대적인 환영을 받았다. 그는 워싱턴을 거쳐 뉴욕으로 가서 거처를 정한 후 워싱턴으로 돌아와 4월 19일 상하 양원 합동회의에서 그 유명한 고별연설을 했다. 맥아더는 이 연설에서 아시아는 유럽만큼 중요한 지역이며, 유럽과 아시아 두 지역에서 동시에 전쟁이 일어난다면 어느 한 쪽도 포기할 수 없는 지역이라고 역설했다. 여기에 더하여 그는 태평양 지역의 전략적 중요성에 대해서도 강조했다.

미국의 안전에 보다 직접적이고 즉각적인 영향을 주는 것은 지나간 대전 중에 나타난 태평양의 전략적인 가치의 변화이다. 그 이전까지는 미국 서해안의 전략적인 경계선은 남북아메리카 대륙의 해안선과 하와이·미드웨이·괌 및 필리핀을 연결하는 섬의 돌출부로 형성되어 있었다. 이 돌출부는 우리 전투력의 전초기지가 아니라 적이 공격할 수 있고 또 실제로 공격당한 통로에 지나지 않는다는 것이 증명되었다.

태평양은 적이 전진할 수 있는 잠재적 지역이다. 우리는 알류산 열도와 마리아나 제도에 이르기까지 미국 또는 우방국들이 영유하고 있는 활 모양의 섬들에 의해 아시아 해안을 통제할 수 있게 되었다. 미국은 이 섬들에 기지를 둔 해군과 공군으로 블라디보스토크에서 싱가포르에 이르는 아시아의 모든 항구를 지배할 수 있으며 태평양으로 진출하려는 적의 의도를 저지할 수 있다.

또한 아시아 각국의 정세에 대해서도 나름대로 자신의 견해를 표명했다. 맥아더는 현재 일본은 정치·경제·사회적으로 개혁을 달성하여 어떤 민주국가보다도 모범적인 국가로 재탄생되었으며, 필리핀 역시 전쟁의 폐허를 극복하고 기독교 국가로 다시 탈바꿈했다고 주장했다. 대만에 대해서는 본토에 대해 그 정치적 영향력을 다시 찾을 수 있는 기회를 가지고 있으므로 한국전쟁을 통한 본토 수복 전략을 은연 중에 지지했다.

맥아더는 의회 연설에서 현재 진행 중인 한국전쟁의 해결책으로 중국에 대한 압박정책을 다시 한 번 강조했다. 그는 1. 중국에 대한 경제 봉쇄 강화 2. 중국의 해안 봉쇄 3. 중국 연안 및 만주 지역에 대한 공중정찰 제한 폐지 4. 대만 국부군에 대한 제한 조치 해제와 병참지원을 통한 공동작전 등을 요구했다. 그는 이런 조치들만이 전쟁을 최단시일 내로 종식시키고 유엔군의 인명 손실을 최소화 할 것이라고 주장했다.

끝으로 맥아더는 전쟁에서 승리를 대신하는 것은 아무것도 없다고 밝히고 그 유명한 '노병은 죽지 않고 다만 사라질 뿐이다'라는 구절을 읊으며 의회 연설을 마무리했다.

요약하자면, 맥아더는 중국과의 전면전까지 요구하는 것은 아니었지만, 한국전쟁에 중국이 참전하고 있으므로 그들의 역량을 최대한 파괴하는 방법을 모두 동원해 전쟁을 승리로 이끌자고 주장한 것이다. 맥아더의 의회 연설은 트루먼과 행정부에게는 매우 곤혹스러운 것이었다. 여론은 점점 더 맥아더청문회에 대한 관심으로 모아졌다.

상원 합동위원회는 맥아더를 포함하여 13명의 증인(마셜 국방장관·브래들리 합동참모본부 의장·콜린스 육군참모총장·반덴버그 공군참모총장·셔먼 해군참모총장·애치슨 국무장관·존슨 전 국방장관·웨드마이어 육군중장·배저 해군중장·헐리 육군소장·바 육군소장·오도넬 공군소장)을 소환해 청문회를 개최할 것에 합의했다. 청문회 소환의 첫 번째 대상자는 맥아더였고, 그는 5월 3일부터 5일까지 3일 동안 의회에서 증언했다.

맥아더를 대상으로 한 청문회의 주요 내용은 소련의 한국전 참전 의도와 실제 극동 지역에 있어서 소련 군사력에 대한 문제, 대만 국부군 이용과 대만의 전략적 지위 문제, 중국군 참전에 대한 문제, 중국 본토에 대한 확전전략 등이 그 대상이었다.

의장인 러셀은 극동 지역에서 소련의 군사력에 대해 질문하며 소련이 한국전쟁에 참전할 의도를 가지고 있는지를 맥아더에게 질문했다. 이에 대해 맥아더는 극동 지역의 소련군은 대체로 방어적으로 편성되어 있으며, 그들의 군수 지원은 소련의 서부 지역에 의지하고 있기 때문에, 그 참전 가능성이 낮다고 부정적으로 평가했다.

그리고 국부군 이용과 대만의 전략적 문제에 있어서는 자신이 국부군의 이용을 한시적으로 제안했음을 밝혔다. 맥아더는 대만을 위협하던 중국군 제3야전군과 제4야전군이 한국전쟁에 개입했으므로 만일 대만 국부군을 한국전쟁에 이용한다거나, 혹은 대만으로 하여금 중국 본토에 대한 상륙작전을 감행하게 한다면 한반도에서 중국의 압력을 충분히 줄일 수 있을 것으로 보았다고 진술했다.

중국본토에 대한 폭격 문제에 대해서도 러셀은 1951년 1월 12일자 합동참모본부 문서를 가지고 질문했다. 러셀은 합동참모본부의 1월 12일자 문서는 단지 중국 지역에 대한 정찰을 허용한 것이지, 폭격까지 고려한 것은 아니라는 점을 지적했다. 즉 중국 본토에 대한 폭격은 오키나와나 필리핀 등 한반도 이외의 미군기지가 공격받고, 한반도로 부터 미군이 철수 할 상황이라는 급박한 상태가 아니면 허용되지 않는 것이 아니냐는 질문이었다.

하지만 맥아더는 1월 12일의 합동참모본부의 지시는 명백히 중국에 대한 폭격을 허용한 것으로 해석될 수 있다고 강조했다. 그리고 현재 미국은 중국과 전쟁을 하고 있는 것이 아니라고 주장했다. 따라서 중국을 평화회담으로 끌어들이려면, 경제적·군사적 제재를 통해 제어해야 한다고 밝혔다.

여기서 소련의 군사적 의도나 대만 국부군 활용 및 중국 본토에 대한 폭격 문제 등의 질문은 맥아더가 전쟁을 확대시켜 3차 세계대전을 불러올 수 있는 위험성을 지적한 것이었다. 하지만 맥아더는 이에 대해 명확한 대답을 하지 못했다. 오히려 이러한 문제로 인한 세계대전으로의 비화는 자신이 대답하거나 해결할 사안이 아니라는 애매한 답변으로 일관했다. 그러면서 자신의 구상은 한반도 내에서의 전쟁의 승리가 목적일 뿐, 중국과의 전면전을 의미하는 것은 아니라고 주장했다.

뒤이어 상원의원 윌리가 맥아더에게 본인이 소환된 이유에 대해 질문했다. 이것은 앞에서 러셀이 질문한 내용과 관련하여 워싱턴 당국과 맥아더 본인의 전쟁 수행전략의 차이로 인해 발생한 것이 아닌가라는 의미가 담긴 질문이었다. 그러나 맥아더는 자신이 소환된 이유는 미국과 유엔의 정책에 전폭적인 지지를 하지 않았기 때문이라고 밝히며 질문의 의도를 무시하고 정확한 답변을 회피했다.

히켄루퍼 상원의원이 한국에서의 전쟁이 장기간 결정적인 해결을 보지 못한 채 지속된다면 아시아 각국에 미칠 영향을 평가해 달라고 요청하자 맥아더는 "만일 미국이 한국전쟁을 승리로 이끌지 못한다면 미국은 파멸과 같은 패배의 결과를 받아들여야 할 것"이라고 강조했다. 의도된 것인지 그렇지 않은지는 확인할 수 없지만, 맥아더의 답변은 오로지 '승리'라는 구상에만 몰두해 있을 뿐 전쟁의 확산에 대해서는 아무런 설명을 하지 않았다.

다른 의원과 달리 맥마흔 상원의원은 맥아더의 불확실하고 불충분한 답변에 대해 핵심을 짚어가며 맥아더의 빈약한 논리를 추궁하기 시작했다. 맥마흔은 한국전쟁에서 핵무기 사용을 제안한 적이 있는지를 질문했다. 맥아더는 즉답을 회피하며 핵무기를 사용할 수 있는 권한은 대통령에게 있음을 강조했다. 하지만 재차 반복된 질문에서 맥아더는 단지 극동 지역에서 핵무기를 사용할 계획이 있는지에 대한 정보를 요구했을 뿐이라고 답변했다.

계속해서 맥마흔이 현재 미국의 가장 중요한 적은 누구인지를 묻자, 맥아더는 공산주의라고 대답했다. 맥마흔은 공산주의라고 하면 중국인가 아니면 소련인가를 구체적으로 질문했다. 이에 대해 맥아더는 자유주의 국가 내부의 공산주의를 포함하여 전 세계 모든 공산주의라고 대답했다. 맥아더의 답변은 자칫 한국전쟁은 공산주의에 대한 전면전의 시발점이라고 주장하는 것으로 받아들여질 수 있는 대답이었다.

다시 맥마흔은 맥아더가 제안하는 중국에 대한 작전이 곧 중국과의 전면전을 의미하는 것인지를 물었다. 모스 상원의원 역시 같은 질문을 맥아더에게 던졌다. 이에 대해 맥아더는 자신은 중국과의 전면전을 요구하는 것은 아니라고 대답했다. 그러면서 미 지상군을 중국에 투입하려고 하는 생각은 완전히 미친 짓이 될 것이라고 주장했다.

다만 자신이 주장하는 중국에 대한 작전은 중국을 압박하여 평화회담으로 나오게 만드는 것이라고 주장했다. 하지만 맥아더의 주장에는 일관성이 없었다. 공산주의를 주적으로 간주하며, '전쟁에서 승리 이외에는 아무 것도 없다'고 외치던 그가 중국과의 협상을 위해 확전을 주장하고 있는 모순에 빠지게 된 것이다.

결국 5월 5일 맥아더에 대한 3일간의 청문회가 마무리되었다. 맥아더청문회는 아시아에 대한 인식이나 한국전쟁에 대한 맥아더의 전략이 구체성을 갖고 있지도 않은 모호한 것이라는 것을 세상에 알린 것뿐이었다.

맥아더청문회 종료 이후 계속된 다른 인사들의 청문회에서는 점점 맥아더의 주장이 신빙성이 떨어진다는 것을 입증하는 것으로 확인되었다. 마셜 국방장관은 맥아더와 트루먼과의 기본적인 시각 차이에 대한 질문을 받았을 때 이러한 시각 차이는 "대통령은 미국의 전반적인 안전 보장을 책임지고 또한 이를 유지하기 위해 지구상의 한 지역의 문제를 다른 지역의 문제와 함께 전체적으로 균형을 이루도록 고려한 반면, 야전사령관은 특정한 지역과 특정한 문제에 국한되어 있기 때문"이라고 답변했다. 그리고 맥아더의 해임에 대해서는 "맥아더가 상부의 정책을 따르지 않기 때문에 그를 해임하는 것 이외에 다른 대안이 없었다"고 밝혔다.

브래들리 합동참모본부 의장 역시 맥아더가 요구하는 대중국 행동에 대한 정책은 세계대전으로 확산될 수 있는 위험을 수반하고 있었다고 주장하며, 맥아더의 주장을 바람직하지 못하다면서 다음과 같이 결론지었다.

우리는 현재의 상황에서 어떠한 확전 조치에도 반대하는 건의를 제안했다. 중국과의 제한전쟁이라는 수단 역시 결국은 전략적으로 중요하지도 않은 지역에 우리의 군사력을 너무 많이 투입하게 됨으로써 우리가 무릅써야 할 위험을 증가시키게 될 것이다. 합동참모본부의 견해에 의하면, 맥아더의 전략은 미국을 잘못된 전쟁을 위해 잘못된 장소에서 잘못된 시간에 잘못된 적에게 몰아넣게 될 것이다.

맥아더청문회에서 확인된 것은 맥아더에게 한국전쟁을 종결할 확고한 전략이 없다는 사실과 그가 상부의 정책을 제대로 이해하고 있지 못했다는 사실이었다.

2. 미국, 유엔군사령관 리지웨이 성명으로 '휴전' 제의

1) 조선반도 전영역 정복은 불가능하다고 본 미국의 결정

제5차 전역이 끝난 지 얼마 되지 않아 미국은 중국 지원군에게 정식으로 화해의 손짓을 보내왔다. 1951년 6월 30일 유엔군 총사령관 리지웨이 장군은 미국 국가안보위원회의 결정에 따라 성명을 발표해 우리 측과 휴전회담을 하고 싶다는 뜻을 밝혔다. 원산항의 덴마크 병원선에서 회담을 갖자는 것이었다.

7월 1일 조선인민군 최고사령관 김일성과 중국인민지원군 사령관 팽덕회 동지는 성명의 형식을 빌려 리지웨이에게 답변을 보내 미측 대표와 면담하는데 동의했다. 우리는 원산항의 덴마크 병원선 대신 북위38선 남쪽의 북측 통제구역인 개성에서 열자고 수정 제안했다. 리지웨이의 성명이 급작스럽게 발표된 것 같고 우리 측의 답변 또한 이례적으로 신속했는데 사실은 휴전회담 문제는 일찌감치 제기됐을 뿐 아니라 충분히 무르익었다고 볼 수 있었다.

1950년 10월 2일 미군이 38선을 넘었을 때 소련 등은 제5차 유엔총회에서 조선 문제를 평화적으로 해결하자는 제안을 제출했다. 우리 정부도 이 제안을 지지했다. 그러나 미국은 여러 나라들을 부추겨 이 제안을 거부했다.

그러던 미국이 1951년 1월 11일 돌연 휴전회담을 하자고 우리 측에 제안했다. 다른 나라들을 부추겨 「유엔 한국전 휴전 3인위원회」가 제출한 조선과 극동문제를 해결할 수 있는 5개 항의 원칙을 통과시켰다. 내용을 보면 조선에서 즉시 휴전을 실시하면서 유엔이 조선에 통일정부를 세우는 한편 미국·영국·소련·중국 등 4개국 대표가 극동문제의 해결을 위해 협의하자는 것이 주 내용이었다.

이때 중국 지원군은 이미 3차례의 전역을 진행하면서 미군을 37도 선까지 밀어붙인 상태였다. 따라서 전략중점을 유럽에 두고 있던 미국은 더 이상 많은 병력을 조선에 투입하기가 쉽지 않았던 것으로 보이며 또다시 공격을 감행하더라도 실패할 가능성이 많고 도리어 조선반도에서 쫓겨날 가능성을 우려했던 것으로 보였다. 미국은 이러한 상황을 재보고 서둘러 휴전회담을 제의했던 것 같다.

(1) 수많은 병사들의 희생과 물자 소모, 반전 운동까지 일어나

미국의 이러한 입장은 1월 12일 미국 국가안보위원회가 내린 결정에서 더욱 명확하게 드러났다. 이 결정의 분석으로는 당시 미국의 가장 근본적인 이익과 최대의 관심은 유럽에 있었고 따라서 미국은 유럽에 대량의 군사력을 배치해야 하고 나토동맹국들에게도 보조를 같이 하도록 다독거려야 했다. 즉 미국의 근본이익이 유럽에 있는만큼 아시아에서 지구전에 들어가 유럽에 배치되어야 할 군사력에 영향을 미쳐서는 안 된다는 것이다. 만일 이러한 상황이 된다면 이는 바로 소련의 크렘린궁이 바라는 바이다.

이런 분석을 기초로 트루먼행정부는 대對한국정책을 수립했다. 전쟁은 한국으로 제한하고 해·공군력을 제한하며, 더 이상의 증원부대를 파견하지 않고 38선 부근의 전선에서 머무른 뒤 휴전을 꾀해 6·25 이전의 상황으로 되돌아가자는 속셈이었다.

미국정부는 유엔군이 조선반도에서 군사력으로 쫓겨나지 않는 한 결코 철수하지 않겠다고 강조함과 동시에 만일의 경우 미 8군을 철수시켜 일본을 방어할 준비를 갖추었다.

팽덕회 사령관은 야전군의 총지휘관으로서 아군과 상대의 실정에 정통했다. 미군이 화해의 신호를 보내왔을 때 그는 지금 회담을 하는 것이 우리 측에 유리하다고 판단했다. 많은 지역을 우리 손에 넣고 있는 데다 동지들의 희생을 줄일 수 있었기 때문이다. 팽 사령관은 야전 지휘관으로서 이러한 실정과 자신의 판단을 중앙에 보고했다.

그러나 당시 모택동 주석의 생각은 달랐다. 휴전회담을 할 필요가 없다고 생각했다. 상대가 휴전회담에 성의가 없다는 생각이었다. 우리 지원군의 공격 속도를 늦추려는 계책이라는 판단을 하고 있었다. 그래서 차제에 더욱 큰 군사적 승리를 거두어야 한다고 판단했다. 따라서 19병단·3병단·20병단·47군·제16군 등을 파견해 대대적인 반격을 꾀했다. 그러나 그 후 전선은 이미 기술한 바와 같이 38선 부근에서 밀고 당기는 접전을 벌였으며 끝내 전선은 38선 부근에서 고착되었다.

어쨌든 1951년 6월 지원군과 인민군의 합동작전은 이미 5차 전역을 치러 상대 병력 23만여 명(미군 11만 5천 명)을 살상했다. 3차 전역 후와 비교하면 4차·5차 전역에서 상대가 북쪽으로 좀 더 치고 들어왔지만 전체적으로 본다면 북측은 상대를 압록강변에서 38선 부근으로 끌어내린 셈이었다.

또 미국은 지난 1년간 엄청난 타격을 받았다. 그들의 병력과 물자 소모는 제2차 세계대전 당시 1년간 투입한 것에 비해 2배나 되었다고 한다. 물자 소모량은 매월 평균 85만 톤으로 당시 미국이 북대서양조약기구에 1년 반 동안 원조한 물량에 해당한다는 것이다. 미국은 조선전쟁에서 전 육군의 3분의 1, 공군의 5분의 1, 해군의 2분의 1을 동원했다. 중국군이 조선에 들어올 당시 42만 명의 미군이 나중에 69만 명으로까지 늘어났다.

이것은 유럽 우위 전략에 비추어 볼 때 본말이 전도된 것이었다. 이러함에도 불구하고 미군은 병력이 부족하게 됐다. 미국의 전략예비대는 일본에 있는 미군 2개 사단과 국군 3개 사단, 미국 국내의 6개 사단 밖에 남아 있지 않아 다시 조선에 더 이상의 증원군을 파견한다는 것은 아주 곤란했다. 영국과 프랑스 등도 더 이상 조선에 군대를 파견하기를 원치 않았다. 미국은 이러한 엄청난 대가를 치르고서도 승리의 가능성을 기대하기 어려웠다. 이것은 미국인들에게 강한 불만을 불러일으켰을 뿐 아니라 반전사상이 점차 고조되었다. 미국정부 내 지도층에서도 점차 불화의 조짐이 보였다.

군사와 정치적인 국면에 관해 미 육군 참모차장 브래드마이어 장군은 "한국전쟁은 밑 빠진 독에 물붓기다. 유엔군이 이길 희망이 전혀 보이지 않는다"고 발언하기도 했다.

미국 지도층에서는 군사적인 수단으로 중국군을 무찔러 한국 문제를 해결하기란 불가능하다고 여겼다. 5월 16일, 미국 국가안보위원회는 "휴전회담을 통해 적대행위를 멈춘다"는 결론을 내렸다. 6월 초 미국은 유엔사무총장 리를 통해 여러 차례 회담을 통해 적대행위를 그만두겠다는 뜻을 전해왔다. 미국측이 처음에는 오만하다가 나중에 공손하게 된 것은 우리에게 타격을 입었기 때문이다. 회담 국면도 우리가 끌어낸 것이다. 미국은 회담을 원한다는 뜻을 나타냄과 동시에 군사적으로도 잠시 전면공격을 중단하고 38선 부근에 방어진지를 구축하고 전략 방어 단계로 접어들었다.

우리는 5차 전역을 거치면서 상대를 38선까지밖에 밀어붙이지 못했지만 조선의 사정을 크게 변화시켰다. 보병이 우세를 차지한 것은 물론 포병·탱크병·군수지원 역량도 크게 보강되었다. 그러나 상대와 비교하면 기술 장비는 엄청나게 뒤떨어져 있었다. 이때 우리의 병력은 조선에 처음 들어왔을 당시의 30만에서 77만 명으로 늘어났다. 인민군도 11만에서 34만 명으로 늘어나 아군측 총병력은 1백11만 명에 이르렀다. 병력은 1대 1.6으로 우리가 많았다.

반면 기술 장비는 어떤가. 상대는 경박격포 이상 야포 3천5백60문, 탱크 1천1백30여 대, 비행기 1천6백70여 대, 군함 2백70여 척을 보유하고 있었다. 아군은 소량의 탱크와 비행기가 있을 뿐이었다. 야포의 수량과 질은 미군과 비교도 되지 않았다. 제공권·제해권은 완전히 상대 손아귀에 있었다.

아군은 비록 보병이 많고 전투력은 뛰어났지만 대낮에 움직일 수 있는 자유가 없었고 부대의 기동력과 물자보급에 제한을 받았기 때문에 이러한 우세를 충분히 발휘할 수 없었다. 이러한 여건 아래서 우리가 상대의 대규모 병력에 타격을 가하기란 힘든 일이었다. 군사적으로 조선 문제를 해결하려면 관건은 상대의 병력을 무력화시키는 것이다, 이것은 시간이 걸린다. 피아 역량의 증감이라는 과정, 아군의 기술 장비 개선, 아군의 현대화 작전능력을 제고하는 과정이 필요했다. 이리하여 전쟁의 장기화 조짐이 매우 분명해졌다.

　속전속결이 불가능하다면 조선 문제를 평화적으로 해결하려는 가능성이 나타났을 때 우리는 당연히 이 기회를 붙잡아 지구전을 준비하는 한편 상대와 휴전회담을 진행해 조선 문제를 평화적으로 해결하는 방법을 얻어내야 하는 것이다. 때문에 미국이 5월 말 화해의 분위기를 던지자 김일성 수상은 6월 초 북경에 가 모택동·주은래 동지와 휴전회담에 관한 방침과 방안 등을 논의했다.

(2) 조선인민군·중국지원군과 유엔군, 휴전회담 시작

　1951년 6월 23일, 유엔주재 소련대사 말리크는 유엔 프레스센터에서 열린 '평화의 대가'라는 방송프로그램에 나와 연설했다. 그는 이 연설에서 "평화를 유지하는 일은 가능하다. 조선의 무력충돌에서 빚어지는 가장 첨예한 문제도 해결할 수 있다. 그러기 위해서는 각 방면에서 조선 문제를 평화적으로 해결하겠다는 마음가짐이 있어야 한다. 소련 인민들의 생각으로는 제일 먼저 취할 수순이 교전쌍방이 휴전하고 쌍방이 군대를 38선 양쪽으로 철군하는 방법이다"라고 밝혔다.

　말리크의 이러한 연설은 중국·조선쪽의 입장을 대변한 것이었다. 6월 25일 중국의 『인민일보』는 사설에서 "중국인민은 말리크의 제안을 전폭적으로 지지하며 제안의 실현을 위해 노력하기를 바란다. 중국인민지원군이 조선전쟁에 참가한 목적은 조선 문제의 평화적 해결에 있었다"고 밝혔다.

　동시에 트루먼 대통령도 미국의 테네시주에서 있은 정책연설에서 "전쟁은 계속 수행해야 한다"고 목소리를 높이면서도 "조선 문제의 평화적 해결에 참가하고 싶다"는 뜻을 나타냈다. 이어서 나온 것이 앞서 언급한 리지웨이 장군의 성명과 김일성 수상, 팽덕회 사령관의 화답성명이었다.

　김·팽의 성명발표 하루 전날, 김 수상은 모 주석에게 전보를 보내 조선 측의 회담내용·장소 및 시간에 대한 의견을 제시하면서 팽 사령관을 지원군 대표로 휴전회담에 출석하도록 부탁했다.

　지원군수뇌부는 연구를 거듭한 끝에 팽 사령관이 우리의 사령관이기 때문에 직접 얼굴을 내민다는 것은 바람직하지 않다고 판단했다. 팽 사령관도 이 의견에 따랐고 제1부 사령관 등화가 그를 대신해서 회담에 나갈 것을 제안했다. 그래서 등화와 해방이 참석하기로 결정됐다. 우리는 이 결정을 중앙군사위원회에 보고했고 모 주석은 7월 2일 답신을 보내와 이를 승낙하면서 본국 대표로 이극농·교관화 동지 등을 지명해 곧 조선으로 갈 것이라고 통보했다.(이극농 1899~1962 중공중앙사회부장)

7월 8일 쌍방연락관의 협의에 따라 조선휴전회담은 7월 10일 오전 10시 개성 내봉장에서 열렸다. 우리 쪽에서는 조선인민군 참모장 남일 장군·중국인민지원군 부사령관 등화 장군·조선인민군 전선사령부 참모장 이상조 장군·중국인민지원군 참모장 해방 장군·조선인민군 제1군단 참모장 장평산 장군이 대표로 나섰다.

○ 남일 1914~1976 : 39년 소련 타쉬켄트사범대 졸업. 42년 소련군 대위로 2차대전 참전. 45년 입북해 북조선인민위원회 교육국 차장. 57년 9월 부수상. 72년 정무원 부총리 겸 경공업위원장
○ 이상조 1913~ : 해방 전 연안에서 활동. 50년 인민군 최고사령부 참모장. 55년 8월 소련 대사. 56년 9월 반당사건에 연루돼 숙청. 이후 소련에서 거주.
○ 장평산 1915~1958 : 1940년까지 중국 江西 방면 8로군 중대장, 대대장. 50년 11월 제2사단장(소장)으로 한국전 참전. 56년 6월 군총참모부 차장(중장). 57년 9월 제4군단장

상대 측 대표로는 미 극동해군사령관 조이 중장·미 극동공군 부사령관 크레이기 소장·미 8군 부참모장 호데스 소장·미 순양함대 사령관 버크 소장과 한국의 백선엽 소장이었다.

피아 간 역량이 상대적으로 균형을 이루어 군사적으로 조선 문제를 신속하게 해결할 수 없는 사정에 이르자 당 중앙은 정치적으로는 휴전 회담을, 군사적으로는 "지구전을 펴면서 적극적인 방어를 하는" 방침을 정했다. 이에 앞서 지난 5월 해방 동지가 북경에 돌아가 모 주석에게 조선 전황을 보고했을 때 모 주석은 조선의 전황이 장기화되면서 어렵게 될지 모르니 그것에 대비한 충분한 준비가 있어야 할 것이라고 밝힌 바 있다. 해방은 모 주석에게 병력을 교대로 투입해 상대를 각개 격파 하는 방침을 취해야 한다고 보고했는데 모 주석은 매우 기뻐하면서 이 방침을 마치 "엿을 잘근잘근 씹어 먹는 것"과 같이 상쾌하다고 흡족해했다. "엿을 잘근잘근 씹어 먹는" 이 방침은 이후 전략방어 단계에서의 아군의 주요방침이 되었다.

6월 상순, 모 주석은 북경에 보고하러 간 등화를 접견할 때 피아 쌍방의 기본사정과 우리 전쟁 목적에 관해 "지구전을 충분히 준비하는 한편 휴전회담이 전쟁을 끝낼 수 있게 하는" 총지도방침과 "지구전 작전, 적극방어의 전략방침"을 제시했다.

중앙의 총지도방침과 전략방침을 관철하기 위해 등화가 돌아온 뒤 팽 사령관의 주재로 지원군사령부는 6월 25~27일 지원군당위회의를 열었다. 즉, 6월 고급간부회의였

다. 이 회의에서는 앞으로 어떻게 「지구전작전, 적극방어」 전략방침을 운용해 나갈 것인가를 집중 토의했다. 부대는 전체 병사들에게 장기전에 대비한 사상교육을 실시해, 속전속결로 끝내자는 심리를 벗어나게 하는 작업이 필요하다고 의견을 모았다.

또 아군은 38~38.5도 선의 지역을 견지해야 하며 이 지역에 3갈래의 방어진지를 구축토록 했다. 앞으로의 작전방식은 기동방어와 반격을 결합한 형식이었다. "엿을 잘근잘근 씹는다"는 방식을 취한다는 것은 상대를 쪼개서 치겠다는 뜻이다. 전역마다 평균 1개 군으로 미군 1개 대대, 국군 1개 연대에 타격을 줄 수 있는 원칙을 세웠다. 조그마한 승리를 모아 큰 승리를 만드는 셈이라고나 할까.

부대배치는 해안방어와 보급상황에 비추어 18개 군을 두 쪽으로 나누어 번갈아가며 작전에 참여키로 했다. 제1선의 9개 군은 정면작전을, 제2선의 9개 군은 동서해안과 양덕·곡산 등지에 분산 배치해 휴식과 훈련을 하면서 상대의 상륙작전에 대비하도록 했다. 우리는 동북 지구에 있는 2개 군을 전역예비대로 삼았다.

1·2선부대는 2, 3개월마다 한 번씩 교대하는데 사상자가 과다하면 형편을 보아 본국으로 귀국시키고 다른 부대를 참가시키는 방식으로 장기전에 대비했다. 또 연합사령부는 지원군과 조선인민군에서 약간 명을 뽑아 유격대를 만들어 상대 후방에 깊숙이 들어가 유격전을 전개하도록 했다.

아군은 이밖에도 일련의 여러 가지 조치를 취했다. 전방에 일정한 방어선을 갖춘 견고한 진지를 구축했다. 제20병단(67, 68군)을 증파해 동부전선 방어를 강화했다. 부대는 교대로 휴식을 취하고 병사들을 보충하는 한편 훈련의 강화, 전술 및 기술 수준의 제고, 부대 기술 장비의 개선, 방공 및 대對 탱크화력 강화 등에 힘을 쏟기도 했다.

제23병단을 조선에 파견하고 제59군 149사단이 함께 비행장 보수를 맡아 공군과 지상부대의 합동작전 준비를 제대로 해냈다. 도로 창고 수리와 교통수송 및 병참보급을 개선했다. 동시에 전국인민들은 항미원조전쟁을 전폭적으로 지원하는 운동을 전개해 비행기·야포를 헌납하는 운동이 시작됐다. 8월 말까지 전국 인민들의 성금으로 비행기 2,398대, 대포 254문, 탱크 5량을 구입할 수 있어 지원군이 지구전을 계속하는데 크게 이바지했다. 이로부터 조선전쟁은 군사투쟁과 정치투쟁이 번갈아 진행되었다. 한편으로 싸우면서 한편으로 회담하는 대치국면이 시작된 셈이다.

휴전회담이 시작된 뒤 리지웨이가 원산 앞바다의 군함에서 회담하자고 제의한데 대해 우리 측은 동의하지 않았다. 우리 판단에 회담을 하면 왕래가 불편할 것 같았기 때문이다. 우리 측은 대신 우리 측이 통제하고 있는 개성에서 회담을 하자고 제의했는데 이곳이 그들의 통제구역과 가까워 왕래가 비교적 편리할 것이라는 판단에서였다. 리지웨이는 우리 측의 제의에 동의했다. 명확한 표지로서, 그들의 회담대표가 자칫 부상을 입는 위험을 막는다는 뜻에서 리지웨이는 그들의 연락관이 탄 지프차마다 대형 백기를 걸겠다고 제안했고 이에 대해 우리는 승낙했다.

그런데 휴전회담이 몇 차례 진행된 뒤 미국 AP통신사 기자가 기사를 통해 "당당한 미국대표가 유엔 사령관을 대표해 회담하러 가면서 차에 백기를 달고 갔다"며 "이는 바로 투항을 뜻하는 것 아니냐"고 보도했다. 이 기사는 즉각 엄청난 반향을 불러일으켰다. 원래 백기를 단다는 것은 안전을 위해서 그들을 보호하는 표지인데, 이 같은 기사가 나가 큰 반향을 일으키자 상대는 백기를 달지 않겠다고 수정제의를 해왔고 더욱이 개성에서 회담하는 것이 모양이 좋지 않다고 제의해 왔다. 개성은 중립적인 분위기가 아니라는 이유에서였다. 그들은 회담을 중단하고 회담장소를 쌍방 군사접촉선 위에 있는 판문점으로 옮기자고 제의해 왔다. 우리는 상대에게 쓸데없는 구실을 주지 않기 위해 이에 선뜻 동의했다. 그래서 휴전협상 초기의 몇 차례 회담은 개성에서 열렸지만 이후에는 판문점에서 열려 오늘에 이르고 있다.

또 휴전회담에서 전쟁포로 문제가 논의되기 시작했을 때 미 8군 사령관 밴플리트 장군이 우리 측에 개인적인 부탁을 해왔다. 공군 중위로 참전한 그의 아들이 전투기 조종사로 우리 측 물개리에 폭격하러 나갔다가 추락한 후 실종됐는데 생사 여부를 알고 싶다는 것이었다. 그는 우리 대표에게 아들을 찾는데 도와달라고 부탁한 것이다.

둥화와 해방은 이 사실을 내게 알리고 최선을 다해 찾아주도록 부탁해 왔다. 물개리는 당시 지원군후근사령부 제3지부의 관할이었다. 제3지부에 명령해 우리는 사고 현장 일대를 이 잡듯이 샅샅이 뒤졌다. 그러나 아무런 성과가 없자 물개리 동지들이 최종 보고해 왔다. "B-26전투기 한 대를 격추시켰습니다. 그러나 조종사를 생포하지는 못했습니다. 비행기에서 폭사했을 것으로 판단됩니다. 전투기가 격추 될 때 조종사에 대해서는 별다른 관심을 쏟지 않았습니다."

우리는 그래도 혹시나 싶어 사람을 보내 상당한 기간 찾도록 했으나 유해를 발견할 수 없었다. 후에 이런 사정을 둥화·해빙에게 알렸다. 그들은 또 미국 측에 통보했다. 밴플리트 장군은 이 소식을 듣고 매우 실망했다고 한다.

(3) 작전계획서에만 남아있는 6차 전역

한편 휴전협상과 관련해서, 전사에는 기록되지 않은 제6차 전역 애기를 하고자 한다.

「1951년의 지원군사령부작전계획」중에는 제6차 전역계획이 들어 있었다. 그러나 제6차 전역은 실제로는 시행되지 않았다. 그 원인과 제6차 전역의 목적이 어디 있었는지 설명하면 이러했다.

제6차 전역은 지원군수뇌부에서 충분히 논의를 거친 것으로 목적은 38선 이북의 빼앗긴 땅을 완전히 도로 되찾는데 있었다. 그 이유는 이랬다.

제5차 전역 후 우리 측과 미군의 군사통제선은 대체로 38선을 따라 이루어졌지만 완전히 그렇지는 않았다. 미군과 국군은 동부전선에서 38선을 넘어 동해안의 산악지대를 차지하고 있었다. 서해안에서는 우리가 38선 이남 개성과 판문점을 포함한 평야지대와 연안반도·옹진반도를 점령하고 있었다.

동부전선의 미군이 점령한 38선 이북 산악지대는 지형적으로 말한다면 우리에게 군사적인 위험이 되었다. 그런데 휴전협상 이전부터 미국인들은 38선을 군사분계선으로 삼자고 말해왔으며 이에 우리는 휴전회담이 시작되자 38선으로 군사분계선을 삼자는 주장을 역으로 제기했다. 즉, 미국은 동쪽의 산악지대를 우리 측에 넘겨주는 대신, 우리는 서쪽의 평야지대를 넘겨주고 원래의 38선을 완전히 회복하자는 뜻이었다. 그러나 미국 회담대표는 이에 응하지 않았다.

그들은 "38선을 경계로 삼는다면 지형조건으로 볼 때 우리 측은 동부전선에서 후퇴한 뒤 다시 탈취하기가 어려운 반면 당신네는 서부전에서 후퇴한 뒤 다시 탈취하기가 쉬우므로 이 방안은 불공평하다"고 주장해왔다.

회담 도중 미국 측은 38선을 군사분계선으로 삼는데 동의하지 않았을 뿐 아니라 도리어 그들의 해·공군 전력 우세를 앞세워 군사분계선을 38선 이북의 우리 측 진지로 삼자는 무리한 요구까지 해왔다. 전쟁도 하지 않고 우리 측 1만 2천㎢의 땅을 거저먹으려는 속셈이었다. 그리하여 회담은 교착상태에 빠졌다.

때문에 이 기간 중 지원군 수뇌부는 여러 차례 사전작업을 한 뒤 제6차 전역의 발동을 준비했다. 38선의 위치를 무너뜨리면 회담이 더욱 잘 풀릴 것이라는 판단에서였다.

후에 우리는 저울질을 거듭한 끝에 동부전선의 산악지대는 군사적인 지형으로는 유리하지만 모두 민둥산이고 헐벗었다는 이유로 평가 절하한 반면 서부전선의 평야지대는 방어하기가 어렵지만 비교적 풍요롭고 서울과도 가까워 전략적으로 우리에게 유리하다는 쪽으로 결론을 내렸다.

이러던 중 이미 교전쌍방의 세력이 균형을 이루어 전선은 교착상태에 빠졌다. 게다가 당시 우리 측은 이미 실제 접촉선을 군사분계선으로 삼자는 방안에 동의할 준비가 되어 있었다. 이러한 이유에 비추어 우리가 판단하건대 기왕 미국 측이 동부전선과 서부전선의 땅을 맞바꾸는데 동의하지 않으니만큼 그만하면 됐다는 생각이었다. 따라서 제6차 전역은 발동하지 않았고 계획은 서류상에만 남아있게 되었다.

2) 휴전 회담 시작됐어도 미국은 육군·공군력 증강

(1) 회담 마지막 순간까지 분계영토 늘리려고 폭격 계속

한편 휴전회담은 지지부진했다. 휴전회담 시작부터 미국은 전혀 성의를 보이지 않았다. 그들은 한편으로 적극적으로 전쟁준비에 나섰다. 미국 본토에서 수송해 온 10여 만 병력이 보충됐고 포병·탱크부대를 증강했다. 미공군 116사단·136사단 등 2개 전투폭격기연대가 일본에 진주했으며 미 40·45사단이 일본에서 한국으로 파견돼 오면서 육·공군작전 역량을 증강시켰다. 영국군 27·29여단과 캐나다 25여단. 뉴질랜드 포병 16단을 영연방 1사단으로 개편했다. 대구 비행장을 늘렸으며 원주·수원 등 10여 개 해공군수송보급기지를 새로 만들었다. 동두천리·영평·인제 등 10여 곳의 전방비행장을 건설했다. 또 도로건설로 작전물자를 수송하고 대규모로 전투기를 출동시켜 지원군 교통수송선과 후방기지를 폭격했다.

다른 한편으로 미국은 회담석상에서 엉뚱한 문제를 자꾸 끄집어내어 일정 문제를 토론하는 데만 보름이 넘게 걸렸다. 미국 측은 군사분계선을 어디에 그을 것인가로 논란을 빚다 지원군 진지에서 38~68km 북쪽으로 들어간 개성~이천~통천 선으로 삼자고 제안했다.

그들의 논리인즉 해군과 공군력이 북측보다 우세하므로 육상에서 보상을 받아내야 한다는 것이었다. 싸우지도 않고 우리 측 1만 2천km²의 땅을 차지하려는 속셈이 엿보였다. 물론 우리 측은 미국의 제안을 거부했다. 리지웨이 유엔군 사령관은 "연합국의 힘으로 연합국 대표단이 요구하는 분계선 위치까지 진격할 수밖에 없다"고 선언했다.

8월 18일, 미군·국군 33개 사단은 아군이 엄청난 홍수피해와 공습에 의한 질식전의 위기를 맞은 틈을 타 북한강 동쪽부터 동해안에 이르는 80km의 전선에서 공격을 시도했다. 바로 그들의 '여름공세'의 시작이었다.

8월 22일, 그들은 휴전회담의 중조 대표단 숙소에 포탄을 퍼부었다. 당연히 회담은 중단됐다. 동부전선의 조선인민군은 양식과 탄약이 달리는 어려운 사정에서도 참호를 구축해 방어전을 펴는 등 최선을 다했다. 3일간의 격전 끝에 상대는 인민군 일부 전초거점을 점령했다. 8월 21일 상대는 공격의 중점을 바꾸어 전투는 더욱 치열해졌다.

일부 진지에서 인민군은 상대와 10여 차례씩 뺏고 빼앗기는 접전을 치렀다. 조선인민군 2·5군단은 공격하는 상대를 물리치기 위해 적이 피로한 틈을 노려 부분적으로 진지를 빼앗았고 8월 25일, 26일 2일간 상대에 대해 국부적인 반격을 가하기로 결정했다. 5군단은 6사단·12사단 예하 각각 2개 연대를 통원해 반격에 나서 두밀리 북쪽 일대의 상대를 물리치고 점령했다. 2군단은 27사단과 5군단 예하 6사단 일부 병력을 합쳐 대우산의 상대에게 반격을 가했다.

27일 밤에 이르러 5군단은 잇따라 983.1고지·773.1고지·752.1고지·삼대동·진현·구현 등 진지를 되찾았다. 2군단은 대우산의 상대에 대한 반격에서 그날 밤으로 전투를 마무리 짓지 못했다. 이때 피아 쌍방은 각자의 병력을 보강하기 위해 신속하게 부대를 조정해, 또 다른 전투를 준비했다.

9월 1일, 상대는 또다시 공격을 재개했다. 그들은 대대·연대 병력을 동원해, 조선인민군이 지키고 있는 항령·두밀리 북쪽의 773.1고지(상대는 '피의 능선'이라고도 함)·대우산 북쪽의 가칠봉·1,211고지와 가전리 북쪽의 진지로 밀려들었다. 9월 8일에 이르러 상대는 엄청난 피해를 입고 우리의 부분 전초진지를 점령하는데 그쳤다. 9월 9일 국군 8사단은 매일 1개 연대 병력 이상을 동원해 전투기와 맹렬한 야포 지원을 하면서 황기와 송어월에 이르는 4km의 아군 방어지역을 계속 공격했다. 이 지역의 인민군 3군단의 1개 연대가 완강하게 맞서 낮에는 내주고 밤에는 도로 찾는 격전 끝에 4일 동안 꿈쩍도 하지 않았다. 14일 상대는 또 공격중점을 도미현에서 노전평까지의 4km 구간에 집중해 매일 4, 5개 대대 병력을 교대로 공격시켰다.

인민군 3군단은 완강하게 지켜 4일간의 격전을 치르면서도 전혀 땅을 내주지 않았다. 9월 18일까지 상대는 두밀리 북쪽의 851고지에서 1,211고지까지 계속해서 공격해 10월 중순까지 밀어붙인 것을 제외하고는 다른 곳에 서는 공격을 멈추었다. 상대는 851고지를 공격하면서 사상자는 엄청나면서도 장악하지 못하자 '단장의 능선'이라는 이름을 붙였다. 이쯤 이르러 상대가 동부전선에서 일으킨 여름철공세는 드디어 조선인민군이 분쇄한 것이다.

동부전선의 조선인민군이 상대의 여름철공세를 저지시키던 중 우리 지원군 64·42·26군은 각각 일부병력으로 잇따라 덕사리·399.1고지·서방산·만류봉 등 상대 진지를 향해 공격을 시작해 서방산 두류봉 등의 요충지를 점령함으로써 평강평원에서의 방어 상태를 개선했다.

여름철 전역 중 중조 양국 군대는 전선 전반에 걸쳐 상대 7만 8천여 명(이 중 미군 2만 2백 명 포함)을 살상하는 전과를 거두었다. 상대는 동부전선에서 안간힘을 다했으나 아군 진지 2~8km 전진에 179㎢의 땅을 차지하는데 그쳤다. 우리가 성공적으로 상대의 여름철공세를 물리치자 미국 합동참모본부의장 브래들리는 "이번 공세는 시기·지점·상태 등을 모조리 잘못 선택한 패전이었다"고 말했다.

상대는 여름철공세가 아군에게 저지당하자 단념하지 않고 이번에는 서부전선에서 '가을철공세'를 개시했다. 그들은 이번에는 공격중점을 바꾸어 지원군방어진지를 집중 공격했다. 10월 3일 상대는 영연방사단과 2개 미군사단을 집중시켜 서부전선의 아군 64·47군 정면 방어 고지를 공격해 왔다. 이후 상대는 또 동부전선으로 방향을 바꿔 2개 사단을 집중시켜 아군 68군 방어진지를 공격하면서 미군 2개 사단과 국군 2개 사단을 아군 67군 방어 정면을 향해 공격해 왔다.

아군 64군 방어 정면을 공격한 상대는 영연방 1사단과 미 기병 1사단 5연대 일부로 공격중점은 고왕산·마량산이었다. 상대는 매일 1, 2개 연대 병력으로 아군을 맹렬히 공격해 4일 오후 고왕산과 서쪽의 227.0고지를 지키던 부대주력이 철수했다. 10월 5일 상대는 공격중점을 마량산과 서남쪽 216.8고지에 두고 매일 1개 연대 이상의 병력에다 전투기·야포의 맹렬한 지원을 벌여 여러 제대의 공격을 교대로 시도했다. 마량산진지를 지키던 아군은 다섯 번이나 잃고 빼앗기기를 되풀이 했다.

216.8고지를 지키던 아군 1개 중대는 갱도 모양으로 된 엄폐부, 즉 2개의 고양이귀 모양의 땅굴끼리 서로 통한 말발굽모양의 방공호에 몸을 숨겨 하루내 20여 차례의 상대 공격을 물리쳤다. 아군은 적은 희생으로 상대를 대량으로 살상해 처음으로 땅굴의 우월성을 실감했다. 격전은 8일 끝났다. 상대의 인명피해가 심해 공격을 멈추었기 때문이다.

천덕산과 418고지를 지키던 47군 141사단 1개 대대는 매일 상대 2개 보병연대의 맹공에 맞서 10여 차례 공격을 물리쳤다. 진지가 포탄에 의해 초토로 변했으며 부연대장 1명만이 남아 10여 명의 부상병을 이끌고 끝까지 진지를 지켜냈다.

이번에 상대가 일으킨 '가을철전역'은 1개월 가까이 진행됐다. 아군은 각 방향마다 밀려드는 상대를 물리쳤는데 동서 양 전선 모두 상대 7만 9천여 명을 살상했다. 피아간의 인명피해는 3대 1 비율이었다. 상대는 서부전선에서 3~4km를 전진했고 동부전선에서도 6~9km를 치고 들어와 우리 측 4백67㎢를 차지했을 뿐이다.

상대는 이번에 동서 양 전선에서 동시에 공격을 해왔으며 기세가 맹렬했다. 아군은 4개 군을 동시에 전투에 투입했다. 병참 임무가 중요해졌다. 탄약 소모량이 급증했다. 전투가 격렬해지자 서부전선부대는 매일 평균 박격포탄을 4자리 수나 소모했으며 야전포탄도 두 자리 수였다. 격전을 치른 10일 동안 동부전선부대는 매일 평균 탄약 1백 26 톤을 소모했다. 지원군 후근부대는 홍수재해를 이기랴, 상대의 '질식전' 투쟁에 맞서랴, 일선부대의 반격전 수요에 발맞추랴 눈코 뜰 새 없이 바빴다.

상대는 여름·가을철공세를 계속해서 시도했지만 소기의 목적을 이루지 못했을 뿐 아니라 도리어 커다란 인명피해를 입었다. 미국 측은 회담석상에서 얻지 못한 것을 전쟁터에서도 얻기가 힘들다는 사실을 깊이 깨닫고 도로 회담테이블로 돌아와야 했다.

10월 25일, 쌍방은 합의를 본 새 회담장소 판문점에서 회담을 재개했다. 이때 상대는 1만 2천㎢의 땅을 거저 차지하려는 요구를 철회했지만 개성 일대를 미국 점령구역에 편입시키겠다고 제안했다. 우리 측에 1천5백㎢의 땅을 내놓으라는 요구였다.

상대의 기세를 누르고 우리 측의 힘을 과시하기 위해 펑 사령관과 지원군의 지휘관들은 상대에게 반격을 가하기로 결정했다. 64·47·42·26·67군의 각 일부 병력을 동원해 잇따라 상대 대대 이하 병력이 지키고 있는 26개의 목표진지를 향해 반격을 시작했다. 뺏고 뺏기는 접전 끝에 상대의 9개 진지를 점령했다.

이때 엄청난 홍수에 의한 후방의 피해는 거의 복구된 데다 상대의 질식전도 우리에게 별 영향을 미치지 못해 후방 병참보급 상황이 눈에 띄게 호전되었다. 따라서 부대 반격작전을 위한 병참보급은 비교적 넉넉했다. 제64군의 마량산 전투는 이번 반격작전 규모 중 비교적 큰 전투의 하나였다. 전투 전에 지원군 후근사령부는 탄약을 10자리 숫자 이상으로 공급했고 전투식량도 20일분을 비축해주어 여유가 있었다. 전투 중에 군 후근부는 일선병참과 부상병수용소를 개설했다. 이번 반격작전은 군사적으로 중대한 승리를 거두었을 뿐더러 병참보급도 견고한 진지에 의탁해 이루어져 새로운 병참보급 경험을 얻었다.

전선 정면의 각 군이 상대에게 조그마한 국부반격을 시작한 것과 동시에 서부연안 섬 지방에서 상대의 게릴라무장활동이 아군측후의 위협이 되고 있는 것을 막기 위해 우리는 판문점에서 「섬지방 부대 철수 문제」에 대해 회담을 벌이는 것과 함께 제50군 148사단·150사단 각 일부 병력을 청천강 어귀와 압록강 어귀 사이의 조선 서해안 부근에서 4차례의 도해작전을 감행했다. 포병 47단 제2대대는 장거리화력을 지원했다. 전투기도 처음으로 보병과 연합작전을 벌였다. 공군 8사단·10사단이 전투기를 출격시켜 상대의 섬 지방 수비대를 폭격했다. 차례로 단도·탄도·대소화도·우리도 등 10여 개 섬을 점령했다.

참전한 사단·연대 후근부대는 사람들을 동원해 수숫대·표주박·나무 등으로 구명기재를 만드는가 하면 나무판·막대기·방수포 등으로 바다를 건널 수 있는 '운반도구'와 '진흙으로 만든 배'를 제작했다. 이러한 재래식 방법들도 도해작전에서 일정한 효과를 거두었다. 이번 도서지방 공략작전은 규모는 크지 않았지만 공군·해군(상륙정이 참전)이 출동한 소규모의 육해공군 합동작전이었다. 아군 역사상 처음 있는 일이었다.

◎ NLL(Northern Limit Line 北方限界線)

한국〔조선〕전쟁 직후인 1953년 8월(휴전 발표 1953년 7월 27일) 유엔군의 이름으로 미군측이 함정 및 항공기의 초계 활동 북방한계를 제한할 목적으로 그은 동·서 해상 분계선이다. 유·무인섬이 많은 서해 황해도·경기도 쪽 해상이 특히 문제가 되어왔다.

'북방한계선'이라는 호칭은 미군측의 '활동 자제'를 뜻하는 점잖은 표현으로 들리지만, 사실은 전쟁이 막바지에 이를 무렵, 즉 중국군의 여러 차례 공세로 육군에서 많은 희생을 당한 미국측이 해·공군을 전면적으로 동원, 무차별 포격과 폭격을 가함으로써 대량 살육과 더불어 한 치의 땅이라도 북쪽으로 더 차지하려고 폭탄을 쏟아부은 무자비한 전술 때문에 강탈한 지역이자 해역이었다고 한다.

실제로 남북의 치열한 공방전은 1년 안팎이었고 휴전회담이 시작된 후에는 미군만이 일방적으로 우세한 공중폭격과 해군포격에 의해 발악적으로 대량살육의 보복전쟁을 전개함으로써 '비기는 전쟁'을 '이기는 전쟁'으로 만들었고 이 과정에서 육지에서는 동해안 쪽의 휴전선을 북상시켰고 서해쪽은 이른바 '북방한계선'의 범위를 협상 없이 일방적으로 넓혀놓았다.

따라서 한계선 설정조치는 정전협정에서 육지에 인접한 해역과 섬에 대한 관할권을 명확히 규정하지 못한 데서 분쟁을 일으켜 왔다. 정전협정은 쌍방의 입장차(미국측은 3해리, 북측은 12해리)로 경계수역을 명시하지 않은 채 서해 5개 도서를 미군측 관할하에 두는 것으로만 규정했던 것이다.

북조선측은 1999년 9월 2일 인민군 총참모부 발표를 통해 서해상에 설정된 NLL의 무효화를 선포함으로써 북측 나름의 황해도쪽 해역이 훨씬 넓혀졌다. 각각의 주장은 끝없이 대결을 불러왔다.

(2) 중국군, 홍수와 공중 폭격으로 식량 수송 못해 조선에서 꾸어 충당

지난 8월, 상대는 여름철공세를 시작하면서 아군의 동부전선을 향해 맹렬한 공격을 퍼부었다. 엄청난 홍수에다 상대의 '질식전'으로 도로 교량이 모조리 유실되거나 폭격당해 전투식량 등 물자 대부분이 전방으로 수송되지 못했다. 동부전선에 있던 양성무가 이끄는 제20병단은 전투식량이 동나는 어려운 지경에 빠졌다. 앞서 말했던 홍수의 피해에다 미군전투기의 공습으로 식량 수송이 전면 중단된 탓이었다. 팽 사령관이 전화를 걸어왔다. "홍학지, 20병단의 전투식량이 다 떨어졌어. 사정이 아무리 어려워도 5일분의 식량은 공급해 줘야해."

말씀은 부드러웠지만 팽 사령관은 내게 명령을 내린 것이었다. 우리는 여러 가지 방법을 궁리했다. 헤엄에 능한 병사들을 골라 머리에 양식을 이고 청천강을 건너게 하기도 했고 밤에 가교를 임시로 가설해 물자를 옮긴 뒤 낮에는 임시가교를 없애 미군전투기의 눈을 속이기도 했다. 또 강을 건너는데 쓰이는 나룻배 등을 있는대로 긁어모으기도 했다. 한편으로는 음식을 말려 부피가 최대한 줄어들도록 했다.

당시 지원군 후근사령부는 말린 양식 30만 명분을 보유하고 있었지만 조선인민들에게 음식 말리는 일을 부탁하기도 했다. 동시에 2선부대·기관에서 식량을 아껴 일선부대에 지원하도록 했다.

당시 식량 사정이 극도로 어려워 후방부대도 양식이 거의 떨어질 지경이었다. 이런 형편을 사령부 내 몇몇 간부들밖에는 아는 사람이 없었다. 날마다 2번씩 팽 사령관에게 식량 사정에 대해 보고했다. 후방에서 어느 정도 식량을 전방으로 수송 중이며 무사히 도착한 양식물량은 얼마인지를 보고했다.

이미 이때 어떤 부대는 나름대로 조선 현지 관청과의 협의를 거쳐 조선의 시골에서 식량을 빌리기도 했으며 또 다른 부대들도 식량을 마련할 수 있는 갖가지 방안을 강구하고 있었다. 한마디로 말해 동부전선의 양식을 반드시 보장해 주어야 하며 5일 간의 식량비축은 적지 않은 양이라는 점이다. 이 기간이 약 한 달쯤이었는데 가장 어려운 시기였다.

9월에 이르러 홍수는 물러갔지만 미군전투기의 대량공습인 '공중봉쇄' 작전이 시작됐다. 미군전투기들은 신안주·서포·개천 사이의 철도로 이루어진 3각지대를 집중적으로 폭격했다. 엄청난 물량의 양식과 물자가 개천·신안주 북쪽에 쌓여 있었다. 전방으로의 수송이 거의 불가능했기 때문이다. 사정이 이쯤 돼서 한번은 팽 사령관을 찾아갔다. 조선정부에 정식으로 이 문제를 제기해 일정량의 식량을 빌리는 방법을 시도하자고 건의했더니만 선뜻 동의했다.

9월 18일, 나는 지원군 후근사령부가 있는 성천 향풍산을 출발, 평양으로 떠났다. 김일성 수상을 만나 담판을 짓기 위해서였다. 김 수상을 만나자 나는 중국인민지원군의 전투식량이 모자라는 실정을 설명했다. "조선정부가 지원군에게 어느 정도 전투식량을 빌려주었으면 합니다. 일선부대원의 작전에 급히 쓰일 데가 있어서 그렇습니다." "홍수와 공습으로 우리들도 어려움을 겪고 있습니다만 힘자라는 데까지 도와드리겠습니다."

이리하여 11월부터 조선정부는 황해도의 재령·신주·전주·신원리·옹정리에서 식량 4만 톤을 공급했고 평안남도의 강서군에서 식량 4천 톤을, 함경남도의 함흥·영흥에서 식량 1만 톤을 떼어냈다. 함흥에서는 절인 고기 1천 톤, 평강 북쪽 농장에서 야채 무 3천 톤, 2개월분의 마초·장작 등을 지원군에게 공급했다.

김 수상은 지원군이 조선에 상점을 개설하는 게 어떠냐고 제안했다. "상점을 개설해 중국 물건을 팔아 어느 정도 조선화폐를 흡수할 수 있을 것 같은데 그렇게 하면 지원군이 조선에서 식량과 부식을 살 수 있고 조선화폐의 유통을 도와주는 것이기도 하고 말입니다." 나는 선뜻 동의했다. 협상을 거쳐 지원군은 평양·사리원·양덕·성천·구장·안주·정주·희천·덕천·이천에 판매점을 세우기로 했다. 조선 인민들에게 우리 국내에서 가져간 생활필수품을 팔아 필요한 경비(조선화폐) 일부를 충당할 수 있었다.

51년 가을, 부슬비가 계속 내리더니 날씨가 한결 서늘해졌다. 조선 북부의 대지는 점차 녹색 옷을 벗기 시작했다. 동복으로 갈아입을 계절이 다가온 것이다. 계절의 변화에 대해 피아 쌍방은 예의 주시했다. 상대는 우리가 겨우살이 장비를 전방으로 옮기는 이때를 노려 '가을철공세'와 함께 아군후방에 대한 공습을 강화했다. 이 바람에 아군의 겨우살이 장비가 처음에는 수송 도중 상당량이 불타버렸다.

팽 사령관과 후근사령부 간부들이 고심한 점은 어떻게 상대의 공습을 피해 때맞춰 겨우살이 장비를 전선으로 옮기느냐에 있었다. 이것은 당시 아군이 최후의 승리를 거둘 수 있느냐는 핵심적인 문제였다. 이리하여 전장의 후방에서 겨우살이 장비의 운반과 이를 저지하려는 상대와의 한바탕 머리싸움이 시작됐다. 지원군 후근사령부는 방공·경계·통신·공병대의 역량을 강화했다. 연도의 방공부대에게는 미군전투기 활동 상황에 보다 많은 주의를 기울이도록 했다. 경계활동을 강화해 장비수송기지 부근과 창고 주위에 대한 경비를 빈틈없이 했다. 공병대는 교량건설과 함께 중요교량과 도로의 유지·보수에 심혈을 기울였다.

이번에는 앞서 홍수로 삼등에서 일어난 여름철 장비의 훼손을 교훈 삼아 열차·트럭으로 운반된 겨우살이 장비가 도착하면 즉시 각급 단위로 운반되도록 했다. 만약 사정이 여의치 않을 경우 운반수단을 최대한 동원해, 그날 안으로 부근의 견고한 창고로 옮겨 은폐보관이 되도록 했다. 밤중에 물자반출이 잘못되기가 쉬웠다. 조명이 없는 상태에서 물자 반출이 잘못될 가능성이 높았다. 보관담당자들은 여러 차례 훈련을 거친 노련한 병사들로서 사전에 여러 가지 포장에 서로 다른 기호를 사용해 혼동을 최대한 방지했다.

이런 결정에 앞서 9월 10일, 팽 사령관은 "후방부대와 전투임무가 없는 모든 부대는 솜옷 등 겨울장비를 전방으로 옮기는데 역량을 집중할 것. 이 임무는 9월 말부터 10월 초까지 끝낼 것"이라는 명령을 하달했다. 당시 삼각지구(신안주·개천·서포)에 대한 미군

전투기의 공습은 엄청난 것이었다. 그러나 지원군 후근사령부는 펑 사령관의 지시에 따라 겨우살이 운반 작업을 용의주도하게 진행했다.

겨울장비는 안동에서 트럭으로 운반돼 왔다. 9백55개 화물차 분량의 솜옷이 열차로 조선에 들어왔다. 그 다음 각급 단위의 최종 철도 종점까지 작전을 벌이듯 운반이 됐다. 그 다음에는 병사들의 등짐과 말 등에 실어 진지까지 전달해 주었다. 준비가 주도면밀해 운송이 빨랐을 뿐 아니라 손실도 적었다. 전체 동복 1백43만 벌 중 0.52%만 손상됐다.

9월 말 지원군 장병 전원이 솜옷을 입을 수 있었다. 새로운 솜옷복장을 한 지원군 병사들이 휴전회담 지역인 판문점에 나타나자 상대측 회담대표들은 놀라 '기적'이라고 탄성을 질렀다. 철저한 공습 속에도 불구하고 유엔군보다 더 빨리 동복을 입었기 때문이었다. 상대측 대표가 "폭격이 그렇게 심한데 우리보다 먼저 동복을 입을 줄 몰랐는데"라고 말했다. 상대의 육군대표가 공군대표에게 "당신네 저격전술은 실패했어"라고 했다던가.

(3) 폭격, 사람 있는 곳이면 언제·어디서나 쏟아부었다

10월 20일, 김일성 수상은 남정리의 지원군 후근사령부에 전보를 보내와 자신의 지휘소를 한번 찾아왔으면 하는 뜻을 밝혀왔다. 나(홍학지)와 상의할 게 있다는 것이었다. 김 수상의 지휘소는 평양 부근에 있었다.

전보를 받은 이튿날 아침, 나는 출발했다. 후근사령부군수부장 장내천이 수행했다. 우리는 노획한 미군 지프차를 타고 갔다. 정오쯤 우리는 삼등에 도착했다. 삼등은 크지 않은 마을이었다. 마을을 관통하는 간선도로가 있었고 거리의 서북쪽에는 긴 다리가 있었다. 우리는 삼등에 머물지 않고 곧바로 마을을 통해 이 다리를 건너기로 했다. 장내천은 뒤차에 탔다. 내가 탄 차가 다리 위로 올라섰다. 이 다리도 조선의 대부분 강이 바닥이 평지보다 높은 천정천이듯 지상에서 솟아있었고 또한 길었다. 그러나 이때까지 이 다리는 미군전투기의 공습을 받은 적이 없는 다리였다.

내가 탄 차가 막 다리의 중간을 지날 때였다. 갑자기 미군전투기 4대가 남쪽에서 날아들었다. 4대의 미군전투기는 곧장 내가 타고 있던 지프차를 향해 급강하했다. 머릿속에 번뜩 이런 생각이 스쳤다. '하필이면 다리 중간이라니, 피하려야 피할 데가 없구나. 여기서 끝장이구나.' 이때 갑자기 "쿵, 쿵, 쿵" 하는 고사포 소리와 "따, 따, 따" 하는 고사기관총 소리가 들려왔다.

고개를 돌려보니 양쪽의 산 위에서 고사포와 기관총이 맹렬하게 불을 뿜었고 사격 후

뿜어 나온 흰 연기가 하늘에 자욱했다. 미군전투기들은 갑작스레 대공화기들이 불을 뿜자 폭탄을 투하할 엄두도 내지 못하고 서둘러 기수를 돌려 남쪽으로 달아나 버렸다.

나는 안도의 한숨을 내쉬면서도 의아하게 생각했다. "여기 고사포가 있다는 얘기는 못 들었는데. 홍수가 났을 때 이곳의 고사포부대는 다른 곳으로 이동한 것으로 알고 있는데 고사포부대가 있다니 이상하군." 이때 부근의 병참기지 및 창고를 담당하는 지휘관들이 내가 온 것을 알고 허겁지겁 뛰어왔다. 나는 병참기지장으로부터 상황 설명을 듣고서야 이해가 됐다.

알고 보니 삼등병참기지의 철도역에 엊저녁 전투식량을 가득 실은 열차 2대가 도착했다. 일손이 달리다 보니 식량을 한꺼번에 열차에서 부릴 수 없었다. 당연히 분산시켜야 하는데 어떻게 할 수 없었다. 후근사령부 제1지부는 공습 등 만일의 사태에 대비해 밤을 새워 다른 곳에 있던 1개 고사포중대와 1개 기관총중대를 불러왔던 것이다. 진지를 채 마련하기도 전에 미군전투기가 오는 것을 보고 그들은 고사포 세례를 퍼부었던 것이다.

상대는 우리 후방에 많은 공작원을 들여보냈다. 아까 왔던 전투기들도 삼등에서 전투식량을 부린다는 첩보를 듣고 폭격하러 날아왔던 것 같다. 그렇지 않았다면 너무나 공교로운 일이 아닌가. 그러나 전투기들은 이곳에 고사포가 있다는 사실을 몰랐던 것이다. 나는 삼등 병참기지장에게 말했다. "고사포부대를 데려왔기에 망정이지 그렇지 않았다면 전투식량을 가득 실은 열차가 불에 탔을 테고 나도 이곳에서 세상 하직할 뻔했어."

삼등에서 죽음의 고비를 넘긴 후 우리는 감히 속력을 낼 수 없었다. 조금 가다가는 멈추고 비행기소리가 들리는지 귀 기울이고 아무 소리가 없으면 조금 전진하는 식이었다. 그러다보니 사방이 캄캄해서야 평양 근교에 도착했다.

당시 적기는 자주 평양을 폭격했다. 조선정부·김 수상 지휘부·조선 주재 중국대사관은 모두 교외의 산기슭에 자리 잡았다. 나는 먼저 대사관으로 갔다. 그곳은 김 수상 지휘부와 그다지 멀지 않았다. 예지량 대사는 김 수상과 연락을 취한 뒤 "내일 저녁에 만나기로 했다"고 전했다. (예지량 1900~1965 : 8로군 129사단 참모장, 요북군구 사령관, 조선 대사 중장, 해방군 후근학원교육장)

나는 예지량 대사와 친한 편이었다. 이번에 얼굴을 대하니 그는 매우 반가워하며 꿩고기요리를 내게 대접했다. 밤이 깊어지자 잠자리에 들었다. 대사관에 방공호가 있었지만 방공호의 습기가 싫어서 방공호 바깥에 있는 건물에 들었다. 내가 든 방은 온돌을 새로 놓았는데 도배를 한지 얼마 안 돼 완전히 마르지 않아 연탄불로 말리는 중이었다. 문도 달아놓지 않았다. 빛이 새어 나갈까 봐 창문은 검은 천으로 단단히 가렸다. 나는 혼자 방 하나에 들어 잠을 청했고 경호원 4명과 운전사는 다른 방에서 잤다.

얼마쯤 갔을까. 나는 갑자기 잠에서 깨어났다. 머리가 어지럽고 눈앞이 캄캄해지면서 가슴이 답답해졌다. 나는 심상찮다고 여겨 있는 힘을 다해 일어섰다. 밖으로 나가려 했으나 한 걸음을 내딛다 그만 쓰러져 버렸다. 그 통에 머리가 문지방에 부딪혔다. 그 다음에는 어찌된 일인지 모르겠다.

아마 아침 5시나 6시쯤 됐을까, 깨어나 둘러보니 나는 땅바닥에 누워있고 베개는 문지방에 나동그라져 있었다. 문득 '내가 어째서 여기 누워있지' 하는 생각이 들었다. 곰곰이 생각해 보고서야 내가 까무러쳤다는 사실을 깨달았다. 내가 넘어졌을 때 문 대신 걸려 있던 커튼이 찢겨져 있었다.

'어째서 내가 졸도했을까. 혹시 누군가 독가스를 집어넣은 게 아닌가' 하고 미심쩍게 여겼다 좀 더 생각해 보니 십중팔구 연탄가스에 중독된 것으로 판단됐다. 이를 악물고 땅에서 일어나자 머리가 점점 맑아졌다.

날이 밝은 뒤 예지량이 나를 찾아와 아침식사를 같이하자고 했다. "머리가 어지러워 밥 먹을 생각이 없소" "아니 무슨 일이 있었어요?" 나는 어젯밤 일어난 일을 상세히 설명했다. 예 대사는 무릎을 쳤다. "아이쿠, 연탄가스에 중독된 거로구먼. 새로 들여놓은 온돌이라 연탄가스에 중독된 게 틀림없어. 어서 가서 약이라도 드시죠."

이때 나는 벌써 고비를 넘겼기 때문에 약을 먹을 필요가 없었다. 그러나 위험했던 것은 사실이었다. 방 안에는 나 혼자밖에 없었기 때문에 온돌에서 줄곧 잤더라면 끝이 났을 것이며 일어난 뒤에도 문 커튼을 찢고 뛰쳐나가지 않았더라면 역시 끝장났을 것이다.

그날 저녁, 나는 김 수상 지휘부로 가 김 수상을 만났다. 만나자마자 김 수상이 입을 열었다. "홍 부사령관, 또 폐를 끼치게 되었습니다." "폐라뇨, 저희들도 신세를 졌잖습니까. 지원군이 조선정부로부터 양식을 꾸었으니 말입니다."

김 수상은 쾌활하게 웃었다.

"김 수상. 무슨 사정이 있는지 개의치 말고 말씀하십시오."

"현재 전선에서는 피아간에 이미 진지전에 들어갔습니다. 그러나 아측에 대한 적의 전투기·대포공격이 치열합니다. 따라서 전쟁지역의 백성들은 생명은 물론이려니와 엄청난 재산 손실을 입고 있습니다. 먹을 양식도 전혀 없는 실정입니다. 그래서 생각한건데 그들을 후방으로 소개를 시켰으면 합니다. 그러나 전선의 백성들이 워낙 많은 숫자라 조선정부의 힘만으로는 어려움이 많습니다. 그래서 말씀을 드리는 건데 전방으로 양식과 탄약을 운반해 가는 트럭이 되돌아갈 때 전선의 백성들을 태워 이동시켜 주었으면 합니다. 오늘 오시라고 한 것은 바로 이 문제를 상의하려는 것입니다. 가능하겠습니까?"

"걱정 마십시오. 저희들이 맡겠습니다." 김 수상은 잠깐 생각에 잠기는 듯하더니 "귀찮

겠지만 백성들을 데려올 때 가져올 수 있는 물건은 모두 가져올 수 있게 해주십시오. 그들이 후방에 와서도 생활할 수 있게 말입니다"라고 말했다.

"수상께서는 마음 놓으십시오. 문제없습니다." "고맙습니다. 전쟁구역의 백성들을 대표해 충심으로 감사의 뜻을 표합니다." "마땅히 해야 할 일인데요."

이어서 우리는 구체적인 방법을 협의했다. 나는 김 수상 지휘부에서 몇 시간 동안 융숭한 대접을 받았다. 대사관저에서 또 하룻밤을 묵은 뒤 이튿날 오후 우리 일행은 되돌아갈 채비를 했다. 예 대사는 한사코 말렸다. "이틀 정도 더 묵으며 푹 쉬었다가 가시죠."

나는 후근사령부에 해야 할 일도 많고 게다가 묵었던 방에 꺼림칙한 구석도 있고 해서 "됐어요. 다시는 여기서 안 잘 거요"라고 농담조로 말했다. 예 대사와 나는 함께 웃음을 터뜨렸다.

돌아올 때 우리는 오솔길을 택했다. 10리쯤 갔을까, 길가에서 10여 세 정도의 조선 사내아이를 만나게 됐다. 그 아이는 손에 칼을 쥐고 있었는데 우리 일행을 보더니 손에 쥐고 있던 칼로 하늘을 가리켰다. 이어 그 칼로 우리를 가리키는 게 아닌가. 내 생각에 언뜻 여기에 무슨 곡절이 있겠다 싶어 운전병에게 얼른 숲 속으로 들어가자고 했다. 차를 세운 뒤 숲 속에 있는 도랑으로 가 숨었다. 몇 분 지나지 않아 20여 대의 무스탕전투기가 산 후면에서 날아왔다. 전투기들은 우리 머리 위에서 몇 바퀴를 선회하더니 목표물을 발견하지 못하자 날아가 버렸다.

전투기들이 가버린 뒤 운전병과 경호원들이 입을 모았다. "사령관 동지의 명이 길구먼요." "그래, 명이 긴 모양이지 연달아 3번씩이나 고비를 넘겼으니 말이야."

10월 29일, 가을바람이 솔솔 불고 단풍잎이 눈에 띄었다. 눈 깜짝할 사이에 우리가 조선에 온 지도 1년이 넘었다. 이날 아침, 나는 지원군 후근사령부가 있던 성천의 향풍산에서 지원군사령부가 있는 회창에 도착했다. 지원군 당위회의에 참석하기 위해서였다.

이번 회의의 주요 내용은 지원군의 기구를 줄이고 물자를 아끼라는 중앙의 방침을 전달하고 지원군의 개편작업을 연구하는 한편 '여름·가을공세'에 대한 방어작전 경험의 결산, 국부적인 반격작전과 섬 지방 공략작전에 대한 부대 배치 등이었다.

회의가 시작되자 팽덕회 사령관은 당 중앙의 방침과 모 주석·주 총리의 말씀을 전달했다. 이때 사령관의 가슴에는 커다란 훈장이 달려있었는데, 크고 화려해서 참석자들의 눈길을 끌었다. 그것은 일주일 전에 조선최고인민회의 상임위원회가 중국인민지원군의 위대한 공훈을 표창하기 위해서, 특히 지원군 참전 1주년 전날에 팽 사령관에게 수여한 것이었다.

훈장을 받기 위해 며칠 전 팽 사령관은 직접 평양에 다녀왔다. 그의 훈장은 조선에서 제일 격이 높은 1급 국기훈장이었다. 팽 사령관이 중앙지도자들의 말씀을 전한 뒤 우리는 연구토론에 들어가려 했다. 나는 팽 사령관 바로 옆에 앉았는데 "훈장이 멋지군요"라고 말을 건넸다.

팽 사령관은 감개무량한 표정을 지으며 말을 받았다. "벌써 1년이 지났군. 지난 1년 동안 우리는 엄청난 희생을 치렀어. 그러나 엄청난 승리를 거두기도 했어. 상대를 38선까지 몰아냈고 그들을 회담 테이블로 끌어냈으니 말이야. 조선인민들이 우리에게 고맙다면서 훈장을 준거야. 나 팽덕회가 이 훈장을 받으러 간 것은 지원군을 대표해 받으러 간 거야."

이쯤 해서 팽 사령관은 의미심장하게 나를 쳐다본 뒤 당위위원들을 둘러보았다. 그리고 다시 입을 열었다. "그러나 엄밀한 논공행상으로 따진다면 말이야, 훈장을 받아야 할 사람은 전방에는 홍학지 동지요 후방에는 고강 동지야."

"사령관 동지, 무슨 말씀을 그렇게 하십니까." 내가 당황해하자 참석자 모두 웃음을 터뜨렸다. "내가 어째서 이런 말을 하는지 아오? 바로 당신네 두 사람이 우리 지원군의 군수지원 업무를 맡았기 때문이야. 정말 힘든 임무였소. 군수지원 업무가 제대로 이루어지지 않았다면 이렇게 커다란 승리를 거둘 수는 없었을 거야."

잠시 여담이지만 이 발언은 1959년 소위 팽덕회(당시 국방부장)·황극성(당시 인민해방군 총참모장 및 중앙군사위 비서장) 반당사건이 일어났을 때 내가 연루되는 죄목이 되었다.

나를 비판하던 사람들은 "팽덕회가 어째서 공로를 홍학지에게만 돌렸단 말인가"라고 지적했던 것이다. 그러나 사실 조선에 있을 때 팽 사령관에게 욕을 얻어먹은 것으로는 내가 제일 많다. 예를 들면 구장의 제39군에게 양식을 보내던 일, 제9병단에게 양식을 보내던 일, 지원군 사령부의 트럭이 불타버린 일, 제60군이 잘못 보고했던 일, 삼등의 물 자가 불타버린 일, 이런 일들에 대해 팽 사령관은 나를 불러 세차게 야단쳤던 것이다.

어떤 경우는 억울하게 당하기도 했다. 그러나 나는 이해했다. 그가 엄청난 일 욕심에다 책임감에서 그런 것이니만큼 전혀 원망을 하지 않았다. 반면 다른 측면에서 팽 사령관 은 내게 칭찬을 많이 한 것도 사실이다.

또 팽 사령관은 조금도 사심이 없었다. 업무의 성과를 보고 모든 것을 판단했다. 제39군에 양식을 보내던 일, 제9병단에게 양식을 보내던 일, 그 외 다른 일들도 가장 힘든 상황이었지만 내 나름대로 최선을 다해 해결해냈고 따라서 나는 그의 칭찬을 듣곤 했던 것이다.

팽 사령관이 말했다. "홍학지 이 친구는 고생과 원망을 달게 받아들였지." "사령관 동지, 제가 달게 받아들이지 않으면 어떡합니까. 동지께서 잘못 꾸짖어도 말다툼을 벌일 수 있습니까. 보따리를 싸가지고 떠날 수가 있습니까." 팽 사령관이 빙그레 웃고 우리는 한바탕 웃었다.

1951년 겨울, 나는 조선전선에서 북경으로 가 인민해방군 총후근부에 전선 상황을 보고했다. 어느 날 저녁, 모택동 주석이 나를 접견하려 했다. 나는 저녁 7시가 좀 지나 주석집무실로 향했다. 모 주석은 처음부터 일선부대가 대치상태로 들어간 후의 작전상황·생활형편 및 군수보급 상황 등을 상세히 물었다. 내가 조선전선의 보급에서 생겨난 문제점들을 열거하면서 어떤 부대는 영양실조로 적잖은 병사들이 '야맹증'에 걸렸다고 보고하자 모 주석의 안색이 창백해졌다.

"병사들의 영양을 보충시켜야겠구먼. 병사들에게 매일 달걀 한 개씩을 공급했으면 하는데 가능한 일이오?" "달걀은 저희도 가지고 있습니다. 그러나 일선으로 옮기는 게 어렵습니다. 여러 번 열차 트럭을 바꾸어 실어야 하고 미군전투기의 공습 또한 워낙 맹렬하다 보니 일선에 도착도 채 하기 전에 다 부서지고 말 거든요." "좋은 방법을 연구해 보시오." "알겠습니다." 이후 우리는 여러 차례의 연구를 거듭한 끝에 국내에서 전선으로 '달걀가루'를 싣고 가 일선부대에 공급했다.

조선의 전황에 대해 언급하면서 모 주석은 "이제 조선전쟁은 지구전으로 이끌어갈 생각이오"라고 분명히 밝혔다. "돌아가거든 팽 사령관에게 전하시오. 김일성 동지에게 자주 전황을 보고하라고 말이오. 팽 사령관이 바빠서 갈 수 없으면 당신이나 등화가 대신 가서 보고하시오."

보고 도중 모 주석 비서가 두 번이나 들어와 재촉했다. "시간이 늦었습니다. 휴식을 취하시죠." 그러나 주석은 아랑곳하지 않고 나와 밤 11시가 넘도록 환담했다.

이튿날, 나는 진운 동지 자택을 방문했다. 전황 얘기가 다 끝나자 진 동지는 나를 식당으로 인도했다. "아이쿠, 이거 저 혼자 다 먹어도 모자라겠는데요." "배불리 먹을 수 없을까봐 그래요. 양껏 들어요. 음식은 얼마든지 내올 테니 걱정 말아요."

진운 동지는 당시 경제를 관장하고 있었다. 그는 인민지원군의 군수품 보급과 후방의 교통수송에 많은 관심을 나타냈다. "전방에서 해결할 수 있는 문제는 무엇인지, 해결할 수 없는 문제는 어떤 것이 있는지 설명해 주시오. 그리고 후방에 있는 우리가 해결해 줄 수 있는 게 있으면 제출하시오."

그는 또 전방에서 피아 쌍방의 상황에 대해서도 상세히 물었다. 그는 우리 지원군총지휘부의 작전지휘에 대해 만족감을 나타냈다. "어려운 일이었어. 그렇게 짧은 기간 내에 조선의 전황을 단숨에 바꾸어 놓다니, 정말 어려운 일을 해냈소."

(4) 전쟁 핑계대고 무한 폭격, 생명도 강산도 잿더미로

시기적으로 거슬러 올라가는 감은
있지만 지금부터 미군의 '공중봉쇄'작
전에 접한 인민지원군의 고초와 빈약
했던 우리 공군의 활약을 소개하여 본
다.

조선전쟁이 대치단계로 접어든 뒤
미군은 엄청난 병력부족 현상을 빚었
다. 또 충분한 예비역량이 모자랐다.
이런 상황에서 병력에서 월등 앞서고
2백여km에 이르는 방어선을 견고하
게 구축한 중·조부대에 맞서다 보니
전방의 지상부대는 이미 전쟁 초기의
기세 있던 모습은 온데간데 없이 무력
감에 휩싸였다. 아군의 방어선 하나 뚫
는 데도 애로 사항이 많았다. 커다란
대가를 치러야 했던 것이다.

(홍학지 저, 홍인표 역 『중국이 본 한국전쟁』 한국학술
정보 2008)

그러나 이때 미국은 그들의 해군력과 공군력의 우세를 미신처럼 믿고 있었다. 1951
년 7월 그들은 조선 북부에서 엄청난 홍수가 발생한 기회를 틈타 우리에게 여름·가을공
세를 발동하는 동시에 우리 후방에 대규모의 '공중봉쇄전역' 즉 '질식전'을 시작했다.

'공중봉쇄'는 1944년 3월 연합국 공군이 이탈리아 국경 내에서 독일군이 사용하던 철
로를 주요목표로 일으킨 한차례의 공중전역을 미국이 본뜬 것이다. 그 전역은 최초의 공
군합동공세로 일컬어지고 있다가 후에 '질식전'이라는 별명을 붙였다.

조선반도의 지형·교통선의 구성 및 미군공중봉쇄계획이 모두 이탈리아에서 진행했
던 '질식전'과 아주 비슷했다. 그래서 미군들은 그들의 이번 행동 역시 기세 좋게 '질식전'
이라 부르면서 조선반도를 지난날 아펜니노반도로 바꿀 심산이었다.

'질식전'의 구체적인 작전은 조선반도를 가로지르는 허리부분에서 차단할 수 있는 곳
을 정해 공군과 해군항공대의 대부분을 동원, 오랜 기간 무차별 융단폭격을 감행한다는

것이다. 지원군 후방교통선을 절단하고 아군 전후방의 연계를 끊고 가로막아 아군작전 역량을 질식窒息시키는 것이었다. 그래서 '질식전'을 '저격전' '교살전'이라고도 불렀다. (絞殺 : 목을 졸라 죽임)

아군이 조선에 처음 들어왔을 때 상대는 조선전장에 이미 전략공군과 전술공군 10개 연대, 4개 대대와 4개 중대, 해군항공대 4개 대대를 투입했었다. 각종 비행기를 포함해 1천1백여 대에 달했다. 그때 미국 공군은 주로 우리의 인명과 도로수송물자 집결지의 파괴에 목적을 두었다.

1950년 12월에 이르러 아군이 38선 부근까지 밀어붙여 전선이 남쪽으로 내려가면서 처음으로 철로수송을 다시 하게 됐을 때 상대는 아군의 철로 도로수송선에 대한 폭격을 강화하기 시작했다.

미공군 조종사들은 대부분 제2차 세계대전에 참전했던, 비행시간이 1천 시간을 넘는 베테랑들이었다. 그들은 비행술이 뛰어나 초저공비행을 능사로 삼으며 낮에는 산골짜기의 목표물을 찾아내고 밤에는 실낱 같은 등불조차 발견해서는 폭격을 일삼으니 기가 막힐 노릇이었다

한번은 내가 김화에 있을 때 직접 눈으로 보았는데, 미국 무스탕전투기 한 대가 시위를 하는 듯이 고압선 아래를 파고 들었다. 이 전투기는 그러나 고압선을 통과하려다 너무 빨리 기수를 돌리는 바람에 꼬리가 고압선에 걸려 끊어지고 그 전투기는 20, 30리를 날아가 산비탈에 추락해 불덩이로 변했다.

또 한번은 미국 전투기들이 개천을 폭격했을 때였는데, 전투기가 너무 낮게 나는 바람에 나무에 걸려 나뭇가지가 부러지면서 비행기는 두 동강이 나버렸다. 어떤 때는 전투기가 워낙 저공비행을 하는 바람에 강한 기류가 생겨나 머리에 쓰고 있던 모자가 날아갈 정도였다. 당시 우리의 대공무기는 변변찮아 한낮이면 미군전투기들의 위세가 극에 달했다. 차 한 대, 의심스러운 물건 하나도 놓치는 법이 없었다. 그래서 후방으로부터의 운송은 밤에만 이루어졌다.

우리의 트럭운전병 대부분은 해방전쟁에 참전한 노련한 병사들이었지만 이러한 전투는 처음 당하는 것이었다. 그들은 일반적으로 밤에 헤드라이트를 끄고 운전하는 경험이 모자랐다. 게다가 도로는 좁고 울퉁불퉁했다. 길에 포탄웅덩이가 있어 길 가는데 불편했고 겨울에는 눈이 쌓여 길이 미끄럽다는 등 여러 가지 이유로 정면 충돌·전복·피폭 등의 상황이 끊임없이 일어났다. 수송 효율이 엄청나게 낮았을 뿐더러 차량 손실도 엄청났다. 아군이 조선에 들어온지 첫 7개월 반 동안 트럭 3천여 대(하루 평균 4백여 대)를 잃었다.

51년 5월 전쟁이 대치단계로 접어들자 미국 공군은 15개 연대·5개 대대와 4개 중대로, 해군항공부대는 4개 대대로, 국군 공군은 1개 연대로 각각 증강되었다.

　전투기는 약 1천6백80대에 이르렀다. 이어 7월과 9월 각각 일본에서 4개 연대와 1개 중대가 추가 투입되었다. 이로써 미 극동사령부의 전투기와 폭격기가 거의 조선전장에 몰려 들었다. 그들이 막강한 전력을 보유하고 있었기 때문에 미 극동 제5공군 사령관은 '질식전'이 시작되자 큰소리를 쳤다. "철도에 대해 전면적인 공격을 가해 상대의 역량을 무력화시켜 미 8군이 지상공격을 시작하기만 하면 궤멸시키거나 상대의 주력을 만주국경 부근으로 내몰아 보급선을 짧게 해주겠다."

　성천 향풍산의 지원군 후방근무사령부에서 밤낮을 가리지 않고 후방 부대를 지휘하면서 40년만에 처음 만난 홍수에 의한 파괴복구 작업을 독려하는 가운데 상대가 '질식전' 전역을 발동한 탓에 우리로서는 설상가상이었다. 우리 후방은 그야말로 가장 어렵고 가장 위험한 지경에 이르렀다.

　상대는 도로·교량을 폭격, 아군의 교통수송을 봉쇄 파괴한다는 목적이 뜻대로 되지 않자 9월 들어 작전을 바꿔 중점적으로 신안주·서포·개천철도의 '3각지구'를 폭격하기 시작했다.

　'3각지구'는 전선 북쪽의 모든 철로와 도로의 중심지이며 요충이었다. 남북으로 이어지는 경의선·만포선과 동서로 달리는 평원선·개신선이 모두 이곳에서 연결, 교차되는 곳이었다. 이 지구가 파괴된다면 동서남북의 철도수송이 동시에 중단될 뿐 아니라 도로수송도 엄청난 타격을 입을 지경이었다. 경의선 양쪽은 논이 많아 흙을 구하기가 어려웠다. 만포선의 경우 노반이 높아 파괴 후 복구가 쉽지 않았다.

　상대는 이러한 특성을 이용해 매일 평균 전투기를 5차례 1백3대씩 출격시켜 이 일대에 엄청난 폭격을 감행했다. 그리고 점차 공격범위를 세분해 압축해 왔다. 경의선에 대해 먼저 신안주와 어파 사이를 집중 공격하더니 대교와 숙천 사이 16.6km 구역으로 압축했다. 다시 만성과 숙천 사이 10.3km 구간으로 압축시키더니 끝내는 1km 구간까지 폭격목표를 좁혔다.

　폭격시간도 규칙적이던 것이 불규칙하게 바뀌었다. 폭격횟수도 매일 2, 3차례에서 5, 6회로 늘어났다. 전투기들도 날마다 20~30대씩 출격 하다가 50~60대로 많아졌다. 상대의 속셈은 소구간 또는 1개 지점을 정해 연속적인 폭격을 반복, 우리들에게 복구할 틈을 주지 않고 철저하게 수송로를 끊는다는 것이었다.

　'3각지구'의 몇 갈래 철도는 77.5km에 불과했다. 이는 조선 북부 철도 총연장의 5.4%에 지나지 않았다. 통계에 따르면 이 기간 중 철도에 대한 2천6백여 차례의 파괴가 있었지만 '3각지구' 내의 철로 파괴가 45%를 차지했다. 4개월 동안 미군전투기는 이 지구에 3만 8천여 개의 폭탄을 투하했으며 평균 2m에 폭탄 4발이 떨어진 꼴이었다.

8월 말, 군수물품을 옮기고 빈차로 오던 열차 4대가 '3각지대' 부근 숙천에서 잇따라 탈선해 기관차 4대와 1백49개 화물 차체가 2km의 선로상에 일렬로 세워져 있었다. 목표물이 분명하게 드러난 것이었다. 때를 놓칠세라 미군전투기들이 잇따라 폭격하러 날아들었는데 하루 29회나 폭격을 감행했다.

11월, 상대는 개천과 순천 사이에 5백kg 이상의 시한폭탄 82개를 투하해, 땅속 4~5m씩 깊숙이 묻히게 했다. 시한폭탄의 위험이 엄청났기 때문에 복구 속도에 큰 지장을 초래했다. 상대가 대낮에 폭격하면 우리는 밤중에 복구했다. 철로수송은 '폭격-복구-개통'에서 '폭격-복구-폭격-복구'로 바뀌어 열차가 다니는 시간이 줄어들었다. 9~12월 사이에 '3각지구'는 한 달에 평균 1주일만 열차가 다닐 정도였다.

어떻게 하면 상대의 '3각지구' 봉쇄를 막을 것인가가 후방근무사령부의 중심과제가 되었다. 당시 우리는 '병력을 집중해 주요지점을 보호한다'는 원칙을 세우고 일련의 조치를 취했다.

9월 2일, 중앙군사위원회는 동북군구 방공사령부 소속 고사포 503·505·508·513연대와 고사포 39·40·42·43·44 대대를 지원군 후근사령부에 배속시켜 직접 지휘하도록 함으로써 대공역량을 증강시켰다.

12월 초 '3각지구'와 목표물 부근의 고사포부대는 이미 3개 고사포 사단. 4개 고사포 연대, 23개 고사포대대, 1개 고사기관총연대와 1개 탐조등연대에 이르러 '3각지구'의 신안주와 어파 구간, 개천과 순천 구간에만 고사포 7개 연대와 8개 대대를 집중했다. 고사포 제62사단은 12월 하루 동안 전투에서 미군전투기 4대를 격추했고 4대에 치명상을 입혔다. 고사포 제63사단은 하루 동안 전투기 5대를 격추할 때도 있었다. 이렇게 대공 화력이 증강되자 상대의 기세를 어느 정도 꺾을 수 있었다.

아군의 대공역량이 증강된 후 철도병들은 밤낮을 가리지 않고 병력을 집중해 3각지대 철로복구에 총력을 기울였다. 그때 책임 구간이 분명해 부대마다 담당 철로 구간이 폭격을 당하면 반드시 개통을 시켜야 했다. 철로병 제1사단 1개 연대와 조선인민군 철도복구 지휘국 제15연대는 개천과 순천 구간을 복구했다. 원조援朝철도공정총대 제1대대는 신안주와 만성 구간을 수리했다.

철도병 제3사단 2개 연대는 만성과 숙천 사이 10km 구간을 복구했다. 1km당 평균 244명이 달라붙었다. 복구작업을 하면서 침목에 생긴 탄흔을 진흙으로 메우기도 했다. 병력은 주·야간 2개 반으로 나누어 투입해 장시간 쉬지 않고 작업을 진행했다. 공군과 고사포부대의 지원을 받아 돌격정신으로 복구 작업에 나서 3각지대의 봉쇄를 뛰어넘어 열차의 통행을 재개시켰다.

나중에 상대는 폭격을 더욱 세차게 퍼부어 10월 24일 이후 '3각지대'는 다시한번 교통이 마비됐다. 복구부대는 "병력을 집중시켜 요충지 교통을 재개한다"는 방침을 결정하고 지구전에 들어가 1개월여의 피나는 노력으로 또다시 '3각지대'의 봉쇄를 해결했다. 12월 9일 이후에는 비교적 수송로 확보에 안심할 수 있는 정도에까지 이르렀다. 상대는 "철도에 대해 질식작전을 벌인 효과는 실망스럽다. 철도를 폭격해도 24시간 내에 복구되지 않는 곳이 드물다"고 인정하지 않을 수 없었다.

당시 제한된 열차 개통시간을 충분히 활용하고 최대의 수송효율을 거두어 보다 많은 열차를 통과시키기 위해 철도수송 담당자들은 열차를 밀집시켜 단선으로 지나가는 방법을 고안해 냈다. "양을 몰고 길을 가는"(趕羊過路 간양과로) 방법이라고도 했다. 열차가 다니는 밤중에 시작한다. 사전에 물자를 다 실은 군용열차를 복구현장 부근의 하나 또는 여러 개의 안전지대에 집결시킨다. 복구작업이 끝나기를 기다려 일단 개통되면 열차는 즉시 한 량씩 같은 방향으로 떠난다.

각 열차 사이는 몇 분 간격으로 처음과 끝이 바라볼 수 있을 정도이다. 한 량씩 통과하면서 한밤중이라 거북이걸음을 하게 된다. 열차마다 맨 뒤에는 병사들이 타고 있다가 탄피나 철도레일을 들고 두드릴 준비를 하고 있다. 뒤에 오는 열차에 경보를 알려 추돌을 미리 막기 위해서이다.

동시에 지원군 후근사령부는 열차가 한때나마 지날 수 없는 구간에서는 트럭·마차·인력거로 릴레이식의 군수품 수송을 위한 응급조치를 마련했다. 6개 수송연대와 적잖은 하역부대를 선발해 3각지대 북쪽의 북송리·용홍리·구장·개천에서 대량의 물자를 열차에서 부린 뒤 곧장 분초를 다투며 트럭으로 물자를 순천·덕천·어파 등지로 수송했다. 다시 그곳의 열차에 실어 전선으로 보냈다. 긴급 상황에서는 트럭을 이용한 장거리 직송의 방법을 취하기도 했다.

◎ 소련의 장비 지원

조선전쟁 전황의 확대와 함께 중국인민 지원군의 제2차 부대가 대규모로 조선에 들어오자 아군은 대량의 무기장비가 급히 필요하게 되었다. 따라서 1951년 5월 25일 제5차 전역 후기에 모 주석은 참모총장 서향전이 이끄는 대표단을 소련에 파견해 소련정부와 60개 사단 규모의 소련 무기를 구입하는 문제를 담판 짓게 했다. 담판은 6월 상순 시작돼 10월 중순까지 계속됐다. 마침내 쌍방은 합의에 도달했다.

그러나 소련의 수송 능력이 부족해 1951년 중에 겨우 16개 사단 규모의 장비만을 들여왔고 나머지 44개 사단 규모는 이후 3년에 걸쳐 54년까지 아군에 인도되었다.

한국전쟁 기간 소련은 중국에 64개 육군사단, 22개 공군사단의 장비를 제공했다. 대부분의 장비는 유상(할인가격 포함)으로 제공한 것이다. 전쟁 기간 스탈린의 특별허가로 소련은 여러 차례 무상으로 무기장비의 일부를 제공하기도 했다. 1950년 소련공군은 미그15전투기를 갖추었지만 중국이 이 전투기를 사들이려 하자 소련은 미그9전투기를 제공하겠다고 밝혔다. 중국 측에서 미그9의 성능이 미국의 F84전투기보다 떨어진다고 지적하자 소련 대표는 화를 벌컥 내며 "사회주의 소련이 생산한 무기의 우월성에 대해 감히 회의를 품느냐"고 언성을 높였다. 결국 이 문제는 스탈린에게까지 보고돼 스탈린이 자국 협상대표에게 화를 내며 무상으로 미그15전투기 372대를 제공토록 했다.

1951년에는 중국이 소련으로부터 37개 보병사단의 장비를 구매한 뒤 조선인민군의 장비가 부족한 점을 고려해 그중 2개 사단의 장비를 무상으로 조선인민군에게 제공했다.

스탈린이 이 소식을 듣고 중국에 20개 사단의 장비를 무상으로 제공했다. 1952년 겨울, 중국이 유엔군의 상륙저지 준비에 바쁠 때 소련 측은 적극적인 태도로 바뀌어 무상으로 일부장비를 제공했다. 그러나 교섭 때마다 소련 측의 태도가 일치하지 않아 중국 측은 어려움을 겪었다.

중국은 참전한 뒤 주로 반값에 소련으로부터 대량의 무기를 사들였다. 스탈린이 무기장비 제공 의사를 밝힌 뒤 소련 측은 중국과 실무교섭을 하면서 일정한 액수의 현금을 지불하도록 요구했다. 1950년 가을과 겨울, 소련군은 13개 공군사단을 중국에 배치해 대공임무를 맡다가 이듬해부터 유상으로 중국 공군에 장비를 건네주었다.

당시 중국의 재정이 어려워 소련 측은 현금 아닌 차관 형식을 취했는데 이자율이 연리 1%였다. 이런 조건은 평화 시에는 특혜를 준 것이라고 할 수 있지만 중국이 엄청난 희생을 치르면서 무상으로 인력·재력을 털어넣는 마당에 일일이 돈을 챙기려는 소련 측의 태도는 납득하기 어려웠다는 것이 중국 측의 주장이었다.

3. 일방적 공중폭격 계속되는 가운데, 2년여 휴전 회담 난항

1) 전영토 점령 좌절에 불만, 미 공군 폭격은 회담장 안팎에서 계속

마침내 정전회담 개시 날짜(1951년 7월 10일 오전 10시 개성 내봉장)가 하루 앞으로 다가왔다. 북측이 생각할 수 있는 모든 준비는 이미 완료하였다. 중·조 양당협의에 따라 제일선은 이극농 책임 하에 집행하고 교관화가 협조하기로 하였다. 이 두 사람은 일체 표면에 나타나지 않고 안보상 우리 관습에 따라 공작대에서 하듯이 이극농은 '이대장', 교관화는 '교지도원'이라 부르기로 하였다. 이극농은 자기 어깨에 질머진 책임이 얼마나 무거운 것인가를 잘 알고 있었다.

이 며칠 동안 한시도 쉴 새 없이 중·조 쌍방의 모든 동지를 속속들이 알기 위해 온갖 힘을 기울였다. 전체를 모아놓고 일을 분담시키기도 하고 개별적으로 지시하기도 하였다. 휴식 없이 무리하다 보니 천식이 재발하여 약으로 겨우 지탱하고 있었다. 밤 10시, 이극농은 다시 중·조 동지를 함께 소집하여 회담에 관한 주의사항을 이야기하였다.

하늘에는 별들이 반짝이고 다만 멀리서 때때로 들려오는 포성이 대지의 적막을 깨뜨릴 뿐이었다. 중·조 대표단 동지들은 한 사람 한 사람 중국인민지원군 대표단이 묵고 있는 별장 응접실에 들어가 빽빽히 조여 앉았다.(시성문·조용전『중국인이 본 한국전쟁』한백사 1991)

우선 교관화가 다음날 회의준비에 대해 보고와 설명을 하였다. 다음에는 이극농이 정전회담의 전반적인 문제를 재차 이야기하였다. 조선 여자통역 안효상이 유창한 북경말을 구사하여 조선말로 통역하였다. 이극농은 찻잔을 들어 목을 축이고 또 기침약을 먹은 다음 말을 이어갔다. "이번 회담은 온 세상이 주목하고 있고 우리가 제출하려는 3개항 원칙은 조선 문제 평화해결을 위한 제1단계이다. 이 원칙은 이미 미국·영국을 포함한 전세계인민의 평화염원에 부합될 뿐더러 상대방도 원칙적으로 접수한다는 의사를 표시한 바 있다."

"전쟁을 정지하고 휴전한 다음 쌍방이 38선에서 물러나 비무장지대를 만드는 문제는 쌍방에 거리는 있으나 그리 크게 의견 차이가 있는 것은 아니다. 외국군대 철수문제에 대해 상대방은 현재로서는 토론할 수 없다고 하고 있지만 장래 점차 철군하는 문제를 토론하자고 회답한 바 있다. 이 문제는 쌍방의 거리가 좀 멀기는 하나 어쨌든 토론할 수는 있는 문제이니만큼 협의에 도달할 가능성이 있다. 미 제국주의자들과 회담하는 것은 그리 용이한 일은 아니니 어떠한 곤란에 부닥쳐도 중·조 동지가 모택동 주석·김일성 수상 영도하에 굳게 단결하여 지혜와 힘을 모아 우리 목적을 쟁취해야겠다."

(1) 중·조측, 회담 대표들에게 목적·태도 등 주의사항 설명

참석자는 정신을 가다듬어 이극농의 이야기를 듣고 때때로 기록하는 사람도 있었다. 그는 다음 네 가지 의견을 말했다.

"첫째로 선명하게 우리의 평화 주장을 내놓음으로써 세계인민의 찬동을 받아 힘을 발휘하도록 해야 한다. 이것이 정책의 위력이다. 모 주석은 늘 강조하기를 어떠한 주장을 내놓건 그것이 능히 대중의 심금을 울려 많은 인민이 우리와 같이 일어서 그 주장을 실현하기 위해 공동투쟁하게 할 수 있어야 한다고 하였다.

우리가 준비한 3개 원칙은 아주 유력한 무기인데 주의할 것은 회의에서 공연히 지엽문제에 달라붙지 말고 우리 주장을 분명히 내세워 세계평화 애호인민의 투쟁구호가 되게하여 우리와 같이 평화쟁취에 일어서게 해야 한다.

둘째로 회담이 우리 구역에서 진행하게 되어 상대방이 제안한 덴마크 병원선에서보다 정치적으로 우리에게 유리하다. 일하는데도 비교적 편리한 것은 사실이나 안전문제가 걱정이다. 쌍방이 모두 여기서 답하기로 동의하였으니 적의 공습은 원칙적으로 없을 것으로 안다. 그러나 여기는 우리 측으로 새로 넘어온 지구이다. 일제가 여기서 36년간 통치하였고 미국과 이승만이 여기를 6년간 통치하였으니 사회상태가 비교적 복잡하다.

그런데다 바로 38선상이어서 전쟁 전에 쌍방이 설치한 지뢰가 적지 않다. 이런 위험물을 깨끗이 제거하는 것은 용이한 일이 아닌데 어느 편에든 안전 문제가 발생하면 우리가 모두 책임지게 되어 있으니 안전 문제가 큰일이다. 개성지구 지원군 47군과 인민군 1군단은 문제가 일어나지 않도록 만전을 기해야하는데 이상조·해방 두 동지는 세밀히 다시 조사하고 신중에 신중을 기하여 조금이라도 소홀한 점이 있어서는 안되겠다.

셋째로 회담은 전쟁이다. 무력을 사용하지 않는 전쟁이다. 정치적으로 높은 곳을 차지하고 아래를 내려다보는 자세가 필요하고 구체적인 문제에 대해서는 한 발자국 물러서서 자기를 유리한 자리에 갖다 놓고 상대방을 눌러야 한다. 대국을 봐야 하고 자기가 한 말은 책임져야 한다. 회담석상에서 한 말은 주어담을 수 없는 것이니 대외적 태도 표명에는 특별히 신중을 기해야 한다. 때에 따라서는 차라리 하루를 늦추더라도 소홀히 덤벼들어서는 안 될 때가 있다.

이미 준비하여 간 원고를 충분히 사용해야 하며 기본 원고 말고도 예비 원고가 마련되어야 한다. 회의장의 정세는 전투 현장과 같아서 일단 투쟁이 벌어지면 예측하기 어려운 일에 부딪치게 마련이다. 회담 대표는 도중에 자리를 뜨기 힘드니 시柴군이 수시로 왔다 갔다 하여 진행사항을 알리도록 하고 자신이 없을 때에는 차라리 휴회하여 상의하는 편이 좋을 것이다. 서둘러서는 안된다."

잠시 말을 멈추었다가 다시 입을 열어 "우리 동지로 말하면 회담 도중 원칙에 벗어나는 일이 있으리라는 염려는 안하지만 여러 동지가 젊음에 넘쳐 상대방이 우리 신경을 건드리는데 참지 못하여 격해질까가 걱정이다." 의미심장하고 한마디로 요점을 찌른 충고였다. 여러 번 회담장에 나가본 사람으로서 전장에서 천군만마를 지휘하던 장령이 회담 석상에서 가장 참기 어려운 것이 적이 우리의 감정을 건드리는 것이라는 것을 잘 알고 있었기 때문에 하는 말이었다.

계속해서 그는 미국인과 상대한 경험이 여러 동지들은 없으니 회담장에 참가하는 동지들은 회담장에서 사소한 일이라도 잘 관찰하고 그들의 얼굴을 살피고 빨리 상대방의 기분을 꿰뚫어 알아차리도록 해야 한다고 권고하였다.

"넷째로 정전회담은 한시도 전장 정세 변화와 무관할 수는 없다. 해방동지는 지원군에서 온 이사기 동지로 하여금 그때그때 전장 정세 변화를 파악하여 우리에게 보고하도록 하라. 전장 정세 변화와 동떨어진 정전회담이란 있을 수 없다." 이와 같이 회의는 밤늦게까지 계속되었다.

정전회담을 시작하기 전에 트루먼 대통령은 미군측에서 나와 회담을 진행시키기로 결정하고 국무성과 국방성이 공작반을 조직하여 회담의 목표·내용·방법 등등의 문건을 책임지고 기초하도록 하였다. 애치슨의 말에 의하면 이 문건은 참모장연석회의 마셜 장군·리지웨이 장군과 자기가 심사 개정한 다음 트루먼이 직접 수정하고 서명한 것이다.

리지웨이는 1951년 6월 30일 오후 미 극동해군사령관 터너 죠이 해군 중장을 수석대표로 지명하였다. 크지도 작지도 않은 중간키인 이 사람은 회담을 진행하는 가운데 대단히 침착 노련한 솜씨를 보여 회담기술에 있어서 우리 측의 풋나기들에게 깊은 인상을 주었다. 그렇지만 일개 직업군인으로서 그저 트루먼·애치슨·리지웨이의 의도를 완강히 관철할 뿐이었다. 회담 중 본인은 중단할 의향이 없었는데 갑자기 중단하는 일이 몇 번 있었는데, 중단하고 돌아가서 방향이 확 달라지는 것을 볼 수 있었다.

죠이는 수석대표의 임무를 맡은 후 자기의 부참모장 아레이 버크소장을 회담대표로 추천하였다. 극동공군사령은 부사령 로렌스 크레이그 소장을, 8집단군 밴플리트는 부참모장 헨리 호즈 소장과 남조선 제1군단장 백선엽 소장을 각각 대표로 추천하여 리지웨이의 확인을 얻었다.

크레이그 장군은 분석력이 강하고 말솜씨가 좋으며 호즈 장군은 전에 육군 제7사단 부사단장이었는데 비교적 솔직 소박한데 말솜씨가 없고 담배를 항상 입에 물고 있었다. 버크장군은 죠이 말에 의하면 대단히 지혜와 재능이 뛰어난 군관이라고 했지만 회담기 간 중 별로 나타내지 않았다.

이밖에 참모장연석회의 국무성 리지웨이가 군관을 공작반의 두뇌로 뽑아 보냈다. 이 가운데 브레이그 해군 대령은 죠이가 해군사령부에서 뽑아온 문장에 능한 군관으로 대 표단의 비서직을 담당하였고 갤로웨이 육군 대령은 행정부문을 책임졌다. 앞서 말한 바와같이 커니 공군 대령·뮤레이 육군대령·남조선 이수영 중령은 연락관이었다.

회담 중 커니 대령은 어딘가 방정맞고 교만해 보였으며 말투가 야박스러웠다. 뮤레이 대령은 꽤 교양이 있고 비교적 점잖은 인상을 주었다. 때때로 회의장에 문관이 들어와 앉아 있었는데, 국무성에서 온 사람들 같았다. 백선엽·이수영은 두 사람 모두 미군이 길러낸 청년장교로 순전히 것 다리로 와 앉아 있었다. 백선엽은 죠이 바른 편에 앉아 있 었는데도 불구하고 종이 쪽지를 써서 의견을 구할 때는 왕왕 그를 건너서 호즈에 건네주 곤 하였다. 이수영은 더더구나 그들이 무시했다. 한번은 휴회한 후 상대방 대표단원이 그를 내버리고 가버렸다. 그는 어찌할 바를 몰라 했는데 할 수 없이 우리가 필계용을 보 내 회의장에서 휴식·식사를 하도록 하고 무전으로 상대방에 통지하여 데려가도록 하였 다.

미 8집단군은 임진강 남쪽 문산 부근 사과밭에다 천막을 세우고 회담기간 동안 휴회 기간을 제외하고는 여기서 일을 하였다. 정전회담 전날 저녁 7월 9일 UN군 총사령 리 지웨이는 회담 참가반과 같이 동경에서 비행기로 서울까지 왔다. 참가반은 서울에서 헬 리콥터를 타고 문산에 왔는데 7월 10일 리지웨이는 헬기 타는 데까지 와서 죠이 일행을 전송하였다.

후에 알게 된 일이지만 회담에 참가한 이 사람들도 빨리 회담이 끝날 줄 알고 있었다. 죠이 회고록을 보면 시작할 때는 두어 달이면 충분하리라 생각했었다. 그 당시의 죠이의 마음은 몹시 언짢았다. 전후 최강 일등국인 미국이 전투에서 이기지 못하고 거기다 UN 군 총사령의 대표로서 상대방이 제압하고 있는 지구에 들어가 평화회담을 하는 것 등 이 런 것 저런 것이 본인은 물론 수행원들의 가슴에 말할 수 없는 씁쓸한 기분을 안겨주었다 고 한다.

워싱턴과 리지웨이로부터 자세하고 확실한 지시를 가지고 임하는 것이기는 하나 도대 체 상대방은 어떻게 생긴 사람들이고 회의장에서는 어떤 일에 부닥치게 될 것인지, 또 어떻게 대처해야할 것인지 걱정이 태산 같았다. 마음이 무거워 그저 두고 보자고 하는 수밖에 없었다. 그도 우리처럼 대표단 전원에게 상대방 일거일동에 세심한 주의를 기울여야 한다고 지시했었다.

(2) 조·중, 즉각 휴전·비무장지대 설치·외국군 철수 주장

예성강변 넓은 벌에는 벼잎이 바람에 출렁거리고 개구리 소리가 도처에서 들려왔다. 전쟁의 소용돌이에 휘말린 조선 사람들이 개성을 바라보고, 중국인민·미국인민·전세계 평화를 갈망하고 전쟁을 반대하는 모든 사람이 이 개성을 바라보고 있었다. 여기는 918년부터 1,392년까지 고려 왕조의 수도였던 곳이기 때문에 어딘가 모르게 매력을 느끼게 하는 고장이다.

7월 10일 이날은 여름에 들어선 후 드물게 보는 좋은 날씨였다. 시내 남녀노소 모두 의심과 걱정을 간직하고 있었지만 기쁨을 금치 못하여 큰길 골목길을 구석구석 깨끗이 청소하고 상대방 대표들을 맞이 할 준비를 하였다. 조·중대표단은 통역을 대동한 안전관을 특별히 파견하여 사천강 언덕 판문점에다 연락사무소를 설치하여 손님을 맞을 준비를 하였다. 경비를 맡은 인민군과 지원군 병사들은 맡은 자리를 엄격히 지키고 상대방 사절의 안전을 보호하도록 엄격한 명령을 받았다.

회의에 참가하는 우리측 요원들은 복장을 단정하게 입고 지원군 몇몇 동지는 짧은 초록색 포라군복으로 갈아입었다. 모두들 붉은 천조각에다 조선어와 중국어로 조·중 정전회담 대표단이라 써서 왼쪽 가슴에다 붙였다. 회의를 30분 앞두고 회의장에 나갈 군관들이 하나 둘 지원군 대표 숙소 앞에 모여 들었다. 이극농도 여기까지 나왔고 맑고 아름다운 능소화가 이제 바로 피어날듯이 부풀어 오른 꽃망울이 말없이 대표단을 향해 축복해 주고 있는 듯 하였다.

오전 8시 상대방 대표단원이 탄 찝차와 트럭이 문산을 출발하여 지정한 도로를 따라 임진강을 건너 사천강 언덕의 판문점으로 바로 와서 여기서부터 우리측 안전군관이 그들을 인도하여 개성교외의 조그마한 한 채의 백색 건물에 와서 휴식하였다. 그들은 즉시 방을 청소 소독하고 가지고온 접는 의자와 탁자를 정돈하였다. 수석대표 죠이 중장과 일부 인원이 탄 두 대의 헬기가 우리가 준비한 착륙장에 내려 우리 연락관의 영접을 받았다. 조·중측 인원은 그에게 경례하였는데 아랑곳 하지 않는다는 듯이 긴장하고 무표정한 얼굴로 답례하고 찝차로 우리 안내를 받으며 휴식처로 향하였다. 시계가 10시를 가리킬 때 쌍방 대표는 내봉장 뜰에서 만나 회의장에 들어가 지정된 자리에 앉아 상호 신임장을 확인하였다.

초록색 책상보를 깐 장방형 탁자가 동서로 길게 회의실 한가운데 놓여 있었다. 긴 탁자 남쪽에는 상대방 대표 5명이 자리잡았다. 죠이의 오른편에 백선엽·호즈가 앉고 왼편에 크레이그와 버크가 자리잡았다. 북쪽은 남일 바른쪽에 등화와 해방, 왼쪽에 이상조와 장평산이 앉았다. 쌍방 뒤에는 대체로 동수의 참모·통역·기록요원이 앉아 있었다. 관례에 따라 이 회의를 우리가 소집하였기 때문에 본래 우리측이 먼저 발언하게 되어 있었지만 우리가 입을 열기 전에 먼저 죠이가 발언하였다. 물론 이와 같은 의장이 없는 대등한 회담에서는 어느 측이든 먼저 발언할 수가 있다.

죠이는 회담의 중요성을 강조한 다음 "정전협정이 발효할 때까지는 전쟁은 그대로 진행될 것이다. 협의 성립이 지연되면 전투도 계속될 것이니 사상자도 그만큼 늘어날 것"이라고 하였다. 이와 같은 이야기는 상식적인 당연한 말이지만 이런 장소에서 이런 시각에, 이런 발언을 하는 것은 일종의 위협으로 들렸다. 그는 말을 맺으면서 "이 회담의 토론 범위는 한반도 국경내의 순수한 군사 문제에 국한되어야 한다. 만일 이에 동의한다면 서명하여 회담 제1합의사항으로 하자. 동의하는가?' 이같이 온세상의 이목이 집중되어있는 회담에서 이런 시시한 주장을 꺼내 실망을 금할 수 없었다.

우리측은 죠이 발언에 신경을 쓰지 않고 남일 장군이 다음과 같이 발언하였다. "조선인민이 계속 주장해 온 것은 조선에서 전쟁을 끝내야 한다는 것이다. 그래서 소련UN대표 말리크가 6월 23일 제출한 제의 즉, 교전 쌍방은 전쟁을 정지 휴전하고 쌍방 군대는 38선에서 철수해야 한다는데 찬성하고 있다." 남일은 아래와 같은 3개 원칙을 제출하였다.

1. 상호 합의에 의하여 쌍방이 동시에 일체 군사행동을 정지하라는 명령을 내린다. 쌍방의 군사행동 정지가 생명 재산의 손실을 감소시킬 뿐만 아니라 조선경내에 있어서의 전쟁을 없애는 첫 단계가 될 것이다.
2. 38선을 군사분계선으로 확정하고 쌍방 무장부대가 동시에 38선에서 10km 철퇴하고 일정 시일 내에 쌍방이 철수한 지구를 비무장지대로 하고 여기의 민정을 1950년 6월 25일 이전의 상태로 원상복구함과 동시에 즉각 포로교환 토의에 들어간다.
3. 가능한 한 단시일 내에 일체 외국군대를 철수한다. 외국군대가 철수하면 조선 전쟁의 정지와 조선 문제의 평화적 해결에 대한 기본적 보장이 있게 된다.

남일은 하루속히 합의가 이루어져 인민의 평화 열망을 만족시켜야 한다고 주장했다. 남일의 발언이 있은 후 둥화 장군이 남일의 주장을 지지하는 발언을 하였다. 공평하고 합리적인 휴전 실현이 조선 문제 평화 해결의 중대한 제1보라고 강조하였다. 쌍방이 전투행위를 정지하고 38선을 쌍방의 군사분계선으로 확정한 다음 일체 외국군대를 철수시키는 것이 조선인민 · 중국인민 · 전세계 인민의 염원이요 요구라고 했다. 중국인민지원군은 전적으로 남일 장군이 제출한 3개 원칙 제의를 지지한다고 언명했다.

(3) 미국, 국가간 근본 문제 회피, 군사문제만 다루자 제의

중 · 조간에는 회담과정에서 남일이 중심이 되어서 중국을 대표하여 발언하기로 미리 상의 결정되어 있었지만 오늘만큼은 특별히 둥화가 발언하였는데, 그것은 미국인의 의중에 있던 상대가 중국이라는 것을 세계 사람들이 다 알고 있었기 때문에 만일 중국인민지원군 대표가 한 마디도 안한다면 평화를 염원하는 세계 인사들을 만족시키지 못할 뿐아니라 미국인도 안심하지 않을 것이라고 생각하였기 때문이다.

본래 우리는 이와 같은 긴급을 요하는 정전회담에서는 쌍방이 서로 자기의 주장을 모조리 털어놓고 공통점을 찾아본 다음 의견이 다른 점을 차례차례 토의해 나가면 많은 시간을 절약할 수 있을 것이라고 생각했다. 우리측이 이렇게 생각한데는 근거가 있었다. 왜냐하면 케넌의 담화와 말리크의 성명 가운데는 이미 많은 공통점과 접근점이 있었기 때문이다. 그러나 우리의 발언을 모두 듣고 난 뒤 상대방은 다음과 같은 9개항의 의사일정 초안을 제시하였다.

1. 의사일정 채택
2. 포로수용소 지정, 국제적십자사 대표 방문 허가
3. 회의에서의 토론범위는 한반도 경내의 순수한 군사문제에 국한할 것.
4. 한반도 경내에 있어서의 무장부대의 적대적인 군사적 행동의 정지와 적대 및 군사행동의 재발 방지조항 결정
5. 한반도 경내의 비무장지대 합의
6. 한국(반도)정전감시위원회의 조직, 권한, 직분
7. 군사사찰소조가 한반도 경내를 시찰하는 원칙 합의. 이 소조는 정전감시위원회 아래 두기로 한다.
8. 이상 소조의 조직과 직분

9. 포로의 처리 문제

점심 휴회시간에 우리는 휴식을 취하며 상대방 의사일정 초안의 내용을 검토하였다. 제1항은 순서에 지나지 않고 2·3항은 분명한 의도를 내포하고 있었다. 국제적십자사가 포로수용소를 방문하는 문제는 여기서 토론할 필요가 없는 일이다. 회담의 범위로 말하면 케넌이 전에 정전을 한개 단독문제로 다루어 토론하도록 하자고 하기는 했지만 막상 토론하기 시작하면 순수 군사문제란 무엇을 의미하는가 하는 문제를 놓고도 끝없이 왈가왈부하게 될 것이다. 상대방이 이 두 항목을 제시한 속셈은 추측컨대 대만 문제·UN의석문제로 토론이 번질까 두려워서이고 또 하나는 국제적십자사를 충동하여 우리에 대한 불만을 일으키자는 것일 것이다.

4항과 휴전 5항은 비무장 지대에 관한 것이니 당연히 토론되어야 할 것인데 군사분계선을 어떻게 긋느냐는 제의가 없다. 즉 군사분계선이 없어 비무장지대를 어디에 기준을 둘 것이냐는 제의가 없다. 6·7·8항과 4항의 마지막 구절은 모두 정전 후 군사 행동이 재 발 하지 않도록 보장하는 정전감독 문제이고 9항은 포로 문제이다. 이 9 개 항목은 모두 토론해야할 문제임에 틀림없는데, 사실상 모두 우리가 제시한 3개 원칙 제의 가운데 포함되어 있다. 유감스러운 것은 외국군대의 철수 문제와 38선으로부터 군대를 후퇴시키는 문제가 들어있지 않은 것인데, 이 두 가지가 사실에 있어서는 바로 회담의 중심문제였다. 그런데 분명히 상대방의 입장은 변화하고 있었다.

이극농은 전에 케넌과 말리크가 만났을 때와 같이 서두르지 않고 있다는 것을 눈치챘다. 쌍방 대등한 회담이라 상대방이 의사일정을 제시하였으니 우리가 구태여 반대할 것도 없고 해서 오후 회의에서 우리측도 5개항의 의사 일정을 제시하였다.

1. 의사일정 통과
2. 38선을 쌍방 휴전군사분계선으로 하고 비무장지대를 설정하는 것을 휴전의 기본조건으로 한다.
3. 일체 외국군대를 철퇴시킨다.
4. 조선정전을 실현하는 구체적 조치
5. 포로문제

회의장에서는 쌍방의 발언을 골고루 두 가지 말로 통역했다. 우리 발언은 조선말과 영어로, 그쪽 말은 조선말과 중국말로 통역하였는데 이렇게 하는 것이 쌍방 참석자에게 좋은 점이 있었다. 통역하는 시간에 어떻게 대답할까 생각하고 상의할 시간적 여유가 있었다. 처음에는 긴장한 때문인지, 대수롭지 않게 생각한 때문인지 또는 중국인민지원군에 대한 분풀이로 고의로였는지 알 수 없으나 죠이는 언더우드가 조선말로 통역을 끝마치고 중국말 통역을 하기도 전에 몇번인가 발언을 하다가 우리의 주의가 있은 후 비로소 교정되었다.

쌍방은 공동기록 없이 각각 기록하였는데, 미측은 속기기계를 사용했기 때문에 여유가 있었지만 우리는 말을 그대로 써나갔기 때문에 비교적 바빴다. 언더우드의 조선말이나 켄네드우의 중국말이 모두 신통치가 않았기 때문에 주요한 대목은 영어로 기록하였다. 언더우드는 선교사의 아들로 남조선에서 자랐다고는 하나 회담의 통역으로서 정확히 표현해야 할 데 가서는 실력 부족이었다. 그는 자기의 일상생활에 몹시 엄격한 데가 있어 장시간 긴장해서 통역하는 동안 담배를 피울 때마다 자기 일기장에다 몇시 몇분에 피웠다고 적어넣었다.

켄네드우는 미국국적 중국인으로 젊고 다부진데다 정의감도 있었다. 회담이 진행됨에 따라 중국말 실력도 많이 늘었다. 우리는 그에 대해 매우 호감을 느꼈다. 회담 초기에는 중국말 실력이 회담통역으로는 미흡했다. 한번은 "중도에서 만나다"는 말을 "자동차 두 대가 대로에서 충돌한다"라고 번역했다. 변론의 논리를 제대로 통역 못하고는 억지로 얼렁뚱땅 해치우고는 눈을 휘둥거리며 우리측 표정을 살피곤 하였다.

정전회담의 첫날이 끝났다. 회의장은 매스컴의 비상한 주목을 받았고 우리의 3개 항목 제의를 대대적으로 보도하여 세계 인민에게 고무와 희망을 주었다. 반면 미측이 발표한 뉴스가 너무 간단하여 기대와는 너무나 멀다고 야단이었다. 이것이 아마 원인이 되어 후에 리지웨이가 신문기자 문제를 들고나와 우리와 교섭하기에 이른 것 같다.

여기서 유감스러운 일은 우리측 기자 가운데 분명히 상대방의 감정을 건드리는 기사를 쓴 사실이다. 예를 들어 "죠이가 백기를 들고 항복해 왔다"는 것이었다. 이런 기사는 세계 최대 강국의 장군 군관들로서는 참기 어려운 모욕임에 틀림없었다. 그리고 또 연도와 휴식장소의 삼엄한 경비를 일종의 위협으로 받아들이게 되어 한층 더 불쾌감을 주게 되었다. 리지웨이가 첫날 회의 후 수석대표에게 개성회의장 분위기를 개선하라고 하도록 지시한 것은 무리한 이야기가 아니었다.

백기 표식을 하고 회의장으로 가는 문제는 쌍방이 합의한 것이었다. 7월 3일 리지웨이는 김일성·팽덕회에게 보낸 서신에서 제1차회의의 여러 가지 세부사항을 능률적으로 준비하는데 지장이 없게 하기 위해 대표단 차가 서울·개성간 대로를 지날 때 모든 차량에 백기를 걸 것과 우리측이 만일 연락관을 태운 차량의 행진·노선시간·식별하기

편한 특징을 알려주면 해당 차대가 회의장을 왕래하는 노상에서 공격을 안 받을 보장을 하겠다고 제의했었다. 다음날 김·팽은 리지웨이에게 보내는 회신에서 그 제의에 동의하고 이극농 등이 탄 차가 평양에서 개성으로 올 때도 역시 백기를 달았다. 쌍방의 문화전통·풍속·습관이 다름으로 해서 이에 대한 감각도 달랐다.

제출된 두 의사일정 초안을 놓고 비교하니 차이가 분명하고 각각 초점이 확실히 나타나 문제점을 피해 넘어갈 수는 없는 것이었다. 의사일정 토론이 시작되자 우리측은 외국군대 철수 문제를 넣어야한다고 주장하였다. 그런데 상대방은 실질적 문제에 들어가기 전에 뜻밖에도 신문기자의 취재문제를 들고 나왔다. 죠이는 우리에게 12일 20명의 기자가 개성에 나와 취재할 것을 요구했다. 회의에 관계되는 모든 문제는 쌍방이 합의해야 한다는 원칙에 의해 미측 의견을 고려할 것을 약속하고 12일 오전 6시 15분 연락관을 통해 우리가 고려한 결과를 알렸다. 즉 쌍방 기자가 적당한 시기에 개성에 와서 취재활동 할 것을 찬성하고 회담에서 무슨 합의가 이루어지는대로 기자가 들어오는 것을 환영할 것이라고 통고하였다.

그런데 미측은 우리의 정식 답신에는 아랑곳 하지 않고 20명의 기자와 65명의 대표단을 태운 차량대가 오전 7시 45분 개성 동쪽 우리 방위구역인 판문점에 도착했다. 판문점에 나가있던 우리측 연락원이 신문기자 취재 문제는 아직 합의가 안 되었으니 기자는 통과시킬 수 없다고 하였다. 그러자 그만 대표단까지 모두 돌아가 버렸다. 이어서 죠이는 다음과 같은 서신을 보내왔다.

남일 장군

1951년 7월 12일 9시 30분 회의장소에서 필요한 우리측 인원을 실은 차대가 문산·개성 노상을 통과 중 귀측의 무장위병에 의해 초소통과를 거절당하였음. 우리가 선발한 인원(이중에는 우리가 필요하다고 인정하는 보도인원을 포함)이 장애를 받지 않고 회의장소에 도달할 수 있다는 통지를 귀측으로부터 받았을 때 우리는 대표단과 같이 다시 가서 어제 휴회한 회의를 계속할 것임.

7월 13일 일찍이 남일은 죠이에게 다음과 같은 답신을 보냈다.

죠이 장군

귀하의 서신은 접수하였다. 다음과 같이 답신한다.

①12일 오전 7시 45분 우리측은 절대로 귀측대표단이 회의에 오는 것을 저지한 일이 없다.

수행한 신문기자들에 대해서는 쌍방이 아직 합의에 도달한 바 없으므로 당연히 회의지구에 들어오는 것을 허락할 수 없었다. 귀측 대표단이 이로 인해 회의장에 오는 것을 거절한 것은 이치에 맞지 않는다. ②신문기자 보도기관 대표들의 취재문제에 대해서 우리의 의견은 쌍방이 회의에서 무슨 합의를 이룰 때까지는 어느측에서든간에 회의장에 들어오지 못하게 하는 것이 좋다고 생각한다. ③오늘 9시(평양시간) 계속 개회할 것을 제의한다

기자 문제의 민감성에 대해서 당시 우리들은 인식이 부족하였다. 단순히 회담에 아무런 내놓을 결과가 없는데, 심지어 의사일정도 합의하지 못하고 있는 마당에 기자를 끌어들인다는 것은 무의미하다고 생각하고 있었다. 조선휴전회담이 전세계인민의 이목이 집중되어 있었고 전세계 매스컴이 시간을 다투어 뉴스취재·사진촬영에서 남보다 일분 빠르냐 늦느냐에 따라 뉴스가치에 큰 영향을 미치는 판이었다. 이런 상황인데 신문기자들이 개성에 들어올 수 없으니 자연 미측 대표단은 매스컴의 압력을 받지 않을 수가 없었다. 기자문제를 제기한 또 다른 이유가 있었다. 그것은 첫날 확실히 우리측 사진기자가

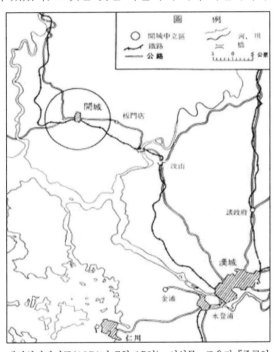

회의장에 들어와 회담 장면을 촬영했다. 촬영하다가 우리 수석 대표가 나가라고 하여 퇴장하기는 하였지만 어쨌든간에 그 기자는 사진을 촬영하고 나갔다. 반면 미측은 촬영하지 못하였으니 상대방으로서는 체면에 관한 문제였다.

미측은 이 기자 문제를 물고 늘어져 이 문제가 한급 높은 쌍방사령관 간의 문제로 승격하게 되고 나아가 회의장에서의 쌍방 평등대우 문제로까지 발전하였다. 7월 13일 리지웨이가 김일성·팽덕회에게 서한을 발송하여 다음과 같이 지적하였다.

자기가 6월 30일 덴마크 병원

개성회담장지구(1951년 7월 15일). 시성문·조용전 『중국인이 본 한국전쟁』 한백사 1991.

선에서 회의를 열자고 제의한 것은 기자를 포함한 모든 인원에게 출입자유가 동등하게

부여되고 중립적 분위기를 누리게 하기 위해였다. 어떤 일방의 무장부대만이 회의장에 있음으로써 조성되는 위협적 작용을 막자는 것이었다. 자기가 개성을 회의장소로 수락한 것은 본래 개성이 완전히 이런 조건을 구비할 것이라고 믿었기 때문이었다.

7월 8일 연락관회의에서 미측은 금천·개성·문산 국도를 따라 10마일 넓이의 중립지대를 설치하여 쌍방 무장부대가 개성에서 물러가게 하자고 제의하였으나 귀측의 연락관이 거절하였다. 그런데 회담을 열고 보니 쌍방대우가 불공평하다는 것이 사실로 증명되었다. 끝으로 다음과 같이 제의하였다. 개성의 중심점을 중심으로 하여 반경 5마일 판문교를 동쪽 경계선으로 하는 원형을 그어 중립지구로 하고 전 회의기간을 통해 중립지구내에서는 여하한 적대행위도 하지 않고 회의장소 구역과 쌍방대표 인원이 회의장소로 향하는 국도에는 무장인원을 배치 않는다.

그리고 양측대표단의 중립지구내의 총인원수는 최고 150명을 초과할 수 없고 그 한도 내에서 인원구성은 완전히 각기 사령관이 마음대로 결정한다는 것이었다. 그는 끝으로 "만일 귀측이 이와같은 제의에 동의한다면 휴회를 끝내고 회의를 지체 없이 열어 진행시킬 것이다"라고 통고해 왔다.

리지웨이 서신을 받은 다음날 김·팽 양장군은 UN군총사령에게 다음과 같이 회신하였다.

리지웨이 장군

7월 13일부 귀하의 편지를 받았다. 지엽적 문제로 인해 일어난 오해와 논쟁을 없이 하고 평화회담을 순조롭게 진행시키기 위해 귀하가 제의한 개성지구를 회의 진행 기간 동안 중립구로 하고 이 구역 내에서는 일체 적대행위를 멈추고 무장인원을 완전히 회의구역과 양측대표단이 회의장소를 내왕하는 도로 밖으로 내보내자는 제의에 동의한다. 이 회의장소 구역에 관한 여러 가지 구체적 문제는 쌍방대표단에 제기하여 회의석상에서 해결할 것을 제의한다.

이번 회의 중단의 원인이 된 신문기자 문제는 중립구 설치 문제와는 무관하다. 중립구 설치 문제는 7월 8일 귀측연락관이 일차 제기하였을 뿐 귀측대표단은 다시 언급한 바 없다. 연락관의 임무는 사소한 문제만을 토론하게 되어있고 중립구와 같은 성질의 문제를 다룰 권한이 없다. 이번 정회 원인이 된 신문기자 문제는 사소한 문제로 이 같은 사소한 문제는 정회의 원인이 될 수 없고 더더구나 이런 문제로 회의를 파국에 몰아넣을 수는 없다.

귀 대표단은 전에 이 문제를 제기하였는데, 우리측은 당시 회의에서 아무런 성과도 아직 이루어놓지 못하고 의사일정조차 채택 못하고 있으면서 각국 신문기자를 개성에 오게 하는 것은 적합하지 않다고 인정하였기 때문에 결국 이 문제는 아직 합의를 못보고 있는 것이다. 우리측은 모든 문제를 쌍방합의하에 집행해야 한다는 원칙을 견지한다. 이 원칙은 공평하고 반박의 여지가 없으리라 생각한다. 귀측이 일방적으로 강제집행해서는 안된다. 이와 같은 사소한 일로 인해 회의가 장기정돈 혹은 파국에 빠져서는 안되겠다고 생각하기 때문에 우리는 귀측의 제의에 동의하고 귀측 신문기자 230명을 대표단 공작인원으로 인정하기로 한다. 이미 우리측 대표단에게 이 문제에 대해 편의를 제공하도록 명령하였다.

사실 개성을 회의장소로 결정한 과정은 지극히 간단하였다. 6월 30일 리지웨이가 원산항에 정박 중인 덴마크병원선에서 회담을 열자고 제의해 왔다. 7월 1일 김·팽은 38선 개성지구를 제의하였다. 7월 3일 리지웨이가 대표를 파견하여 개성에서 우리 대표와 만나게 하겠다고 회신함으로써 이 문제는 합의가 된 것이다. 그러나 양측이 만나고 보니 리지웨이는 개성을 회의장으로 동의한데 대해 후회한 것이 분명하다. 그는 이 장소합의를 번복하기 위해 계속 말썽을 일으켜 거의 회담이 깨질뻔 하면서 그해 10월 하순까지 이 문제를 가지고 논쟁을 계속하였다.

그러나 미측의 속셈은 다른데 있었다. 기자문제를 크게 부각시키고 중립지구 문제로 떠들어 댄 것은 사실 모두 구실에 지나지 않았다. 죠이의 회고록을 보면 그 당시의 진의를 알 수 있다. "신문기자 문제를 들고 나왔기 때문에 사람들은 문제의 초점이 언론의 자유인 것으로 생각했다. 언론의 자유란 물론 중요한 문제임에 틀림없으나 여기서는 그것이 요점이 아니었다. 우리측의 의도는 쌍방이 평등한 대우를 받아야 한다는 현실문제를 제기함으로써 공산측과 솔직히 털어놓고 회의구역 전체의 중립문제·해당구역 자유출입문제·양측 통수권자가 아무 구애도 받지 않고 대표단 인원을 선정 결정하는 문제를 해결하고자 하는데 있었다." 3일이 지난 후 공산측 통수부는 리지웨이 요구에 대해 어느 정도 보장을 제기해 옴으로써 회담은 속개되었다.

미측이 기자문제와 개성을 회담기간 중 중립구로 한다는 문제를 제기한 것을 보고 주은래는 "우리 대표단이 예비회담 때 미측이 제의한 통로와 회의장소·중립화 제의를 거부함에 있어서 우리측이 좀 소홀 했다. 그 결과 양측 대표단의 안전보장 책임을 모두 우리가 짊어지게 되었다"고 지적하였다. 그렇다고 해서 상대방이 이것을 구실로 회담을 중단한다는 것은 있을 수 없는 일이고 전적으로 그 책임은 상대방이 져야 한다고 비난하였다.

(4) 모든 외국군 철수 문제를 의사일정에 넣는 것도 거부

의제토론에서 가장 문제가 된 것은 38선을 군사분계선으로 하느냐 하는 문제와 외국

군대 철퇴 문제였다. 38선을 군사분계선으로 하자는 문제는 다만 토론할 제목을 제시하는 것이지 토론의 결과를 제시하는 것은 아니라고 상대방은 주장하였는데, 우리도 이 점에 동의하였다. 남은 문제는 외국군대 철수문제를 의사일정에 넣느냐가 논쟁의 초점이 되었다. 우리가 제출한 의안 초안 중 모든 외국군대 철퇴문제가 가장 상대방의 아픈 곳을 찔렀기 때문에 온갖 술책을 동원하여 반박에 힘썼다.

제2차대전 후 트루먼은 우선 1945년 12월 27일 미·영·소 3국 외상이 모스크바 회의에서 결정한 조선을 독립국가로 다시 만든다는 합의를 깨부수고 이어서 남조선 단독정부를 수립했다. 다 아는 바와 같이 오랫동안 해외로 떠돌아다니던 이승만은 미국 군대의 지지가 없었더라면 대통령이 되지 못했을 것이며, 설사 되었다고 하더라도 그 자리를 지키지 못했을 것이다.

1947년 9월 10일 소련은 거듭 소·미 양국군대가 1948년 조선에서 동시에 철수하자고 제의하였지만 트루먼은 모두 거절하였다. 이승만은 더욱이 미군 철수를 무서워했다. 그전에는 즉각 외국 군정체제를 끝낼 것을 요구하고 있었는데, 소련이 외국군대 철퇴를 선포하자 금방 180도로 태도를 변경하여 소련군의 즉각 철수와 북조선 군대 해산을 주장하는 반면 미군은 한국군이 충분히 강화될 때까지 남조선에 머물러 있어야 한다고 역설하고 나섰다.

이런 배경에서 1947년 9월 19일 웨드마이어가 조선에 와서 정세조사를 하고 트루먼에게 비밀보고서를 제출하여 미군은 남조선에서 철수할 필요가 없다고 제의하였다. 그렇지만 외국군대 철퇴 주장은 인민들의 가슴 깊이 뿌리내리게 되고 세계의 미군 주둔군이 있는 곳마다 공명을 일으키게 되었다. 자주적 민주주의의 바탕이 있는 나라에서는 어디서나 '양키 고 홈' 소리가 요란하게 들려오니 미군의 입장은 몹시 난처해졌다.

소련이 1948년 12월 25일 철군 완료를 선포하자 막을 수 없는 평화의 큰 물결이 밀어닥치게 되어 트루먼도 할 수 없이 반년 후 1949년 6월 30일 드디어 철군을 완료하였다. 이 철군투쟁에서 트루먼은 또 한 번 고배를 마셨다.

양측의 정전회담 개최문제가 거의 합의되어 갈 때 이승만은 6월 27일 전쟁공포의 서곡이 될 어떠한 정전 방안도 결코 접수하지 않을 것이라는 성명을 발표하였다. 6월 30일, 그는 다시 정전에 대한 남조선 정부의 입장을 천명하였다. ① 중공군 완전 철퇴 ② 인민군 무장해제 ③ UN에 의한 제3국의 북한 원조 제지 ④ 한국문제 국제회의에 한국대표 초청 ⑤ 한국의 주권과 영토회복에 저촉되는 어떠한 결정이나 계획도 반대.

트루먼의 조선반도 기본방침은 본질적으로 무력통일이 아니면 장기 분단을 유지하는 것이었다. 맥아더의 크리스마스 공세에서 참패를 당하자 트루먼은 무력통일이 불가능하다는 것을 알게 되어 회담장에 끌려 나왔는데, 이승만은 이런 정세를 받아들이려 하지 않았다.

3일간 중단된 후 재개된 회담에서는 계속해서 의제를 놓고 토론을 하였는데 외국군대 철수 문제를 안건으로 채택하느냐 안하느냐는 것이 논쟁의 초점이었다. 우리측 주장은 외국군대 철수가 전쟁재발 방지의 필수조건이고 「외국군대 주둔은 전쟁의 근원」이라고 주장하였고 상대방은 조선전쟁 폭발 때 외국군대가 없었는데, 외국군대가 철수하자 바로 전쟁이 일어나지 않았느냐고 응수했다.

상대방 이론은 말이 안된다. 그렇다면 신식민주의자의 군대가 전세계 각국에 주둔하고 있어야만 전쟁을 방지할 수 있고 평화를 유지할 수 있다는 말인가? 상대방이 논리적으로 할 말이 없게 되자 이번에는 철군 문제는 정치문제라는 이론을 내세워 이른바 UN군 총사령은 군부대의 지휘권만이 있을 뿐 어떤 나라의 군대를 철퇴시킬 권한은 없다고 버티었다. 이것은 일종의 구실에 지나지 않았는데, 이 이상 왈가왈부해야 아무 소용이 없었다. 상황이 이렇게 되고 보니 우리는 케넌이 말리크와 이 문제를 놓고 즉시 외국군대를 철수시키는 문제는 상의할 여지가 없고 이다음 기회에 서서히 이 문제를 토의할 수는 있을 것이라고 한 이야기가 생각났다. 그래서 거의 1주일동안 격렬한 논쟁을 벌인 후 3일간의 휴회를 제의하였다. 조·중 양측은 상의 끝에 7월 25일 「양측 정부에 대한 건의사항」이라는 조항을 의사일정에 삽입하여 이 문제를 별도회의 때에 해결하도록 하였다. 이렇게 해서 7월 26일 다음 5항목이 결정되었다.

1. 의사일정 채택
2. 조선에서 적대행위를 정지하는 기본조건으로서 쌍방간에 군사분계선을 확정하여 비무장지대를 설정하는 문제
3. 조선경내에서 휴전을 실현하기 위하여 휴전조항 이행을 감독하는 감시기구의 조직·권한·기능을 포함한 구체적 준비문제
4. 전쟁 포로에 관한 문제
5. 양측 관계 정부에 대한 건의사항

전세계 평화를 열망하는 사람들이 학수고대하던 의사일정에 이제 합의를 보았다.

2) 거듭된 도발로 더 많은 영역 차지할 폭격 기회 노려

(1) 자기들이 경비병 살해, 회담 현장 폭격하고도 발뺌

개성 정전회담은 그야말로 변덕이 심해 가까스로 의안에 합의를 본 뒤 2항 토론에 들어갔지만 서로 자기 입장을 고집하며 한치의 양보도 없는 대치상태에 빠지고 말았다. 그동안 회의장에서는 여러 가지 사건이 발생하였고 전선에서는 맹렬한 전투가 계속되고 있었다. 여기서 말하는 여러 가지 사건에 대해서 외국 책에서는 잘 쓰지 않는 것이 보통이고 심지어는 사실을 왜곡해서 쓰는 경우가 많았는데 지금까지 그 내용을 잘 아는 사람이 드물었기 때문에 자세한 내막을 알 길이 없었다.

제2차 회담 중단은 미측이 우리 경비부대가 실수로 회의장구역에 들어간 것을 구실로 중단한 것이다. 7월 14일 중립지역에 대한 합의가 이루어진 후 우리 측은 중립구역에 소수 군사경찰만이 머물러 있었을 뿐이었다. 그러나 회의장 구역 이외 지역은 여전히 중국지원군 47군 139사단 소속부대가 경비하고 있었다. 8월 4일 오후 1시 개성지구를 경비하고 있던 139사단의 일개 중대가 고려동 광장에서 중립 지구 안전유지를 위한 배치 문제를 지시하기 위해 대원을 소집하였는데, 일부 대원이 이 집합장소로 가는 도중 실수로 양측이 합의한 개성을 중심으로 한 반경 5마일 회의장소 구역에 들어갔다. 8월 4일 오후 회의에서 죠이장군이 이에 대해 우리의 주의를 촉구하였다.

우리측 연락관이 조사해 보니 그런 사실이 있었던 것이 확인됐다. 중·조 대표단은 이를 매우 중시하고 즉시 지원군·인민군 연합사령부에 보고 함과 동시에 다시한번 모든 경비대원에게 합의사항을 준수하고 회의장 구역에는 들어갈 수 없다고 엄명을 내렸다. 이와 동시에 8월 5일 아침 정식으로 조사 결과를 상대방에 알리고 이와 같은 사건이 다시는 발생하지 않을 것이라고 통보하였다.

보통 관례에 의하면 한쪽이 주의를 제청하면 다른 쪽이 사실 여부를 조사하고 보장하면 그것으로 사건은 결말 지워졌다. 그런데 뜻밖에도 상대방은 하찮은 일을 구실로 해서 8월 5일 회의 출석을 거부하고 리지웨이는 김일성·팽덕회에게 서신을 보내 우리측 경비부대가 회의장 지구에 들어온 사건에 대하여 만족할만한 해명과 이와 같은 사건이 재발하지 않을 것이라는 보장이 있어야 계속 회담에 임하겠다고 통보하여 왔다.

이와 같이 우리측이 일으킨 우발 사건에 대해 우리는 모든 성의를 다하였다. 모택동은 일찍이 상대방이 어떻든간에 쌍방이 합의한 사항은 절대로 이행해야 하고 결코 경솔하고 소홀히 해서는 안된다고 하였다. 그리고 만일 위반사건이 발생하여 그것이 우리측 책임이라면 사실 여하에 따라 응당 책임을 져야 하고 타당한 해결을 해야 하며 일이 국제 신의에 관한 것이라면 자기가 한 말에 대해 책임을 져야 한다. 그렇게 하는 것이 신중국 외교자세이고 그렇게 해야만 우리 입장이 확고해지고 끝까지 주동적 위치에 설 수 있다고 하였다. 중국인민지원군 영도기관은 이 사건으로 해당 부대장을 처벌하였다.

리지웨이 서신에 대해 8월 6일 김·팽 양 장군은 회신을 통해 "우리측 개성 중립지구 경비부대가 실수로 회의지구에 들어가 합의사항을 위반한데 대해 우리 수석대표는 이미 연락관 장춘산 대령에게 5일 아침 9시 30분 귀측 대표단에게 이번 합의사항 위반 사건 발생의 경위를 통고할 것을 명령하였다. 우리 수석대표는 재차 개성 중립지구 경비부대 책임자에게 경비부대가 회의장 구역에 들어갈 수 없다는 규정에 주의하라고 명령하고 이 명령을 엄격히 집행하며 이와 같은 사건이 재발하지 않도록 보장할 것을 명령하였다"고 통고하였다.

정상적으로라면 이 사건은 당연히 이것으로 끝나야 했다. 그러나 리지웨이는 8월 7일 서신에서 "이 사건은 적은 일도 아니고 지엽적인 사건이라고 볼 수도 없다. 이 사건이 우발적이었다는데 대해 우리는 의심한다"고 말하고 회담 재개를 거절하였다. 그들은 어떻게 해서라도 우리측의 위반사건을 구실로 회담이 중단에 빠질 것을 원하고 있었음은 그 후 일련의 사실을 보면 분명히 알 수 있었다. 그러나 국제관계에서 어떤 일방이든 행동이 과분하게 되면 반드시 수동적 입장에 서게 된다.

8월 9일 김·팽은 다시 회신을 보내 그 요구가 지나치다는 것을 신랄하게 지적하였다. "귀측이 고의로 아무 것도 아닌 이번 일을 가지고 회담을 중단해버릴 구실로 삼을 속셈이라면 별문제지만 우리측으로서는 합의사항을 이행하지 않으려는 의사는 전혀 없다. 만일 이와 같은 사건을 귀측이 일으켰다고 가정하면 우리측도 항의하고 조사한 후 합의에 의하여 해결할 것이지 경솔히 회담을 중지하지는 않을 것이다." 죠이는 8월 10일 남일에게 상사의 지시에 따라 회담을 재개하겠다고 통지해 왔다.

① 중·조 대표단의 경비 소대장을 급습, 살해

회의장의 분위기는 쌍방이 여전히 손톱만큼의 양보도 없이 맞서 회담은 조금도 진전이 없었다. 회의장 밖에서는 수습할 사이도 없이 사건이 잇달아 일어났다. 8월 19일 동틀 무렵 우리측 군사경찰 9명이 요경상 소대장 인솔 하에 판문점 송곡리 북쪽 고지를 따라 동쪽을 향해 순찰하고 있었다. 중립지구내 송곡리 부근에 이르렀을 때 이승만군 30여명의 복병에게 피습 당해 소대장 요경상이 그 자리에서 피투성이가 되어 쓰러졌다. 이것이 국내외를 놀라게 한 중립지구 군사 경찰 요경상 살해사건이다.

이 날은 일요일이었지만 쌍방은 인도주의 정신에서 휴일에도 휴회하지 않고 회의를 열었던 것이다. 일선에서 매일매일 사상자가 발생하고 있으니 하루빨리 정전을 성립시켜 많은 인명을 구해야겠다는 염원에서였다. 이날도 계속 회의를 열려고 하였는데, 중립지구 내에서 살해사건이 발생하리라고는 선량한 사람들의 상식으로는 그 누구도 예측하지 못하였다.

그날 오전, 우리측 요구에 따라 쌍방 연락관이 신문기자의 참석하에 현장으로 달려가 조사하였다. 누구도 부인할 수 없는 확증을 앞에 놓고 상대방 연락관은 말문이 막혀 아무 말도 없었다. 이에 우리 연락관은 상대방에 강경히 항의하고 대답을 기다렸다. 연락관 조사가 끝난 후 희생자의 시체는 대표단 숙소에 안치되었다.

그날 오후 2시 회담이 끝난 다음 이상조·해방은 곧 요경상의 시체가 안치된 곳으로 달려가 애도의 뜻을 표하고 피투성이가 된 얼굴을 앞에 놓고 비통한 마음으로 3분간 묵도하였다. 이상조는 거기에 있는 우리측 사람들에게 "요경상 열사는 평화회담을 경비하다 희생됐다. 그는 영원히 조선인민의 마음속에 살아있을 것이다" 하고, 해방은 "요경상은 세계평화를 보위하기 위해 고귀한 청춘을 바쳤다. 이번 사건은 반드시 중국인민지원군 전체 장병으로 하여금 적을 무찌를 결심을 더욱 굳게 할 것"이라고 했다. 거기 있던 중·조전우들은 모두 분한 눈물을 머금고 이승만군의 죄악행위를 규탄하였다.

요경상이 미국·이승만군에게 살해됐다는 소식은 송도松都를 뒤흔들었고 조선반도를 깜짝 놀라게 하였다. 대표단은 추도식을 준비하고 정식으로 상대방에 통보했다. 영구는 개성 남문리 고려소학교 교실에 안치하고 추도식장에는 애도문 주련을 걸었다. 한쪽에는 "상대방의 안전을 보장하다 도리어 그 악당의 손에 희생당하였다"고 썼고 또 하나에는 "적에게 피로 보복하여 영령을 위로할 것이다"라고 썼다.(柱聯: 기둥이나 벽에 세로로 써붙이는 글씨)

개성 정전회담 중·조 대표단 지도자 이극농이 친히 영안실을 방문하여 그 사진·화환·만장을 살피고 "여기에 이렇게 만장이 많이 있지만 우리의 통분한 심정을 헤아리기에는 부족하다" 하며 옆에 서있던 교관화를 돌아보며 "교군, 좀더 눈에 확 뜨이는 주련 하나 더 써 부치도록 하게" 하고 지시했다. 그리고나서 '음'하고 골돌히 생각하며 몇 발자욱 왔다갔다 하더니 이극농은 "세상사람이 모두 리지웨이를 알고 있다. 온 나라가 요경상의 죽음을 슬퍼한다"는 문구를 지었다. 침통 하고 비장한 애도음악과 함께 추도식이 시작됐다. 영안실은 크지는 않았지만 각계 인사, 중·조 대표단, 개성중립구 군사경찰부대, 각국 취재기자들로 입추의 여지가 없었다. 남측대표단에서 몇 사람이 왔지만 문밖에 서서 들어오지 않았다.

개성 중립지구 군사경찰부대 지원군 제47군 139사단 정치위원 원복생이 조난 경과 보고와 열사의 경력을 소개하자 그 자리에 있던 모두가 눈물을 금치 못하였다. 중국인민 지원군 제1부사령관 조선정전회담지원군 수석대표 등화 장군이 시체 옆에 서서 희생자의 공적을 기리며 산자의 분발을 촉구하고 중국인민의 우수한 아들 요경상 동지를 추도 하였다. "요경상 소대장은 중립지대 경비와 조선정전 실현을 위해 희생되었다. 그는 죽 었지만 영광이고 그의 생명은 짧았지만 업적은 천추에 빛날 것이다. 나는 정전회담대표 로서 우리 전우의 뜻을 이어 분투할 것이며 만일 우리가 회담을 통해 평화를 쟁취 못한다 면 반침략전쟁을 계속하고 평화를 이룩하여 영령을 위로할 것이다"라고 하였다.

이와같은 움직일 수 없는 확증을 앞에 놓고도 미측 수석대표 죠이 장군은 8월 21일 회 신에서 그들의 초보적인 보고에 의하면 요경상을 살해했다는 고발을 실증할 수 없다고 말하였다. 우리측이 재차 항의 하자 UN군은 유격대 활동에 의한 치안문제에 책임질 수 는 없다고 주장했다. 동경 미군 총사령부는 방송을 통해 북조선이나 남조선의 비정규부 대의 소행일 가능성이 있다고까지 말하였다.

② 한밤중 미군 비행기 출격, 대표단 숙소 부근에 폭탄 투하

8월 22일 밤 음력으로 7월 20일, 한조각 검은 구름이 일그러진 저녁달을 가리우곤 하 고 있었다. 다음날 회담준비에 바쁜 일꾼들 이외는 모두 문밖 광장에 나와 「음모」라는 영화를 보았다. 영화가 끝나 잠자리에 들어가려고 있던 22시 20분, 뜻밖에 미군 비행 기 한 대가 중립지구에 침입 저공비행을 하며 여러 번 폭탄을 던지고 기총사격을 가해옴 으로써 가장 심각한 정전회담 파괴사건을 일으켰다.

미군 비행기는 개성 상공을 다섯 번 선회하며 내봉장에서 멀지 않은 지점에 네이팜탄 4개를 투하하여 요란한 폭음과 함께 사방에서 불길이 치솟았다. 계속해서 인명 살상탄 12개를 투하하여 그중 3개가 우리 대표단 숙소 서북 약 200m 언덕에 떨어져 직접 우리 동지들의 신체안전을 위협했다. 미군 비행기는 여러 번 대표단 숙소를 겨냥하여 기관총 을 쏘아댔다.

적기가 지나간 다음 이극농은 현장 보존을 지시한 뒤 즉시 상대방이 와서 공동조사 하 기로 하고 22시 35분 우리 연락관은 무전으로 문산의 미군 연락관에 통지하여 속히 개 성에 와서 현장 조사 할 것을 촉구 하였다. 밤 0시 25분 커니 대령·뮤레이 대령이 통역 2명과 함께 현장에 나타났다. 부슬비가 내리는 속에서 공동조사에 착수하자마자 살상 탄 6개, 네이팜탄 3개가 우리 대표단 숙소 부근에 떨어진 것을 볼 수 있었다. 남일 장군 의 찝차에도 파편이 떨어졌고 네이팜탄 1개는 바로 회담장에서 미측 대표 휴식처로 통하 는 길 위에 떨어졌다. 이번 공습은 우리대표단 숙소를 주요 목표로 한 파괴행동임이 분명하였다.

폭탄이 떨어진 자리를 답사하자 주위에 파편이 있고 폭탄냄새가 나고 있었는데, 커니는 그것을 주위보면서 "폭탄을 본 일이 있는 사람이면 이것이 폭탄이라고 믿지 않을 것이다. 지금은 어둡고 비도 오고 하니 날이 밝은 후 다시 와서 보자'" 했다. "지금 상세히 조사해야지 조사 못할 것이 뭐냐 .비가 오고 있으니 이런 증거가 희석될 수도 있고 비에 떠내려 갈 수도 있지 않느냐. 기름을 좀 떠다 분석해 볼 수 있지 않겠는가'라고 우리 연락관이 주장했다. 그러나 그들은 "우리는 날이 밝은 후 다시 와서 조사하겠다" 하며 몹시 귀찮아했다. "우리는 시간을 끌어 빗물에 증거가 떠내려갈까 걱정이다'고 우리 연락관은 고집 하였다. "강철은 떠내려가지 않아요." "그러면 기름은?" "기름은 물과 섞이지 않습니다."

조사는 어떻든 끝을 내야 했으므로 우리 연락관은 "미군 비행기가 개성 중립지구를 폭격한 사실을 당신네들은 부인할 작정인가?" "당신네들은 비행기가 폭격했다 하지만 누가 비행기를 보았단 말인가?" "이와 같이 많은 물증을 앞에 놓고, 그래도 당신네 비행기의 소행이 아니라면, 그러면 그것이 어디서 왔단 말인가?" "비행기가 왔다고 하는데, 그 비행기는 엔진이 몇개 달렸든가 말해보라."

현장조사는 8월 23일 새벽 3시 15분 우선 일단락 짓고 커니는 다음날 다시 와서 조사하겠다 하고 갔다. 그가 돌아간 후 다시 오기는 고사하고 소위「조사보고」를 서둘러 작성하고 8월 24일 리지웨이사령부는 죠이의「조사보고」를 발표, 이 사건은 우리측이 날조했다고 억지를 썼다. 우리측은 사전에 아무런 방공시설도 하지 않았기 때문에 폭격이 있은 후 등화는 이극농에게 숙소를 옮기자고 권했다. 먼저 이극농·교관화와 일부 일꾼이 즉시 개성 서북 산골짜기 쌍폭교로 이사하고 그 밖의 일꾼도 계속 이전하여 어떤 사람은 청운동, 어떤 사람은 개성 북쪽 중립지구 경계선 산기슭의 초가집으로 이사했다. 뉴스 수신기의 안테나를 소외양간 나뭇가지에 걸어놓고 그때그때 세계 대통신사의 뉴스를 놓치지 않도록 하며 상황의 변화를 파악하였다.

장춘산·시성문이 상대방과 통화하는 무선기를 가지고 여전히 개성에 남아있었을 뿐 모두 이전해 버렸다. 실제로 정상적 공작이나 생활을 할 도리가 없게 되고 여기 좀 있다가 저쪽으로 옮기는 식으로 늘 옮겨다녔다. 그야말로 모택동의 유격전술에서 말한 것 같이 '여기서 한방 쏘고 이동, 또 다른 데서 한방 쏘는'식이 되어 버렸다.

8월 23일 김일성·팽덕회 장군은 리지웨이에게 엄중한 항의를 제기 하였다. "귀측 무장요원의 불법살해 행위로 희생된 우리 용사 요경상 소대장이 흘린 피가 마르기도 전에 귀측 비행기는 8월 22일 밤 10시 20분 개성 중립지구 회의장소 지역 상공에 불법침범하여 우리 대표단 숙소를 겨냥하여 폭격과 기관총사격을 가해와 우리 대표단은 지극히 분개하고 있다. 사건의 진상을 세상에 명백히 밝히고 귀측이 사건의 원인을 우연한 사고로 돌리려는 일체 구실을 없애기 위해 8월 22일 밤 10시 35분 귀측에 요원을 파견 조사하도록 통지한 바 있다. 귀측이 보내온 연락관은 귀측 비행기의 폭격으로 생긴 구멍, 파편, 기타 불과 몇 시간 전에 떨어진 각종 증거물을 보고도 그저 함구무언이었다.

사실 설사 귀측 연락관과의 공동조사가 없었더라도 우리가 확보하고 있는 인적·물적 증거가 이미 충분히 귀측의 도발행위임을 증명하고 있다. 귀측이 이와 같이 서슴없이 계속 도발행위를 감행하는 이유는 우리가 평화를 쟁취하기 위하여 인내하고 있는 것을 우리가 약해서 그러는 것으로 착각하고 있기 때문이다. 무슨 일이 있어도 이와 같은 문제로 인해 회담을 파괴해서는 안되겠다는 우리측 태도를 보고 귀측은 처음에는 서슴지 않고 판문점을 사격하고 다음에는 우리 군사경찰을 살해하더니 이번에는 심지어 우리 대표단을 살해하려 하고 있다. 똑똑히 말해주지만 이런 생각은 잘못이다. 실로 우리는 이제까지 평화정전을 쟁취하기 위해 끝까지 인내하여 왔지만 우리의 인내도 한도가 있다. 그리고 우리측이 일방적으로 평화를 요구해서는 이룩할 수 없다는 것을 잘 알고 있다.

귀측이 회의장 밖에서는 이같이 방자하게 도발행위를 해오고 회의장 안에서는 군사분계선을 우리측 진지 안에 긋자는 터무니없는 주장을 하여 회담을 지연시키고 있으니 귀측이 정 회담에 성의가 있는지 없는지 이제는 분명해졌다. 우리는 회담이 순리대로 진행되어 양측이 모두 접수할 수 있는 공평하고 합리적인 합의에 도달하기를 희망하고 있지만 귀측은 우리 군사경찰을 살해한 다음 드디어 우리 대표단을 겨냥하여 폭격을 하기에 이르렀다. 이런 상황에서 어떻게 우리 희망을 실현할 수 있겠는가. 따라서 우리는 부득이 8월 23일부터 정회할 것을 선언할 수밖에 없고 엄중한 이번 도발사건의 책임있는 처리결과를 기다리기로 하였다."

사실은 트루먼·애치슨은 기회만 있으면 회담을 중단해 버리기로 결심하고 있었다. 이미 두 차례 중단했을 때는 모두 우리측의 타당한 처리결과로 회담이 재개되었지만 그후 미군측은 더욱더 거리낌 없이 파괴행동을 해왔다. 리지웨이 총사령부가 죠이의 소위 「조사 보고」를 발표한데 이어 트루먼이 직접 나서서 리지웨이의 보고를 지지하는 성명을 발표하여 워싱턴과 동경의 긴밀한 협조로 이 사건을 끌고 나갔다. 8월 23일 발표한 김일성·팽덕회 두 장군의 엄중 항의에 대해 리지웨이는 아예 과거의 모든 사건을 뒤집어버린 회신을 8월 25일 보내왔다.

최근 소위 UN군측이 조작했다는 사건이란 철저한 거짓이며 황당하기 그지없고 귀측이 비양심적 목적을 위해 만들어낸 것이 틀림없으니 일고의 가치도 없다. 귀측이 늘어놓은 UN군이 고의로 개성 중립지구를 파괴하였다는 일련의 사건도 일고의 가치 없는 말이다. 이런 사건이 만일 귀측이 선전을 목적으로 날조한 것이 아니라면 우리 소속부대나 기관과는 전혀 공개적으로나 비밀로나 관계가 없는 비정규 대오의 행동이라는 것은 이미 다 증명된 바 있다. 귀측이 최근 여러 번 언급한 바 있는 소위 판문점 사격사건, 8월 19일 발생한 UN군 부대의 기습사건, 8월 22일 수요일 밤 폭격 기총소사사건, 이런 것들은 완전히 사실무근한 거짓말이라는 것이 여지없이 들어났다.

악의에 찬 정전회담 파괴 사건은 꼬리를 물고 일어났다. 8월 29일 한 밤중 2시 50분 미 공군기가 개성 중립지구에 날아와 요란스럽게 저공비행을 하며 개성 인민의 안전을 위협하다가 갑자기 조명탄이 매달린 낙하산이 떨어져 두 개의 조명탄 불빛이 대낮같이 비치고 바람에 따라 떠다녔다. 현장에 있던 사람의 말에 의하면 낙하산과 조명탄은 B26형 폭격기가 중립지구에 떨어트린 것이었다. 비행기는 오랜 동안 빙빙 돌다 달아났다. 그런데 미측은 시치미를 떼고 8월 29일 개성 상공에 나타난 조명탄 사건은 그들이 알고 있는 시간과 지점이 맞지 않는다고 부인했다.

8월 30일은 우리측 군사경찰 인민군 병사 정중남 등 세 사람이 개성 중립지구 내 탄동리에서 휴식 중 중립지구에 침입한 남조선 병사 10여 명에게 피습되어 대방진지로 끌려가다가 개성·문산간 철로 부근 언덕에 이르렀을 때 남조선 부대가 발포하여 한 사람은 죽고 나머지 두 사람은 중상을 입었다. 우리측 군사경찰이 추격하자 개성 중립지구에 침입해 있던 상대방의 또 다른 병사가 기총사격으로 남조선 부대가 철로를 따라 동남방으로 달아나는 것을 엄호했다. 이것 역시 중립지구를 파괴하는 중대사건의 하나였다.

9월 1일 0시 30분, 미 군용기가 개성에 날아와 폭탄을 두 개 떨어뜨리고 기총소사를 가했다. 이 두 개의 폭탄은 남일 장군 숙소에서 500m 지점에 떨어졌다. 합의사항 위반사건은 점점 악랄하여 마침내 우리 수석대표 숙소를 폭격하는데까지 이르렀다. 사건이 발생할 때마다 현장을 조사하고 항의하였지만 상대방은 무조건 부인하였다. 나중에는 오히려 우리측을 무고하는 태도로 나왔다. 한번은 상대방이 사건책임을 발뺌하고 부인하는 서신을 교관화가 받아들고 하도 어이가 없어서 입술이 파래진 채 한참동안 있다가 그저 "염치없는 것들" 하는 한마디를 내뱉었다.

8월 23일, 폭격이 있은 후 긴급조치를 취해 대표단은 각기 방공호를 마련하고 방공 커텐을 치고 살았다. 이 때 본국에서 문화·오락·체육 기재를 보내왔다. 숙소 앞 연못을 깨끗이 청소하여 수영도 할 수 있게 하여 느긋하게 적과 지구전으로 맞설 준비를 하였다.

지원군 대표단은 두 부류의 인원으로 구성되어 있었다. 일부는 지원군 사령부에서 뽑아 온 사람이고 일부는 외교부와 관련된 부문에서 선발한 사람이었다. 그중에는 엄격한 군사훈련을 받지 못한 사람이 있어 총도 쏠 줄 모르고 수류탄 던지는 방법도 몰랐다. 일단 긴급사태가 발생하면 대처하기가 극히 곤란한 상태였다. 그래서 반·소대·중대로 전원을 편성하여 일직만 제외하고 모두 군사훈련에 참가하여 사격·수류탄 던지기·긴급 집합·야간 행군을 연습하는 등 군사관리 를 실시하였다. 그리고 늘 벌판을 달리고 산에 기어 오르는 경주도 하였다.

조선반도의 8월 말 9월 초는 여름이 가고 가을이 오는 환절기여서 기후 변화가 심하고 아침 저녁에는 벌써 선선했다. 우리 대표단은 북경을 떠날 때 회담이 한 두 달이면 끝날 줄 알고 여름옷만 준비했을 뿐이었다. 어떤 사람은 쉐타조차 가지고 오지 않았다. 경험이 많은 이극농은 일반복장은 지원군 후방부대에서 보내오도록 하고 회담장에 나가는 인원의 복장은 동북군구에 보내라고 전보 연락을 하였다. 그러나 후방 업무를 잘 모르는 교관화는 날씨가 추워오자 조바심이 되어 외교부 사무실장 왕병남에게 익살맞은 시를 지어 보냈다. 그 전문은 다음과 같다.

炳南형과 주위의 여러분. 개성은 가을이 이미 짙어가는데 겨울옷이 아직 도착 안했소. 동북이 지척간인데 어떻게 이럴 수가 있소. 우리가 굶주리고 추위를 참고 있는데 여러분이 어떻게 이처럼 등한하고 실천을 할 줄 모르는지, 유물론이 타락하여 이 지경에 이르렀단 말이요.

매일 매일 리지웨이, 밤마다 죠이와 씨름해도 아무 결과도 나오는 게 없지만 항의하고 또 항의하고 있소. 수고하는 보도반은 눈을 뜨면 뉴스를 듣는 게 일이고 아~ 비서처 하루 밤에도 몇번이고 수시로 일어나야 하니 가엽다.

연락관은 또 판문점에 쉴 사이없이 드나들고 헬기가 착륙하면 악수하고 영접하느라 정신없다. 신문기자란 매일 할일 없어 방귀만 뀌는데 그놈의 방귀 구린내조차 없으니 모두 불만이다. 기록반은 한가하기만 한데 기록하는 게 그리 쉬운 일은 아니다. 한 자라도 틀리면 국가 대사를 그르치게 되니 말이요. 경비대는 또 얼마나 수고하노. 줄줄 따라다녀야 하니. 만의 하나라도 무슨 일이 생기면 목숨이 달아날 판인데, 천신만고하고 있지만 다 지나가는 일. 도대체 누구를 위하여 이렇게 수고들 하고 있나. 4억 7천 5백만 동포를 위해서이지. 주은래 총리를 멀리 생각하고 모택동 주석을 항상 가슴에 간직하고 있다네. 책임 있는 사람에게 한마디 부탁인데 겨울옷이나 제발 보내주오.

개성에서 회담이 열리자 일선은 잠시 비교적 조용하였지만 미 공군의 활동은 대단히 치열하여 우리 교통망을 각처에서 파괴했다. 설상가상으로 7월 하순에서 8월 중순까지 일대 홍수가 일어나 우리군의 보급 수송에 큰 지장을 주었다.

지상작전에서 적은 부단히 부대 배치를 정비하며 새로운 공격을 준비하고 있었다. 회담장에서 제2항을 놓고 교착상태에 빠지자 상대방은 공공연히 그렇다면 말로 할 것 없이 비행기와 대포로 해보자고 떠들었다. 적은 과연 8월 18일 하기 공세를 시작했다. 먼저 약 3개 사단의 병력으로 북한강 동쪽에서 동해안에 이르는 약 80km의 우리 방어선 정면을 향해 대량의 항공병·포병 지원 하에 공격을 해왔다. 거기는 인민군 5·2·3군단 방어진지였는데, 7주야의 격렬한 전투 끝에 8월 24일에 이르러 적 의 공격을 막아냈다. 8월 25일 밤부터 우리 측이 반격으로 들어가 8월 31일까지 진격을 계속하였다.

9월 9일부터는 배치를 조정해가며 이번에는 중점 공격을 하여왔다. 미 해병대 1사단 2개 연대, 이승만군 8사단 5개 연대, 11사단 1개 연대 모두 8개 연대의 병력이 인민군 3군단 진지 15km정면을 맹렬한 포화와 공군 엄호 하에 진격해 왔다. 인민군 3군단은 7~8차례에 걸쳐 공격을 받았고 어떤 진지는 18차에 걸쳐 공격을 받았으나 모두 격퇴하였다. 인민군도 기회 있을 때마다 반격으로 나와 적의 공격성과는 극히 미미하였다.

9월초 적은 문등리 동남 3km지점인 851고지와 그 남쪽 일선고지를 향해 왔는데 이일대 고지를 탈취하여 방어 태세를 개선하는 것이 목적이었다. 거의 한달 동안 계속된 쟁탈전을 하는 동안 이승만의 1사단, 미군 2사단, 해병대 1사단은 막대한 손실을 입었다. 이 지구 전투에서 부상한 미군 병사는 851고지를「비탄의 고개」라 부르며 생각만 해도 끔찍해 했다.

미측 보도에 의하면 어떤 쟁탈전투에서는 1개 대대의 4분의 1이 희생됐고 그중 1개 소대는 13명만 남기고 다 죽었다. 최후로 인민군의 화력 장막지구를 뚫을 때는 3명이 살아 남았을 뿐이었다. 10월 10일까지 계속 미군 제2사단은 공군 엄호 하에 50대의 탱크를 앞세워「비탄의 고개 쟁탈전 완결」공격을 가해왔다. 그 결과는 AP가 보도하였듯이 미군은 또다시 수류탄과 소총화력에게 의해 저지당했다. 851고지는 끄떡도 하지 않았다.

적은 지상에서 하기 공세를 펴는 것과 때를 같이 하여 반도북부에 대규모 공습을 가해 소위「교살작전」을 전개하였다. 공군력의 우세를 믿고 또 7월 20일부터 일어난 40년만의 대홍수를 노려 후방시설과 교통운수선에 대한 파괴와 봉쇄로 후방 보급선을 차단하려 하였다.

이 기간에 적의 각종 비행기의 수가 개전 때 553대이었던 것이 1,100여 대로 늘어나고 그중 절반이 우리 후방을 폭격 파괴하는데 출동했다. 공격의 주요목표는 아군집결지역·보급기지·도로·철로·교량·교통 중심지 등이었는데, 아군은 이로 인해 극도로 위협을 받았다. 신안주·개천·서포 삼각지대 철도수송 중심지에만 평균 하루 5차례 연 100대의 비행기가 집중폭격 하여 73km에 불과한 선로에다 4개월 동안 38,186개의 폭탄을 퍼부어 2m에 폭탄 한 개가 떨어진 셈이었다.

그렇지만 아군 모든 부대는 홍수와 싸우는 한편 반격작전에 나섰다. 고사포병을 동원 하여 중요목표를 방위하고 철도병은 파괴된 다리와 선로를 수리하고, 공병과 자동차 수송부대는 철로가 끊어진데서 물자를 옮겨 실어 곤란을 극복하였다.

그 무렵 창설된 우리 인민공군은 8월 26일부터 평양 이북 주요교통선을 보호하고 안주 지구 비행장 건설을 엄호하는 임무를 담당 하였다. 9월 12일 중국인민지원군 공군도 참전하여 부단히 미 공군기와 공중전을 벌여 적 폭격기의 활동을 청천강선에서 막았다. 12월 말에 이르러서는 연 출동 대수가 3,526기에 이르고 적기 70대를 격추하고 25대에 손상을 입혔다.

적의 소위 교살작전은 성공하지 못하였다. 적 자신도 이 작전을 마무리 하면서 다음과 같이 인정했다. "현대장비와 원시적 인력의 싸움에서 공군은 적의 전선 부대의 진격능력을 크게 약화시킨 것은 사실이지만 적의 보급선을 철저히 절단했음에도 불구하고 회담이나 작전에 기대했던 것만큼의 영향을 줄 수는 없었다."

조선전쟁의 형세는 우리측의 5차 작전 이후 이미 교착상태에 들어가 전국의 근본적 변화는 있을 수 없게 되었다. 우리측은 이제 6차 작전계획을 취소하였다. 그런데 리지웨이는 자기 능력을 발휘해 보려고 억지로 전 군사력을 동원해 공격을 가해왔다. 결과는 7만 8천명의 사상자를 내고 겨우 2 내지 8km 전진했을 뿐이었다. 미국의 저명한 전사 연구가 럿셀 웨이크리 교수는 리지웨이의 이 전략행동을 다음과 같이 평하였다. "이와 같은 상황에서 UN군사령부가 결정적 승리를 하려면 중국과 북조선군에 대해 치열한 섬멸전을 전개하는 길 밖에 없다. 이런 섬멸전은 UN군의 막대한 희생 없이는 불가능하다. 이번 전투는 승리라기보다 차라리 비장한 싸움이었다고 하는 것이 옳을 것이다."

(3) 중공정부 수립과 소련 핵개발은 미·일 군국주의의 단결을 초래

개성전투에서 애치슨은 회담의 길을 트기 위해 마치 사냥개같이 사방을 수소문하였다. 회담에서 막상 의사일정 합의가 이루어지자 마셜은 상원외교위원회에서 "말리크의 정전 제의 때문에 미국 방어계획에 중대한 지장을 가져왔다"고 원망스럽게 불평했다.

1950년 4월 트루먼의 심사확인을 거친 미국 국가안보위원회 68호 결정서 정신에 따라 미국정부는 조선전쟁으로 인해 조성된 긴장상태를 이용하여 빠른 속도로 자본주의세계의 정치·경제·군사역량을 확충하는데 전력을 다하고 있었다. 회담이 가져온 긴장완화 분위기는 이와 같은 전략을 추진하는데 장애가 되었다. 극동과 국내에서 몇 가지 중대사를 추진해야하는 마당에 긴장완화의 물결이 일어나 대세에 밀려 유야무야하게 되도록 내버려 둘 수는 없었다. 다음에 열거하는 사건의 시간관계를 살펴보기로 하자.

· 8월 22일 : 개성 중·조 대표단 숙소를 폭격하여 회담을 중단하지 않을 수 없게 하였다.
· 8월 30일 : 미국·필리핀 공동방위조약을 워싱턴에서 조인하였다.
· 9월 1일 : 미국·호주·뉴질랜드간에 태평양안전보장 조약을 샌프란시스코에서 조인하고 미·호주·뉴질랜드 이사회를 발족하여 태평양지구에서 최초의 군사집단을 결성하였다.
· 9월 4일 : 미국은 샌프란시스코에서 대일강화회의를 소집하고 9월 8일 대일강화조약을 강행 통과시키고 같은 날 애치슨과 요시다 시게루는 미·일 안전보장조약에 조인하였다.

1951년 여름의 시간표가 이토록 빡빡하게 짜여진 것은 절대로 우연이 아니다. 당시 트루먼이 가장 중시한 것은 「대일강화조약」과 「미·일 안전보장조약」이었다. 다 아는 바와 같이 새 중국의 탄생과 소련의 원자탄 개발, 이 두 사건은 트루먼의 신경을 극도로 자극하여 정신을 못차리게 하였다. 이러한 새로운 정세에 대응하기 위해 새로운 전략계획 「안전보장회의 68호 결정서」를 실천에 옮기게 하였다. 극동에서는 일본을 재무장시켜 미국의 졸개로 만드는 것이 급선무였다. 이렇게 하기 위해서는 소련의 반대와 인도·버마 등 평화적 중립국가의 거절에도 불구하고 일방적으로 회담을 추진하여 4월 단독으로 대일강화조약 초안을 작성하고 6월에는 요시다로 하여금 68,900명의 일본군국주의자를 숙청 대상에서 해제하게 하였다.

7월 12일 영국정부와 같이 대일강화조약 초안을 수정 공포하고 7월 20일 49개 국가 대표를 샌프란시스코 대일강화조약 회의에 초청하였다. 당시 덜레스의 생각은 소련이 참가 하든 말든 강화조약을 체결해야 할 것이고, 차라리 소련이 거절하고 불참하기를 바랬다.

그런데 8월 12일 의외로 소련이 회의에 참가하여 자기의 의견을 발표하기로 결정하였다고 미국에 통고해 왔다. 소련은 회의장에서 미국과 맞서 한바탕 논쟁을 벌일 결심을 한 것이 분명하였다. 당시 영국정부는 미국의 압력 하에 미국이 작성한 대일강화조약 초안에 원칙적으로 동의하기는 하였으나 미국이 동남아에 침투하는데 대해서는 처음부터 견제하는 태도였다. 그해 3월 영국정부는 미국의 동남아침투를 견제하기 위해 극동주재 외교관을 런던에 불러 이 문제를 토론한 바 있었다.

극동 각국 인민은 몸서리쳐지게 일본 군국주의에 유린당했다. 이제 각성한 중국인민·아시아 인민이 어찌 역사의 비극이 되풀이 되는 것을 용납하겠는가. 일본 재무장을 반대하여 미국만이 아니고 전면 대일평화조약 체결을 위한 투쟁이 광범위하게 일어났다.

일본군국주의에 오랫동안 시달린 조선인민은 특히 분노하여 트루먼 정부의 전쟁음모를 분쇄하는데 궐기하기로 결심하였다. 인도정부는 회의 참가를 거절하고 전인도 노총·전인도 농민연맹·전인도 학생연합회는 미국의 단독 대일강화조약 초안을 결코 접수하지않고 진정한 대일강화조약 실현을 위해 투쟁할 것을 선언하였다. 필리핀 인민은 마닐라에서 대대적인 시위행진을 하고 중앙광장에서 초안작성자 덜레스의 초상화를 불살랐다. 버마정부도 회의 출석을 거부하였고 버마·인도네시아 인민도 계속 성명을 발표 항의하였다. 이 같은 치열한 투쟁은 전 세계 인민의 성원을 얻었다.

당시 일본 인민이 가장 절박하게 필요로 한 것은 진정으로 군국주의를 청산하고 민주와 독립을 획득하여 극동에서 영속적 평화를 수호할 수 있는 전면 평화조약을 맺어 오래오래 평화로운 생활을 할 수 있도록 하는 것이었다. 일본 인민은 군국주의가 일으킨 중국침략전쟁과 태평양전쟁이 안겨준 200만 명의 고아와 183만 명의 과부를 잊지 않고 있었으며, 당시 아직 1,300만 명의 일본인이 지하철·차도·공원·들판에서 살고 있었다. 이러한 상황을 무시한 트루먼 정부의 시책에 대해 일본 인민들도 맹렬히 반대하고 있었다.

이와 같이 정전회장담 내외의 정세는 트루먼·애치슨이 지향하는 목표 달성에는 불리하였다. 그들이 가장 필요로 한 것은 긴장상태였고 어떻게 해서라도 국제정세를 긴장으로 몰고가야 침략자들만의 강화조약을 쉽게 통과시킬 수 있었다.

대일강화조약 제1차 회의는 애치슨이 대리 의장 자격으로 주재하여 1951년 9월 5일, 샌프란시스코 시간 오전 10시에 개막되었다. 소련 대표가 먼저 중국 대표 참가 없이는 대일강화조약을 토론할 수 없고 중국 인민의 정당한 요구를 존중해야 한다고 제의하였다. 그러나 이 제의는 거부당하였다. 이어 소련 대표는 또 미국 주장과 정면으로 충돌 하는 수정초안을 내놓았는데, 그 내용은 일본이 포기한 영토의 귀속 문제를 명확히 규정하고 강화 후 모든 점령군은 즉각 철퇴할 것과 군비 제한 그리고 일본은 또다시 전 교전국을 대상으로 하는 군사동맹에 가입하여서는 안된다는 것이었다. 그러나 미국은 소련의 제의를 토론하기를 거부하였다. 9월 8일 조인식이 있었는데, 소련·폴란드·체코 대표는 서명을 거부하는 길 밖에 없었다.

트루먼은 미국 국내에서도 역시 긴장상태가 필요하였다. 당시 국방장관 마셜의 국방계획의 중요목표는 장기간 지배적 지위를 유지하기 위한 군사역량을 건설 유지하는 동시에 미국의 공업력과 인력을 신속하게 동원할 수 있는 능력을 대대적으로 끌어올리는 것이었다. 그는 이렇게 해야 미국이 강력한 지위를 확보할 수 있고 이런 실력을 가져야 비로소 자기네 마음대로 신속히 정책을 척척 밀고 나갈 수 있을 것이라고 주장하였다.

총동원을 뒷받침 할 수 있는 공업 기초를 건설하기 위해 마셜은 가능한 범위 내에서 최대한의 군수품 공급회사에게 현재 수요되는 국방 장비 주문을 할당하여 소요물자를 급속히 수집하고 증설된 공장을 가동시켜야 한다고 주장하였다. 가능한 한 최대범위의 군수전문가와 공급역량을 빠른 시일 내에 준비함으로써 제2차 세계대전 규모의 전쟁을 치를 수 있는 태세를 갖출 수 있다는 주장이었다.

이와 같은 규모의 동원과 그 정도의 전쟁을 치를 수 있는 인력을 준비하기 위해 마셜은 일반 군사훈련계획을 제의하였다. 1951년 6월 국회는 힘들게 일반군사훈련계획과 병역법을 통과시켰는데, 정전회담이 열리게 되자 본래 즉시 효력이 발생하도록 되어있던 병역법이 연기되고 군사훈련계획 실시도 뒤로 미루게 되었다. 이렇게 되었기 때문에 마셜이 말리크의 휴전제의가 미국 방어계획(사실은 침략전쟁)에 중대한 지장을 주었다고 한 것이었다.

(4) 도발적 폭격이 들통나고 국제여론에 밀려 회담 재개

리지웨이가 벌인 전투는 비장하게 끝났고 애치슨·마셜의 국내외 공작도 일단락을 지었다. 국제적으로 일어난 정전요구 압력은 트루먼으로 하여금 회의장으로 가지 않을 수 없게 만들었기 때문에 만월리 사건을 계기로 하여 그의 태도가 달라졌다. 9월 10일 밤 1시 30분 미공군기 한 대가 개성 중립지구에 나타나 만월대지방의 민가를 사격하여 손상을 입혔다. 우리측 요구에 따라 쌍방 연락관이 현장조사를 하였다.

이번에 나온 연락관은 건방지고 사리를 가릴 줄 모르는 커니 공군 대령 대신에 테일러 육군 대령이 나왔다. 이 사람은 침착했다. 그는 탄 자국 각도를 일일이 관찰하고 자세히 집주인의 증언을 들었다. 집꼭대기에서 왔을 수도 있다며 지붕 위에 올라가 자를 꺼내 이리저리 재는 것이었다. 우리측 연락관 장춘산이 "인적 물적 증거가 모두 있는데 귀측이 합의를 위반한 것은 의심의 여지가 없지 않은가"라고 물으니 테일러는 아직 인정할 수 없다고 했다. 장춘산은 또 "그러면 여기 이 증거로도 부족하단 말인가"라고 했으나 테일러는 "난 우리 비행기를 내 눈으로 보지 못했다"는 것이다.

화가 난 장춘산은 "그런 식으로 말한다면 당신이 직접 그 비행기에 타고 여기 와서 공중에서 떨어뜨려야 비로소 당신네 비행기가 했다고 인정하겠다는 말인가"라고 쏘아붙쳤다. 테일러는 잠자코 아무 변명도 하지 않았다.

공교롭게도 바로 이때 멀리서 비행기 소리가 들려오더니 점점 가까이 다가와 고막이 찢어질듯이 요란한 소리를 내며 공중비행 시범을 벌이기 시작하였다. 대편대가 날아온 것이다. B29 · B26이 높이 떠 지나가고 이어서 중형 폭격기가 편대를 지어 선회하자 4대의 무스탕 전투기가 따라와 보호 비행을 하였다. 한때 개성 상공에는 작고 큰 비행기가 뒤섞여 제멋대로 날아다녔다. 우리 연락관이 상대방에게 비행기를 가르키며 보라고 하니 테일러는 그저 딱하고 난처해 하기만 했다.

만월리 사건이 발생한 날 밤 22시 3분 미군총사령부 방송은 처음으로 이 사건이 UN군 비행기의 소행임을 인정하였고 다음날 9월 11일 수석대표 조이는 정식으로 남일 대표에게 서한을 보내 만월리 사건은 미공군기가 조성하였다는 것을 인정하고 유감의 뜻을 표하였다. 양측이 정전회담을 시작한 이래 상대방이 이와 같이 성실히 조사하고 유감의 뜻을 표명한 것은 이번이 처음이었다. 9월 17일 UN군총사령관 리지웨이도 자진해서 김 · 팽에게 이번 책임을 인정하고 유감을 표하였다.

여기서 알 수 있듯이 상대방이 사건을 인정하거나 부인하는 것은 조사 결과 여하에 달린 것이 아니라, 인정하는 것이 유리하겠나 부인 하는 것이 유리하겠나에 달려 있었다. 인정할 필요가 없다고 생각하면 아무리 명백한 증거를 앞에 놓고도 잡아떼는 것이었다. 우리는 리지웨이 서신을 접수한 후 중 · 조 대표단이 일차 토론을 하였는데, 여러 가지 기미로 보아 상대방이 다시 회의장에 돌아올 것이라고 짐작하였다. 특히 미군은 하기공세에서 막대한 사상자를 냈으니 이제 회의장으로 돌아오는 길밖에 별 도리가 없었다.

이밖에 또 한 가지 징조는 9월 2일 리지웨이 총사령부가 이형근을 백선엽 대신 대표로 교대한 것이었다. 회담이 중단 상태에 있는데 회담을 계속할 의사가 없다면 새로 대표를 임명할 리가 없지 않겠는가. 이 기회를 놓치지 않기 위해 김일성 · 팽덕회는 9월 19일 리지웨이에게 서한을 보냈다. "귀측이 이미 최근 발생한 UN군 개성 중립지구 파괴사건에 대해 유감의 뜻을 표시하고 책임을 진다는 태도임에 비추어 위에 말한 미결사건으로 하여 계속 회담진행이 장애를 받지 않게 하기 위해 쌍방대표가 즉각 개성의 정전회담을 재개할 것을 제의한다."

김 · 팽이 리지웨이에게 서신을 발송한 다음날 트루먼은 미국이 전력을 다하여 조선충돌을 평화적으로 해결토록 노력하기 바란다고 언명하였다. 사물은 언제나 우여곡절이 있게 마련이다. 뜻밖에도 9월 23일 리지웨이는 서신을 통해 이제까지의 사건 책임을 여전히 회피하고 회담을 지연시킨 책임을 우리에게 전가하고 회담장소를 옮길 것을 제의하여 쌍방연락관이 9월 24일 판문점에서 만나 쌍방이 만족할 수 있는 재개 조건을 토론하자고 제의해 왔다. 이렇게 해서 또 한 차례 논쟁이 벌어졌다.

9월 24일 김·팽은 서한을 통해 리지웨이가 미측이 개성 중립지구 합의사항을 어긴 사실을 부인한데 대해 논박하고 "세상이 다 아는 바와 같이 귀측이 8월 22일 발생한 도발사건과 그 후 일련의 유사한 사건이 회담을 계속할 수 없게 만든 직접 원인이었고 그 책임은 당연히 귀측에 있다. 우리는 이미 우리 연락관에게 9월 24일 오전 10시 귀측 연락관과 만나 개성에서 재개된 회담 날짜와 시간을 상의하도록 명령하였다"고 통고하였다.

그날 쌍방 연락관은 판문점에서 만났다. 그 당시 판문점에는 길가에 초가집이 한 채 있었을 뿐이어서 연락관은 길가에서 만나 이야기 하는 수밖에 없었다. 우리측은 상대방에게 개성에 와서 회의를 재개할 것을 제의하고 지금 토론할 수 있는 것은 회담을 재개할 날짜와 기간뿐이라고 주장하였다. 상대방은 장소 변경 토론을 하자는 것이었다. 우리측은 쌍방대표가 참석한 회의에서만 개성 중립지구 변경 문제를 처리할 권리가 있다고 말하였다. 이 문제로 서로 팽팽히 맞서 9월 24일부터 27일까지 여러 번 만났으나 아무 합의를 보지 못하였다.

9월 27일 리지웨이는 재차 서신을 보내 장소 변경을 요구, 회담장은 어떤 한쪽이 단독으로 제압하고 있지 않은 지점으로 옮길 것을 제의하여 구체적으로 판문점 동쪽 송현리로 할 것을 제의하였다. 10월 3일 김·팽은 다시 리지웨이에게 보낸 편지를 통해 회담장소를 변경할 아무런 이유도 없다고 지적하고 즉각 개성에서 재개할 것을 거듭 주장하였다. 다음날 리지웨이는 회신에서 "귀측이 우리가 제의한 송현리를 거절하였으니 우리 대표단은 귀측이 선택하고 우리가 접수할 수 있는 쌍방전선 중앙지점 부근에서 회합할 것을 제의한다"고 알려 왔다.

정전회담이 재개되어야 하는 데도 재개되지 못하고 있는데 대해 세계 여론은 불만이 많았다. 영국의 『타임스』지도 38선을 군사분계선으로 하여 전쟁을 정지할 것을 주장하였다. 브레들리는 기자회견에서 "공산당이 정전회담 장소를 옮기는데 반대하고 있지만 정전타결의 희망이 없다고는 할 수 없다"는 견해를 표명하기에 이르렀다. 그러나 트루먼과 애치슨은 리지웨이를 설득하여 주장을 바꾸게 할 수가 없었다. 하는 수 없이 소련의 도움을 구하기로 하였다. 10월 5일 주소 미국대사 커크가 소련 외상 비신스키를 방문했다. 미국정부의 지시에 의해 조선정세와 소·미관계에 관하여 소련정부에 다음과 같은 미국 정부의 의사를 전하고 스탈린 원수의 주의를 환기하도록 요청한다고 말하였다.

"조선문제는 가장 심각하고 위험하니 즉각 해결해야 할 국제문제로 조선회담이 원만히 끝나도록 소련이 협조해주기 바란다. 만일 회담의 결말이 여의치 않으면 미·소관계에 좋지 않은 영향을 가져올지도 모른다. 미군사령부가 개성에서 정전회담을 계속하는 것을 반대하고 있는데 이것은 정치문제다. 공산집단이 국제문제를 해결하려는 의사를 표시하지 않고 소련은 여러 가지 국제문제에서 비협조적 태도를 견지하고 있으니 미국이나 기타 여러 나라가 몹시 불안해하고 있다."

소련 외상은 미국 대사를 앞에 놓고 앞뒤가 모순된 담화나 성명은 국제정세 완화에 해가 된다고 지적했다. 그렇지만 소련정부는 이 사항을 중국과 조선정부에 통보하겠다고 약속했다. 10일 후 소련정부는 조선정세와 미·소 관계에 관해 다음과 같은 성명을 제시하였다. "조선정전회담이 지연되고 있는 주요원인은 미군사령부가 조작해낸 각종 장애 때문이다. 정전회담에서 좋은 결과를 얻으려면 리지웨이에게 회담을 복잡하게 만들지 못하도록 하고 인위적 장애를 조작해내지 말도록 훈령을 내리는 길밖에 없다. 미국정부는 소련정부가 개성회담이 원만히 끝날 수 있도록 협조하라고 하지만 소련정부는 회담의 당사자가 아니다. 당사자인 미국이 필요한 조치를 취하여 순조로이 끝나도록 해야 할 것이다."

10월 7일 김·팽은 리지웨이의 4일자 서한에 대한 회신에서 "미측의 개성중립지구 합의사항 파괴사건은 회의장소를 옮기는 것으로 문제를 호도할 수 있는 것은 아니다. 당면한 문제는 즉각 정전회담을 재개하는 것이고 거기서 회담지구 중립화와 회의장 안전보장을 엄격히 규정하고 과거 상대방이 자행한 위반사건 같은 일이 재발하지 않도록 하여야 한다. 특히 쌍방이 합의사항에 책임을 지고 다시는 과거와 같이 우리측만 제약하고 상대방은 이 지구에 대해 책임을 지지 않고 마음대로 파괴하고는 엄연한 사실을 부인하는 것을 용인해서는 안 될 것이다. 이를 위해 정전회담 지구 중립화 범위를 확대하여 개성·문산을 포함하는 지구로 하고 회의장소를 판문점으로 옮겨 쌍방이 이 회의장 지점을 책임지고 경비하기로 하자"고 제의하였다. 이에 리지웨이는 10월 8일 판문점에 회의장을 설치하는데 동의하고 쌍방연락관이 10월 10일에 회합하여 회담재개 문제를 토론하자고 제의하였다.

(5) 판문점으로 옮긴 뒤에도 미군측의 불법도발은 계속

1951년 10월 10일 맑은 날씨에 산들 바람이 불고 있었다. 판문점 길 북쪽 벌판에 세워진 초록색 천막은 멀리서 바라보면 마치 홀로 서 있는 집 같았다. 쌍방연락관은 여기서 제1차 회의를 열었다. 이번 회의장의 분위기는 전보다 홀가분하기는 하였지만 어디까지나 전투현장에서의 회담이 되었다. 쌍방사령관의 서신 왕래를 거쳐 이미 회의장소 이전 문제는 원칙적으로 합의가 이루어졌으니 연락관 회의는 아무런 큰 문제가 있을 수 없는 일이었다. 그런데 회의가 열리자마자 쌍방은 또 여러 가지 문제에 봉착하였다. 그들은 새 회의장 주위에 조그마한 중립지구를 정하고 개성 · 문산에서 판문점으로 통행하는 도로가 공격받지 않게 하기를 원하였다. 개성 우리 대표단 숙소에 대한 공중위협은 그대로 남아있었다.

기왕에 발생한 사건의 교훈을 감안하여 우리는 개성 · 문산간의 중립지구 범위를 확대하고 회담이 방해받지 않는 상황에서 진행할 수 있도록 해야한다고 주장하였다. 연락관 회의는 지지 부진하고 끊임없는 방해가 들어왔다. 회의가 열린 이튿날 상대방 비행기가 날아와 회의장을 향해 시위를 벌였다. 10월 11일 회의를 하 고 있는데 판문점 상공에 비행기 소리가 요란하며 기관총소리가 들려와 모두 쳐다보았을 때 미군용기가 바로 회의장 상공을 선회하고 있었다.

10월 12일 오후 회의가 끝난 후 우리 연락관이 개성에 돌아와 기록을 정리하고 있을 때 갑자기 공습경보가 울려 모두 방공호에 들어가 피했는데 비행기는 몇번 선회하며 기총소사를 가해왔다. 조용해진 다음 들은 소식에 의하면 판문점 회의장 천막 부근에 기총소사를 가해 12살 난 아이가 맞아 피를 낭자하게 뿌리고 죽었다는 것이었다. 그날 밤 쌍방연락관은 현장 조사를 하였는데, 미측 연락관의 태도도 전보다 다소 나아졌다.

그들은 조사 결과를 상부에 보고 하겠다고 했다. 조사가 끝날 무렵 죽은 아이의 아버지가 언더우드를 붙잡고 "너희가 우리 애를 쏘아 죽였으니 내 아들을 내놔라" 하며 울부짖었다. 조선반도에서 전쟁이 계속되니 매일 매일 몇 명의 생명이 죽어가고, 얼마나 많은 가정에서 사랑하는 육친이 쓰러지는 돌이킬 수 없는 슬픔을 당하고 있는지 모를 일이었다.

다음날 우리 대표 해방이 죽은 아이집을 찾아가 그 부모를 위로하였다. 해방은 침통한 마음으로 아이 아버지에게 "전쟁은 수많은 사람에게 재난을 안겨주고 있습니다. 미 제국주의자들은 인간성을 완전히 상실하였고 제멋대로 정전회담을 파괴하다가 당신의 아들을 희생시켰습니다. 우리는 반드시 복수하고야 말 것이니 부디 몸조심 하십시오" 하고 위로했다. 죽은 아이 주위의 마을사람들은 조금 전까지 뛰어놀던 아이가 이제 말없이 누워있는 것을 보고 모두 눈물을 흘렸다.

10월 14일 회의는 오전 10시에 열렸으나 단 37분만에 끝났다. 우리는 그들의 기총사살 사건의 대답을 기다리며 상대방의 태도를 보기로 하고 잠자코 있었고, 상대방도 이렇다하는 말이 없어 회의는 빨리 끝나고 말았다. 저녁 6시 리지웨이가 김·팽에게 타전하여 12일 발생한 사건을 전적으로 인정하고 있을 뿐만 아니라 전문의 어조도 매우 공손하고 변명하는 말도 없었다. 책임을 지는 것은 물론, 신속히 적절한 기율제재를 취하기로 약속하고 공개적으로 성명을 발표하여 사과하였다.

10월 14일부터 연락관회의 진행이 빨라져 회의출석 소조인원은 눈코 뜰 사이 없이 분주하였다. 매일 오전 아침밥을 먹고 지시·청취·방안 연구 후 회의장에 달려가면 들어서기가 무섭게 한바탕 말싸움이 벌어지고, 회의가 끝나면 숙소에 돌아와서 보고를 해야 하고….

논쟁을 거듭한 다음 10월 18일 회의에서 상대방은 드디어 개성 중심점을 중심으로 3마일 반경의 원형을 그려 이 지대를 공격할 수 없는 구역으로 하자고 제의해 우리측이 받아들였다. 개성에서 판문점·문산으로 가는 통로 너비(폭)를 400야드로 고치자는 우리측 제의를 상대방이 동의하였다. 10월 21일에는 쌍방연락관이 토의한 몇개 협의사항이 모두 타결되고 10월 22일 상오 10시 가조인했다.

오래 얼굴을 안보이던 커니 대령도 나타나 장춘산과 같이 서명했다. 이날 쌍방에서 많은 신문기자가 천막에 몰려들었고 쌍방연락관 얼굴에도 한가닥 웃음이 떠돌았다. 커니는 또 천막 안에 마루를 깔고 석유난로를 설치해야겠다고 제안하여 우리측의 회담장 꾸미는 부담이 적어졌다. 또 회의장 주위에 풍선을 띄워 비행기가 잘못 들어가지 않도록 하자고 제의했는데 이런 이야기들은 모두 서로 상의하여 쉽게 결정되었다.

쌍방연락관은 거의 두 주일 가량의 시간을 소비하여 쌍방 대표단의 안전과 정전회담의 순조로운 진행을 보장하기 위해 「쌍방 대표단 재회사항에 관한 합의서」를 작성하였다. 그 주요 조문은 다음과 같다.

1. 판문점을 회담장소로 지정한다.
2. 회의장 구역은 회의장을 중심으로 하여 1000야드 반경원형 구역으로 한다.
3. 위에 규정한 회의장 구역에 대해서는 쌍방의 육·해·공군의 일체 정규·비정규부대의 병력을 포함한 무장병력이 여하한 적대행위도 하여서는 안된다.

4. 규정한 군사경찰을 제외한 쌍방무장 인원은 회의장 구역에 들어 올 수 없다. 회의장 구역
   내의 안전과 질서의 유지는 쌍방이 지정한 군관이 공동으로 책임진다. 대표단 인원이 회의
   장 구역에 있는 동안은 쌍방이 각기 파견한 2명의 군관과 15명의 사병으로 된 군사경찰대
   가 본항 임무집행에 협조한다. 대표단 인원이 회의장 구역 내에 있지 않을 때는 쌍방 군관
   1명, 사병 5명으로 된 군사경찰이 회의장 구역에 머문다. 군사경찰이 휴대하는 무기는 소
   형무기 즉 권총·보병총·카빈총에 한한다.
5. 쌍방 대표단과 그 구성인원은 자유로이 판문점 회의장 구역에 들어올 수 있고 또 그 구역
   내에서 자유로이 행동할 수 있다. 쌍방 대표단의 구성은 각기 수석대표가 이를 결정한다.
6. 회담과 회의장 구역에서 소요되는 물자설비와 통신행정 사무용품을 쌍방연락관이 협의하
   여 준비한다. 중·조대표단측은 쌍방대표단이 회의장소에서 소요되는 필요한 공용설비공
   급을 책임지고, 회의실 내부배치에 책임진다. 이 이외의 설비는 쌍방대표단이 각기 준비한
   다.
7. 개성 교통중심을 중심점으로 한 반경 3마일의 원형구역과 첨부한 지도에 표시한 점을 중
   심으로 한 반경 3마일 원형구역내의 UN군 대표단 거주지와 개성·판문점·문산 통로 양
   측 200m지구에 대해서는 쌍방의 일체 무장병력 즉 육·해·공군의 일체 정규 비정규부대
   나 무장병은 여하한 적대행위도 할 수 없다.
8. 쌍방대표단 재회 일자·시간은 쌍방연락관이 협의 결정한다.

  이상과 같이 합의하고 또 5조로 된 「쌍방연락관 공동 양해사항」에 대해 합의를 보았
다.
1. 합의조항 중 언급한 무장병력에는 쌍방제압하의 공개 또는 비밀리에 사주한 무장부대와
   무장인원을 포함한다. 쌍방이 조사하는 가운데 발견한 사실이 의심할 바 없이 일방 제압 하
   에 있든가 또는 일방의 공개 또는 비밀리에 사주한 자라는 것이 증명되었을 때는 그 책임을
   피하여서는 안된다.
2. 발생한 합의사항 위반사건의 조사는 과거 연락관의 관례에 의해 진행한다.
3. 쌍방연락관이 쌍방대표단의 회담재개에 관하여 합의한 사항은 장차 쌍방대표단이 전정전
   회담 기간 중 확정할 모든 합의사항 관계부분의 초안으로 삼는다.
4. 금후 회담기간을 통한 안전문제는 쌍방대표단 결의를 거쳐 일체 기왕의 안전에 관한 합의
   사항과 개성회의장 지구와 중립지구에 관한 합의사항은 새로운 합의사항으로 대체한다.
5. 기후 조건, 기술적 문제로 불가항력의 상황을 제외하고 쌍방 군용기는 판문점 회의장 상공
   을 지나 갈 수 없고 UN군용기는 개성지구 및 개성지구에서 판문점 회의장에 이르는 도로
   상공을 지나 갈 수 없고 조선인민군 및 중국인민지원군의 군용기는 문산지구 및 문산지구
   에서 판문점 회의장 구역에 이르는 통로구역 상공을 지나 갈 수 없다.

위의 1~5항의 규정으로 2개월여에 걸쳐 합의위반 사건을 저지르고 잡아떼는 미국측의 졸렬한 수단을 철저히 틀어막게 되었다. 이것은 우리측 연락관이 천신만고 끝에 얻어낸 승리라 할 수 있다. 이어 쌍방 수석대표는 위의 합의와 양해문건을 교환서명 하였다. 미측에 의해 파괴 중단된지 63일만에 정전회담은 드디어 10월 25일 판문점에서 다시 열렸다.

제5장
전쟁은 남북동포끼리를 증오스러운 적으로
미국을 생명·재산 보호의 구세주로 왜곡시켜

1. 전쟁을 통해 미국은 약소국 점령과 군사지휘권 점유를 정당화

1) 미국은 경제 불황 타개책으로 전쟁 추구한 혐의 드러내

(1) 「재식민지화」 위기 극복하려는 자주독립세력의 항전의지 촉발

　미국의 시사 월간 『라이프』의 1950년 8월호에서는, "우리는 우리의 역사에서 한국전쟁을 시작할 때처럼 치밀하게 준비한 예는 지금까지의 어느 전쟁에서도 찾아볼 수 없었다"고 보도했다.

　이는 전쟁에 개입하거나 침공 명분을 조작하기 위해 거의 예외 없이 전쟁 원인을 날조하거나, 의도적으로 정보를 은폐·왜곡하고 때로는 상대방의 도발을 유도하려고 갖은 음모와 공작을 꾸며온 미국의 오랜 전쟁사를 통해서도 쉽게 알 수 있다. 그 최근 사례가 바로 아프가니스탄과 이라크를 침공하려고 미국이 조작한 일련의 시나리오다.

　○ 1922년 영국은 이라크의 유전지대인 쿠웨이트를 독점하려고 이라크의 바스라주州에서 강제로 분리. 이라크·이란의 전쟁 도중 쿠웨이트의 석유 도굴로 모국 이라크와 시비가 붙었고, 쿠웨이트의 보호국이 된 미국이 이라크의 침공(1990. 8. 2.)을 빌미로 대반격, 나라를 아예 멸망시켰다.(1차 침공 1991.1.17., 2차 침공 2003. 3.20)

　이처럼 미국은 한국전쟁을 유발하고자 갖은 술수와 공작으로 기회를 노렸다. 이승만을 친일파와 결합시켜 단독정권을 수립시켰고 그의 호전성을 격려라도 하듯이, 1950년 초부터는 미국 고위 관료들이 이승만과 접촉하는 일도 빈번해졌다. 1950년 2월 중순 도쿄 사령부로 날아간 이승만이 맥아더와 수차례의 비밀 면담을 가진 것을 비롯해, 전쟁 직전에는 브래들리·콜린스 육군참모총장·셔먼 해군참모총장·반덴버그 공군참모총장 등이 한국을 방문하여 군사현황을 점검했다.

6월 25일 일주일 전에는 국무장관 고문 덜레스도 방한해 "남한은 외롭지 않다"는 아리송한 말을 남긴 뒤, 도쿄에서 기다리던 맥아더 사령관과 존슨 국방장관·브래들리 합참의장 등 미국 군부의 수뇌와 회담을 가졌다. 아울러 트루먼 대통령은 미 군사고문단장 로버츠의 말대로, 자신의 명령에 따라 한국군이 무력도발을 하여 인민군의 무력대응을 부추기고 있으면서도 "북한과 중공이 남한과 타이완을 공격한다 해도 미국이 개입하지는 않을 것"이라고 위장했다. 그리고 국무장관 애치슨도 "타이완과 남한은 미국의 군사 방어선에서 제외한다"며 국제사회의 관심을 따돌렸다.(황성환 『제국의 몰락과 후국의 미래』 소나무 2009)

그러나 무대 뒤에서는 주미 대사 장면을 불러 "조만간 한국에 중요한 역할을 맡길 것"임을 시사하며 "남한의 전투력을 향상시키기 위해 물자를 지원하겠다"고 은밀히 약속했다. 그러고는 남한의 방위와 군수물자 원조 등을 하는 「한미상호방위원조협정」(1950. 1. 26)을 체결했다. 또 애치슨은 "비록 방위선에서는 제외됐으나 우리의 조력으로 수립된 남한에 대한 원조를 포기하는 것은 패배주의의 소치"라면서 의회에 예산승인을 요청했다.

그 뒤 전쟁이 터지자 방어선에서 제외한다던 타이완에는 즉각 제7함대를 파견하고, 또한 한반도에는 전면적인 군사개입을 개시하며 미리 준비한 각본대로 유엔군도 끌어들였다. 즉 트루먼의 불개입 선언과 이를 재확인한 애치슨 라인은 한반도에서 전쟁을 유발하기 위한 미국의 속임수였고, 그가 말한 중요한 역할이란 바로 동족상잔同族相殘의 전쟁이었다.

○ 당시 유엔(5개 상임이사국)은, 2차 대전에서 승리한 연합국 중 소련만을 제외하고는 모두(미국·영국·프랑스·네덜란드 등) 자기들이 식민지를 그대로나 또는 자치연방 수준으로 유지시키려는, 제국주의 식민지 소유 강국들이 지배하고 있었다.

따라서 최대강국 미국은 식민지에서 독립된 나라나, 자치연방 정도로 해방된 나라의 국민들에게는 최대의 은혜를 베푼 존재로, 신생 독립국들의 경제지원·무기공여국으로 위력을 발휘하고 있었다. 그러므로 미국은 소련만 적절히 견제하여 따돌리면 영·프와 협력하고 종속국들을 앞세워 '유엔'의 이름으로 얼마든지 새로운 점령 전쟁을 일으킬 수 있는 위치에 있었다.

전쟁 음모를 꾸며 온 극소수의 미국 지도자들은 전쟁이 임박했다는 수많은 정보를 의도적으로 은폐하거나 왜곡했다. 마치 사전에 알아챈 진주만 공습이나 9·11 테러 정보를 묵살하거나 은폐한 상황과도 흡사했다. 실제로 1950년 초부터 맥아더 사령관의 정보 책임자 윌로비 소장을 통해 최상부에 보고된 「전쟁이 임박했다」는 정보는 400여 건이 넘고, 본국에서 운영하는 CIA·NSAC(안보국)·DIA(국방정보국)·FBI·G2 등 육·해·공군의 정보부대에서도 전쟁이 임박했다는 정보들을 확인했다.

미 육군 소장으로 퇴역한 정보장교 출신 싱글러브가 당시 상황을 증언한 적이 있는데, 서울의 CIA 요원들은 인민군의 부대 이동 등을 보고했고, 이는 CIA 국장 힐렌코터를 통해 백악관 등 워싱턴 수뇌부에 보고되었다고 한다. 아울러 맥아더 사령부에서도 캐논 첩보부대와 KLO 등을 통해 이러한 정보를 수집했으나, 맥아더를 포함한 미국의 수뇌부는 이를 쓰레기 정보라며 의도적으로 묵살하는 척 했다고 한다.(하리마오『38선도 한국전쟁도 미국의 작품이다』새로운 사람들 1998)

당시 미 의회도 한반도에 전쟁이 임박했다는 정보를 입수한 뒤 행정부의 고위 관계자들을 불러 청문했으나, 그들은 한결같이 근거 없는 낭설이라며 시치미를 뗐다. 전쟁이 발발하기 5일 전에 미 의회에 출석한 애치슨도 "한반도에서 전쟁이 일어날 가능성은 없다"고 답변했다.

그러나 막상 전쟁이 터지자 미국 수뇌부는 6월에 전쟁이 발발할 것이란 정보는 있었으나, 소련이 미국과의 대결을 원하지 않는 상황에서 인민군을 움직이지 않을 것이라 판단했다고 변명했다. 하지만 이러한 미국 수뇌부의 변명과는 달리, 미 행정부의 몇몇 수뇌는 전쟁이 발발한 직후 유엔에 보낼 문서까지 미리 작성해 놓았다. 즉 전쟁 임박 정보들이 북측의 남침을 전제로 한 것인지 아니면 남한의 북침을 전제로 한 것인지는 잘 알 수 없으나, 6월 25일 전후하여 전면전이 발발할 위험이 고조되고 있다는 사실은 미국 정부도 분명히 알고 있었다는 것이다.

이는 전쟁 발발 사흘 뒤인 6월 28일, 의회의 청문회에 나온 태프트 상원의원도 애치슨 라인 등 일련의 발언은 의도적으로 전쟁을 유발하기 위한 것이었다고 주장하고, 이는 1951년 6월 5일 미 상원 세출위원회에서 증언한 힐렌코터 CIA 국장과 유엔담당 국무 차관보 히커슨을 통해서도 확인되었다.(I.F. Stone, *The Hidden History of The Korean War*, Monthly Review Press, New York, 1952) 또 한국전쟁에 관한 많은 1차 자료를 가지고 전문적으로 연구해 온 재미 학자 방선주 교수 역시, 미국이 인지했다는 사실을 입증할 수 있는 KLO의 6월 21일부터 3일 동안의 보고서 15건은 여전히 미공개 상태라고 주장한다.

전쟁을 유발하기 위한 미국의 음모는 1949년 하반기에 비밀리에 수립된 R3 계획에 따라 구체화된 것으로 알려져 있다. 이 계획은 트루먼의 지시에 따라 맥아더가 작성했는데, 여기에는 전 관동군 사령관 기시히라 참모장도 참석했다. 그리고 이 계획은 트루먼과 애치슨·국무부 극동국장 버드워즈·웨드마이어 중장·해군 작전국장 핀벨트 제독이 참석한 자리에서 확정되었다고 한다.

그렇다면 미국은 왜 전쟁을 유발하는 공작을 벌였는가? 두말할 필요 없이 바로 미국의 이익을 위해서였다. 당시 미국은 2차대전 특수가 끝나 산업체의 가동률도 바닥을 헤매고 실업자가 급증하는 등 심각한 불황을 겪고 있었다. 특히 제국을 움직이는 원동력인 군산복합체의 가동률이 절반 수준으로 떨어짐에 따라, 고용불안 등 경제적인 문제뿐만 아니라 군수품 개발 등 화력 증강에도 상당한 어려움을 겪고 있었다.

○ **군산복합체 軍産複合体**

전쟁을 하려면 많은 최신식 무기가 대량으로 필요하고 병력은 필수적이다. 자연히 대기업체에 의한 인력과 자본이 총동원되어야 하니까, 실업자 문제 해결도 되고 국내 연관산업이 진작 되며, 전쟁으로 인한 취업과 각종 이득은 말할 것도 없다. 이른바 미국의 강경파 전쟁광들 Neocon(neo-conservative)이란 바로 「군과 재벌」을 동시에 맡아 흥성시켜, 전쟁에서 무한량의 자원과 영토·시장을 뺏기 위해 살인을 다반사로 하여온 자들이다. 일제의 조선 침략 시기, 미국의 베트남 전쟁시기, 조선(한국) 전쟁시기가 거의 비슷하게 군과 대기업이 함께 학살 무기 제조 산업을 부흥시켰다.

이런 상황에서 소련과의 대결을 선언한 트루먼 정부가 선택할 수 있는 유일한 카드가 바로 국지전局地戰이었다. 한국전쟁을 축복이라 표현한 미국 수뇌부의 말처럼, 한국전쟁은 2차 대전의 후유증으로 팽배해진 국민의 염전厭戰(전쟁을 싫어함)의식을 일거에 잠재우고, 1950년 봄 150만 명에 불과했던 병력도 2차 대전 종전 때처럼 약 1,000만 명(예비 병력을 포함) 수준으로 늘릴 수 있는 좋은 명분이 되었다.

아울러 1961년 아이젠하워 대통령이 퇴임 연설에서 "군산복합체가 미국의 정치와 경제는 물론 정신을 썩게 만든다"고 지적했듯이, 미국을 움직이는 한 축인 군산복합체를 위해서라도 전쟁이 절실히 필요했다. 더욱이 1948년에는 체코슬로바키아의 공산혁명이 성공하고, 베를린장벽이 설치되었으며, 1949년 여름에는 장제스 정부가 타이완으로 쫓겨나고, 소련도 3차례의 핵 실험을 통해 미국과 함께 핵무기 보유국이 된 상황이었다.

따라서 미국으로서는 그 어느 때보다 힘의 우위를 과시하기 위한 군비 증강이 필요했고, 이에 대한 국민의 동의를 얻으려면 새로운 전쟁을 유발할 필요가 있었다. 이는 소련에 대한 군사적 압박과 패권 확립을 위한 군비 증강의 필요성 등을 논의한 1950년 1월 31일의 제68차 국가안보회의 안건이 말해준다.

새로운 전쟁 덕에 트루먼은 미국의 군사예산(1949.10.1.~1950.9.30)을 지난 해의 두 배가 넘는 500억 달러로 늘려 불황에 빠져있던 군산복합체들을 살리고 또 중공군의 개입을 빌미로 1950년 12월 19일에는 비상사태까지 선포하며 지상군의 규모도 150만에서 350만으로 증원했다. 한반도에서 전쟁이 발발했다는 보고를 접한 애치슨은 "한국이 우리를 구했다"라며 반겼으며 1952년 1월 밴플리트 장군도 필리핀 사절단을 접견한 자리에서 "한국전쟁은 축복이다"라고 말했다.

또 태평양 방면 총사령관 자리에 앉아 남북 분단과 이승만 정부의 수립에 중요한 역할을 한 정치군인 맥아더의 야심도 한국전쟁의 유발과 무관치 않았다. 이는 전쟁 직전까지 남한을 포기하겠다던 자신의 언동과는 달리, 전쟁이 발발하자마자 본국의 승인도 없이 장비와 병력을 보내고 38선 이북을 폭격하는가 하면, 민간인을 대상으로 인종청소까지 자행한 그의 만행이 말해주었다.

전쟁 기간에 맥아더 사령관은 공군에게 "모든 것을 파괴하라! 네이팜탄을 사용해 도시와 농촌을 불문하고 모든 구조물을 싹 쓸어버려라"고 명령했다. 이에 따라 미 제5전투비행단(단장 팀버레이크 장군)은 피난민들의 머리 위에 클러스트 폭탄 등을 퍼붓고, 미 25사단 윌리엄 킨 소장은 한반도 대부분이 전투 지역으로 변한 상황에서 "전투 지역의 민간인은 모두 적으로 간주한다"는 명령을 내려 민간인들을 무차별 학살했다. 이에 대해 미국의 전 공군참모총장 르메이 장군은 군인과 민간인, 남과 북을 가리지 말고 싹 쓸어버린 일은 참으로 끔찍한 짓이었다고 술회한 바 있다.

이러한 것들은 미국이 "한반도의 자유와 평화를 지키기 위해 참전한 것이 아니라 미국과 미국이 지배하는 전 영역의 이익을 위해 (남을 죽이고 나를 잘 살게 하려고) 참전했다"는 사실을 보여주는 명백한 증거다. 이와 관련하여 국무장관을 지낸 딘 러스크도 "일본열도를 지키기 위한 참전이었다"고 말한 바 있다.

◎ 패전한 일본도 경제부흥과 함께 사실상 재무장 시작

미국은 세계대전의 축소판과도 같았던 한국전쟁을 유발하기 위해 국제협상마저 무시한 채 일본의 재무장을 서둘렀다. 1949년 초부터 한국전쟁 발발 때까지 일본에서 벌어진 일련의 사태 역시 한국전쟁의 기원을 설명하는 중요한 단서가 된다. 1949년 맥아더

사령관은 신년사에서 "일본의 평화헌법이 자기방어권까지 배제한 것은 아니다"라며 일본 군대의 재무장을 시사했다. 이는 포츠담선언에서 일본의 무장해제를 규정한 제9항과 군수산업을 금지한 제11항 등을 정면으로 위반하는 것이었다. 이러한 미국의 정책에 따라 1949년 4월 일본 의회는 미군에 의해 폐쇄된 군수품 생산공장을 가동시키려고 예산을 편성하여 무기의 제조와 수리를 시작했다.

그해 7월, 맥아더 사령부는 본격적으로 전쟁을 준비하기 위해 미 의회에서 5,800만 달러의 예산을 승인받아 오키나와 미 공군기지를 확장하는 공사도 시작했다. 그리고 9월 맥아더의 명령을 받은 일본 정부는 조선민주청년동맹 등 조선인 단체를 해산하고 그 지도부 요원들을 강제 추방하며, 이들의 재산도 몰수했다. 아울러 1950년 6월 1일부터는 도쿄 시내에 계엄령을 선포하고, 집회 및 시위도 금지했다.

그 뒤 전쟁이 발발하자 미국은 기뢰를 제거하는 임무를 수행할 소속 일본군 1,000여 명을 전장에 투입하고, 일본의 소해정 25척도 파견하며, 유엔군 막사의 건설 등에도 일본인 노무자를 부렸다. 이렇듯 엄밀히 말해 미국 쪽 참가국은 한국을 포함 18개국이었던 셈이다. 이에 대해 소련과 북조선은 일본의 참전 증거를 제시하며 미국에 공식 항의했으나, 오히려 미국은 전쟁이 장기간 지속될 경우 일본의 지상군도 한국전에 파견키로 방침을 세웠다.

2차 대전으로 잿더미가 된 일본이 그토록 짧은 시간에 경제를 발전시킬 수 있었던 것은 두말할 나위 없이 한국전쟁 덕분이었다. 500만 명에 달하는 우리 동포를 살상하고, 한반도를 초토화시킨 네이팜탄 등 대부분의 무기와 군사장비를 미군의 병참기지였던 일본에서 생산하거나 수리했기 때문이다.

(2) 미국의 일방적 주장에만 휘둘린 유엔, 상대방 의견 철저 무시

38선 전역에서 전면전이 발생했다는 무초 대사의 전문이 워싱턴에 도착한 때는 전투 개시 6시간 뒤인 6월 24일 자정(한국 시각 6월 25일 10시) 무렵이었다. 도쿄를 경유하여 워싱턴에 보고된 전문을 접한 애치슨 국무장관은 주말 휴가를 즐기던 트루먼을 대신해 비상회의를 소집했는데, 이 자리에서 미리 준비된 로드맵road map(도로 안내도·일정표·계획된 일정)에 따라 유엔 안보리 소집 요청건도 결정되었다.(1951년 6월 5일 상원 청문회에서 히커슨이 시인했다.)

이어서 새벽 3시에 리 유엔 사무총장에게 전화를 건 그로스 유엔 주재 미국 부대표는,

무초에게서 받은 공식 전문이 아닌 평문으로 작성된 「인민군의 기습 남침」 보고서를 읽어주면서 안보리 소집을 요청했다.(이 점은 맥아더에게 첫 보고된 내용이 '북침'이라고 주장한 존 갠서의 증언과 함께 무초의 첫 보고내용도 북침으로 표기됐을 가능성을 증폭시킨다. 아무튼 첫 전문은 은닉 또는 폐기된 것으로 알려졌다.)

기습이란 예상치 못했다는 뜻인데, 이는 당시 애치슨 국무장관과 힐렌코터 CIA 국장·히커슨 유엔담당 차관보 등이 이구동성으로 사전에 정보를 알고 있었다는 사실을 시인한 점과는 모순된 보고였다. 뒤이어 전송된 유엔 한국위원단의 첫 공식보고를 살펴본 리 사무총장도 그로스 부대표에게 새벽에 설명을 들은 '인민군의 기습 남침'이라는 사실을 확인할 수 없었다. 전문에서는 "전쟁 규모의 전투가 벌어지고 있으나, 남북 각기 서로 먼저 공격했다고 주장하여 어느 쪽이 침략자인지는 확인할 수 없다"고 했기 때문이다.

그럼에도 불구하고 미국은 전문의 내용 가운데 "현재 인민군이 공세를 취하고 있으며, 한국군은 수세를 취하고 있다"는 당시의 전황만을 증거로 들며 북측을 침략자로 규정하고 북측에 대해서만 적대행위를 중지하도록 유엔에 요청했다. 그러나 리 총장은 이러한 미국의 일방적 주장을 시급히 통과시키려고 이해당사국인 남한과 북조선이 의견을 진술할 기회조차 봉쇄했다. 즉 유엔헌장 제32조에 명기된 「안전보장이사회의 이사국이 아닌 국제연합 회원국 또는 국제연합 회원국이 아닌 어떠한 국가도 안전보장이사회에서 심의하고 있는 분쟁의 당사자인 경우에는 이 분쟁에 관한 토의에 투표권 없이 참가하도록 초청한다」는 규정을 위반한 것이다.

만약 미국과 남한의 주장대로 북측의 선제공격이 확실하다면 굳이 이처럼 헌장을 위반하여 의혹을 불러일으킬 필요가 없었을 것이며, 오히려 북조선 당국자를 유엔에 불러와 국제적으로 비난을 퍼붓는 편이 그동안 미국이 선전해온 공산주의자의 '팽창 음모'를 폭로하는데 더 효과적이었을 것이다. 또한 유엔 한국임시위원단의 보고서는 "한반도의 상황은 점차 전면전 양상을 띠고 있으나, 이는 어디까지나 내전이므로 유엔의 개입은 중재에 한정되어야 한다"고 되어 있었다.(조지 캐넌도 그의 회고록에서 "이는 내전이며, 국제적 분쟁에서 말하는 침략은 아니다"라고 밝힌 바 있다.)

특히 임시위원단은 "북조선의 공격은 도발을 받지 않은 것이 아니다"라며, 6월 25일의 새벽 전투 역시 선행된 남쪽의 무력도발에 대한 북쪽의 반격임을 시사했다. 이에 대해 안보리 이사국들이 본국과 협의해야 한다며 미국의 강권에 대해 한 발씩 물러서려 하자 미국의 시녀 노릇을 하던 리 사무총장은 미국과 함께 이들을 강권하여 북조선을 침략자로 몰았다.

그렇다고 유엔이 처음부터 미국에게 백지수표를 넘겨준 것은 아니었다. 1950년 6월

25일과 6월 27일의 유엔 안보리 권고사항은 전투를 중단하고 38선을 회복하라는 것이었지, 결코 미 공군의 북폭을 승낙하지는 않았다. 특히 소련과의 정면 대결을 우려한 조지 캐넌과 폴 니체 등 미 국무부의 신중론자들조차 유엔의 권고를 준수하기 위해서라도 38선 이북에 미군(유엔군)을 보내는 것은 엄격히 제한해야 한다고 주장했다.

CIA 역시 대북 확전의 위험성을 경고했는데, 만약 미국이 한반도 최북단을 공격하면 중공의 참전은 불을 보듯 뻔하고, 북부 전역을 점령하더라도 남한과 마주한 소련이나 중공과 계속 무력충돌 할 것인데, 이는 38선 구획보다 더 큰 화근이 될 것이라고 지적했다.(제임스 메트레이 저, 구대열 역 『한반도의 분단과 미국』 을유문화사 1989)

그러나 이러한 확전 반대 의견은 애치슨과 트루먼에 의해 묵살되었다. 미국 정부는 안전보장회의(NSC 81·1, 1950.9.11)을 통해 인민군의 38선 이북 철퇴를 주장한 종래의 태도에서 아예 북침으로 정책을 선회했다. 이에 관해 미군의 파병을 결정한 시기인 1950년 7월 1일, 딘 러스크 국무차관보는 국무부에 제출한 보고서에서 "미·소의 38선 휴전 논의는 바람직하지 않으며, 시베리아와 만주 인근까지 정벌한 뒤에 유엔을 통해 총선을 실시해야 한다"고 주장했다. 아울러 전쟁 일주일 전 남한 국회에서 아리송한 연설을 한, 존 포스터 덜레스 등도 "공산주의자들의 팽창 음모를 응징하려면 전쟁을 확대하지 않을 수 없다"고 거들었다. 반면 유엔 한국임시위원단은 1950년 10월 13일 한국의 통치권을 38선 이남으로 한정하고 유엔도 한국군을 제외한 유엔군은 중국과 소련의 국경에서 150마일 이내에는 접근하지 말라고 권고했다. 그럼에도 불구하고 미국은 유엔 헌장 제2조 7항에 "이 헌장의 어떠한 규정도 본질상 어떤 국가의 국내 관할권 안에 있는 사항에 간섭할 권한을 국제연합에 부여하지 아니하며, 또는 그러한 사항을 이 헌장에 의한 해결에 맡기도록 회원국에 요구하지 아니한다"라고 천명한 「국내분쟁 불간섭원칙」을 위반하면서 불법·부당한 침략행위를 계속했다. 참으로 자기네 국익만 따지는 이현령비현령耳懸鈴鼻懸鈴식 이기주의적 해석이었으며 유엔의 침략 도구화였다.

이는 남북 분쟁을 「국가 사이의 침략전쟁이 아닌 내전 성격의 평화위반행위」로 규정한 자신들이 스스로 평화를 파괴했다는 증거였다.

이처럼 미국은 유엔 안전보장이사회가 평화적으로 분쟁을 해결할 수 있도록 당사자에게 우선적으로 교섭·심사·중개·조정·중재재판·사법적 해결·지역적 기관 또는 지역적 약정의 이용 또는 당사자가 선택하는 다른 평화적 수단 강구하도록 명기한 유엔헌장 33조 등 헌장 제3장의 취지를 정면으로 유린했다. 또한 유엔을 하수인이나 허수아비로 만든 미국은 1950년 7월 7일 맥아더를 유엔군 사령관에 임명하여 그에게 백지수표나 다름없는 전쟁 지휘 권한을 부여했다.

(3) 미군의 38선 북침은 예상대로 중국인민지원군 참전 초래

중국인민지원군은 1950년 10월 하순부터 개입했다. 당시 중공은 안으로는 오랜 국공 내전으로 피폐해진 국가 경제를 재건하고 밖으로는 유엔 상임이사국에 진출하려고 전쟁 개입을 꺼리는 상황이었다. 이는 미군의 군사개입 직후 김일성이 중공군에게 한 지원요청을 외면해온 사실에서도 확인되었다. (당시 미군 개입 직후 즉시 중공 의용군이 투입되었더라면 조선반도 전체를 일찍이 해방시켰을 것이라고 불만을 토로한 김일성의 일화로도 알 수 있다.) 또 중공은 유엔 사무총장에게 보낸 전문(1950. 8.20)을 통해 "한반도 문제의 해결에 관심을 갖고 있다"면서 휴전을 중재하겠다는 의사도 밝혔다.

그러나 미국은 "남한에서의 군사작전 목적은 인민군의 무력공격을 물리치고 국제 평화와 안전의 회복"에 있다고 한 유엔 결의(1950.7.17)마저도 무시하고 38선 이북은 물론 중국과 소련의 국경까지 침범하며 폭격을 가했다. 이렇게 미군이 조·중의 국경 지대인 요동까지 폭격하자, 중공 정부수립 1주년 기념식(1950.10.1) 연설에 나온 저우언라이 수상은 "미국의 침략 행위를 더 이상 묵과할 수 없다"며 최종 경고를 보냈다.

뒤이어 10월 3일에는 "남한 국방군 단독으로 38선을 넘는 것은 이의하지 않겠으나, 유엔군이 38선을 넘는다면 중공군을 파병하겠다"는 통첩도 워싱턴에 전달했다. 즉 「남·북 사이의 통일 내전」에는 개입하지 않겠으나, 미군(유엔군)이 한반도를 침공하여 자국의 국경까지 유린한다면 참전하겠다는 것이었다. 다른 한편 소련과 오스트리아 등 5개국도 정전결의안을 제출하고(1950. 10. 2), 중공 정부 역시 북경 주재 인도대사 파니카를 통해 정전중재 의사를 밝혔다.

미국은 이러한 중공의 중재제의와 경고를 통해 중공군이 개입할 수 있음을 인지했지만, 이에 개의치 않고 10월 9일에는 유엔의 승인도 없이 38선을 넘어 북침을 단행했다. 아울러 1950년 10월 초에 발생한 미군 폭격기의 러시아 비행장 폭격에 대해 소련의 항의를 받은 미국은, 유엔을 통해서만 사과와 배상을 하겠다며 자신의 침략행위를 유엔에 떠넘겼다.

그 뒤 약 26만 명의 중공 의용군이 침전하자, 미국은 1950년 11월 말에 열린 유엔 안보리에서 중공을 침략자라고 성토하며 유엔 차원의 제재방안을 강구했다. 이때에도 "이해당사국에게 발언 기회를 주어야 한다"는 소련의 주장은 미국에 의해 원천봉쇄되었다.

이후 중공군의 참전으로 점차 열세에 몰리게 된 미국의 선택은 38선을 기준으로 정전협상에 응하느냐, 아니면 일단 후퇴하더라도 전쟁을 계속하느냐는 것이었다. 결국 트루먼 행정부는 추가 국방예산 168억 달러와 원자탄 관련 예산 10억 5,000만 달러를 의회에 요청하고 병력도 증강함으로써 전쟁을 계속하기로 한다. 그리고 중공 공군을 괴멸시키기 위해 비행장 파괴 등 중국 본토를 전면 공격하기 위해 장제스 군대의 투입 방안도 고려하고, 또 북조선과 중공에 원폭을 투하하는 것도 심도 있게 논의되었다.

그러나 미국을 앞세워 본토를 탈환하려는 장제스의 야심에서 나온 국부군 투입과 중공 본토 공격은 3차 세계대전을 초래할 수 있다는 내부의 논란을 불러일으켰고, 핵무기 사용 역시 유럽 국가들의 반대에 부닥쳤다. 1950년 12월 4일, 워싱턴을 방문한 영국 수상 애틀리는 미국의 핵무기 사용으로 초래될 유럽 국가들의 반미 감정을 거론하며, 극동 지역의 확전으로 야기될 유럽 지역의 안보 불안을 지적했다. 또 미국의 원폭 사용은 오히려 소련을 돕는 결과가 될 것이라면서 이에 대한 반대의사를 분명히 밝혔다.

한편 1950년 12월 하순, 후퇴를 거듭하던 미군은 유엔을 통해 중공군에게 이남을 침범하지 말도록 촉구했다. 이에 대해 저우언라이 수상은, 미국의 38선 이남 침범금지 주장은 정전을 위한 것이 아니라 거듭된 후퇴로 인해 지리멸렬해진 유엔군과 한국군의 전열을 가다듬기 위한 시간 벌기 술책이라며 38선을 넘었다. 결국 미군의 38선 북침이 중공군의 38선 남침을 자초했던 것이다.

인민군과 중공군의 반격에 밀려 서울을 포기하고 남하하던 미군은 최후의 보루로 제주도까지 후퇴한다는 계획까지 검토했다. 이를 계기로 미국은 북조선을 포함해 중국 본토에 27개의 원자탄을 투하하자는 맥아더의 제안을 심각히 고려하기 시작했고 여의치 않을 경우에는 원폭 대신 방사능 폐기물을 투하하여 이 지역을 불모지로 만드는 것까지 검토했다. 아울러 제3차세계대전의 신호탄이 될 수 있는 블라디보스토크 등 소련의 극동 도시를 공습할 계획도 고려했다.

1951년 3월 종순 이후 확전을 피하려는 중공군이 수세로 전환하고 미군은 공세를 강화한 덕분에 수도 서울도 수복했다. 이어서 4월 초순, 미국은 오키나와 기지에 원자탄까지 옮겨놓았다. 실제로 원폭을 사용하려던 것인지 아니면 위협용이었는지는 확인할 수 없으나, 당시 핵전쟁 위기는 1962년 쿠바에 소련 미사일을 옮겨 야기된 위기보다도 더 높았다는 것이 해외 전문가들의 분석이다.

(4) 이승만의 휴전 반대 · 전쟁 계속 주장과 미국의 불법 폭격

1951년 7월부터 정전회담이 시작되었다. 그러나 이승만은 수백만 동포의 참혹한 죽음을 목도하면서도 휴전협상을 거부하고 협정이 타결될 무렵에는 빈공포로를 임의로 석방여 휴전회담에 재를 뿌렸다.(당시 미국 정부는 이승만을 해외로 추방하는 방안도 검토했으나, 그를 대신할 충복을 찾을 수 없어 실현되지 않았다.)

3차 대전이 일어나 삼천리 강산이 초토화되고, 3,000만 동포가 멸족되더라도 그에게는 별 문제가 아니었다. 임정 시절부터 그가 열망했듯이 반쪽이 아닌 한반도 전체를 미국의 속국으로 만들면(미국 대통령에게 호소한 그의 「청원서」가 증거물) 자신의 권력도 그만큼 커질 것이기 때문이었다. 또 자나 깨나 고대하던 전쟁이 발발하자 저 혼자 살려고 도망치기에 정신없었던 당시처럼, 만약 전세가 불리해지면 저 혼자 미국으로 도망치면 되겠기 때문으로 보였다.

미국 역시 휴전협정을 지연시키기는 마찬가지였다. 개전 두 달 만에 나온 중공의 휴전 중재 제의를 거부한 미국은, 휴전회담이 본격화된 뒤에도 국제법과 관례를 무시하며 전쟁포로 가운데 본국으로 송환되길 거부하는 자는 자유롭게 송환국을 선택하도록 하자는 이른바 「포로의 자유 송환」을 들고 나왔다.

겉으로는 공산주의를 버리고 자본주의를 택한 포로의 의사를 존중해야 한다고 선전했으나, 실상은 회유와 고문을 통해 본국 송환을 거부하도록 압박하고 불응하는 자는 잔혹한 생체실험까지 가했다. 이는 거제도 포로수용소 소장 돗드를 납치한 인민군 포로들의 요구사항과 후술한 자료를 통해서도 알 수 있었다.

개성에서 첫 회담을 시작한 이후에도 미국 공군과 해군이 악착같은 폭격으로 무수한 생명들이 죽어갔으나, 자유와 평화·인권 등 인류 보편의 가치를 특허품처럼 이용해온 미국과 이승만 정부는 25개월 동안이나 휴전협정을 지연시켰다.

그러다 드디어 1953년 7월 27일, 김일성 조선민주주의인민공화국 총사령관과 클라크 유엔군 총사령관·펑더화이 중공 인민지원군 사령관이 휴전협정에 서명함으로써 37개월에 걸친 아비규환은 멈추었다. 정전 협정과 동시에 중공군은 북조선에서 완전히 철수했다. 그러나 애매모호한 관계의 유엔군 완장을 찬 미군은 여전히 남한의 군사권을 행사하고 있는 것이 2018년 현재까지의 현실이다.

미국이 유발하고 미국이 주도하고 미국이 수습한 한국전쟁에서 사망·실종된 미군은 약 6만 2,000명(통계상 6만 2,423명)이고 부상자도 약 16만6,000명에 달한다. 아울러 미국의 요청으로 참전한 15개국 유엔군 장병은 물론이고, 일본인 참전자도 약 1만 8,000명이 사망·실종되거나 부상을 당했다.(American Battlefield Monuments Commission Web Site) 또한 중공의 인민의용군(지원군)도 약 14만 명이 사망하거나 실종되는 등 총 사상자가 약 37만 8,000명에 달하는 엄청난 피해를 입었다.

그러나 그 어느 나라보다 큰 희생을 겪은 쪽은 바로 반만년 긴 세월 동안 삼천리금수강산에 터를 잡고 살아온 우리 겨레다. 남북을 합쳐 약 300만 명 이상이 죽거나 실종되고, 200만 명 이상 부상을 당하고, 1,000만명이 넘는 부모 형제자매가 생이별하여 60년을 넘기면서 원한의 피눈물을 흘리며 죽어갔다.

그 가운데 통계에 나타난 한국군 및 경찰 등 전투원의 사망·실종자는 약 27만 1,300명에 달하며, 부상자도 71만 7,100명에 달한다. 그리고 인민군 등 북측 전투원의 사상자는 남한보다 더 많은 것으로 알려져 있다. 특히 사상자의 3분의 2 이상은 미군과 그 병기들의 무차별적인 인종청소로 희생된 북부의 주민이라는 점이다.

유엔군 모자를 쓴 미군은 사람이 사는 곳이면 도시와 농촌을 가리지 않고 무차별 공습을 가했는데, 이에 소모된 폭탄의 양은 약 100만 톤이고, 세균탄에다 780만 갤런의 네이팜탄(눈 위에서도 불타는 화염폭탄)도 투하했다. 그들에게 우리 민족은 점령군 사령관 하지 중장 말처럼 "고양이 종자"였고, 로버츠 고문단장의 말처럼 "집을 지키는 개"였으며, 위컴 사령관의 말대로 "패거리나 짓고 줄이나 서는 들쥐 종자"였지 고귀한 인격체는 아니었기 때문이다.

◎ 강대국 점령 강압과 고통 겪었으니 남북동포 평화공존의 지혜도 터득할 때

유럽의 제국주의세력 및 일본·미국의 식민지 쟁탈과정은 다음과 같이 거의가 비슷했다.

「상품이나 종교로 접근 → 무력으로 연안 항구나 일부 지역을 점령 → 현지 주민의 반항·습격 유발 → "자기들의 평화적 접근 노력을 파괴, 전쟁을 도발했다"는 구실의 증거를 잡고 → 당당히 강력한 군사력으로 무자비하게 수도를 강점 → 간접 통치(실제로는 군사·정보·사법 직접 통제) 현지 지배세력 활용, 아부세력 확장 → 청년들을 군사훈련·교육시키면서 저항자를 '악마'로 비방하고, 아부·협력세력을 우방·우군·하나님 형제로 대우, 동포끼리 서로 증오·분열·적대시敵對視 하도록 충동, 결국 지배 종주국의 적을 식민지·종속 우방 민중의 적으로 볼 때까지 교육·훈련 → 이들 동맹군을 앞세워 동족 혹은 이웃나라를 침공, 또다른 식민지·종속국 개척, 대제국 건설의 꿈을 실현, 경제·군사 통치 영구화.

미국의 약소군 지배 전략 역시, 현지주민들이 미국과 같은 극단적(자유방임적) 자본주의 수탈체제(수탈로 인한 재부의 편재 현상을 '양극화'가 심하다고 표현)에 길들여질 때까지 이들을 통제할 수 있는, 자기 동포에게 무자비한 독재자를 양성·비호하는 일이었다. 38선 분단과 남한 단독정권을 수립하는 과정에서 이승만과 같은 숭미崇美 일편단심의 반공독재자를 내세운 것도 바로 이 때문이었다.

2차세계대전에서 승리한 미국은 식민지 상태의 한반도를 큰 저항도 받지 않고 분단시켜 점령했고, 제국주의의 속성상 부유한 계층을 통치의 동반자로 삼아 근로민중을 지배하려다 보니 자연히 부유한 친일파 집단을 가까이 하고 민중을 수탈의 대상으로 멀리 하면서 민족동포의 통일된 자주독립국 건설을 방해하는 악연을 맺게 되었던 것이다.

2) 한국〔조선〕전쟁에서 미군이 저지른 살인만행의 흔적들

(1) 영동군 노근리에서 현지 주민을 학살한 사건

① 인민군과의 몇차례 전투에서 패퇴하자 주민에 대한 적개심 발동

APAssociated Press통신은 1999년 9월 30일 「노근리의 다리」라는 제목으로 한국전쟁 당시(1950년 여름) 미군이 자행한 충격적인 양민학살massacre 내용을 보도하였다. 이 보도에 따르면 한국전쟁 당시 미군이 충북 영동군에서 피란길에 오른 양민 수백 명을 비행기 기총소사 등으로 살해하였다는 것이며, 이는 최근에 비밀이 해제된 미국 공군보고서와 미 제1기갑사단, 미 제25사단 사령부의 명령서 등 미군 공식문건과 참전 미군의 증언 등으로 사실로 확인되었다고 하였다. AP통신이 보도하고 있는 내용의 요지를 추려보면 다음과 같다.

"1950년 7월 26일, 미군이 충북 영동군 황간면 노근리 경부선 철로 위에서 피란 중이던 영동읍 주곡~임계리 주민들을 전투기에서 총을 쏴 사살하였다. 피란민들이 철로 밑으로 피신하자 제1기갑사단 7연대 장병들이 뒤쫓아가 계속 사살하였다. 당시 희생된 사람들은 대부분 노인·부녀자·어린이들이었다.… 미군들은 피란민을 적으로 다루라고 하는 명령을 받았다. …"

당시 상황을 현장에 있었던 생존자의 증언과 AP통신의 보도를 근거로 알아본다. 1950년 7월 23일, 미군 2명이 한국인 경찰 한 명을 대동하여 충북 영동군 주곡리 마을로 들어왔다. 이때 맨 처음 한국에 파병된 미 제24사단은 대전전투에서 인민군 2개 사단에 패배하여 병력의 3분의 1을 잃고 후방으로 도망하는 중이었다. 주곡리 주민들은 이웃마을 임계리로 대피하여 움막생활을 하고 있었다.

이틀 후인 7월 25일 해질 무렵, 수십 명의 미군들이 마을에 들이 닥쳤다. 일본인 통역을 통하여 "인민군이 바로 앞에 있다. 남쪽으로 피란을 시켜줄테니 모두 모여라"고 전하였다. 이 말에 따라서 주민들은 마을 어귀에 모였고 주곡리와 임계리 주민들은 약 700명이 되었다. 주민들은 주곡리를 거쳐 신작로를 따라 황간 방향으로 향하였다. 약 1.5 킬로미터를 걸었을 때 '하가리' 마을로 접어든 신작로에 전조등을 켠 군용트럭들이 있었다.

순간 미군들은 주민들을 신작로 아래로 내몰았다. 봇짐을 싣고 가던 소달구지도 밀어뜨렸다. 미군은 "오늘은 여기서 지낸다. 엎드린 채 고개를 숙여라. 일어나거나 돌아다녀서는 안 된다"라고 명령하였다. 이때 겁에 질려 도망가려던 주민 9명이 미군에 의하여 사살되었다.(노병천『이것이 한국전쟁이다』21세기 군사연구소 2000)

7월 26일 새벽, 미군이 갑자기 주변에서 사라졌다. 점심 무렵, 황간면 노근리 앞 신작로에 미군이 다시 나타났다. 당시 퇴각하는 미 제24사단을 대신하여 미 제1기갑사단 제7연대가 이 지역을 인계 받았다. 미군은 길을 가로막고 주민들을 다시 철로 위로 올라가게 하였다. 당시 상공에는 정찰기 한 대가 맴돌고 있었다. 한 시간 뒤, 무스탕 전투기 2~3대가 나타났다. 순간 폭음과 함께 요란한 기총소사가 시작되었다.

당시 10살 나이로 이 장면을 목격한 양해찬씨는 "미군의 한 병사가 무전기로 통화하는 장면을 봤다. 전투기를 부르기 위해서였을 것"이라고 주장하였다. 그러나 당시 현장에 있었던 미군병사는 "전투기들이 수마일 떨어진 인민군 포대를 공습할 계획이었으나 오인하여 기총소사를 한 것"이라고 주장하였다.

그러나 AP통신이 획득한 미 공군 기밀해제보고서에 따르면 조종사들은 위장한 인민군이 피란민 대열에 있는 것으로 의심하여 가끔 민간인들을 고의로 공격하였던 것으로 드러났다. 그후에도 이와 같은 미 공군기의 잘못된 사격으로 인하여 국군은 수 차례 미군에게 항의한 바가 있었다.

참전군인인 텔로 프린트는 당시 자신과 다른 병사들도 미군의 기총사격을 받게 되어 피난민과 함께 배수로로 몸을 숨겼다고 전하고 "누군가 아마도 미군병사들이 우리들을 향하여 총을 쏘았다"고 말하였다. 다시 말하여 이때도 미군이 피난민을 향하여 발포를 하였다는 것이다.

전투기가 사라진 뒤에도 한동안 치솟는 연기와 뿌연 모래로 주위가 보이지 않았다. 이번에는 양쪽 산기슭에 매복한 미군들이 주민들을 향하여 총을 쏘았다. 미군은 흩어진 생존 주민들을 쌍굴다리 속으로 몰아넣었다. 미군은 사흘동안 쌍굴다리 밖으로 주민들이 나오지 못하도록 감시하였고 다리 양쪽에 설치된 기관총으로 주민들을 무수히 죽였다. 이때 장정들 40여 명이 용케도 야음을 틈타 탈출에 성공하였다. 7월 29일이 되자 미군은 보이지 않았고 지옥 같은 곳에서 구사일생으로 생존한 주민들은 자신의 집으로 돌아갔다.

○ 필자(노병천) 주 : 미군 항공기에 의한 오인사격에 대한 또다른 제기가 1999년 10월 8일 익산군에서 있었다. 당시 이리역(현재 익산역)에서 근무하였던 사람(김봉태 외)들에 의하여 제기된 이 주장에 따르면, 1950년 7월 11일 미군 폭격기 한 대가 이리역 상공을 돌다가 갑자기 역사무소 부근에 폭탄 2발을 투하, 당시 대전철도국 이리 운전사무소 직원과 승객 등 58명이 한꺼번에 사망했다는 것이다. 이들은 "미군 폭격기가 당초 인민군들이 진입한 수원역을 폭격하려다가 익산역을 수원역으로 잘못 알고 오폭한 것으로 알고 있다"고 하였다. 이 사건은 『이리시사裡里市史』에 짧게 기록되어 있다.

참전 미군의 증언을 토대로 당시 쌍굴다리에서의 학살경위에 대하여 알아보자. 참전 미군이었던 유진 헤슬먼은 당시 제1기갑사단 제7연대 제2대대 중화기 중대장이었던 멜번 챈들러 대위가 상급자와 연락을 취한 뒤 굴다리 입구에 기관총을 설치하고 "모두 없애버려!"라고 하면서 현장에서 발포할 것을 지시하였다고 증언하였다. 현장에 있었던 참전병들은 이때 챈들러 대위가 무전을 통하여 연대본부와 사전 협의를 했을 것으로 믿고 있으며 한 참전병은 대대급 장교가 발포명령을 하달하였다고 하는 소문을 들은 적이 있다고 말하였다.

당시 중위로 참전하였던 로버트 캐롤 예비역 대령은 "상부로부터 그 누구도 전선을 넘어오지 못하게 하고 의심나면 사살하라는 명령을 받았다"고 증언하였으며 "솔직히 그들이 적인지 확신은 서지 않았다"고 말하였다.

챈들러 대위는 1970년에 죽었고 다른 대대급 장교들은 전사하였다. 당시 챈들러 대위 중대의 상급대대를 지휘하였던 허버트 헤이어 대령은 1999년 현재 88세의 고령인데다 병을 앓고 있으며 "학살사건에 대하여 아는 바가 없다"고 잘라 말하였다.

AP통신에서는 사망자 수가 122명이라고 하였는데 반면 주민들은 미군 전투기로 인하여 적어도 100명이, 쌍굴다리에서 적어도 300명이 죽었다고 주장한다. 미국 문서보관소의 『조선인민보』(1950년 8월 19일자)에는 「지난 7월 29일 충청북도 황간에서 수많은 무고한 인민들을 학살 … 황간역 북쪽 로옹리(노근리)에 다달았을 때 … 발 디딜 곳조차 없는 현장에는 … 약 400명의 시체가 널려져 있었고…"라고 하는 기록이 있다.

그렇다면 도대체 누가 발포 명령을 내렸는가? AP통신에서 보도한 내용에 근거 하여 알아보자. 미 제 1기갑사단과 인접하여 작전을 하고 있었던 미 제25사단장 킨 소장은 학살 당일인 7월 26일 야전 지휘관들에게 보낸 명령서에서 한국 경찰이 노근리 지역의 민간인을 전원 철수시키라는 지시를 받았다고 밝히고 이 지역에서 발견되는 모든 민간인을 적으로 간주, 조치를 취하라고 지시하였다. 제1기갑사단 사령부도 명령서에서 "피난민이 전선을 넘어오지 못하도록 하고 전선을 넘어오면 발포하라…"고 지시하였다.

주민들의 증언으로 약 3백 명이 학살당했다는 노근리 철교. 왼쪽 사진은 전쟁 직후인 60년대의 모습이며 오른쪽 사진은 오늘날의 모습. 1차로 미군 전투기의 기총소사 이후에 살아남은 주민들이 이 다리 밑으로 몰려들어 갔고 이 다리의 양쪽에 기관총을 건 미군들은 나흘간 이곳을 빠져 나오는 주민들을 향하여 무차별 사격을 가하였다. 당시 양쪽 편에 기관총을 건 장본인 중의 한사람인 데일리씨(사진 아래)는 30구경 수냉식water-cooled 기관총을 쌍굴다리에서 약 1백미터 위치에 고정시켜 놓고 다리에서 빠져 나오는 주민들을 무차별 사살하였다고 증언하였다.

현재 테네시주 클락스빌에 살면서 그날의 끔찍하였던 상황을 증언하였던 데일리씨(68세)의 모습. 데일리는 당시 쌍굴다리에 기관총을 걸어 놓고 주민들을 사살하였던 장본인이다. US & 월드 리포트지에서 그는 "나는 몹시후회하려고 애쓰고 있다"고 하면서 "우리는 수많은 부녀자와 어린이들을 죽인 살인자로 인식되어지기를 원하지 않는다. 그러나 전쟁은 지옥이며 수많은 무고한 사람들을 고통 속에 몰아넣었다"라고 증언하였다.

제1기갑사단에 근무하였던 6명의 참전 미군들은 민간인을 향하여 발포하였다고 증언하였으며, 또 다른 6명은 대량학살을 목격하였다고 하였다 기관총 사수였던 노먼 팅클러는 "우리는 그들을 전멸시켰다"고 증언하였다.

『US 뉴스 & 월드리포트』지에는 당시 상황에 대하여 또다른 증언을 하고 있다. 1999년 9월 11일자에 게재된 기사에는 당시 급박한 전선상황으로 보아 더 많은 양민학살사건이 있을 수 있다고 하였고, 노근리 학살사건 당일날 아침에 미 제8군 사령관 워커 중장이 "허용 말라. 반복한다. 피난민의 전선통과를 허용 말라"라고 하는 무전명령을 전 미군에 하달하였다면서, 이에 따라 아무런 검문 없이 무조건 총부터 쏘고 보는 상황이 잇따랐다고 전하였다.

이 주간지에 따르면, 당시 노근리 철교 교각 양편에 배치된 기관총 사수 2명이 있었는 데 그중 한 명이었던 데일리 상병(테네시주 거주)은 "날이 어두웠을 무렵 중대 연락병이 '모두 사살하라'는 명령이 떨어졌다"고 전하였으며, 피난민들이 있는 건너편에서 발포하 는 소리를 듣고 피난민들을 향하여 사격을 개시하였다"고 증언하였다.

이어서 그는 "교각 아래 터널에서 여자와 아이들의 비명소리가 울려나왔다. 아직도 그 소리가 생생하다"라고 하였으며 "그러나 명령에 따랐을 뿐이다. 피난민들 중에는 적이 끼어 있었으나 식별할 방법이 없었다. 후회스럽지만 잘못하였다고 느끼지는 않는다"라 고 말하였다.

그러나 당시 현장에 있었던 예비역 대령 로버트 캐롤은 "사살된 피난민 중에 인민군은 없었다"고 증언하였다

제7기갑연대 H중대 기관총 사수였던 데일리(68세, 테네시주 거주)씨는 당시 자신의 중대는 노근리에 도착하기 전날 2대대와 합류하여 북조선군에 쫓겨 후퇴하던 스미스 특 수임무부대의 잔류 병력을 구조하는 임무를 띠고 있었다고 하였다. 그러나 한국지형에 익숙하지 않은 미군들이 무더위 속에서 북조선군의 탱크가 밀려오고 있다는 소문과 잔 학한 행동에 대한 소문 등으로 극도의 공포와 혼란에 빠져있었다고 한다.

그래서 미군병사들의 눈에 흰옷 차림의 피난민 수백 명이 다리 밑에 몰려 있는 것이 보 였고, 데일리는 학살사건 얼마 전에 이런 차림의 민간인들이 미군에게 총격을 가하는 것 을 보았다고 증언하였다. 그래서 미군들은 흰옷을 입은 민간인을 보면 적으로 간주하기 시작하였고, 이들 중 여자와 어린이를 구분하는 것은 쉽지 않았다고 하였다.

제네바 협약은 「충돌 당사국의 작전은 군사목표물에 대해서만 행하여져야 한다」라고 규정하고 있고, 국제법은 전쟁 당사국의 무고한 집단학살 등에 대해서는 시효를 두지 않 는 것을 원칙으로 하고 있다.

미 육군사관학교에서 전쟁법을 담당하고 있는 게리 솔리스 교수는 「문제는 간단하다. 군인은 민간인을 쏘아서는 안 된다」라고 명백히 하고 있다. 1950년 최고 군검찰관을 지 낸 하워드 레비씨는 "내가 왜 그 사건을 몰랐는지 이해가 가지 않는다. 아마도 비밀에 부 쳐졌기 때문일 것"이라고 말하고 있다.

노근리 양민학살사건이 보도된지 하루가 지난 1999년 10월 1일, 미국내 각계의 반응 을 간단히 알아본다.

미국 전국교회협의회(NCC)는 '노근리 학살' 보도와 관련, 철저한 진상규명과 희생자

노근리 학살사건에 대하여 1쪽 분량으로 보도한 『타임TIME』(1999년 10월 11일자)지의 내용. 상단 우측 끝에 1950년 7월 당시 영동교에서 지뢰를 설치하고 있는 미군의 사진이 보이며, 아래에는 노근리 쌍굴다리에서 합동위령제를 지낸 유가족이 당시 상황을 증언하고 있는 모습이 보인다. 중간부분에 찢어진 조각의 글씨는 "전선으로 어떠한 피난민도 지나가게 하지 말 것, 만약 전선을 지나가고자 하는 사람이 있다면 누구에게든지 발포하라. 부녀자와 어린이들의 경우 잘 분별하도록 할 것"이라고 하는 제1기갑사단 작전참모부(G-3)의 명령서의 일부이다.

에 대한 배상을 촉구하였다. 이 협회의 조앤 비 캠벨 사무총장은 "희생자와 그 유족들이 정의의 대가를 받는 것은 당연하다"면서 "진실이 국민들에게 밝혀지고 유족들에게는 적

절한 배상이 이루어져야 한다"고 말하였다. 또한 그는 노근리 학살사건에 관하여 솔직하게 밝힌 미 참전용사들의 용기를 높이 평가한다고 말하였다.

시카고 대학의 브루스 커밍스 교수는 "새로운 정보가 역사기록을 올바로 정립하는데 필수적"이라고 말하면서 "한국인들이 경험한 대로 전쟁의 실상을 밝히는 것이 화해에 도움을 줄 것"이라고 강조하였다. 미국의 권위 있는 전사학자인 스티븐 이 앰브로즈는 "훈련이 제대로 안된 청년들에게 총을 들고 외국에 나가도록 하면 분명히 나쁜 일들이 일어난다"라고 하면서 노근리 사건 보도가 놀랄만한 일이 아니라고 시사하였다.

반면 할리 쿤 한국전 참전용사협회 회장은 노근리 사건 보도가 "다른 어떤 것보다도 선동적인 선전"이라고 하면서 "이런 보도는 누구에게도 이롭지 못하고 특히, 미군의 이미지를 흐릴 것이 분명하다"고 말하였다.

한편 로스앤젤레스 타임스와 ABC TV 등 미국의 주요 신문과 방송은 9월 29일과 30일의 AP통신의 보도를 인용, 한국전쟁 당시의 노근리 사건을 크게 보도하였다. 미국 언론들은 특히, AP통신의 방대한 노근리 학살 특집기사를 자사 인터넷 사이트에 상세하게 소개하였다.

○ 필자(노병천) 주 : 1999년 10월 4일, 노근리 양민학살사건의 보도가 국내외로 퍼져 나가자 이번에는 마산에서도 미군에 의한 학살사건이 있었다고 제기하였다. 마산시 진전면 곡안리에 사는 주민들은 1950년 8월 11일(음력 6월 27일) 성주이씨 집성촌인 이 마을 주민 90여 명이 마을에서 300미터 떨어진 재실齋室에 숨어 있다가 이곳에 있는 미군의 총격을 받고 대부분인 80여 명이 죽었다고 주장하였다. 이를 제기하였던 황씨(71세, 여) 등은 "당시 곡안리 아래에서 진지를 구축하고 있던 미군은 재실 왼쪽 대나무 밭에서 북한군 2, 3명이 사격을 하자 주민들이 북한군과 내통한 것으로 오판하고 5시간 여 동안 재실에 집중 사격을 가하였다"고 말하였다. 이 때문에 황씨는 당시 시어머니와 두 살 난 아들을 잃었다는 것이다.

이 소식에 접한 마산시 관계자는 "미군에 의하여 80여 명이 '한꺼번에 목숨을 잃었다는 말은 처음 듣는다"며 자체조사에 들어갈 것을 밝혔다. 당시 상황으로 보아 주민들이 주장한 그 날짜에는 미 제25사단이 그 지역을 담당하고 있었다. 미 제25사단장인 킨은 이전에 이미 "피난민을 적으로 간주하여 조치할 것"이라는 명령을 내린 바 있다고 AP통신이 주장한 바 있다. 그렇다면 이 지역을 담당하였던 미 제25사단 병력들에 의하여 진전면 양민학살사건(사실로 검증될 시)이 자행되었던 것인가?

② 그들에겐 국민 위한 전쟁이 아니므로 맹목살인 가능

한국전쟁 초기에 한국에 파병되었던 미 24사단 · 미 25사단 · 미 1기갑사단 등의 부

대들은 한마디로 오합지졸과 같은 부대들이었다. 훈련수준과 장비가 매우 열악하였고

당시 절박하였던 전황을 묘사한 지도와 낙동강의 파괴된 다리를 보면서 방어에 임하고 있는 미군병사들. 왜관 방면에는 미 저11기갑사단이 담당하였으며 위로부터 제5, 제8, 제7기갑연대가 배치되었다. 이들 전방에는 인민군 제4, 제3사단이 강력하게 밀어오고 있었다. (오른쪽 지도)

The Front Moves South
14 JULY-1 AUGUST 1950
Eighth Army Front I August
Axis of North Korean ATTacks
One inch equals approximately 40 miles

무엇보다도 정신상태가 전쟁을 치를 준비가 전혀 되어 있지 않았다.

한국전쟁 때 혁혁한 전과를 올려 무공십자훈장을 받은 칼 버나드 미 예비역 육군 대령은 이와 관련하여 로스앤젤레스 타임스 1999년 10월 8일자에 다음과 같이 밝혔다.

"어찌 보면 일본에 진주한 미 '점령군'은 한국전쟁에 참전할 준비가 되어 있지 못하였다. … 미군들은 사실상 정신적 무장해제 상태에 있었다."

그는 미 육군이 생각하였던 것처럼 일본 히로시마와 나가사키에 투하하였던 원자폭탄이면 전쟁은 끝날 것으로 보였다고 말하였다.

버나드는 당시 노근리에서 동쪽으로 약 40킬로미터 떨어진 곳에 배치된 미 21보병연대 L중대에서 소위로 근무하였는데, "일본 사회생활에 따른 무기력함과 정신적 해이解弛로 전투태세를 끝냈다"며 "우리의 무기는 '기념품' 이었으며 종종 작동도 되지 않았다"고 고백했다.

통신장비와 무전기는 너무 오래 사용하여 낡아 장마는 고사하고 이슬만 좀 많이 내려도 '먹통' 이 되곤 하였다는 것이다. 버나드는 고철덩이에 불과한 2.36인치 대전차 바주카포로 인민군 탱크를 파괴하기란 역부족이었으며 사병들은 바주카포에도 끄떡없는 인민군 탱크에 '극심한 공포감'을 나타냈다고 술회하였다.

그는 또 "우리는 북한군이 미군 파병사실을 알자마자 북쪽으로 회군할 것으로 믿고 남

한에 갔으나 유감스럽게도 첫 번째 방어진지에서 북한군의 남하속도를 늦추기 위한 스피드 범퍼에 불과하였다"고 지적하였다. 버나드는 노근리 학살의 의혹을 받고 있는 미 제7연대 H중대를 비롯하여 대부분의 미군부대가 부산으로 철수하면서 일본으로 돌아갈 것으로 기대하였다고 말하였다. 이 당시 미군 병사들은 두려움에 떨었고, 많은 경우 기관총과 무전기·소총·박격포 등을 버리고 진지를 이탈하였다고 털어놓았다.

노근리 학살사건이 보도된 직후(1999년 9월 30일) 미 국방 장관 코헨의 진상 규명지시에 대하여 미 육군성 장관이 사건에 대한 입장을 밝히고 있는 기사.

버나드는 이런 부대와 사병들은 남한에 파견되어 수행하여야 하는 고귀한 임무를 준비하는 것과는 거리가 멀었으며 장교들의 무지와 무능으로 인하여 사병들이 죽거나 부상당하고 체포당하였다고 주장하였다. 이렇듯 전쟁 초기에 허겁지겁 투입되었던 미군부대는 많은 문제점을 안고 있었고 급기야 공포와 혼란에 빠져 노근리 사건과 같은 어이 없는 사건으로 연결된 것이었다.

노근리 학살사건이 보도된 직후 미 육군성 장관이 사건에 대한 입장을 밝힌 기사에 따르면 이전에도 노근리 사건에 대하여 미 육군 전사센터에서 정밀히 조사를 한 바 있지만 아무런 기록이나 증거가 없었다는 것을 밝히고 있으며, 미국 군인은 한국전쟁에서 3만 명 이상이나 죽었고, 우리 모두는 국가를 대신하여 희생한 전사자들과 한국전 참전 용사들에게 빚을 지고 있다"는 것을 표명하고 있다.

그리고 다시한번 노근리 사건에 대하여 새로운 조사를 하겠다는 내용이 담겨 있다. 이 사건에 대하여 클린턴 미 대통령도 진상규명을 지시하였다.

(2) 네이팜탄의 「대량살육과 초토화」는 「침략전쟁」의 증거

네이팜탄의 가공할 살상력은 베트남전쟁을 통해 이미 널리 알려진 사실이다. 국제사회는 네이팜탄 공격을 폭격이 아닌 '학살'로 간주한다. 하지만 미국은 2차세계대전 이후 이라크 전쟁에 이르기까지 네이팜탄 사용을 중단하지 않고 있다. 국제사회의 거센 비난에도 불구하고 미국이 네이팜에 이토록 집착하는 것은 강력한 파괴력에 따른 작전의 효율성 때문이다.

한국전쟁만 보더라도 미군은 네이팜탄 사용에 전혀 망설임이 없었다. 오히려 그 효율성에 대해 확신을 가졌고, 가장 성공적인 군사작전으로 여겼다. 51년 초 미군의 네이팜탄 폭격 관측보고서는 "초가집이 밀집한 마을에 네이팜탄을 투하 하자 강풍에 불길이 초가집 구석구석을 파고들면서 마을 전체가 순식간에 불바다로 변했다"고 기록하고 있다.

또 네이팜탄을 「죽음의 불fire-of-death」이라고 부르면서 "어떤 것도 벗어날 수 없다. 치명적인 열기는 은신처로 파고들고, 평지에선 광범위한 지역을 뒤덮으며 산악의 참호에 은신한 적군 역시 거의 살아남을 수 없다"고 했다. 미군은 포로들을 심문한 결과 미 극동공군이 사용하고 있는 모든 무기 가운데 네이팜탄을 가장 두려워하는 것으로 밝혀졌다고 평가하기도 했다.(김기진 「한국전쟁과 집단학살」 푸른역사 2006)

하지만 미군은 그로 인해 무고한 민간인이 희생될 수 있다는 위험성에 대해선 전혀 관심을 두지 않았다. "네이팜탄의 가공할 화력과 좀체 꺼지지 않는 특성 덕분에 적군의 탱크와 병력 그리고 군사시설 등을 파괴하는데 큰 전과를 거둘 수 있었다"고 평가했을 뿐이다.(NARA 소장 사진 NASM 4A 26370에 설명문으로 기록돼 있다. National Archives and Records Administration 국립문서기록관리청)

극동공군사령부가 51년 5월 12일 관계기관에 배포한 문건에는 네이팜탄에 대한 미국의 이 같은 시각이 그대로 드러난다. 문제의 문건은 극동공군이 한국전쟁에서 300만 갤런째 네이팜탄 투하를 기념하기 위해 작성한 것으로, 출격 직전 촬영한 기념사진도 첨부돼 있다.

사진에는 제8 전투폭격단 소속 F80 전투기 날개에 달린 네이팜탄에는 '3,000,000'이란 숫자가 크게 쓰여 있고, 제8 전투폭격단 소속 제5공군 편대장 그럼블 중령이, 출격하는 조종사 체널트 대위와 악수하는 모습이 담겨 있다.

문제의 네이팜탄은 개성의 중심부에 떨어졌다. 체널트 대위는 귀환한 뒤 "빨갱이Reds가 있을 것으로 보이는 건물에 투하하고 뒤를 돌아보니 네이팜탄이 건물의 한가운데를 때려 불길과 함께 검은 연기가 치솟았다"고 말했다.

① 침략 살인마들이 뽐냈던 네이팜탄의 가공할 살상 능력

50년 10월 31일 미국정부가 유관기관에 배포한 기록에 따르면, 미 제5공군은 50년 10월 27일 경폭격기를 동원해 한국 모처에서 네이팜탄을 실험했다. 실험은 노획한 북측의 T-34 탱크에서 이뤄졌다.

네이팜탄을 투하하고 있는 미 전투기

　이 실험에서 네이팜탄은 최저 고도에서 투하됐으며, 네이팜탄 탱크가 땅바닥과 충돌하면서 일어나는 불꽃과 수류탄 신관, 전투기 기총사격 등 세 가지 점화방식으로 폭발했다. 실험의 전 과정이 세밀히 관측됐으며 사진으로 남겨졌다.

　실험 결과, 100파운드(45kg)들이 네이팜탄 한 발이 길이 275피트(82m) 폭 80피트(24m) 가량의 장방형 면적을 불태운 것으로 확인됐다. 또 1천500℃의 고열을 방출, 피폭지역을 초토화시켰다. 목표물이 된 탱크에서 불길과 함께 시커먼 연기가 치솟았다.미군은 "네이팜탄은 북조선이 매우 두려워할만한 파괴력을 가진 것으로 입증됐다"고 평가했다.

　CIA가 1966년에 작성한 「베트남전을 위한 한국전쟁의 교훈」이란 보고서에서 미군은 50년 6월부터 53년 7월까지 3년 동안 한반도에서 3만2천여t에 이르는 막대한 양의 네이팜탄을 사용한 사실이 밝혀졌다.

　이 보고서는 제목에서 알 수 있듯이, CIA가 한국전쟁 당시 공군 작전의 장단점을 종합 분석해 이를 베트남전에 활용할 목적으로 만든 것이었다. 따라서 네이팜탄 이외에도 일반 폭탄과 로켓 사용량이 매우 구체적으로 기술돼 있으며, 이들 무기를 이용해 파괴한 목표물에 대한 상세한 내역도 담겨있다.

　한국전생에서 사용된 네이팜탄은 총 3만2천357t으로, 그중 4천313t이 51년 8월부터 52년 6월 사이에 전개된 「질식작전operation strangle」 때 투하됐다. 질식작전이란 미국이 51년 7월 북측과 첫 정전회담을 가진 이후 회담이 교착상태에 빠질 때마다 북부지역에 가한 융단 폭격을 말한다.

　보고서는 네이팜탄 총량 가운데 보급선補給線 차단 등을 통한 군사행동 저지와 정찰 임무 수행을 위해 사용한 양은 3천815t(질식작전에는 2천192t 사용)이라고 했다.

　CIA는 한국전쟁과 비교대상으로 삼은 65년 2월부터 같은 해 12월 사이 북베트남에서 전개된 「롤링 선더Rolling Thunder」 작전에서 군사행동 저지 등을 위해 3만4천261t

을 사용했다고 기록하고 있다.(롤링 선더 작전은 미국이 64년 통킹 만에서 북베트남군 경비정에 의해 구축함이 공격을 받자[공격 받았다는 것도 미국의 조작이라는 음모설이 있다.] 북베트남의 전의를 꺾을 목적에서 감행한 전략폭격으로, 미 공군 역사상 최대작전으로 일컬어진다.)

보고서는 그러나 롤링 선더 작전에서 사용된 네이팜탄 총량에 대해서는 밝히지 않고 있다.

② 인간과 모든 생명체, 가옥과 숲을 불바다속에 잠재워

미군은 1950년 12월 말에서 1951년 1월 말 사이 강원·충북·경북 일원에서 「싹쓸이 wiping out」 작전을 전개했다. 이 작전은 말 그대로 해당 지역에 있는 인민군을 완전 소탕하기 위해 감행된 것이었다.

작전의 실체는 미국의 고급 장교 양성 기관인 국립전쟁대학National war College의

네이팜탄 투하로 불바다가 된 북조선 한천 근교.

1951년 1월 25일자 기밀문서에서 드러났다. 이 기록은 전쟁대학의 교육 자료로 보이며 작전 내용을 공개한 인물은 라이트 중령이다. 싹쓸이 작전이 있은 직후 작성된 것이라 내용이 매우 구체적이다. 라이트 중령은 1950년 12월 21일부터 한 달여 동안 전투상황을 설명하면서 싹쓸이 작전에 내해 다음과 같이 설명했다.

1951년 1월 미 10군단에 특별임무가 주어졌다. 그것은 당시 10군단 후방지역인 강원도 영월과 충북 단양·경북 예천 지역에 있는 인민군을 완전 소탕하라는 것이었다. 당시 미 7사단과 187공수연대전투단이 안동과 제천을 향해 북진하고 있었고, 한국군 2사단과 5사단도 이들 지역으로 이동하고 있었다. 미 제1 해병사단은 포항·영천·안동을 거쳐 북상하고 있었다. 10군단에 싹쓸이 작전 명령이 떨어진 것은 당시 10군단이 주둔하고 있던 위치 때문이었다.

싹쓸이 작전에는 지상기지는 물론 항공모함에 있던 전투기까지 동원됐고 그 결과 강원도 영월에서만 4,440명을 소탕했다. 이 수치는 시신을 직접 세어 산출한 것이다. 또 충북 단양과 경북 예천 사이에 있던 인민군 7천 명을 싹쓸이 하기 위해 해당 지역의 75

퍼센트를 불태웠다. 그곳에 있던 많은 인민군을 죽였다.

라이트 중령은 "싹쓸이 작전이 이처럼 큰 성과를 낼 수 있었던 것은 전적으로 네이팜탄을 사용한 덕분"이라고 역설했다.

한국전쟁 때 이북 사람들이 38선 이남으로 피난 온 것도(주로 친일 부역자·기독교인·대지주 등이 많이 내려왔지만), 대개는 네이팜탄의 가공할 살상·방화력에 놀란 데다 더 무서운 원자탄을 터트리겠다고 공갈을 쳤기 때문에, 최소한 "미군이 있는 곳에는 이런 폭탄을 떨어뜨리지 않겠지" 하는 기대에서 너도 나도 결사적으로 38선을 넘어왔던 것이다.

침략세력은 "자유를 찾아 왔다"고 선전했으나 사실은 "폭격으로 다 죽여버리(멸종시켜버리)겠다"는 협박에 놀라 "목숨만이라도 구하기 위해" 넘어온 사람도 많았던 것으로 알려졌다.

네이팜탄은 폭발과 동시에 점성을 지닌 인화물질을 사방으로 튀기면서 일대를 순식간에 불바다로 만든다. 다시 말해 특정 목표물을 골라 선별적으로 공격하는 것이 아니라 목표물이 들어있는 공간을 초토화시킴으로써 목적을 달성하는 잔인한 특성을 지녔다. 그런데, 한국전쟁 당시 미군이 촬영한 사진을 보면 네이팜탄 목표물 중 상당수가 초가집이 밀집된 작은 마을이었다. 민간인이 희생될 수 있다는 사실을 미군이 몰랐을 리 없고 오히려 인간(민족) 멸종을 의도했음이 분명해 보인다. 그들의 침략과 승리욕은 수단 방법을 가리지 않는, 짐승보다 무서운 잔인성으로 표출되었다. 오히려 짐승들은 배고픔만 해결되면 다른 생명체를 더 이상 해치지 않는 욕망의 한계를 가지고 있다.

③ 38선 남쪽에서만의 폭탄투하 피해도 끔찍했다
○경북 예천 산성리의 경우

1951년 1월 19일 경북 예천군 보문면 산성리에서 미군의 무차별 폭격으로 주민 60여 명(미군 조사보고서 기준)이 사망·실종되는 사건이 발생했다. 미군이 이곳을 폭격한 것은 인근 학가산(해발 800m)에 주둔하고 있던 인민군이 산성리를 식량 등의 주요 공급원으로 이용하고 있고 마을 주민들이 그들에게 협조하고 있다는 이유에서였다.

그런데 폭격이 끝난 뒤 미군 자체조사에서 폭격의 근거가 됐던 첩보가 완전히 엉터리였음이 밝혀졌다. 51년 2월 13일자 미8군·제5공군 합동조사보고서에서 드러난 산성리 폭격의 전말은 이러했다.

51년 1월 14일부터 19일 사이 군과 경찰에는 "인민군 10사단이 학가산과 인접 지역에 임시 사령부를 두고 그곳을 병력 집결지로 이용하고 있으며, 인민군 2사단과 5사단 병력 역시 이곳을 집결지로 이용하고 있다"는 첩보가 잇따랐다. 특히 미군은 학가산에서

2마일도 떨어지지 않은 가장 인접한 마을이라는 이유로 산성리를 주목했다.

미 187연대전투단 작전주임 스튜어트 대위가 경북 풍기에 주둔하고 있던 전투단본부 전략공군통제단에 학가산 일대에 대한 폭격을 요청했다. 산성리가 주요 목표물이 됐다. 1월 19일 오후 2시 50분, F9F와 F4U 2대의 해군 전투기가 산성리에 네이팜탄과 로켓을 투하하고 캘리버 50 기총사격을 가했다

이어서 3시 25분, 산성리에 대한 추가 폭격이 결정됐다. 마을 주민이 인민군을 도와주고 있으니 그들을 쓸어버리라는 것이었다. 3시 55분 F-80전투기가 마을에 기총사격을 퍼부었다. 산성리와 그 일대에 대한 작전 시간은 오전 6시부터 오후 7시까지였다고 보고서는 밝히고 있다. 폭격이 끝난 뒤 한국군 2사단이 산성리 현장에 들어갔다. 그러나 인민군 시신은 단 한 구도 발견되지 않았다. 인민군이 있다던 첩보가 엉터리였음이 드러난 것이다.

하지만 이 공격으로 주민 34명(여성 20명)이 숨졌고 30명(여성16명)이 실종됐으며 72명(여성 38명)이 중·경상을 입었다. 집도 69채나 소실되거나 파괴됐다. 한국군의 이 같은 보고에 미군은 같은 해 2월 자체 진상조사에 들어갔다. 그 결과 잘못된 폭격이었음이 다시 한번 확인되었다

미군은 조사보고서에서 "마을에 있는 민간인들이 북쪽 사람인지 남쪽 사람인지, 아니면 게릴라인지 구별을 할 수 없었다"고 했다. 또 "미 10군단 사령부가 폭격에 앞서 해당 지역 주민에게 마을을 떠나도록 경고했었다"고 주장했다. 하지만 폭격에서 살아남은 산성리 생존자와 유족들의 증언은 미군 보고서와 매우 큰 차이를 보였다.

우선 산성리에는 단 한 차례도 인민군이 들어온 적이 없다고 생존자들은 주장한다. 오히려 폭격 전날 국군이 들어와 함께 경계근무를 섰고 폭격 당일 아침 "수상한 사람이 나타나면 신고하라"는 말까지 남기고 마을을 떠났다고 했다. 폭격에 앞서 어떠한 사전경고도 받은 적이 없다고 반박했다.

생존자 안식모(76) 씨는 "폭격이 있던 날 아침 국군이 시키는 대로 마을어귀에서 경계근무를 서고 집으로 돌아와 점심을 먹고 있는데 갑자기 폭격이 시작됐다"면서 "사전 경고 같은 것은 애당초 있지도 않았다"고 증언했다. 안씨는 "친구 집에 놀러갔던 6살짜리 여동생이 건물 벽에 기댄 채 불에 타 죽어 있었고, 많은 시신들이 열기에 오그라들어 돌로 때려서 펴야했다"면서 당시 마을에 떨어진 네이팜탄 철판조각과 기총 탄환을 증거물로 제시했다.

○ 충북 단양 곡계굴의 경우

51년 1월 20일 미 10군단의 '싹쓸이 작전' 지역 중 한 곳인 충북 단양군 영춘면 상2리 곡계굴에서 지역주민과 피란민 등 수백 명이 미군의 네이팜탄 폭격으로 목숨을 잃었다. 하지만 산성리처럼 사건의 실체를 파악할 수 있는 직접적인 증거문서는 아직까지 발견되지 않고 있다.

다만 제5 공군사령부 51년 1월 20일자 일일 작전보고서 내용 중 10군단지역 전투 상황에는 「영춘Yongchun을 폭격해 가옥 25채를 완파하고 30채는 부분적으로 파괴했으며 인민군troop 40명을 죽였다」는 기록이 있다. 생존자와 유족들은 곡계굴 폭격 과정에서 가옥 20여 채가 소실됐다고 그동안 주장해 왔다. 다음은 생존자들의 증언이다.

영춘면 상2리는 네이팜탄 폭격으로 주민이 떼죽음을 당하기 전까지 60호 가량이 모여 사는 평범한 산골마을이었다. "도둑조차 오지 못할 정도"로 산이 깊어, 폭격이 있기 전까지만 해도 전쟁은 실감조차 할 수 없었다. 하지만 이곳에도 51년1월7일 피란 명령이 떨어졌고 주민들은 서둘러 길을 나섰다. 그러나 대다수는 도중에 탱크를 앞세운 미군에 가로막혀 마을로 되돌아올 수밖에 없었다. 신원이 확인된 면사무소 직원 등 극소수만 미군 저지선을 통과할 수 있었다. 민간인 복장으로 위장한 인민군이 피란민 틈에 끼어 후방으로 침투할 것을 우려한 미군이 그들의 피란길을 막은 것이었다. 주민들이 돌아왔을 때 강원도 영월과 평창 등지에서 내려온 피란민 20여 명이 가세해 마을이 혼란스럽기 그지없었다.

주민과 피란민들은 만일에 대비해 마을 근처 곡계굴로 들어갔다. 곡계굴은 깊이 200m가량 되는 석회암굴로, 입구가 단단한 암석으로 되어 있어 추위는 물론 총탄을 피하기에도 알맞았다. 일제 강제동원에 끌려갔다 생환한 한 주민이 "원자폭탄이 떨어져도 끄떡없을 정도"라고 말해 한결 마음이 놓였다. 400명 가량이 굴속에다 임시 거처를 마련했다. 한겨울 냉기를 피하기 위해 굴 바닥에 짚을 깔고 덩치가 큰 짐은 굴 입구 근처에 쌓아두었다.

1월 2일 오전 9시30분께 곡계굴 상공에 미군 정찰기가 나타났다. 전날에도 주변을 하루종일 선회했던 터라 이를 대수롭지 않게 여겼다. 그러나 정찰기가 시야에서 사라진 직후 서쪽 하늘에 전투기가 모습을 드러냈다. 서너 대가 줄지어 마치 굴속으로 그대로 뛰어들기라도 할 듯 저공비행을 하면서 달려들더니 폭탄을 내던졌다. '쾅…… 쾅……' 굉음에이어 불길이 치솟았다. 기총사격으로 돌이 튀고 흙먼지가 일었다.

네이팜탄 공격은 B-26 경폭격기, F-51 무스탕 전투기 등이 주로 맡았고, 네이팜탄

(150갤런 혹은 70갤런)과 로켓, 캘리버 50기총으로 무장했다. 굴 밖에 있던 사람들 중 일부는 굴속으로 뛰어들었고 나머지는 근처 밭 배수로에 몸을 숨겼다. 폭탄이 떨어진 자리가 기름 같은 끈적이는 물질로 번질거렸다. 네이팜탄이 떨어진 것이다.

폭격은 3시간이나 이어졌다. 굴 입구에서 10여m 들어온 지점까지 불길이 닿았고, 시커먼 유독가스가 밀려들었다. 아비규환 속에 사람들이 하나 둘 쓰러지기 시작했다. 동생과 어머니 등 가족 4명을 잃고 구사일생으로 목숨을 건진 조병우(64)씨는 "칠흙 같은 어둠을 뚫고 굴 밖으로 뛰쳐나오는데 시신들이 발에 밟혀 물컹거렸다"고 당시의 참혹했던 상황을 전했다.

폭격이 끝난 뒤, 굴속은 시신으로 가득했고 그을린 시신에선 연기가 피어올랐다. 생존자들이 수습에 나섰지만 땅이 얼어붙어 제대로 묻을 수도 없었다. 강원도에서 피난 온 사람들은 생존한 가족이 없다 보니 시신이 그대로 방치됐다. 피란을 갔다 두 달만에 돌아온 면사무소 직원 조태원(81)씨가 시신수습에 나섰다. "소백산을 넘어 마을로 들어서는데 어찌나 냄새가 나던지… 억장이 무너지더군요. 인부 5명을 구해 굴속에서 시신을 끄집어 내는데 꼬박 20일이 걸렸습니다."

조씨는 "시신들이 있는데 새까맣게 불에 타 누군지조차 알아 볼 수 없었다"면서 심지어 개가 물고 다니던 사람 머리에 달린 비녀를 보고 자신의 어머니임을 확인한 사람도 있었다"고 말했다. 곡계굴 유족대책위는 이 폭격으로 365명이 목숨을 잃었다고 주장하고 있다. 또 "폭격이 있은 뒤 미군이 굴속에 있던 시신들을 촬영해 갔다"고 증언한다.

3) 전쟁 때 무참히 당한 잔인한 무차별 공중폭격의 참화가 북의 핵개발 의지를 굳힌 근본 원인

2016년 1월 10일, 미 공군의 대표적인 전략폭격기인 B-52기가 한반도 상공에 등장했다. B-52기는 베트남 전쟁에서 약 300만 톤의 폭탄을 퍼부은 가공할 전략폭격기로 유명하다. 북조선의 4차 핵실험이 진행된 후 나흘만에 핵무기 탑재 능력까지 갖춘, 현시대 최고의 폭격기가 한반도 상공에 등장했다는 사실은 여러모로 의미심장했다.

미국은 B-52기 전개를 통해 한반도가 자신의 핵우산 아래 있다는 사실을 분명하게 보여주는 일종의 '무력시위'를 펼쳤다. 더불어 북쪽사람들에게 가장 끔찍하고 무서운 기억으로 남아 있는 역사의 한 장면을 전면에 들춰냈다. 그 기억이란 다름 아닌 한국전쟁의 기억, 그중에서도 조선의 전쟁세대에게는 가장 두려운 기억으로 남아 있는 B-29기의 대량 폭격에 대한 기억이었다.

B-29기는 B-52기가 등장하기 전까지 사용된 미국의 대표적인 전략폭격기로, 제2차 세계대전 당시 일본에 실제 핵무기를 투하했고, 한국전쟁 동안에 소이탄으로 북부 지역을 모두 불태워버린 악명 높은 폭격기였다. 요컨대 B-29기의 후신인 B-52기의 한반도 등장은 그 자체만으로 북쪽사람들에게 전쟁의 죽음과 공포를 환기시킬 수 있는 조치였다.(박태균 외 『쟁점 한국사, 현대편』 김태우 「한국전쟁과 폭격의 트라우마」 창비 2017)

한국전쟁은 한국사는 물론 세계사적 관점에서 보아도 매우 격렬하고 잔혹한 전쟁이었음에 틀림없다. 미국 정치학자들의 연구 결과에 의하면, 1871년부터 1965년까지 진행된 전세계 93개의 중요한 전쟁들 가운데 한국전쟁은 전투원 사망자 수를 기준으로 한 「격렬함severity」 항목에서 역대 3위로 평가되었다. 해당 항목에서 한국전쟁에 앞서는 전쟁은 1위를 차지한 제2차 세계대전과 2위를 차지한 제1차 세계대전뿐이었다.(김태우 『폭격』 창비 2014)

그런데 한국전쟁의 놀라운 진실은 비전투원인 민간인 희생자들의 수가 전투원 희생자 수를 훨씬 상회한다는 것이다. 1955년 한국정부의 발표에 의하면, 남한 지역 민간인 사상자(사망·학살·부상·납치·행불자) 수는 90만 968명에 이른다. 이는 한국군 사망·실종·부상자 전체 통계를 훨씬 상회하는 수치다.(내무부 통계국 『대한민국 통계연감』 1955)

(1) 생존권 확보를 위해 선군先軍과 핵억지력 강화에 결사決死 의지

한편 현재 북조선정부는 조선전쟁기 북반부 지역 민간인 사상자 수가 수백만 명에 이른다고 주장하고 있는데, 통상적으로 학자들은 전쟁 기간 북부에서 약 150~200만 명에 이르는 민간인이 희생된 것으로 평가하고 있다. 사실상 북부 지역 희생자 수에 대해서는 정확한 통계가 부재한 상황이지만 분명한 사실은 북부의 민간인 희생자 수가 남한보다는 훨씬 더 많았고 그 주요 원인은 미 공군의 공중폭격 때문이었다는 것이다.

북부 지역은 한국전쟁 3년 내내 일상적이고 반복적으로 지속된 대량폭격에 의해 표현그대로 '초토화'되었다. 이 같은 북쪽사람들의 역사적 경험을 제대로 이해하는 것은 오늘날 북조선의 정치·군사정책과 이데올로기ideology(지향하고 있는 이념)를 이해하는 데 있어서 매우 중요하다.

그런데 이제껏 미국은 한국전쟁 당시 미 공군의 민간 지역 폭격 사실에 대해 적극적으로 부인해왔다는 사실에도 주목할 필요가 있다. 지금까지 유지되고 있는 미 공군의 공식 입장은 한국전쟁 내내 미 공군이 "군사목표만을 정밀폭격했다"는 것이다. 이 글은 이와 같은 미국의 공식 입장에 대해 직접적으로 반박하고자 한다. 필자(김태우)는 2000년경 부터 미국의 문서보관소에서 공개되기 시작한 한국전쟁 기간 미 공군문서 수만 장을 수집했고, 이 자료를 수년에 걸쳐 분석 했다. 수많은 미 공군 자료들은 미국의 전쟁수행 방식을 생생하게 보여 주고, 강대국들에 의해 좌우된 전쟁의 불행한 민낯(폭격 범죄의 진상을 있었던 그대로 드러내 보임)을 있는 그대로 드러낸다. B-52기가 한반도 상공에 등장하고 핵실험이 반복되고 있는 한반도의 비평화적 현실 속에서 한국전쟁의 생생한 민낯과 만나는 과정은 한반도의 평화적 미래를 위해 꼭 필요한 전제가 될 것이다.

1950년 6월 25일 38도선 전역에 걸친 인민군의 '남침'에 의해 전쟁이 시작되었다. 김일성은 1949년 3월 스탈린과의 만남에서 최초로 무력통일 의사를 개진했고, 1950년 초에 이르러 비로소 스탈린의 개전 동의를 얻어낼 수 있었다. 1949년 한 해 동안 국공내전에서 중국공산당이 승리했고, 한반도에서 미군이 완전 철수했으며, 소련 또한 미국처럼 핵무기 개발에 성공했다. 이 모든 상황들이 스탈린의 동의를 이끌어내는데 중요한 배경이 되었다.

ㅇ'남침'이란 말은 북의 입장에서 보면 공정하거나 객관적 표현은 아니다. 2차대전 후 조선반도 진입은 미국의 일시적 점령이었으면 좋았겠으나 38선을 주도적으로 획정하여 민족동포를 분단·분열시켜놓고 3년여 동안 절대적 군사독재체제로 통치하면서, 조국을 배반했던 친일파 세력에게 재부와 무기를 제공하여 무장시키고 이승만으로 하여금 무력 북진통일을 거듭거듭 주창케 함으로써 북을 불안하게 만든 협박세력으로서 미국은 군사적으로 선제 점령자였던 셈이다. 북측은, 멀리서 건너와 통일된 정부수립을 방해한 선제 점령자에게 응수한, 자기 영토 안의 방어세력이 되었으므로, 반격 남진을 했다고 하는 빌미와 명분을 갖고 있었던 셈이다.

게다가 김일성은 1949년 소련으로부터 대량의 무기들을 들여오기 시작했고, 중국으로부터는 만주 지역에 체류하고 있던 수만 명의 조선인 병력들을 넘겨받음으로써 인민군의 군사적 능력을 단기간에 급성장시킬 수 있었다. 1950년 6~7월 인민군의 급속한 남하와 한국군의 무기력한 패퇴는 어쩌면 매우 당연한 수순처럼 보였다.

(2) 미 공군은 군사 · 산업시설은 물론 민간 거주지역을 무차별 폭격, 야만성의 극치를 보여

실제로 한국전쟁 초기 인민군은 파죽지세로 한국군과 미군을 허물어뜨렸다. 인민군은 전쟁 발발 후 불과 3일만에 수도 서울을 점령했을 뿐만 아니라, 미 육군과의 잇단 초기 전투에서도 압도적 승리를 거두었다. 7월 20일 대전에서 미 제24사단은 병력 4000여 명 중 4분의 1가량인 1000여 명이 전사하거나 포로가 되기도 했다. 북군은 대전 점령 직후 순식간에 남하하여 23일 광주, 26~27일 여수를 점령하는 등 연일 승전보를 전했다. 기존 역사서들의 설명처럼, 한국전쟁 초기를 북군 승리의 시기로 보는 것은 일면 당연해 보인다.

○ 남과 북이 서로 상대방의 정체를 인정하고 있지 않았던 입장에서는 각자 자칭自稱하고 있는 호칭으로 표기하는 것이 그나마 객관적(중립적)이라고 하겠으나 여기에서는 남쪽의 저술인이, 남쪽의 독자들에게 전하는 글이므로 부르기 편하게 '북한' '북한군' 등의 호칭도 그대로 섞어서 표현하게 되었다.

그런데 기존 역사서들이 전혀 보지 못하고 있는 전쟁의 또 다른 모습이 같은 시기에 병존했다. 1950년 7월 북군은 지속적인 승전 소식을 북쪽 지도부에 보내고 있었지만, 당시 일부 북조선 지도부는 불안과 공포로 인해 이미 패닉panic(공포·당황·낭패) 상태에 빠져 있었다. 세계 초강대국 미국의 군사적 개입과 북부 지역에 대한 대대적인 폭격이 그 직접적인 이유였다.

7월 7일 북한 주재 소련대사 테렌티 슈티코프를 만난 김일성은 "사방에서 전화해서 미 공군의 폭격과 대규모 파괴에 대해 보고한다"며 불만을 토로했다. 박헌영·김두봉·김 달현 등 북측 간부들이 미국의 참전과 대규모 공중폭격에 대한 우려를 직접적으로 표명했고, 이에 김일성은 "매우 힘들다"고 하소연했다. 슈티코프는 스탈린에게 전문을 보내 "미 공군의 대대적인 폭격이 조선 지휘 성원들과 주민들에게 어두운 인상을 주고 있다" 고 분석했다.(국사편찬위원회 편 『한국전쟁, 문서와 자료 1950~53』)

실제로 미 공군의 북부 지역 폭격은 북조선 내의 주요 군사·산업시설은 물론이고, 민간인 거주 지역 상당부분의 무차별적 파괴를 시사하는 폭력적 조치였다. 제2차 세계대전 기간 미국과 영국의 연합군 폭격기들은 '전략폭격'이라는 군사적 관점에서 군사 활동에 직·간접적으로 도움을 주는 모든 민간시설들을 사실상의 '군사시설'로 간주했다. 특히 아시아 태평양전쟁 기간 미군 폭격기들은 일본을 비롯한 극동지역에서 소이탄과 원자폭탄을 활용한 도시 폭격의 전력을 지니고 있었다.

한국전쟁 기간 유엔 공군력의 90퍼센트 이상을 담당했던 공군부대이자 제2차 세계대전 종전 이후에도 여전히 일본에 체류하고 있던 미 극동공군Far East Air Force은 이렇듯 동아시아 민간지역 폭격에 매우 익숙해 있었고 이를 당연시했던 군사조직이었다. 이제 북부 내 주요도시들은 미 극동공군의 무차별적 폭격의 희생물로 전락할 위기에 놓여 있는 듯 했다. (이때부터 '유엔'은 미국의 지휘를 받아 약소국, 그것도 미국이 갈라놓은 동족의 한쪽을 '응징하는' 특정국가의 하부조직처럼 행동하는 편파적 성격의 집단으로 호칭되었다.)

그런데 한국전쟁 초기 미 공군은 5년여 전의 무차별적인 일본 폭격 방식과는 다르게, 북반부 지역의 '군사 목표'만을 향한 선별적인 '정밀 폭격'의 방식으로 폭격을 하기 시작했다. 게다가 전쟁 초기 4개월(1950년 7~10월) 동안에는 북부 지역 폭격에 임했던 미 공군 폭격기들은 과거 일본 폭격 과정에서 사용했던 소이탄을 일체 사용하지 않았다.

이 기간 동안 유엔군사령관 맥아더는 북조선 도심을 향한 소이탄 공격을 분명하게 거부했다. 폭격의 주체(미 극동공군)는 제2차 세계대전 때와 동일했지만, 폭격의 방식은 분명히 5년 전 일본에서 진행됐던 것과는 매우 달랐다. 그렇다면 1945년 제2차 세계대전 종전 후 불과 5년 밖에 지나지 않은 시점에 동아시아 지역에서 벌어진 전쟁에 대해 미국이 기존과 매우 상이한 전쟁수행 방식을 취한 이유는 무엇일까? 크게 두 가지를 들 수 있다.

첫째, 세계 여론의 영향이다. 전쟁에 반대하는 평화의 목소리가 전세계 여론을 압도하고 있던 상황이었다. 한국인들에게는 잘 알려져 있지 않았지만, 놀랍게도 한국전쟁 발발 시점에 전세계는 유례 없는 대규모 반전운동의 물결에 휩싸여 있었다. 특히 제2차 세계대전으로 인해 막대한 재산과 인명의 손실을 입은 유럽인들은 단순한 반전이 아닌 염전厭戰현상까지 보여주고 있었다. 유럽인들은 반전과 반핵의 의지를 직접 행동으로 옮기면서 주요 국가들을 압박하기도 했다. 1950년 「스톡홀름 호소문Stockholm Appeal」 서명운동이 그 대표적 예이다. 당시 세계평화회의 의장 졸리오퀴리의 주장에 의하면, 1950년 7월 중순까지 전세계 성인인구의 약 4분의 1에 해당하는 2억 7347만566명이 스톡홀름호소문에 서명했다고 한다. 이 중에는 서독인 200만 명, 프랑스인 1200만 명(전체 인구의 30퍼센트), 이탈리아인 1463만 1523명(전체 인구의 32퍼센트), 영국인 79만 277명, 미국인 135만 명도 포함되어 있었다.

비록 당시의 평화서명운동이 소련을 중심으로 한 공산진영에 의해 주도되고 있었지만, 중국이 본격적으로 이 서명운동에 동참하지 않고 있던 상황 속에 전세계 성인 인구의 약 4분의 1이 서명에 참여했다는 사실은 당대 반전운동의 열풍을 충분히 짐작할 수 있게 해주었다.(UnIted States House of Representarive, *Report on the Communist 'Peace' Offensive*, US Government Printing Office, 1951)

둘째, 미국 국내 여론의 영향이다. 한국전쟁 직전인 1949년 미국사회 또한 전쟁 기간에 벌어진 무차별적인 전략폭격과 핵폭격에 대한 비판과 반성의 목소리가 정점을 향해 치닫고 있었다.(전략 폭격 : 특정 지역·시설에 대한 선택적 폭격이 아니고 원거리에 비행하여 고공에서 대도시 지역을 대충 짐작으로 폭탄을 떨어뜨려 민간인들까지 무차별적으로 죽게 하거나 파괴하는 공중폭격)

　　1949년 미국은 국제적십자위원회의 전쟁 기간 민간인 보호를 위한 제네바협약 형성에 적극적으로 참여하고 있었고, 1949년 10월 의회 청문회 과정에서 불거진 해군과 공군 사이의 논쟁으로 인해 전략폭격 관련 논의는 미국 대중에게까지 널리 확산되고 있었다. 해군 제독들은 미 공군 전략폭격이 군사적으로 비효율적일 뿐만 아니라, 도덕적으로도 미국인들의 정서에 맞지 않는다고 주장했다. 그리고 이같은 의회 청문회 결과, 미 공군은 이후 전쟁에서 더 이상 인구밀집 지역을 노골적으로 폭격할 수 없게 되었다.

　　실제로 전쟁 발발 직후인 1950년 6월 29일 미 합동참모본부는 유엔군 사령관 맥아더에게 다음과 같은 명령을 하달했다. "귀관은 귀관의 작전을 북한 지역의 비행장·보급소·석유탱크집합지역·병력집합소·기타 순수군사목표로 확장할 수 있도록 인가받았다." 합참은 미 공군 작전구역을 북조선 지역으로 확장하라는 명령서를 통해, 북부 지역의 '순수군사목표에 대한 제한적 폭격을 동시에 명령'했던 것이다.

　　워싱턴의 공식적인 '정밀폭격 정책'이 전구戰區 사령관에게 최초로 하달된 순간이었다. 맥아더는 이 같은 합참의 지시를 1950년 11월 초까지 충실하게 이행했다. 그는 미 극동 공군 사령관들이 지속적으로 소이탄 사용을 주장했음에도 불구하고 11월 초까지 북부 지역 전략폭격에서 소이탄 사용을 철저하게 금지시켰다. 최소한 11월 초까지는 워싱턴의 지시를 이행하기 위해 그 나름대로 애를 썼던 것이다.

(3) 유엔 명패 앞세운 미국, 대량살육 폭격으로 세계 여론 묵살

　　한국전쟁 초기 4개월(1950년 7월~10월) 동안 미 공군은 실제 위싱턴의 정밀폭격 정책을 실행으로 옮기기 위해 나름대로 애썼다. 그럼에도 불구하고 전쟁 발발 직후부터 남북 전지역에서는 미 공군의 공중폭격으로 인한 민간인 피해가 기하급수적으로 늘어나고 있었다. 심지어 한국정부의 공식 통계자료 또한 전쟁 초기 4개월 동안 서울시민 희생의 가장 중요한 원인으로 미 공군의 공중폭격을 꼽고 있었다.(공보처 통계국 「임시인구 및 피해조사결과 명세(1950년 10월 25일 현재)」 『서울특별시 피해자명부』 1950)

　　북측은 미 공군의 공중폭격이 정밀폭격은커녕 오히려 민간인 밀집구역만을 골라서 공격한다고 주장했다. 북측은 미 공군 군사작전의 비인도적 성격에 대해 연일 국제사회에 고발했다.

이 같은 극단적 인식의 차이(정밀폭격 대對 무차별폭격)는 무엇으로부터 유발되는 것이었을까? 양측은 그저 자신을 선하게 포장하고 상대방을 악마화하기 위해 이 같은 정반대의 주장을 펼쳤던 것일까?

우선 북쪽의 상황부터 살펴보자. 한국전쟁 초기 유엔군 측의 북부 지역 폭격은 미 극동공군 폭격기사령부의 B-29중폭격기에 의해 수행되었다. 그리고 폭격기사령부의 북부 지역 폭격은 '전략폭격'이라는 공군 작전 개념 속에서 진행되고 있었다.

공군의 폭격작전은 크게 전략폭격과 전술폭격으로 구분되는데, '전략폭격'이란 적의 전쟁수행 능력과 전쟁의지를 없애기 위해 적 점령하의 주요 도시나 생산시설, 교통·통신시설 등을 파괴하는 폭격작전을 의미한다. 전략폭격에 대비되는 개념으로 '전술폭격'이 있는데, 이는 보통 지상부대나 해상부대의 작전에 직접적으로 기여하기 위해 실시되는 공중폭격을 뜻한다. 전략폭격과 전술폭격의 개념은 흔히 젖소와 우유 들통에 비유되곤한다. 즉 전술폭격은 적에 대한 즉각적 도움을 좌절시키기 위해 우유 들통을 뒤엎는 작전이라면, 전략폭격은 젖소를 아예 죽여버리는 작전인 것이다.

전쟁 초기 미 극동공군 폭격기사령부 산하의 B-29기들은 정밀폭격 개념에 의거하여 한강에서 압록강 사이에 있는 인민군 수송망을 차단하고, 북군의 병참 보급에 도움을 주는 산업시설을 파괴하는 임무를 부여받았다. 그리고 실제 이 임무를 충실하게 이행해나가기 시작했다.

1950년 7월 13일 미국으로부터 갓 도착한 B-29기 56대의 원산 선착장 폭격을 시작으로, 7월 22일 B-29기 6대의 평양조차장 폭격, 7월 23일 B-29기 18대의 평양조차장 폭격, 8월 7일 B-29기 49대의 평양병기창과 평양조차장 폭격, 8월 9일과 10일 각각 B-29기 24대와 46대의 원산 정유공장과 조차장 폭격 등은 그 대표적 예이다. 특히 1950년 7월 30일부터 3일간 지속된 흥남폭격은 정밀폭격 정책의 대표적 성공사례로 미 공군에 의해 누누이 강조되어왔다.

그러나 당시 정밀폭격의 실체는 '정밀'이라는 표현을 무색하게 만들 정도로 거칠고 난폭하였다. B-29기의 정밀폭격은 사실상 당대 북조선 민간인들의 엄청난 희생을 초래하는 상황으로 진행되고 있었다. 그 주요 원인으로는 우선 B-29기들의 전략 목표가 평양·원산·청진·흥남·함흥·진남포·성진 등과 같은 대도시 인구밀집구역에 집중되어 있었다는 사실부터 지적해야 할 것이다. 앞서 설명했듯이 전략폭격의 핵심 목표는 교통과 산업의 중심지로, 이는 응당 평양이나 원산과 같은 대도시에 집중되기 마련이었다.

달리 말해 '정밀' 타격 대상 자체가 인구밀집지역 한가운데 위치한 경우가 대부분이었다는 것이다. 따라서 주변 민간인들에게 피해를 주지 않고 소위 '정밀폭격'을 수행하기 위해서는 폭격 적중률이 매우 높아야 하는데, 당시 고공의 B-29기 목표물 적중률은 낯 뜨거울 정도로 현격히 낮았다. 사실상 무차별 대량 살육 작전이었다.

한국전쟁 초기 미 공군 내 실험에 의하면, B-29기에서 투하된 개별 파괴폭탄 하나가 6.96미터×174미터 크기의 목표물에 적중될 확률은 0.7퍼센트에 불과했고, 10.44미터 ×328미터 크기의 목표물에 적중될 확률은 1.95퍼센트에 불과했다. 6.96미터×174미터 크기의 목표물에 대해 50퍼센트의 적중률을 기록하기 위해서는 90발의 폭탄이 필요하고, 80퍼센트의 적중률을 기록하기 위해서는 209발의 폭탄 투하가 필요했다.

다시 말해, B-29기의 폭탄 투하를 통해 목표물 파괴라는 성과를 거두기 위해서는 목표물 인근에 수백 발의 폭탄을 퍼부어야 했던 것이다. 그리하여 광범한 목표지역 일대에 대량의 폭탄을 여러 차례 투하하는 방식으로 소위 '정밀폭격'이 진행되었던 것이다.

한국전쟁 초기 미 공군폭격에 의한 민간인 희생은 북조선지역에만 국한된 현상이 아니었다. 인민군의 빠른 남하와 함께 남한 지역 내의 북군 점령구역이 확대되어가자 미 공군은 적 점령 지역에 대한 폭격의 강도를 계속 증강시켜 나갔다. 그리고 그 폭격의 과정에서 적잖은 남한 민간인들이 희생되었다.

전쟁 초기 남한지역 민간인들의 희생 양상은 북부지역보다 좀 더 복잡하고 다양한 원인과 구조를 지닌다. 일단 북부 지역과 마찬가지로 남한 지역에서도 인민군 점령구역의 확장과 함께 B-29기에 의한 전략폭격이 진행되었다. 남한지역에서 활동한 B-29기의 폭격 목표는 주로 철도와 교량과 같은 교통시설이었다. 그런데 남한의 주요 교통 중심지 또한 인구밀집지역에 위치한 경우가 많았기 때문에 B-29기 대량 폭격으로 인한 민간인 희생은 전쟁 초기부터 빈번히 등장했다. 서울역이 위치했던 서울 용산구의 민간인사망률이 매우 높았던 이유가 여기에 있다.

그런데 실제 전쟁초기 미 공군의 남한지역 폭격작전을 주도한 것은 B-29기와 같은 중폭격기가 아니라 B-51기나 F-80기와 같은 소형의 전폭기였다. 이 전폭기들은 지상군의 전투를 직접적으로 돕기 위한 전술항공작전의 일환으로 남한 지역에서 폭격작전을 수행했고, 실제로 전쟁 초기 북군의 남하 속도를 저하시키는데 상당 정도 기여했다.

그러나 이 같은 긍정적 시기는 그리 오래가지 않았다. 전폭기 조종사들은 이내 매우 곤란한 상황에 처하고 말았다. 1950년 7월 중순경부터 남한 지역 내에서 인민군 병력과 차량을 발견해내는 것이 현실적으로 매우 어려워졌기 때문이다.

참전 직후 시점에는 전폭기들도 공격 목표물을 발견하는데 큰 어려움을 겪지 않았다. 한국전쟁 발발 직후 북군은 낮 동안에 주도로를 따라 병력과 탱크 등을 이동시키며 남진을 지속했다. 그러나 7월 중순 이후 미 공군 전폭기의 전술항공작전이 급증하면서 북군의 작전 양상 또한 급속히 변화했다. 북군은 남한군 추격 과정에서 산길과 우회로를 이용한 측방공격, 독립 저항거점 포위 등의 방법을 활용하기 시작했다. 더불어 인민군 부대들은 전투대형에 대한 미 공군 폭격 때문에 주로 야간에만 이동했다.

부대 지원을 위한 모든 형태의 수송 또한 주로 야간에 이루어졌고, 비가 오거나 비행이 불가능한 날씨에만 주간 이동이 진행되었다. 모두 미 공군 전폭기들의 기습을 피하기 위한 나름의 고육지책이었다. (국방부 군사편찬연구소 『소련 군사고문단장 라주바예프의 6·25 전쟁 보고서』 2001)

북군의 기민한 대응과 함께 전폭기 고유의 기계적 한계, 전술항공통제시스템의 구조적 문제들 또한 목표물 색출을 어렵게 만들었다. 전쟁 초기 전폭기들은 멀리 일본으로부터 날아와 한반도의 임무구역에서 폭격작전을 수행했는데, 대부분이 매우 짧은 항속거리를 지니고 있었다. 통상 전폭기의 항속 거리란 연료를 가득 채운 상태에서 작전 후 기지로 돌아올 수 있는 거리를 의미한다.

그런데 한국전쟁 초기 일본에서 이륙한 전폭기들은 항속거리가 짧아서 남한지역의 목표지역에서 길어야 10~15분 동안만 머물 수 있었다. 게다가 조종사들은 한반도 상공의 불안정한 무선 환경으로 인해 최대한 빨리 스스로의 판단에 따라 표적을 찾아내어 폭격 임무를 완수해야만 하는 압박감과 싸우고 있었다. 빠르게 비행하는 전폭기 내에서 이 모든 것을 해내기란 사실상 불가능에 가까웠다. 그래서 전폭기 조종사들은 손쉬운 목표물을 찾기 시작했고, 그 대부분의 목표물을 민간지역에서 구하고 있었다.

한국전쟁 초기에 작성된 수많은 조종사 임무보고서mission reports는 이 같은 상황을 생생하게 보여준다. 임무보고서란 매일 비행 직후에 작성 하는 조종사들의 업무 일지와 같은 문서이다. 다수의 임무보고서들에 의하면, 조종사들은 "흰옷을 입은 사람들"people in white을 타깃으로 설정하여 무차별적으로 공격했고, 적 병력이 전혀 보이지 않는 농촌 지역에 반복적인 로켓과 기총소사 공격을 가하곤 했다.

"흰옷을 입은 사람들"이란 당시 하얀 삼베옷이나 무명옷을 입었던 한국의 평범한 민간인들을 뜻한다. 조종사들은 북군 점령 하의 남한 농촌지역을 '게릴라 막사'로 표현하였고 남한의 민간인들을 '위장된 북한군' 혹은 '적의 군사활동을 돕는 사람들'로 표현하며 자신들의 공격을 정당화했다. 노근리 사건과 유사한 피난민 공격 사례 또한 매우 빈번히 발생하고 있었다. 소위 남한 지역에서 진행된 정밀폭격의 실체가 대체로 이러했다.

(4) 중국 인민지원군이 참전하자 대도시 「대량 학살 폭격 작전」 실행

1950년 11월 초 맥아더는 놀라고 다급하여 어찌할 바를 모르고 있었다. 압록강까지 도달했던 유엔군이 북부 지역 곳곳에서 새로운 적 중국군에게 참패하고 있다는 소식을 들었기 때문이다. 9월 15일 인천상륙작전에 성공하고 10월 초 38도선을 넘어 북진할 때만 해도 전쟁의 승리는 확실해 보였다. 맥아더는 10월 15일 트루먼 대통령과의 웨이크섬Wake Island 회의에서 추수감사절 무렵 남북 전지역에서 공식적 저항은 끝날 것이며, 크리스마스 때까지 미8군을 일본으로 철수시킬 수 있을 것이라고 단언했다.

그는 중국과 러시아의 개입 가능성에 대한 트루먼의 질문에 대해 다음과 같이 말했다. "거의 없습니다. … 우리는 한반도에 우리의 공군기지를 보유하고 있기 때문에, 만약 중국이 평양으로 밀고 내려오려 한다면 최악의 대량학살이 벌어질 것입니다."

중국군이 참전할 경우 "최악의 대량학살"이 벌어질 것이라는 맥아더의 말은 허언이 아니었다. 1950년 11월 5일 오전 11시 5분 맥아더는 미 극동공군의 주요 인사들을 한자리에 불러 모았다. 이 자리에서 맥아더는 급변하는 전황에 대한 돌파구를 찾기 위해 미 공군 폭격작전과 관련된 매우 중요한 결정을 하달했다. "이제부터 북한 지역의 모든 건물과 시설·마을은 군사·전술적 목표물로 간주합니다. 유일한 예외는 만주 국경과 한반도 내에 위치한 수력발전소뿐입니다."

이날 맥아더는 극동공군의 주요 사령관들에게 북한의 도시와 농촌 자체를 주요 군사적 목표물로 간주하라고 지시했다. 맥아더는 민간인 거주 지역 내의 특정 군사시설에 대한 파괴가 아닌 '민간지역 자체'에 대한 파괴를 명령했다. 도시나 농촌지역 내 적 병력과 보급품의 존재 유무는 더 이상 폭격작전 수행 여부의 기준이 되지 않았다. 오히려 미 공군은 적 병력이 도시나 마을에 진입하기 전에 해당지역을 '사전 파괴'하라고 지시했다.

이 같은 사전 파괴 명령은 북한 내 민간지역이 추위를 피하고자 하는 적 병력의 휴식처이자 은신처로 활용될 수 있다는 가정에 근거했다. 미 극동공군사령관 조지 스트레이트미이어는 이 무시무시한 맥아더의 정책을 소각과 파괴를 위한 「초토화 정책」이라고 명명했다.(George Stratemeyer, *The Three Wars of Lt. Gen. George Stratemeyer, His Korean War Diary*, 1999)

맥아더의 새로운 폭격정책은 명령 하달 직후부터 가공할 위력을 발휘하기 시작했다. 유엔군 진격 시기 북한지역에서 더 이상 가치 있는 목표물을 발견할 수 없어서 대기 상태로 머물러 있던 B-29중폭격기들이 다시 전장으로 나아갔다. 그리고 이 중폭격기들은 북한의 주요 도시들을 불태우기 위해 기존에 북한지역에서 사용된 적이 없는 새로운 무기를 활용했다. 제2차 세계대전 시기 일본에 대한 공격에서 악명을 떨쳤던 소이탄을 다시 사용하기 시작한 것이다.

1950년 11월 5일 B-29기 22대의 강계 폭격을 기점으로, 북한의 주요 도시들이 소각되기 시작했다. 11월 8일에는 B-29기 69대가 신의주를 폭격했고, 9일에는 B-29기 13대가 삭주·북청·청진을 폭격했으며, 10일에는 B-29기 33대가 청진·의주를 폭격하는 등 공중폭격이 연일 지속되었다. 미 공군의 자체 평가에 의하면, 1950년 11월 공중폭격으로 인한 북한 지역 도시 파괴 정도는 만포진 95퍼센트, 고인동 90퍼센트, 삭주 75퍼센트, 초산 85퍼센트, 신의주 60퍼센트, 강계 75퍼센트, 희천 75퍼센트, 남시 90퍼센트, 의주 20퍼센트, 회령 90퍼센트에 이르렀다.

이 같은 수치는 사실상 해당 지역의 전소, 작전명 그대로의 '초토화'를 의미했다. 그리고 1950년 11월 초 주로 조·중 국경 지역의 도시와 농촌을 중심으로 전개되던 대규모 폭격작전은 중국군의 남하와 함께 북조선지역 전역으로 확산되었다.

1950년 겨울 미 공군의 맹렬한 초토화 전략은 말 그대로 북조선의 도시와 농촌을 잿더미로 바꿔버렸다. 1950년 11월 17일, 유엔군사령관 맥아더는 주한미국대사 존 무초에게 공군활동 내용에 대해 설명하면서 다음과 같이 단언했다. "불행히도 이 구역은 사막화될 것입니다." 맥아더의 발언에서 "이 구역"이란 양군이 대치한 전선과 조·중 국경선 사이의 북조선 지역 전체를 의미했다.

1951년 7월 이후 유엔군과 공산군은 서로가 보다 유리한 조건에서 정전을 성사시킨다는 동일한 목표를 향해 나아갔다. 그러나 미 공군의 북한지역 폭격은 1953년 7월 정전협정 체결 시점까지 하루도 끊이지 않고 계속되었다. 특히 1952년 7월 포로송환 문제를 두고 정전회담이 교착 상태에 빠지자, 미 공군은 회담에 정치적 압력을 행사하기 위해 「항공압력전략」이라는 새로운 전략개념을 만들어 냈다. 항공압력 전략은 공군력에 가해진 기존의 정치·군사적 제한 요소를 해제시키고, 오히려 공군력을 '정치적 압력수단'으로 직접 활용하는 새로운 개념의 공군전략이었다.

항공압력전략이 미 공군의 새로운 핵심전략으로 부상하면서 또다시 북한의 도시와 농촌은 값비싼 대가를 치러야할 핵심 공격 대상으로 재설정되었다. 새로운 전략의 하달과 동시에 극동공군 산하 제5공군은 경폭격기의 파괴 목표로 북한지역 촌락과 도시 35개를 선정했고, 얼마 후 이를 다시 78개로 확대했다. 제5공군 전폭기들 또한 1952년 7월부터 작전계획 72-52를 따라 정치적 압력 행사를 위한 민간 시설 폭격에 적극적으로 동참했다.

정전 시점까지 지속된 항공압력전략 하의 작전계획 72-52의 핵심 목표는 보급지역의 조직적 공격이었다. 당시 미 공군 문서에 등장하는 '보급 지역'이란 공산 병력들에 의해 활용될 가능성이 있는 시설 일체를 의미했다. 미 공군은 도시의 폐허 위에 새롭게 올라가고 있는 건물이 있으면 이를 어김없이 파괴하고, 보급시설이나 보급지역 파괴로 보고했다.

항공압력전략은 1953년 5월부터 시작된 북부 지역 '저수지 폭격작전'을 통해 그 성격을 단적으로 표출했다. 저수지 파괴는 단순한 군사적 측면보다는 정치·경제·심리적 측면을 보다 중시한 폭격작전이었다. 미 공군은 저수지 공중폭격을 통한 평야지역 홍수로 북한 지역의 주식량인 쌀의 생산을 저지하고자 했다. 주식량의 파괴는 군인들 뿐만 아니라 민간인들에게 엄청난 고통을 안겨주는 행위였다.

특히 20개의 저수지가 해주 지역에 집중되어 있었고, 북한에서 생산되는 쌀의 대부분이 해주에서 나오고 있었기 때문에, 이 지역의 파괴는 북한 경제에 명백히 큰 부담을 주는 것이었다. 해주 지역 논의 75퍼센트는 저수지 관개시설에 의지하고 있었다. 극동공군은 저수지 파괴를 통해 공산 측 지도부와 민간인들에게 적잖은 정신적 충격을 안겨주고자 했다.

실제로 1951년 5월 13일 제58전투폭격비행단 소속 F-84기 20대에 의해 진행된 견룡저수지 폭격은 경의선 주요 구간을 침수시켰을 뿐만 아니라, 수천 평의 논에 측량 불가능한 피해를 주었고, 평양 시내 700채의 건물을 파괴했다. 그리고 5월 15일 F-84기 24대의 자모저수지 폭격은 인근 교량·철도·도로·논·촌락을 순식간에 파괴했고, 대동강 범람으로 인해 평양 지역 상당 부분의 침수를 야기했다.

적국의 주식량 생산지 파괴를 통해 적 병력과 민간인들의 전쟁 의지를 상실시키기 위한 저수지 폭격작전은 애초 계획대로 잘 진행되었다. 정전협상이 마무리되어가던 때 미 공군은 군사목표만을 정밀폭격한다는 전쟁 초기의 정책에서 이탈하여, 오히려 민간인에 대한 군사적 압력을 통해 자신의 목적을 달성하고자 했던 것이다.

(5) 수백만 동포의 무덤 위에 '살인마 미제에 영구 복수' 다짐 비명碑銘

한국전쟁 발발 직후부터 시작된 3년간의 미 공군폭격은 북부 도시와 농촌들을 폐허로 만들어버렸다. 극동공군은 자체 평가를 통해 진남포의 80퍼센트, 청진의 65퍼센트, 해주의 75퍼센트, 함흥의 80퍼센트, 흥남의 85퍼센트, 황주의 97퍼센트, 강계의 60퍼센트, 군우리의 100퍼센트, 교미포의 80퍼센트, 평양의 75퍼센트, 사리원의 95퍼센트, 순안의 90퍼센트, 원산의 80퍼센트, 신안주의 100퍼센트가 파괴되었다고 평가했다.

1953년 8월에 작성된 극동공군 폭격기사령부의 보고서에 의하면, 한국전쟁 기간에 투하된 1만 7000톤의 폭탄 중 1만톤 정도가 '보급지역'에 투하되었다고 한다. 이 보고서 상의 '보급지역'이란 적 점령하의 도시와 농촌지역을 의미했다.

북부지역을 초토화시켜버린 미 공군의 폭격은 응당 전쟁 시기 북조선 주민의 일상을 근본적으로 뒤흔들어 놓았고 전후 그들의 사상에도 지대한 영향을 미쳤다. 대부분의 북한사람들은 폭격으로 인해 가족이나 이웃이 죽거나 다치고 집이 파괴되는 경험을 감내해야만 했다. 북조선 주민들은 전쟁 기간 내내 폭격으로부터 살아남기 위한 나름의 방안을 스스로 찾아야만 했다. 북조선정부는 사실상 속수무책이었다. 그래서 결국 그들이 찾아낸 최선의 방안은 땅속으로 몸을 은신하는 것이었다.

도시민들은 폭격으로 인해 파괴된 건물의 잔해 아래에 흙구덩이를 파고 은신했다. 농촌 지역 사람들은 마을 인근 산 아래에 토굴을 파고 그곳에서 생활했다. 그리고 대부분의 북조선사람들은 낮 동안에 토굴에서 잠을 자고 밤에는 굴 밖으로 나와 폭격으로 인해 파괴된 철도와 교량을 복구하는 작업에 동원되어야만 했다. 표현 그대로 '시공간의 전복' 현상을 몸으로 겪어내야만 했던 것이다.

전후 다수의 조선사람들은 눈앞에 펼쳐졌던 수많은 죽음과 파괴와 시공간의 전복현상에 의한 고통과 증오의 기억을 간직한 채 감정적 반미주의자로 변해가지 않을 수 없었다. 전후 조선정부는 이 같은 경험을 선전과 교육으로 확대재생산해 나갔다.

미 공군의 공중폭격은 남한사람들에게도 상당한 피해를 주었다. 전폭기의 무차별 사격과 폭탄 투하로 적잖은 민간인들이 사망했다. 그러나 역대 한국정부는 전쟁 기간 미군의 한국 민간인 공격을 오히려 적극적으로 찬성하거나 정당화하기에 급급했다. 예컨대 1951년 3월 이승만은 미 공군의 도시폭격과 관련하여 "한국민들이 … 조용히 참고 차라리 가옥이 파괴될지언정 적에게 나라를 뺏기어 독립된 국가에서 자유민으로 살 수 없는 것을 원치 않는다"고 단언했다.

심지어 2010년 이명박 정부 또한 "민간인이 미군에 의해 희생된 것은 사실이며 안타까운 일이지만, 이는 어쩔 수 없는 희생이었다"고 평가했다. 탈냉전 이후에도 한반도는 여전히 '냉전의 화석'으로 남아있다는 표현이 과언이 아님을 확인할 수 있다. (진실·화해를 위한 과거사정리위원회 『진실화해위원회 종합보고서 III, 민간인 집단희생사건』 2010)

한국현대사의 많은 사건들은 강대국의 식민통치로 길들여진 천치스러운 지배세력의 어리석음 때문에 그 본질적 성격이 은폐되는 경우가 허다했다. 미국과 같은 강대국이 한국전쟁에 참전한 의도와 전투행위에 대한 분석도 마찬가지다. 사실상 현재까지도 한국전쟁 시기 미국이 취한 행위의 총체적 의미는 제대로 연구되지 않았다. 한국인들의 자유와 평화를 위해 한반도에 들어왔다는 미군이 왜 "흰옷을 입은 사람들"을 모조리 적으로 간주했는지, 왜 북부의 도시와 농촌을 모두 불태워버린 '초토화 정책'을 강행했는지, 왜 정전협상이 마무리되어가는 시점에 북조선의 저수지들을 한꺼번에 파괴하여 광범위한 벼농사 지역을 침수시켜야만했는지 등에 대한 분석에 의해 한국전쟁 해석과 비판이 종합적으로 포괄될 때 비로소 전쟁의 실상에 한걸음 더 다가갈 수 있을 것이다. 그리하여 미국이 침략자인가 구세주인가, 그 어중간한인가의 판가름도 분명해질 것이다.

한반도에 살고 있는, 특히 남쪽에 살고 있는 사람들이 미국의 정체를 알아차리지 못하고 있는 한, 지금도 한반도 언저리를 항공기와 잠수함으로 핵공갈을 치며 맴돌고 있는 모습과 의미를 깨닫지 못하고 있는 한, 조국과 동포와 자손들의 앞날은 밝아오지 않을 것으로 보인다.

2. 핵 협박으로 세계인류의 자주·평등·평화 염원을 압살

1) 식민지 조선을 다시 갈라놓고 강대국들간 살상무력 시험해본 셈

일본제국의 식민지 통치세력을 물리친 미군이 조선반도 남부를 선제점령하고 있는 상황 하에서 일본군 경력의 장교들을 앞세운 현지 병력의 훈련과 무기 지원에 의한 잦은 경계선 침투는 북조선으로 하여금 당장 미국의 확대점령 위협에 대처하고 나아가 남부의 해방통일이라는 명분 하에 적극 진공의지를 부추겼던 것으로 알려졌다.

핵시대의 첫 전쟁이자, 미국과 소련 및 신생 중국 등 강대국이 직접 개입한 한국[조선]전쟁의 또 하나의 중요한 특징은 바로 강대국 간 '예방전쟁'의 충돌이었다는 것이다. 예방전쟁의 시각에서 한국전쟁을 분석하는 것은 이 전쟁의 발발 배경과 미국의 개입 및 중국의 참전 등 확전, 그리고 정전협상이 지체된 원인을 이해하는데 중요한 의미를 지닌다. 또한 한국전쟁이 품고 있는 국제전쟁으로서의 성격을 새로운 각도에서 접근할 수도 있다.

(1) 핵보유국이 사회주의권의 흥기에 놀라 치러본 예방전쟁 성격

일반적으로 예방전쟁은 적이 더욱 강해져서 나를 위협하는 상황을 사전에 막기 위해 벌이는 전쟁을 의미한다. 이는 "자신에 대한 공격이 확실히 임박했을 때 자위적 차원에서 적을 먼저 공격"하는 선제공격과는 다른 개념이다. 북진통일을 공언했던 이승만에 맞서 상당한 전력을 갖추어 남한 공격을 강행한 김일성의 판단도 예방전쟁의 맥락에서 해석할 수 있다. 또한 김일성·마오쩌둥·스탈린은 미국 주도 하에 일본~한국~대만을 잇는 동아시아 반공진영이 구축될 경우 전쟁은 시간 문제가 될 것으로 보고 즉각적인 대응 공격을 통해 미래의 큰 전쟁을 예방할 수 있다고 믿었다. 반면 미국은 북의 공격을 소련이 주도할 제3차 세계대전의 전주곡으로 간주하고, 한국전 개입을 제3차 세계대전의 '예방전쟁'으로 간주했다. (정욱식 『핵의 세계사』 아카이브 2012년)

먼저 공산 진영이 예견했을 것으로 보는 예방전쟁론을 살펴보자. 토머스 크리스텐슨 Thomas Christensen은 미국의 일본 점령기에 "미·일 안보 동맹을 추진했던 것이 공산 진영에 침략의 위협 메시지를 전달함으로써" 동북아의 불안정을 가져왔다고 지적한다. "1949~1950년에 싹트기 시작한 미·일동맹의 맹아가 한반도와 관련해 소련과 중국의 계산에 영향을 미쳐(김일성의 남반부 해방을 위한 진격 승인이라는) 파괴적인 결과"를 가져왔다는 것이다.

미군이 일본·한국·대만 등에 주둔하고 일본마저 재무장할 것이라는 공산진영의 판단은 북조선·중국·소련의 공산 동맹의 결속을 야기했고, 소련과 중국이 북에 대규모의 군사원조를 제공하게 된 중요한 원인이었다는 것이다. (이 경우 조선민족의 자주독립 욕구를 일단 무시하고 있다.) 1949년까지 소련과 중국의 북조선 군사원조는 일본의 재무장 및 미국 주도의 동아시아 「반공 동맹」의 출현 가능성에 대비한 '방어적 목적'이 강했다. 그러나 1950년에 들어와 '국제적인 환경'이 공산권에 유리하게 전개되자 스탈린과 마오쩌둥은 예방전쟁의 맥락에서 김일성의 남부 통일을 위한 공격 요구를 수용 지원했다는 것이다.

여기서 주목할 것은 공산 진영이 1949년 주한미군의 철수를 한반도 통일의 기회이자 또 다른 위협의 시작으로 간주했다는 점이다. 「북진 통일」을 공공연히 주창한 이승만이 일본의 지원을 업고 북조선을 공격할 가능성을 우려한 것이다. 실제로 1949년 초여름, 남한의 북진 공격 가능성에 대한 우려가 공산 진영에 팽배했다. 이 무렵 실제로 친일파 장병들로 재무장한 남측 이승만 군대의 38선 북측 점령 사례가 부쩍 잦아지고 있었다. 비밀 해제된 소련 문서에 따르면, 북측의 지도자들은 소련과 중국에, 미군 철수 이후 남한과 일본의 공격 가능성이 커졌다고 말했다. 스탈린은 "미국의 지원 아래 일본이 재무장하고 장차 한국을 군사기지로 삼는다면, 소련의 극동 지역에 위협이 될 것이라고 믿었다." 마오쩌둥 역시 이러한 우려를 공유하고 있었다.

평양발 소련 외교 전문에 따르면, 마오쩌둥은 1949년 5월 15일 북조선 특사를 만난 자리에서 다음과 같이 말했다. "조선반도 전쟁은 빨리 끝날 수도 있고 장기화될 수도 있습니다. 장기전이 될 경우 일본이 개입해 남조선을 도울 것이기 때문에 북조선에 이롭지 못합니다. 그러나 걱정하지 마세요. 당신들에게는 소련이 있고 또 만주에는 우리가 있습니다. 필요하다면, 우리는 은밀히 우리의 군대를 보낼 것입니다."

김일성은 스탈린과 마오쩌둥의 우려를 군사원조 확대 동의를 받아내는데 지렛대로 활용했다. 1949년 초 소련군이 철수할 때는 약 1000명의 군사고문단 잔류와 함께 대규모의 군사원조를 받아냈다. 곧이어 중국에는 국공내전에 참가했던 조선인 군대의 송환을 요구해, 마오쩌둥은 1949년 2개 사단을, 그리고 이듬해 1월에는 추가적으로 1개 사단을 북조선에 보냈다.

1950년 1월 하순, 스탈린은 이승만이 미국의 안보 공약이 약해지는 상황에 대한 대비책으로 일본과 더욱 긴밀한 협의를 모색하고 있다는 보고를 받았다. 이는 스탈린의 전략적 우려를 더욱 자극한 내용이었다. 한국·미국, 미국·일본의 양자 관계에 이어 한국·일본 3각 협력 구조까지 탄생하면 한·미·일 반공동맹이 형성될 것으로 봤던 것이다. 엘리자벳 스탠리Elizabeth Stanley에 따르면, 소련의 강경파도 김일성과 유사한 판단을 해 스탈린에게 강경 대응을 주문했다. 스탠리는 "소련 강경파는 미국이 한국과 일본을 소련과 아시아 민족해방운동을 겨냥한 '군사적 발판'으로 삼으려한다고 주장"하면서, "한반도 공산화 통일을 정당화하기 위해 미국과 일본이 아시아에서 소련의 이익을 위협하고 있다는 점을 강조했다"고 지적했다.

그러나 공산 진영이 생각한 만큼, 일본의 재무장 수준도, 한·미·일간의 군사적 결속도 강하지는 않았다. 오히려 미국이 한국과 일본을 발판 삼아 아시아 공산국가를 공격하는 것을 사전에 차단하기 위해 감행한 침공은 공산권이 방지하려고 했던 목표, 즉 「일본의 재무장 강화와 미국 주도의 동아시아 동맹 체제의 강화」로 귀결되고 말았다. 미국 정부는 북의 침공을 일본 안보의 치명적인 위협으로 간주하고 일본 재무장을 본격적으로 추진하고 나선 것이다.

중국의 한국전쟁 참전도 예방전쟁의 맥락에서 이해할 수 있다. 트루먼 행정부가 북의 남진 직후 한국전쟁 개입과 함께 대만 해협에 7함대를 파견한 것은 두 가지 측면에서 중국의 대미 인식에 중대한 영향을 미쳤다.

첫째는 미국이 한국전쟁 이전에는 대만을 중국의 일부로 인정하는 듯한 태도를 보이다가, 한국전쟁이 터지자 대만 해협에 7함대를 파견하는 것을 목도하곤 미국의 의도에 더욱 강하게 불신을 가지게 되었다. 미국이 대만 문제에서처럼 한반도에서도 언제든 정책을 선회할 수 있다고 간주한 것이다. 둘째는 미국 주도의 한반도 통일을 좌시할 경우, 중국은 장차 대만과 한반도라는 2개의 전선에서 미국을 상대해야 한다는 부담을 느꼈다.

맥아더가 1950년 7월 3개 전투 편대와 함께 대만을 방문해 미국 내 온건파를 유화주의자·패배주의자로 비난하면서 "만약 우리가 대만을 방어한다면 우리는 중국 본토를 고립시킬 수 있을 것"이라고 말한 것은 중국의 이와 같은 전략적 불안을 자극했다.

이에 따라 마오쩌둥은 언젠가 미국과의 일전이 불가피하다면 한반도를 전쟁터로 삼는 것이 그리 나쁘지 않을 것이라고 생각했다

(2) 미국이 주장한 전쟁 개입의 구실과 이에 대한 우호적 시각

한편 1950년 1월 12일 애치슨라인 선언을 통해 한국을 극동방어선에 포함시키지 않았던 미국은 그해 6월 25일 북조선군이 기습적이고도 전면적으로 침공하자 신속한 개입을 선택했다. 트루먼 행정부는 즉각 유엔안전보장이사회를 소집해 북조선의 무력침공을 "평화의 파괴"로 규정했고, 6월 27일에는 대통령 담화를 통해 남한 방어를 위해서 미군을 투입하고, 중국의 대만 공격을 억제하기 위해서 대만 해협에 7함대를 파견하겠다고 발표했다. 이는 직전까지 남한의 전략적 가치 및 북측의 남침 가능성을 낮게 보고 양안 문제에 개입하지 않을 뜻을 내비친 것에 비추어보면 전격적이고 신속한 결정이었다.

이 대목에서 미국은 애치슨라인 선언으로 북측의 남부 공격을 유도하여 '반격'이라는 구호 아래 북부를 마저 확대점령하려 했다는 음모설도 생겨나게 되었다.

당시 미국이 신속한 개입을 천명한 데는 트루먼이 밝힌 공식적인 이유, 즉 "공산군의 침공은 유엔 헌장의 위반이자 국제 평화와 안정을 위협하는 도발" 외에 미국의 내부 요인도 크게 작용했다. 미국 공화당은 애치슨라인 발표를 전후해 트루먼 행정부가 중국의 공산화를 방치했고, 공산주의자에게 너무 나약하게 대처하고 있다며 맹공을 퍼부었다. 이러한 공화당의 안보 공세는 매카시즘 광풍과 맞물려 트루먼 행정부를 궁지로 몰아넣었다. 트루먼에게 북측의 남한 공격은 이러한 정치 공세를 무마할 수 있는 기회였고, "트루먼은 그 기회를 잡았다." 이를 반증하듯, 트루먼이 신속한 개입 의지를 발표하자 그의 지지율도 크게 올라갔다.

애치슨이 아시아 방어선에 한국을 포함시키지 않은 결정에 대해 미국의 보수파는 북의 남침에 청신호를 보낸 것이라고 반발했지만, 정작 맥아더조차도 1949년 3월 인터뷰에서 미국의 방어선은 필리핀~오키나와~일본 열도~알류산 열도~알래스카로 이어진다고 말했다. 당시 한국의 전략적 가치를 낮게 본 것은 군부를 포함한 미국 행정부 전체의 분위기였고, 이는 공화당계 인사 역시 마찬가지였다.

앞에서 언급한 것처럼, 미국이 신속한 개입을 선택한 전략적 배경에는 미국 지도부가 한국전쟁을 제3차 세계대전의 전주곡으로 간주했던 이유가 자리잡고 있었다. 트루먼은 "우리 세대에 강자가 약자를 공격한 것은 한국전쟁이 처음은 아니다. 나는 만주・에티오피아・오스트리아 등 이전의 몇 가지 사례를 떠올렸다. 공산주의자들은 10년, 15년, 20년 전에 히틀러・무솔리니・일본 제국주의자가 그랬던 것처럼 한반도에서 행동하고 있다"라고 말했다. 그러면서 "공산주의자들이 자유세계의 반격 없이 한국에서 자신의 뜻을 강요하는 것을 우리가 좌시할 경우, 어떤 작은 나라도 공산국가의 위협과 도발에 저항할 용기를 갖지 못하게 될 것"이라며, 한국전쟁을 방치할 경우 "제2차 세계대전에서 그랬던 것처럼 제3차 세계대전으로 이어질 수 있다"고 우려했다. 애치슨 국무장관도 "우리는 진짜 적인 소련이 뒤에 숨어 있는 전쟁을 치르고 있다"라고 했고, 오마르 브래들리 Omar Bradley 합참의장은 "한국 전쟁은 제3차 세계대전을 피하기 위한 목적으로 수행한 예방적 제한 전쟁이었다"라고 말했다. 참으로 가소로운 침략세력의 적반하장 정당화 논리였다.

이처럼 당시 미국이 신속한 개입을 선택한 배경에는 '자유 진영'의 강력한 반격이 없으면 한국전쟁이 세계대전으로 이어질 수 있다는 우려가 강하게 깔려 있었다. 미국을 위시한 16개국이 유엔군의 깃발 아래 참전을 결정한 것은 "제2차 세계대전에 대한 강렬한 트라우마"가 역으로 반영된 것이었다고 선전되었다.

당시 워싱턴의 정책결정자와 맥아더의 눈에는 조선의 남부 공격이 소련의 양동작전陽動作戰으로 비춰졌다는 것이다. 스탈린이 김일성을 부추겨 남한을 공격하는 한편, 유럽이나 중동에서 또 다른 침공 계획을 갖고 있다고 믿었다는 것이다. 이에 따라 미국의 한국전쟁 참전은 유라시아 대륙에 걸친 스탈린의 무력을 앞세운 공산화 시도의 기를 꺾으려는 의도였다. 한반도에서 공산주의에 대항할 강력한 의지를 분명히 보여주어야 유럽을 비롯한 다른 지역에서 스탈린의 도발을 억제할 수 있다고 여겼다는 것이다. 침략의 구실은 계속 자기 정당화였다.

○당시 참전국은 미국・영국・호주・캐나다・뉴질랜드・프랑스・터키・그리스・중화공화국(대만)・필리핀・태국・남아프리카공화국・에티오피아・콜롬비아 등 16개국이다. 이

를 통해 알 수 있듯이 참전국 대다수는 제2차 세계대전의 피해국이었다.

　　결국 당시 미국은 식민지 고통을 겪은 약소국의 자주독립과 해방통일의 여망에는 세계인들의 귀를 막게 하고, 소련이라는 강대한 공산주의국가를 막 끝난 2차대전의 독일·일본과 같은 침략(배후)세력으로 규정하여 분노와 두려움의 대상으로 느끼도록 자극하였던 것이다.

　　당시 세계의 모든 나라들의 지배세력은 각자 자국내 서민대중의 평등·민주화 요구에 시달리고 있었기 때문에 급진적 공산주의 혁명기운을 몹시 꺼리고 있던 터였다.

　　이러한 시각을 반영하듯 북조선의 공격에 대한 미국의 대응은 '전 지구적으로 나타났다. 한국전쟁이 시작되자 미국은 한반도 참전은 물론, 대만 해협에 제7함대를 파견했다. 또한 필리핀의 게릴라 소탕 작전을 지원하는 한편, 인도차이나에서 민족공산주의 집단인 베트민과 전쟁 중이던 프랑스에 대한 지원을 대폭 강화했다. 북의 침공 후 4일만에 C-47 수송기가 태평양을 건너 인도차이나로 향했는데, 이를두고 데이비드 헬버스탬 David Halberstam은 "훗날 깊어만 갈 미국의 우울한 모험을 알리는 서곡"이었다고 지적했다.(데이비스 헬버스탬, 정윤미·이은진 역 『콜디스트 윈터』 살림 2009. 정욱식 『핵의 세계사』 아카이브 2012)

　　또한 미국은 제2차 세계대전 당시 동맹국이었고 대일전에도 참여한 소련을 제외하고 평화조약을 체결하기로 했는데, 이는 일본을 대소 봉쇄의 동아시아 교두보로 만들려는 의도가 반영된 것이었다. 이에 따라 소련을 제외한 48개국의 연합국과 일본은 샌프란시스코 평화조약(1951년 9월 8일 조인, 1952년 4월 8일 발효)을 체결했다.

　　북조선의 배후에 소련이 있고, 이를 스탈린이 벌일 제3차 세계대전의 전주곡으로 확신한다면서 트루먼은 북대서양조약기구 강화와 독일 재무장에도 박차를 가했다. 이에 따라 한국전쟁 직전 북대서양조약기구 회원국 전체의 군사비는 국내총생산비 대비 5.5퍼센트였는데, 전쟁 직후에는 12퍼센트까지 치솟았다. 스탈린이 그토록 우려한 서독의 재무장에 미국이 박차를 가한 결정적 계기도 한국전쟁이었다. 무엇보다도 트루먼은 한국전쟁 직전인 1950년 4월에 행정부 내 강경파가 작성 권고한 NSC-68을 승인했다. NSC-68은 전 세계의 공산주의 봉쇄와 소련과의 일전을 겨냥한 대규모 군비증강 프로그램이었다. AP의 지적처럼, 한국전쟁은 "한반도의 지속적인 위기를 가져올 뿐만 아니라, 미국이 영원히 지구적 군사패권 국가를 지향하게 만든 전쟁"이었다.

(3) 세계 패권국의 핵무기 위세와 제국주의자 맥아더의 증오심

미국의 신속한 한반도 참전 배경에서 빼놓을 수 없는 것이 바로 핵 우위에 대한 자신감이다. 비록 대규모의 군비 감축으로 재래식 군사력이 약화되었고 소련의 핵실험으로 미국의 핵독점이 무너졌지만, 트루먼은 핵 우위를 통해 한국전쟁 참전에 따른 전략적 위험과 위협에 대처할 수 있다고 믿었다. 미국의 세계 전략 관점에서 볼 때, 한국전쟁 개입을 선택한 미국의 가장 큰 우려 사항은 소련의 유럽 침공 가능성이었다. 이러한 기능성에 대비하기 위해 트루먼은 한국전쟁 개입 직후인 7월 11일 영국에 원자폭탄을 탑재할 수 있는 전략 폭격기 B-29를 배치했다.

이는 미·영 동맹에 대한 강력한 의지의 과시이자, 영국의 우려와 미국 공화당의 공세를 동시에 달래려는 성격이 짙었다. 동시에 한반도를 비롯한 동북아시아보다 유럽 방어에 압도적인 중요성을 부과하고 동북아시아에 쏠린 미국 군사력의 공백을 틈타 소련의 유럽 공격을 억제하려는 전략적 판단도 깔려 있었다. 이와 관련해 미국의 핵 전문가인 가르 알페로비츠Gar Alperovitz와 카이 버드Kai Bird는 다음과 같이 지적한다. "원자폭탄은 한국전쟁에 대한 미국 참전을 가능하게 만들었다. 미국이 핵무기가 없었다면, (한국전쟁에 미국이 개입하면서도) 유럽 방어가 동시에 가능하지 않았을 것이기 때문이다."

핵 우위를 자신한 트루먼 행정부는 전쟁 초기부터 소련과 중국의 개입을 억제하고 북한군의 총공세로 불리해진 전세를 만회하기 위해 핵무기 사용을 고려했다. 북군의 신속한 남진 소식이 전해진 6월 25일 월요일 저녁, 트루먼은 호이트 반덴버그Hoyt Vandenberg 공군참모총장에게 미국 전폭기가 한반도 인근의 소련 기지를 쓸어버릴 수 있는지 물었다. 반덴버그는 핵무기를 사용하면 가능할 것이라고 답변했고, 이에 트루먼은 소련이 한국전쟁에 개입하면 핵공격을 단행할 수 있는 준비를 갖추라고 지시했다.

그러나 개전 초기 유엔군이 인민군에게 패퇴를 거듭하면서 트루먼 행정부는 크게 당황했다. 핵위력에 너무 의지한 탓인지, 참전 미군은 "정서적으로나 심리적으로나 물리적으로나 준비가 안 된 어리고 경험 없는 젊은이가 대부분이었다." 중국과 소련의 개입을 걱정하기에 앞서, 인민군의 남하를 저지하는 것 자체도 버거웠던 것이다.

한국전쟁 발발 이전까지 미국의 핵공격 계획은 소련에 맞추어져 있었다. 그래서 육군보다는 핵공격을 담당하는 공군에 예산 배정의 우선권이 주어졌다. 또한 조선반도와 같이 작고 대규모의 군사 및 산업 시설이 없는 지역에 핵무기를 투하한다는 것도 명분없는 일이었다. 이에 따라 한국전쟁 발발을 전후해 트루먼의 핵공격 계획은 북조선보다는 소련의 개입 억제 및 개입 시 보복에 맞추어졌다. 한국전쟁 이전까지 핵위력에 대한 미국의 맹신은 소련과의 갈등을 제외한다면, 미국인이 또다시 직접 전쟁터로 나갈 일은 없을 것이라는 환상을 야기했고, 그만큼 한국전쟁과 같은 재래식 전쟁에 대한 대비를 소홀히

하게 되었던 것이다.

결국 핵독점과 우위가 평화를 보장할 것이라는 미국의 믿음은 한국전쟁이 발생하면서 "급격하고도 예상치 못하게 산산이 부서지고 말았다." 북군이 파죽지세로 남진을 거듭하자 지상으로는 이를 저지하는데 한계를 느낀 미 육군 참모부가 급기야 한반도에서 핵무기 사용을 검토하기 시작했다.

그러나 당시 『뉴욕타임스』가 지적한 것처럼 "원자폭탄은 (일반적인) 무기가 아니었다. 한반도에서의 원자탄 사용은 아시아 우방국과의 관계를 훼손할 뿐만 아니라, 원자탄을 투하할 만한 적절한 목표물도 존재하지 않기 때문에 군사적으로도 효과적이지 못하다"고 지적했다. 그러면서 "우리가 아시아의 친구들과 그 지역에서의 영향력을 잃기를 원한다면, 조선 북부에 원자폭탄을 투하하면 될 것"이라고 경고했다. 이처럼 히로시마와 나가사키의 기억은 한국전쟁에서 원자탄 사용에 따른 인종차별주의 문제를 떠올리게 만들었다.

국무부 일부 관리들 역시 소련이나 중국이 참전하지 않은 상태에서 북조선을 상대로 핵공격을 가하는 것에 상당한 부담을 느꼈다. 정책기획국의 카턴 새비지Carton Savage는 도덕적 차원에서는 국제사회에서 미국의 이미지가 실추되고, 군사적으로는 원자폭탄 투하에도 불구하고 전세가 바뀌지 않을 우려가 있으며, 외교적으로는 유엔과의 관계에 큰 문제를 야기할 것이라고 생각했다. 그러면서 자신의 상관인 폴 니츠Paul Nitze정책기획국장에게 소련이나 중국이 개입하기 전에는 핵무기 사용을 자제해야 한다는 의견을 전달했다. 이에 니츠는 케네스 니콜스Kenneth Nichols 장군을 만나 그의 의견을 물었고, 니콜스는 새비지의 의견에 대체로 동의한다면서도 중국이나 소련이 개입하지 않더라도 "미군이 한반도에서 축출될 위험에 직면하면 원자폭탄을 사용해야 한다"고 말했다. 이 대목에서 끝내 침략세력으로서의 본색을 드러내 보인 셈이었다.

개전 초기 트루먼 대통령 역시 원자폭탄 사용에 부정적인 태도를 보였다. 그는 7월 27일 기자회견에서 인민군을 상대로 원자폭탄 사용을 고려하고 있느냐는 질문에 대해 "아니요"라고 답했다. 미군의 전반적인 분위기도 핵무기 사용에 신중했다. 미 육군의 정보 부대는 7월 중순 다음과 같은 이유로 원자폭탄 사용의 신중론을 제기했다. "지금 단계에서의 원자폭탄 사용은 아시아인의 생명을 멸시한다는 미국 정책의 무자비함"을 보여주는 것이고, 이로써 "아시아 국가들의 반미 감정은 핵무기 사용의 군사적 이점을 완전히 상쇄하고도 남을 것"이라고 말했다.

미 공군의 심리전 부대는 8월 초 북군을 상대로 한 원자폭탄 공격이 남한 영토에서 이루어질 수밖에 없는 현실을 지적하면서, 대규모의 민간인 희생자 발생으로 아시아의 반미 감정을 더욱 공고히 하는 결과"를 가져올 것이라고 경고했다.

그러나 개전 초기부터 핵무기 사용을 강하게 주장하고 나선 인물이 있었다. 맥아더는 1950년 7월 유엔군 사령관으로 임명되자마자, 매슈 리지웨이Matthew Ridgway에게 긴급전문을 보내 원자폭탄 사용 권한을 지신에게 위임해달라고 청원했다. 그의 머릿 속에는 다음과 같은 구상이 있었다. "만주와 블라디보스토크에서 (조선으로) 들어오는 유일한 통로에는 터널과 다리가 많이 있다. 이곳이야말로 차단 공격을 가하기 위해 핵폭탄을 사용할 둘도 없는 곳이다."(브루스 커밍스, 김동노 외 역 『한국현대사』)

맥아더의 청원을 접한 반덴버그 공군참모총장은 7월 중순 일본 도쿄를 방문해 맥아더와 핵무기 사용에 관한 협의를 했다. 이 자리에서 맥아더는 중국군의 개입을 사전에 저지하기 위해서는 원자폭탄 투하가 필요하다며, B-29 전폭기의 운용 권한을 자신에게 위임해주면 그 임무를 완수하겠다고 공언했다. 당시 맥아더는 북부조선에 대규모의 공습을 가하는 한편, "적과 만나는 경계선 일대를 방사능 물질로 오염시켜 한반도를 만주와 분리시키겠다"는 작전 계획을 설명했다. 이를 통해 "최대 10일 안에 승리"할 수 있고, 중국군의 개입 저지는 물론 미국이 중국을 침공할 의사가 없다는 점도 전달하는 효과가 있다고 주장했다. 그는 훗날 북·중 국경 지역을 방사능으로 오염시키기 전에, 조선에 "30~50개의 원자폭탄 투하를 희망했다"고 전해지기도 했다.

반덴버그는 맥아더의 요청에 "그렇게 하겠다"고 답했지만, 워싱턴에 돌아간 이후 신중론에 직면했다. 미국의 원자폭탄 투하가 동맹국으로 하여금 미국에 등을 돌리게 만들고, 한국전쟁이 세계대전으로 비화할 수 있다는 우려가 제기된 것이다. 또한 트루먼은 "핵무기는 대통령의 무기"라는 인식이 강해, 핵사용 권한을 맥아더에게 위임하는 것을 극도로 꺼려했다. 이에 따라 트루먼은 '절충'을 선택했다. 핵공격 태세를 갖추기 위해 10기의 B-29 전폭기를 괌에 파견하는 것을 승인하면서도 핵폭탄의 핵심 물질fissile core이 '분리된' 폭탄을 탑재하게 함으로써 핵사용의 최종권한을 자신에게 남겨둔 것이다.

'강압 외교'의 수단이든, 전세를 역전시키려는 '절대 무기'이든 원자폭탄을 한국전쟁에 이용하기로 한 트루먼은 8월 1일 "즉각적인 핵공격 명령을 수행할 수 있도록 제9 전폭비행단을 괌으로 파견하기로 결정했다." 이 명령에 따라 10기의 B-29 전폭기가 미국 본토에서 괌으로 출격했고, 이 가운데 1기는 샌프란시스코 인근 공군기지에서 추락해 수십 명이 사망하고 기지 일대가 방사능으로 오염되는 사고가 발생하기도 했다.

전폭기 배치는 대외적으로 미국의 단호함을 과시해 중국이나 소련의 개입을 차단하기 위한 조치이기도 했다. 이를 뒷받침하듯, 극비에 해당하는 전폭기 파견 정보를 『뉴욕타임스』에 흘려 적들에게도 알리는 결과가 되었다.

괌에 핵 전폭기를 배치할 즈음, 미국 내부에서는 어떤 조건과 환경에서 한반도나 그 인근에 원자폭탄을 투하할지에 대해 의견이 갈려있었다. 유엔군 사령관 맥아더는 전세를 역전시키기 위해서 즉각적인 사용이 필요하다는 강경론을 펴고 있었지만, 미국 군부와 행정부는 좀 더 신중한 입장이었다. 대체로 국무부는 소련이나 중국이 한국전에 개입할 경우 원자폭탄을 투하해야 한다는 입장이었고, 군부의 지배적인 의견은 유엔군이 북군에 의해 한반도에서 축출될 상황에 직면하면 핵무기를 사용해야 한다는 것이었다.

그러나 히로시마와 나가사키 원자폭탄 투하 때 투입된 바 있는 B-29를 통한 '강압 외교'는 성공하지 못했다. 오히려 중국은 한국전쟁 참전을 염두에 두고 8월 들어 동북지역에 자국 군을 집결시키고 있었다. '무력시위'를 통해 중국군의 개입을 저지하기 위해 괌에 파견되었던 B-29 전폭기도 이렇다 할 소득 없이 8월 말에 미국 본토로 돌아갔다.

2) 미국은 대량살육의 공중폭격도 모자라 전쟁 내내 핵폭탄 투하 협박

(1) 식민지 민족 분단 점령한 제국주의 세력의 저주로운 욕망 못 버려

미국이 원자폭탄 투하를 검토할 정도로 절망적이던 전세는 9월 중순 중대한 전환점을 맞는다. 맥아더가 주도한 9월 15일 인천상륙작전이 대성공을 거두고 곧바로 서울을 수복하면서 전세를 역전시킨 것이다. 자연스럽게 핵공격론도 수그러들었다. 이를 상징하듯 열렬한 핵공격론자인 맥아더는 인천상륙작전 성공으로 전세가 유리하게 전개되고 있는 만큼, 핵무기 사용 결정을 유보해달라는 입장을 워싱턴에 전달하는 여유를 부렸다. "인천상륙작전의 성공으로 맥아더는 신적인 존재가 되었고, 아시아에 관한 한 자신이 전문가라고 으스대며 중국이 참전하지 않을 것이라고 장담했다."

맥아더에게 인천상륙작전은 "조선인민군에 대한 승리"이자 "워싱턴의 반대 세력"에 대한 승리여서, 애치슨의 표현처럼 "인천의 마법사"가 된 맥아더를 막아설 사람은 없었다. 10월 15일 웨이크 섬에서 트루먼과 처음으로 만난 맥아더는 중국이나 소련의 개입 가능성을 묻는 질문에 "그럴 가능성은 거의 없다"고 단언했다. 만약 "중국군이 평양으로 밀고 내려온다면" 미군의 압도적인 공군력으로 중국군을 쓸어버릴 수 있다고 자신했다.(데이비드 헬버스탬『콜디스터 윈터』)

그러나 맥아더가 '승자의 저주'에 직면하는 데는 그리 오랜 시간이 걸리지 않았다. 맥아더는 중국군이 절대로 개입하지 못할 것이라며 38선 이북으로의 진군을 트루먼에게 강력히 요청했다. 그러자 트루먼은 맥아더에게 38선을 넘어 북진하되, 중국이나 소련과의 충돌은 피하라는 모호한 명령을 하달했다. 그러나 미국을 기다리고 있던 것은 혹한과 함께 중국군의 공포가 어우러진 '콜디스트 윈터coldest winter'였다.

"냉전에서 주도권을 잡기 위한" 북진 결정이 중국군의 개입을 야기하면서 "트루먼 대통령이 임기 중에 내린 가장 재앙적인 결정"이 되고 만 것이다. 그리고 맥아더가 말한 "완전히 새로운 전쟁"에 직면한 미국은 핵공격을 더욱 심각하게 고려한다. 제3차 세계대전을 예방한다는 명분으로 개입한 한국전쟁이 세계대전으로 들어갈 수도 있는 문을 노크하기 시작한 것이다.

그렇다면 미국이 북진 결정을 내린 이유는 무엇이었을까? 인천상륙작전 성공 직후 미국은 중국이 수만 명의 병력을 만주에 주둔시킨 사실을 알고 있었다. 그러나 미국은 이것을 중국이 한국전쟁에 참전할 의도로 보지 않았고, 중국 방어를 위한 것으로 간주했다. 또한 저우언라이周恩來는 주중 인도 대사인 파니카르Panikkar를 통해 미국에 38선을 넘지 말 것을 경고했는데, 정작 미국 정부는 파니카르를 신뢰하지 않았다.

미국이 북진 결정을 내린 데는 북조선에 침공의 대가를 치르게 하겠다는 것과 함께 애당초 한반도 점령의 의도대로 북부 정권을 완전 제거함으로써 향후 미국의 안보 부담을 줄여보려는 계산도 깔려 있었다. 이러한 계산은 개입 초기부터 있었다. 애치슨 국무장관은 6월 29일 언론과의 인터뷰에서 "우리의 목적은 오로지 남한을 전쟁 이전 상태로 회복하고 평화를 정착하는 데 있다"라고 말했다. 그러나 내심으로는 "남한을 수복하더라도 장기적으로는 남한을 요새화하고 지원해야 하는 문제가 발생하는데, 이것은 우리에게 매우 어려운 문제"라는 생각도 갖고 있었다.

남한의 전략적 가치에 큰 비중을 두지 않았던 반면에 국방 예산 부담이 컸던 미국으로서는 한반도에서 현상을 회복하는 수준에 머물 경우와 북진을 감행해 북조선이라는 도발의 씨앗을 아예 제거하는 경우 사이의 득실 관계를 고민했던 것이다. 전자는 확전의 위험을 피하고 조기에 전쟁을 종결할 수 있다는 장점이 있지만, 북조선을 남겨두면 이후에도 남한 방어라는 부담을 계속 안게 된다는 단점이 있었다. 후자의 장단점은 거꾸로 생각하면 된다. 결국 미국은 중국의 개입 가능성이 낮다는 판단하에 한국에 대한 방어 부담을 덜고 점령확대의 욕망에 따라 북진을 선택했다. 전영토 완전 점령(정복)이라는 침략자의 정체를 드러내고 만 것이다.

한편 10월 1일 절멸 위기에 처한 조선으로부터 군사원조를 요청받은 중국에서는 참전을 둘러싸고 상당한 논쟁이 벌어졌다. 지도부의 상당수는 직접 개입을 꺼려했다. 이들 가운데에는 총리이자 외무장관 저우언라이, 중국공산당 부주석 류사오치劉少奇, 훗날 마오쩌둥이 후계자로 지목한 린뱌오 등이 포함되어 있었다. 이들은 오랜 내전으로 피폐해진 경제 재건의 시급함, 국민당 잔당 세력의 소탕, 미국에 대한 군사적·산업적 열세, 오랜 내전으로 지친 인민해방군의 상황 등을 종합적으로 고려할 때 한국전 참전은 무리라는 의견을 제시했다. 특히 미국이 원자폭탄을 보유하고 있다는 점을 강조했다.

그러나 마오쩌둥의 생각은 달랐다. 중국 공산당이 나약한 모습을 보이면 국내 반동 세력의 발호와 국민당의 중국 본토 공격을 야기할 수 있고, 미국과의 대결이 불가피하다면 본토보다는 한반도에서 전쟁을 치르는 것이 더 유리하다는 의견을 제시해 반대파를 설득 제압했다. 특히 마오쩌둥은 미국이 한국전쟁 개입과 동시에 대만 해협에 제7함대를 파견한 것을 미국이 「양수겸장兩手兼將」을 둔 것으로 간주했다.(장기에서 2곳에서 동시에 상대방 장將을 공격할 수 있는 조작이 이루어진 경우) 이에 따라 대만 해협을 사이에 두고 해전이나 공중전으로는 미군을 앞설 수 없다는 사실을 잘 알고 있던 마오쩌둥은 한반도에서 미국과 '지상전'을 벌이는 편이 낫다고 생각한 것이다.

또한 마오쩌둥은 핵무기를 '종이호랑이'에 비유할 정도로 "전쟁의 승패를 결정하는 것은 물리력이 아니라 인민들의 정신력"이라는 확고한 신념을 갖고 있었다. 그의 이러한 생각은 미국이 원자폭탄을 사용하면 "수류탄으로 대응하겠다"는 발언 속에 잘 담겨 있다. "중국 인구가 얼만데, 원자폭탄으로 모조리 없앨 수 있다고 생각하면 큰 오산이죠." 마오쩌둥이 인도의 자와할랄 네루Jawaharlal Nehru 총리에게 한 말이었다. 마오쩌둥의 최측근 네룽전聶榮臻(섭영진) 장군은 소련의 핵무기 보유가 미국의 핵공격을 억제할 것이라고 주장했다. 어쨌든 키신저의 표현을 빌리면, "내전을 가까스로 끝낸 중국이 핵무기를 보유한 미국과 전쟁을 벌일 것이라곤 상상조차 못한 일이었다."(윌리엄 스툭, 김형인 외 역 『6.25전쟁의 국제사』 푸른역사 2001)

미국 주도의 유엔군이 38선을 넘어 파죽지세로 북진을 감행하자, 순망치한脣亡齒寒의 위협을 느낀 중국이 대규모의 참전에 나서면서 조선전쟁은 완전히 새로운 국면에 접어든다. 1950년 11월 들어 소련의 미그 15기가 투입된 것이 확인되고, 중국군이 압록강을 넘으면서 미국의 핵카드는 다시 등장했다.(중국이 소련제 비행기를 수입하여 운용하는 형식의 참전)

크리스마스를 집에서 보낼 수 있다고 들떠있던 미군은 중국군에게 패퇴를 거듭하면서 남쪽으로 밀려나기 시작했다. 패퇴를 거듭하자 트루먼 행정부는 방어 거점 구축을 고려했다. 미국 합참은 평양~원산 선을 우선 추진하되, 이것이 여의치 않으면 38선을 방어선으로 삼고자 했다.

그러나 맥아더는 "강력하고도 독립적인" 두 개의 방어선을 구축해야 한다면서 하나는 서울~인천 선, 다른 하나는 함흥~흥남, 최악의 상황에서는 부산을 방어 거점으로 삼아야 한다고 요구했다. 트루먼 행정부는 요새화된 작전 거점을 확보하더라도. 중국군이 소련 공군의 지원을 받아 공습을 해오면 큰 피해를 당할 것으로 우려했다. 이를 저지하고자 트루먼 행정부는 또다시 조선 및 중국에 대한 원자폭탄 사용옵션(선택)을 강구했다.

일부 미국 국민들도 트루먼에게 편지를 보내 소련에 대한 선제공격과 중국에 대한 핵 보복을 요구하기도 했다. 미국의 여론도 원자폭탄 사용에 호의적이었다. 1950년 10월에 이루어진 여론조사에서는 중국과의 전쟁 시 원자폭탄 사용 찬성 답변이 52퍼센트에 달해 반대 답변 38퍼센트를 압도했다. 제국주의 나라의 이기심이 대세를 이루었다.

중국군에게 패퇴를 거듭하자 맥아더는 이를 "완전히 새로운 전쟁" 이라고 부르면서 참전 미군의 수를 두 배로 늘려줄 것과 원자폭탄 사용권한을 요구했다. 그는 30여 발의 핵폭탄을 조·중 국경지대에 투하하면 전세를 또다시 역전시킬 수 있다고 공언했다. 또한 "동해로부터 서해에 이르기까지 코발트 방사선이 막을 형성할 것이다. 그렇게 하면 그 지역의 생명체는 60년, 혹은 120년 후에야 다시 소생할 것이다"라고 말했다. "그러면 북에서 한국을 지상으로 침략하는 일은 없을 것"이라며, "내 계획은 확실하다"고 장담했다.(브루스 커밍스, 김동노 외 역 『한국현대사』)

그러나 당시 미국 내에서는 대규모의 군사 증파에 따른 경제적 부담을 우려하는 목소리가 높았다. 또한 원자폭탄 사용 권한을 맥아더에게 위임하는 것은 "핵무기는 대통령의 무기"라며 핵사용의 독점적 권한은 대통령에게 있다는 트루먼의 철학과도 배치되었다. 대신 트루먼 행정부는 핵무기를 통해 미국의 힘을 과시하는 방법을 선택했다. 후술하는 바와 같이 기자회견을 통해 공개적으로 원자폭탄 투하를 경고하고 나선 것이다.

중국의 전면적인 개입이 확인된 11월 20일, 육군참모총장 로턴 콜린스Lawtan Collins는 「한반도에서의 원자폭탄 사용 가능성」이라는 제하의 비밀 비망록을 작성했다. 4개 항으로 이루어진 이 문서에는, 첫째 중국의 개입으로 "다시한번 유엔군에 의한 원자탄 사용 가능성이 제기"되었고, 둘째 중국의 전면적인 참전 시 "원자탄을 사용하게 되면" 중국을 신속히 격퇴하는데 "결정적 역할"을 할 수 있으며, 셋째 핵공격의 목표·시점 준비 조치 등 "원자탄 사용지시의 조건을 결정하기 위한 검토가 이루어져야"하고, 넷째 "이 문제를 다른 문제보다 우선적으로 합참의 해당 위원회에 상정해 합참의 견해를 회신해줄 것을 건의"한다는 내용이 담겨 있다.(이흥환 『미국 비밀문서로 본 한국현대사 35장면』 삼인 2002)

11월 28일 랄로Lalor 미 해군 제독 역시 핵무기 사용 시점과 목표물 등을 묻는 비밀 전신을 합참에 보냈다. 이러한 건의를 받은 합참은 소련이 개입할 징후가 보일 경우를 대비해 "개입을 억제하고 유엔군 소개 작전을 지원하기 위해" 핵무기 사용 계획 검토에 들어가는 한편, 중국에 대한 핵공격 계획도 구체화하기 시작했다. 이러한 계획을 전달받은 트루먼은 11월 30일 기자회견에서 핵공격 계획을 강하게 시사하고 나섰다. 동북아시아는 물론이고 세계 지정학이 요동치는 순간이었다.

(2) 영국 수상 애틀리 반대로 맥아더 · 트루먼의 핵사용 의지 꺾어

트루먼 : 우리가 한국에서 유엔군의 임무를 포기할 일은 없다는 점을 분명히 해둡니다. 우리는 항상 그래왔듯이 군사적 요구를 충족하기 위해 필요한 모든 조치를 취할 것입니다

기자 : 거기에는 원자폭탄도 포함됩니까?

트루먼 : 우리가 가지고 있는 모든 무기가 포함됩니다.

기자 : 대통령께서는 우리가 가지고 있는 모든 무기라고 하셨는데, 이는 원자폭탄의 사용도 적극적으로 고려하고 있다는 의미입니까?

트루먼 : 우리는 항상 원자탄 사용을 고려해왔습니다. 그러나 저는 그것이 사용되길 원하지 않습니다. 원자탄은 끔찍한 무기입니다. 전쟁과 상관없는 어린이와 여성 등 무고한 사람들에게 사용되어서는 안됩니다. 그러나 우리는 적절한 시점에 어떠한 무기의 사용도 배제하지 않을 것입니다.

트루먼 대통령이 1950년 11월 30일 기자회견에서 밝힌 내용이다. 이날 기자회견에서 『인터내셔널 뉴스 서비스』의 백악관 출입 기자인 로버트 닉슨은 훗날 당시 상황을 다음과 같이 회고했다.

"저는 트루먼의 말을 생생히 기억합니다. 제가 바로 그 질문을 했거든요. 대통령이 필요한 모든 수단을 동원하겠다고 말하자, 저는 의자에서 일어나 원자폭탄도 포함되느냐고 물었어요. 그러자 대통령은 "모두 포함된다"고 답했습니다. 그건 히로시마와 나가사키 이후 전 세계에 큰 파장을 가져온 질문이었습니다.

미국은 또다시 핵무기를 사용할 수 있을까? (중략) 트루먼의 답변에 애틀리는 극도로 분노했습니다. 그는 신속하게 워싱턴으로 달려가 트루먼에게 정말로 미국이 다시 원자폭탄을 사용할 의사가 있는지 물었습니다. 그는 미국의 그러한 행동이 도저히 이기기 힘든 제3차 세계대전을 야기할 것이라며 두려워했습니다. 미국과 영국은 정상회담을 비롯해 수차례의 회담을 열었고, 결국 트루먼은 원자폭탄 사용과 관련된 종래의 입장에서 물

러셨습니다."(클레멘트 애틀리(1883~?) : 영국 노동당 당수 1935~57, 노동당 내각 수상 1945~51)

닉슨 기자의 회고처럼 트루먼이 전세를 뒤집기 위해 핵무기 사용을 강하게 암시하자, 바로 다음 날 대서양 건너편의 영국 총리 애틀리는 워싱턴으로 가겠다고 발표했다. 당시 미국의 국무장관이던 애치슨에 따르면, 영국은 원자폭탄 사용 재량권이 확전론자인 맥아더에게 위임될 가능성을 크게 우려했다. 이에 따라 "주사위가 던져지기 전에 영국도 자신들의 운명을 결정짓는데 반드시 참여해야 한다는 요구가 빗발"쳤고, 애틀리는 "오늘 우리가 당면한 문제를 폭넓게 검토하기 위해 워싱턴으로 날아가고 싶다"라는 의사를 피력했다.(강준식 「6.25는 국제전이었다」 『월간 중앙』 2010.7.)

당시 미국의 동맹국 가운데 트루먼의 핵공격 시사에 놀란 나라는 영국 뿐만이 아니었다. 애틀리의 방미 직전에 프랑스의 르네 플레방Rene Pleven 총리는 영국으로 건너가 한국전쟁의 확전 방지책을 논의했다. 네덜란드 정부도 영국 및 프랑스와 보조를 같이했다. 인도의 네루 총리 역시 원자폭탄 사용에 단호히 반대한다는 입장을 천명했고, 호주의 외무장관 퍼시 스펜더Percy Spender도 핵무기는 완전한 합의를 거친 후에 사용되어야 한다는 입장을 밝혔다.

이 밖에도 중동과 중남미의 대다수 비공산 계열의 국가들도 미국의 핵사용이 제3차 세계대전의 도화선이 될 것이라며 반대 입장을 분명히 했다. 이처럼 대다수 국가들의 지지를 받고 트루먼을 만류하기 위해 워싱턴으로 날아간 애틀리의 방미에 대해 『네이션』지는 "한국 문제에 대해서 미국이 서방세계에 미치고 있는 지도력에 대항한 자유 유럽의 반란"이라고 묘사했고, 애틀리는 "일시적일지라도 지구의 가장 큰 두 지도자인 트루먼과 스탈린에 버금가는 힘을 가진 사람"이라는 평가를 받았다.

이로써 전 세계의 시선은 워싱턴으로 모아졌다. 12월 4일부터 7일까지 여섯 차례에 걸쳐 이루어진 미·영 정상회담에서 애틀리는 미국의 원자폭탄 사용 계획에 강한 우려를 표명했다. 아래의 내용은 미국의 비밀 해제 문서를 바탕으로 당시 두 정상의 대화 내용을 요약 정리한 것이다.

트루먼 원자폭탄 투하와 관련해 두 가지를 말씀드리겠습니다. 하나는 원자폭탄의 사용은 법에 따라 이루어질 것이고, 다른 하나는 아직 원자폭탄 사용을 승인하지 않았다는 것입니다. 제가 기자회견에서도 밝힌 것처럼, 중국에 원자폭탄 투하를 적극적으로 고려하고 있는 상태입니다

애틀리 원자폭탄은 우리와의 사전 협의와 동의 없이 사용되어서는 안 됩니다. 저는 귀하의 원

자폭탄 사용 계획에 강한 우려를 갖고 있습니다

트루먼 영국과 미국은 항상 이 문제와 관련해 동반자였습니다. 저는 영국과 협의 없이 원자탄
　　　의 사용을 고려하지 않고 있습니다

애틀리 그렇다면 이를 문서화하는 것은 어떻습니까?

트루먼 사람의 말word이 의미가 없다면. 그 말을 문서화writing 하는 것 역시 의미가 없습니다.

　　원자폭탄 사용계획 검토에 들어간 미국 합참도 트루먼에게 "유엔군의 소개 작전을 펼
칠 때와 중대한 군사적 재앙을 예방하기 위해 필요한 상황을 제외하곤 원자탄 사용 의도
가 없다"는 점을 애틀리에게 설명해달라고 권고했다. 이렇듯 애틀리와의 정상회담 및 합
참의 권고를 거치면서 트루먼은 핵사용과 관련해 신중론으로 돌아섰다. 그는 12월 8일
미·영 정상 공동성명을 통해 다음과 같이 발표했다.

　　"저는 세계의 환경이 우리로 하여금 원자탄의 사용을 요구하지 않게 되기를 희망합니
다. 저는 애틀리 총리께 수시로 (원자폭탄 사용과 관련된) 정책 변화가 있을 경우 긴밀
한 협의를 하겠다는 말씀을 드렸습니다."

　　한편 트루먼의 기자회견에 고무된 맥아더는 구체적인 핵 투하 계획 수립에 들어갔다.
당시 극동공군사령관 조지 스트레이트마이어George Stratemeyer의 12월 1일 일기에 따
르면, 맥아더는 조선과 만주는 물론이고 베이징·상하이·난징 등 중국의 대도시도 핵
공격 목표물에 올려놓고 있었다. 또한 블라디보스토크 등 소련 영토에 대한 핵공격도 검
토하고 있었다. 그리고 맥아더는 크리스마스 이브에 조선과 중국에 대한 핵공격 목록을
행정부에 제출하는 한편, 26개의 원자폭탄 사용을 요구했다. 4개는 조선의 공산군에, 4
개는 '적 공군력의 핵심 기지'에, 그리고 나머지 18개는 적의 군사 및 산업 중심지에 투하
한다는 것이었다.

　　중국의 참전과 트루먼의 기자회견, 그리고 영국의 개입 및 맥아더의 집요한 요구 등이
맞물리면서 핵사용을 둘러싼 미국 내 논란은 격화되었다. 극동공군사령부의 에밋 오도
넬Emmett O'Donnell은 1950년 11월 "우리는 적의 중요한 보급로와 전략적 목표물에
대한 공습을 허락받지 못하고 있다"며, 중국에 대한 원자폭탄 투하를 비롯한 확전의 필
요성을 공개적으로 주장했다. 그러자 그의 상관인 반덴버그는 "오도넬의 입장은 공군을
대변하지 않는다"고 진화에 나섰고, 결국 오도넬은 1951년 1월 캘리포니아 공군부대로
좌천됐다.

　　이처럼 당시 미국 군부 내에서는 원자폭탄을 강압외교의 수단을 넘어 실제 사용하는
것에 대해 신중론이 우세했다. 중국의 참전 이전에는 핵사용 위협을 통해 중국군의 개입

을 저지하겠다는 외교적 목표가 존재했지만, 핵에 의한 강압 외교가 실패한 만큼 이제는 '방어'로 전환되어야 한다는 것이었다. 이에 따라 미국 합참은 유엔군의 안전한 소개나 "중대한 군사적 위기"를 예방하는 때를 제외하고는 핵무기를 사용할 의도가 없다는 방향으로 태도를 정리했다. 여기에는 핵사용을 통해 제한전으로 묶어두려고 한 한국전쟁이 세계대전으로 비화되는 결과를 초래할 것이라는 우려가 크게 작용했다.

대외 관계를 중시하는 국무부도 핵무기 사용에 부정적이었다. 한반도에 원자폭탄을 투하할 경우, 이를 반대해온 국가들과의 균열이 발생해 유엔에서의 단결을 저해할 수 있고, 국제사회에서 미국의 위신과 도덕성이 추락할 수 있으며, 중국과의 전면전이 발생할 수 있다는 우려 때문이었다. 이는 핵무기 사용이 득보다 실이 훨씬 클 수 있다는 결론으로 이어졌다. 특히 국무부는 트루먼이 핵사용을 암시하자 애틀리가 부랴부랴 워싱턴을 방문해 트루먼을 만류하는 모습을 보면서, 핵무기 사용에 따른 국제정치적 파장을 더욱 걱정하게 됐다. 이처럼 한국전쟁 당시 핵무기를 "정치적 에이스ace"라고 자부했던 미국은 반대로 이 무기가 "정치적 부채liability"가 될 수 있다는 점을 깨닫게 된다.

그러나 트루먼 행정부가 공개적으로 원자폭탄 투하 가능성을 강력히 암시하고 나서자, 그 파장은 미국의 핵공격 대상으로 거론된 중국은 물론이고 소련에도 직접적으로 미쳤다. 중국 정부는 언론을 통해 미국의 핵사용 가능성에 대한 인민들의 경각심을 일깨우는 한편, 미국의 핵공격 시 소련의 보복이 뒤따를 것이라며 인민들의 동요를 잠재우려고 했다.

특히 원자폭탄을 '종이호랑이'에 비유하면서 핵무장 가능성을 부인해왔던 중국 지도부는 미국의 노골적인 핵위협을 겪으며 핵에 대한 인식을 바꾸기 시작했다. 소련은 트루먼의 기자회견을 정치선전전에 적극 이용했다. 미 중앙정보국이 조사한 바에 따르면 1950년 12월 3~4일 이틀 동안 소련 방송은 무려 25개 언어로 최소한 176회에 걸쳐 대 미 비난 방송을 퍼부었다.

이는 전례가 없는 일이었다. 핵심적인 내용은 미국이 중국과 북조선을 위협하고 있고, "공개적이고 열렬하게 새로운 세계대전을 획책"하고 있으며 핵무기를 동원하려는 "미국식 전쟁"에 대한 유럽 국가들의 불만이 고조되고 있다는 것이었다. 아울러 소련 역시 미국과의 핵전쟁에 대비해 핵 무기고를 비약적으로 늘리기 시작했다.

핵무기의 가공할 파괴력과 살상력은 이 무기의 사용에 따른 정치적 외교적 군사적·도덕적 문제를 고민하게 만들었다. 이에 따라 미국 대통령은 "핵무기 사용 여부는 대통령의 권한"이라는 인식을 바탕으로 핵사용에 엄격한 제한을 두었다. 특히 미국의 핵사용은 제3차 세계대전을 비롯한 지역적, 지구적 파장을 몰고 올 수 있다는 점에서 영국 등 미국의 동맹국도 이에 관여하고자 했다. 미국의 일방적 결정에 따른 후폭풍으로부터 자신들도 자유로울 수 없기 때문이다. 한국전쟁은 바로 이 문제에 특별한 의미를 지니고 있었다.

여기서 잠깐 미국과 영국 사이의 특수 관계를 살펴볼 필요가 있다. 제2차 세계대전 막바지에 미국 루즈벨트 대통령과 영국 처칠 총리는 퀘벡 협약을 체결해 미국이 핵무기를 사용하려고 할 경우 양국의 동의를 거쳐야 한다고 합의했다. 그러나 미국이 1946년 원자력법을 제정해 핵무기 사용 결정을 다른 나라와 공유하는 것을 금지하면서 퀘벡 협약은 사문화될 위기에 처했다. 또한 미국은 이 법을 통해 핵물질과 핵기술의이전도 금지했다.

한국전쟁은 이러한 미·영간의 특수관계를 시험대에 올려놓았다. 트루먼 행정부가 원자폭탄 사용을 강하게 시사하고 나서자 애틀리 총리는 바로 워싱턴으로 날아가 핵사용의 위험을 경고하는 한편, 핵사용 추진 시 영국과의 사전 동의를 명문화 해달라고 요구했다. 그러나 트루먼은 영국과 구두 협의는 가능하지만, 이를 문서화하는 것은 곤란하다며 애틀리의 요구를 거절했다.

한편 미국이 원자력법을 통해 맨해튼 프로젝트를 적극 지원한 영국마저 따돌리고 자국의 핵 독점을 유지하려고 하자, 영국 정부도 독자적인 핵무기 개발에 착수했다. 애틀리 정부는 1947년 1월 세 가지 원칙을 발표했는데, 그 내용은 다음과 같다. 첫째 과거 대영제국과 같은 강대국의 지위 확보수단으로서의 핵무기 보유 필요성, 둘째 영국 본토와 영연방 소속국가에 대한 소련의 위협 대비책으로서 핵무장의 절박성, 셋째 미국이 고립주의로 회귀할 가능성에 대비한 핵무장 필요성 등이었다. 이러한 방침에 따라 영국은 1952년 10월 미국·소련에 이어 세 번째로 원자폭탄 실험을 실시했다.

핵전쟁과 관련해 양국 특수 관계의 또 하나의 의제는 미국의 영국 기지 사용 문제였다. 미국은 한국전쟁이 발발하자 유럽에서 소련에 대한 억제력을 강화하기 위해 영국에 전폭기를 대거 배치했는데, 이에 따라 영국은 미국이 이들 기지에서 전폭기를 발진하기에 앞서 자국의 사전 동의를 받아야 한다고 요구했다. 그러나 "행동의 자유"에 집착한 미국은 명시적인 사전 동의를 꺼려했고, 양국 정부의 "공동 결정에 따른다"는 모호한 구절로 대신했다. 이는 이후 미국 정부의 일관된 입장으로 굳어지는데, 「어떤 나라에도 미국 핵무기 사용의 거부권을 줄 수 없다」는 일방주의적 사고에 따른 것이었다.

한편 1950년 12월 트루먼과 애틀리 정상회담 이후, 양국 외교안보관리들은 미국의 핵사용 추진 시 영국과 사전 협의를 해야 한다는 안건을 놓고 집중 토론을 벌였다. 이 과정에서 트루먼 행정부 내부에서도 이견이 표출됐다. 비밀 해제된 미국 측 문서에 따르면, 반덴버그 공군 참모총장을 비롯한 일부 군부 인사들과 국무부 정책기획국장 니츠 등은 강경론에 서 있었다. "원자폭탄 사용 여부는 미국의 주권 사항"이라는 인식을 바탕으로 영국이 특수 관계를 내세워 주권에 제약을 가하려는데 거부감을 표출한 것이다.

그러나 애치슨 국무장관은 "이 사안은 영국에도 생사가 걸린 문제"라며 "그들은 우리가 냉정하고 책임 있는 자세를 견지하고 있는지를 알고 싶어한다"면서 영국의 입장을 존중할 필요가 있다고 주장했다. 결국 이러한 미국의 내부 논쟁은 중간으로 수렴되었다. 트루먼 행정부는 미국의 주권 행사에 제약을 두는 확약은 할 수 없지만 영국과 긴밀한 협의를 하겠다는 방침을 영국에 전달해 양해를 구했다.

트루먼 행정부로부터 핵사용 추진 시 영국의 사전 동의를 거치는 절차에 대해 '확약'을 할 순 없지만 '협의'는 하겠다는 어정쩡한 약속을 받은 영국은 1953년 1월 출범한 아이젠하워 행정부의 강경론에 직면하게 된다. 아이젠하워는 핵무기를 다른 무기와 구분하는 것 자체에 대해 거부감을 갖고 있었다. 그만큼 원자탄 사용에 적극적이었다. 그러자 처칠 총리는 1953년 3월 이든 외교장관을 워싱턴에 보내 1950년 12월 트루먼의 공약을 재확인 받으려고 했다.

그러나 아이젠하워 행정부는 완강했다. 아이젠하워와 존 덜레스John Dulles 국무장관은 미국이 영국 기지를 핵공격의 발진기지로 사용할 경우에는 협의를 할 수 있지만, 핵사용 자체는 미국의 주권 사항이므로 "행동의 자유"가 보장되어야 한다며 영국의 요구를 뿌리쳤다. 아이젠하워 행정부는 영국과의 특수 관계가 미국의 핵사용 문제까지 적용되는 데 거부감을 갖고 있었던 것이다. 또한 영국의 요구를 수용할 경우 다른 동맹국이 이를 근거로 미국의 핵사용 계획에 제동을 거는데 빌미를 줄 수 있다고 생각했다. 이러한 판단에 따라 아이젠하워는 3월 12일 면담에서 이든에게 "당신의 관점은 이해하지만, 영국에 확약해줄 수는 없다"고 말했다.(이든 1897~? : 영국 외상 1935~1938, 1940~45, 1951~55, 수상 1955~56)

(3) 트루먼의 초토화 폭격과 핵 위협에 남·북 반응은 정반대

핵사용 계획을 암시한 트루먼의 기자회견을 계기로 전 세계의 지정학이 요동치고 있을 당시, 남북의 지도자이자 운명을 건 한판승부를 벌이고 있던 이승만과 김일성은 핵폭탄에 대해 어떻게 인식하고 있었을까? 후술하겠지만, 이승만은 전세가 불리하게 돌아가는데도 트루먼이 원자폭탄 투하를 망설이자 강한 불만을 토로했다. 반면 김일성은 미국의 핵공격 움직임을 선전전에 적극 활용했다. 1·4 후퇴 직후부터 북부 주민의 월남이 급증하면서 남한은 피난민으로 넘쳐났다. 그러자 "북측은 미군과 남한군이 '원자폭탄을 사용한다'는 기만선전으로 인민들을 끌고 갔다고 비난하였다." 북측은 전후에 "원자탄 위협에 따른 월남의 증가"를 주장했는데, "이미 전시 때부터 (이러한 선전전이) 있었음을 알 수 있다."(박명림 『한국 1950 : 전쟁과 평화』 나남 2002)

주목할 점은 이러한 북의 선전전은 오늘날까지도 지속되고 있다는 것이다. 북측이 「조선반도와 핵」이라는 제목으로 2010년 4월 21일 발표한 외무성 비망록에는 이러한 내용이 상세히 담겨 있다. 당시는 미국의 오바마 행정부가 대북 선제공격을 유지하기로 한 핵정책을 발표하면서 북측이 거세게 반발하던 때였다. 원문의 일부 내용을 그대로 옮기면 아래와 같다.

"원자폭탄의 끔찍한 참화를 직접 체험한 인민에게 미국이 조선전쟁 시기 감행한 원자탄 공갈은 말 그대로 악몽이었다. 1950년 11월 30일 미국 대통령 트루먼이 조선전선에서의 원자탄 사용에 대해 공개적으로 언급한데 이어 같은 날 미 전략항공대에 「극동에 즉시적인 원자탄 투하를 위해 폭격기들을 날려 보낼 수 있도록 대기」할 데 대한 지시가 하달되었다. 그해 12월 미 극동군 사령관 맥아더는 「조선 북부에 동해로부터 서해에 이르는 방사능복도지대를 형성할 것이다. 그 지대 안에서는 60년 혹은 120년 동안 생명체가 소생하지 못할 것이다」라고 폭언하였다. 미국의 원자탄 공갈로 하여 전쟁 기간 조선반도에서는 북으로부터 남으로 흐르는 '원자탄 피난민' 행렬이 생겨났다. 가족이 함께 움직일 수 없는 많은 집들에서 가문의 대를 이으려는 일념으로 남편이나 아들만이라도 남쪽으로 피난 보냈다. 이렇게 되어 생겨난 수백만에 달하는 '흩어진 가족'이 오늘도 조선반도의 북과 남에 갈라져 살고 있다."

한국전쟁 이후로도, 특히 핵문제가 뜨거운 쟁점으로 부상할 때마다 북측은 미국의 핵위협을 전가의 보도처럼 들먹이고 있다. 북측이 주장하는 '미국의 핵위협'은 정전 체제를 평화 체제로 대체해야 한다는 필요성을 부각하기 위한 의도로도, 자신의 「핵억제력 강화」 노선(핵은 핵으로 막는다는 핵방어 논리)을 정당화하려는 논리로도, 그들에게 쏠리는 국제사회의 비난에 대한 무마책으로도 이용된다. 북의 선전이 거친 측면이 있지만, 북조선이 한국전쟁 이후 60년 넘게 미국의 핵위협에 끊임없이 시달려온 유일한 나라인 것은 사실이다.

한국전쟁 당시 미국의 핵위협은 전체 인민들의 가슴을 조이게 하면서 김일성에겐 정치선전전의 도구였다면, 이승만에겐 핵폭탄은 '통일의 무기'로 간주됐다. 한국전쟁 발발 직후 육군참모총장으로 기용된 정일권의 회고록에는 핵무기에 대한 이승만의 인식이 비교적 잘 드러나 있다. 눈앞에 다가온 북진통일이 중국군의 개입으로 물거품이 되고 유엔군이 패퇴를 거듭하던 1950년 초 겨울, 이승만은 트루먼의 발표에 크게 고무됐다. 트루먼이 11월 30일 기자회견을 통해 원자폭탄 투하 가능성을 강하게 시사하고 나서자 이 빅뉴스를 이승만 대통령은 비장한 각오로 환영하면서 다음과 같이 말했다고 한다.

"원자폭탄이 가공스럽다는 것을 나도 잘 알고 있다. 또한 죄악인 점도 알고 있다. 하나, 침략을 일삼는 사악한 무리에 대해 사용할 때는 오히려 인류의 평화를 지킨다는 점에서 이기利器가 될 수도 있다. 그래도 사용해선 안 된다면, 우선 나의 머리 위에 떨어뜨려주길 바란다. (중략) 우리 한국민이 사랑해 마지않는 이 아름답고 평화로운 산하의 어느 한 구석에라도 공산당 한 놈이라도 남겨둬서는 안 된다."(정일권『정일권 회고록』고려서적 1996) 제국주의 세력의 앞잡이다운 반민족적 애걸복걸 악담이었다.

그러나 기대와 달리 트루먼이 원자폭탄 투하 결심을 내리지 않자, 이승만은 "왜 원자폭탄을 쓰지 않는가"라며 워싱턴을 향해 질타하곤 했다. 이승만에게 여러 차례 원자폭탄 투하를 단언한 맥아더는 정일권에게 이렇게 말했다고 한다. "당신도 잘 알다시피 원자폭탄을 그토록 바라고 있는 이 대통령께 말할 수 없이 미안하오. 만날 때마다 원자폭탄도 불사한다고 했던 약속이 이처럼 허사가 될 줄은 몰랐다고, 노인에게 말씀 전해주시오."

한편 1951년 7월 8일 정전협상이 시작되자 미국은 핵사용 계획을 정전협정에서 자국에 유리한 방향으로 종결 짓는 카드로 이용하기 시작했다. 미 육군은 정전협정이 실패할 경우 한반도에서 교착상태를 타개하기 위해 원자폭탄 사용이 필요할 것이라는 요지의 메모를 작성해 회람시켰다. 이 메모에서는 "공산군이 우리의 기술적 우위를 상쇄할 인적 투입에 나섬으로써 한반도에서 교착상태가 지속되면 살상 효과를 높이기 위한 원자폭탄의 사용이 바람직하다. 일본 방어를 포함한 전면적인 긴급 상황이 발생하면, 원자폭탄의 적용은 필수적이다"라고 말했다

이러한 계획을 구체화하듯, 9월 들어 미국은 북조선을 상대로 모의 핵공격 훈련에 돌입했다. 코드네임 「허드슨 항구 작전Operation Hudson Harbor」으로 명명된 이 훈련은 극도의 비밀을 유지한 상태에서 북반부 땅에 네 차례에 걸쳐 모조 핵폭탄을 떨어뜨리는 것이었다. 폭탄은 재래식 폭탄이었지만, 최대한 원자폭탄 투하와 흡사하게 훈련을 전개하기 위해 핵공격 절차에 따라 진행됐다. 그러나 훈련 평가를 통해 북부에 핵폭탄을 투하할 만큼 군사적 가치가 있는 목표물이 존재하지 않는다는 결론에 도달했다. 당시 북조선에는 대규모의 군사시설이나 산업시설이 거의 없었고, 그나마 있는 것조차 이미 미국의 재래식 무기에 의한 대규모 공습으로 파괴되었기 때문이다.

정전협상이 시작되자 트루먼은 한국전쟁의 조속한 종식을 원했지만, 협상은 지지부진했다. 그러자 미국의 극동사령부와 펜타곤 협상 실패를 대비한 군사적 대응책 마련에 착

수했다. 10월 16일 마크 클라크 Mark Clark 육군 장군은 작전계획 8-52(OPLAN 8-52)를 합참에 보고했는데, 이는 "미국이 승리를 결심할 경우"를 대비한 군사계획을 담고 있었다. 대규모의 상륙작전과 만주를 비롯한 중국 본토에 대한 공습, 중국 해상 봉쇄 등이 포함된 이 계획에는 일단 핵공격 작전은 제외됐다.

그러나 클라크는 중국을 제압하기 위한 가장 효과적인 방법은 핵공격에 있다면서 필요할 경우 핵공격 옵션(선택)도 검토되어야 한다고 주문했다. 그러나 중국의 영토와 인구를 고려할 때, 완전한 군사적 승리를 추구하는 것은 비현실적이라며 "미국의 요구 조건에 맞게" 중국이 정전협정에 동의하게 만드는 것이 군사작전의 목표가 되어야 한다고 권고했다.

3) 자주·평등·통일을 위한 유혈투쟁, 동포간 증오·주검 보탠 채 좌절

(1) 외세 지배의 족쇄는 더 강화되고 동포 분열의 증오는 깊어져

3년간의 한국전쟁이 미친 결과와 영향은 실로 엄청났다. 인명피해와 산업시설의 파괴라는 그 결과적 측면에서 한국전쟁은 아마도 역사상의 어느 전쟁보다도 파괴지향적·살상지향적 전쟁으로 중단됨으로써 미제국주의자들의 침략의 잔인성을 전인류에게 명백하게 알려주었다. 약 400~500만에 달하는 인명 피해와, 전산업과 전국토의 대부분을 파괴시킨 물적 피해는 우리로 하여금 전쟁주체들의 전쟁수행방식을 알게 해주었다. 물적 피해의 경우 생산력 발전의 내부 조건은 거의 완전하게 소멸되어 있었다. 인적 피해는 전투원보다는 비전투 민간인의 피해가 훨씬 더 많았다는 점에서 인정사정 없이 학살하는 제국주의 전쟁의 참혹상을 알게 해준다.

인적·물적 피해에 있어 남측 대 북측, 유엔군측 대 공산측의 비율은 대략 1대 2~3의 비율이었다. 그만큼 북측의 피해가 컸다. 예컨대 북의 주요 산업지대였던 원산은 종전 후 완전히 폐허가 되었으며 말짱한 건물은 한 채도 없었고 공장들도 땅에 파묻혀버렸다. 이러한 상황은 북의 거의 전도시에서 마찬가지였다. 남의 땅에서 마음대로 죽이고 멋대로 파괴한 침략세력이 누구인지를 확연히 가리켜주는 대목이었다.

한국전쟁은 이러한 직접적인 결과 외에도 훨씬 더 엄청난 영향을 끼쳤다. 가장 중요한 것은 분단의 고착화였다. 1948년의 분단이 잠정적·유동적 분단이었던 데 반해 전쟁이 끝난 뒤의 분단은 고정적·항상적 분단구조로 정착되게 되었다. 그것은 정치·경제·사회·이데올로기의 모든 수준에서 확대 재생산되었고 전전보다 엄청나게 증가된 쌍방의 물리력에 의해 담보되고 있었다. 더욱이 전후 남북간의 군사적·이데올로기적 대립의 격화는 세계적 수준의 체제모순·냉전구조와 맞물리면서 분단 및 분단구조의 지속적 자기재생산을 강제해왔으며 그것은 또 역으로 남북간의 대립과 충돌을 증폭시켜왔던 것이다. 한국전쟁으로 인한 분단은 남북 두 사회가 사회체제·정치·경제·이데올로기의 각 수준에서 완전히 다른 두 이질적인 사회로 나아가는 출발점이었고 한국전쟁은 그 촉진의 계기였다.

분단을 구조화(전체적으로 고정화)시킴과 동시에 한국전쟁은 남북 각각에 공히 엄청난 영향을 미쳤다. 먼저 북의 경우를 보자. 우선 한국전쟁을 계기로 북측은 그들만의 독자적인 사회주의 체제로 발전해갔다. 경제적으로는 전쟁기간중의 완전 파괴상태에서 출발하여 전후 복구·건설과정에서 생산관계의 사회주의적 개조와 사회주의 공업화에 성공함으로써 자립적 경제구조의 기반을 마련했고, 정치적으로는 전쟁과정과 이후의 복구과정에서 프롤레타리아 독재체제가 새롭게 강화되었다. 전쟁과 전후 복구과정에서 주요 정치세력들이 대부분 제거됨으로써 김일성의 정치적 지도력이 더욱 강화되었으며, 사상적으로는 '무(無)로부터의 창조'과정에서 사람 중심, 자주·혁명적 열기와 대중성을 핵심으로 하는 주체사상과 전쟁과정에서의 미군의 학살·폭격·세균전 등으로 인한 철저한 반미사상이 깊이 뿌리박혔다. 대외적으로는 중·소의 영향력으로부터 일정하게 벗어나 자주적인 노선을 걷게 하는 계기가 되었다. 또한 한국전쟁은 전개과정에서 대부분의 체제 적대적 계층들이 월남해버림으로써 북부 사회의 내부 통합을 가속화시킨 계기였다. 그러나 북의 정권은 전쟁 전에 누렸던 남북 민중 모두로부터의 형식적·심정적 정통성 부여를 전쟁으로 인하여 그 절반이 완전히 상실되는 부담도 감수하지 않으면 안 되었다.

한국전쟁은 남한사회에도 결정적인 영향을 끼쳤다. 경제적으로는 세계 자본주의 질서의 한 하위체계로 편입되면서 그 중심부 미국경제에 종속되는 계기가 되었고, 정치적으로는 반공·반북·분단논리에 기반한 독재체제를 구조화시켰다. 이데올로기적으로는 반공·반북·친미 이데올로기가 지배이데올로기理念로 내재화되었으며, 대외적으로는 정치·경제·군사적으로 미국에게 거의 완전한 예속상태를 결과했다. 전쟁은 또한 남한 내 진보적 자주화 세력을 절멸시켰다. 전쟁을 거치면서 엄청나게 확대된 군사력은 세계 자본주의 체제, 미국의 대소 전진기지를 지켜주는 자본주의 질서 유지군으로 성격이 변전되었고, 그것은 동시에 독재정권의 기반이자 그 자체가 정치권력을 장악할 계기를 갖게 해주었다.

　남북에 끼친 이와 같은 영향 외에도 한국전쟁은 세계사적으로 엄청난 영향을 끼쳤다. 우선 한국전쟁은 사회주의 체제와 자본주의 체제의 대립을 격화시키고 군비경쟁을 촉진함으로써 2차대전 후의 세계적 재편기를 종식시킨 세계사적 획기였다. 한국전쟁을 계기로 비로소 냉전이 고착화되었던 것이다. 한국전쟁은 양진영 각각에도 커다란 영향을 끼쳤다. 우선 사회주의권에서는 한국전쟁은 중·소 갈등의 한 원인이 되었고 중국의 분단을 고착화시켰다. 그것은 또한 중국에게 엄청난 정치·경제·군사적 피해를 입힘으로써 중국의 향후 발전에 커다란 영향을 끼쳤다.

　그러나 한국전쟁이 끼친 영향은 사회주의권에 대해서보다는 자본주의권에 끼친 영향이 훨씬 컸다. 먼저 미국은 한국전쟁을 계기로 세계적인 반소·반공 방벽을 구축하고자 원조·지역통합전략·상호방위체계를 통해 비사회주의 국가들에 대한 정치·군사적 압박과 지배체제 구축을 가속화했다. 수많은 지역별 군사·경제적 국제기구가 만들어졌으며 개별 국가와의 동맹체제 구축이 강화되었다. 반공정권들에 대한 지원이 급격히 증가했으며, 미국이 외국에 제공하는 원조의 내용도 한국전쟁 전의 군사원조 대 경제원조의 비율이 약 1 대 3에서 전후에는 3대 1로 역전돼 있었다. 일본과 서독의 재무장이 강력히 추구되었고, 일본의 재등장으로 극동에서는 한·미·일 삼각안보체제가 형성되었다. 이러한 제반 조치를 통하여 미국은 전쟁을 계기로 자본주의 진영의 절대적 맹주로 부상하였다.

　이러한 대외정책뿐만 아니라 한국전쟁은 미국의 국내상황에도 커다란 영향을 끼쳤다. 우선 경제적으로 한국전쟁은 미국을 위기에서 구출해주었다. 미국은 1950년에서 1953년 사이에 연평균 9퍼센트씩의 높은 경제성장률을 기록, 1946년에서 1950년까지의 연평균 경제성장률 2.91퍼센트를 훨씬 앞질렀다(같은 기간 실업률은 5퍼센트에서 3퍼센트로 감소). 특히 전쟁이 격화되었던 1950년과 1951년의 성장률은 무려 10.3퍼센트와 15.6퍼센트라는 기록적인 성장을 이룩했다. 이것은 명백하게 군사비 지출로 인한 결과였다. 이것은 또한 미국경제가 항상적 대결구조를 요구하는 전쟁경제(military economy)임을 말해주었다.(전쟁을 해야 경제를 부흥시키고 군사점령 지역도 넓힐 수 있게 된다.) 수치로 확인해보자. 1950년에서 1953년까지 미국 군사비지출은 각각 185억, 372억, 488억, 514억 달러로 급증했으며 정부 세출에서 군사비가 차지하는 비중은 1950년 30.6퍼센트에서 무려 45.8퍼센트, 60.1퍼센트, 59.6퍼센트로 상승했다. 이러한 지표는 미국 경제 발전의 정치적 함의含意를 말해준다. 또한 미국 사회는 전반적으로 군사화·보수화되었고 이것은 미 독점자본에 의해 가속화되었다. 전쟁 종결 시점에서 등장한 아이젠하워

정부는 무려 20년 만에 등장한 공화당정부였다.

그리고 한국전쟁은 일본에도 지대한 영향을 끼쳤다. 우선 한국전쟁은 일본과 미국이 단독강화를 맺게 하는 촉진제 역할을 함으로써 이를 계기로 미·일안보체제가 성립되었다. 일본의 비무장화·중립화정책은 전면적으로 폐기되었고 일본은 이제 아시아 반공진영의 핵이 되었다. 그 결과 자연스레 일본의 재무장이 촉진되었다. 한편 한국전쟁은 일본 경제부흥의 결정적 계기였다. 미군의 장비 및 보급품 대량 발주는 일본 경제의 회생양으로서 그 발주 총액은 1950년에서 1953년까지 23~24억 달러에 달했다. 이 액수는 이 기간의 일본 무역적자 20억 달러를 상회하는 것으로서 패전 후 좀처럼 전전 수준을 회복하지 못하던 일본의 광공업 생산지수는 1950년 10월에 전전 수준에 도달했고 1951년엔 그것을 46퍼센트나 상회했다. 요컨대 한국전쟁은 일본 경제성장의 결정적인 계기였다. 전쟁으로 사람을 죽여야 돈을 버는 죽음의 상인들임을 입증했다.

(2) 한국전쟁의 주체와 성격, 강한 자의 욕구와 명령이 공동체를 지배

한국전쟁의 기원·원인·전쟁과정·영향 그리고 그 전쟁 주체의 전쟁 수행 정책 등에 대한 지금까지의 고찰을 통해 우리는 그 주체와 성격을 암시받을 수 있을 것이다. 해방5년사 갈등구조에 비추어볼 때 한국전쟁전의 주요 대립축은 조선민중과 미국, 통일세력과 분단세력으로 설정될 수 있었다. 그렇다면 그 연장에서 폭발한 한국전쟁의 주체는 그것의 어떤 전화된 형태이거나 전위轉位일 것이다. 즉 조선민중과 미국, 통일세력과 분단세력, 또는 그 외화인 인민군과 미군, 공산군과 유엔군 등일 수 있을 것이다.

이로부터 우리는 한국전쟁의 성격도 추론할 수 있을 것이다. 전쟁의 성격에 대해서는 지금까지 대리전·국제전·내전·민족해방전쟁·계급전쟁·혁명전쟁 등의 논의가 있어왔다. 그러나 보다 중요한 것은 전쟁의 이러한 성격들이 동일한 수준의 논의도 또 상호배타적인 성격도 아니라는 점이다. 오히려 전쟁의 전시기를 통하여 관철되는 기본성격(예컨대 민족해방전쟁, 조국통일운동)과 그것이 국면의 변화에 따라 각 시기별로 약간씩 다르게 표출되는 주요한 측면(예컨대 계급전쟁→민족해방전쟁→체제간 전쟁, 내전→국제전)을 판별해내는 일과 그것들이 어떻게 상호중첩적으로 계기지어지는가를 규명하는 일이다. 전쟁을 수행한 한 주체의 개별적 입장에서 보면 그것은 계급모순과 민족모순, 그리고 그것이 총체적으로 응축된 분단모순을 동시적으로 해결하기 위한 몸부림이었기 때문이다.

○**계급모순** : 인간의 생명유지를 위한 생산·공급·소비 활동 중에서 노동력을 바쳐서 해결

하는 근로계급과 이들 근로계급의 노동력 소득 중 봉급(임금)을 지불하고 나머지 또는 자본금의 몫으로 소유하며 살아가는, 수탈이 가능한 자본가 계층간의 수탈(+)과 피수탈(−)(합쳐서 0이 되는, zero sum이 되는) 관계를 계급 모순 관계라고 한다.

○**민족 모순** : 제국주의 침략민족(국가)과 피침략 식민지 민족간의 빼앗고 빼앗기는 관계를 말한다.

1945년 8월 15일 해방은 역사발전의 새로운 계기였다. 그것은 조선민중들에게 새로운 민족적→민중적 과제를 제시해주었고 민중들은 이것을 혁명적 노력으로 달성하고자 했다. 그러나 제국주의의 직접지배는 이를 고사시켰고 나아가 조국을 둘로 갈라놓았다. 민중들은 다시 통일을 위해 투쟁했고 이것은 끝내 전쟁으로 폭발하고 말았다. 전쟁은 해방5년사의 종결점이었고 그것의 종식은 더 두꺼운 벽으로 막혀버린 새로운 분단시대의 시발점이 되었다.

우리는 이러한 해방8년사를 지금까지 혁명과 반혁명, 분단과 통일, 제국주의와 민중을 중심축으로 살펴보았다. 일제 식민지시대의 제반 영향, 국제정세와 미·소의 한반도 정책, 해방3년사, 혁명과 반혁명 및 분단과 통일운동, 1948~50년사 제갈등의 전개, 전쟁의 발발·전개과정·귀결 및 영향 등을 가능하면 전체 역사 맥락 속에서 살펴보려 했다. 그러나 각각의 요인과 사건들, 주제들을 총체적 설명틀 속에서 정확하게 규명하고 그것들의 상호관련성을 수미일관되게 밝혀내는 것은 여전히 좀더 많은 고민을 요구한다. 관점과 사실, 추상과 구체, 이론과 실제의 어느 한쪽에 치우치지 않고 양자의 긴장된 균형 속에서 정확한 관점과 풍부한 사실을 토대로 연구되었을 때 비로소 역사는 올바로 복원될 것이다.

이러한 우리의 과제들은 분단의 시대에서 통일의 시대로 역사의 물줄기를 바꾸려는 공동체 구성원들의 지난한 몸부림 속에서 하나둘씩 해결될 수 있을 것이다. 왜냐하면 오늘의 우리사회의 일차적 과제인 분단극복(=통일)의 과제는 해방8년사에 그 역사적 연원을 두고 있고 해방8년사에 대한 연구야말로 이론적으로나 실천적으로나 그 과제 달성에 복무하는 것을 자기 임무로 하기 때문이다. 그것의 달성이 오늘 우리의 임무요 과제이며 우리는 그 임무로부터 벗어날 수 없다.

(3) 전쟁과 반민중 정치이념의 선전 · 세뇌 · 체질화

정치가 상대방을 공격하고 제압하여 자신의 지배를 관철하는 것을 목표로 하고 있다면, 혁명과 전쟁은 그것을 더욱 치열한 형태로 발전시킨 것이다. 혁명이 물리력을 동반한 이념·사상적 직접투쟁의 과정이라면, 전쟁에서는 모든 이론적 대화는 자취를 감추게 되고 오로지 상대방을 완전히 제거하는 것이 '일상적인 활동'이 된다. 즉 제압을 위한 설득보다는 먼저 상대방을 없애놓고 보는 것이 전쟁이다. 따라서 전쟁에서는 중립의 범주는 완전히 소멸되고, 적과 나만 존재하게 된다. 여기서는 모든 형태의 회의주의와 상대주의가 정형화된 문구로 통일되고, 그러한 통일된 구호 아래 일사불란하게 움직이는 것만이 요구된다. 그러한 논리를 거역하는 것은 곧 죽음을 의미한다. 그리고 전쟁은 모든 민간인을 군인으로 만들고, 모든 사회를 군대화한다. 따라서 모든 담화는 획일화되고, 단순화된다. 결국 제국주의 침략전쟁은 약육강식의 짐승이 되어 자원을 강탈하고 학살고통에 의해 인간을 노예로 만드는 수단이다.

한국전쟁은 전쟁 이전부터 계속되어오던 한반도내의 계급간의 갈등, 외세를 배제하고 자주적인 통일독립국가를 건설하려는 세력과 외세추종 세력간의 갈등, 그리고 약육강식 무한경쟁의 자본주의 진영과 평등사회 지향의 사회주의 진영간의 이념적 대립이라는 진영간 갈등의 복합적인 성격을 지니고 있었다. 한국전쟁의 이러한 구조적 측면은 전쟁 이후 남북 양측에 형성된 극히 대립적이고 이질적인 이념의 객관적인 기반이 되었다.(전쟁의 원인에 관해서도 상반된 주장을 하고 있지만, 대체로 미국은, 1949년에 미국이 지원하던 장개석을 몰아내고 중국을 통일한 중공정권이 원자탄도 없는 허약한 상태일 때 완전 지배하에 두자는 입장이었고, 북측은 "제2의 식민지로 굳기 전에 민족을 해방시킨다"고 표방하고 있었던 것으로 알려져 있다. 그리고 일단은, 미군이 한반도에 대한 선제 점령자로서, 일제의 식민지 억압과 학살통치를 계승하기 위한 것이었음이 역사적으로 실증되었다.) (김주환 편 『미국의 세계전략과 한국전쟁』 청사 1989. 박지동 『언론사상사2』 아침 2002)

우선 전쟁은 한반도 전역에서의 격렬한 계급적 갈등으로 표출되었다. 전쟁은 남북 양측에 잔류하고 있는 적대적인 인물에 대한 대규모 처형을 초래했다. 북측에 밀려 후퇴하기 시작한 이승만 정부는 각 지역의 보도연맹 가입자들을 한곳에 모아 처형하였다(반일·반미 자주화운동에 참여했던 이른바 좌익으로 몰린 사람들을 전쟁이 나자 예비 검속하여 집단 학살시킴). 처형은 전쟁의 이름으로 정당화되었다. 한편 북측이 남한지역을 점령하기 시작하면서 좌익인사 처형에 앞장섰던 남한내 친일파 우익인사와 그 가족들은 '반동분자'와 '인민의 적'으로 간주되어 대량적인 보복대상이 되었다. 이러한 상호 '학살'은 물론 최고권력자에게 책임이 있는 것이지만 실제 이루어지는 과정에서는 그 대상과 잔인성이 몇 배로 증폭되었다. 북측 인민군의 경우 민간인을 학살하지 말라는 경고를 하부에 내렸다고 하고 이승만 역시 유사한 지시를 하였다고 하나 지방에서의 좌우대립은 이러한 경고를 묵살 폐기시켰다.

북측의 점령정책은 남한점령지에서 북측과 같은 반제·반봉건 민주주의 혁명을 수행하여 "이승만 정권하에서 소외된 민중을 전취하고, 점령지역을 공고화하여 전선에 인적·물적 자원을 최대한 동원하는 것"이었다(김주환 1989). 북측은 점령 직후 당의 복구에 착수하였고 인민정권의 수립을 위해 인민위원회를 복구하였다. 인민정권은 인민민주주의 독재기관이므로 친일분자·친미분자·민족반역자·정신병자는 선거권·피선거권을 박탈하였다. 전국적으로 볼 때, 피선된 군·면·리 인민위원의 계급·계층별 분포는 농민과 노동자가 압도적인 다수(95%)를 차지하였다(김주환 1989). 이것은 전쟁 이전의 남한의 지배구조를 완전히 역전시킨 것이었다. 따라서 '천국'은 '지옥'이 되고 지옥이 천국이 될 수밖에 없었다.

한편 전쟁의 승리를 위한 선전·동원정책과 정치적 숙청작업은 전쟁이라는 비상한 상황에서 시행되었기 때문에 강압적이고 졸속적일 수밖에 없었고, 전쟁이 불리해지면서 강제성을 띠지 않을 수 없었다. 의용군 모집·전선원호사업·반혁명세력에 대한 숙청, 반대로 친일·친미 경찰과 우익단체에 의해 저질러진 좌익에 대한 보복이 반복되었다.

일종의 계급투쟁이라고 할 수 있는 점령지에서의 토지개혁도 엄연한 한계가 있었다(권영진 1989). 북측은 남한에 뿌리박은 봉건적 토지소유제도와 남한정권의 경제적 기반을 없애고, 남한 인구의 80%를 차지하는 농민의 지지를 얻기 위해서 토지개혁을 추진하였다. 특히 전쟁 와중에 필요한 물적 자원을 동원하기 위해서도 이러한 조치는 시급히 요청되었다. 미국과 이승만 정부 및 그의 기관들이 소유하고 있는 토지는 제1순위의 몰수대상이 되었고, 몰수된 토지는 고용농민, 토지없는 농민으로 구성된 농민총회의 결정에 의해 분배되었다(김주환 1989).

특히 공정한 세금제도를 실시한다는 명분하에 시행된 8월 18일자 현물세 납입결정(농지현물세 실시에 관한 내각결정)은 일제의 공출제도에 버금가는 '낟알까지 세는' 철저한 시행으로 말미암아 오히려 농민들의 지지기반을 상실하는 계기가 되었다. 조기작물은 이미 수확이 끝났으므로 과세를 못하고 만기작물에 대해 수확고의 25%를 납입하기로 하고 평당수확고를 산출하려고 벼·조 등의 이삭을 따다가 세라고 하였고, 과수원에서는 한 그루에 달린 과일을 세어 모든 주수에 곱하여 예상고를 산출하였다. 이 경우 충해나 풍해를 참작하지 않았고, 이러한 무리한 정책은 많은 빈농민들조차 사회주의 개혁에 등을 돌리게 하는 요인이 되기도 했다.

전쟁중 남한에서는 국가의 병영화, 국민에 대한 사상적 통제를 위한 제반조치를 실시하였다. 대다수의 국민들을 버려두고 남하한 지배층과 지도층(도강파)은 이제 어쩔 수 없이 남게 된 많은 사람들(잔류파)에 대해 승리자처럼 군림하면서(고은 115쪽) 부역의 혐의를 씌워 심판하였고, 남아 있던 사람들은 남아 있었다는 이유만으로 동료들에 의해 급수가 매겨지고 운명을 맡겨야 했다.

북측의 점령정책은 지배세력은 물론 다수의 대중에게도 공산주의에 대한 공포감을 가중시켜 오히려 반공의 기반을 강화시켰다. 이제는 대규모의 민간인 살해도 반공의 이름으로 정당화되었다(예를 들면 거창 양민학살 사건의 책임자는 특사로 출옥하여 승진까지 하였다). 반공은 이제 단순한 이데올로기가 아니라 모든 사람의 생사를 좌우하는, 정글의 법칙같은 무시무시한 자연의 물리력이 되었다. 심지어 전쟁은 태극기를 내거느냐, 교회에 나가느냐의 여부까지도 빨갱이·반미성향을 따지는 징표로 삼게 만들었다.

미국을 주축으로 하는 유엔군의 개입은 곧 한국군의 지휘 통솔권까지 유엔군에 소속되는 「대전협정」으로 한국군 역시 유엔군의 일부가 되는 계기가 되었다. (그 후 현재까지도 군통수 작전지휘권은 미국 주둔군 사령관에게 있다.) 그리고 일체의 전비도 미국 주도의 유엔군이 부담하고 민간인에 대한 구호용 물자도 유엔이 공급하게 됨으로써, 미국은 사실상 한국의 운명을 좌우하는 존재가 되었다. 사실상 병력의 대부분과 군수물자의 전부가 미국의 것이었다. 전쟁기간과 전후 복구과정을 거치면서 미국은 30억 달러에 달하는 각종 원조를 제공하였는데, 이것은 한국의 지배층으로 하여금 미국에 대해 깊은 신뢰와 의존심을 갖도록 하기에 충분하였다. 특히 미국은 한국민으로 하여금 원조자인 미국에 대해 감사의 마음을 갖도록, 그것이 미국 원조물이라는 것을 나타내는 인식표(악수하는 두 손과 깃발 문양)를 달거나 찍도록 의무화하였고, 그것을 눈에 잘 띄는 곳에 표시하도록 하였다. 이것이 바로 한국민으로 하여금 "미국인은 침략자가 아니고 생명의 은인"이라는, 어리석은 친미적 혹은 숭미적 사상을 배양케 해주는 역할을 하였다(이대근 1987, 152쪽).

전쟁은 남북 모두에게 엄청난 피해를 가져왔다. 남한측은 전쟁 후 다음과 같은 인명의 피해를 입었다. 국군 전사자 141,011명, 국군 전상자 717,083명, 민간인 사망자 244,763명, 피학살자 128,936명, 부상자 229,625명, 전쟁고아 59,000명, 월남피난민 618,000명(해방 20년사 간행위원회 563쪽).

북측은 한국전쟁 중 미군의 무차별 폭격으로 인하여 사상 유례 없는 피해를 입었다. 겨울의 쌓인 눈 위에 파리가 기어다닐 정도로 만든 '세균탄'까지 투척하였다. 군사시설·비군사 시설을 가리지 않고 진행된 초토화 폭격은 미 해군 소장 스미스의 원산에 대한 묘사에서 그 정도를 짐작할 수 있다. "원산에서는 공중폭격과 함포사격 때문에 길거리를 걸어다닐 수 없다. 24시간 내내 어느 곳에서도 잠을 잘 수 없다. 잠은 죽음을 의미했다"(커밍스와 할리데이 『한국전쟁의 전개과정』 태암, 1989, 158~159쪽).

북측에서만도 총인구 950만 명 중 약 300만여 명의 전쟁사상자를 낸 한국전쟁은 북쪽주민의 생존이 얼마나 처절하였나를 짐작케 한다. 이런 와중에 북쪽 주민들은 생존가능성이 조금이라도 높은 남한으로 월남하게 되었다. 왜냐하면 미군은 1950년 12월 총퇴각 때 북쪽 주민들을 회유, 월남을 유도하거나 원자탄이 곧 투하된다는 소문을 유포시키고, 또 흥남철수시 원산 앞바다의 작은 섬으로 잠시 소개할 것을 거짓 요구하여 강제로 월남 조치했으며, 이데올로기 전쟁, 즉 "자유를 택해 남한으로 북쪽 주민이 월남한 것은 자본주의 자유세계의 승리"라는 선전전을 수행하기 위하여 인위적인 비자발적 월남인을 양산하였기 때문이다.

북측의 공식적 발표는 40여 일간의 북부점령기간에만 미군의 지휘 감독 및 직접적인 적대행위에 의해 172,000여 북쪽 주민이 학살되었다 한다. 학살방법 또한 집단적 생매장, 통풍이 되지 않는 건물에 감금하는 질식사, 굶겨죽이기, 휘발유와 장작불로 태워죽이기, 불에 달군 쇠로 지지며 산 사람을 탱크로 깔아죽이며 닥치는 대로 강간하거나 임신부의 배를 갈라 죽이는 등 이루 형언할 수 없는 학살방법을 거리낌없이 감행했다고 한다(일제의 '난징 대학살극'과 유사했다). 가장 큰 규모로 학살·만행이 진행된 곳은 황해도 신천·안악·강원도 양양(25,300여명 학살)으로, 신천군의 경우 군내 총 인구의 4분의 1인 35,383명이 앞에서 언급된 처참한 방법으로 학살되었고, 그 가운데 어린이·노인·부녀자들이 무려 16,234명이나 되었다. 이 40여 일의 강점기간 동안 파괴·약탈행위도 엄청났다(『조선통사』 하, 417쪽).

이러한 미군의 '야만적' 행위에 대해 세계여론이 비등하여 1951년 「국제민주여성동맹」과 「국제민주법률가협회」가 진상조사단을 북측에 파견했다. 얼마후 이 진상조사단의 일원으로 참가한 영국인 펠튼(Monica Felton)의 기행문 「That's What I Went」와 위 「국제민주법률가협회」가 1952년 3월 북측을 방문·조사한 후에 작성한 「미국의 범죄에 대한 국제민주법률가협회 조사단의 보고서」가 발간되기도 했다.

수없이 자행된 미국의 조직적인 범죄행위에 의해 북쪽 주민들은 처참하게 죽임을 당하였다. 한국전쟁이 제한전쟁으로 끝났더라면, 아니 미국의 점령·분단이 없었더라면 이러한 전민족 동포형제자매들의 고통과 시련은 없었을 것이다.

1951년 6월부터 지상전선은 대체로 38선을 경계로 소강상태에 접어들었다. 이 소강상태는 공중전과 해상전에서 절대적 우위를 지키고 있던 미군 공습이나 해상 함포사격 등이 소강상태를 유지했다는 뜻은 아니다. 전선 아닌 후방에서 군사시설 아닌 민간생업 현장에 대한 해상 함포사격과 공중폭격에 의해 북쪽 주민들은 살해되고, 부상당하고, 생존수단을 파괴당하는 등 끔찍한 전쟁 체험과 시련을 겪었다. 더구나 정전회담이 진행되고 있는 중에도 비전투 요원과 비전투 시설물에 대한 악마적 살상과 폭격행위는 계속되었고, 정전이 실시되는 1953년 7월 27일 오후 10시 정각의 1분 직전까지도 지속되었다.

북측의 남일과 미국의 해리슨이 정전조약에 서명한 12시간 이후부터 모든 지상·해상·공중의 전투행위는 중지하게 되어 있었다. 군사적 좌절감에 빠진 미국은 정전협정 서명 후 발표까지의 12시간 동안에 이러한 패배감과 분노를 타락하고 야만스런 보복행위로 표출시켰다. 정전발효 30분 직전에 중폭격기 편대가 평양시를 마지막으로 강타한 일이다. 또 정전서명 1시간 20분 직후 미국 세이버 젯트기 4대가 중국영토 100㎞ 내에 있는 민간비행장에 침투해 소련 민간항공기를 폭격해 15명의 승객과 6명의 승무원을 살상했다(Alan Winnington & Wilfred Burchelt. Plain Perfidy, London : The British-China Friendship Association, 1954. p.55. 김주환, 앞의 책).

전쟁 초 6개월 동안 미극동 공군 폭격사령관을 역임했던 오도넬이 맥아더 청문회 증언에서 밝혔듯이 중국군이 개입하기 이전에 이미 북측의 5개 주요 도시(평양·성진·나진·원산·진남포)는 철저히 파괴되었다. "나는 전부, 한반도의 전부가 정말 놀랄 만큼 어지럽다고 말하고 싶다. 모든 것이 파괴되었다. 이름값을 할 만한 것은 아무 것도 서 있지 않았다. 중공군이 들어오기 바로 전에 우리는 무기를 손에서 놓게 되었으니까. 한국에는 더 이상 목표물이 없었다." 이러한 무시무시한 폭격이 41일 동안 밤낮없이 이어졌으며, 현대 미 해군사상 최장기일인 861일 동안 해안선을 포위공격했다.

평양 인구도 50만 명에서 약 5만 명으로 줄어들었다. 농촌이라고 결코 안전하지 않았다. 사람들은 동굴이나 지하 방공호에서 혈거인과 같은 생활을 할 수밖에 없었다. 석유덩어리로 만든 신형무기인 네이팜탄은 높은 공중에서 폭발해 조그만 산탄으로 사방에 퍼져 지상에 있는 모든 물체를 태워버리고 사람의 살에 붙어서 몸을 불태워버린다. 공습에 희생되거나 다친 이웃·친지·가족을 구조하기에 정신없는 동안, 이 시한폭탄이 다시 이 구조대를 살상·파괴하는 것이다. 장마철에 평양 근처의 저수지댐을 폭파시켜 농토와 관개시설과 주위 주거지 소실, 화학전과 세균전 감행, 문화재 약탈과 파괴, 민간재산의 고의적 파괴, 대규모 폭격작전인 '교살작전'(絞殺 strangling 목졸라 죽임), 500대 이상의 비행기를 동원해 북측전력 공급의 90%를 차지했던 수풍댐과 발전소 파괴 등 미군의 전쟁범죄로 인해 북측의 전 영토와 중부지역이 거의 완전 초토화되었다(커밍즈와 할리데이, 앞의 책 174쪽).

북측은 전쟁기간 약 2백만 명에 가까운 민간인 인적 손실을 입었다. 최소한 인구의 1 2~15%가 죽임을 당했고, 사회간접자본, 농업 및 산업시설 등은 거의 완전히 파괴되었다.(존 할리데이『북한의 수수께끼』『서구 마르크스주의자들이 본 북한사회』 중원문화, 1990.)

이 엄청난 민족과 민중의 재앙은 대부분 무차별 폭격으로 북부 전역을 초토화시킨다는 미국의 야만적 전투행위에서 비롯되었다. 국제민주법률가협회 보고서의 주장처럼 이는 결코 개인적인 차원에서 무작위적으로 저질러진 것이 아니라 조직적이고 체계적인 미국의 전쟁범죄 행위의 결과물이었다. 미국은 이와같이 거침없는 살상을 자행함으로써 인류도덕적으로는 물론 종교상으로도 그들이 내세워온 기독교적 사랑은 새빨간 거짓말이었음을 만천하에 증명해 보였고 현재도 미래에도 이같은 범죄행위를 계속 저지를 것으로 보인다.

1951년 6월 전쟁이 교착·제한전쟁에 돌입하여 서로가 군사적 승리를 단념한 상태에서 7월 초 정전협상이 시작되었다. 그러나 미국이 정전협상을 고의적으로 2년여 지연시키면서 북부 지역에 대한 무차별 폭격, 포로 자유송환이라는 선전전, 포로들에 대한 가혹행위, 세균전 등을 전개해 민중의 시련은 남과 북에서 끝없이 이어졌다. 이렇게 민중의 시련을 가중시킨 정전 회담의 지연은 주로 4가지 쟁점, 곧 포로의 자동송환이 아닌 자유송환, 군사분계선 설정, 비행장 복구 및 건설, 정전의 성격규정에 대한 서로간의 이해관계 대립 때문이었다.

군사분계선 문제에서는, 공산측은 38선의 원상복귀 원칙을 주장하였으나, 미국은 해군과 공군력에서 공산측을 압도하기 때문에 공산측이 이를 보상해 38선 훨씬 이북으로 분계선을 설정해야 한다고 주장했다. 이에 공산측은 남측지역의 제2전선인 빨치산투쟁에 대한 보상을 요구하여 38선 이남으로 분계선을 요구하는 공방전을 전개했으나 결국 현 접촉선을 군사분계선으로 할 것에 최종 합의했다.

(4) 억압적 통치기구의 확장, 반공주의 강화만이 인간 도리인양 폭력통치

전쟁은 일제하 식민지 통치기구의 발달과 미군정기의 격렬한 정치적·계급적 갈등의 진압과정에서 발전된 과대성장국가 남한을 '초과대' 폭력국가로 성장시켰다. 대규모의 군대가 급조되었고 경찰병력이 증강되었다. 전쟁 이전에 경찰 혹은 우익청년단체의 준군사조직에 의해 대표되던 억압적(폭력적) 국가기구는 이제 군대로 대표되기에 이르렀다. 따라서 전쟁 이전의 각종 비제도화된 사설 반공단체가 통합되고 국가의 통제하에 놓이게 되었다. 한편 한민당세력과 이승만간의 불화, 족청세력의 존재 등 지배세력 내의 갈등은 한국전쟁을 거치면서 이승만 일인에게 권력을 집중시키는 결과를 가져왔다. 따라서 의회와의 마찰도 별로 문제가 되지 않았으며, 모든 국가기구는 이승만의 통제하에 편제되고 이승만은 바로 국가 그 자체로 부각되었다.

국가기구의 팽창은 곧 국가와 개인 사이에 존재하고 있던 모든 권력기구를 국가기구로 일원화하였다는 것을 의미하기 때문에 국민의 모든 사상과 행동은 국가의 통제하에 둘 수 있는 조건이 마련되었다는 것을 뜻하며, 국가기구의 내적 응집성이 확보되었다는 것은 국가 이념을 일사분란하게 국민들에게 전달할 수 있는 제도가 정비되었다는 것을 의미한다.(5·16 군사쿠데타는 바로 이같은 日·美가 훈련시켜놓은 군대질서에 대립되는 민주질서에 대해 반란을 일으킨 것이고 일사불란한 반공 병영국가체제를 연장시키려 한 셈이었다).

인천상륙 직후 맥아더가 주기도문을 인용하여 이승만에게 메시지를 전한데 대해 당시의 지배세력은 "하늘에 계신 우리 아버지는 미국인의 아버지요, 한국인의 아버지시요, 이승만의 아버지요, 트루먼의 아버지시요, 인류의 하나님이라는 말이다. 그러므로 미국사람과 한국사람은 한 아버지의 아들이요, 한 형제인 고로 형제가 난을 당할 때, 형제가 와서 구원합니다"(김인서 1963, 85쪽)라고 해석할 정도로 동족의 형제자매에게는 짐승이상으로 잔인하면서도 미국에 대해서는 부모형제 이상의 일체감을 느꼈다.

한국전쟁이 일어나자 나는 이것이 종말을 의미하는 비극적인 사태라고 생각하지 않았다. 그와 같은 견해는 우리도 군대가 있을 뿐 아니라 세계 제일의 막강한 힘을 자랑하는 우방 미군이 진주하고 있다는 사실에 근거를 둔 것이며…(선우기성 94쪽).

따라서 미국에 대한 절대적인 의존적 태도, 미국의 이익과 한국의 이익이 완전히 일치한다는 상황규정은, "현대사회의 어떤 국가도 자신의 이익을 희생하면서 다른 나라를 도와주지는 않는다", "미국의 한국전 개입은 국제적 냉전질서를 유지하기 위한 미국의 국가이익의 표현이고, 한국의 민족적 이익은 그것의 희생물이 될 수도 있다"라는 상식적인 인식과는 정면으로 배치될 뿐더러, 실제로 냉전적 세계질서와 자본주의 세계체제의 재편을 통해 자국의 이익을 일관되게 추구하려 한 미국의 실제 의도를 왜곡한 하나의 이데올로기라고 볼 수도 있으나, 여기서 한국의 지배층의 인식은 단순히 고의성을 개입시키기보다는 반민족·반민중 범죄자들로서의 자신의 생명을 유지해야 한다는 본능적 요구 때문에 미국을 하나의 구세주로 받아들인 것으로 볼 수 있었다.

미국의 개입과 중공의 개입으로 전쟁이 국제전으로 비화되면서 이제 이승만을 비롯한 지배세력은 한국전쟁을 단순한 미국·한국과 북측간의 전쟁이 아니라 '자유세계'와 '공산세계'의 전쟁으로 받아들이기 시작하였다. 따라서 공산주의에 대한 공포와 불안, 미국에 대한 절대적·의존적 태도는 스스로를 자본주의세계의 첨병에 선 공산주의 타도의 투사로서의 자기규정으로 극복, 발전시키기에 이른다. 결국 이제는 오히려 이승만이, 휴전을 서둘러 추진하려는 미국을 충고하면서 "미국이 세계 민주주의를 구하고, 세계의 반공주의자들과 민주주의 국민을 파멸로 이끌지 않기를 바라오. 세계는 위대한 지도이념을 희구하고 있소, 약해져서는 안됩니다"(중앙일보사 1983, 184쪽)라고 세계 자본진영의 승리를 위해 북측을 완전히 쳐 없앨 것을 요구하였던 것이다.

이제 공포는 자랑과 자부심으로 발전하게 되었고 그러한 자부심은 민족자주의 '자존심'을 전면적으로 폐기·부인함으로써 가능하였다.

대한민국은 침략과 전복을 일삼는 공산도배 제국주의 무장공격에 대항하여 단호히 물리치고 혁혁한 전과를 거두고 있는 아세아에서 유일한 나라다. 아세아에서 여러 국가는 공포를 받아 위축되고 일본대국은 패배하였으나 대한민국은 불굴의 결심을 가지고 성공을 확신하여 계속 투쟁해 가는 것이다. 한국에 준 현재까지의 미국원조는 위대한 성공을 가능케 하였던 것이다(대한민국 국회 공보처 1952, 75쪽).

미국의 한반도 선제 침략·주둔·억압을 전혀 의식하지 못하고 있는 처지에서 북측의 '적대적' 진공만을 의식했던 이승만 집단에게는 민족을 죽이는 전쟁이 '성전聖戰'이 되었고, 민족을 압제하고 죽이는 편에 섰던 일제 식민지시대의 군인과 경찰들이 이제는 성전을 수행하는 '애국투사'가 되었다. 현실은 왜곡된 이념을 통해 전도轉倒되었고. 이러한 전도는 곧 현실(거꾸로 된 세상)이 되었다. 이러한 인식은 "왜 전쟁이 일어났는가, 왜 미국이 개입하였는가, 왜 동족간에 적대적으로 싸웠는가, 과연 피해는 어느 편이 누구에게서 더 받았는가, 모든 남한사람이 그들에게 피해를 입었는가, 남한의 지배층은 국민들이 전쟁의 와중에서 흩어지고 죽어갈 때 과연 무엇을 하였는가에 대한 주인으로서의 근본적인 질문을 하지 않은 채 침략외세의 반공의 증오에로 전민족·전국민을 몰아갔다.

전쟁 후 공산주의 혹은 북측에 대한 공식적인 규정은 다음과 같은 내용으로 요약되었다.

공산당 앞에는 조국도 민족도 없다. 그들은 목적을 위하여 공산소련으로부터 받은 모든 지령에 따라 폭력으로써 조국을 적화하려는 것뿐이다. 원래 공산주의자들의 인간성은 인정도 눈물도 의리도 없이 그저 잔인한 것뿐이다. 국내에 있어서도 소위 조선공산당의 폭력에 의한 행동만 보더라도 가히 짐작할 수 있는 것이다. 그들이 조국을 배신한 것은 고사하고라도 같은 백의민족이요 단군의 혈통을 이어받은 단일자손이건만 민족이야 죽건 말건 알 바가 아니다. 다만 소련을 종주로 하는 국제공산당 지령에 충실하게 복종하는 것만이 지상과업이요 제일주의로 알고 있는 것이다(김정후 1968, 200쪽).

마치 침략자인 일제 관동군의 분노의 목소리 처럼 들린다. 전쟁을 거치면서 완전 조작된 반공드라마는 국민적 강령, 국민적 이념, 국민적 생활신조, 도덕과 가치의 중심적인 기준이 되었고, 그러한 기준은 과거에 타당했듯이 앞으로도 '영원히' 타당한 것이 될 것이라는 종교적 색채를 지니게 되었다. 반공은 이제 "日·美 형제국들과 공유하는" 사실상 철석과 같은 국가이념이 되었다

이러한 이념은 곧 정치적 실천을 수반하였고, 정치적 실천 자체가 이념을 강화시키는 상호작용을 하였다. 정치적 실천은 곧 남한내에 잔류하는 공산주의 인사에 대한 색출·처벌 등 이데올로기 정화를 위한 제반활동 및 교육적인 제반활동으로 표현되었다. 전쟁후 "전경찰력을 투입하여 각 기관의 대공對共사찰을 적극 강화하여 불순분자를 완전 봉쇄하고 민심동향을 정확히 파악하여 멸공의식을 앙양한다"는 원칙을 세웠다(변영태 국무총리, 1954년 정부 시정방침 연설 1954.7.14).

이승만의 반공포로석방 행위야말로 곧 "반공은 모든 것을 용서한다"는 것을 상징적으로 보여 준 국민대상의 교육적인 국가행동이었다. 이미 전쟁중인 1951년 문교부 산하에 국민사상지도원이 설립되었고, 1953년 7월 공보처의 기능과 역할이 확대되었으며 1955년 대통령 직속 공보실이 설치되어 국민적 반공의식 함양을 제도화하였다. 나아가 1955년 교육의 모든 기능을 '멸공의식의 앙양'에 둔다는 조치가 발표되었다.

한편 이승만 정권은 국가차원에서의 반공이데올로기의 실천을 곧 자신의 정권유지의 도구로 활용하였다. 이승만은 야당을 제압하기 위하여 '정부전복 기도는 망국행동' '정당파쟁은 위험천만'이라고 규정하면서 정치적 갈등 자체를 반공주의의 적으로 규정하였다. '부산정치파동'과 대구매일 피격사건 등이 대표적이다. 1952년 5월 25일 공비소탕과 치안확보를 이유로 경남의 8개 군과 전남의 7개 군에 계엄령이 선포되었고, 20명의 괴한이 경향신문사를 습격하였으며, 서민호 의원이 헌병대에 끌려갔고 국회의원에 대한 집단검거가 실시되었다. 당국은 "구속된 의원들은 공산당과 금전관계의 수수가 있음을 포착한 증거에 의해 수사중이며 검거된 국회의원은 공산주의자와 음모하여 한국정부를 전복하려는 혐의 때문에 구속되었으며 수사에 의해 의심이 해소되기 이전에는 석방할 수 없다"고 발표하였다.(1983년 현재 세계의 공산당수는 108개, 그 중 집권경험 정당수가 20개, 불법정당수 26개, 우리사회의 경우 「반공법」이 세계 유일의 독재법임이 드러나자 폐지하였

다.) 궁극적으로 절대적 반공주의는 피수탈 근로계층의 일체의 평등 민주화 요구와 저항에 재갈을 물린 사실상의 노예화 정책이나 다름없었다.

1955년 9월 14일 "학도를 정치도구로 이용하지 말라"는 사설을 문제삼아 대구매일신문이 피격을 당하였다. 경찰로부터 아무런 처벌이 없었고, 오히려 경찰간부는 "백주에 행하여진 것이므로 테러가 아니다"라고 발표하였으며 '멸공전선에 헌신하던 청년'이 벌인 일이라고 정당화하였다. 자유당 국회의원은 "이 사건은 테러가 아니라 의거다. 애국심에 불타서 테러를 한 청년들이니 국가에서는 훈장을 수여하여야 할 것이다"(「해방 20년사」, 762~765쪽)라고까지 말하였다. 이승만의 수족노릇을 하던 일본군 출신의 김창룡이 내부의 의협심이 있는 군인들에게 살해당했을 때에도 이승만은 그를 육군중장으로 승진시키고, 그의 애국심을 칭송하였다. 그는 죽은 뒤에도 대전의 국군묘지에 묻혔다.

반공주의자, 반공단체에 대한 모든 비판은 금기시되었고, 그러한 비판을 할 경우 좌익이라는 혐의를 받게 되었다. 다음은 친일파적 세계관의 왜곡된 시각을 보여주고 있다.

"6·25 당시만 하더라도 반공정신으로 무장된 청년단 동지들이 전국 방방곡곡에서 과감한 투쟁을 한 덕분으로 모처럼 세워놓은 우리들의 조국을 지켜낼 수 있었다는 사실을 냉정히 생각할 때 해방후에 이러한 이 나라의 건국 청년운동을 칭찬은 못할망정 헐뜯고 무시하는 따위의 말을 할 수는 없는 일이다. 만일 이러한 견해를 가졌다고 하면 그것은 제2의 월남을 원하든가 아니면 공산당에 동조하는 마음에서일 것이다"(선우기성 114쪽).

(5) 전쟁과 미국 편중 교육의 악영향, 공동체 협동·사랑정신 완전 파괴

한국전쟁 이전까지 반공이데올로기는 사실상 의도된 이데올로기였고, 위로부터 강요된 것이었다고 볼 수 있다. 그러나 한국전쟁을 거치면서 신념에 찬 적극적 반공세력이 국민내부에서 형성되었다. 따라서 반공이데올로기는 강한 '체험적 기반'을 갖게 되었고, 반공이데올로기는 대중을 동원하고 투쟁의 지형을 제한하는 유기적인 것이 되었다. 일제·미제의 침략과 분단이라는 배경역사에 눈을 뜨지 못한 이들 응고된 신념을 가진 반공주의자와 반공단체(준국가기구)는 친일파세력이 주도해온 남한의 지배질서와 자신에 대해 일체감을 느끼고 권력의 지시 없이도 반공이데올로기를 일상적으로 선전하고, 대중을 동원할 수 있는 요원이 되었다. 나아가 공산주의를 반대한다는 이야기를 적극적으로 표현하고 자신은 결백하다는 것을 고백하도록 강요하는 위협적이고 강압적 분위기가 형성되었다. 게다가 미국은 자기들의 영향력 하에 있는 유엔 회원국들을 끌어들여 형식적으로나마 참전시킴으로써 미국 단독의 제국주의적 선제적 침략성을 감추었다. 그리하여 남한 국민들에겐 미국은 유엔과 더불어 온세계의 지도국으로서 자유세계를 수호하는데 목숨을 바치고 있다고 선전·홍보함으로써 상대방인 「조선민주주의인민공화국」을 악마로 악선전하고 남북 동포형제간의 정신적 육체적 유대관계를 "철천지 원수가 되도록" 산산이 파괴하여 버렸던 것이다. 한편 다수의 피해대중은 그들이 적극적으로 반공의 이념을 내면화 했다기 보다는 단지 전쟁체험의 공포 때문에 이데올로기 지배를 용인하였고, 지식인 혹은 과거 중도적이거나 좌익적인 성향을 지녔던 사람들은 모든 가치체계에 대한 허무주의, 패배주의 때문에 그냥 반공의 논리가 사회적으로 관철되도록 방관하고 있었으며, 그것을 수동적으로 받아들였다고 보는 것이 합당할 것이다.

아래 기사는, 약소국의 불행한 과거사에 별로 동정同情을 표할 줄 모르는 인색한 미국의 한 신문이 밝힌 모처럼의 바른 소리이므로 재인용하여 참고하도록 하였다. (『한겨레』 2001. 8.28.)

"한국 역사교과서도 왜곡, 일제부역 기억상실 논란"

LA타임스 보도… 부역자집안 '반공' 망토로 과거 가려

일본의 역사교과서 왜곡을 강하게 비난해 온 한국에서도 일제 부역자, 미군범죄 문제 등과 관련해 중·고교 역사교과서 왜곡문제가 불거지고 있다고 미국의 『로스앤젤레스타임스』가 26일 보도했다.

이 신문은 한국의 교과서 저자들은 과거 일제가 했던 것과 비슷한 일종의 '선택적 기억상실증'에 대한 정밀한 조사를 해야 한다는 압력을 받고 있다면서 한국의 역사학자와 시민단체, 교육자들은 중·고교 교과서의 역사왜곡이 일제 부역자 처리, 항일독립투쟁 평가, 미군의 한반도에서의 구실에 관련된 것으로 보고 있다고 전했다.

신문은 일제 부역자 문제가 가장 큰 비난을 받지만 가장 무시되고 있다고 전하며, 중학교 교과서는 이를 전혀 기술하지 않고 있고, 고교 교과서는 1945년 부역자 처벌 조처가 정부의 반대로 무산됐음을 짤막하게 언급하고 있을 뿐이라고 밝혔다.

신문은 오늘날 한국의 법조계·정계·재계·예술계 등 모든 분야의 많은 엘리트들이 일제 부역자들의 후손들이고 친일유산에서 직·간접적인 혜택을 계속 누리고 있기 때문에 이 문제가 반세기 이상 중요사항으로 남아있다고 지적했다. 즉 친일파 후손 엘리트들이 일제 식민지배기간의 자기 선조들의 행각에 대한 대중의 관심을 흐트러뜨리기 위해 학교 교육과정과 다른 사회기관들에 대해 그들의 영향력을 발휘하고 있다는 시각이 엄존한다는 것이다.

또 한국의 교과서는 남한의 항일독립투쟁을 부각시킨 반면 북한의 항일투쟁을 무시하고 있다고 전하면서 이는 일제 부역자 집안들이 '반공'이라는 망토를 자신들의 과거를 가리는 수단으로 이용하면서 친일행적을 제기하는 사람을 공산주의자로 낙인찍었던 사실과도 관련이 있다고 설명했다. 신문은 가장 최근의 교과서들도 미국이 한국전쟁에 참전했다는 사실 이외에는 미군의 민간인 학살과 미군범죄, 환경파괴 등에 언급하지 않고 있다고 전했다.

황상철 기자 rosebud@hani.co.kr

① 군대식 전시교육 강화, 反共=반평등 의식 주입

전후의 모든 출간물에는 다음과 같은 문구가 국민적 강령으로 구체화되어 학생을 비롯한 모든 국민에게 교육되었다. 학교는 반공과 민족동포 적대의식 교육을 위한 사상의 감옥이며 훈련장이었다.

「우리의 맹세」
우리는 대한민국의 아들딸 죽음으로써 나라를 지키자.
우리는 강철같이 단결하여 공산침략자를 처부수자.
우리는 백두산영봉에 태극기를 날리고 남북통일을 완성하자.

'전시교육체제'라는 중앙집권적 비상교육행정으로 재개되기 시작한 문교행정은 교육에 대한 강한 통제를 통한 반공이데올로기 세뇌교육과 국방교육을 내용으로 삼을 수밖에 없었다. 백낙준은 반공을 지배이념으로 하는 일련의 교육내용과 형식을 문교행정에 도입했다. 안호상 문교장관이 일민주의라는 이름으로 우회적으로 내세웠던 반공이데올로기 교육은 공교롭게도 백낙준의 손에 의해 공식 교육과정으로 채택되게 되었다. 또 한국전쟁의 경험은 국민들을 정치사회화시키는 것으로 활용될 수밖에 없었다. 이 변란 시기의 국가가 교육을 통해 시도한 대국민통제는 다음과 같이 정리될 수 있다.

첫째, 적색교원 일소가 구체화되었다. 이것은 부역자처벌법의 일환으로 교육계에서 실시되었다. 부역자처벌법은 1950년 9월 13일 이승만의 '수도입성에 관한 특별성명'을 통해 발표되었고(인민군 진입 당시 수도 서울을 빠져나가지 못했던 많은 사람들을 수복후 죄인 취급하게 된 상황에서) 그해 10월 교육계에 큰 영향을 미쳤다. 당시 서울시 학무국장의 담화에서 그때의 분위기를 알 수 있다. 즉 "시의 방침으로 교장 이하 교직원과 학생의 숙청을 철저히 하고자 한다. 즉 학교장은 전부 임시관리인 형식을 취하여 적부자격을 실시하여 숙청하겠으며 학생들도 철저히 심사하여 숙청하겠다"고 한 학무국장의 담화는 일부 교사에게는 사형선고장과도 같았다.

둘째, 국민사상지도원의 설치였다. 백 문교장관은 1951년 3월에 대학교수 및 '국민사상에 학식 있는 사람' 30명을 전문위원으로 삼아 국민사상 지도원을 구성했다. 이 기구의 활동은 사상지도 서적 및 팜플렛을 만들어 무료로 배포하고, 관련된 강연회 등으로 '민주적인' 국민사상을 보급·지도하는 것이었다(대학교육에 관한 임시조치령 1951. 5.4). 국민사상 지도원은 국민들에게 자본주의 사회의 이론적 근거를 선전하는 동시에 한국민의 사상 확립과 계몽 및 선전의 목적으로 사상총서와 『사상』이라는 월간지를 발행했다.

세째, 교육공무원법 제정을 통한 법률적 통제였다. 이 법의 정치활동 금지조항에 의하면 "학원에 대한 정치적 불간섭을 확립하려면 교육자는 정치단체에 소속되어 있었다 하더라도 교육공무원에 임명된 후 20일 이내에 소속 정당에서 이탈해야 한다"고 못박고 있다. 교육공무원법의 제정은 동시에 장학관과 장학위원제를 강화시켰는데 이는 교육의 질 관리라는 측면과 함께 교사의 교육 활동을 위축시키기 시작했다. 현재까지도 교육자들의 정치활동을 금지하고 있는 이 「교육공무원법」이 전쟁기간에 만들어졌다는 사실은 의미심장하다.

네째, 학생들의 정치활동이 강력하게 제지되었다. 당시의 국무총리 장택상은 "대통령의 지시에 의해 일반 대학, 중학교 학생의 정치 혹은 사상운동에의 권유 혹은 위협적으로 참가를 종용한 자는 엄벌에 처할 것이다"는 담화를 통해 학생의 정치활동 규제를 선언했다. 교육의 정치적 중립성을 보장한다는 명목으로 교사와 학생의 정치활동이 현재까지 금지되고 있으나, 이는 오히려 교육에 대한 정치적 통제로 악용되어 교육의 중립성을 침해하는 결과를 낳고 있다.

다섯째, 라디오·영화·포스터·팜플렛·강연 등의 형식을 이용한 사상전을 전개했다. 공보처는 경찰의 힘을 빌어 농촌 곳곳에서까지 사상전을 전개했다. 대한민국 공보처와 더불어 미국 공보처도 한국내 주요 7개 도청소재지에 파견되어 사상전을 담당했다는 점은 우리가 주목해 볼 만한 일이다.

전쟁으로 교육이 중단된 후 백 장관은 부산에서 '서울피난민 교육자대회'(1951.2.7)를 열고 그 스스로 각 지방에 「교육구국」이라는 격문을 보내 교육 재개의 중요성을 역설하기 시작했다. 이어 문교부는 「전시하 교육 특별조치요강」(1951.4)을 발표하여 "멸공필승의 신념을 배양하고 국제 집단안전보장의 인식을 명확히 하여 전시생활을 지도하는데 목적을 두는" 교육을 강조했다.

② 교과서의 정부 독점 통제, 근로민중 배제된 거짓 민주교육

전시하 교육특별조치에서 교육의 중점은 "멸공필승의 신념을 배양하고 전쟁시국과 국제적 집단 안전보장의 인식을 명확히 하여 전시생활을 지도"하는 데 두었다.

백낙준 문교부장관은 이 전시하의 교육방침을 확대하여 1952년 3대 방침을 세웠다. 그 내용으로는, 첫째 1인 1기의 능력을 가진 사람을 육성하여 전후 재건에 공헌하도록 하자는 자활인의 양성, 둘째, 자유를 알고 지키기 위해 목숨을 바치는 자유인의 양성, 세째, 국제적 집단안전보장의 이상을 실현하는 데 가담하는 국제인으로서의 평화인의 양성이었다.(민족 공동체의 진정한 자주화와 민주화, 경제적 자립에 의해 자유가 보장되거늘, 외세의 식민지와 점령군 지배상황을 제3의 '악마'의 침공 탓으로 돌려 왜곡된 '자유' '민주' 의식으로 채우려고 애썼다.)

그리고 1952년 10월 30일 백낙준의 뒤를 이어 제3대 문교부장관으로 취임한 김법린은 한국전쟁으로 인한 교육시설의 파괴와 혼란을 급속히 수습코자 '전시문교' '건국문교' '독립문교'를 내세웠다.

당시의 문교부 전시문교 구현 시책을 소개하면 "…그러므로 우리의 교육은 정신을 무장하여 멸공구국사상을 배양하고 전시체제의 강화와 국방기술 연마에 주력하여 전시생활교육에 철저를 기하려 하였다. 군사훈련과 학도호국단 운영을 일층 강화시켜서 전시학도로서의 심신 양면의 발달을 기하여…군문에 입대케 하고… 학생의 날을 제정하여 애국의사한 선배의 의지를 계승토록 하였다." 즉 교육 전체를 통하여 국방력을 강화하려는 것이었고, 전쟁에 학생들을 동원시키기 위해 교육을 이용하였다. 이것은 전시생활목표가 그대로 교육목표로 되었던 초등교육에서 분명하게 확인할 수 있었다.

「초등교육의 교육목표」

1) 대한민국은 민주방첩으로써 민주주의 국가 건설에 모든 희생을 바치고 있다. 따라서 교육은 민주주의에 대한 확고한 이해, 인식과 민주주의 생활의 실천을 내용으로 해야 한다.
2) 우리는 현재 북한 괴뢰군, 중공군과 싸우고 있다. 따라서 교육은 현재의 정국을 정확하게 파악하고 멸공필승의 신념을 견지하는 내용을 목표로 한다.
3) 현재 우리나라에는 국제연합군이 동원되어 싸우고 있다. 세계사상 초유의 일로서 집단안전보장의 필요와 집단안전보장을 위하여 공헌할 수 있는 소지를 배양하는 내용을 교육목표로 한다. (함종규 『한국교육과정변천사연구(전편)』 숙명여대 출판부, 1983)

백 장관은 도의교육을 강조했다. 백 문교장관은 "싸우는 국가의 교육은 싸우는 교육이어야 하고 싸우는 교육은 싸우는 교사에 의해 추진되는 것이고, 정치와 경제의 밑받침이 되는 사상통일 교육이 그 내용이어야 한다. 동시에 싸우는 교육자의 지침은 도의교육에 두어야 한다"고 주장했다. 그러나 이 도의교육의 내용은 곧 반공이었다. 전쟁과정에서 이와 같이 교육의 역할이 중요한 것은 교육이 곧 사상전에 직결되기 때문이며, 나아가 한국전쟁에서 교육을 통한 사상전에서의 승리는 곧 세계체제적 의미를 갖는 것이라고 보여졌기 때문이다.

당시 문교장관 백낙준은 교육 재건을 위한 조건으로 교육시설의 재건과 복구, 교육내용의 개편, 교육인원의 양성 등 세 가지를 꼽았다.

그 중 교육내용을 개편함에 있어서 국내의 정치·경제·사회 발전에 순응하는 교육내용의 구명과 함께 외국의 발전과정에 뒤떨어지지 않는 교육을 실시할 것을 주장했다. 이리하여 전시에 추진된 교육은 미국의 교육이념과 문물을 수입하는데 상당히 개방적이었다. 그것은 전쟁으로 파괴된 교육시설 재건에 필요한 원조라는 형식을 띠었지만 그 결과 한국 교육은 더욱 더 미국 교육의 영향권에 편입되는 계기가 되었다.

이같은 백낙준 문교장관의 전시교육이념과 내용은 당시의 교과서에 반영되었기 때문에 교과서를 살펴보면 구체적으로 그것을 이해 할 수 있다. 교육법 제155조와 157조에는 "대학·사범학교·각종 학교를 제외한 각 학교의 교과를 대통령령으로 정하고 각 교과의 교수요목 및 수업시간 수는 문교부령으로 정한다. 대학·사범대학·전문대학을 제외한 각 학교의 교과용 도서는 문교부가 저작권을 가졌거나 검정 또는 인정한 것에 한한다"고 못박고 있다. 이렇게 교육법 제정시부터 교과목의 결정이나 교과서 편성은 대통령이나 문교부의 독점적인 권한으로 설정되었던 것이다.

따라서 한국전쟁 중에는 전시교육의 성격이 교과서 내용 편성과 발간·보급에 그대로 반영되었다. 그리고 전시의 재정적·기술적 곤란은 교과서의 발행까지 외국(미국)의 원조에 의존하게 했다. 전시교육을 실시함에 있어서 교육시설의 부족과 교과서의 부족, 그리고 교원의 부족은 현실적으로 심각한 문제였다. 교육을 재개하라는 문교부의 지시에 대해 일선교사들이 교과서 부족을 문제시해서 난색을 표했을 때 문교장관은 다음과 같이 답변했다.

교과서가 부족하면 실제생활에서 가르쳐라. 즉 지금 52개국이 우리를 돕고 있다. 그리고 16개국이 우리에게 군대를 보내고 있다. 소위 사회생활이란 것이 과정표에 있다. 그런데 그 사회생활과를 위한 신교재가 있다. 아동들은 우리나라에 군대를 보낸 나라의 국민에 대해서, 그 제도와 생산물과 성격과 기타 모든 것을 배울 수가 있지 않은가. 과학과목으로 말하면 머리

위로 최신형의 비행기가 날고 있으며, 항구에는 수송선이 있고, 통신대가 사용하는 정밀한 기구가 있고, 가로를 부단히 달리는 수송차가 있고 우리가 보지 못하던 기타 여러 가지 도구와 기계를 볼 수 있다. 이러한 것들을 가르치는 것이 과학과목이다. 또 각지에는 피난민이 있다. 지방마다 생활양식이 다른데 이런 기회에 연구해야 한다. 그러므로 아동들은 피차에 배워야 한다. 이것이 지리과목이다. 이런 것이 실생활에서 배운다는 것이다.(전국교직원노동조합 교과위원회 『참교육 실현을 위한 교과서 백서』 푸른나무, 1990)

그리하여 문교부는 전시의 부족상황에 직면하여 국민학교용 『전시생활』과 중학교용 『전시독본』을 발간했고, 교사용 『전시학습지도요강』을 하달했다. 이 전시교재의 발행 현황은 다음과 같다.

초·중등 교과서

과목 \ 구분	1집	2집	3집	4집
『전시생활』 1	비행기	탱크	군함	국민학교 1,2학년
『전시생활』 2	싸우는 우리나라	우리는 반드시 이긴다	씩씩한 우리겨레	국민학교 3,4학년
『전시생활』 3	우리나라와 국제연합	국군과 유엔군은 어떻게 싸우나	우리도 싸운다	국민학교 5,6학년
『전시독본』	침략자는 누구냐	자유와 투쟁	겨레를 구원하는 정신	중학생

위의 전시교재는 교과목 구분이 없이 그 자체가 국어과이면서 동시에 사회생활과 교과서의 역할을 했다. 『전시생활』의 내용은 어린이들이 전쟁과 반공의 당위성을 알고 전쟁을 후원하는 일에 적극적으로 참여해야 된다는 내용이다. 즉 전쟁상황 자체가 교육의 장이자 자원이 되고 있는 것이었다. 그럼에도 불구하고 이처럼 전시교재에 반영된 국방교육의 실체는 교재명에서부터 정치적·군사적 목적을 그대로 선전하는 것으로 되어 있었고, 내용은 앞에서 문교장관이 말한 바에 의거해 전쟁이라는 실생활과 긴밀히 유착된 것으로 되어 있었다.

3종 3회에 걸쳐 발행된 전시교재의 발행 부수는 253만 8천 부에 이르렀다. 문교부는 이 전시 교재의 인쇄·배부와 함께 유엔 각 국기를 인쇄 배부하여 전시교육 추진에 사명을 다했다. 이러한 '전시판' 교과서의 발행 이유는 첫째 교과서 수급상의 어려움과, 둘째, 전시교육에 있어서 국가적인 수준에서 지도와 통제를 도모하고자 함에 있었다.

전쟁기 동안 초래되었던 고등교육의 피해는 초·중등교육에서의 피해보다 훨씬 심각했다. 특히 교육의 주체인 학생의 대다수가 군에 소속되었던 상태였기에 교육을 위해 필요한 최소한의 조건인 학생을 모으는 일조차 어려웠다. 정부는 피난지에서 전시연합대학의 형식으로 대학교육을 재개했다. 당시의 한 일간지는 전시연합대학 설립의

의의를 다음과 같이 서술하고 있다.

　6·25사변으로 말미암아 적색 침략의 마수가 젊은 학생들이 순수한 마음으로 오직 진리만
을 탐구하려는 신성한 학원에까지 침투하여 많은 교직자와 학생들의 부역자를 내었고, 또 서울
의 31개 교에 달하는 대학의 교사(校舍)들도 공비들의 만행으로 태반이 파손된 이래 학생들의
능력으로 보아서나 사변 중 극도로 혼란을 일으켰던 '학원내 불순한 사상경향을 조속히 정화하
려는 견지에서' 조국의 장래 운명을 개척해나갈 중책을 지니는 대학교육의 재개가 시급히 요청
되고 있다. 문교부에서는 전시에 적용하는 응급조치로서 현재 사용이 가능한 교수 시설과 공비
남침시 부역을 하지 않은 교수진을 총동원하여 종합대학의 성격을 갖는 대학연합체를 설립키
로 하였다.

　한마디로 고등교육 재개가 갖는 의미는 고등교육 그 자체보다는 '학원 내의 불순한 사
상경향을 정화'하는데 있었다. 이 당시 상황으로 보아 국가기구가 필요로 하는 엘리트 양
성은 부차적인 문제였다.
　종교적 영향력의 경우에도, 전쟁으로 인한 굶주림과 학살의 공포에 휘몰리던 백성들
은 침략세와 그 앞잡이들이 믿어주길 바라던 신앙집단에 들어감으로써 물질적 구호와
정신적 위안, 특히 '빨갱이' 혐의에서 (친일파 가족들도 반역자의 혐의에서) 벗어날 수 있는
피난처 역할을 해주었기 때문에, 종교 본래의 이끌림에다가 현실적 도피·안식처로서
자연히 다중이 일정 신앙집단에 참여하게 되었던 것이다. 마치 (반드시 부정적인 의미는 아
니지만) 오징어나 갈치잡이에서 칠흑바다의 집어등(集魚燈) 역할에 의해 설교와 선동의
테두리 안에 빨려들었다. 그 결과 많은 '은혜'도 입었으나 숱하게 등장했다가 민중을 (정
신적 물질적으로) 괴롭히고 사라진 사이비 종교집단에서처럼, 공황속의 사기행각도 많이
나타났으며, 침략외세를 비판하는 동포를 증오함으로써 동족증오와 분열의 회오리 속에
더욱 깊이 빠져들게도 되었다. 전쟁은, 사상의 자유와 상호관용과 이해증진을 최고가치
로 여기는 참다운 민주주의 원리를 철저히 통제하고 부자유·무권리·불평등을 호도하
는 사이비 자유민주주의를 강요함으로써 '친일파 공화국'의 천국을 만드는 데 친미반공
교육을 마음껏 활용하도록 도와주었던 것이다.

◎ 미국이 강제해온 동북아 봉쇄 · 분단전략의 유효성
　미국은 제국주의 모국 영국으로부터 독립(1776년)하고 이른바 「노예해방」이라는
좋은 명분을 표방하게 된 남북전쟁(1861~1865)으로 천하를 통일하게 되자 동서남북

세계무대를 향해 정복의 길에 나선다.

대서양과 태평양상에 점점이 널려있던 섬들을 차례로 접근·점령하더니, 이미 선두 제국주의나라 스페인이 차지하고 있던 카리브해의 쿠바와 동남아의 필리핀을 함포 몇 발로 빼앗고 자주독립 의지가 강했던 원주민 전사들과의 전투로 많은 애국투사들을 학살한 후에는 「신의 뜻」이라는 허세까지 부리며 무장한 총독으로 다스리게 했다.

미국은 이 두 나라를 침략 확대의 교두보이자 전초기지로 삼아 중남미 대륙과 동아시아를 석권하기 시작했다.

봉건시기 동아시아의 대종주국이던 중국을 다른 제국주의 열강들과 나누어 점령하더니, 중국 황제의 간접 지배를 받고 있던 종속국들(베트남과 조선 등)을 차례로 분단시킴으로써 동북아 일대에 대한 봉쇄협박과 (조금씩 떼어내어 소멸시켜가는) 분단·분열·증오·충돌 조장 전략을 동시에 구사하였다.

이제 세계 최대의 침략세력은 핵폭탄까지 장착한 강력한 함대와 잠수함으로 남의 영토 턱밑까지 치받으며 폭격기와 정보정찰기에, 위성통신 비행체의 정밀 탐색으로 상대방의 어느 시각·어떤 활동도 포착·통제하고 있다. 여기에 진짜 침략전쟁과 똑같은 육·해·공 합동훈련은 봉쇄·협박의 극치이다.

최강 정복자들은 프랑스와 일본의 식민지였던 베트남과 한반도를 원주민들의 자주적 의사는 아랑곳 하지 않고 제국주의국들간의 세력 균형을 명분으로 갈라놓고 아부세력 (수탈 가능한 계층)을 무장시켜 동족 동포끼리의 피투성이 살육과 증오·분열을 조장함으로써 자신들의 희생은 없이 최저 비용으로 최고의 점령 효과를 즐겨왔다.

정복자들은 증오의 불꽃을 튀기며 싸우는 동족끼리의 전쟁 준비를 위해 애걸복걸하는 아부세력에게 값비싼 무기를 있는대로 팔아먹고 온갖 상품의 판매시장으로 종속 우방과의 결속을 다져왔다. 그들은 낮은 휘파람소리와 눈빛만 보고도 즉각 반응하여 동족·동포의 뒷덜미를 물어 채려하는 세퍼드처럼 충성스런 우방의 언론과 무장병을 바라보고만 있어도 되는 높은 지휘대에 편안히 앉아있다.

(6) 미 점령군은 필연코 동족상쟁과 노예화된 위안부 함께 낳아

① "인신매매 당한 뒤 매일 밤 울면서 미군을 받았다."

"저는 김정자(가명)입니다. 올해 예순 넷입니다. 큰 지병은 없지만 요즘 무릎관절이 좀 아픕니다. 적지 않은 나이지만 오늘 꼭 하고 싶은 얘기가 있어 이렇게 인터뷰에 나섰습니다. 저는 '미군 위안부'였습니다. '기지촌'으로 인신매매되어 평생을 미군한테 당하면서 억울하게 살아왔지만 아무도 저와 제 동료들의 이야기를 들어주지 않았습니다. 자발적으로 일한 거 아니냐는 색안경만 끼었어요.

우리가 미군한테서 벌어들인 달러로 나라를 이렇게 일으켜 세웠는데, 그때는 우리더러 '애국자'라 그러더니 국가는 우리의 존재를 모른 척하고 있어요. 우리는 늙고 병들어가고 있습니다. 저의 언니들(기지촌 동료)이 죽어가고 있는 것을 더는 못 보겠습니다. 그래서 용기를 냈습니다.

우리는 국가를 상대로 손해배상 소송을 시작했습니다. 우리가 왜 국가를 상대로 이런 싸움을 시작하는지 저의 인생을 통해 설명하도록 하겠습니다."(김정자『미군위안부 기지촌의 숨겨진 진실』『미군 위안부 역사 2014 자료집』김현선·신영숙.『한겨레』2014. 7. 5. 보도)

소송에 참여한 여성 122명이 다 김정자씨와 같은 경험을 한 것은 아니다. 다만 그 피해의 구조가 비슷한 여성들이 상당하다. 김정자씨의 증언을 대표적으로 살펴보되, 기지촌에서의 경험은 여성마다 다르다는 점을 밝힌다.

미군 기지촌에서 미군과 성매매를 하는 여성들은 미군 위안부·기지촌 여성·특수업태부·양공주 등으로 불려왔다. 정부는 위안부와 특수업태부를 혼용해 사용해왔다. 1957년 제정된 「전염병 예방법 시행령」 제4조에서 규정한 '위안부'는 1969년의 개정 법률에서 그대로 사용되다가 1977년 개정 시 삭제된다. 그러나 1990년대 초반까지도 시·군 공무원들은 미군 기지촌 여성들을 한국 남성과 성매매를 하는 윤락여성과 구분해 '위안부'라고 불렀다.(『미군위안부 기지촌의 숨겨진 진실』 39쪽)

② 포주는 나를 20세로 위장시켜 매일 3~4명씩 치르도록 강요

"저는 1950년 1월에 태어났습니다. 어디서 태어났는지는 모르지만 어렸을 때 천안에서 살았어요. 친아버지는 군인이었는데, 전쟁통에 저를 보러 왔다가 탈영병이 되어서 헌병한테 잡혀갔어요. 그냥 맞아서 죽었다는 얘기만 들었습니다. 어머니는 나중에 재혼했어요.

제가 열두 살 때쯤부터인가. 제 의붓아버지는 어머니만 없으면 저를 겁탈했어요. 의붓오빠들도 저를 건드렸어요. 그걸 어머니께 말도 못하고 꾹 참다가 열여섯 살 때(1965년께) 집을 나와 버렸어요. 제 초등학교 친구가 있었어요. 돈을 벌 수 있는 곳이 있다는 거예요. 방직공장이라고 했어요. 개를 따라 서울역까지 기차 타고 왔어요.

서울역에서 친구 따라 또 어딘가로 갔는데, 뭔가 이상한 거예요. 방직공장은 안 보이고 미군들만 길에서 '쏼라쏼라' 하면서 돌아다니더라구요. 어떤 집으로 들어갔는데 집에

'남바'가 붙어 있었어요. 1호실, 2호실, 3호실 이렇게. 저는 여관인 줄 알고 잤어요. 제 친구는 다음날 잠깐 어디 좀 다녀오겠다고 하더니 안 왔어요.

(50대로 보이는) 어떤 아줌마가 나타났어요. 나보고 따라오래요. 공장에 데려다 주려나 보다 싶어 따라갔어요. 그런데 저더러 하는 얘기가 '네 친구가 빚을 안 갚고 도망갔으니 네가 갚아라'고 하는 거예요. 얼마인지는 얘기도 한 해주고, 친구 대신 돈을 갚아야 제가 나갈 수 있다고 했어요. 어떻게 돈을 버냐고 물었어요. 밤에 언니들 따라가 보면 안다고 했어요.

나중에 알고 봤더니 제가 간 곳은 파주 용주골(연풍리)이라는 데였어요. 미군기지 주변에서 여자들이 몸 파는 곳이었어요. 제 친구가 빚을 갚지 못해 저를 팔아넘긴 거였어요."

김정자씨는 인신매매를 당한 것이었다. 하지만 이것을 이해하기에는 김정자씨의 당시 나이가 너무 어렸다. 친구의 행동이 원망스러웠지만 김씨는 하는 수없이 친구의 빚을 갚기로 결심했다.

"아줌마(포주)는 저더러 클럽 나가서 손님(미군) 데려오라고 했어요. 저는 3일인가 있다가 그 포주집에서 도망갔어요. 근데 골목에서 잡혀버렸어요. '뒤지게' 맞았어요. 한번만 더 도망가면 섬으로 끌고 가서 죽여 버린다고 했어요.

(포주가) 파스 갖다 붙여주고 세코날(진정제)를 줬어요. 기분 좋게 해주는 거라면서 줬어요. 하나 먹으면 (중독되어서) 두 개 먹어야 하고, 세 개 먹으면 네 개 먹게 돼요. 손님 데리고 오라고 내보내면 제가 무서워서 말을 못 붙였어요. 맨 정신으로는 창피해서 손님 못 끌어요. 저는 그 약이 뭔지도 모르고 계속 먹었어요."

김씨는 나중에 이것이 마약인 것을 알게 되지만 이미 때는 늦었다. 약을 먹어야만 히파리(호객행위)를 하러 나갈 수 있었다. 김씨가 미군을 데리고 올 때까지 집(숙소)에는 들어갈 수 없었다고 한다. 한 두달 일하면 빚을 갚을 줄 알고 김씨는 그냥 눈을 질끈 감고 기지촌에서 일하게 된다. 그러나 현실은 달랐다. "거기서 헤어 나올 수가 없는 거예요. 빚은 계속 늘었어요. 방값이랑 화장품·미장원비랑 세코날비랑 내야 하는데, 아무리 일해도 못 갚는 거예요. 이자는 계속 불었어요."

보통 기지촌에는 위안부 여성들의 자치조직이 있다. 자매회 등의 이름으로 불렸다. 기지촌에서 일을 하려면 이곳의 회원으로 등록해야 한다. 자매회에서는 뻔히 미성년자인 것을 알면서 회원증을 주고 검진증(성병에 걸리지 않았음을 확인하는 증)을 발급해 주었다는 기지촌 여성들의 증언이 많다. 보통 포주들은 십대 아이들에게 스무 살이라고 말하도록 강요했다고 한다.

김정자씨의 삶은 지옥과도 같았다. 보통 기지촌 여성들은 하룻밤에 미군을 서너 명씩 받아야 하는 경우가 예사였다. "그러면 거기(음부)가 얼마나 아픈지 몰라요. 긴 밤·짧은 밤(성매매 시간 단위) 아무리 해도 끝이 없었어요. 긴 밤은 제 방에서 밤새 자고 아침에 일찍 가는 거고 10달러 받아요. 짧은 밤은 제 방에서 30분에 1시간 있다 가는 거예요. 돈은 모두 아줌마가 가져가 버려요. 제가 직접 못 받아요. 아줌마는 한 달 계산해 준다면서 다 뺏었어요. 1~2개월이면 빚 다 갚을 줄 알았는데 그게 안 돼요."

기지촌의 10대 아이들은 셈법에 밝지 못했다. 초등학교도 제대로 졸업하지 못한 이들이 태반이었다. 포주는 공포의 대상이라, 장부에 무엇이 어떻게 기록되는지 물어볼 엄두도 내지 못했다. 그렇게 여성들은, 아니 10대의 아이들은, 밤새 울고 밤새 미군의 노리개가 되어 고통의 몸부림을 쳤다. "도망을 갈 수가 없었어요. 주인집에 경찰이 낮에 놀러와요. 주인아줌마한테 누나라 그러면서 들어와요. 그러면 아줌마는 담배도 싸서 주고 그래요. 처음에 저는 아줌마 남동생인줄 알았는데, 옆의 언니들이 형사라고 귓속말해주는 거예요. 주인이 다 돈 먹이는 거라고. '경찰에 신고해도 내가 못 나가는구나' 그걸 알게 되는 거죠. 내가 죽어서야 이곳을 나갈 수 있다는 걸 알게 되는 거죠."

③ 도망도 쳐보고 자살도 해보고 낙태도, 미군과 결혼 시도도

"한번은 그래도 용기를 내어서 도망갔어요. 용주골에 인신매매되고 몇 개월 뒤였어요. 파출소로 들어갔어요. 40대 쯤 되어 보이는 경찰이 '왜 남의 빚 져놓고 도망 가냐. 안 갚으면 영창 간다'고 하는 거예요. 포주들이 경찰서에 다 돈을 집어주던 시대였어요. 하는수없이 다시 포주집으로 돌아갔지요. 골방에 갇혀 또 뒤지게 맞았어요."

김정자씨는 죽어서 절대 산에 묻히고 싶지 않다고 한다. 그가 산에서 겪은 고통스런 경험 때문이다. "산에 가서 미군을 받아야 할 때가 제일 무서웠어요. 부대에서 훈련을 나가면 저희도 따라가야 했어요. 밤에 컴컴해지면 담요 하나 들고 아줌마 따라서 가요. 아줌마가 보초 서는 미군이랑 쏼라쏼라 말해요. 그럼 훈련 장소로 들어갈 수 있었어요. 총들고 서 있던 놈들이 막사에 가서 여자들하고 잘 사람 나오라고 말해요. 이식스·세븐(E-6은 하사, E-7은 중사)들도 다 했어요. 장교들은 특별히 막사 안에서 해요. 일반 병사들은 훈련장 안에 나무 있는 데에 담요 깔아놓고 하거나 구덩이를 파놓고 해요. 미군들이 파놓은 구덩이지요.

기지촌 여성들은 그렇게 훈련장에까지 불려가 '하늘을 지붕 삼고, 땅을 담요로 삼고' 미군을 받았다. 제대로 씻을 시간도 없었다. 돈을 벌어서 내려가야만 포주가 혼을 내지 않는다. 어떤 미군은 돈 대신 자신들이 먹는 말라붙은 밥을 던져주어 여성들을 애타게 했다. 여성들은 한번 훈련장에 가면 그곳에서 새벽까지 보내다 돌아왔다고 한다.

안전한 성관계는 기지촌 여성들에게 보장되기 어려웠다. "어떤 미군은 콘돔을 안 끼고 해요. 우리는 거절을 못 해요. 그래서 낙태도 참 많이 했어요. 뗀 애만 열일곱이에요."

보건소에는 포주들이 끌고 갔다. 강제로 낙태시키는 것이다. 창자까지 다 빠져나오는 고통을 견디며 여성들은 낙태 수술을 견뎠다. 낙태 이후에는 몸이 두들겨 맞은 것처럼 아파도 또 일하러 가야 했다. 포주들은 낙태 수술로 상한 몸을 보살필 시간도 주지 않았다. 약과 찬물 한컵 정도 들이켜고 다시 일하는 경우가 태반이었다. 하루 그냥 쉬면 빚이 얼마나 늘어날지 알 수 없었다. "이러고 살아야 하니 죽고 싶은 생각만 들지요. 기지촌에서는 한 달이면 두세 번은 장례를 치러야 했어요. 철길로도 뛰어들고 연탄불 피워놓고 그 가스도 먹고, 저도 세 번 죽으려고 시도했어요. 그런데 무슨 놈의 팔자인지 다 깨어났어요."

김정자씨는 죽으려 해도 죽지 못했다. 공동묘지에서 자살을 기도하면 묘지 관리인이 발견하고, 집에서 동맥을 끊으면 자신을 보러 온 미군이 발견하곤 했다. 속 모르는 사람들은 '젊은 사람이 왜 죽으려 하느냐'고 묻곤 했다. 김씨는 말없이 눈물만 흘렸다. "왜 우리들이 미군하고 그렇게 기를 쓰고 결혼하려 했는지 알아요? 그게 아니면 여기를 탈출할 방법이 없었어요. 빚을 갚을 방법이 없어요. 도망가려 해도 경찰 누구도 안 도와주고, 우리에겐 국가가 없었어요."

아니, 국가는 있었다. 미군한테 성접대 잘하라고 교육하는 국가는 있었다. 자매회 회의가 한 달에 한 번씩 열리면 여성들은 참석해서 교육받아야 했다. 안 그러면 영업을 못했다. 회의에 가면 헌병·시아이디CID(미군부대 범죄수사과)·보건소 직원·경찰서장·군청 공무원들이 모두 와 있었다. 미군은 슬라이드(필름)를 이용해 성병에 대해 설명했다. 여기까지는 그들의 할 일이라고 이해할 법하다.

④ 성병에 걸리면 무조건 교도소 같은 수용소에 가두었다

하지만 공무원들은 이상한 교육을 더 했다. "나와서 늘 하는 말이 이거예요. '아가씨들이 서비스 좀 많이 해주십시오. 미군한테 절대 욕하지 마십시오. 바이 미 드링크(Buy me drink. 술 사주세요) 하세요. 그래야 동두천에 미군들이 많이 옵니다. 우리나라도 부자로 한번 살아야 하지 않겠습니까.' 군수는 저희더러 달러 벌어들이는 애국자라고 치켜세웠어요. 그러면 저희는 그래야 되나 보다 하는 거예요."

일종의 정신교육 같은 것이었다. 여성들은 왜 이런 교육을 받아야 되는가 싶었지만 국가가 노후를 책임져준다고 하니까 그런대로 받아들였다고 한다. "턱걸이(동두천시 광암동 일대)에다가 공장을 짓고 아래층에는 가발공장, 위에는 기숙사로 만든다고 공무원들이 설명했어요. 나이 먹으면 여기에 우리가 살 수 있다고 군수가 그랬어요. 땅을 다 사뒀다고. 그러니 열심히 달려 벌라고. 우리는 늙어도 갈 데가 있구나 하고 그렇게 믿었어요. 하지만 그 약속이 지켜진 건 하나도 없지요. 포주들은 저희가 벌어온 돈으로 집도 사고 땅도 샀는데, 어떤 악명 높은 포주는 나중에 경기도의원이 되더군요."

경찰은 인신매매되어 팔려 온 아이들을 구출하는 데는 관심이 없었다. 성병에 걸린 것으로 의심되는 사람들을 잡아가는 것에만 관심을 두었다. 잡아가는 것도 비인간적이었다. "성병 걸린 미군이 찾아와 칸택contact(미군 성병환자에게 성병을 감염시켰을 것으로 의심되는 여성을 찍는 것)을 하면 그냥 끌려가요. 찍히면 가는 거예요. 그 미군이 정확히 어디서 성병 옮아갖고 왔는지는 중요하지 않아요. 우리는 그걸 토벌당한다고 불렀어요."

'토벌당해' 파출소에 끌려가면 유치장에서 머문 뒤 곧바로 낙검자 수용소로 옮겨지는 경우가 많았다고 한다. 성병이 있거나 없거나 제대로 확인하지 않았다고 한다. 성병이 있다하더라도 그냥 환자일 뿐인데 죄인처럼 다루어졌다. "하얀 집(동두천시 소요산 아래 낙검자 수용소를 기지촌 여성들은 '언덕 위의 하얀 집'이라고 불렀다)에 가면 운동장이 크게 있는데, 토벌당한 여자들이 실려 오면 (건물 문을) 철커덕 잠그고 꼭 교도소 같았어요. 나갈 수 없어요. 화장실만 갈 수 있게 했어요. 유치장 같은 데서 다섯 명씩 자야 해요. 바깥 창문은 쇠창살이 설치돼 있고 면회와도 쇠창살 사이로 얼굴을 보면서 얘기해야 했어요. 아니, 우리가 죄인이에요? 환자를 왜 죄인 취급했는지 이해가 안 돼요."

성병에 걸린 미군에게 무슨 조처를 했는지는 여성들에게 통보되지 않는다. 오로지 국가는 미군을 상대하는 여성의 몸을 깨끗하게 만드는 데만 관심이 있는 것처럼 비쳤다. "우리는 페니실린을 맞았어요. 그거 맞고 쇼크 때문에 죽은 사람도 있어요. 맞으면 걸음을 못 걸어요. 엉덩이 근육이 뭉치고 다리가 끊어져 나가는 거 같아요. 그걸 이틀에 한 번 맞아요. 괴로운 언니들은 옥상에 올라가 떨어져 죽거나 반병신 되고 그랬어요. 저는 하얀 집에 (1982년께) 2주 동안 붙잡혀 있다 나왔어요."

김정자씨는 (1965년께) 파주 용주골에 팔려 간 뒤 동두천·용산·군산·평택과 이곳저곳을 전전하다가 40대 중반(1990년대 중반)에야 기지촌을 빠져나올 수 있었다. 스물다섯 때(1974년께) 기지촌에서 한번 도망 나왔지만 다시 동두천 기지촌으로 돌아갔다고 한다. "그때는 다른 선택의 여지가 없었어요. 어디를 도망가더라도 깡패를 보내 저를 잡으러 올 거라고 생각했어요. 또 어디 공장에 취직하려면 제 신분증을 제출해야 하는데 제가 동사무소 가서 주민등록증 발급받으면 포주 집에 진 빚 때문에 경찰이 저를 잡으러 올 거라고 생각했어요. 그래서 어쩔 수 없이 …."

⑤ 국가가 달러 버는 애국자라며 보호했으니 책임져야

김씨는 "스스로 기지촌에서 살아온 여성들을 피해자라고 볼 수 있는가" 하는 질문에 이렇게 답했다. "니네들이 좋아서 (기지촌 생활) 했는데 뭐가 불만이냐는 그런 질문을 참 많이 들어요. 한국 정부가 미국 안 끌어들였으면 우리가 이렇게 되었겠어요? 알고 봤더니 그 시절에도 성매매 행위는 법으로 금지돼 있었더라고요. 미군 기지촌만 성매매가 합법이었어요. 박정희 정부가 왜 그런 법을 만든 걸까요. 저는 잘 모르지만 미군 붙잡아 두려고 그렇게 한 거 아니겠어요? 우리더러 달러 벌게 하려고."

미군 기지촌의 형성 과정에 국가의 어떤 정책이 영향을 미쳤고 그것이 옳았는지는 논란의 여지가 있을 수 있다. 그러나 스무 살도 안 된 소녀들이 기지촌에 팔려 오고, 그곳에서 헤어나지 못하고 있는데, 국가가 계속 방치했다는 것은 논란의 여지없이 국가의 책임을 물을 수밖에 없을 듯하다. 김씨는 자신의 어린 시절을 국가가 배상해야 한다고 믿는다.

"억울해 죽겠어요. 저같이 거기 인신매매되어 간 사람이 너무 많아요. 직업소개소에서 식모 자리 알아봐준다고 해 따라가고, 밥 준다고 따라가고 해서 가보니 기지촌인 경우들이 너무 많았어요. 미군 위안부로 살 줄 알았다면 누가 거기 따라갔겠어요.

일본군 위안부도 인신매매되어 간 사람이 많다고 들었어요. 일본군 위안부는 피해자로 인정하는데, 왜 미군 위안부 피해자들은 국가가 눈감고 있는 건가요. 당한 사람은 있는데, 왜 책임지는 사람이 없냐고요. 당신 딸들이 붙잡혀 간 거라면 가만히 있겠어요? 언니들이 늙고 병들어 죽어가고 있어요. 국가를 상대로 소송을 준비하다가 벌써 세분이나 돌아가셨어요. 저는 사과를 원해요. 늙고 병든 우리 몸뚱어리를 국가에서 책임져주기를 바라요. 그게 국가가 해야 할 일이라고 믿어요.

하늘에 있는 우리 (기지촌) 언니들을 위해서 제가 이렇게 나섰어요. 누군가는 증언을 해야 할 것 같아서 이렇게 용기를 냈어요. 사람들이 우리의 이야기에 귀 기울여 주었으면 좋겠어요. 제발 잘 좀 보도해 주세요."

김정자씨는 『한겨레』와 인터뷰를 하기까지 고심에 고심을 거듭했다. 그의 어린 시절 기억을 떠올리는 것 자체가 너무나 고통스러운 일이다. 지난달 20일 약 4시간에 걸쳐 인터뷰를 진행할 때 그는 계속 눈물을 흘렸다. 30분 증언하다 10분 울고, 30분 증언하다 다시 10분 우는 것이 반복됐다. 낙검자 수용소에서 겪었던 이야기를 고백할 때는 구토를 하기도 했다.

인생 전체가 국가가 간섭한 성폭력으로 얼룩져 있던 그녀에게 이번 인터뷰는 그렇게 힘든 과정이었다. 따라서 인터뷰 때 자세한 내용을 묻지 않고 최소한의 질문만 하려고 노력했다. 대신 김씨와 진행한 인터뷰와 그의 증언록 『미군 위안부 기지촌의 숨겨진 진실』(2013)의 내용을 종합해 이 글을 썼다.

　김정자씨는 인터뷰 뒤 바닷가로 가 새움터(기지촌 여성 지원 운동을 벌이는 시민단체) 활동가들과 다음날까지 통곡했다고 한다. 힘든 인터뷰를 결심해 준 김씨에게 진심으로 고마운 마음을 전한다. 김정자씨는 현재 식당에서 아르바이트를 하며 최소한의 생활비를 번다. 그를 부양하는 가족은 없다. 대신 새움터의 도움을 받고 있다.(『한겨레』 허재현 기자 기록 catalunia@hani.co.kr)

⑥ 미군 성병만 걱정한 국가 상대 122명 보상소송 제기

　2014년 6월 25일 오후 1시 서울 대방동 서울여성플라자 건물 4층 기자회견장으로 10여명의 여성이 조심스럽게 발걸음을 옮겼다. 표정은 굳어 있었다. 짧은 곱슬머리 파마를 해 젊게 보이는 이도 있었지만 대체로 나이가 좀 들어 보이는 여성들이었다. 평범한 동네 할머니 같은 모습이다. 이들에게는 말 못할 아픈 사연들이 숨어 있었다.

　기자회견장에 와 있던 취재진은 이들이 미군 기지촌 여성들임을 짐작했지만 사진을 찍지 않았다. 기자회견 사회를 맡은 신영숙 새움터 대표가 "기자회견장에 나온 것만으로도 큰 용기를 낸 분들이고 원고原告비밀보장의 권리가 있으니까 증언자들의 얼굴사진 촬영을 말아달라"고 부탁했다.

　미군 기지촌 여성들의 국가를 상대로 한 피해보상 소송의 대표 변호를 맡은 김진 변호사(민주사회를 위한 변호사모임 여성위원회)가 마이크가 놓인 책상에 앉아 인사말을 시작했다.

　"육이오가 64년째 되는 날이 오늘입니다. 국가는 오늘 전쟁으로 목숨을 잃은 전사자들에 대한 얘기만 합니다. 그러나 전쟁은 이 땅의 여성들에게도 아물 수 없는 큰 상처를 주었습니다. 대한민국 정부는 한국전쟁 이후 기지촌을 조성하고 사실상 관리하면서 여성의 인권을 침해했습니다. 윤락행위 방지법과 유엔 인신매매 금지협약(우리나라는 1962년 발효)은 휴지 조각이었습니다. 성폭력과 구타·감금·강제 낙태·성병 강제검진 및 치료·성매매업소 주인과 경찰 공무원의 유착 비리 등 일일이 열거하기도 어려운 국가범죄가 있었습니다. 원고 122명은 국가가 일인당 1천만원씩 보상하라고 오늘 서울중앙지방법원에 고소장을 제출합니다." 이어 한 여성이 방청석에 앉아 있다 일어났다. 그는 기자들 앞으로 성큼성큼 걸어 나왔다. 소송에 참여한 기지촌 여성이 첫 공개 증언을 하는 순간이었다.

　"어릴 때 제 꿈은 국회의원이었습니다. 그러나 인신매매되어 기지촌으로 팔려온 뒤 꿈은 물거품이 되었습니다. 정부는 우리에게 '미군에게 서비스를 잘하라'는 교육만 시켰습니다. 위안부 여성들은 가슴을 치면서 살아왔습니다. 우리는 달러 버는 기계였습니다. 우리는 「윤락행위 방지법」은 듣고 보도 못했습니다. 연세가 많은 위안부들은 지금 가난과 병마에 시달리면서 은둔 생활을 하고 있습니다. 이제 국가가 대답해야 합니다."

박수가 터져나왔지만 곧 무거운 침묵이 흘렀다. 여성은 자리로 돌아와 손수건으로 눈물을 훔쳤다. 곳곳에서 콧물을 들이켜는 소리와 흐느낌 소리가 뒤엉켜 새어나왔다. 여성들은 "국가는 한국 내 기지촌 미군 위안부 제도의 역사적 사실과 피해를 명확히 밝히고 사죄하라"는 내용의 성명서를 읽은 뒤 기자회견을 마쳤다.

기지촌 여성들의 소송은 2011년부터 준비됐다. 1970~80년대 한창 활동했던 기지촌 여성 대부분이 적게는 60대, 많게는 80대 이상에 접어들고 독거노인으로 쓸쓸하게 살다 하나둘 세상을 뜨자 이대로 가만있어선 안 된다는 공감대가 과거 기지촌 여성들 사이에 퍼졌다.

이번에 『한겨레』와 인터뷰한 기지촌 여성 김정자씨가 증언록을 만들면서 소송 준비가 본격화했다. 지난해 출간된 김씨의 증언록 『미군 위안부 기지촌의 숨겨진 진실』은 그가 30여 년간 일해 왔던 기지촌 곳곳을 직접 방문해 그곳에서 당한 각종 폭력의 경험을 사진과 함께 고발한 책이다. 2005년 기지촌 여성 김연자씨가 펴낸 수필집에 이은 생생한 증언이었다.

김씨는 기지촌 여성 인권 단체 활동가들과 함께 그동안 감추어져 왔던 국가 기록들을 발굴하기도 했다. 한국 정부가 그동안 미군 위안부 시설들을 어떻게 계획하고 직간접적으로 관리했는지와 관련된 것들이다. 단순한 증언을 넘어 국가가 기지촌 여성에게 저지른 폭력의 책임을 입증할 직간접적인 물증들이 나오면서 소송 준비는 속도가 붙었다. 민주사회를 위한 변호사모임 변호사들이 소송을 돕고 기지촌여성인권연대·한국여성단체연합·새움터 등이 공동으로 소송을 준비했다.

김정자씨뿐 아니라 기지촌 여성 인권 단체와 관련을 맺던 다른 여성들도 증언에 나섰다. 대부분은 아직 언론과의 접촉을 피하지만 『한겨레』는 이번에 소송에 참여한 세 명의 여성을 더 만날 수 있었다. 경기도 평택시 팽성읍 안정리에 거주하는 조명자(75)씨가 그중 한명이다.

지난 2일(2014년 7월) 조명자씨는 지붕이 곧 무너질 것 같은 허름한 집에서 머물고 있었다. 길가에 난 대문이 곧바로 부엌과 연결되고 부엌에 딸린 방은 겨우 13㎡(4평) 남짓될까 한 비좁은 집이었다. 월세가 8만원인 이 집은 경제능력이 없는 조씨가 국가에서 주는 기초생활수급비 38만원과 노령연금으로 감당할 수 있는 유일한 보금자리다.

"이 집을 곧 허물어야 한다고 주인이 나가라 그러는데 버티고 있어. 평택도 이제 땅값이 많이 올라 이 늙은이가 이사 갈 집이 없어." 치아가 두 개밖에 남지 않은 조씨가 힘겹게 말했다. 방에는 창문이 없어 찜통처럼 더웠다. 5년 전부터 척추협착증이 왔고 후유증으로 오른쪽 다리가 마비돼 지팡이 없이는 걷지 못한다. 더위도 이 집에서 그냥 누워 있는 게 조씨가 할 수 있는 최선이다.

"마흔 두 살 때까지 몸을 팔았지. 동두천 턱걸이(동두천시 광암동 일대)랑 보산리 등등 안 가본 곳이 없어. 중3때 보성여중을 중퇴했어. 너무 먹고살기 힘들고 아버지가 자꾸 때려서 집을 나왔어. 포주한테 팔려왔지.(포주가) 밥 먹여주고 재워주긴 했는데 빚이 달려있더라고."

조씨는 그래도 국가의 책임을 물어야 한다고 생각한다. "우리가 미군에게 성병 옮길까봐 강제로 성병 검진하고 (국가가) 온갖 나쁜 짓을 다 했어. 우리는 이제 늙어서 어디 갈 데도 없어. 할머니들이 항문이 다 헐어서 똥을 질질 싸고 있어. 국가가 이렇게 우리를 내팽개쳐도 되나?"

◎ 국가는 미군을 위해 어린 소녀들을 윤락녀로 만들어 봉사시켜

기지촌 여성들은 태반이 독거노인으로 늙어간다. 자식도 없고 좋은 배우자를 만나 결혼한 경우도 드물다. 늙은 몸뚱어리를 편히 누일 수 있는 작은 집이라도 국가가 마련해줬으면 한다. 안정리에 사는 기지촌 여성 최자영(가명·63)씨도 조씨와 같은 생각이다. 그도 독거노인으로 늙어간다. 다만 아직 활동이 가능해 밤에 클럽 웨이트리스waitress(여자 종업원)로 일하며 푼돈을 번다.

"열여덟에 집을 나와 서울역 근처 직업소개소를 찾아갔어. 미군 클럽에서 일해보라고 하더라고. 미군하고 자야 된다고 말은 해주던데 그 나이에 잔다는 게 뭘 의미하는지 알았겠어? 잠은 누구나 자는 거니까 '일하겠다'고 했지. 직업소개소 아저씨가 '기지촌 온 것 후회하지 말라'는 각서도 쓰게 했어. 안정리로 왔는데 잔다는 게 내가 알던 거랑 다른 거야. 그만두겠다고 하니까 포주집에서 엄청 때렸어. 경찰에 신고할 생각을 못했어. 모두 한패라고 생각했거든. 그때 국가가 나서서 우리를 구해줬더라면 내가 이렇게 되진 않지 않았을까. 오로지 미군한테 성병 안 옮기게 그것만 신경 썼다니깐. 이래도 되는 거야."

박순이(가명·60)씨는 오랜 고심 끝에 지난 1일 기자와 만났다. 박씨도 인신매매 피해자였다. "1970년 열여섯 살에 집을 나왔어요. 서울역 인근 직업소개소를 갔어요. 일자리를 준다 그래서 따라갔는데, 파주 용주골 허름한 집으로 데려가더라고요. 내가 쓸 방이라고 하면서 들어가라는데, 헌 침대랑 탁자 하나 있더군요. 그런가 보다 했는데 이튿날 어떤 미군이 제 침대에 들어와 앉는 거예요. 난 방구석에 앉아 울기만 했어요. 무서웠어요. 집에 가고 싶다고 하니까 아줌마(포주)가 돈 내고 가라는 거예요. 소개비랑 침대비요."

어린 박씨를 보호하기 위한 국가는 없었다. 인신매매로 팔려온 미성년자를 구출하러 오는 이도, 구출하는 방법을 알려주는 이도 없었다. 기지촌을 벗어나려 할 때마다 돌아오는 건 매타작뿐이었다. "저는 솔직히 이 나라가 미워요. 왜 미군들에게 그렇게 꼼짝을 못한 걸까요. 신경질 나요. 나이 어린 애들을 미군에 몸 대어주게 만들었던 대통령(박정희)을 저는 우상처럼 생각하면서 자랐다니까요."

박씨는 지금이라도 국가가 사과해주길 바란다. "일본군 위안부 관련 소식이 텔레비전에 계속 나오면 유심히 지켜봤어요. '저분들도 원해서 위안부가 된 게 아니고, 나도 원해

미군 기지촌에는 인신매매되어 오게 된 미성년 여성들도 다수 있었다. 하지만 국가는 이런 상황에 눈을 감았다. '미군에게 절대 잘해 달라'는 교육만 진행했다. 교육에 나선 공무원들은 기지촌 여성들을 '달러를 벌어들이는 산업역군'이라 치켜세웠다. 1970년대 동두천의 기지촌 풍경(『한겨레』 자료사진)

서 위안부가 된 게 아닌데 왜 나는 피해 여성이 아닌 거지?' 이런 생각을 계속했어요." 박씨는 40대가 되어서야 기지촌을 나왔다. "내 열여섯 꽃다운 나이 어떡하면 좋아요." 그는 인터뷰 내내 휴지를 꺼내 들어 끊이지 않고 쏟아지는 눈물을 닦았다. (허재현 기자 기록)

⑦ 조국 경제 발전에 기여한 소녀들의 충정을 찬양했는데

위안부라는 단어는 옛 일본군 위안부 피해자들을 지칭하는 용어로 쓰인다. 꽃다운 나이에 일본 제국주의 전쟁터 한복판에 성노예로 끌려간 피해 여성들을 가리키는 용어다.

불과 1990년대 초까지만 해도 우리 사회에서 위안부라는 단어는 비단 일본군 위안부만 지칭하는 용어가 아니었다. 글자 그대로 「군인을 위안하는 직업을 가진 여성」을 뜻하는 단어였다. 일본군 위안부·한국군 위안부·미군 위안부 모두 위안부로 불렸다.

'미군 위안부'의 존재에 놀라움을 느낄 수도 있겠다. 그러나 이는 새롭게 우리 앞에 등장한 존재가 아니다. 우리 사회가 흔히 '기지촌 여성'으로 기억하는 바로 그들일 뿐이다. 실재함을 알면서도 애써 드러내지 않던 존재 바로 그들이다.

'미군 위안부'라는 용어는 기지촌 여성의 인권 문제를 강조하기 위해 시민단체가 전략적 혹은 은유적으로 사용하는 용어가 아니다. 엄연히 정부와 언론은 기지촌 여성을 위안부 여성으로 지칭해왔다. '미군 위안부'는 「관행과 제도로서 존재」했다. 1961년 경향신문, 1961년 경기도청 공문서, 1973년 의정부시 공문서에는 다음과 같은 기록들이 있다.

"유엔군 상대 위안부 성병관리사업계획에 따라 등록을 실시, 그 사업치고는 명칭이 요란스러워"(경향신문 1961년 9월 15일 1면)

"유엔군 간이특수음식점 영업허가 사무 취급 세부 기준 수립 … 본 영업소는 동 지구에 유동하는 위안부를 접대부로 고용하고 … "(1961년 9월 15일 경기도청 기안지)

"제1조 (목적) 이 조례는 위안부를 검진하여 낙검자(성병검진을 통과하지 못한 성병 환자를 일컬음)를 격리 수용 치료하기 위한 성병관리소의 설치 및 … "(1973년 6월 9일 공포한 의정부시 성병관리소 설치 개정 조례)

⑧ 한국전쟁 때도 군 위안소 설치, 박정권 때 확대 재설치

기지촌 여성들은 왜 지금 국가의 책임을 묻기 시작한 것일까. 그동안 일부 증언을 통해서만 알음알음 알려졌던 국가의 폭력이 기록으로 확인되고 있다. 미군 위안시설의 설치와 관리에 정부가 깊숙이 개입한 자료들이 그것이다.

일본군 위안소는 가장 노골적으로 국가가 개입한 사례라고 볼 수 있다. 일본군 위안부 연구의 권위자인 요시미 요시아키 주오대 교수가 쓴 『종군위안부 자료집』(1992)을 보면, 일본군 위안소의 형태는 크게 네 가지로 분류된다. 첫째는 군 직영의 위안소, 둘째는 군이 인가를 내준 위안소, 셋째가 군이 지정한 민간 매춘숙, 넷째가 군인이 이용한 순수 민간 매춘숙이다. 군 위안소의 모습은 도시와 전선의 상황에 따라 양태가 달라졌다.

한국전쟁 당시 '한국군 위안소'도 국가가 직접 설치했다. 1951년 여름께 설치돼 1954년 3월 해산됐다. 만 4년 가까이 육군본부가 서울·강릉·춘천·원주 등에 군 위안소를 운영했다. 1956년 육군본부가 편찬한 '후방전사'에 그 기록이 남아 있다. 채명신 장군의 회고록『사선을 넘고 넘어』(매일경제신문사 1994년)에도 군 위안소를 군이 직접 통제하고 관리한 정황이 나온다. 책에는 "우리 육군은 사기 진작을 위해 60여명을 1개 중대로 하는 위안부대를 서너 개 운용하고 있었다"고 적혀 있다.

1948년 공창제가 폐지되고 성매매가 금지된 상황에서 국가가 군 위안소를 운영하는 것은 불법이었다. 군은 "국가 시책에 역행하는 모순된 활동"(후방전사 148쪽)이라고 규정하고 1954년 위안소를 폐지했다. 다만, 한국군 위안소는 피해자의 증언이 없고 기록으로만 확인되고 있다. 한국 정부는 한국군 위안부의 존재를 인정도 부인도 하지 않는 상태다.

불법성을 인식한 탓인지 미군 위안시설은 이전과는 다른 방식으로 만들어지기 시작했다. 위안시설의 지역과 구조는 국가가 계획하되 민간 성매매업자들이 정부의 지침에 따라 위안시설을 운영하는 형태를 띠었다. 박정희 정권은 쿠데타로 정권을 잡은 뒤 1961년 11월 9일 윤락행위방지법을 제정했다. 윤락방지법은 1948년 공창제 폐지령에서 나아가 처벌 사항을 상세하게 기재했다. 그러나 모순적이게도 박정희 정권은 이듬해 6월 성매매를 사실상 허용하는 특정지구를 전국 104개소에 설치했고, 그중 9개소를 서울에, 61개소를 경기도에 할당했다. 이 특수 지구는 상당수가 미군기지 인근이었다. 미군 전용 특수 업소는 미군 부대 반경 2㎞ 이내로 제한됐다.

정권의 정당성이 취약했던 박정희 정권은 미국의 눈치를 볼 수밖에 없던 처지였다. 미군 기지 인근에서 성매매를 허용한 것은 미군의 요구사항을 반영한 것으로 보인다. 1962년 9월 10일치『경향신문』7면을 보면, 휴 P 해리스 미1군단장과 박창원 경기도지사 등 미군과 한국 쪽 30여명 인사들은 한미친선위원회를 열어 '기지촌 여성 대책」을 논의했다. 미군과 한국 쪽 인사들은 "윤락여성 전원에게 28시간 정신·미용·위생 및 영어회화 등의 교육을 실시한다. 법정검진을 철저히 하고 검진을 필한 자에 한하여 위안부 행위를 허용한다"는 내용을 협의했다.

지방 정부는 구체적으로 위안소 시설의 규격을 마련하기도 했다. 1963년 4월 24일치『인천신문』3면에는 다음과 같은 내용이 실려 있다. "인천시당국은 유엔군 전용 간이특수업소의 시설을 개선하도록 하라는 경기도 당국의 지시에 따라 시내 18개소에 대하여 6월 30일까지 시설을 개선하도록 조치할 것이라고 말하였다. (중략) 특수업소당 업태부는 15명이 있어야 하고 거실은 20개인데 1실당 평수는 1평 반 이상으로 미달 시는 6월 30일까지 증축하되 건물은 영구건물(가건물 불가)이어야 한다."

당국은 기지촌 여성들을 위안소에 집단 수용하기를 바랐지만 예산상 문제로 민간에 시설 설립을 맡긴 것으로 보인다. 1961년 9월 14일 작성된 경기도청 기안지(유엔군 간이

특수 음식점 영업허가 사무취급 세부기준 수립)에는, "현지 주둔 유엔군에 대한 위안 또는 사기 앙양 면을 고려하여 위안부들의 집단 수용시설이 시급하나 막대한 예산이 소요되므로 실현 가능성이 희박함"이라고 관계 당국의 판단을 적시했다. 인천시는 기지촌 여성들이 위안시설 집단 수용을 거부하면 처벌할 계획도 세웠다.

⑨ 성병환자 페니실린 주사에 쇼크사해도 의사는 면책

당국은 지역별 주둔 미군 수에 따라 업소(위안소)의 수 조절 계획을 세우기도 했다. 1962년 1월 25일 경기도청 공문(유엔군용 간이특수음식점 영업위생행정사무 취급요령)을 보면 그 흔적이 나온다.

예를 들어, 이 공문에 첨부된 표(부록 2. '유엔군용 간이특수음식점 허가 정원 대비표)에는 "인천시 유엔군 수 8500명, 1일 추산 외출 인원 1700명, 업소 출입자 수 1270명, 필요 업소 평수 1270, 필요 업소 수 16, 기허가 업소 수 14, 대비경감 2"라고 적혀 있다. "부대를 외출해 위안(업)소에 갈 미군이 하루에 1270명이라서 필요한 위안소는 16개인 반면 현재 14개 위안소밖에 없으니 2개가 더 필요하다"는 뜻이다. 이런 식의 기록이 면단위별로 촘촘하게 표로 정리돼 있다.

이상의 내용으로 봤을 때 "미군 위안부 시설은 일본군 위안소와 설립·운영 방식은 다르지만 그 저변에 깔린 구조는 유사하다"는 것이 이나영 교수(중앙대 사회학과) 등 기지촌 문제를 연구하는 학계의 견해다.

기지촌 여성들에 대한 국가의 관리와 통제는 1970년대 박정희 정부가 미군 감축의 위기감을 느끼면서 그 정도가 심해진다. 1969년 7월 24일 리처드 닉슨 대통령은 아시아에서 미군을 축소하겠다는 내용의 독트린을 발표한다. 정부는 모든 수단을 동원해 미국의 변경된 정책에 조처를 취해야 했고(『동맹 속의 섹스』 108~109쪽. 1997. 캐서린 문) 결국, 정부가 나서 기지촌 정화운동을 벌였다.

한미합동위원회 한국 쪽 간사로 활동했던 김기조씨는 다음과 같이 증언한다. "71년과 72년 두 번 캠프 험프리를 방문해 한국 쪽 분과위원회 위원장의 자격으로 회의에 참석하였다. 그 시기에 미군이 철군을 감행하려 하자, 당시 청와대에서는 1억원의 예산을 하사하여 의정부·동두천 그리고 안정리 등의 기지촌 정화사업을 추진하였다. 당시 캠프 험프리의 사령관은 베스트 대령이었다. 그는 미군들의 휴식과 휴양을 위한 기지촌 서비스 질의 향상을 요구했고, 한국 쪽은 미군의 계속적인 주둔을 요망했기 때문에 그 요구를 거의 그대로 수용하였다."(햇살사회복지회소식지 10호. 2011)

정부는 기지촌 여성들의 성병 관리에 직접 나섰다. 여성들의 건강 유지나 공중 보건이 아닌 미군에게 깨끗한 성접대를 하기 위한 목적이 더욱 컸다. 강제적 성병 관리 과정에서 여성에 대한 인권 침해는 극악한 수준이었다. 성병에 걸린 미군이 헌병과 함께 찾아와 성병 감염 의심 위안부를 찍으면 여성은 해명 기회도 없이 낙검자 수용소로 연행됐다. 이곳에서 성병 확진 판정를 받은 여성은 낙검자 수용소에 갇혔다.

낙검자 수용소에 갇힌 여성은 과도한 페니실린 주사를 맞았는데, 부작용은 생명을 위협할 정도로 심각했다. 『한겨레』가 입수한 1978년 보건사회부가 법무부에 보낸 공문(페니실린 과민성 쇼크 사고 처리에 대한 협조요청)을 보면, 보건사회부는 법무부에 "일부 의사들이 페니실린 과민성 쇼크 사고 발생으로 주사행위를 기피하고 있는바 (사고를 낸 의사에 대하여) 면책하여 주실 것을 협조요청한다"고 밝혔다. 당시 법무장관은 이를 받아들여 "의사들을 불기소처분 하겠다"는 회신을 보냈다.

낙검자 수용소에 끌려간 여성들은 죽음의 공포 앞에서 수용소를 탈출하려다 다치거나 죽기도 했다고 기지촌 여성들은 증언하고 있다.

국가는 기지촌 여성들을 외화 획득의 전진기지로 생각했다. 1973년 민관식 문교부 장관은 "조국 경제 발전에 기여해 온 소녀들의 충정은 진실로 칭찬할 만하다"고 말해 논란이 됐다. 1959년 10월 한 국회의원은 "외국 군인들을 만족시키는 매춘 여성이 있어야 하는 것은 불가피하다"고 말하기도 했다.(『국회 속기록에 나타난 여성정책 시각 : 매매춘에 대하여』 87쪽. 조형·장필화) 국가 공무원들은 기지촌 여성들을 한두 달에 한 번씩 한곳에 모아 "위안부는 조국을 위해 외화를 버는 애국자다"라고 교육했다.

기지촌 여성 태반이 미성년자이고 인신매매당한 사람들이라는 사실에 대해 국가는 애써 눈을 감았다. 많은 여성들은 포주의 횡포와 인신매매 피해로 생긴 조작된 빚을 피해 기지촌을 탈출하려고 노력했지만 기지촌 인근의 경찰들은 외면했다. 유엔 인신매매금지 협약은 "성매매를 목적으로 타인을 합의 여부에 불구하고 소개하거나 유혹 또는 유괴하는 자, 합의 여부에 불구하고 타인의 성매매 행위를 착취하는 자를 처벌하여야 한다"고 규정하고 있다. 인신매매 피해에 대해, 인신매매 순간부터 그 이후의 과정까지 전체적으로 살펴보는 것이다.

항차 '유엔군' 간판하에 지원군의 자격으로 주둔한 미군의 윤락행위는 누가 봐도 국제 범죄가 분명했다.

기지촌에 원해서 들어간 여성들도 많다는 반론도 있다. 그러나 국가의 책임을 강조하는 학자들은 "어떻게 군 위안소로 흘러 들어갔는지도 봐야 하지만 여성들이 어떤 처지에 놓여 있었는지를 분석하는 것이 더 중요하다"고 반박한다. 이재승 교수(건국대학교 법학전문대학원)는 "자발적으로 들어갔건 강제로 들어갔건 여성들이 자유롭게 일을 그만 둘 수 없는 상황을 국가가 방조했다면 국가의 책임을 물을 수 있다"고 설명했다.

관계기관 모두가 그들의 행동을 구속하여 꼼짝없이 윤락행위를 할 수밖에 없게 했다면 이것은 국가의 책임일 수밖에 없음이 명백하기 때문이다.

위안부라는 용어를 기지촌 여성에게 쓰는 것이 적절한지도 논란이 될 수 있다. 정부가 이들을 위안부라고 설사 불러왔다 하더라도 현재의 '종군위안부'라는 개념으로 쓴 것은 아니라는 반론이 있을 수 있다. 그러나 전쟁 상태이든 휴전 상태이든 인신매매되어 기지촌에 팔려가고 여성들의 신체 상태가 자유롭지 못했다는 점에서 같은 '위안부 피해 구조'로 봐야 한다는 재반론도 있다. 이 부분은 우리 사회가 합리적으로 답을 찾아야 할 과제이다.

「기지촌 위안부 국가배상 소송단」은 피해 내용을 성폭력, 공무원에 의한 연행, 성매매 강요, 인신매매, 성병 강제치료, 강제낙태, 업주와 공무원 유착 비리 등 총 18개 세부항목으로 나누어 국가의 배상을 요구하는 소장을 지난달 25일 서울중앙지방법원에 제출했다. 피고는 대한민국 정부다. 두세달 뒤부터 열리게 될 심리에서 소송단과 국가 양쪽의 치열한 공방이 예상된다.

국회에서는 새정치민주연합 일부 의원들을 중심으로 「위안부 피해 진상규명과 지원 등에 관한 특별법」 제정을 준비한다. 유승희 의원은 "국가 안보상 미군 주둔의 필요성 때문에 미군 기지촌 형성을 국가가 용인한 것이다. 이곳에서 있었던 인권침해와 국가의 책임이 각종 문서들로 파악되고 있기 때문에 국가의 책임을 물을 수밖에 없다"고 말했다.

기억하고 반성하지 않는 역사는 반복된다. 현재의 일본 군국주의 침략집단이 그러는 것처럼.(허재현 기자 catalunia@hani.co.kr)

⑩ 동포 소녀들은 대를 이어 점령군의 성노예로 팔려가

해방 후 남한에 진주한 미군은 일본군 주둔지역에 주둔했다. 용산 미군기지는 일본의 조선군 사령부 자리였고, 미국 공군이 자리 잡은 평택도 일본군이 비행장을 닦던 곳이었다. 당연히 일제 때에 형성된 유곽은 미군을 상대로 한 기지촌으로 바뀌어갔다.(遊廓 : 공창公娼제도 아래에서 많은 창녀·창기가 모여 있어 손님을 맞이하는 집)

사회안전망이라고는 찾아볼 수도 없던 시절, 갑작스러운 전쟁으로 남편을 잃거나 공동체로부터 유리된 여성이 먹고살기 위해 할 수 있는 일은 많지 않았다. 아무도 그들을 지켜줄 수 없었던 전란 속에서도 순결은 여전히 목숨보다 귀한 가치였다. 한번 '몸을 버린' 여성들, 특히 가진 것이라곤 '이왕 버린 몸뚱어리' 밖에 없는 수많은 여성들은 극도의 가부장적인 사회에서 갈 곳이 없었다.

수많은 '순이'들은 지친 몸을 누일 곳이라곤 기지촌밖에 없다는 것을 깨닫고 '에레나'가 되어갔다.(「에레나가 된 순이」 : 손로원 작사, 한복남 작곡, 한정무 노래 1954 · 안다성 노래 1959)

도대체 얼마나 많은 순이가 에레나가 되었을까? 주한미군의 규모에 따라 변동이 심했 겠지만, 미군을 상대로 하는 여성의 숫자는 많게는 18만에서 적게는 3만으로 추산되었 다. 겨우 일곱 집이 있어 일곱집매라 불렸던 작은 마을 평택의 안정리는 수천 명의 위안 부가 모여 사는 거대한 기지촌으로 변화했다.(『경향신문』 「전국 사창의 생태」 1958. 8. 11의 기사에 따르면 전국 창녀 숫자는 30여만, 유엔군〔주로 미군〕 상대 창녀가 59.1%였다고)

박정희는 주한미군을 한국에 붙잡아두기 위해 한국군을 월남에 파병하는 것이라고 선 전했지만, 미국은 닉슨 독트린에 따라 1971년 3월 7사단과 3개 공군 전투부대 등 주한 미군 6만 2,000명 중 2만여 명의 철군을 단행했다. 미군 철수로 공황 상태에 빠진 박정 희는 미군의 추가 철수를 막기 위해 전전긍긍했다. '갑'인 미국은 '을'인 한국에 다양한 경 로로 기지촌 정비에 대한 요구를 해왔다. 미국 대사관은 주로 한국의 기지촌에서 한국인 들이 흑인 병사들을 인종차별 하는 것에 대한 닉슨 대통령의 우려를, 미8군 쪽은 기지촌 의 불결한 환경과 성병 문제를 제기했다.(doctrine 외교 정책 · 주의 : 미국의 제국주의 외교는 점령 · 주둔 · 철수 · 작전지휘 등 행위를 종속국이 꼼짝없이 따르도록 배짱으로 이어왔다)

1971년 12월 박정희가 한미 1군단 사령부를 순시했을 때 부사령관 이재전은 박정희 를 수행하면서 미군 쪽이 요구하는 기지촌 정화에 대하여 건의했다.(이재전 『온고지신』 육 군본부 2004) 미군은 지원병 제도를 택하고 있는데, 자식을 군대에 보낸 부모들이 한국이 성병 발병률도 높고 인종차별도 심하다며 자식의 한국 배치에 극력 반대한다는 것이었 다. 미군 측은 한국 정부와 국민들이 주한미군의 계속주둔을 원한다 해도 미국 장병이나 부모들이 한국 근무를 기피하면 한국에 많은 인원을 배치할 수 없다고 주장했다. 주한미 군 쪽은 독일이나 오키나와 등지의 쾌적한 기지촌의 예를 들며 한국 쪽에 대대적인 기지 촌 정비를 요구했다.(한홍구 『유신』 한겨레 출판 2014)

청와대로 돌아온 박정희는 수년에 걸쳐 내각에 지시했는데, 왜 정화가 안 됐느냐고 크 게 화를 내면서 청와대가 직접 사안을 챙기라고 지시했다. 담당자는 정무비서관 정종택 이었는데, 그는 새마을운동 담당관을 겸임해서 기지촌 정화운동은 기지촌의 새마을운동 으로 불리기도 했다.(이재전의 책)

1971년 12월 31일 청와대에서는 10여 개 부처의 차관들을 위원으로 하는 청와대 직 속의 「기지촌 정화위원회」를 발족시켜 미국의 요구를 적극 수용해 '기지촌의 환경 개선' 과 '성병의 예방과 치료' 등의 과제를 어떻게 처리할 것인가를 논의했다.

기지촌 정화운동이 미국의 요구에 의해서 시작되었고, 추진도 한미합작으로 이뤄졌지만, 한국 정부는 사실 기지촌 정화운동이 공식적으로 시작되기 전부터 기지촌의 정비에 많은 노력을 기울였다. 미군 철수의 절박한 상황에서 바짓가랑이라도 붙드는 심정으로 기지촌 정화운동을 할 수밖에 없었다는 변명은 사실에 부합하지 않는다. 박정희의 지시로 5·16 군사반란의 적극 가담자이자 중앙정보부 서울분실장으로 막강한 위세를 떨친 백태하가 주도한 군산의 '아메리카 타운'은 미군들의 쾌락을 위해 건설된 계획도시였다.

1969년 9월 문을 연 아메리카 타운은 미군을 위한 클럽·식당·미용실·각종 상점·환전소에, 기지촌 여성들을 위한 500여 개의 방까지 갖춘 '매매춘을 위한 자급자족형 신도시'였다. 많은 사람들은 군산의 아메리카 타운을 정부 주도 아래 설립된 '군대창녀주식회사'라 불렀다.(MBC『이제는 말할 수 있다』「섹스동맹, 기지촌 정화운동」, 2003년 2월 9일 방송)

⑪ 일·미 점령군 성욕 충족의 기계 취급, 치욕의 잦은 검진

일본군 위안부 제도는 "전투력을 극대화하려면 전장의 병사들이 섹스를 즐길 수 있어야 하되, 성병으로 인한 전투력 손실을 막기 위해 깨끗한 성을 공급한다"는 「국가관리 성매매 시스템」이었다. 이 점에서 기지촌 정화운동은 일본군 위안부 제도를 무섭게 빼닮았다. 일본군 위안부 제도는 인간이 만들어낸 가장 야만적인 제도지만, 이 제도를 만든 자들은 야만인이 아니라 대일본제국의 가장 우수한 아들들이었다. 기지촌 정화운동을 입안한 자들도 한국과 미국의 엘리트 관료들이었다.

대일본제국의 가장 우수한 아들들도, 자유와 인권이라는 보편적 가치를 지키기 위해 일본과 싸웠다는 위대한 미국의 빼어난 아들들도, 일본에서 미국으로 주인이 바뀌어도 변함없이 승승장구한 식민지 조선의 수재들도 "위안부들의 인권같이 사소한, 어쩌면 처음부터 존재하지 않았던 것들을 무시하기는 마찬가지"였다. 박정희에게 기지촌 정화운동을 건의한 이재전이 솔직하게 고백한 것처럼 '기지촌 정화운동'은 기지촌 주민을 위한 것이 아니라 '주한미군을 위한 것'이었다.

기지촌 여성들은 청결한 몸과 깨끗한 성을 판매하기 위해 최소 일주일에 두 번 검진을 받아야 했다. 아무리 몸을 파는 여성이라 해도 검진대에 올라 남자 의사에게 치부를 보이는 것은 부끄러운 일이었다. 이렇게 검진을 받아야만 검진증에 도장을 받을 수 있었다. 기지촌 여성들에게 검진증은 신분증이자 '영업허가증'이었다. 검진증을 갖고 있지 않다가 미군 헌병의 검문(기지촌에서는 이를 '토벌'이라 불렀다)에 걸리면 즉심에 회부되었다.

당시 미군의 성병은 놀라울 정도로 증가하고 있었다. 기지촌 정화운동에 대한 탁월한 연구인 캐서린 문의 『동맹 속의 섹스』에 따르면 1,000명당 성병 발생 건수는 1970년 389건, 1971년에 553건, 1972년 692건으로 급격히 늘어났다.(캐서린 문 저, 이정주 역

『동맹 속의 섹스』 삼인 2002) 미군 부대 정문 보초의 주된 임무는 외출 나가는 병사들에게 콘돔을 나눠주는 일이었다고 한다. 검진에서 성병에 걸린 것으로 적발당한 여성은 가차 없이 '멍키 하우스'라 불린 성병 진료소(감옥과 같았다)에 감금되었다. 반면 성병에 걸린 미군이 완치될 때까지 외출이 금지되거나 하는 일은 절대 없었다.

미군의 7할이 성병에 걸려 있건만 성병의 책임은 오로지 한국 여성의 몫이었다. 성병 진료소에서는 페니실린을 투약했는데 부작용이 자꾸 생기고 잦은 투약으로 내성이 생겨 약효가 떨어지니 투약 용량을 거푸 늘렸다. 의사들은 부작용이 거의 없었다고 했지만, 여성들은 주사를 맞으면 다리가 끊어지게 아팠고, 많은 사람들이 자다가 죽고, 화장실에서 죽고, 밥 먹다 죽었다고 증언하고 있다.

아직 한국 경제가 제대로 성장하지 못하던 시절 기지촌 경제의 위력은 대단했다. 이나영 교수의 연구에 따르면 1964년 한국의 외화수입이 1억 달러에 불과하던 시절, 미군 전용 홀에서 벌어들인 돈은 근 10퍼센트인 970만 달러에 달했다. 한국 정부는 주말 외출을 나온 미군들이 오키나와나 일본으로 가 성매매하는 것을 국내에서 흡수하기 위해 기지촌 여성들에게 영어와 에티켓을 교육하려 했다.(이나영 「기지촌 형성 과정과 여성들의 저항」 『여성과 평화』 5호, 2012)

기지촌 '양공주'에서 활동가로 우뚝 선 아메리카 타운 왕언니 김연자의 회고록에 보면 당시 강사들은 이런 식으로 얘기했다고 한다. "흠흠, 에 여러분은 애국자입니다. 용기와 긍지를 갖고 달러 획득에 기여함을 잊어서는 안 됩니다. 에, 저는 여러분과 같은 숨은 애국자 여러분께 감사드리는 바입니다. 미국 군인들이 우리나라를 도우려고 왔으니 그 앞에서 옷도 단정히 입고, 그 저속하고 쌍스러운 말은 좀 쓰지 마세요." 원자재 없이 외화를 벌어들이는 산업전사이자 미군을 붙들어두는 안보전사로 그대들이야말로 참된 애국자이니 긍지를 갖고 일하라는 말에 "그렇게 좋은 일이면 제 딸부터 시키지" 하고 코웃음 치는 사람도 있었고, 그래 우리는 "열심히 씹을 팔고 좆을 빨자"고 자조하는 사람들도 있었다.(김연자 『아메리카 타운 왕언니 죽기 오분 전까지 악을 쓰다』 삼인 2005)

영어 강사들은 '메이 아이 싯 다운?' 하는 식의 교양영어를 가르쳤지만, 여성들은 바쁜 세상에 '메이'는 무슨 놈의 얼어 죽을 메이냐며 자신들에게 필요한 영어란 '렛스 고 숏 타임' '렛스 고 롱 타임' '하우 마취' 같은 것이라고 생각했다. 경찰서나 '자매회'가 주최하는 이런 교양강좌에 관심을 갖는 사람은 없었지만, 검진증을 뺏기지 않으려면 자리를 채워야 했다. 일본군 위안부로 끌려간 조선 여성들도 대부분 일본어를 몰랐다. 그들은 "닛폰 징 조센징 덴노헤이까 오나지네"(일본인과 조선인은 천황폐하가 같지요) 따위의 서비스 언어를 날림으로 배워 급히 외워야 했다.

안보전사답게 기지촌 여성들도 팀스피릿 훈련을 뛰었다. 기지촌과는 달리 훈련 나와서는 부르는 게 값이었다. 미군들도 훈련 사이사이의 짧은 시간에 욕구를 풀려니 앞사람이 조금만 오래 끌면 문을 두드리고 난리를 쳤다. 이렇게 밖에는 길게 줄을 서 있고, 안에서는 5분도 안 걸리게 일을 치르면서 여성들은 '옛날 정신대 끌려간 사람들이 이랬겠구나' 생각했다. 그 와중에 한국 정부는 야전에 임시보건소를 지어 여성들을 검진했다. 여성들이 아니라 미군을 위해서였다. 왕언니 김연자는 그런 데까지 돈 벌러 간 여자들도 참 대단한 사람들이지만 거기에 천막 치고 보건소 세워준 정부도 참 대단한 정부였다고 혀를 찼다.

⑫ 포주는 양공주 갈취, 친일·친미 정치꾼은 점령군에 아첨

미군기지에서 얼마나 떨어진 곳까지가 기지촌일까? 보산리·안정리·용주골만 기지촌이 아니었다. 미군기지는 어디에나 있었다. 대한민국이 캠프 코리아였고, 대한민국 전체가 거대한 기지촌이었다. 미군이 떠나면 우리는 다 죽는다며 미군의 바짓가랑이 잡고 늘어지는 자들이 한국의 '지도층'인 한, 정신적으로 대한민국 전체가 기지촌일 수밖에 없다. 우리는 모두 그 거대한 기지촌 캠프 코리아의 주민이었다.

우리가 몸을 팔지 않았고, 우리가 포주질 하지 않았고, 우리가 뚜쟁이질 하지 않았어도 우리는 우리 부모와 우리 형제자매가 그렇게 번 돈으로 밥 먹고 학교 다닌 것이다. 기지촌 정화운동은 아무리 좋게 얘기해도 일본군 위안부 제도와의 관련성을 부인할 수 없는 국가 포주 제도였다. 이나영 교수의 지적처럼 대한민국 전체가 '양공주'가 담보하는 국가안보에 기대어, '양색시'가 번 돈에 혹은 그들의 일터와 관계된 경제구조에 기생하며, 일정 부분 미국의 '위안부'가 되어 살아왔던 것이다.

군대가 있는 곳에 매매춘이 있기 십상이지만, 군대와 성매매 사이에 필연적인 상관관계가 있는 것은 아니다. 사우디처럼 이슬람 율법이 엄한 나라의 미군기지 앞에서는 매매춘으로 흥청대는 기지촌은 존재하지 않는다. 기지촌 정화운동은 도덕적으로 타락한 여성들이나 업주들과 매매춘을 원하는 미군 병사 사이의 사적인 거래에 대한 것이 아니었다. 기지촌 정화운동은 미국과 한국 두 국가가 긴밀히 협력하여 추진한 국가적인 산업이자 정책이었다.

한미동맹을 얘기할 때 가치동맹을 얘기하지만, 가치동맹 이전에 섹스동맹이 있었다. 미국은 자국 병사들의 안전한 섹스와 스트레스 해소를 원했고, 한국은 주한미군의 계속 주둔과 미국 병사들이 뿌리는 달러를 원했다. 두 나라는 굳게 손잡고 기지촌 정화운동을 펼쳤다.

　1960년대까지만 해도 미군 범죄에 관한 기사는 신문에 자주 실렸다. 그러나 기지촌 정화운동과 거의 동시에 시작된 유신시대의 신문지상에서 미군 범죄에 관한 기사는 찾아보기 어렵다. 정부는 기지촌 여성들을 안보전사이자 산업역군이라고 떠받들었지만, 정작 그들의 인권과 권리를 보호하기 위해서는 아무 일도 하지 않았다. '혼혈' 자식들은 미국으로 입양 보내고 홀로 남은 이들은 이제 늙고 병든 몸으로 고독한 나날을 보내고 있다. 2012년 8월 31일 기지촌여성인권연대가 발족했다.

　그동안 기지촌 여성들을 위해 활동해온 이들이 먼저 깃발을 들었지만, 어찌 이 문제가 기지촌여성인권연대만의 과제이겠는가? 거대한 기지촌 캠프 코리아의 주민 모두는 이 문제와 무관하지 않다. 기지촌 여성 문제는 모든 국민이 책임져야 할 문제이지만, 국가 포주 제도를 건설하고 운영한 박정희에게 각별한 책임이 있다. 그들은 사회가 조금만 문을 열어주었어도 우리가 이렇게 살지는 않았다고 지금 통한의 눈물을 흘리고 있다.

　그들이 정녕 안보전사였다면 마땅히 국립묘지에 모셔야 하는 것 아닌가? 국립묘지 문을 열어달라는 말은 안 하겠다. 다만 그들을 향해 굳게 닫혀 있는 우리 사회의 문, 우리 마음의 문은 열어야 할 것이다. 그 문을 가장 먼저, 가장 활짝 열어야 할 책임은 다른 누구보다도 박근혜 대통령에게 있다. 공주와 양공주는 딱 한 글자 차이지만, 이 사이에 우리나라의 모든 여성이 다 들어간다. 영애 박근혜는 그 시절 자신보다 두세 배 나이를 잡수신 교장 선생님이나 원로급 사회 인사들을 모아놓고 새마을 정신 고취란 이름으로 충효사상을 강연했지만, 정말 이 사회를 밑바닥에서 떠받치는 기지촌 여성들의 손을 잡은 적은 없다.

3. 「상호방위조약」과 「합의의사록」으로 미국 독점지배 강화

1) 제네바 회담 열렸으나 점령지 계속 주둔 야심에 남북 평화공존 배격

(1) 북의 존재 자체를 인정 않는 한·미 흑심에 의해 평화 논의 소멸

　다음 글은 노무현 대통령의 후반부 시기에 「남북 평화」「동북아 평화」에 관한 왕성한 논의의 분위기에서 개진된 필자 고영대의 생각을 국제적 고찰의 입장에서 정리한 것이다. (고영대 「미국의 제네바 회담 파탄 내기와 중립국 감시소조 추방 및 정전협정 13항 조목 폐기」 평화통일연구소 『전환기 한미관계의 새판짜기』 한울 2007)

한반도 평화협정 체결 전망은 국가적·민족적 진로에 대한 사회적 지혜를 모으고 구성원 각자가 책임을 다하려고 한다면 긍정적이지만, 그렇지 않고 상대적으로 편파성향의 준비된 세력이나 집단들에 의해서 논의가 주도되고 방향이 일방적으로 이끌리고 있다면 오히려 우려되는 바가 크다.

그 우려의 핵심은 다름 아닌 한미동맹의 유지·강화와 작전지휘권까지 잡고 있는 주한미군의 장기 주둔을 전제로 한 평화협정 체결 입장이다. 이는 한미 당국을 비롯하여 한국과 미국 내의 기득권 세력이 주류를 이루고 있는 한미동맹 세력에 의해 주도되고 있고, 한국 내 연구자들은 물론 시민진영의 다수를 포섭하고 있을 뿐 아니라 심지어 일부 진보진영에까지 침투해오고 있는 실정이다.

그러나 한미동맹 폐기와 주한미군 철수(형식적으로 국경 밖 가까이에 주둔시키는 방편에 의할지라도) 없는 한반도 평화협정 체결이란, 정전협정 체결 이래로 남북을 질식시켜온 준전시 상태와 분단 상태의 근본적 해결책이 아니며, 오히려 새로운 모순을 잉태(추가)하는 출발점으로 될 뿐이다. 노골적으로 한반도 및 동북아 패권을 추구하는 '잠재적 전쟁공동체'로서의 한미동맹과 점령외세의 성격을 본성으로 하는 주한미군을 용인하는 평화협정이 담보해줄 평화란 기껏해야 반半평화이며, 민족의 자주를 침해하고 통일 과정과 통일 이후의 남북 체제에 대한 외세의 개입을 허용하게 될, 근본 모순의 심화·잉태일 수밖에 없기 때문이다.

이에 이 글은 한국전쟁 정전협정 체결 이후 미국이 제네바 정치회담을 무산시킨 다음 한미 합의의사록의 강압 체결로 남한 사회의 정치·군사 경제적 지배권을 장악하고, 중립국 감독위원회의 감시소조를 강제 추방한데 이어 정전협정 13항 ㄹ목을 일방적으로 폐기하는 과정을 통해 어떻게 한반도 평화협정 체결을 좌절시키고 분단 고착과 군사적 대결을 조장했는가를 밝힘으로써 분단된 동족의 한쪽과만 맺은 군사협력체인 한미동맹의 폐기와 주한미군 철수를 전제로 하는 진정한 「평화 협정 체결」의 당위성을 새삼 강조하려는 것이다.

① 제네바 정치회담(1954.4.26.~6.15)의 결렬과 대결적 분단 고착 장기화

한국전쟁 휴전협정은 전문에 규정되어 있는 대로 "순전히 군사적 성질에 속하는" 것으로 일시적·잠정적 협정에 불과하다. 따라서 정치적·법적 해결 방안을 포함하는 한국전쟁의 완전하고도 항구적인 종식을 위해서는 동 협정 제60항의 규정처럼 정치회담을 개최하여 평화협정 체결 및 외국군 철수 등 관련 사안들을 논의하지 않으면 안 되었다.

○**휴전협정 제60항** : 한국(조선) 문제의 평화적 해결을 보장하기 위해 쌍방 사령관은 쌍방의 관계 제국 정부에 휴전협정이 조인되고 효력을 발생한 후 3개월 내에 각기 대표를 파견하여 쌍방의 한 급 높은 정치회담을 소집하고 반도로부터의 「모든 외국 군대의 철수 및 한국 문제의 평화적 해결」 등의 문제들을 협의할 것을 이에 건의한다.

이에 1954년 2월, 미·영·프·소 4개국 외상의 베를린 합의에 따라 같은 해 4월 26일부터 6월 15일까지 제네바에서 정치회담이 열렸으나 후속 일정조차 잡지 못한 채 결렬되고 말아 기형적인 한반도 분단과 비정상적인 정전상태가 장기적으로 고착되는 직접적인 계기가 되었다

한편 북진무력통일을 주장하며 휴전협정 체결에 반대했던 이승만 정권은 휴전협정을 "자유세계가 공산세계에 써 바친 항참서降參書[1])로 정치회담의 개최를 규정한 동 협정 60항을 "색책塞責"쯤으로 간주했다.[2]) 따라서 제네바 정치회담 참가에 부정적일 수밖에 없었던 이승만정권은 회담 참가를 종용하는 미국과 대립하는 한편, 참가 대가로 군사력 증강을 요구했으며[3]) 이를 약속한 아이젠하워 대통령의 서한을 받고서야[4]) 회담 개최 직전에 참가를 결정했다.

② 회담 참가국들의 「통일 및 외국군 철수 방안」과 미국의 회피

개막과 함께 남한은 유엔 감시하 북조선 지역만의 자유선거와 중공군의 선철수를 주장했으며, 북측은 중립국 위원단의 감독 하에 전조선위원회가 주관하는 남북 전지역에서의 자유총선거 실시와 6개월 이내 모든 외국군의 철수를 주장했다.(국방부『제네바 정치회담 각국 대표 연설집』1955)

---

1) 변영태『外交餘錄』 한국일보사 1959. 항참서는 항복문서를 뜻함.

2) 같은 책, 58쪽. 색책은 책임을 면하기 위해 겉으로만 둘러대어 꾸미는 것을 의미.

3) 이승만은 1954년 3월 16일자로 아이젠하워 대통령에게 서한을 보내 한국군 해·공군 지원, 육군의 35~40개 사단으로의 증강 등을 요구했다. 이종원『동아시아 냉전과 한미일 관계』동경대학출판회 1996)

4) 아이젠하워 대통령은 1954년 4월 18일자 서한에서 한국 육군의 야전군화, 해군의 현대화와 대잠함·호위함 제공, 1개 여단의 해병대를 1개 사단으로 승격, 제트 추진형 전투기 도입 등을 약속했다.(남찬순「비화 제네바 정치회담」『신동아』1983년 7월호)

그런데 남한의 이러한 주장은 제네바 정치회담이 열리기에 앞서 4월 9일, 워싱턴에서 열린 한국전 참전국들 간의 예비회담에서 영연방 국가들에 의해 이미 부정된 것으로, 회담 시작과 함께 모든 참가국들로부터 외면당했다. 워싱턴 예비회담에서 영국·캐나다 등 영연방 국가들은 "북조선 지역에 일방적으로 한국 주권과 통치를 인정해서는 안 되며, 유엔 역시 이를 주장해서는 안 된다. 구체성이 결여된 유엔 결의들은 남북의 새로운 총선이 실시되어야만 남북의 단합을 유지·확보하는데 기여 할 수 있을 것"이라고 주장하며 미국이 일방적으로 남한의 입장으로 기울지 않도록 견제했다.(남찬순 『비화 제네바 정치회담』)

당시 영연방은 소련이 서구를 침범할 태세를 갖추고 있지 못하다는 판단 하에 미국의 패권주의를 견제하고 세계적 차원에서 긴장완화를 도모하고자 했으며, 이를 위해 소련과 협력하며 중국과의 관계 개선을 도모하고 인도 등 제3세계와의 협력을 강화하고자 했다.(나종일 「제네바 정치회담. 회담의 정치 1954. 4. 26·6. 15」 『고황정치학회보 1』 1997년 12월)

이러한 분위기를 반영하여 미국은 회담 전에 A안(유엔 감시 및 남한 헌법 하 북조선 지역에서만 자유선거, 새 국회 출범을 전후한 외국군 철수), B안(유엔 감시 및 남한 헌법 하 남북 자유선거, 선거를 전후한 단계적 외국군 철수), C안(입법회의와 신정부 수립을 위한 남북 선거, 주한 외국군의 상호 단계적 철수) 세 안을 마련하여 제네바 정치회담에 임했다. 이 중 C안은 북측 안과 접목될 수 있는, 따라서 제네바 정치회담에서 한반도 통일 방안에 합의할 수 있는 안이었다. 그러나 한편으로 세 안 모두 한미상호방위조약이 계속 유효하다는, 또는 이와 유사한 조건들을 달고 있어 한반도가 어떤 형태로 통일되든 자기들의 영향력 아래에 묶어두려는 미국의 의도를 공공연히 드러내는 것이었다.(FRUS : Foreign Relations of United States 미 국무성 외교문서. 김보영 「제네바 정치회담과 남북한 통일정책 비교 연구」 『국사관논총』 제75집 1997)

③ 영연방을 비롯한 유엔 참전국가들도 북측 통일방안에 긍정적

당시 미국은 남한으로 하여금 A안과 유사한 남측안을 먼저 제기하게 한 다음 고립을 면치 못하게 되면 B안을 남한과 한국전 참전 국가들의 지지를 얻어 관철시킨다는 전략을 세워 놓고 있었다. 미국의 예상대로 한국의 입장은 공산진영은 말할 것도 없고, 참전국들로부터도 비난을 면치 못했다.

전체회의, 16개국 회의,5) 9개국 회의,6) 7개국 축소회의7) 등 각종 회의에서 영연방

---

5) 한국전 참전 15개국과 남한을 포함한 16개국 회의.

국가들 뿐 아니라 프랑스·필리핀 등 미국과 한국을 제외한 대다수 국가들은 전조선위원회(헌법제정회의, 필리핀) 구성, 남북 총선거, 유엔군과 중공군 동시 철수 입장을 주장하여[8] 북측의 입장 및 미국의 C안에 거의 접근했다. 이에 미국은 B안에 토대한 6개 항의 수정안을 남한에 강제하여 결국 5월 22일 변영태 남한 대표가 14개 항의 「유엔 감시하 남북 자유총선거안」을 제출하게 된다.

그러나 남한의 수정안은 제네바 정치회담의 모든 참가국들의 일치된 주장인 남북 지역에서의 총선거만을 받아들였을 뿐 여전히 「유엔 감시와 중공군 선철수」를 주장하고 있었기 때문에 영연방 등 참전국들의 「전조선위원회의 구성 주장을 외면한 것이자 외국군 동시 철수를 주장한 미국의 안」에도 못미치는 것이어서 북측 안과의 접목을 의도한 것은 전혀 아니었다.

이에 북측은 "유엔은… 교전자의 일방으로서… 조선 문제에 대해서는 편중성이 없는 지위를 차지할 수 없는 것"이라며 유엔 감시 방안을 거부했고, 또한 "조선 영토 내에 외군이 존재한다는 것과 자유로운 전조선 선거 및 민주적인 국가일 과업의 성취는 서로 용납할 수 없는 일"이라며 남한의 「유엔 감시하 남북 총선거」 방안을 거부했다.(남일 연설 1954년 5월 22일. 국방부 『제네바 정치회담 각국 대표 연설집』)

(2) 미국은 유엔 간판 고집, 상대방 평화제안 수용 한사코 거부

제네바 회담 개최 이전부터 회담 참가를 그저 '명분 축적' 정도로 치부하고 있던 미국은 남북 총선거와 외국군 동시 철수를 양보하더라도 '유엔 감시하' 원칙만 고수한다면 공산 측은 필경 「자유진영 안」을 거부하게 될 것이라고 판단하고 남한의 「유엔 감시 하 남북한 총선거 방안」을 「회담을 파탄내기 위한 지렛대」로 삼았다. 아이젠하워 대통령은 참가 거부로 심술을 부리고 있던 남한의 회담 참가를 촉구하기 위해 이승만 대통령에게 보낸 3월 20일자 서한에서 "이 회담의 성공 가능성은 적지만 한미 양국이 평화적인 통일을 위해 모든 노력을 하고 있다는 인상을 보여주어야 하며……"라고 주장했다.(남찬순 『비화 제네바 정치회담』)

---

6) 16개국 중 한국·미국·영국·프랑스·호주·필리핀·콜롬비아·네덜란드·터키 등 9개국 회의.

7) 한국·조선·미국·영국·프랑스·소련·중국 등 7개국 회의.

8) 변영태 『外交餘錄』 한표욱 『한미외교요람기』 중앙일보사 1984.

5월 16일 스미스 미국 대표는 변영태 대표와 14개 항의 남한 측 수정안을 검토하는 자리에서 "이 회담에서 한국 문제를 정치적으로 해결할 것을 기대하지는 않으나 어떠한 우리 측 공동 제안을 가지고 회의가 결렬되어야 가장 세계의 동정을 얻게 될 듯 한가 하고 부심하고 있을 뿐"이라며 "자기 소견으로는 검토 중에 있는 6개항 초안이 가장 근사하게 보인다고 덧붙여 말하며 만일 공산 측이 그것을 의외로 받아들인다면 딴전을 부려서라도 방망이를 들(방해할=회담을 끝낼) 테니 염려할 것 없다"며 회담을 파탄시키려는 의도를 노골적으로 드러냈다.

5월 22일 전체회의에서 남한이 수정안을 발표했다. 미국의 의도대로 북측이 곧바로 남한의 수정안을 거부하자, 미국 대표단은 그날로 제네바회담을 종결 짓기 위한 방안을 고려 중이라는 전문을 국무성에 보냈다. 이에 미국은 마침내 한국 문제의 조속한 종결을 지시했다.

미국 정부는 제네바 대표단에 보낸 전문에서 "회담이 길어질수록 공산주의자들은 한국에서의 유엔 역할을 격하시키는 어떤 새로운 제안을 만들어 우리 동맹국들을 현혹시킴으로써 우리의 입장을 더욱 어렵게 만들 것으로 보임. 가능하다면 우리는 한국에서의 유엔의 역할이 더 이상 비하되기 전에 토의를 끝내야 할 것임. 최대의 선전적 효과를 얻는 방법으로 토의를 종결시켜야 할 것임"이라고 하여 한반도에서 유엔의 역할을 부정하는 공산진영의 주장에 회담 참가국들이 동조하고 있는 상황을 우려하면서 서둘러 회담을 종식시킬 것을 권하고 있다.

수세에 몰려 있던 회담 진행 상황에 대한 미국 정부의 우려와, 회담을 한반도의 통일과 평화가 아닌 그저 명분 축적과 선전용으로만 여기던 미국 정부의 시각은 6월 1일자 전문에서 더욱 극명하게 드러난다.

"한국전쟁을 통해 유엔의 집단안보 원칙이 확립됐다. 이 시점에서는 한국 통일을 성취하려고 하는 것이 아니기 때문에 유엔의 공로를 우선적으로 앞세워야 하는데도 그렇지 못한 실정에 있다. 이것은 서방 국가들이 최소한 한국에서의 유엔 역할을 인정하지 않도록 유도하려는 공산주의자들에게 말로 표현 할 수 없는 이익을 가져다줄 것이다. … 만일 유엔 그 자체가 침략의 도구이기 때문에 무시되어야 한다고 주장하는 공산주의자들과 끝내 타협을 하게 된다면 그것보다 더 큰 실책은 없다"고 하면서 유엔의 권위와 역할이 부정되는 타협(합의)보다 차라리 회담 결렬을 선택해야 한다는 강한 의지를 보였다. (「집단안보」개념은, 「유엔군 지원」이나 「미·일군사동맹」의 취지에서 보듯이, 아프리카 초원에서 얼룩말 새끼 한 마리를 사자떼가 한꺼번에 달려들어 처리해버리는 수법과 같이 개별 약소국 하나 하나를 대국들이 집단으로 "방어·반격한다"는 명분을 앞세워

멸망시켜가는, 식민지 확대 침략전쟁 방법이 되었다.

① 소련도 영연방 국가들과 함께 지역적 평화협정 합의 모색

이에 1954년 6월 4일 열린 16개 국 회의에서 미국과 한국을 한편으로 하고 캐나다 등 영연방 국가들을 다른 한편으로 하여 유엔의 권능 인정과 자유선거 문제를 둘러싸고 첨예한 대립이 야기되었다. 즉, 유엔의 권능을 절대적으로 지키려는 미국과 한국은 유엔의 권능 인정과 자유선거 문제는 분리할 수 없다는 주장을, 유엔의 권위도 중요하지만 궁극적인 목표는 자유선거이므로 유엔에 대한 공격을 감수하고서라도 양자를 분리시켜야 한다는 캐나다를 비롯한 영연방 국가들 사이에 대립이 격화되었다.

이로써 미국과 한국을 제외한 대다수 회담 참가국들이 남북한 자유전거에 의한 통일, 유엔군과 중공군의 동시 철수, 중립국 감시와 전조선위원회 결성에 대체적인 의견 접근을 봄으로써 한반도 통일과 외국군 철수 마련이라는 한반도 현안의 타결 가능성이 보였던 제네바회담은 유엔 권위 인정이라는 마지노선을 친 미국과 한국의 벼랑 끝 전술로 결정적 난관을 맞게 되었다.(Maginot선 : 1936년 독일과의 국경에 프랑스의 최신 축성술로 만들어 놓은 강력한 보루. 2차대전 중 독일 공군에 의해 파괴됨. 최후의 방어선)

미국의 회담 결렬 의도에 위기를 느낀 소련은 6월 5일 전체회의에서 이른바 몰로토프 5개 원칙을 제시했다. 이 5개 원칙은 다음과 같았다.

1. 남북 지역에서의 자유선거 실시
2. 선거를 준비하고 시행할 남북 대표들로 구성된 정부(전 조선위원회) 수립, 그 구성 및 임무는 앞으로 검토
3. 모든 외국 군대는 지정된 기한 내에 조선으로부터 철수, 자유선거 실시에 앞서 모든 외국 군대 철수에 대한 기간 및 그 단계는 앞으로 검토
4. 자유선거 실시를 관리하기 위해 적절한 국제위원단을 설정, 이 구성은 앞으로 검토
5. 극동의 평화유지에 가장 직접적으로 관계되는 모든 국가가 조선 통일 문제의 해결을 촉진시키기 위해 조선의 평화적 해결을 보장하는 책임을 지는 것이 긴요, 어떤 국가가 조선의 평화적 해결에 대한 책임을 지며 이러한 책임의 성격이 무엇인가의 문제는 앞으로 검토한다.

소련의 이 제안은 북측의 기존 입장을 전제로 하면서도 쟁점이 될만한 사안들은 '추후 검토 사항'으로 남김으로써, 이미 이 입장에 접근해 있던 영연방을 비롯한 회담 참가국들과의 합의를 앞당겨, 회담 결렬을 막고, 미국과 한국을 포함한 전체 합의를 이끌어내려

는 의도였다.

이에 대해 미국의 스미스 대표는 본국에 보낸 전문에서 "공산주의자들은 이번 회의에서도 유엔의 역할을 격하시키는데 전력을 다했음. 몰로토프의 제안은 영연방 국가들의 견해와 비교해볼 때 분명히 그들에게 협상의 근거를 제공해주는 것임. 우리의 관심은 유엔의 권위와 활동을 높이 평가하는 우리의 입장을 견지하는 것과 몰로토프의 제안을 이용, 영연방 국가들이 어떤 태도를 취할 것이냐에 있음"이라고 밝힌 데서 보듯, 회담 참가국들 사이의 협상과 합의 가능성을 인정하면서도 유엔의 권위와 역할 유지를 명분 삼아 영연방 국가들을 분리해내겠다는 의도를 드러내고 있다.(남찬순 『비화 제네바 정치회담』)

미국의 회담 결렬 의도와 소련의 합의 도출 시도가 맞서는 가운데 6월 11일의 전체회의에서 북조선과 중국은 몰로토프 제안에 지지 의사를 표명하면서, 휴전협정의 계속적인 발효를 강조했다. 이 회의에서도 영연방 국가들과 프랑스는 중립국 감시기구의 구성을 주장함으로써 몰로토프 제안과의 접목을 시도했다.

② 참전국들, 미국의 '유엔 권능 인정' 주창으로 협정 포기

그러나 영연방 국가들과 프랑스 등의 「중립국 감시기구 설립 주장」은 어디까지나 유엔의 권능 인정이라는 전제가 달린 것이었기 때문에 유엔의 권능을 부정하는 북조선 등 공산진영의 주장 사이에 넘기 어려운 벽이 가로놓여 있었다. 북조선·중국·소련 등 공산진영은 유엔 또는 유엔의 권능 자체를 전연 부정하기 보다는 한반도에서의, 남북 문제 해결에 있어서 「전쟁 당사자로서의 유엔의 권능을 인정할 수 없다」는 것이었다.

아무튼 유엔의 권능을 인정하지 않는 재선거는 불능하다는 미국과 한국의 주장을 물리치기가 어려웠다. 이에 이들 한국전 참전국들은 「유엔의 한반도에서의 권리 확인과 유엔 감시 하 자유선거라는 2개 원칙을 천명하고 회담 결렬의 책임을 공산진영에 떠넘긴」 미국 주도의 「참전 16개 국 공동선언」을 받아들이고 말았다.

「참전 16개국 공동선언」이 발표된 6월 15일의 마지막 전체회의에서 북측은 비례 원칙에 의거하여 가능한 한 속히 모든 외국군을 조선 영토로부터 철수할 방안 강구, 1년을 넘지 않는 기한 내에 각방 지역에 10만 명을 넘지 않는 제한된 군대 설치, 전쟁 상태의 점차적인 해소 및 쌍방 군대를 평화 시 태세로 전환시키는 조건 조성, 군사 책임이 내포되는 조약에 한해서는 조선의 평화적 통일을 위해 모순되는 것으로 인정, 경제 및 문화 관계를 발전시키고 수립하기 위해 합의된 방안을 수행하는 전조선위원회 설립, 제네바 회의에 참가한 국가들은 조선의 평화적 발전을 보장할 필요를 인정하며 통일 독립 민주주의 국가로 조선을 평화적으로 통일하는데 대한 문제를 가장 신속히 해결하는 조건 조성 등 6개 항을 제시했다.

이는 통일방안이라기 보다는 회담의 결렬에 대비해 한반도에서 전쟁 재발을 막고 평화를 보장하기 위해 힘쓰자는 데 중점을 둔 제안이었다.

소련도 "제네바 회담에 참가한 각국은 통일된 독립 민주국가를 수립하는 토대 위에 조선 문제가 최종적으로 해결될 때까지 조선에서의 평화 유지를 위협할지도 모를 어떠한 행동도 취하지 않을 것을 약속한다. 제네바 회담 참가 각국은 조선민주주의인민공화국과 대한민국이 이 선언문에 준거하여 평화적으로 행동해야 한다는 신념을 표명한다"는 「조선에 대한 선언문」을 채택하자는 안을 내놓았다.

그러나 미국은 소련의 제안이 이미 휴전협정 62항에 규정되어 있다며 이를 거부했다. 그리고 필리핀 · 벨기에 등 그동안 양측 입장을 접목시키기 위해 노력해왔던 국가 대표들도 나서서 조선과 소련의 입장을 비판하며 미국의 입장을 거들었다. 마침내 태국 대표에 의해서 「참전 16개국 공동선언」이 발표되었다.

③ 정치회담 재개 위한 중국의 마지막 노력도 미국이 봉쇄

「참전 16개 국 공동선언」이 발표되자 저우언라이周恩來 중국 대표는 16개국의 회담 결렬 기도에 깊은 유감을 나타내고 미국 대표가 소련의 「조선에 대한 선언문」 채택 제안을 거부하는 근거로 든 휴전협정 62항은 서명 당사자에게만 구속력을 갖는 것으로, 더 광범한 기반 위에서 개최되고 있는 제네바 회담은 자체의 선언을 채택할 수 있다고 주장하며 미국 대표가 조선의 평화통일을 방해하고 있다고 비판했다.

나아가 저우언라이 대표는 "제네바 회담에 참가한 각국은 통일되고 자주적인 민주 조선을 설립하는 것을 기반으로 하는 조선 문제의 평화로운 해결에 대한 동의에 도달하는 방향으로 계속적으로 노력할 것을 동의한다. 적절한 협상을 재개하는 시기와 장소 문제에 대해서는 개별적으로 각 관계국에 의한 협상을 통하여 결정할 것이다"라는 내용의 선언을 채택하자고 제안했다. (국방부『제네바 정치회담 각국 대표 연설집』)

이에 대해 벨기에 스파크 대표는 저우언라이 대표의 제안이 "16개국 선언서를 초안한 정신과 부합되는 것이며, 또 만약 제네바 회담이 동의에 도달치 못할 때에는 환경이 허락하게 되는 대로 조속히 새로운 접촉이 행해져야 하며, 또 그때에는 좀 더 순조로운 환경에서 동의에 도달하도록 해야 한다는 취지로 한 본인의 성명과도 부합되는 것"이라고 밝혔다.

이에 저우언라이 대표는 "만약 16개국 측의 질문과 중화인민공화국의 대표가 제시한 최종 제안이 공통적인 희망을 보유하는 것이라면 이 회담에는 19개 국이 참가하고 있음에도 불구하고 우리는 어째서 우리들의 공동합의 형식으로 이 공통적인 희망을 설명할수가 없는 것입니까?"라고 반문하며 19개국 합동의 공동성명 채택을 주장했다.

마침내 영국의 이든 의장은 "중화인민공화국 대표의 제안을 우리가 토의하고 있는 중인데, 벨기에 대표가 그것이 이 회담의 정신을 표현하는 것이라고 한 것은 지당한 말이라고 생각합니다. 만일 일반이 거기 동의 한다면 그 공동성명 초안을 이 회의가 대체적으로 수락할 줄로 알아도 아마 좋겠지요"라며 공동성명 채택을 기정사실화했다. 이리하여 제네바 회담이 결렬되더라도 한반도 통일과 평화 수립 방안을 마련하기 위한 후속 정치회담의 개최가 성명으로 보장되는 전기를 마련하는 듯했다.

그러나 공동성명 채택을 결정적으로 가로막은 것은 역시 미국 대표였다. 그는 "정부에 대해 상의하기까지는 아무런 의견도 진술할 준비가 되어 있지 못하며 이제 제안된 결의안에 대해 가까이 할 준비도 되어있지 않다'고 주장하면서 "공산 측이 단순히 우리가 과거부터 고수하여 왔다고 선언한 2개의 기본 원칙을 수락하는 것만으로 어느 때든지 유리한 조건 밑에서 협상을 재개할 수 있다는 것을 명확히 천명하고 있는 줄로 생각하며 이것을 떠나서 다른 협상은 아무 성과도 내지 못할 것이다'라면서 공동성명 채택을 원천봉쇄하는 벼랑 끝 전술을 구사했다.

남한의 변영태 대표도 "만약 공산 측이 같은 것을 작성하기를 원하거나 또는 동일한 내용의 것을 작성하기를 원한다면 그들은 소원대로 할 것이지 같이 하자 말자 하는 것은 덜된 소리입니다. 공동성명을 작성하는 것은 옳지 못하다'고 정치회담의 취지를 원색적으로 부정하는 발언을 하며 공동성명이 채택되지 못하도록 쐐기를 박았다.

몇 차례 더 공방이 오간 후 벨기에 대표가 거듭 공동성명을 채택하자는 입장을 밝혔음에도 불구하고 이든 의장은 "이 회의에서 공동 합의의 형식으로 제출된 각종 초안 중 어느 하나도 채택할 수 없음을 알립니다. …… 본인은 오직 한 번 더 우리들의 공동 사업이 성공적인 결말을 통하여 성취될 수 있는 그날이 속히 오기를 개인적인 희망과 함께 되풀이 하고자 하는 바입니다"라며 폐회를 선언했다. 이로써 제네바 회담은 한반도 통일과 평화에 관한 아무런 성과도 없이, 후속 일정조차 마련하지 못하고 결렬되고 말았다.

이와 같이 제네바 정치회담은 한반도 통일과 평화체제 수립 방안에서 조선·중국·소련 등이 적극적인 공세를 취하고 영연방 등의 참전국들이 이에 호응하는 가운데 미국과 남한이 수세적으로 대응하는 양상으로 전개되었으나 유엔의 집단안전보장 원칙을 명분삼아 한국전 개입의 정당성을 확보하고 세계 패권국의 지위를 지키려는 미국의 노골적인 회담 파탄내기로 끝내 좌초되고 말았다. 이는 이후 북조선의 계속적인 평화협정 체결등 평화 공세에 한국 정부가 소극적으로 임하게 하는 원죄로 작용했으며, 1974년 박정희 정권이 남한 정부 사상 최초로 남북 간 불가침협정 체결을 제안할 때까지 20년간이나 지속되었다.

2) 「한미상호방위조약」 빙자, 「유엔」 이름으로 대북 적대시 위협 계속

(1) 남북에 걸쳐 미국의 군사지배에다 경제·외교 등 총체적 종속화

한미상호방위조약 체결은 한미 간의 정치·군사·경제적 현안을 해결한 것이라기보다는 일시적 봉합과 새로운 갈등·대립의 출발과 침략의 준비를 의미했다. 당시 한미 간 현안에는, 작전지휘권과 이승만 정권의 무력북진통일 기도, 휴전회담 준수 등의 군사적 문제를 비롯하여 이승만 평화라인과 대일(일본으로부터의) 구매 등 한일관계, 환율 현실화와 남한 당국 보유 외화에 대한 미국 정부의 통제 등 정치·경제 문제 전반에 걸쳐 있었으나 방위조약은 그 어떤 사안에 대해서도 해답을 주지 못했다. 따라서 이러한 현안들을 매듭지을 법적 장치가 필요했다. 이에 1954년 7월 30일까지 한미 정상회담이 열렸다.

◎ 한미상호방위조약 전문

본 조약의 당사국은, 모든 국민과 모든 정부가 평화적으로 생활하고자 하는 희망을 재확인하며 또한 태평양 지역에 있어서의 평화기구를 공고히 할 것을 희망하고, 당사국 중 어느 1국이 태평양 지역에 있어서 고립하여 있다는 환각을 어떠한 잠재적 침략자도 가지지 않도록 외부로부터의 무력공격에 대하여 자신을 방위하고자 하는 공통의 결의를 공공연히 또한 정식으로 선언할 것을 희망하고 또한 태평양 지역에 있어서 더욱 포괄적이고 효과적인 지역적 안전보장조직이 발달될 때까지 평화와 안전을 유지하고자 집단적 방위를 위한 노력을 공고히 할 것을 희망하여 다음과 같이 동의한다.

第1조 당사국은 관련될지도 모르는 어떠한 국제적 분쟁이라도 국제적 평화와 안전과 정의를 위태롭게 하지 않는 방법으로 평화적 수단에 의하여 해결하고 또한 국제관계에 있어서 국제연합의 목적이나 당사국이 국제연합에 대하여 부담한 의무에 배치되는 방법으로 무력으로 위협하거나 무력을 행사함을 삼가할 것을 약속한다.

第2조 당사국 중 어느 1국의 정치적 독립 또는 안전이 외부로부터의 무력공격에 의하여 위협을 받고 있다고 어느 당사국이든지 인정할 때에는 언제든지 당사국은 서로 협의한다. 당사국은 단독적으로나 공동으로나 자조와 상호원조에 의하여 무력공격을 저지하기 위한 적절한 수단을 지속하며 강화시킬 것이며 본 조약을 이행하고 그 목적을 추진할 적절한 조치를 협의와 합의하에 취할 것이다.

제3조 각 당사국은 타 당사국의 행정 지배하에 있는 영토와 각 당사국이 타 당사국의 행정 지배하에 합법적으로 들어갔다고 인정하는 금후의 영토에 있어서 타 당사국에 대한 태평양 지역에 있어서의 무력공격을 자국의 평화와 안전을 위태롭게 하는 것이라고 인정하고 공통한 위험에 대처하기 위하여 각자의 헌법상의 수속에 따라 행동할 것을 선언한다.

제4조 상호적 합의에 의하여 미합중국의 육군 해군과 공군을 대한민국의 영토내와 그 부근에 배치하는 권리를 대한민국은 이를 허여하고 미합중국은 이를 수락한다.

제5조 본 조약은 대한민국과 미합중국에 의하여 각자의 헌법상의 수속에 따라 비준되어야 하며 그 비준서가 양국에 의하여 「워싱톤」에서 교환되었을 때에 효력을 발생한다.

제6조 본 조약은 무기한으로 유효하다. 어느 당사국이든지 타 당사국에 통고한 후 1년 후에 본 조약을 종지시킬 수 있다.

이상의 증거로서 하기전권위원은 본 조약에 서명한다.
본 조약은 1953년 10월 1일에 「워싱톤」에서 한국문과 영문으로 두벌로 작성됨.

대한민국을 위해서 변 영 태
미합중국을 위해서 존 포스터 덜레스

당시는 제네바 회담이 결렬된 직후로 "이 대통령이 1954년 대북 공격 계획을 갖고 워싱턴에 왔으나 당시 상황이 그렇게 할 수 없었기 때문에 제시하지 못했다"는 백두진의 증언대로 이승만은 아이젠하워와의 회담에서 무력북진통일을 위한 지지·지원을 받아낼 심산이었다. (백두진 「덜레스 국무장관의 육성으로 듣는 역사 프로젝트」 셀리그 해리슨 『코리안 엔드 게임』 삼인 2003)

그러나 중국 공산화에 맞서 일본을 동아시아의 전략적 군사·경제 요충지로 삼으려는 아이젠하워 정권은 이승만에게 한일관계를 정상화하도록 고강도 압박을 가했으며, 이를 둘러싼 대립으로 아이젠하워와 이승만이 잇달아 회의장을 퇴장하고 이승만이 귀국해버리는 극한 대립 속에 회담은 정작 한일관계와 경제문제를 중심으로 진행되었다. 각료 중심으로 진행된 이후 회담은 경제·군사 소위원회로 나뉘어 9월 14일까지 계속되었으나 끝내 결렬되었다.

서울에서 속개된 협상도 교착 상태를 벗어나지 못했다. 이에 미국은 원조를 무기로 자신들의 입장을 관철시키려고 하는 한편, 한미상호방위조약 체결 때와 마찬가지로 쿠데

타 공작도 병행하고 있었다. 당시 변영태 국무총리는 미국의 안은, 일본만 공업국가로서 재건시키고 그 밖의 나라는 원료 공급지로 전락시키려는 정책이라며 반발했다.

결국 한국정부가 10월 1일 유엔군에 대한 환화圜貨(1953~62년까지의 한국 지폐) 대여를 중단하는 초강수를 두자, 미국은 즉각 석유 공급을 중단하는 것으로 대응하여 한국정부를 압박했다. 할 수 없이 이승만 정권은 11월 6일에 환화 대여를 재개했으나 유엔군 사령관 헐은 11월 8일에도 이승만 정권이 합의의사록을 끝까지 거부 할 경우 시행할 4단계 긴급행동계획을 작성하여 리지웨이 육군 참모총장에게 승인을 요청하며 이승만 정권을 몰아붙였다. 원조의 불안정과 석유 공급 중단은 남한에 감내하기 어려운 부담을 가중시켰다.

미국은 10월 22일 수정안을 제시한 남한과의 교섭 자체를 거부했다. 이승만 정권의 무조건 항복을 요구한 것이다. 마침내 이승만 정권은 11월 14일 미국안의 무조건 수락을 발표함으로써 11월 17일 남한에 대한 미국의 경제적·군사적 지배의 고리를 법적으로 보장하는 「한미 합의의사록」을 반강제적으로 체결하게 되었다.

미국의 강압에 굴복하여 미국이 제시한 내용대로 체결된 「한미상호방위조약에 따른 한미 합의의사록」은 미국이 남한의 정치·경제·군사·통일 등 주요 분야의 핵심 고리를 틀어쥐기 위한 세부적인 가이드라인(쌍방의 책무와 약속을 규정한 지침서指針書)이라고도 할 수 있었다.

본문과 부록 A(경제 분야)·B(군사 분야)와 부속문서 C로 이루어진 합의의사록의 주된 내용은 본문 1항에서 "한국은 국제연합을 통한 가능한 노력을 포함하는 국토통일을 위한 노력에 있어서 미국과 협조한다." 2항에서 "국제연합사령부가 대한민국의 책임을 부담하는 동안 대한민국 국군을 국제연합사령부의 작전지휘하에 둔다." 3항에서 "부록 B에 규정된 바의 국군 병력 기준과 원칙을 수락한다."4항에서 "투자기업의 사유제도를 계속 장려한다." 6항에서 "부록 A에 제시된 것을 포함하여 경제계획을 유효히 실시함에 필요한 조치를 취한다"고 규정하고 있다.(미국의 지휘가 아니라 유엔의 지휘하에 있음을 강요했다. 그리고 공기업·국영기업을 통한 경제자립 기회를 아예 봉쇄하려 했다.)

한국을 미국의 자본주의사회 경제체제와 군사작전지휘 하에 완전히 종속시킨 전후 최강 밀착 관계의 표현이었다.

1항에서 한반도 통일문제에 대해서 미국과 협조하도록 규정한 것은 그것이 부분적으로 이승만 정권의 북진을 막기 위한 미국의 의도가 반영된 것이라고 해도, 본질은 우리 민족의 자주적인 통일 노력과 의사 결정을 공공연히 부정하는 것이었다. 미국은 조선·중국 등 공산권이 유엔의 권능을 인정하지 않는다는 것을 명분삼아 한반도 통일 방안을 마련하기 위해 개최된 제네바 정치회담을 일방적으로 파탄냈다.

이와 동시에 이 1항이 보여주는 바는 명백히 유엔의 권능보다는 미국의 권능을 위에 놓고 있으며, 이를 통해 분단된 한반도 남쪽에 대한 지배 의사를 당당히 드러내고 있다. 2항에서 작전지휘권을 유엔사령부에 두기로 한 것은, 한미상호방위조약의 발효를 미루면서까지 미국이 관철시키고자 했던 사안으로, 군 통수권의 한 축을 이루는 군령권, 곧 작전지휘권을 장기적으로 미국에 넘겨주는 법적 근거가 되었다.

3항에서 남한군의 병력 기준과 원칙을 규정한 것은 군사력 건설 권한(군정권)마저 미국에 넘겨준 것으로, 이는 2항의 규정과 함께 군령군과 군정권, 곧 군 통수권을 송두리째 미국에 넘겨주었다는 것을 의미한다. 4항에서 투자 기업의 사유제도를 장려한다는 규정은, 남한에 자유시장경제 원리를 강제한 것으로, 남한의 (경제) 체제까지 미국이 관리간섭하는 주권 침해적 내용이며, 국민경제의 세부적인 경영 지침을 규정한 6항과 함께 미국이 남한의 경제 전반을 지배할 수 있는 근거가 되었다.

(2) 경제원조 · 군사 양성으로, 동족 동포끼리의 남북 대결과 대륙봉쇄 강화

이와 같이 「한미 합의의사록은 단순히 상호방위조약의 부록으로서의 성격과 내용을 훨씬 뛰어넘어 남한의 (경제) 체제와 통일정책 및 군사주권을 철저히 미국의 이해득실에 맞춰 재단했으며, 남한의 주권을 부정하고 민족의 자주성을 유린하면서 남북 동포형제의 분열 · 증오 · 살육을 조장하는 내용」으로 일관하고 있다.

① 미국은 부록 A에 의해 재정과 경제운영권 장악
합의의사록 부록 A는 4개항으로 구성되어 있는데, 1항에서 남한 정부의 공정 환율과 대충자금 환율을 180대 1로, 2항에서는 미국이 현물로 공여하지 않은 원조 계획을 위한 물자는 어떠한 비공산주의 국가에서든지 필요한 품질의 물자를 최저가격으로 구입할 수 있는 곳에서 구매하도록, 3항에서는 남한 정부가 보유한 외화의 사용 계획에 관한 적절한 정보를 관계 미국 대표자들에게 제공하도록, 4항에서는 남한 정부 예산을 균형화하고 인플레 억제를 위한 노력을 한다고 규정하고 있다. 이는 남한 정부의 재정과 경제운영에 대한 미국의 간섭을 합법적으로 보장한 것이다.

○ 환율 : 한국 화폐 가치 대對 미국 달러 가치의 비율
대충자금 對充資金 : 2차대전 후 미국의 원조물자를 받은 나라의 정부가 이것을 국내에서 팔아 얻은 국내 화폐 자금. 미국은 생명의 은인이 되면서 값비싼 무기 판매와 전쟁 수행 동맹

군(용병)을 얻게 되었다.

이에 미국은 부록 A를 통해 남한의 환율을 규정하여 자국의 경제적 이해를 보장하고, 합의의사록 채택 과정에서 최대 갈등 요인이었던 대일(일본 상품의) 구매 문제를 역시 자신들의 요구에 맞게 관철시켰으며, 심지어 남한 정부가 보유한 외화 사용마저 통제할 수 있는 권한을 갖게 되었다.

② 부록 B에 의해 유엔 간판 아래 군령·군정권 지휘 통제

합의의사록 부록 B는 총 11개항으로 구성되어 있는데, 1항에서 남한군의 총 병력 수를 육군 66만 1,000명, 해군 1만 5,900명, 해병 2만 7,500명, 공군 1만 6,500명 등 72만 명으로, 2항에서 군 급여와 급식비의 증액을, 3항에서 예비사단의 편성 착수와 이를 위한 육군 월별 훈련 인원과 기간 등의 훈련 과정을, 4항에서 예비사단에 대한 미국의 장비와 병참 지원을, 7항에서 해군 전력의 증강을, 8항에서 공군 전력의 증강을, 10항에서 남한군의 예산을 유엔사와 합동으로 검토·분석할 것을 규정하고 있다.

남한군의 병력 수를 규정한 것은 미국이 남한군 건설의 권한, 곧 군정권마저 장악한 것으로, 합의의사록 2항의 작전지휘권, 곧 군령권의 양도와 함께 사실상 군 통수권을 통째로 미국에 넘겨주었다는 것을 의미한다. 2항의 군 급여와 급식, 3항의 예비사단의 편성과 훈련, 7·8항의 해·공군력 증강, 10항의 군 예산에 대한 분석 등은 한결같이 군정권의 고유한 핵심 사안들로서 군사원조를 지렛대로 한 미국의 남한군에 대한 군정권 장악의 실상을 적나라하게 드러내고 있다고 하겠다.

부록 B의 제4항에 따른 부속문서(Attachment C : 미국 국방장관이 남한 국방장관에게 보내는 권고안)는 밴플리트 장군의 권고안 이행이 가져올 남한군의 편성 및 장비 개편에 관한 세부 사항과 미 8군 권고안 이행에 따른 남한군 소요 차량의 감축 등을 다루고 있다

이와 같이 한미 합의의사록은 한미상호방위조약과 달리 군사 분야를 넘어서서 경제 분야·통일정책·사회체제까지를 규정한 포괄적인 내용의, 미국의 남한 지배를 위한 세부적 틀이라고 할 수 있다. 미국으로서는 한국전쟁 이후 남한에 대한 지배권을 한미 합의의사록이라는 법적·제도적 장치를 통해 완벽하게 확보한 셈이다.

이상의 내용으로 보아 한미 합의의사록은 한미상호방위조약과 전혀 다른 독자적 성격의 조약이므로 마땅히 국회의 동의를 받아야 했다. 그러나 한미 양국은 이를 한미상호방위조약과 연동시켜 국회 동의 절차를 밟지 않음으로써 한미 합의의사록은 사실상 불법적 성격의 조약에 불과하다. 이후 한미 합의의사록은 1955년 8월에 부록 A, 1958년

12월에 부록 B, 1962년 1월에는 한국군 일부 부대를 유엔군사령관의 작전통제권에서 해제시키고 국가비상사태 발생 시 한국군 부대가 유엔군사령관의 작전통제권으로부터 잠정 이탈하는 절차를 규정하는 등의 수정이 이루어졌다

이로써 한미 합의의사록은 일부 내용이 변경, 사문화되었으나 지금까지 작전통제권 등의 군사 분야와 체제, 통일 등에서 불평등한 한미관계를 규정하는 국제법적 근거로 되고 있다.

3) 제3자 간섭·감시 싫어진 미국, 중립국 감독위원회 추방

남한이 동북아시아 미 지상 전력의 거점으로 된다는 것은 필연적으로 주한미군 지상 전력도 강화된다는 것을 의미했다. 그것은 지금까지 일본을 중심으로 한 동아시아의 도서 라인을 지키는 완충지대로서가 아니라 대소·대중 전진기지로서 한반도의 군사전략적 위상이 격상되었기 때문이다. 이미 한미상호방위조약을 통해서 군사력 증강을 천명한 한미 양국은 휴전협정 체결과 함께 이승만 정권은 북진무력통일을 겨냥해, 미국은 대소·대중 전진기지로서의 남한의 위상을 따라 전력 증강에 나섰다. 그 첫 작업이 바로 중립국 감독위원회(NNSC: Neutral Nations Supervisory Commission) 무력화無力化와 「휴전협정 13항 ㄹ목 폐기」의 일방적 선언이었다.

(1) 정전협정 준수를 회피, 남측의 군비 증강 욕구 충족 추구

당초 유엔군 측이 자신들의 공군 전력의 우세를 유지하기 위해서 상대방의 비행장 등 군사시설 개선과 군사력 증강을 감시할 목적으로 제안한 중립국 감독위원회를 조중연합군은 정치적 간섭 음모라며 반대했다. 그러나 유엔군 측이 비행장 감시 주장을 철회하고 조중연합군 측도 중립국 감독위원회에 소련을 참가시키자는 주장을 철회함으로써 구성에 합의할 수 있었다.

중립국 감독위원회의 임무는 휴전협정 제41항의 규정에 따라 휴전협정 제13항 ㄷ목과 ㄹ목, 제28항에 규정한 감독·감시·조사 및 시찰의 기능을 집행하고 그 결과를 군사정전위원회에 보고하는 것으로, 1953년 8월 3일부터 활동을 시작했다.

○ **휴전협정 13항 ㄷ목** : 「한{조선}반도 국경 국외로부터 증원하는 군사인원을 들여오는 것을 중지한다.…」13항 ㄹ목: "한국국경 국외로부터 증강하는 작전비행기, 장갑차량, 무기 및

탄약의 반입을 정지한다. …" 3항 : "중립국 감시소조는 하기한 각 출입항에 주재한다.…"」

그러나 휴전협정 조인 직후부터 미국은 중립국 감독위원회의 무력화에 나섰다. 1953년 9월 8일 대구에서 스웨덴 감시소조 라얼슨 대위에 대한 미군 사병의 구타 사건을 시작으로 9월 17일에는 부산에서 화염방사기 등을 싣고 부산으로 들어온 미군 선박을 검사할 수 없도록 방해하는 등 1954년 4월 15일 군사정전위에서 미국 측 수석위원이 중립국 감독위원회는 이미 존재할 의미가 없어졌다고 공식적으로 주장하기까지 미국은 수차례에 걸쳐 중립국 감시 활동을 빙해하고 관련 조항의 무력화를 기도했다.

제네바 회담이 한창 진행 중인 1954년 5월 12일, 유엔군 사령관 헐은 육군성에 1.스위스와 스웨덴 정부에 자국 출입국 감독위원회의 철수를 권유하거나 2.유엔사령부가 휴전협정 36항~50행(2조 다)을 일방적으로 폐기하거나 3.제네바 회담에서 '2조 다'를 재협상하여 중립국 감독위원회를 재구성하는 등등의 우선순위를 갖는 세 방안을 제시하고 이 중 한 가지 방안에 의해 중립국 감독위원회가 해체되기를 바란다는 견해를 제시했다.

헐 사령관은 중립국 감독위원회의 감시를 피한 북조선의 군사력 증강과 중립국 감독위원회 공산 측 감시소조의 유엔사에 대한 정보 수집 활동 등을 중립국 감독위원회 폐기 이유로 들었다.(감독위원회의 본 임무는 「한반도 내부군」이 아니고 「외부군의 군비 입·출 감시」에 있었다.)

이에 미 합참은 6월 11일, 헐의 제안을 검토하여 제네바 회담에서 관련 사안을 논의하는 것은 비생산적이며, 공산진영에게 반유엔 선전장을 마련해주고, 미국과 동맹국의 분열을 가져오는 기회를 제공할 뿐이라며, 먼저 1의 방안을 추진하되, 이것이 실패할 경우 2의 방안을, 마지막 수단으로 3의 방안을 추진하기로 하고 국무성에 스웨덴과 스위스 정부를 설득하도록 권고했다.(미 국무성 외교문서 1952~1954)

○ **중립국 감독위원회 일방 폐기에 대한 미국 내의 신중론**

미 국무부 관리들도 1955년 2월 4일, 합참과의 대화에서 유엔사가 중립국 감독위원회에 대해 일방적인 조치를 취할 권한을 갖고 있지 않다는 법적 견해를 제시하면서 유엔사와 합참의 중립국 감독위원회 및 13항 ㄷ·ㄹ의 일방적 폐기 주장에 반대했다.

이 자리에서 국무부는 1.중립국 감독위원회가 폐기되고 군사정전위원회가 그 기능을 맡도록 해야 한다는 스웨덴·스위스 안을 군사정전위원회에 제출하고, 2. 스위스와 스웨덴에게 그들 국가의 중립국 감독위원회 인원 감축 제안에 대한 설명을 요구하며, 3. 만약 공산측이 중립국 감독위원회 폐기에 동의하지 않고 또한 중립국 감독위원회 인원

감축에 관한 스위스·스웨덴 안이 2개 이하의 감시소조(DMZ에 주재하고, 감시 요구 지역을 집중 감시함)를 상정하고 있으면, 이를 군사정전위원회에 제출하는 한편 만약 공산측이 동의하지 않을 경우 중립국 감독위원회에서 일방적으로 철수하거나, 2개 규모 이하로 감시소조를 줄이고 DMZ에 주재시키도록 시간을 두고 스위스와 스웨덴을 설득하자는 안을 제시했다.

국무부와 국방부 사이에 견해 차이가 있지만 미국 정부는 어쨌든 스웨덴과 스위스를 통한 문제 해결 방안을 선택한 것이다.(FRUS 미 국무성 외교문서 1955~1957)

한편 1955년 5월 12일에 개최된 NNSC 회의에서 아이젠하워 대통령은, 중립국 감시소조는 덜레스 국무장관이 영국과 프랑스의 반응을 확인한 후 테일러 유엔군 사령관이 그 기능을 정지시킬 수 있지만, 휴전협정 13항 ㄷ목과 ㄹ목은 16개 한국전 참전국과들과 충분히 협의해야 한다고 입장을 정리함으로써 거듭되는 군부의 중립국 감독위원회와 13항 ㄷ목과 ㄹ목의 동시 폐기 주장에 대한 미국 정부의 입장을 정리했다. 이후 미국 정부의 움직임은 일단 「중립국 감독위원회의 기능 정지」로 모아진다.

(2) 이승만도 미국 의도 따르다보니 중립국들 지지 못 얻어

남한 정부도 1954년 4월 27일 제네바 정치회담 개막회의에서 변영태 외무부장관이 "유엔 감시단의 이목을 피해가며 또는 공공연하게 그들의 행동을 구속해가며… 공산 측은 정전협정을 일방적으로 파기한 셈입니다. 그러므로 우리 측은 중공 측이 무시한 정전협정을 고지식하게 지킬 것이 없다고 생각하더라도 그 책임의 소재는 공산 측에 있어야 할 것입니다"라고 책임을 전가하면서 중립국 감독위원회 문제를 제기했다.(국방부 『제네바 정치회담 각국 대표 연설집』)

7월 27일에도 변영태 외무부장관은 휴전협정 체결 1주년 담화에서 "공산 측이 군수물자의 반입, 군용 비행장의 건설, 중립국 감시위원단의 활동 방해 등을 자행했다"고 비난하는 등 제네바 회담이 끝나면서 본격적으로 중립국 감독위원회 폐기를 위한 행동에 들어갔다. 특히 남한 정부는 1955년 8월 6일 남한 주재 적성 중립국(체코·폴란드) 감독위원단에게 8월 13일 24시까지 남한 영토에서 철수하라고 통고하고 이들을 축출하기 위해 전국적으로 국민들을 동원하여 대대적인 대중 시위를 전개했다.(구영록·배영수 『한미관계 1882~1982』 서울대 미국학연구소 1982)

1955년 8월 초에 시작된 중립국 감시위원단 반대 시위는 연인원 900여만 명이 참가하여 12월까지 4개월 동안 계속되었으며, 시위 도중 미군과 충돌하기도 했다.(『조선일보』 1955.8.13, 1955.11.15., 박태균 「1950년대 미국의 정전협정 일부 조항 무효 선언과 그 의미」『역사비평』 통권 63호, 2003년 여름호.)

그러나 남한과 미국 정부는 중립국 감독위원회의 폐기나 일시적인 기능 정지에 대해서 스웨덴·스위스 등 관련 중립국들은 물론 영국을 비롯한 15개 한국전 참전국들조차 설득하지 못했다.

스웨덴과 스위스는 1954년 4월 14일, 미국 정부에 보내는 비망록을 통해 만약 제네바 회담에서 한반도 문제의 평화적 해결에 실패하여 NNSC의 활동이 무한정 연장될 가능성이 조성되면 NNSC에의 계속적 참여를 재고할 것이라고 주장했다. 스위스도 같은 내용의 주장을 하면서, 덧붙여 휴전협정 양 당사자에게 NNSC 활동 종료를 요구할 것을 주장했다. 또한 양국은 1955년 1월 27일에 미국과 북경에 보낸 비망록에서 중립국 감시소조 활동에 적격자를 확보하는데 따른 어려움과 비용 문제를 제기하고 휴전협정 당사자끼리 중립국 감독위원회 활동을 종식시키는 방안을 선호한다면서 4개국 대표단 인원을 대폭 축소시키는 방안을 대안으로 제시하기도 했다.(FRUS 미 국무성 외교문서 1952~1957)

나아가 스웨덴은 1955년 4월 7일, 남북 5개(1955년 8월 이후에는 3개) 항에 주재하는 감시소조의 폐지와 각 중립국 감독위원회 파견 인원을 10~20명으로 축소 할 것과 모든 감시소조가 비무장지대에 주둔할 것을 주장하기도 했다. 그러나 스위스는 중립국 감독위원회에서 철수하거나 감시소조가 비무장지대로 철수하는 것에 대해서는 스웨덴과 달리 신중한 태도를 보였다. 이렇듯 스위스와 스웨덴은 미국과 같이 중립국 감독위원회의 폐기를 바랐으나 휴전협정 테두리 내에서 합법적으로 휴전협정 당사자 간의 합의에 의해 해결되기를 희망했다.

한편 스위스와 스웨덴은 중립국 감독위원회 폐기를 주장하는 이유에 대해서도 미국과 남한 정부가 주장하는 체코와 폴란드 감시소조의 간첩 행위나 조선·중국의 스웨덴·스위스 감시소조 활동 방해 등 휴전협정 위반과 군사력 증강보다는 감시소조 운영에 따른 인적·경제적 부담과 더불어 남한 정부의 체코·폴란드 감시소조에 대한 적대행위가 초래할 결과에 대한 우려를 들고 있다.

미국의 중립국 감독위원회 기능의 일시 정지 주장에 대해서 의문을 갖기는 영국·프랑스 등 한국전 주요 참전국도 마찬가지였다. 1955년 5월 13일, 영국 공사 스코트는 미 국무부 관료들과의 대화에서 공산 측이 휴전협정을 위반하고 있다는, 설득력 있는 증거가 공개되어야 한다고 주장했다.

그러나 머피 부차관은 "우리 모두 공산 측이 휴전협정을 위반하고 있다는 사실에 동의하고 있는데 상세한 근거를 밝힐 필요성이 있는지" 의문을 제기하며 이를 회피했다. 같은 날 프랑스 뮈르비 대사도 "만약 우리가 공산 측의 위반에 대한 유력한 증거를 확보하고 있다면 왜 공개 하지 않는가"하는 의문을 나타냈다. 이에 대해서 미 국무부는 이미 상당한 공개가 이루어졌다는, 앞뒤가 맞지 않는 답변을 했다.

미국이 공산 측의 휴전협정 위반 사실에 대해 확실한 증거를 확보하지 못했다는 것은 미 정부 내부 문건에 의해서도 확인된다. 미 국방부가 헐 유엔군 사령관에게 보낸 1955년 2월 5일자 전문에서 미 국방부는 2월 8일로 예정된 16개국 회의에서 이들 나라가 휴전협정 13항 ㄹ목에 의해 제기된 문제를 풀기 위한 미국의 조치에 공감할 수 있도록 공산측의 휴전협정 위반 사례를 문서로 만들어 보내줄 것을 요구하고 있다.

또한 NNSC와 13항 ㄹ목의 폐기를 주장한 테일러 유엔군 사령관의 1955년 5월 10일자 권고안을 검토한 머피 부차관은 후버 차관에게 보낸 메모에서도 미국은 당시까지 동맹국을 설득할 증거를 제시하지 못했다는 사실을 인정하고 있다. 그런데도 미국은 공산 측의 휴전협정 위반을 기정사실화 하면서 NNSC 폐기에 나섰던 것이다.

(3) 미국측 주장대로 감시소조 줄이려다 끝내 철수시켜

이와 같이 관련 당사국들의 이해와 입장이 엇갈리는 가운데 1955년 5월 4일에 열린 중립국 감독위원회 회의에서 최초로 중립국 감독위원회 문제에 대한 스위스·스웨덴·체코·폴란드 중립 4개국 간 합의가 도출되었다. 합의 내용은 남북 각각 5개항에 주재하는 5개 감시소조를 3개로 줄이고, 잔류 감시소조원 수를 종전 4명에서 2명으로 줄이는 것이었다.

이러한 합의 내용은 미국의 입장을 반영한 스웨덴 안(각국이 파견하는 중립국 감독위원회 인원을 10~20명으로 줄이고, 이들을 DMZ에 주재하게 하자는)과는 거리가 먼 것이었으나, 스위스가 폴란드·체코와 입장을 같이 함으로써 스웨덴이 자국의 입장에서 후퇴하여 합의를 이룬 것이다. 불과 3개월 전에 국무성과 합참의 회의에서 2개 이하로 감시소조를 감축하고 이들을 DMZ에 주재시키는 안을 받아들일 수 있다는 입장을 확인한 미국은 당연히 이 합의 내용을 받아들여야 했다.

그러나 미국은 오히려 불만을 나타냈다. 남한에 폴란드와 체코의 감시소조가 계속 남아있게 됨으로써 미국과 남한이 여전히 종전처럼 어려운 입장에 처하게 되었다는 것이다. 위 합의 내용의 수용 여부를 놓고 고심하던 미국은 1955년 8월 29일 군사정전위에서 결국 이 합의를 받아들임으로써 중립국 감시소조는 남북 각각 3개로 줄어들게 되었다.

그러나 미국은 이후에도 스위스와 스웨덴에 잔류 NNSC를 DMZ로 철수시켜 NNSC의 기능을 축소시키는 최소한의 조치라도 취하라고 요구하는 한편, 양국이 NNSC에서 철수하여 종국적으로 NNSC를 해산시키도록 종용했다. 당시 스위스는 공산 측과의 비공식 접촉을 통해 적어도 1개 감시소조를 1개 출입항에 주재시키는 것이 공산 측 요구임을 파악하고 1개 감시소조를 제외한 나머지 2개 감시소조를 DMZ로 철수시키는 안을 준비하고 있었다. 미국과 스웨덴의 거듭된 종용에 스위스는 결국 1955년 10월 말에 3개 감시소조를 DMZ로 철수시키는 안을 제출했으나 공산 측은 이를 거절했다.

① 미국은 공산측 정치회담 제안 거부, 감시소조 축출키로

1956년 1월 27일, 공산 측은 중립국 감독위원회에서 감시소조를 남북 각각 3개에서 1개로 줄이고, 비무장지대에 주재하고 있는 이동 감시소조와 인원을 축소하는 안을 제시했다. 그러나 스웨덴과 스위스는 이 안을 거절하고 스웨덴은 거듭 모든 감시소조를 DMZ로 철수시키고 필요시 일시적으로 남북으로 파견하는 안을, 스위스는 출입항에 주재하는 6개 감시소조를 폐지하고 DMZ에 주재하는 이동 감시소조만 유지하자는 안을 각각 제시했다. 특히 이 시기는 이승만 정권이 반체코·폴란드 감시소조 시위를 중단하기로 약속한 때였다.

이에 국방부는 유엔사로 하여금 3월 1일에 감시소조를 DMZ로 철수시키는 훈령을 내리겠다며 국무부를 압박했다. 미 국무부 역시 시위 재개 시한(1956년 3월 8일) 전까지 남한에 확실한 언질을 주어야한다는 명분을 내세워 감시소조의 DMZ로의 철수를 합의해내도록 스웨덴과 스위스에 압력을 가했다.

이에 공산 측은 1956년 4월 9일에 중립국 감독위원회 문제의 근본적 해결은 한반도의 평화적 통일과 모든 외국군의 철수 문제가 해결되어야 가능하다며 영국을 통해 유엔사 구성국들에게 이 문제를 토의하기 위한 정치회담을 개최하자고 제안했다.

그러나 미국은 공산 측 제안을 NNSC에 대한 스웨덴과 스위스의 협상의 발목을 잡고 미국이 감시소조를 폐지시킬 경우 미국을 곤경에 빠뜨리기 위한 것으로 보고 스웨덴·스위스를 통한 NNSC 폐기라는, 지금까지의 방침을 근본적으로 변경했다. 즉, 1956년 4월 20일에, 그러니까 유엔사가 군사정전위원회에서 감시소조의 기능 정지를 일방적으로 선언한 1956년 5월 31일을 40여 일 앞두고 로버트슨 차관보는 국무장관에게 보내는 메모에서 "이제 유엔사는 예상되는 심각한 반항에도 불구하고 체코와 폴란드 감시소조를 DMZ로 이동시키도록 일방적인 조치를 취해야 한다"고 주장했다. 나아가 그는 스위스와 스웨덴을 압박하는 것은 더 이상 의미가 없으며, 이제 미국의 주목적은 동맹국들의 지지를 확보하는 것이라고 주장했다. 덜레스 장관은 이를 승인했다

② 감시소조 대표국들 모두가 미국측의 철수안 거부

그러자 스웨덴은 1956년 4월 25일, 스위스는 5월 1일에 공산 측의 제안(남북에서 각각 3개의 감시소조를 1개로 줄이자는 안)을 수용했다. 이와 함께 스위스와 스웨덴은 공산 측과 합의가 이루어지지 않을 경우 중립국 감독위원회에서 철수하라는 미국의 요구를 거듭 거부했다. 스위스와 스웨덴은 감시소조의 DMZ로의 철수에는 동의하면서도 공산 측과 합의 없이는 중립국 감독위원회로부터 철수하지 않겠다는 입장을 견지한 것이다. 이로 인해 미국은 사면초가에 놓이게 되었다. 이에 미국은 16개 참전국들의 동의를 받아내어 이를 명분삼아 감시소조의 DMZ로의 철수를 일방적으로 몰아붙이는, 그동안 국무부 스스로도 경계해왔던 위법적인 초강수를 두게 된다.

그러나 1956년 4월 30일에 열린 한국전 주요 참전국들과의 대화나 5월 4일과 10일에 개최된 남한을 포함한 한국전 참전 16개국 회의 등은 미국의 의도대로만 진행되지 않았다.

4월 30일 회의에서 캐나다는 가장 적극적으로 미국의 NNSC 정책에 문제를 제기했다. 캐나다는 "아직 미국의 입장에 동의할 수 없다, 한반도와 인도차이나에서 NNSC 활동은 가치가 있다, 한국에서의 조치를 미루자, NNSC 문제를 단계적으로 풀자, 스웨덴과 스위스에 중국의 제안을 받아들이도록 촉구할 수 있다"는 등 NNSC 활동에 의미를 부여하고, 심지어 미국이 가장 경계하던 스웨덴과 스위스가 중국의 입장을 받도록 하자는 파격적인 제안을 했다.

호주도 "NNSC에 대한 유엔사의 일방적인 조치를 피할 수 있기 바란다"는 의사를 밝혔고 뉴질랜드는 "모든 수단을 다 써 보기 전에 우리 자신이 협정 위반의 혐의를 쓰지 않도록 하는 것이 중요하다"며 유엔사의 일방적 조치를 유보하자고 주장했다. 영국은 "유엔사의 일방적 조치에는 찬성하나 공산 측 반응을 지켜보기 위해서 감시소조를 DMZ로 철수시키기 전에 상의를 해야 한다"며 이런 과정을 고려하지 않던 미국과 절차에서 입장 차이를 드러냈다. 미국은 이들 우방국의 예상 밖의 견제에 실망감을 드러냈다.

5월 4일의 16개국 회의에서도 4월 30일의 주요 국가 회의와 비슷한 상황이 재연되었

다. 캐나다와 프랑스는 유엔사의 NNSC에 대한 조치가 인도차이나 상황에 끼칠 영향을 우려했다. 베트남 전쟁에 관계되어 있던 프랑스는 또한 유엔사가 휴전협정을 위반한다는 인상을 주지 않아야 한다는 점과 어디까지나 일시적 정지라는 사실을 강조했다. 벨기에는 유엔사의 일방적 조치에 반대한다는 입장을 밝혔으며, 네덜란드도 유엔사의 조치에 의문을 나타냈다. 호주도 방법과 전술에 대한 우려를 나타냈다. 오로지 남한만 감시소조의 DMZ로의 철수조차 받아들일 수 없다는 강경한 입장을 취했다.

③ 「감독위 철수」 좌절되자 미국의 유엔사, 감시 중단 일방 선언

그러나 5월 10일의 16개국 회의부터 다른 흐름이 형성되었다. 뉴질랜드는 유엔사가 휴전협정을 위반하는 성급한 조치로 비난 받을 기능성을 우려하고 공산 측 제안을 수용한 스위스와 스웨덴의 입장을 선호한다며 세계 여론의 비우호적 반응을 피해야 한다고 주장했고 한국은 NNSC 완전 철폐를 주장하는 종전의 강경 입장을 되풀이했다.(NNSC : 중립국감독위원회 Neutral Nations Supervisory Commission)

그동안 미국의 일방적인 조치 자체에 의문을 제기하던 대다수 국가들이 조치에 대해서는 일단 수용하면서 다만 절차상의 문제를 쟁점으로 삼은 것이다. 먼저 오스트레일리아는 NNSC에 대한 유엔사의 일방적 조치를 인정하는 한편 미국의 제안이 최선인지 의문을 나타냈으며, 유엔사의 조치를 취하고 난 뒤 공산 측과 여론의 반응을 평가하고서 감시소조를 DMZ로 이동시키자고 제안했다.

캐나다는 NNSC에 대한 조치가 인도차이나 상황과 아시아 데탕트에 미칠 영향에 대해 재차 우려를 표명하면서 군사정전위에서의 유엔사의 NNSC 관련 성명 발표와 감시소조를 DMZ로 이동시키는 조치 사이에 시간을 두자고 제의했다. 영국은 구체적인 절차를 제시했다. 중국의 4월 9일자 서한에 대한 답변서를 중국에 전달한 후 공산 측이 자신의 입장을 표명할 기회를 주어야 하며, 또한 감시소조를 실제로 DMZ로 이동시키기 전에 16개국이 평가 시간을 갖자는 것이었다. 네덜란드나 룩셈부르크도 영국의 제안에 동의했다.(DMZ : 비무장지대 Demilitarized Zone)

그러나 미국은 공산 측에 시간을 주는 것은 공산 측이 유엔사에 반대 입장을 고무할 시간을 주게 되어 유엔사에 불리하다며, 24~48시간이 주어지게 될 것이라고 주장했다.

5월 25일의 회의에서 16개국은 다음과 같이 최종 입장을 정리했다. 4월 9일자 중국 서한에 대한 답장을 5월 28일경에 전달하며, 내용은 정치회담을 거부하고 NNSC에 대한 유엔사의 입장을 군사정전위원회에서 밝힌다, 중국 당국의 답변 수령이 확인된 후 유엔사는 군사정전위원회를 소집하여 중립국 감독위원회와 감시소조 관련 휴전협정의 일시 정지를 선언하며, 일주일 후에 효력을 발생시킨다.

이에 따라 1956년 5월 31일 개최된 제70차 군사정전위원회에서 유엔사 수석대표 로버트 가드 장군은 마침내 유엔사 통제 아래에 있는 지역에서 중립국 감독위원회와 감시소조의 활동을 중지시키는 일방적 조치를 선언했다.

④ 중국의 성토에도 불구하고 미국은 끝내 감시소조 추방

이것으로 상황이 매듭지어진 것은 아니었다. 6월 4일에 개최된 제71차 군사정전위에서 중국은 전격적으로 3월 16일자 스웨덴의 제안(모든 감시소조의 DMZ로의 철수와 필요시 이동 감시소조를 파견하는 권한을 갖는다)을 수용한 것이다. 그러나 유엔사는 이를 받아들이지 않았다.

이에 영국은 6월 4일 미 국무부와의 만남에서 미국에 강력히 항의했다. 영국은 중국의 스웨덴 입장 수용을 가장 만족스러운 결과로 보고 유엔사가 중국의 입장을 받아들이도록, 감시소조를 남한에서 축출하지 않도록, 군사정전위원회에서 감시소조를 DMZ로 철수하고 이동 감시소조의 활동 규정에 대해 협상하도록 훈령을 내리라고 미국에 요구했다. 나아가 영국은 4월 9일자 중국 서한에 대한 16개국 답변에서 스웨덴 안에 대한 지지 입장을 밝혔기 때문에 가드 장군이 중국의 입장을 받아들이지 않은 것은 16개국을 궁지에 빠뜨린 것이라며 성토했다.

이러한 가운데 6월 5일, 중립국 감독위원회 회의가 열려 4개국 만장일치로 군사정전위원회가 감시소조의 DMZ로의 일시적 철수에 동의하도록 권고하는 결정을 내렸다. 중립국 감독위원회는 그 지위를 변경시키지 않았다는 의미에서 철수를 잠정적인 것으로 간주했다.

이러한 중립국 감독위원회 결정은 중립국 감독위원회의 합의에 의해 감시소조가 DMZ로 철수한다는 점에서 유엔사의 일방적 조치에 의한 감시소조의 강제적 철수와 대립되며, 또한 중립국 감독위원회의 지위를 계속 유지시킨다는 점에서 필요시 이동 감시소조를 남북으로 파견할 수 있는 중립국 감독위원회 권한을 부정하는 유엔사의 입장과 대립되는 것이다.

그렇지만 감시소조를 DMZ로 철수시키되, 필요시 남북으로 파견될 수 있다는 입장은 1955년 2월 4일의 국무부와 합참의 대화에서 미국 정부가 채택한 입장 중 하나였다. 그런데도 미국은 끝내 군사정전위에서 중립국 감독위원회의 권고를 거부했다.

이에 영국은 6월 5일 열린 16개국 회의에서 중립국 감시소조를 DMZ로 철수시키는 유엔사의 조치는 스웨덴과 스위스의 입장이 명확해질 때까지 연기되어야 하며, 감시소조의 DMZ로의 철수는 자발적으로 이루어져야 한다는 것을 밝힌 데 이어 6월 8일에도 외무성의 공식 요구로 같은 주장을 했다.

특히 영국은 5월 28일자 공개 답변에서 미국을 포함한 16개국은 중립국 감독위원회를 DMZ로 철수시키되 필요시 지정 항구로 감시소조를 파견하는 권한을 갖게 하자는 스웨덴 안을 지지한 사실을 상기시키고, 6월 4~7일 개최된 군사정전위원회에서 중국이 이 안을 수용했음에도 불구하고 유엔사가 이를 거부함으로써 당사국들의 합의에 의한 감시소조의 자진 철수를 가로막았다고 비판했다. 프랑스나 네덜란드 등도 영국과 유사한 입장을 제기했다.

그러나 미국은 5월 28일자 답변이 스웨덴 입장을 지지하는 것으로 해석할 수 있도록 허용한 것은 부주의에서 비롯된 것이라고 발뺌했다. 결국 미국은 중립국 감독위원회가 감시소조를 남한으로 파견하는 권한을 갖는 것에 동의할 수 없다며, 감시소조의 DMZ로의 강제철수를 연기하자는 영국의 요구를 거부했다.

그리하여 6월 9일, 유엔사는 마침내 인천·군산·부산에 주재하던 중립국 감시소조 16명을 판문점으로 축출했다. 이로써 중립국 감독위원회와 감시소조의 활동은 사실상 종결되었으며, 남북의 군사력 증강을 견제할 수 있는 장치가 제거되고 말았다. 이로써 미국의 남측 항구를 통한 무기 반입에는 어떠한 감시나 통제도 사라져 버렸다.

이상에서 살펴본 바와 같이 남한에서의 주한미군과 남한군의 군사력 증강을 위한 현대식 무기 도입의 걸림돌인 휴전협정의 중립국 감독위원회 관련 조항과 13항 ㄹ목을 폐기시키기 위한 미국의 기도는 상대적으로 위법 시비와 정치적 외교적 파장이 적고 13항 ㄷ·ㄹ목의 폐기보다 명분도 확보할 수 있는 중립국 감독위원회의 폐기(DMZ로의 잠정적 철수 모양을 띤)를 13항 ㄹ목의 폐기와 분리하여 먼저 추진했으나 이마저도 명분과 추진 방식에서 중립국의 동의는 커녕 한국전 참전 16개국의 동의마저 얻지 못한 채 일방적으로 추진되었다.

이는 마치 미국이 제네바 정치회담을 파탄시킨 과정을 연상시킨다. 남한은 미국은 물론 그 어느 국가도 동의하지 못할 강경한 입장을 전개하고, 미국은 이를 이용하여 다소 완화된 입장을 제기하며, 영국 등 영연방 국가들을 비롯한 주요 16개국은 중국·조선과 합의할 수 있는 타협안을 제안했으나 미국이 이를 거부하여 합의에 실패하게 된 과정이다. 중립국 감독위원회의 폐기 과정은 이렇듯 명분을 상실하고 밀어붙이기로 일관한 미국 일방주의의 결과이며, 그 후과는 한반도에 무한대의 군비경쟁을 초래하고 말았다. 결국 미국의 조선에 대한 선제적 핵 공갈은 북조선 자체의 핵무장 욕구를 촉진시키는 악순환을 가져왔다.

4) 미국의 휴전협정 13항 ㄹ목 폐기와 핵무기 남한 도입

(1) 중립국 감시소조를 남한에서 비무장지대로 추방

미 합참을 중심으로 중립국 감시위원회와 휴전협정 13항 ㄹ목을 동시에 폐기하자는 입장이었던 군부는 물론이고 국무부도 이미 중립국 감독위원회의 기능이 정지된 후 「13항 ㄹ목」의 폐기에 나설 것임을 시사하고 있다.

○ 미국의 세계 최강 무장력 배치를 통제한 휴전협정 13항 ㄹ목

"한국 국경 밖으로부터 증강하는 작전비행기·장갑차량·무기 및 탄약의 반입을 정지한다. 단 정전 기간에 파괴·파손·손모 또는 소모된 작전비행기·장갑차량·무기 및 탄약은 같은 성능과 유형의 물건을 1대1로 교환하는 기초 위에서 교체할 수 있다. 이러한 작전비행기·장갑차량 무기 및 탄약은 오직 본 휴전협정 제43항에 열거한 출입항을 경유해서만 한국으로 반입할 수 있다. … 중립국 감독위원회는 그의 중립국 감시소조를 통하여 본 휴전협정 제43항에 열거한 출입항에서 상기의 허가된 작전비행기·장갑차량·무기 및 탄약의 교체를 감시하며 시찰한다."

중립국 감독위원회에 대한 유엔사의 일방적 조치를 권고한 1956년 4월 20일자 국무부 내부 문건은 4월 26일에 개최될 16개국 회의에서 낡은 장비의 교체 문제는, 비록 가까운 장래에 조치가 요구된다고 하더라도, 중립국 감독위원회 문제의 토론에 혼란을 줄 수 있기 때문에 제기되어서는 안 된다며 이른 시일 안에 13항 ㄹ목의 폐기 문제를 제기할 것임을 시사하고 있다.(FRUS 미 국무성 외교문서 1955~1957)

유엔사가 중립국 감시소조들을 판문점으로 강제 이동시킨 직후인 1956년 6월 14일에 대유엔 법률 고문 보좌국의 찰스 런연은, 유엔 정치·안보국의 본드 국장에게 보낸 메모에서 미국 정부가 취한 중립국 감독위원회 문제에 대한 경직된 태도를 비판하며, 이로 인해 미국이 동맹국의 비난을 받고 있다면서 국방부가 중립국 감시소조의 DMZ로의 철수를 더 이상 낡은 장비의 교체 문제와 연결시키지 않도록 요구하고 있다.

이는 국방부 관리가 6월 14일자 『뉴욕타임스』에 휴전협정에 구속되어 한반도에서 유엔사의 지위가 약화되고 있는 데 우려를 표명했다는 기사가 실린 데 대한 문제의식에서 나온 것이었다.

런연은 국무부와 국방부가 앞서 공동으로 제출한 바 있는 13항 ㄹ목에 대한 합리적이고 양심적인 해석을 지키지 않는다면 미국은 공산 측의 위반 때문에 정당화된 중립국 감독위원회의 단순한 일시 정지를 훨씬 뛰어넘는 조치들로써 휴전협정을 위반하는 범죄를 저지르게 될 것이라는 우려를 표명하고 있다.(국방부는 국무부와 공동 명의로 유엔사에 보낸 전문에서 한반도에서 낡은 장비의 교체 문제는 휴전협정의 합리적이고 양심적인 해석에 의해 대처한다는, 곧 휴전협정의 틀 안에서 대처한다는 입장을 훈령한 바 있다.)

그는 휴전협정 13항 ㄹ목의 "같은 성능과 유형"이라는 규정이 의미하는 바를 동일한 명칭·형(연도)·절대적 질을 의미하는 것으로 경직되게 해석하지 않고 보다 유연하게 해석한다면 남한에서의 낡은 장비의 교체는 휴전협정의 법적 틀 내에서 합법적으로 추진될 수 있다고 주장한 것이다.

나아가 만약 국방부가 이러한 자신의 주장을 법률에 대한 잘못된 해석으로 생각한다면 국제사법재판소에 자문을 구해볼 수도 있다고까지 강경 입장을 표명하면서 국제사법재판소에서 미국이 취할 조치들이 호되게 비난받을 가능성이 크다고 덧붙이고 있다.

국무부도 6월 17일에 머피 부차관 명의로 국방부에 편지를 보내 국방부가 휴전협정 13항 ㄹ목을 준수하지 않을 것이라는 『뉴욕타임스』 기사 내에 우려를 표명하고 한반도에서의 낡은 장비 교체 문제에 대해 국방부가 일관된 입장을 가질 것을 촉구하고 있다.

이와 같은 런연과 국무부의 주장은 국방부가 중립국 감독위원회에 대한 일방적인 조치의 연장선상에서 다시 휴전협정 13항 ㄹ목을 일방적으로 폐기시키려는 기도에 우려를 나타내면서 13항 ㄹ목에 대한 폭넓은 혹은 유연한 해석을 근거로 하여 최소한 합법적인 모양새를 갖춰 장비를 도입케 하려는 것으로서, 최소한 「휴전협정을 파기했다」는 비난을 피해보려는 의도에서 나온 것이라고 할 수 있다.

그렇지만 NNSC와 13항 ㄹ목을 동시에 폐기해 군비 증강의 걸림돌을 제거하려고 했던 군부나 정치적·외교적 마찰을 최소화하기 위해서 NNSC 폐기와 13항 ㄹ목의 폐기 사이에 단계를 두려고 했던 국무부나 13항 ㄹ목을 유연하게 해석하여 법적 틀 내에서 군비증강을 꾀하려 한 런연이나 남한에서 군비를 증강하려는 입장에는 차이가 없었다.

(2) 미국은 상대방 위반 제시 못한 채 「13항 ㄹ목」 일방 폐기

13항 ㄹ목 폐기에 대한 이와 같은 미 행정부 내의 신중론이 제기되는 것과 함께

NNSC 내에서 아이젠하워 대통령과 국무부 등은 13항 ㄹ목을 폐기하기 위한 명분으로 공산 측이 이를 위반했다는 증거를 제시하라고 국방부에 요구했다. 캐나다 등 한국전 참전 국가들도 같은 요구를 했다. 그러나 국방부는 확실한 증거를 제시하지 못했을 뿐 아니라 증거를 제시할 필요성 자체를 부정했다.(ㄹ목 = d목으로도 표시)

중립국 감시소조를 판문점으로 추방하기 1년쯤 전인 1955년 5월 13일, 미 국무부 관리들은 영국·프랑스 대사들과의 대화에서 공산 측이 휴전협정을 위반하고 있다는 증거를 제시하는 것이 필요하다는 제기에 대해서 그럴 필요성을 부정했다. 그날 대화에서 영국 스코트 대사는 "공산주의자들이 휴전협정을 위반한 사례에 대한 설득력 있고, 공개적으로 유용한 증거를 제시할 필요성을 강조"했다.

그러나 이에 대해 미 머피 국무부 차관은 "우리 모두 공산주의자들이 휴전협정을 위반했다고 동의한다면 정확한 출처를 예증할 필요가 있는지 의문을 나타냈다." 하지만 드 뮈르비 프랑스 대사도 "만약 우리가 공산주의자들의 휴전협정 위반을 입증할 확실한 사례를 제시할 수 있다면 왜 공개하지 않는가"라며 영국 대사와 같은 입장을 표명했다.

미국이 군사정전위원회에서 휴전협정 13항 ㄹ목의 폐기를 일방적으로 선언한 1957년 6월 21일을 2개월여 남짓 앞둔 시점인 1957년 4월 4일에 개최된 미 국가안전보장회의(NSC 제318차)에서 덜레스 국무장관은 "공산주의자들이 대규모로 휴전협정을 위반했다는 사실을 의심하지 않는다"면서도, 한편으로 그는 "공산주의자들이 북조선으로 핵능력을 보유한 무기를 도입했다는 증거는 없다"고 모순된 주장을 했다.

1957년 3월 16일에 개최된 16개 한국전 참전 주요 국가들과의 대화석상에서도 영국의 해럴드 캐시카 대사는 "공산 측이 13항 ㄹ목을 위반했다는 혐의를 입증할 수 있는 세부 자료가 제시되어야 한다"고 주장했다. 이는 미국이 군사정전위원회에서 휴전협정 13항 ㄹ목의 폐기를 일방적으로 선언한 1957년 6월 21일을 불과 1개월 남짓 앞둔 시점까지도 공산 측이 13항 ㄹ목을 위반했다는 증거를 16개 참전국가에게조차 제시하지 못했음을 보여주고 있다.

스펜더 호주 대사는 "1953년 휴전협정은 현상 동결을 목적으로 하고 있다"는 사실을 지적하면서 "휴전협정은 군사력 균형을 유지한다는 견해에 전적으로 의지하기보다는 현상 동결로 해석되어야 한다"고 주장했다. 래 캐나다 공사도 "공산 측의 위반 사례에 대한 구체적인 증거 자료가 공개되는 것이 필수적"이라며, "유엔군사령부가 1953년 수준 이전으로 군사력을 증강할 의도가 없다는 것을 표명하는 것이 바람직하지 않을까"라고 주장했다. 그러나 로버트슨 차관보는 "공산주의자들이 같은 보장을 하지 않는 한 유엔군사령부가 군사력을 증강시키지 않으리라고 보장할 수 없다"며 공산 측의 휴전 협정 위반 사례를 공개적으로 제시하지 못하면서도 한반도에서의 군사력 증강 의사를 노골적으로 드러냈다.

이렇게 해서 미국은 행정부 내 또는 16개국 참전국 내에서 공산 측의 13항 ㄹ목 위반 사례를 입증하지 못한 채, 중립국 감독위원회의 기능이 정지된 때로부터 불과 1년 남짓 지난 1957년 6월 21일, 군사정전위원회에서 13항 ㄹ목 폐기를 일방적으로 선언했다

(3) 주한미군사령부 창설과 핵무기 도입, 한반도 핵위기의 원조元祖

1957년 7월 1일, 미국은 유엔군 사령부를 동경에서 서울로 전진 배치함과 아울러 「주한미군사령부」를 창설하고, 곧이어 주한미군을 핵으로 무장시켰다. 이는 미국이 휴전협정 13항 ㄹ목을 폐기시킨지 불과 10일만의 일이었다.

주한미군의 핵무장은 핵폭탄을 적재할 수 있는 신예 제트기 F100 수퍼 세이버 초음속기의 한국 이동과 280mm 원자포와 어네스트 존 지대지 미사일을 도입하여 지상군을 팬토믹 사단으로 개편하는 것이 중심이었다.

반면 1958년 중국인민지원군은 북조선에서 완전히 철수했다. 주한미군의 핵무장 전력을 배경으로 하면서 주한미군이 통제하기조차 어려울 정도로 비대해진 전력을 갖춘 남한의 전력은 1956년에 8만 병력을 일방적으로 감축한 북의 전력에 비해 압도적 우위를 점하게 되었다. 북군의 전면 남침은 불가능한 상황이었다.

1956년 10월 1일, 한국 담당 관리가 파슨스 동북아 국장에게 보낸 메모는 1956년 7월 25일자 「NSC 5514에 대한 경과보고서」를 인용하여 "남한군은 북조선군에 비해 거의 두 배의 규모이며, 북군에 비해 중화기와 야포에서 우위에 있다"고 주장하면서 "남한군은 공군력의 취약에도 불구하고, 적절한 병참 지원을 고려하면 북군만의 단독 침략을 격퇴할 수 있다"고 결론을 내리고 있다. 그러면서도 이 메모는 "남한군은 미국의 즉각적인 군사적 지원이 없다면 공산주의자와 북조선 연합군의 침략에 대해서는 지속적인 방어를 수행할 능력이 없다"고 밝히고 있다.

그러나 이 메모는 한편으로 "공산주의자들은, 최소한 미국이 남한의 방어를 공약하는한, 한반도 전체를 통제하기 위한 그들의 목적을 달성하기 위해 무력에 의존하지 않을 것"이라보며 북조선 또는 조선·중공·소련 연합군에 의한 재침 가능성을 부정하고 있다.

그런데도 미국은 자신들의 한반도 주변 정세 평가와 전력 평가를 거스르면서까지 남

한에 고성능 재래식 무기뿐 아니라 핵무기까지 도입했던 것이다. 이는 미국이 대북 방어도, 대중·소 방어도 아닌, 오로지 동북아에 대한 군사적 패권 야욕에서 남한을 전진기지로 삼았음을 말해주는 것이자 미국이 이른바 한반도 핵 위기의 조장자 또는 원조元祖였음을 입증해준 증거였다.(실제로「주한미군사령부」는 조선 남부에 1945년에 상륙·점령하면서 일본에 이어 용산에 세워졌고 73년만인 2018년 6월 평택으로 확대 이전되어갔다.)

(4) 북측은 바라던「평화공존」어려워지자 방위무력 강화로 응수

다시 요약 정리하여 보자. 제네바 회담은 1945년 미군이 한반도를 분단 점령한 이래 9년만에 다시 통일을 이룰 수 있는 절호의 기회였으나 후속 회담 개최조차 가로 막고 나선 미국의 전횡으로 아무런 성과 없이 무산되고 말았다. 이후 1997년, 실로 43년만에 4자회담 예비회담이 개최되기까지 정전 상태를 평화 상태로 전환시키기 위한 정치회담은 개최되지 못한 채 분단은 고착되었다.

이 당시 중국과 러시아가 남측 한국을 인정하고 국교를 텄듯이 미국과 일본이 북측 조선을 인정하고 상호 수교를 했더라면 통일은 좀 늦어지더라도 남북 평화, 나아가 동북아 평화도 분명 가능하게 되었을 것이다.

제네바 회담을 무산시킨 미국은 곧바로 정전 상태에 놓인 남한 사회에 대한 장악에 들어가「한미 합의의사록」을 체결하여 남한의 체제·군통수권(군정권과 군령권)·통일·경제를 틀어쥔 다음 이를 바탕으로 중립국 감독위원회 기능 정지, 휴전협정 13항 ㄹ목의 폐기에 착수했던 것이다.

스위스·스웨덴 중립국들과 한국전 참전 16개국의 반대에도 불구하고 미국은 일방적으로 중립국 감시소조를 강제 축출하고, 휴전협정 13항 ㄹ목을 폐기하고는 남한에 최신 재래식 무기와 핵무기를 들여와 이곳을 자신들의 대소對蘇 전진기지로 강화시켰다.

미국은 이 과정에서 북측이 휴전 협정을 위반하여 재래식 무기와 핵무기를 도입했다는, 신뢰할 만한 최소한의 사례조차 제시하지 않았다. 이후 한반도는 외세와 신생 독립국간의 군사적 대결이 무력증강의 상승작용을 일으킴으로써 세계에서 군사적 대결이 가장 첨예한 지역으로 되고 말았다.

이러한 조건에서 한반도의 평화협정 체결과 민족의 통일은 설 자리를 잃었다. 남북 분단이 고착되어 장기화되고 군사적 대결과 국지적 분쟁이 일상화되었으며, 끊임없는 전면전의 위협 속에서 민족의 단결과 공존·공영은 죄악시되고 민족동포 적대시·대결과

한미동맹은 미덕이 되었다. 이제 다시 평화협정 체결과 통일 논의가 시도되는 상황에서도 한미동맹 또는 일본까지 끼어든 한·미·일 연합작전이 마치 모든 민족 이익과 국가 이익에 우선하는 불가침의 진리인 양 기세 좋게 버티면서 공격의 시간만을 호시탐탐 노리고 있는 듯하다.

찾아보기